청각장애아동 교육의 이해

김영욱 저

Educating the Deaf

학지사

머 · 리 · 말

청각장애는 단순히 듣기 문제만을 초래하는 것이 아니다. 대부분의 청각장애아동은 언어 발달이 지체되어 있으며 음성언어에 의한 의사소통에도 어려움을 보인다. 이러한 언어의 문제는 다른 영역의 발달에도 영향을 미치기 때문에 청각장애아동은 사회 및 직업 적응에 어려움이 있고, 학업 성취에도 특별한 노력이 필요하다.

이와 같은 청각장애아동의 문제를 개선하기 위해서는 청각장애아동을 보다 잘 이해하고 필요한 교육적 지원을 해야 하며, 교수-학습의 효율화와 언어 및 의사소통 능력의 향상을 위한 다양한 방법과 전략을 개발 · 적용해야 한다. 이를 위해서는 어떠한 교육적 노력이 필요하며, 무엇을 고려해야 하는가?

이 책은 청각장애아동 교육의 주요 문제를 중심으로 기술하였다. 구체적으로 청각장애아동 교육의 방향은 어떠해야 하며, 조기교육의 효율화와 언어 및 의사소통 능력의 향상을 위한 방법과 전략은 무엇인지, 그리고 청각장애아동 교육과 관련하여 최근 논의되거나 강조되고 있는 이중언어 접근, 통합교육 지원 방안, 소음의 영향, 청각장애부모 가정의 건청아동 문제, 중추성 청각정보 처리장애 등에 관해 이해의 폭을 넓힐 수 있도록 기술하였다.

이 책은 청각장애아동 교육에 관심이 있는 학부 학생과 청각장애아동 교육을 전공하는 대학원생의 학문 활동에 도움이 되며, 청각장애학교 교사, 청각장애 관련 분야 종사자, 청각장애아동의 가족 등에게도 필요한 지식을 얻을 수 있는 참고서의 하나로 활용될 수 있을 것이다.

책을 출판하고 보니 부족하고 아쉬운 부분이 더욱 눈에 띈다. 앞으로 계속 연구하여 보완할 예정이다. 이 책을 출판하기까지는 여러 사람의 도움이 있었다. 자료를 수집하고 정리하는 데 도움을 준 단국대학교 대학원 청각·언어장애아 교육 전공의 대학원생들, 특히 원고의 정리와 교정에 도움을 준 허일, 김선영, 김지숙, 이윤선에게 감사의 뜻을 전한다. 그리고 이 책의 출판을 위해 애써 준 학지사 김진환 사장님과 편집부 직원 여러분께 감사의 말씀을 드린다.

2007년 7월

한남동 연구실에서

김영욱

차 · 례

제14장 중추성 청각정보처리장애 295

제1장

청각장애아동 교육의 방향

1. 청각장애아동의 이해
2. 청각장애아동 교육의 문제
3. 청각장애아동 교육의 방향
4. 청각장애아동 교육의 최근 동향

청각장애아동의 교육은 대상 아동을 어떠한 관점에서 이해하느냐에 따라 교육의 중점도 달랐다. 전통적으로 청각장애아동 교육은 청각의 손상으로 나타난 언어의 문제를 개선하기 위한 보상 활동에 중점을 두어 왔다. 그러나 최근에는 개인의 특성을 고려한 교수-학습 방법의 적용, 활동과 참여의 가능성을 바탕으로 한 잠재 능력의 계발과 신장, 전인 발달을 위한 프로그램의 강조, 개인의 독특성을 인정하고 교육 대상 중심의 다양한 의사소통 기술의 발달 등에 중점을 두고 있다.

이 장에서는 이와 같은 내용을 중심으로 논의하면서 청각장애아동 교육의 방향을 제시하고자 한다.

1. 청각장애아동의 이해

1980년 세계보건기구(WHO)는 장애에 대해 세계적으로 표준화된 정의 및 분류 체계를 개발하여 장애를 impairment, disability, handicap의 세 가지로 분류하여 설명하였다. 'impairment'는 심리학적, 생리학적 혹은 해부학적 구조나 기능의 상실 또는 비정상으로 설명하였고, 'disability'는 인간에게 정상이라고 인식된 범위 안에서의 제한이나 방법적인 활동 수행 능력의 제한 또는 결함(impairment에서 기인)으로, 'handicap'은 impairment나 disability 때문에 겪게 되는 불이익(예: 취직이나 학교 입학 제한)으로 그 사람의 정상적인(연령, 성, 사회 · 문화적 요인) 역할 수행을 제한하거나 방해하는 것으로 설명하였다.

20여 년이 지난 지금 장애에 대한 새로운 인식, 교육과 복지 이념 및 철학의 변화, 장애 범주의 변화 등으로 인하여 국제장애분류(International Classification of Impairments, Disabilities, and Handicaps: ICIDH)의 기준을 개정할 필요가 생겼다. 이에 세계보건기구는 2001년 국제 장애 및 건강 분류(International Classification of Functioning, Disability and Health: ICF)를 채택하여 제시하였다. 이 ICF는 기존의 ICIDH가 장애를 신체 기능적인 측면에서 본 것과는 달리, 기능과 불능이 한 인간의 정신적 · 육체적 질환과 사회적 · 물리적 환경의 상호 작용 결과라는 측면에서 정의하고 분류하였다. 즉, 해부학적 신체 구조(body structures), 생리학 또는 심리학적 신체 기능(body functions), 활동(activity)의 가능성과 제한성, 참여(participation)의 가능성과 제약으로 분류하고 정의하였다. 이러한 정의와 분류는 장애를 어떤 관점에서 이해하여야 하는가를 시사하고 있으며, 장애아동의 교육과 복지를 위한 새로운 방향 제시의 의미를 담고 있다.

WHO(2001)가 건강의 여러 측면에 적용할 수 있도록 개발해 놓은 ICF의 구성 요소별 정의는 다음과 같다.

> (건강이라는 관점에서) 신체 기능은 신체 계통의 생리적 기능을 의미하고(심리적 기능 포함), 신체 구조는 장기, 사지 및 구성 요소와 같은 신체의 해부학적 측면을 의미하며, 손상(impairments)은 신체 일부의 심각한 변형이나 손상과 같은 신체 기능 혹은 구조상의 이상을 의미한다. 활동은 개인에 의한 일상 행위 혹은 임무 수행을 의미하며, 참여는 실질적인 생활 상황에의 연루를 의미한다. 그리고 활동 제한(activity limitation)은 활동 과정에서 개인이 가질 수 있는 어려움을 의미하고, 참여 제약(participation restriction)은 실질적인 생활 상황에 연루되었을 때 개인이 겪을 수 있는 문제점을 의미하며, 환경 요인(environment factor)은 사람들이 삶을 영위하고 있는 물리적 · 사회적 · 심리적 환경을 구성한다.

이와 같은 준거에 따라 청각장애아동의 경우를 생각해 보면, 청각기관의 손상은 해부학적인 신체 구조상의 문제며, 이 때문에 나타나는 듣기의 장애는 생리학적인 신체 기능의 문제로 청감각 및 말 기능의 장애를 초래한다. 이러한 장애는 여러 가지 활동 중 의사소통, 지식의 습득 및 학습 활동, 대인관계 등에 어느 정도 제한을 줄 수 있으나 다른 많은 활동에는 큰 문제가 없다. 또한 참여 면에서도 직업 및 사회생활에서 제약이 예상되지만 다른 영역의 참여에는 제한적이지 않고 원활한 활동을 할 수 있다. 따라서 청각장애아동의 교육에서는 제한적인 것을 보상하면서도 가능한 것들을 계발 · 신장시키는 활동에 중점을 두어야 한다.

2. 청각장애아동 교육의 문제

청각장애아동 교육은 특수교육의 대상 영역 중에서 시각장애 영역 다음으로 체계적 교수 활동이 시작된 영역이다. 일찍이 1755년 세계 최초로 설립된 특수학교가 농학교인 점을 보더라도 다른 장애아동 교육과는 달리 역사가 깊고 체계화되어 있다. 그러나 아직도 해결해야 할 문제가 많다.

그동안 청각장애아동의 언어와 의사소통 능력 향상을 위한 다양한 방법과 전략이 개발 · 적용되어 왔다. 그리고 조기 중재 활동의 확대, 개인 보장구의 성능 향상, 학습 환경의 개선, 유능한 교사의 양성 · 배치 등에 관한 노력도 계속되어 왔다. 이러한 노력의 결과 청각장애아동의 적응과 학습 능력이 많이 향상되었지만 만족스럽지는 못하였다.

청각장애아동의 교육에서는 아동 개인의 특성에 적합한 교수-학습 방법과 전략의 사용이 학업 성취 수준을 높이는 데 중요하나 이를 충분히 고려하지 못하고 있으며, 그 교육에 있어서도 언어 지도뿐만 아니라 다른 교과 학습의 촉진을 위한 연구와 지원이 미흡한 수준이다. 또한 적절한 학습 환경을 마련해 주지 못하고 있는 실태와 여건 등도 청각장애아동의 교육에서 개선해야 할 점이다.

특히, 청각장애아동의 조기교육은 장애의 보상과 극복이라는 측면에서 강조되어 왔다. 조기교육은 청각 활용의 극대화, 언어 습득 및 발달의 촉진에도 효과적이지만 사회 · 정서적인 발달과 인지적인 발달에도 매우 중요하다. 더욱이 청각장애아동의 통합을 위해서도 조기교육의 필요성이 강조되고 있다. 그러나 조기교육의 효과는 조기에 실시하기만 하면 나타나는 것이 아니라 어떤 프로그램을 어떻게 제공하느냐가 중요하다.

청각장애아동 교육의 문제를 개선하기 위해서는 대상 아동의 선별, 판별, 진단이 조기에 실시되어야 하며, 청각장애로 진단된 이후부터는 교육 청각학적 지원이 신속히, 그리고 효율적으로 이루어지는 것이 무엇보다 중요하다. 그러나 현재 우리나라에서는 의료적 측면의 진단 및 평가는 어느 정도 실시되고 있지만 교육적 측면의 청각학적 지원은 매우 열악한 상태에 있다. 또한 청각장애 특수학교에서는 청각학을 전공하지 않은 교사가 보청기의 평가, 관리 등을 지원하고 있는 실정이다.

미국의 경우에는 청각학을 전공하고, 청각사 자격을 취득한 자의 약 10%가 초 · 중 · 고 및 특수학교에 배치되어 있다. 1991~1992학년도만 하더라도 997명의 청각사가 청각장애아동의 교육과 재활을 위해 필요한 지원을 하고 있다(Johnson et al., 1997).

이와는 비교되지 않더라도 학령 인구의 약 0.3%(김승국 외, 1998)가 청각장애임을 고려할 때 적어도 1개의 청각장애 학교에는 1명의 교육청각학을 전공한 교사가 배치되어야 하며, 일반 학교에 통합되어 있는 청각장애아동을 지원하기 위해서는 지역 교육청 또는 그 지역의 청각장애 학교에 적정 인원의 청각사를 배치하여야 한다.

3. 청각장애아동 교육의 방향

청각장애아동의 교육 역사는 비교적 짧다. 적어도 16세기 이전까지는 어떠한 교육 활동이 있었는지 알 수 없다. 기록으로 남아 있는 세계 최초의 청각장애아동 교육은 16세기 스페인의 Leon에 의해 시작된 것으로 알려져 있다(Moores, 1987: 40-41). 베네딕트회의 수도사였던 Leon(1500~1584)은 스페인 귀족의 청각장애아동에게 읽기 · 쓰기 · 말하기 등을 비교적 성공적으로 지도하였다. 청각장애아동의 언어 지도에 대한 그의 성공적인 사례는 청각장애아동도 말을 할 수 있다는 것을 알게 해 준 계기가 되었다. 그의 뒤를 이어 스페인의 Bonet는 청각장애아동의 언어 지도 경험을 바탕으로 하여 『소리의 단순화와 농아의 말하기 교수법(Simplification of the Letters and Method of Teaching Deaf-Mutes to Speak)』(1962)이라는 청각장애아동 교육에 관한 최초의 책을 발간하였다.

18세기에 들어와서는 프랑스를 중심으로 수화법(manual method)에 의한 의사소통이 강조되었으며, 독일을 중심으로 해서는 구화법(oral method)에 의한 의사소통이 강조되었다.

프랑스의 L'Epée는 1760년 파리에 세계 최초의 농학교를 설립하고, 청각장애아동을 사회에 복귀시키기 위해 수화를 사용하여 의사소통하는 방법을 가르쳤다. 그는 수화(sing language)도 구어만큼이나 사고의 표현이 가능하다고 보고, 수화야말로 농인들의 자연 언어(natural language)라고 믿었다. 그리고 자연수화가 음성언어의 통사 및 형태론과 완전하게 일치하지 않는 단점을 보완하기 위하여 새로운 형태의 규칙성 수화(methodical signs)를 개발하여 사용하게 하였다. 그의 뒤를 이어 Sicard도 수화법으로 교육을 하였다. 그들은 조음 지도보다는 수화 및 문자의 지도를 더 중요시 하였다. 따라서 프랑스에서는 수화법에 의한 청각장애아동의 의사소통 지도가 자리를 잡게 되었다.

L' Epee가 파리의 농학교에서 수화법으로 청각장애아동을 교육하던 시기에 독일에서는 Heinicke를 중심으로 구화법을 사용하였다. Heinicke는 1788년 라이프찌히(Leipzing)에 농학교를 설립하고 구화법을 더욱 발전시켰으며, 이 분야로 국제적인 명성을 얻었다.

이때부터 프랑스를 중심으로 한 수화주의(manualism)와 독일을 중심으로 한 구화주의(oralism)가 대립적인 구도에서 논쟁을 시작하였다. 이러한 논쟁은 19세기까지 유럽뿐만 아니라 미국에서도 있었다.

미국에서 청각장애아동 교육은 유럽의 교육 방법을 포괄적으로 받아들였다. 미국 최초의 농학교는 1817년 성직자인 Gallaudet이 설립한 하트포드(Hartford) 농학교인데, 이 학교에서는 수화법으로 교육하였다. 미국의 대표적인 구화학교는 1867년에 세워진 클라크 농학교(Clarke School for the Deaf)와 2년 후에 보스턴에 세워진 통학제 농학교였다. 이때부터 미국에서도 구화 교육이 자리를 잡게 되었다. 미국에서 구화법의 초기 발달은 전화를 발명한 A. G. Bell에 의해 촉진되었다(김영욱 외, 1990).

1880년 이탈리아 밀라노에서 개최된 국제농교육대회에서, 손에 의한 의사소통 방법은 그것이 어떠한 종류의 것이든 그 사용이 농인의 구어 및 언어 기술의 발달을 저해하므로 이를 금하고 구화법을 사용해야 한다는 결의가 있었다. 이에 따라 세계적으로 구화교육이 농교육에서 지배적인 위치를 차지하게 되었다. 그러나 구화주의자들의 수화배척운동은 수화가 구어의 발달과 정신건강에 미치는 영향에 많은 관심을 가지게 하였으며, 이에 관한 많은 연구 결과에서는 수화의 사용이 청각장애아동의 적응력과 언어 능력의 향상에 오히려 바람직한 것으로 나타났다(Brill, 1970; Frisina & Quigley, 1961; Schlesinger & Meadow, 1972).

이러한 연구 결과가 널리 알려짐에 따라 기존의 순수한 구화법이 도전을 받게 되었으며, 20세기 중엽부터는 미국의 종합적인 의사소통(total communication method)과 소련의 신구화주의(neooralism)가 청각장애 교육에서 우위를 차지하게 되었다. 종합적 의사소통법은 1960년대 말에 미국의 메릴랜드(Maryland) 농학교에서 개발한 것으로 동시법(simultaneous method) 또는 결합법(combined method)이라고도 부른다. 이는 의사소통에 사용할 수 있는 모든 수단(독화, 발화, 수화, 지문자, 몸짓, 기타)을 동시에 사용하거나 그러한 것들 중에서 의사소통에 적절한 하나의 수단을 사용하는 것이다. 그리고 신구화주의란 1878년에 뉴욕 로체스터 학교에서 발전시킨 로체스터법(Rochester method)과 유사한 것으로 구화법과 지문자를 병용한다.

우리나라에서는 1909년에 선교사로 와 있던 R. S. Hall에 의해 처음으로 청각장애아동에 대한 교육이 시작되었다. 이 교육에서는 오랫동안 수화법만 사용되었으며, 1958년 이후에야 비로소 구화교육이 시도되어 점차적으로 확대되었다. 현재 우리나라 청각장애 학교 유치부에서는 음성 위주의 언어 교육 및 의사소통 방법(청각법, 구화법)을 사용하고 있으며, 대다수의 중학부와 고등부에서는 종합적으로 의사소통 방법을 사용하고 있다(김승국 외, 1994).

청각장애아동 교육의 방향 설정을 위한 오늘의 논의도 지금까지 논의되어 온 다음의 질문과 다르지 않다고 볼 수 있다.

- 청각장애아동을 어디서 교육해야 하는가?
- 청각장애아동에게 무엇을 교육해야 하는가?
- 청각장애아동을 어떻게 교육해야 하는가?

이러한 질문에 답하는 과정에서 많은 사람이 서로 다른 입장을 취하고 있다. 이 때문에 많은 과학적 연구가 이루어지기도 하였지만, 그보다 더 많은 시간을 자신의 경험과 철학적 입장에 근거한 논쟁과 대립으로 보내 왔던 것이 20세기의 모습이었다.

Joseph E. Fischgrund(1990)는 청각장애아동 교육과 관련된 많은 문헌들을 검토한 후 당시까지의 경향을 다음과 같이 정리하였다.

첫째, 교육 현장에서 실시되고 있는 실제 청각장애아동 교육은 연구를 통해 입증된 지식들과 상당히 동떨어져 있었다. 대부분의 경우 개인적인 경험이나 철학적 입장에 따라 교육 실제가 결정되고 있었다. 많은 경우 이러한 교육 실제들이 타당하기는 하였지만, 적합하지 않은 교육 실제들과 뒤섞인 상태로 철학적 입장이나 개인적 경험이라는 기준에 의해 실시되고 있었기 때문에 적합하지 않은 교육 실제를 따로 떼어 낸다는 것은 불가능해 보였다.

둘째, 청각장애아동 교육에만 초점을 맞추어 연구하였고, 일반 교육에서 일반적으로 인정되고 있는 경향이나 실제를 활용한 연구는 적었다. 청각장애아동 교육은 주로 청각장애라는 특성과 청각장애 상태에서 공부하는 학습자에 초점을 맞추었을 뿐 교수와 학습이라는 일반적인 주제는 소홀히 하였다. 이 때문에 오히려 청각장애아동 교육이 손해를 보았다.

셋째, 수화주의인가 구화주의인가 하는 철학적 입장에 대한 논쟁에 많은 시간을 보냈다. 또한 최근에는 특수학교(학급)인가 통합교육 배치인가에 대한 논쟁으로 많은 시간을 보내고 있다. 하지만 문헌들을 검토해 본 결과 이러한 논의는 비생산적으로 진행되어 왔으며 교육의 질과 효과에 관한 논의가 부족하였다.

Fischgrund의 이러한 지적은 앞으로의 청각장애아동 교육에 대한 연구는 실제적이어야 하며, 일반적인 교수-학습의 원리를 청각장애학생에게 활용하는 노력과 교육 대상을 고려한 교육의 질 관리가 요구됨을 의미한다.

청각장애아동 교육이 나아가야 할 방향 설정에서 고려해야 할 또 다른 측면은 교육의 '효과성'이다. 청각장애인이며 미국 메릴랜드 농학교 교장인 Tucker(1997)는 청각장애아동 교육의 주요 논쟁거리인 언어 문제에 관한 인터뷰에서 다음과 같이 답하였다.

> 현재의 발전된 공학 기술을 이용하는 경우 청각장애인은 구어를 최대 80% 정도까지 이해할 수 있다. 아마 독자들 중에는 '정말 대단한데, 믿을 수가 없군.' 하고 생각하는 사람들도 있을 것이다. 사회생활 중에 80%를 이해하는 것이라면 그렇게 생각하는 것도 괜찮을 것이다. 그러나 나는 교실 학습 상황에서 80%를 이해한다는 것은 받아들일 수 없다고 생각한다. 나는 학창 시절 끊임없이 이해하고 있는 척했고, 이해하고 있다는 몸짓을 수없이 해야만 했다. 교실에서 100% 미만의 이해는 받아들일 수 없는 기준이다. 그래서 학교에서 자연수화(ASL)와 문어(written English)를 사용하는 것이 중요하다. 예를 들어, 메릴랜드 주지사를 만나 다음해 우리 학교의 운영 방향과 예산에 대해 논의할 때 독화와 잔존청력을 활용해서 대화하면 그의 말을 80% 정도는 이해할 수 있다. 그러나 자격을 갖춘 수화 통역사(certificated interpreter)를 대동하게 되면 100%를 이해할 수 있다. 몇 백만 달러의 교육 예산이 걸려 있는 상황에서 나의 선택은 자명한 것이다.

Tucker 교장의 말을 빌려 수화주의나 종합적 의사소통, 이중언어주의(bilingualism)의 우수성을 주장하고자 하는 것은 아니다. 청각장애아동 교육이 나아가야 할 방향과 관련해서 언급하고 싶은 부분은 청각장애아동 교육의 수혜자이며 청각장애아동 교육의 존립 근거인 청각장애학생들과 청각장애인들은 상황에 따라 조금씩 다르기는 해도 80% 수준에도 만족하지 못하며 100%를 요구하고 있다는 것이다. 수화주의든, 구화주의든, 종합적 의사소통이든, 이중언어주의든, 어떠한 입장을 취하든 간에 100%의 효과성 기준에 비추어 검토되고 논의되어야 한다는 것이다.

청각장애아동 교육은 과연 효과가 있는가? 물론, 이 질문에도 다양한 대답이 가능하다. 청각장애아동을 불렀을 때 반응하는가와 특정 단어를 명료하게 발음할 수 있는가로 청각장애아동 교육의 효과를 판단한다면 긍정적인 대답을 얻을 수도 있을 것이다. 그러나 다양한 측면, 특히 졸업 후 한 사람의 사회인으로 생활하는 데, 또 주변 사람과 의사소통을 하거나, 정보를 얻거나, 직업을 구하거나, 결혼 생활을 하는 데 있어서 청각장애아동 교육의 효과를 묻는 질문 앞에서는 주저할 수밖에 없는 것이 지금의 현실이다. 따라서 앞으로의 청각장애아동 교육에서는 교육의 한 축인 청각장애인의 삶의 질이 실질적으로 향상될 수 있을 정도로 효과가 있는 교육과정과 방법, 자료, 철학, 공학 및 의학 기술의 활용 방안 등이 제시되어야 할 것이다.

청각장애아동 교육이 나아가야 할 방향으로 제시하고 싶은 또 다른 측면은 '매력성' 이다. 앞으로의 청각장애아동 교육은 매력적인 교육이 되어야 한다. 청각장애아동 교육이 매력적이기 위해서는 다음과 같은 질문에 긍정적으로 답할 수 있어야 한다.

- 청각장애학생은 학교 수업에 관심을 갖고 학교교육을 통해 지적 호기심이 유발되고 있는가?
- 청각장애학생은 스스로 공부해야 하는 이유를 분명히 알고 있는가?
- 청각장애학생은 청각장애아동 교육을 받으면서 실패나 실수를 두려워하지 않으며 자신감을 가지고 도전하고 있는가?
- 청각장애학생에게 어려움은 실패로 다가오는가, 도전으로 다가오는가?
- 청각장애학생은 실패를 장애 탓으로 돌리고 있지는 않은가?
- 청각장애학생은 스스로 자신의 학습을 조절하고 있다고 느끼는가?

이러한 질문에 계속해서 부정적인 대답을 해야만 한다면 앞으로의 청각장애아동 교육은 분명 매력 없는 교육이 되고 말 것이다.

너무나 다양한 입장이 공존하는 청각장애아동 교육의 현실은 합의된 공통의 실천 방안과 개선점의 제시를 어렵게 하지만, 앞으로의 청각장애아동 교육은 보다 효과적이고 매력적인 방향으로 변화해야 할 것이다.

4. 청각장애아동 교육의 최근 동향

특수교육의 최근 동향은 정상화의 원리에 기초한 통합교육의 강조다. 그리고 그 실천은 특수교육 대상 아동의 장애 정도와 교육적 요구에 따라 적절한 배치를 가능하게 하였다. 그러나 우리의 특수교육은 아직 교육 기회의 양적 확대와 보장이라는 수준을 벗어나지 못하고 있다. 최근에 와서야 특수교육의 질적 제고를 위해 어떻게 해야 할 것인가에 대한 논의가 비교적 활발하게 전개되고 있는 실정이다.

이 시점에서는 청각장애아동 교육의 질적 제고를 위한 논의를 청각장애아동 교육의 본질적 가치의 실현에 바탕을 두고 전개할 필요가 있다. 그러기 위해서는 우선 청각장애아동 교육을 장애 보상 활동으로 생각하는 협의의 개념에서 벗어나야 한다. 장애 보상 활동이 청각장애아동 교육에서 중요시되어야 하지만 그것만으로 장애를 가진 대상에게 자립 능력을 갖게 하고 인격을 완성하여 이 사회에 함께 참여하면서 생활할 수 있는 한 인간으로서의 존엄과 가치를 갖게 하기는 어렵다.

이제 청각장애아동 교육은 장애 보상 활동과 함께 전인 발달을 위한 활동이 강조되는 교육 프로그램을 충실히 실행하여야 한다. 이를 위해서는 청각장애아동 교육의 패러다임이 변해야 한다. 그동안 청각장애아동 교육은 객관적 기능주의, 구조주의, 실증주의 패러다임에 입각해서 연구와 실천이 이루어졌다. 객관적 기능주의는 장애아동을 판별하기 위해 표준화된 검사를 하고, 이에 근거하여 지체되거나 부족한 점, 열악한 부분을 제시하고 그 기능을 향상시키는 데 연구와 교육의 중점을 둔다. 특히, 장애아동을 의학적, 생리학적으로 진단하고 판별하는 병리적 접근과 정의 및 분류는 기능주의 패러다임의 전형적인 산물이다. 이렇게 객관적 기능주의는 청각장애아동 교육을 장애의 보상 활동과 재활이라는 협의의 차원으로 이끌어 왔다. 그 결과 청각장애아동 교육의 주된 목표를 대상 아동의 잔존 능력의 개발과 신장에 두었으며 교육의 내용도 이 영역에 편중하여 선정 · 조직하였다.

청각장애아동 교육의 기능주의적 강조는 연구에도 영향을 미쳤다. 이에 주로 장애의 특성을 밝히거나 장애나 손상에 의해 나타난 불완전하고, 열악하고 미숙한 기능의 신장에 초점을 둔 연구가 대부분이었으며, 연구 방법도 실증적 자료에 대한 양적 접근에 치중하였다. 이 같은 객관적 기능주의는 교육 대상을 장애 영역으로 세분하여 배치하고 제한된 교육 환경을 조성하게 하여, 사회적 통합이라는 청각장애아동 교육의 궁극적 목적에 이르는 과정을 더욱 복잡하게 하는 결과를 초래하였다.

그동안 이러한 문제의 개선을 위한 바람직한 변화의 노력이 있어 왔다. 예컨대, 과거에는 객관적인 표준화 검사 결과에 의해 장애아동을 판별하고 정의하였으나, 최근에는 준거(criterion)를 바탕으로 장애를 인정하고 이해하려는 구조적 접근으로 변화하였다. 즉, 구조주의 패러다임으로 장애아동의 판별, 정의, 교육, 연구의 경향이 변하였다.

또한 문화 다원적이라는 차원에서 장애아동의 이질성과 동질성을 사회 구조의 조정으로 개선하려는 노력도 구조주의 패러다임과 깊은 관련성을 가지고 있다. 청각장애아동 교육에서 구조주의 패러다임은 여전히 객관적 기준을 제시하게 하지만 교육 대상의 정상화를 위한 통합교육을 강조할 수 있게 하였다.

이제 청각장애아동 교육은 주관적 해석주의와 인간주의 패러다임으로 변화되어야 한다. 해석주의 패러다임은 객관적인 판단과 준거에 의하여 장애아동을 이해하고 그들의 교육을 생각하기보다는 주관적 입장에서 분석하고 이해하는 과정이라고 할 수 있다. 따라서 이 입장에서 장애아동을 이해할 경우에는 아동 각자가 가진 개별적 특성을 중요시하고 이를 교육에 반영하는 개별화 교육의 실천을 강조하게 된다.

인간주의 패러다임은 장애아동의 주관적 입장을 이해하고 분석하면서 동시에 거시적 안목에서 장애의 문제를 파악해야 함을 강조한다. 즉, 장애아동들의 학업 성취 수준이 낮게 나타나는 것은 그들이 가진 장애의 문제에서 초래되기도 하지만 행정적 · 재정적인 지원의 부적절성, 유능한 교사의 부족, 사회적 지원 체제의 미비 등과 같은 거시적 측면의 문제도 있다는 것이다. 그리고 장애를 가진 아동 역시 존엄한 인격체며, 그들에게도 장점이 있고, 발전 가능성이 있다는 것을 강조한다. 이러한 인간주의 패러다임은 청각장애아동 교육을 전인 발달에 중점을 두도록 이끌 수 있으며, 그것이 사회 구성원으로서 인정받고 역할을 수행할 수 있도록 하는 데 필요한 교육이어야 함을 강조할 수 있게 한다. 또한 장애문제를 개인의 노력에 의해서만 개선하거나 극복할 수 있다고 보지 않고, 학교나 사회의 구조 변화 또는 지원에 의해서도 많은 부분 극복될 수 있다는 생각을 할 수 있게 한다.

21세기의 청각장애아동 교육은 정상화와 공평을 추구하며, 장애학생의 독특한 요구와 발달의 가능성을 주관적 해석주의와 인간주의 패러다임으로 이해하고, 교육적 통합은 물론 사회적 통합을 지향하여 실천될 것이다. 이와 관련하여 청각장애아동 교육 발전과 최상의 실제를 위한 청각장애아동 교육 현장의 실천 과제를 제시하면 다음과 같다.

- 통합교육의 효율화를 위한 연구와 노력이 필요하다. 즉, 장애학생의 통합교육을 위한 학교의 재구조화 노력, 학교 환경과 시설의 개선, 최상의 통합교육을 위한 교육과정의 개발과 운영의 개선, 교과 학습 촉진을 위한 교수-학습 방법의 개선, 장애학생과 비장애학생의 이해와 협력 증진 방안 등에 중점을 두어 연구하고 실천하여야 한다.
- 21세기 교육 정보화 사회에서는 멀티미디어와 컴퓨터를 더욱 다양한 방식으로 교육에 활용할 수 있을 것이므로 이를 교수-학습에 효율적으로 활용하는 방법을 지속적으로 강구해 나가야 한다. 특히, 장애학생의 교수-학습의 효율화를 위한 활용 방법을 연구하여야 한다.

- 청각장애아동 교육의 실제에서는 무엇보다도 교육 대상의 독특한 요구와 장애의 특성을 고려한 개별화 교수가 강조되고 있는 점과 관련하여 그 효과를 증진시킬 수 있는 구체적 방법과 전략이 모색되어야 한다. 이와 함께 통합 교육과정의 운영 방법, 교과의 통합활동 방법 등 청각장애아동 교육의 실제적 효과를 증진시키기 위한 연구도 필요하다.
- 청각장애아동의 전인 발달과 인성 교육에 적절한 교육 프로그램의 개발과 적용도 청각장애아동 교육 현장의 중요한 실천 과제다.

제2장

소리와 소리의 특성

1. 소 리
2. 파 동
3. 진 동
4. 주파수
5. 공 명
6. 소리의 속도
7. 파 장
8. 위 상
9. 강 도
10. 데시벨
11. 복합음
12. 임피던스
13. 환경음
14. 심리음향학

어떤 사람이 소리를 듣지 못하는 현상을 이해하기 위해서는 소리의 물리적 특성과 소리의 생성, 전달 및 지각에 관련된 사항을 이해할 필요가 있다.

소리는 진동에 의해 생성되고 압력파(pressure waves)의 형태로 공기를 매질로 하여 우리에게 전달된다. 즉, 우리는 음파가 우리 귀에 물리적으로 충격을 주었을 때만 소리를 듣게 된다. 소리의 생성과 전달에 관련된 많은 요인은 물리학적으로 주파수, 강도, 스펙트럼이라는 용어를 사용하여 기술한다. 소리에 대한 인간의 반응은 한편으로는 심리적이기도 한데, 음의 고저, 소리의 크기, 음질, 음원 찾기 능력 등과 같은 주관적인 경험을 통해 반응을 나타낸다.

이 장에서는 음파와 그 특성, 표현법 및 단위, 측정에 관해 설명하고 측정치 간의 관계와 간단한 계산법에 대해 알아보고자 한다.

다음 내용은 Martin(1997)이 저술한 『청각학 개론(Introduction to Audiology)』의 제2장을 참고하여 기술하였다.

1. 소 리

소리(sound)는 심리학적 의미에서 어떤 것을 듣는 활동, 즉 청각적 경험을 말하고, 물리학적 의미에서는 탄성체 내의 일련의 분자운동을 지칭한다. 탄성체는 찌그러져도 일정한 시간이 지나면 본래의 모양으로 되돌아간다. 이것이 얼마나 빨리 발생하는가는 물체의 탄성(elasticity)에 의해 결정된다.

1cm^{3}의 공기는 수많은 작은 공기 분자 조각으로 채워져 있다. 이 미립자들은 항상 서로 부딪쳐 튀기면서 자유자재로 움직인다. 어떤 물체의 탄성이나 튐은 분자 간의 거리가 줄어듦에 따라 증가한다. 분자는 기체 상태보다는

액체 상태에서 더 가깝게, 액체 상태보다는 고체 상태에서 더 가깝게 몰려든다. 따라서 고체는 액체보다 탄성적이고, 액체는 기체보다 탄성적이다. 공기 미립자의 빠르고 무작위적인 움직임은 브라운운동(Brownian motion)이라고 하는데, 이는 환경 내 열의 영향을 받는다. 열이 증가함에 따라 미립자의 속도는 증가한다.

2. 파 동

물체가 진동하여 공기 분자가 소동을 일으키기 시작하면, 공기는 인접 분자들을 때리고 부딪쳐 튀기면서 그 지점에서 이동한다. 그리고 탄력성 때문에 원래 지점으로 되돌아온다. 분자들이 함께 밀치는 것을 압박 혹은 압축되

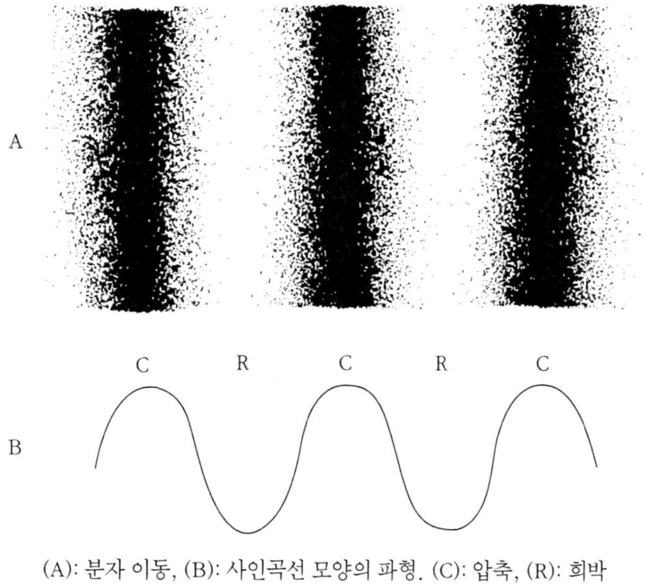

(A): 분자 이동, (B): 사인곡선 모양의 파형. (C): 압축, (R): 희박

[그림 2-1] 공기 중 단순파의 움직임

었다 하고, 압축과 압축 영역 사이에 공간이 존재할 때 그 영역을 희박한 영역이라고 부른다. 함께 밀려난 후 늘어선 일련의 분자는 파동(waves)이라 부르는 운동을 한다. 파동은 일련의 연속적인 압축(compre-ssions)과 희박(rarefactions)으로 이루어진다. [그림 2-1]에서 A는 파동운동을 설명하고 다른 미립자 밀도의 차를 보여 주며, B는 시간의 흐름에 따른 파동의 운동을 보여 준다.

1) 횡 파

횡파(transverse waves)에서 분자운동은 파동의 운동 방향과 수직을 이룬다. 물은 횡파운동을 이해하는 데 유용하다. 조약돌을 물탱크에 떨어뜨리면 물에 구멍이 만들어진다([그림 2-2] A 참조). 주변의 물은 그 구멍을 채우기 위해 흘러 들어온다. 그리고 원래의 구멍 주변에는 원형의 골이 생긴다([그림 2-2] B 참조). 그 다음 주위의 물은 처음의 골을 채우기 위하여 흘러 들어온다([그림 2-2] C 참조). 원이 넓어짐에 따라 각각의 골은 더 얕아지는데, 이것

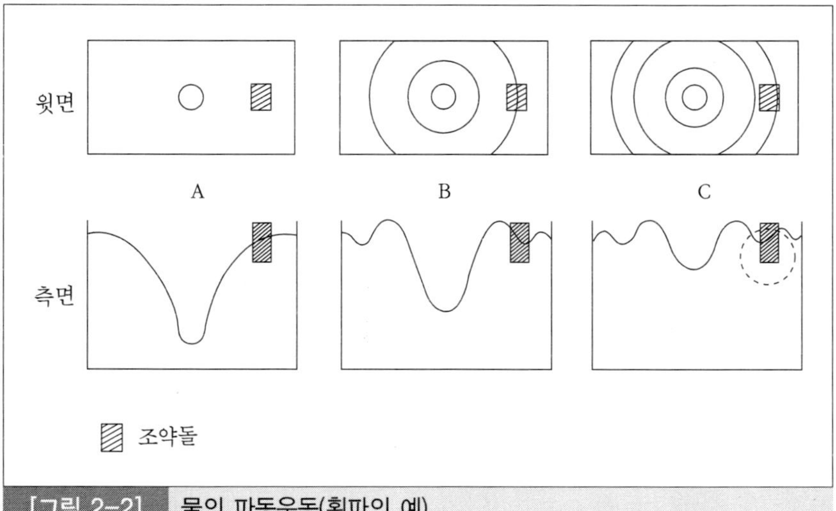

[그림 2-2] 물의 파동운동(횡파의 예)

은 골을 거의 알아볼 수 없을 때까지 계속된다. 물이 흘러 들어옴에 따라 파동은 밖으로 움직인다. 물 표면의 부유물은 어디에서나 위아래로만 움직인다. 사실 부유물의 이동은 수직축에서 원형이나 타원형을 따라 일어난다.

2) 종 파

파동의 또 다른 종류로 종파(longitudinal wave)가 있다. 종파의 예로는 들판에서 바람에 날리는 밀의 운동을 들 수 있다. 여기서 밀의 줄기(대) 끝은 공기 분자를 상징한다. 밀알과 같은 공기 분자는 파동의 진행 방향과 같은 방향으로 움직인다.

3) 사인파

우리는 음파가 공기를 통과하는 것을 보지 못한다. 따라서 음파의 움직임을 그림으로 표시하는 것이 유용하다. [그림 2-3]은 종이 위에 끈으로 매달아 놓은 페인트 통을 보여 주고 있다. 여기서 통이 앞뒤로 흔들린다면 통 밑

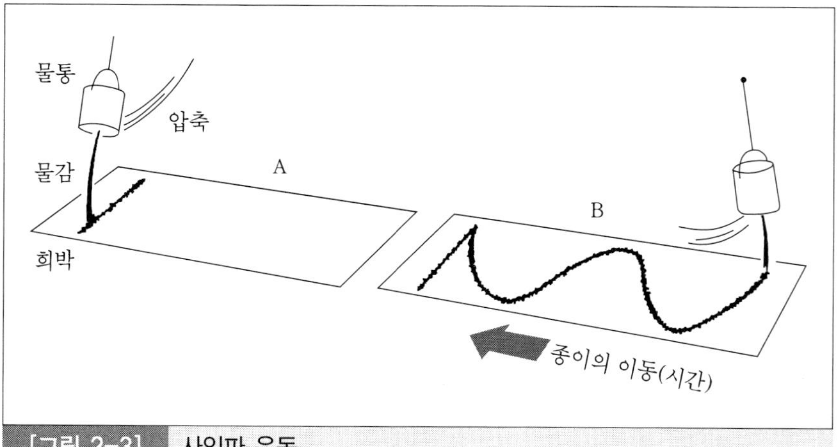

[그림 2-3] 사인파 운동

의 작은 구멍을 통해 가는 물감이 종이 위에 선을 남기게 될 것이다. 페인트 통이 앞으로 움직이는 것은 분자의 압축을 상징하고 뒤로 움직이는 것은 분자의 희박을 상징한다고 가정하자. 페인트 통이 같은 속도로 계속 흔들리고 시간의 흐름을 나타내기 위해 왼쪽 방향으로 종이를 움직이면 매끄러운 선이 종이 위에 그려지게 된다. 이 선은 시간 변화에 따른 압축과 희박 정도를 나타낸다. 만약, 종이를 움직이는 데 1초가 걸리고 그동안 2개의 완전한 주기가 일어났다면 주파수(frequency)는 초당 2주기(cps)가 된다.

물체가 앞뒤로 움직이는 것을 진동한다(oscillate)고 말한다. 1주기의 진동은 파동 위의 어떤 지점에서 시작하여 다음 파동의 동일한 지점에서 끝난다. 이것은 음향학 연구에서 중요한 많은 수학적 분석에 유용하다. 이와 같은 파동을 '사인파(sine waves, sinusoidal waves)' 라고 하며, 물체가 사인곡선으로 진동할 때 동일한 주파수로 계속해서 진동하는 것을 순음(pure tone)이라고 한다. 그리고 1초 동안에 일어나는 완전한 사인파(0° 에서 360° 까지)의 수가 그 파동의 주파수라고 한다.

일반적으로 위쪽으로 뻗은 곡선은 사인파의 압축을 나타내며, 아래쪽으로 뻗은 곡선은 사인파의 희박을 나타낸다([그림 2-4] 참조).

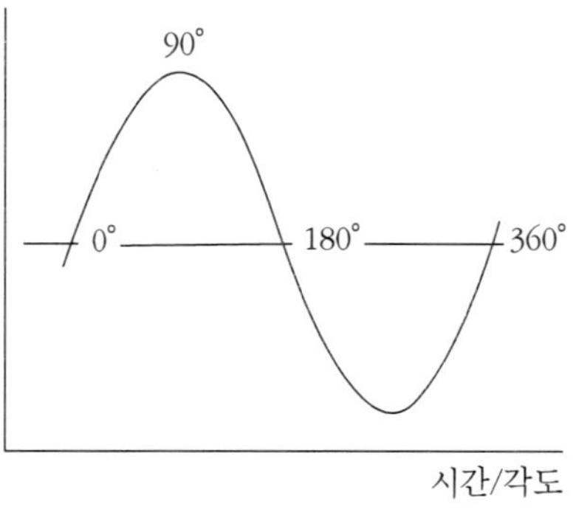

[그림 2-4] 360° 까지의 사인파 표시

3. 진 동

적절한 양의 에너지가 주어지면 물체는 진동할 수 있다. 이러한 진동 특성은 많은 요인에 영향을 받는다.

1) 에너지 효과

[그림 2-5]는 사인파에 미치는 에너지 효과(effects energy on vibration)를 보여 준다. 진동하는 물체가 A 지점에서 B 지점으로 움직일 때, 물체는 다시 돌아 움직이기 전에 서서히 속도를 줄이고 멈춘다. 이것은 앞의 [그림 2-3]에서 페인트 통이 뒤로 움직이기 전에 앞으로의 움직임을 그만두어야 하는 것과 같은 이치다. 이 지점에서 운동에너지는 없고 모든 에너지는 위치에너지만을 갖는다. 진동하는 물체가 B에서 C로 갈 때, C 지점을 통과하면서 운동에너지가 최대가 되고 위치에너지는 최소가 된다. 그리고 D 지점에 접근함에 따라 운동에너지는 감소하고 위치에너지가 증가한다(B 지점처럼).

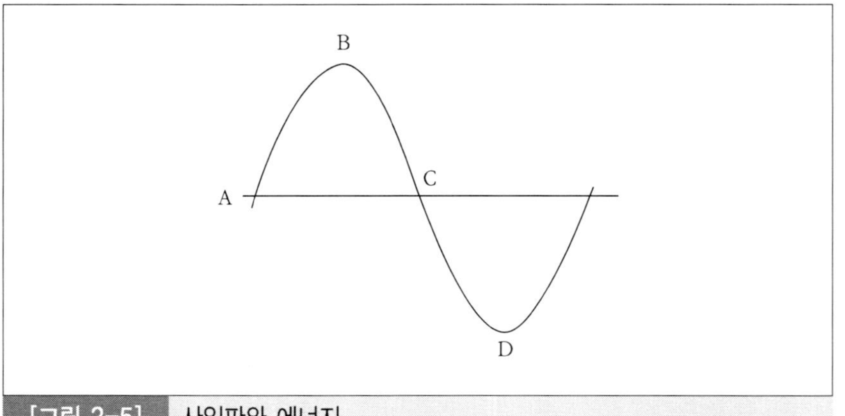

[그림 2-5] 사인파와 에너지

2) 자유 진동

진동하는 물체는 공기 중의 분자운동에 의해 방해를 받는다([그림 2-6] A 참조). 이 작은 마찰은 물체의 최초 운동에 포함되었던 에너지를 열로 변화시키는데, 마찰은 모든 진동이 멈출 때까지 진동의 간격을 줄이는 데 영향을 미친다. 계속 진동하게 하기 위한 어떤 외부의 힘도 부과되지 않을 때의 운동을 자유 진동(free vibration)이라고 부른다. 또한 시간이 지남에 따라 물체의 진동이 점차 감소되는 것을 작은 감폭(lightly damping)이라하고 진동을 빠르게 멈추게 하는 것을 큰 감폭(heavy damping)이라 한다. 그리고 1주기가 되기 전에 진동이 멈추는 경우를 강력한 감폭(critically damping)이라고 한다.

3) 강제 진동

진동운동에서 진동을 통제하기 위해 외부의 힘이 부과될 경우([그림 2-6] B 참조) 진동은 외부의 힘이 제거될 때까지 변하지 않고 계속된다. 이와 같은 운동을 강제 진동(forced vibration)이라고 부른다. 외부의 힘이 제거될 때

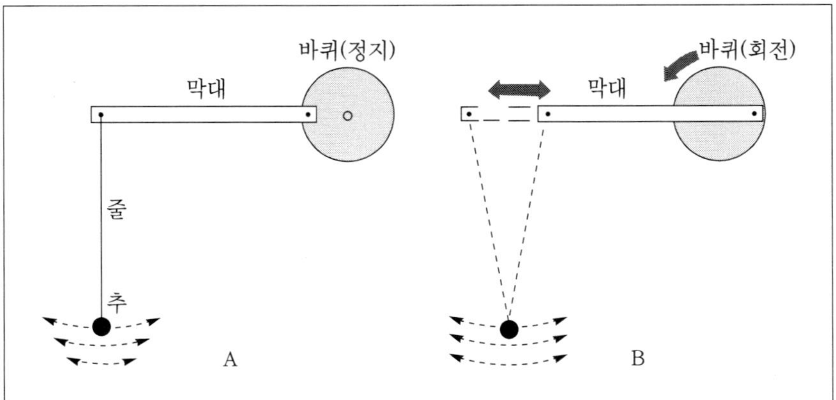

[그림 2-6] 자유 진동(A)과 강제 진동(B)

물체는 간단히 자유 진동 상태로 돌아가서 움직이지 않을 때까지 진폭 감소를 보인다. 자유 진동과 강제 진동의 경우 모두 주파수는 진폭(스윙 폭)에 관계없이 일정하다. 이는 운동 진폭이 감소하면 속도도 감소하기 때문이다.

4. 주파수

시간의 경과 없이는 아무것도 일어나지 않는다. 그러므로 일정한 단위 시간 동안 얼마나 자주 사건이 일어나는지 의문을 가질 필요가 있다. 사건의 발생은 일 혹은 분과 같은 단위를 사용하여 평가할 수 있다. 하지만 음향학에서 단위 시간에 의해 사건을 언급할 때 사용하는 시간은 초다. 진자가 앞뒤로 움직이는 메트로놈을 생각해 보자. 진자가 정지한 지점에서 오른쪽 끝으로, 다시 처음 지점을 지나 왼쪽 끝으로, 그리고 처음 지점으로 이동하는 시간 동안 1주기가 완성된다. 이와는 반대로 왼쪽 끝에서 오른쪽 끝으로, 그리고 다시 돌아오는 운동 역시 1주기를 이룬다. 1주기를 완성하는 데 걸리는 시간이 1초라면 주파수는 초당 1주기(cps)라고 할 수 있다. 진자의 운동이 같은 시간에 2번 일어나도록 메트로놈을 조절할 수 있다. 이는 각각의 진자운동에 걸리는 시간이 0.5초로 줄어든다는 것을 의미한다. 결과적으로 주파수는 2cps로 두 배가 된다. 주파수와 시간 사이의 이러한 관계는 항상 다음 공식과 같이 나타낼 수 있다.

$$\text{주기} = \frac{1}{\text{주파수}}$$

근래에 이르러 cps 대신에 hertz(Hz)라는 단위가 사용되고 있는데, 이는 19세기 독일의 물리학자 Heinrich Hertz에게서 유래한 것이다.

1) 주파수와 길이

조금만 상상력을 발휘하면 줄 끝에 매달린 물체의 진동이 천천히 앞뒤로 움직이는 것을 그려 볼 수 있다([그림 2-7] A 참조). 줄을 물체에 더 가깝게 매어서 줄의 길이가 갑자기 짧아진다면 초당 진동수는 증가할 것이다([그림 2-7] B 참조). 이것은 물체를 더 자주 앞뒤로 움직이게 한다. 이와 같이 길이가 줄어듦에 따라 주파수는 증가한다. 거꾸로 길이가 증가하면 주파수(hertz의 수)는 감소한다. 악기 중에 하프는 주파수와 길이의 관계를 보여 주는 좋은 예로 줄이 짧아질수록 더 높은 주파수로 진동한다.

2) 주파수와 질량

진동체의 질량이 클수록 운동에너지를 계속 보존하기 위해 속도가 줄어든다. 간단히 설명하면, 질량이 증가할수록 진동 주파수는 감소한다. 이것은 질량이 주파수에 영향을 미치지 않는 [그림 2-7]의 진자 예와는 다르다. 그 예는 하프 줄의 굵기가 증가할수록 낮은 음조의 소리가 발생하는 것이다.

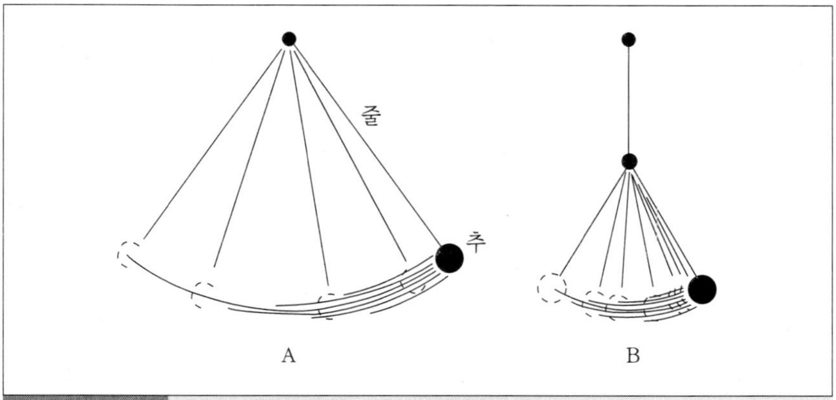

[그림 2-7] 진동 주파수에 미치는 길이의 영향

5. 공 명

크기와 관계없이 모든 물체는 진동한다. 그 고유의 속성 때문에 모든 물체는 가장 자연스럽게 진동하는 주파수, 즉 가장 쉽게 진동하거나 진동의 크기가 가장 천천히 감소하는 주파수를 가지고 있다. 이러한 물체의 자연스러운 진동 속도를 그 물체의 공명 주파수(resonant frequency)라고 한다. 물체가 공명 주파수가 아닌 다른 주파수로 진동할지라도 외부의 힘이 제거될 때는 진동이 멈출 때까지 공명 주파수로 되돌아가 진동한다.

특정한 악기의 음이 유리컵을 깨뜨리는 경우가 있다. 이러한 현상은 유리컵의 공명 주파수에서 소리의 진폭이 증가하면서 유리컵이 진동하기 시작할 때 일어난다. 컵이 충분한 진폭으로 진동하게 되면 그 형태는 왜곡되고 깨지게 된다.

6. 소리의 속도

음파의 속도(velocity)란 음원에서 다른 지점으로 이동할 때의 빠르기를 말한다. 소리의 속도는 많은 요인에 의해 결정되는데, 그중 가장 중요한 것이 매질의 밀도다. 앞서 설명한 것처럼 분자는 기체보다 액체에서, 액체보다 고체에서 더 가깝게 모여 있고, 또 고체 중에서도 특정 고체에서 더 가깝게 모여 있다. 분자가 더 가깝게 밀집될수록 이웃한 다른 분자를 빨리 때리게 되고, 이에 따라 인접한 분자가 더 빨리 움직이게 된다. 따라서 소리는 기체보다는 액체에서, 액체보다는 고체에서 더 빨리 움직인다. 청각학에서 관심을 두는 것은 공기를 통과하는 소리의 움직임이다. 공기 중에서 소리의 속도는 표준 온도와 압력 조건(해수면에서 20°)에서 대략 초당 344m다. 온도와

습도가 증가하면 소리의 속도도 증가한다. 고도가 높을 경우에는 소리의 속도가 줄어드는데, 이는 분자 간의 간격이 커지기 때문이다.

특정 순간에 측정한 소리의 속도를 순간 속도(instantaneous velocity)라고 부른다. 많은 경우 소리의 속도는 파동이 매질을 통과하여 나아감에 따라 변하게 된다. 그러한 경우에 파동의 평균 속도(average velocity)를 계산하는데, 이 파동의 평균 속도는 이동한 거리를 통과하는 데 걸리는 시간으로 나누어 산출한 값이다. 속도가 증가할 때 가속(accleration)이 일어나고, 속도가 감소할 때 감속(deceleration)이 일어난다.

고체가 공기를 통해 나아갈 때 공기 분자를 밀어내어 파동운동을 일으킨다. 물체 자체가 소리의 속도를 앞지르면 곧 그 앞의 물체에 큰 압력을 가하게 되며, 뒤에 부분적인 진공 상태를 남겨 놓게 된다. 진공 상태를 메우기 위해 압축된 분자가 밀려 들어가면 갑작스럽게 과도한 압력 상태를 초래하게 되는데, 이것을 (항공기가 음속을 넘을 때 나는) 폭발음(sonic boom)이라 한다. 소리의 속도보다 빨리 나는 항공기가 통과할 때는 이러한 폭발음과 함께 항공기의 접근 소리, 머리 위로 나는 소리, 출발 소리가 난다. 권총 발사 시 나는 커다란 소리는 화약 폭발로 인해서라기보다는 총탄이 총신을 떠날 때 소리의 장벽을 넘어서기(소리의 속도를 앞지르기) 때문이다.

7. 파 장

파장(wavelength)은 주파수와 반비례 관계에 있는 소리의 특성이다. 파장의 길이는 사인곡선상의 어느 지점(0° 에서 360°)에서 다음 주기의 정확히 같은 지점까지의 거리로 측정된다([그림 2-8] 참조). 파장의 측정 공식은 $\lambda = c/f$로서 λ는 파장, c는 소리의 속도, f는 주파수를 의미한다. 그리고 속도 측정은 공식 $c = f\lambda$를, 주파수 측정은 공식 $f = c/\lambda$를 사용한다. 주파수가 증가할

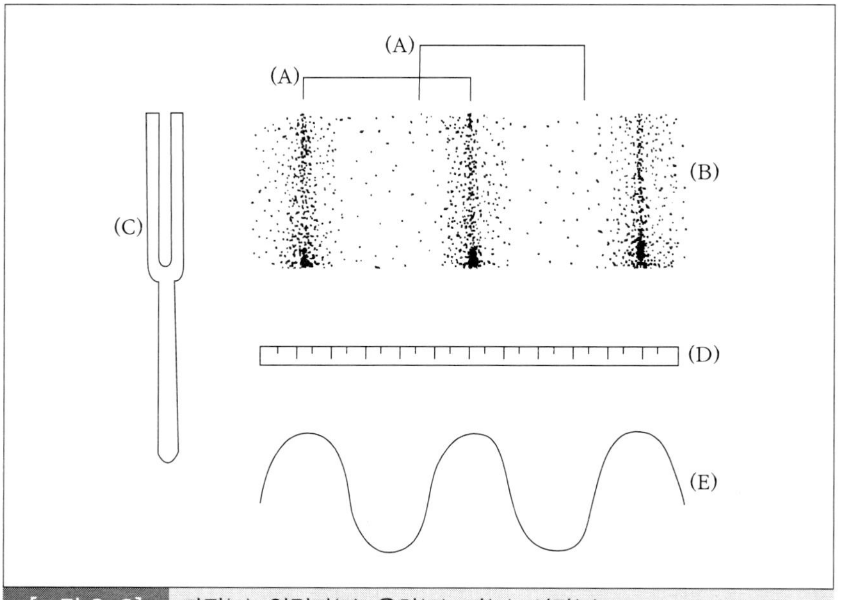

[그림 2-8] 파장(A). 압력파(B), 음차(C), 자(D), 시간(E)

수록 파장은 감소한다. 예를 들면, 250Hz 음의 파장은 1.4m(λ=344/250)이고, 8,000Hz 음의 파장은 0.04m(λ=344/8,000)다.

8. 위 상

순환운동을 서술하기 위해서는 표준 위치에 비추어 비교하는 것이 편리하다. 사인파상의 0°를 표준으로 삼았을 때 진동이 0°(혹은 360°)에서 시작한다면 표준 위상에 있다고 말한다([그림 2-9] A 참조). 위상이 다른 음([그림 2-9] B, C, D 참조)들은 표준과 다른 정도에 따라 기술한다.

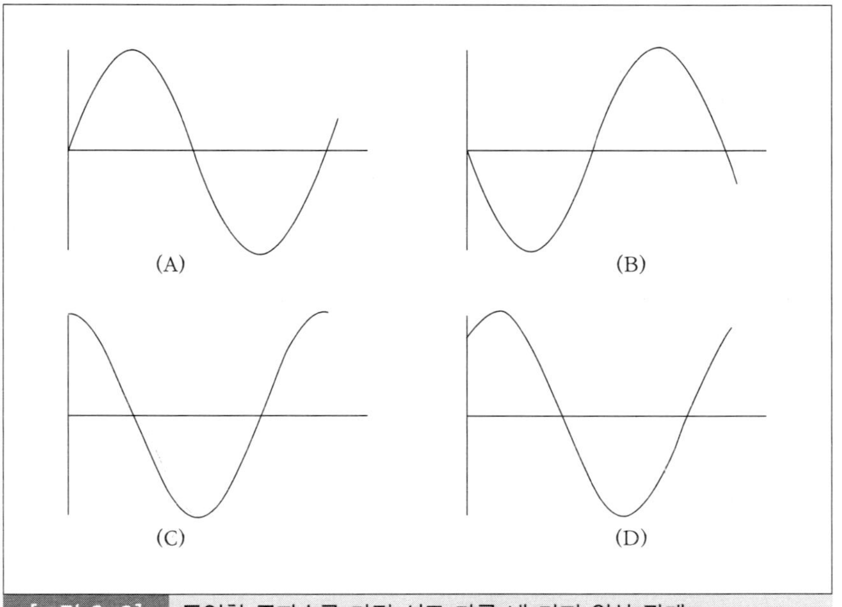

[그림 2-9] 동일한 주파수를 가진 서로 다른 네 가지 위상 관계

1) 간섭(interference)

한 음 이상이 나타날 때마다 음파 사이에는 상호 작용이 일어난다. 이러한 상호 작용은 주파수, 강도, 다른 파동 간의 위상 차이에 의해 결정된다. 어떤 주어진 순간에 동시에 발생하는 음파의 진폭은 합해져야 한다. 같은 주파수와 위상관계에 있는 두 음은 진폭을 증가시키며 서로 강화시킬 것이다. 180° 위상 차이가 나고 동일한 주파수를 가진 두 음은 언제나 진폭이 0으로 되어 서로 상쇄시킬 것이다. 실험실 밖에서는 보통 동반하는 신호가 두 가지보다 많으므로 완전한 상쇄(cancellation)는 좀처럼 일어나지 않는다.

2) 비트

거의 동일한 주파수의 두 음이 있을 때(예: 1,000Hz와 1,003Hz), 소리의 강도에 상당한 증가와 감소가 일어나게 된다. 그것은 주파수의 차이에 의해 결정된다. 이러한 변화들이 비트(beats)로 인식된다. 두 개의 서로 다른 주파수의 음이 있고 두 개의 주파수 사이의 차가 증가할 때, 1초당 비트는 증가하고 고동치는 소리로 바뀌며, 다음에 귀에 거슬리는 부조화 음으로, 결국 일련의 복합음으로 바뀌면서 1초당 비트 수가 증가하게 된다. 시작 주파수에 따라 두 개의 음 사이에 Hz의 차이가 충분히 클 때는 더 높은 음, 낮은 음, 서로 다른 음, 합쳐진 음들을 귀로 들어 모두 Hz로 표현할 수도 있다.

9. 강 도

지금까지 우리는 진동하는 물체의 진동 주파수와 그와 관련된 기능에 대해 알아보았다. 이제는 얼마나 빨리 진동하는가가 아니라 얼마나 강하게 진동체가 진동하는가(강도, intensity)를 알아보고자 한다. [그림 2-10]의 A는 동일한 주파수를 가진 두 음을 보여 준다. 중간 휴지점에서 진동체가 움직인 거리를 진폭이라고 하는데, 두 파동 간에는 최대 진폭에서 차이가 있다. 이러한 차이는 분명히 더 큰 힘이 그림의 파동에 작용하였기 때문이다. 우리의 관심이 공기 내의 분자운동에 있기 때문에 만일 더 큰 힘이 공기 분자에 적용된다면 정지 지점에서 더 멀리 움직일 것이며, 더 큰 압축과 희박을 일으키면서 분자 이동을 증가시키고, 그럼으로써 진폭을 증가시킬 것이라는 사실을 알 수 있다. [그림 2-10]의 B는 주파수는 다르지만 동일한 진폭, 같은 위상에서 출발하는 두 음을 보여 주고 있다. 그리고 C는 서로 다른 위상에서 출발하지만 동일한 진폭과 주파수를 가진 두 음을 보여 준다.

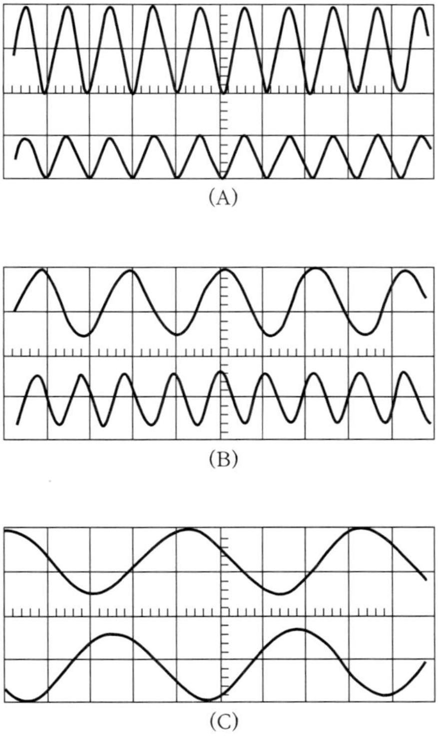

[그림 2-10] (A) 서로 다른 진폭, (B) 서로 다른 주파수, (C) 서로 다른 위상

1) 힘

소리굽쇠처럼 진동하는 물체가 앞뒤로 움직일 때에는 근접한 공기 분자에 일정 양의 힘(force)을 가한다. 힘이 클수록 소리굽쇠의 움직임이 크고, 이 때문에 음파의 진폭은 더욱 커진다. 인간의 귀는 극도로 민감하게 소리를 들을 수 있기 때문에 작은 양의 힘으로도 청력을 자극할 수 있다. 힘을 측정하는 데 편리한 단위로 다인(dyne)이 있다. 1dyne은 1g의 물체를 1cm/sec^{2}로 가속할 수 있는 힘이다. 만일 1g의 물체(1/30온스)가 해수면에 있다면 이 물체에 작용하는 중력은 약 1,000dynes이다. 힘의 측정 단위로

미국에서 최근 더 많이 사용하고 있는 것은 newton(N)이다. 1newton은 1kg의 물체에 작용하여 $1m/s^2$의 가속도를 일으키는 힘이다.

2) 압 력

압력(pressure)은 힘이 물체의 표면 위에 분산되어 작용할 때 산출된다. 정상적인 대기 압력은 1,000,000 $dynes/cm^2$, 또는 105 pascals(Pa)이다. 면적이 일정하다면 힘이 증가할수록 압력은 증가한다. 압력은 cgs 시스템(센티미터-그램-초를 사용하는 단위 체계)에서는 $dyne/cm^2$로 표시되고 SI 시스템에서는 pascals을 사용한다. 인간의 청력 민감성 때문에 micropascals(μPa)도 사용된다. 건청인의 귀에 들릴 수 있는 소리를 내기 위해 요구되는 최소의 압력은 대략 0.0002 $dynes/cm^2$ 또는 20 μPa이다. 귀에 손상을 가져올 수 있는 음파는 대략 2×10^8 μPa 압력 이상의 음파들이다.

3) 일

공기 분자 덩어리와 같은 어떤 물체가 움직일 때 에너지가 소비되는 만큼 일정량의 일(work)을 한 셈이다. 일의 양은 가해진 힘에 물체가 움직인 거리를 곱함으로써 계산할 수 있다. 일의 단위 중 하나인 1erg(e)는 1dyne의 힘으로 물체를 1cm 이동시킬 때 일의 양이다. 그리고 1joule(J)은 10,000,000ergs다.

4) 일 률

일률(power)은 물리적인 힘이나 에너지를 발휘할 수 있는 역량(capacity)으로 에너지가 소비되는 속도로 표현한다. 일률의 단위는 마력(horse-power)과 watts를 사용한다. 사람의 청력은 매우 민감하기 때문에 erg/

second와 같은 적은 힘의 단위가 음향학에 사용된다. 1watt는 1,000,000 ergs/second 또는 10^{-1}joule/second와 동일하며, 1마력은 746 watts와 같다. 일률은 소리의 크기를 측정하는 일반적인 단위다. 음원에서 그 거리가 증가할수록 주어진 지점에 도달하는 소리에너지는 감소하는데, 그것은 더 큰 지역으로 퍼져 나가기 때문이다.

5) 음파의 강도

어떤 진동에서든 진동원에서 거리가 증가할수록 더 많은 공기 분자가 이동하게 된다. 소리의 강도를 측정할 때는 측정 지점 주위의 작은 면적에만 관심이 있다. 음파의 강도는 단위 면적에 대한 힘의 양이다. 비록, 모든 진동은 음파의 강도가 음원과의 거리의 제곱에 반비례하지만, 귀에 도달하기만 한다면 1,000Hz의 음이 10^{-12}watt/m^2의 강도일 경우 들을 수 있는 소리일 것이다.

소리가 음원에서부터 구면 형태의 방사상으로 퍼진다는 것을 가정한다면 이 관련성은 다음과 같은 공식으로 표현할 수 있다.

$$\text{강도(watts/cm}^2\text{ 혹은 watts/m}^2) = \frac{\text{일률(watts)}}{4\text{p} \times \text{반지름}^2(\text{cm}^2\text{ 혹은 m}^2)}$$

파운드나 마일과 같은 일반적인 측정 단위는 본질적으로 덧셈이 가능하다. 예를 들면, 10개의 1파운드의 무게는 정확히 10파운드와 동일하다. 그러나 인간이 들을 수 있는 범위는 매우 크기 때문에 이러한 단위를 사용하는 것은 매우 큰 숫자를 다루어야 하고 성가신 일이다. 그러므로 거듭제곱을 사용하여 강도를 표현하고 서른 다른 강도 간의 비율을 이용하는 것이 편리하다. decibel(dB)은 이러한 목적에 유용하다.

10. 데시벨

두 숫자 사이의 비를 표현하기 위한 편리한 방법은 매우 긴 숫자를 없애기 위해 로그를 사용하는 것이다. 이러한 목적을 위해 사용된 단위가 'Bel' 이다. 이는 청각장애아동의 교육자이며 전화 발명가로 유명한 Alexander Graham Bell의 이름에서 따온 것이다. Bel이 보다 큰 값을 가지고 있기 때문에 Bel의 1/10인 decibel(dB)은 음향학과 청각학에서 강도의 측정 단위로 더 많이 사용된다.

데시벨의 주요 특징을 살펴보면 다음과 같다.

- 비율과 관련이 있다.
- 로그와 관련이 있다.
- 비선형이다.
- 다양한 참조 기준에 따라 표현되며, 참조 기준이 얼마인지 명기해야 한다.
- 상대적인 측정 단위다.

1) 로 그

로그(logarithm, log)는 지수(exponent)를 사용하여 큰 수를 간단히 표현한 것이다. 이는 어떤 숫자(밑)를 몇 번 곱해야 하는지를 말해 준다. 10^2을 표현하는 데 로그 값 2는 밑(10)을 두 번 곱해야 하는 것을 의미한다($10 \times 10 = 100$).

밑(base)으로 어떤 수도 사용 가능하지만, 음향학에서는 일반적으로 10을 밑으로 사용한다. 그것은 이렇게 하는 것이 편리하기 때문인데, 밑을 10으로 하면 로그는 얼마나 많은 0이 1 다음에 나타나는지를 말해 주기 때문이다. 〈표 2-1〉의 A와 B는 밑을 10으로 하는 자연 로그 값을 보여 주고 있다.

〈표 2-1〉 비율, 로그, 그리고 강도와 압력 준거에 따른 데시벨 결정을 위한 산출

		C 측정 강도(I_O)					G 측정 음압(P_O)	
A 비율	B Log	CGS (watt/cm²)	SI (watt/m²)	D dB IL	E 동일 수준	F dB SPL	CGS (dyne/cm²)	SI (μPa)
					가청 역치			
1:1	0	10^{-16}	10^{-12}	0		0	.0002	20.0(2×10^{1})
10:1	1	10^{-15}	10^{-11}	10		20	.002	200.0(2×10^{2})
100:1	2	10^{-14}	10^{-10}	20		40	.02	2,000.0(2×10^{3})
1,000:1	3	10^{-13}	10^{-9}	30		60	.2	20,000.0(2×10^{4})
10,000:1	4	10^{-12}	10^{-8}	40		80	2.0	200,000.0(2×10^{5})
100,000:1	5	10^{-11}	10^{-7}	50		100	20.0	2,000,000.0(2×10^{6})
1,000,000:1	6	10^{-10}	10^{-6}	60		120	200.0	20,000,000.0(2×10^{7})
10,000,000:1	7	10^{-9}	10^{-5}	70		140	2000.0	200,000,000.0(2×10^{8})
100,000,000:1	8	10^{-8}	10^{-4}	80				
1,000,000,000:1	9	10^{-7}	10^{-3}	90				
10,000,000,000:1	10	10^{-6}	10^{-2}	100				
100,000,000,000:1	11	10^{-5}	10^{-1}	110				
1,000,000,000,000:1	12	10^{-4}	10^{0}	120				
10,000,000,000,000:1	13	10^{-3}	10^{1}	130				
100,000,000,000,000:1	14	10^{-2}	10^{2}	140				
					통감 역치			

dB IL = $10\times\log(I_O/I_R)$, $I_R = 10^{-12}$watt/m²

dB SPL = $20\times\log(P_O/P_R)$, P_R = 20μPa

여기서 1의 로그 값이 0이라는 것에 주의할 필요가 있다.

로그는 두 숫자 사이의 비율을 표현하는 데 유용하다. 어떤 숫자가 또 다른 숫자에 의해 나누어질 때 비율이 계산됨을 알고 있다. 만일, 어떤 숫자를 그 자신으로(예: 25/25)로 나눈다면 비율은 언제나 1:1이며 숫자의 크기에 관계없이 동일한 비율을 얻는다. 동일한 밑을 가지고 있는 숫자들이 나누기에 사용될 때는 분자의 지수에서 분모의 지수를 빼면 된다(예: $10^3/10^2=10^1$). 이러한 계산은 분자나 분모 중 더 큰 것이 어떤 것이든지 상관없이 똑같다(예: $10^2/10^3=10^{-1}$). 비율이 분수로 표현될 때 분모는 분자 값을 비교하는 준거가 된다. 특별한 준거 없이 표현된 비율은 상품을 알리는 상업광고에서 무엇보다 더 좋고 밝고 빠른지를 말하는 대신 두 배로 좋고 세 배로 밝고 100% 빠르다는 식이어서 무의미하다.

2) 강도 수준

어떤 환경하에서 데시벨은 강도 준거에 비추어 표현하는 것이 유용하다. 그런 경우에 실질적인 단위는 $1m^2$당 watt(watt/m^2)다. 주어진 시스템에서 강도 준거는 I_R(강도 준거의 watts 수)로 표현할 수 있다. 확성기에서 나오는 출력은 I_O로 표현되고, 강도 준거에 비추어 둘 간의 비를 계산한다. 강도 준거에 비추어 강도 수준을 데시벨로 계산하기 위해서는 다음 공식을 사용한다.

$$dB = 10 \times \log(I_O/I_R)$$

바뀔 수도 있지만 보통 강도 준거(I_R)는 10^{-12}watt/m^2 (0.000000000001 watt/m^2)다. 만일, 측정 강도와 준거 강도가 정확히 같다면 비율은 1:1이다. 왜냐하면 1의 로그는 0이기 때문에 데시벨을 계산하면 0이 된다. 그러므로 0dB은 소리가 없음을 의미하는 것이 아니라 측정 강도가 준거 강도와 같다는 것을 의미한다. 만일, I_O가 10^1watt/m^2로 변한다면 데시벨 수치(IL)는

130이 될 것이다. 앞의 〈표 2-1〉은 측정 강도(C)가 증가함에 따라 비율(A)이 증가하고 로그 값(B)이 오르며, 데시벨 값(D)이 증가하는 것을 보여 준다.

데시벨은 로그의 표현이다. 파동의 강도가 두 배가 될 때(예를 들어, 처음 스피커와 동일한 강도의 소리를 내는 확성기를 하나 더 설치한다면) 데시벨 값은 2배가 되는 것이 아니라 3이 증가하게 된다. 예컨대, 확성기 A가 60 dB IL(10^{-6}watt/m^2)의 소리를 내고 확성기 B가 60 dB IL(10^{-6}watt/ m^2)의 소리를 공기 중에 같은 지점으로 방출한다면 그 결과는 63 dB IL(2×10^{-6}watt/ m^2)이 된다.

3) 음압 수준

청각학자와 음향학자들은 강도보다 음압 측정에 더 익숙하다. 이러한 측정은 보통 음압 수준(sound-pressure level: SPL)으로 표현된다. 압력의 비율은 강도 비율의 제곱근에 비례하는 것으로 알려져 있기 때문에 강도에서 압력으로의 변환은 다음과 같이 나타낼 수 있다.

준거 강도 dB(IL) = $10 \times \log(I_O/I_R)$
준거 압력 dB(SPL) = $10 \times \log(P_O^2/P_R^2)$

강도가 압력의 제곱에 비례하기 때문에 준거 압력에서 데시벨 값을 결정할 때 I_R은 P_R^2(준거 압력)으로 쓰이고 I_O는 P_O^2(압력 측정)으로 쓰인다. 제곱을 하게 되면 수학 규칙에 따라 제곱한 값의 로그는 2배 곱한 값과 같다. 그러므로 dB SPL의 공식은 다음과 같다.

dB(SPL) = $10 \times \log(P_O^2/P_R^2)$ 혹은
dB(SPL) = $10 \times 2 \times \log(P_O/P_R)$ 혹은
dB(SPL) = $20 \times \log(P_O/P_R)$

준거 강도를 가진 데시벨의 경우처럼 P_O가 P_R과 같을 때 두 개는 1:1이고 dB SPL의 값은 0이다. 강도의 경우처럼 0 dB SPL은 침묵을 의미하는 것이 아니라 단지 측정 압력이 준거 압력과 같음을 의미한다.

1dyne/cm²는 1microbar와 같기 때문에 두 용어는 종종 바꿔 사용되기도 한다. 0.0002 dyne/cm²의 압력은 물리학에서 사용되고 때로는 음향학에서 사용되는 음압 준거였다. 그러나 이것은 SI에서 사용하는 20 micro pascals(μPa)에 의해 대체되고 있다. 이 기준은 보통 소음측정기(sound-level meter)에 사용된다. 즉, 20 μPa은 0 dB SPL이다. 들어서 고통을 주는 정도의 소리는 140 dB SPL 정도다. dB SPL의 용어는 20 μPa의 압력 준거를 사용하였음을 의미한다. 앞의 〈표 2-1〉은 μPa(혹은 dyne/cm²)의 숫자가 증가하는 것이 비율(A), 로그(B), 그리고 dB SPL(F) 값에 반영된다는 것을 보여 준다.

데시벨이 두 가지 소리 강도 혹은 음압 사이의 비율을 표시하기 때문에 데시벨 값은 단순히 더하거나 뺄 수 없다. 그러므로 60 dB 더하기 60 dB은 120 dB이 아니다. 음압 값이 두 배가 되면 데시벨 값은 6이 증가한다. 그러므로 60 dB SPL(20,000 μPa)에 60 dB SPL(20,000 μPa)을 더하면 66 dB SPL(40,000μPa)이 된다. 이러한 계산 결과는 준거 강도에 따른 데시벨 값의 증가만큼 준거 압력에 따른 데시벨 값도 동일하게 증가하기 때문에 학생들에게 혼동을 준다. SPL은 두 개의 파동이 동일한 위상을 가지지 않는 한 3 dB씩 증가한다. 또한 강도와 음압 사이에 존재하는 특별한 관계 때문에 스피커 수가 네 배로 증가하는 경우 6 dB이 증가하게 된다.

준거 강도나 준거 압력(〈표 2-1〉의 C, G)에 따른 데시벨은 그 값이 같으면 파동의 크기가 같다. 강도와 압력은 같은 파동을 달리 보는 방법일 뿐이다. 〈표 2-1〉에서 E는 이 점을 설명하기 위한 것이다.

4) 청력 수준

현대의 순음청력검사기는 다양한 주파수에서 인간의 청력 민감성을 검사하기 위한 도구로 개발되었다. 초기의 청력검사기 제조업자는 평균적으로 정상 청력을 가진 개인이 겨우 들을 수 있는 소리의 크기를 SPL로 측정하였다. 그 후 1951년 미국표준협회(American Standards Association: ASA)에 의해 표준안이 채택되었다.

정상 청각을 자극하는 최저의 소리 강도는 영점 청력손실(zero hearing loss)과 영점 청력 수준(zero hearing level: HL)으로 불렸다. 청각은 서로 다른 주파수에서 상이한 민감도를 보여 주기 때문에 각 주파수의 영점 청력 수준에 해당하는 압력 양을 결정해야 한다. ASA의 1951년 기준에 근거해서 검사기를 조정하였을 때 준거 압력이 주파수마다 달랐다. 그러므로 청력 수준은 정상 청력을 참조하여 조정되었다.

영국에서 사용되던 표준이 국제표준화기구(International Organization for Standardization)에 의해 채택될 때까지 각 나라에서 만들어진 청력검사기들은 0 dB SPL의 값에 차이가 있었다. ISO-1964라고 부르는 이 새로운 표준은 ASA-1951 기준 값보다 더욱 민감하게 정상 청력을 반영하고 있었다. 주파수에 따라 평균 10 dB이 낮았다. ISO-1964 기준치들이 〈표 2-2〉에 제시되어 있다. 이 두 표준 사이의 차이는 자료가 수집되는 동안의 검사 환경, 준비 절차, 사용한 장비의 차이 때문에 생긴 것으로 보인다.

ASA 표준으로 정상 청력을 가진 사람들을 검사한 청각학자들은 그들 대다수가 준거 영점보다 더 좋은 청력을 가지고 있다는 것에 주목하였다. 따라서 그들은 새로운 표준으로의 전환을 환영하였다. 더 최근에 새로운 미국의 표준이 '미국국립표준연구소(American National Standards Institute: ANSI, ASA의 후신)' 에 의해 발표되었고, 일반적으로 사용하는 청력검사 이어폰을 사용하여 ISO 값들과 동일한 SPL 값들을 얻었다.

〈표 2-2〉 0 dB 청력 수준에 대한 표준 음압 수준

주파수(Hz)	ASA-1951 W. E. 705A 이어폰	ANSI-1969 (ISO-1964) W. E. 705A 이어폰	ANSI-1969 (ISO-1964) TDH-39 이어폰	TDH-49 이어폰
125	54.5	45.5	45.0	47.5
250	39.5	24.5	25.5	26.5
500	25.0	11.0	11.5	13.5
1000	16.5	6.5	7.0	7.5
1500	16.5+	6.5	6.5	7.5
2000	17.0	8.5	9.0	11.0
3000	16.0+	7.5	10.0	9.5
4000	15.0	9.0	9.5	10.5
6000	17.5+	8.0	15.5	13.5
8000	21.0	9.5	13.0	13.0

5) 감각 수준

데시벨에 대한 또 다른 준거는 개인의 청력역치가 될 수 있다. 순음역치는 비록 50%의 응답 기준이 임의적인 것이기는 해도 들을 수 있는 소리 중 50%를 인식할 수 있는 수준으로 정의된다. 감각 수준(sensation level: SL)은 개인에게 특정한 것으로 청력 수준(HL)보다 큰 음압 수준(SPL)을 dB로 나타낸 것이다. 만일, 1,000Hz에서의 청력 수준이 0 dB인 사람에게 50 dB의 소리를 들려주었다면 그 사람은 그의 청력역치보다 50 dB 더 크게 듣게 된다. 즉, 그 사람의 감각 수준은 50 dB SL이 된다. 이와는 달리 청력 수준이 20 dB인 사람에게 50 dB 소리를 들려주었다면 그 사람의 감각 수준은 30 dB SL이 된다. 이와 같이 감각 수준은 청력역치보다 더 크게 들리는 정도를 표시한다.

11. 복합음

순음은 자연 세계에서는 거의 찾아볼 수 없다. 순음은 대부분 소리굽쇠나 전자 사인파 생성기와 같은 실험 도구에 의해 만들어진다. 대부분의 소리는 수많은 다른 주파수와 다른 진폭을 지닌 음들로 구성되어 있다. 수학자 Fourier는 복합파를 사인파 구성 요소로 분석할 수 있음을 처음으로 보여 주었다.

1) 기본 주파수

말소리와 음악 소리처럼 어떤 복합음(complex sounds)은 계속 반복된다. 이렇게 반복되는 음을 주기적(periodic)인 음이라 한다. 수많은 순음이 제시되었을 때 그중 하나는 다른 것보다 자연히 주파수가 낮을 것이다. 주기적인 복합음 스펙트럼에서 주파수가 가장 낮은 음을 기본 주파수(fundamental frequency: Fo)라고 부르는데, 이것은 진동체의 물리적 특성에 의해 결정된다. 비주기적(aperiodic)인 음은 기본 주파수를 거의 가지지 않고 대개 잡음으로 인식된다.

2) 배 음

주기적인 복합음에서 모든 주파수는 기본음의 정수배로 나타난다. 이러한 음들을 배음(harmonics) 또는 상음(overtones)이라 한다. 그러므로 100 Hz의 기본음을 가진 음의 스펙트럼에서는 단지 200 Hz, 300 Hz, 400 Hz 등의 주파수만이 있을 것이다. 주기적 신호로 말하자면, 상음과 배음의 차이는 단지 배수 계산법의 차이일 뿐이다. 첫 번째 배음은 기본 주파수고, 두 번째 배음은 기본음의 두 배인 제2배음이다. 이에 비해 첫 번째 상음은 두 번째 배음이고, 그 이상의 상음은 연속적 배수로 숫자가 매겨진다(제2상음, 제3상음 등).

3) 복합음의 스펙트럼

다른 주파수를 지닌 둘 또는 그 이상의 순음이 동시에 생성될 때, 복합파형의 진폭은 각 순간의 부분음들의 진폭을 합한 것이다. [그림 2-11]에는 새롭고 약간 다른 파형이 제시되어 있다. 여기서 네 번째, 다섯 번째 음이 더 첨가되면 파형이 더욱 달라지게 될 것이다. 이러한 속성을 갖는 복합파(complex wave)는 실험실에서 합성할 수 있는데, 본질적으로 Fourier의 분석과는 정반대로 작업을 해야 한다.

비록, 기본 주파수가 모든 배음의 주파수를 결정한다고 하더라도 배음이 모두 똑같은 진폭을 가지고 있는 것은 아니다([그림 2-12] 참조). 관악기는 기본 주파수가 악기 자체(몸통)의 진동에 의해 결정된다. 예컨대, 클라리넷은 리드가, 트럼본은 마우스 피스의 취구가, 인간은 후두의 성대가 이와 유사한 역할을 한다. 이러한 관악기의 길이와 단면적은 다양하다. 트럼본은 활주관을 내밀거나 끌어들임으로써, 클라리넷은 키를 누름으로써, 구강은 혀를 높이거나 낮추거나 앞뒤로 움직임으로써 변화를 가져온다. 이런 식으로 기본 주파수와 배음 주파수가 같다 할지라도 배음 주파수의 진폭은 악기에 따라 다양하기 때문에 서로 다른 배음 스펙트럼이 나타나고([그림 2-12] B, C 참조) 각각 그 음색(quality)이 달라진다.

말하는 동안 기본 주파수를 변화시키지 않고도 구강의 크기와 형태를 변화시킴으로써(대개는 혀를 움직임으로써) 어떤 배음은 강조되고 어떤 배음은 억제된다. 결과적으로 파형에는 일련의 최고점과 골짜기가 나타난다. 각각의 최고점은 포먼트(formant)라 부르는데, 이는 상이한 모음을 인식하는 데 도움이 된다. 최고점은 주파수가 낮은 순서대로 제1포먼트(F_1), 제2포먼트

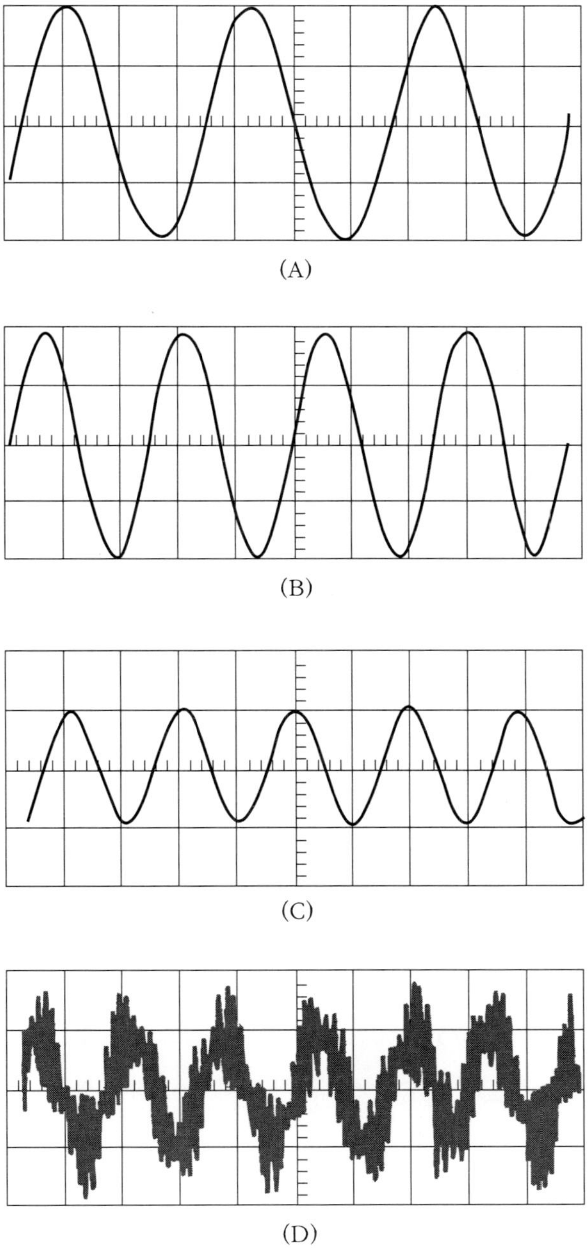

[그림 2-11] 복합음의 합성: 서로 다른 주파수와 진폭을 가진 세 가지 사인파 (A, B, C)로부터 복합파형(D) 생성

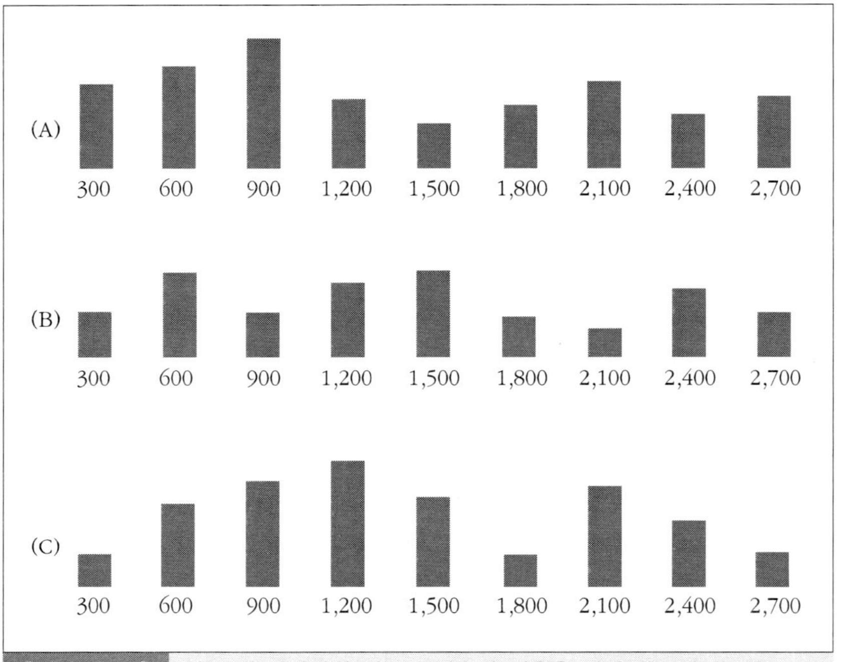

[그림 2-12] 세 가지 관악기의 기본 주파수와 배음을 나타내는 막대그래프

(F_2)와 같이 이름을 붙인다. 관악기의 스펙트럼은 모음의 그것과 유사하며 음향계의 공명에 의해 유사한 방법으로 결정된다.

일단 음파의 배음 구조가 기본음에 의해 결정되면 기본음은 소리를 분명하게 인식하는 데 더 이상 중요하지 않게 된다. 전화상에서 300 Hz 이하의 주파수는 통과되지 않는다. 남자 목소리의 평균 기본 주파수는 85~150 Hz이고, 여자의 경우는 175~250 Hz이지만(후두의 크기, 모양, 성문 아래 압력 차이에 따른 결과), 기본 주파수가 걸러진다고 해도 우리는 화자의 성과 정체를 전화를 통해서 분명히 알 수 있다.

12. 임피던스

어떤 물체가 움직일 때는 어느 정도의 저항(resistance)을 극복해야만 한다. 음파가 공기 중을 이동하려면 그 진행을 방해하는 표면에 부딪히게 된다. 매질의 임피던스(impedance)는 음향에너지의 전달을 방해하는 정도를 의미한다.

일반적으로 음파의 행로에 부딪히는 표면이 촘촘할수록 음파의 임피던스는 커진다. 예를 들면, 진행하는 소리가 닫힌 문에 부딪히게 되면 문이 양쪽의 공기보다 훨씬 더 촘촘하기 때문에 어느 정도의 에너지는 반사될 것이다. 만일, 소리가 옆방으로 이동한다면 문 자체가 진동하게 되고, 그 결과 반대편 문은 옆방에 있는 공기 분자를 움직이게 하여 새로운 음파를 생성하게 된다. 이때 문의 임피던스 양이 옆방에서 발생하는 음파의 진폭을 결정한다. 문의 임피던스가 클수록 진폭이 작은 음이 이웃하고 있는 방으로 전달될 것이다.

관성을 극복할 에너지가 충분하다면 물체는 진동하게 될 것이다. 진동체 또는 매질의 공명하는 성질이 가장 효율적이거나 가장 덜 효율적인 진동의 주파수를 결정한다. 공명(resonance)은 부피, 탄성, 그리고 물체(또는 매체)의 마찰에 의해 결정된다.

전체 임피던스(Z)는 두 가지 요인에 의해 결정된다.

첫째, 단순저항(R), 즉 진동 주파수에 영향을 받지 않는 저항이다. 이 단순저항은 건전지와 같은 직류 회로에서 음극에서 양극으로의 한 방향으로 움직이는 전기저항과 유사하다.

둘째, 복합저항 또는 유도저항(reactance)이다. 유도저항은 주파수에 의해 영향을 받기 때문에 에너지가 옮겨지는 데 따른 저항이 주파수에 따라 다양하다. 유도저항은 전자의 흐름이 주기적으로 역전하는 일반 가정의 전류와 같은 교류 전기 · 전류 체계에서 찾아볼 수 있다.

전체 유도저항은 질량에 따른 유도저항(mass reactance)과 경도에 따른 유도저항(stiffness reactance)의 두 가지 부수적인 요인에 의해 결정된다. 물체의 물리적인 질량이 증가하거나 대상이 진동하는 주파수(f)가 증가하면 질량유도저항 또한 증가한다. 다시 말해서, 질량유도저항은 질량 및 주파수와 직접 관련이 있다. 강직성 경도유도저항은 반대로 작용한다. 물체의 물리적 경도가 증가하면 경도유도저항은 감소한다.

단순저항, 질량유도저항, 경도유도저항 모두 전체 임피던스를 결정하는데 기여한다. 이들 용어 모두를 똑같이 측정하는 단위는 옴(ohm, Ω)이며, 이를 표시하면 다음과 같다.

$$Z = \sqrt{R^2 + (2\pi fM - \frac{S}{2\pi f})^2}$$

이것은 전체 임피던스를 계산하는 공식이다. 여기서 Z는 전체 임피던스, R은 단순저항, 2πM은 질량유도저항, 그리고 $\frac{S}{2\pi f}$ 는 경도유도저항이다. 이 등식은 질량유도저항과 경도유도저항이 대수적으로 결합되어 있음을 보여 준다.

13. 환경음

앞서 우리는 가청역치부터 고통을 주는 역치까지 소리 강도의 범위가 대단히 광범위하다는 것을 살펴보았다. 불쾌감 없이 정상 청력을 가진 사람들이 들을 수 있는 모든 소리는 이 범위 내에 존재한다. 〈표 2-3〉에는 몇몇 일

〈표 2-3〉 일상 환경음의 강도

0 dB	겨우 들을 수 있는 소리
10 dB	나뭇잎들이 부드럽게 바스락거리는 소리
20 dB	1.2m 거리에서 속삭이는 소리
30 dB	자동차들이 없는 저녁의 조용한 거리
40 dB	도시의 밤 소음
50 dB	3m 떨어진 곳의 조용한 자동차 소리
60 dB	백화점
70 dB	혼잡한 교통
60~70 dB	1m 거리에서의 정상적인 대화
80 dB	차가 막히는 거리
80~90 dB	나이아가라 폭포
90 dB	3m 떨어진 천공기에서 나는 소리
100 dB	3.5m 떨어진 곳에서 나는 큰 못 박는 기계 소리
110 dB	10W 증폭기를 가진 하이파이 축음기로 3m 떨어진 곳에서 듣는 소리
115 dB	0.6m 떨어진 곳에서 강철판을 망치질하는 소리

상 환경음(environmental sounds)들의 대략적인 강도가 제시되어 있다. 이 표는 여러 소리의 강도를 가늠해 보는 데 도움이 될 것이다.

14. 심리음향학

이 장에서는 물리적 음향학에 초점을 맞추어 설명하였다. 지금까지의 설명은 인간 지각의 유무와 관계없이 그 속성을 유지하는 것들이다. 마지막으로 음향심리, 즉 물리적 자극과 그것이 일으키는 심리적인 반응 간의 관계에 관한 연구에 대해 간단히 언급하고자 한다.

1) 음의 고저

음의 고저(pitch)는 소리의 높음과 낮음에 대한 주관적인 느낌을 기술하는 데 사용되는 용어다. 음의 고저는 주파수와 관련되어 있다. 즉, 진동 주파수가 증가할 때 적어도 사람이 들을 수 있는 범위인 약 20~20,000 Hz에는 음의 높이도 높아진다. 서양 음악에서는 옥타브(octave)라는 척도를 이용한다. 주파수가 2배가 될 때 음은 한 옥타브 올라간다. 그러나 소리를 한 옥타브 올린다고(혹은 내린다고) 해서 음의 높이가 2배(혹은 절반)가 되는 것은 아니다. 강도 또한 주파수보다 작은 정도이기는 하지만 음의 높고 낮음을 지각하는 데 영향을 미친다.

음의 높고 낮음에 대한 주관적인 판단 결과는 멜(mel)이라는 단위를 사용하여 표현한다. 1,000 mels은 40dB SL에서 1,000 Hz 음의 높이를 말한다.

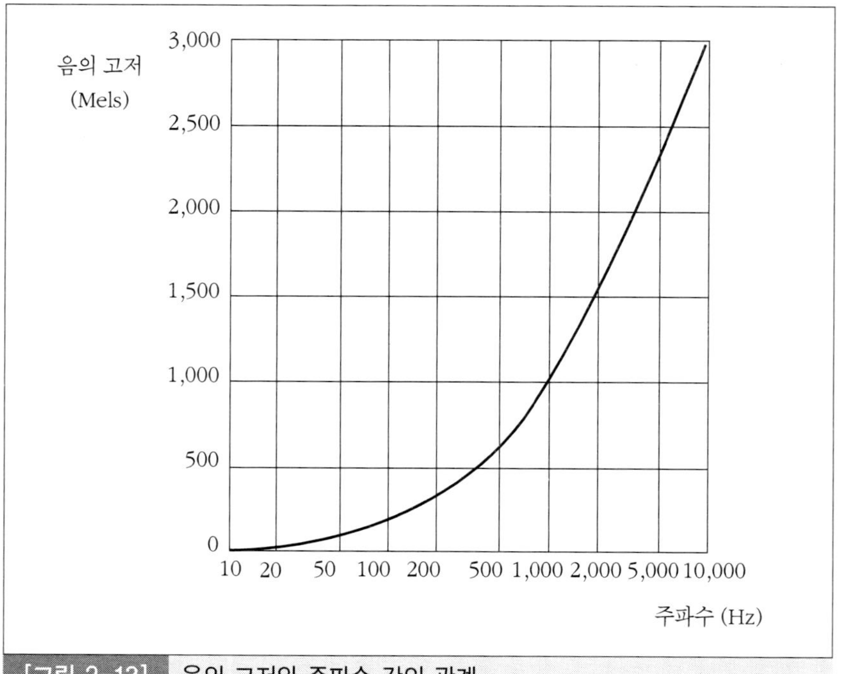

[그림 2-13] 음의 고저와 주파수 간의 관계

주파수를 조정하여 2배만큼 높게(2,000 mels), 또는 절반 낮게(500 mels) 음을 낼 수 있다. 주파수가 증가하면 멜 값도 증가하지만, 1,000 Hz의 음을 제외하고는 주파수 값과 멜 값이 일치하지 않는다. 정상 청력을 가진 사람을 대상으로 상당한 훈련을 거친 후 주파수와 멜 값 간의 관계를 조사한 결과가 [그림 2-13]에 제시되어 있다.

2) 소리의 세기

소리의 세기(loudness)는 순수한 물리적 힘인 강도와 대비되는 주관적인 경험이다. 증가하는 강도와 증가하는 세기 사이의 관계를 가늠해 볼 수는 있지만, 데시벨은 세기의 측정 단위가 아니다. 따라서 '이 방의 소음은 60 dB 세기다.' 라는 말은 틀렸다. 소리의 지속 시간과 주파수도 소리의 세기를 감

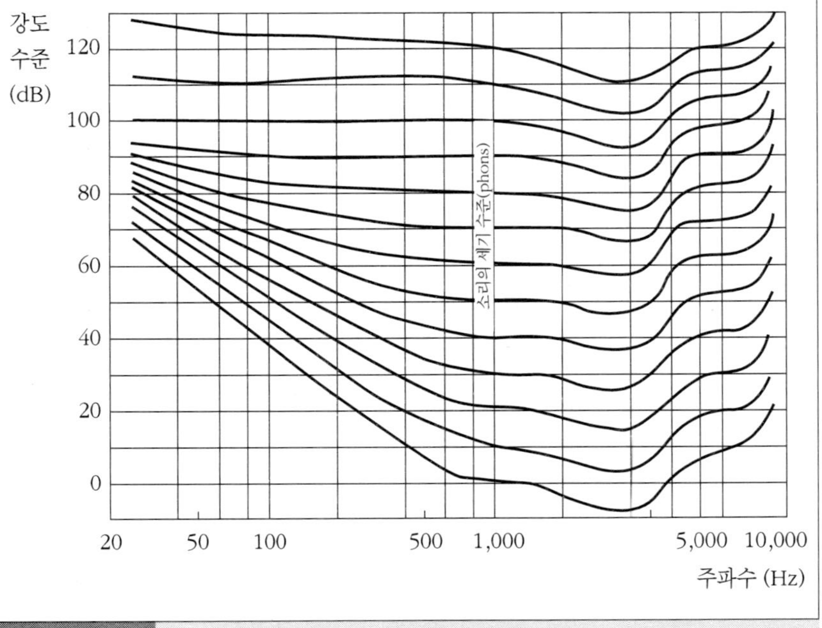

[그림 2-14] 소리의 세기와 강도 간의 관계

지하는 데 영향을 미친다.

앞서 서술한 바와 같이, 귀는 모든 주파수에서 똑같은 민감도를 보이지 않는다. 또한 소리의 세기에 대한 주관적인 경험도 주파수마다 차이가 있다. 다양한 강도에서 각 주파수의 소리 세기를 1,000 Hz 음의 소리 세기와 비교함으로써 각 주파수에서 소리의 세기 수준을 결정한다. [그림 2-14]를 보면 중간 주파수보다 낮은 주파수와 특정한 높은 주파수에서 소리의 세기가 빠르게 증가함을 알 수 있다. 소리의 세기 수준을 나타내는 단위는 폰(phon)을 사용한다.

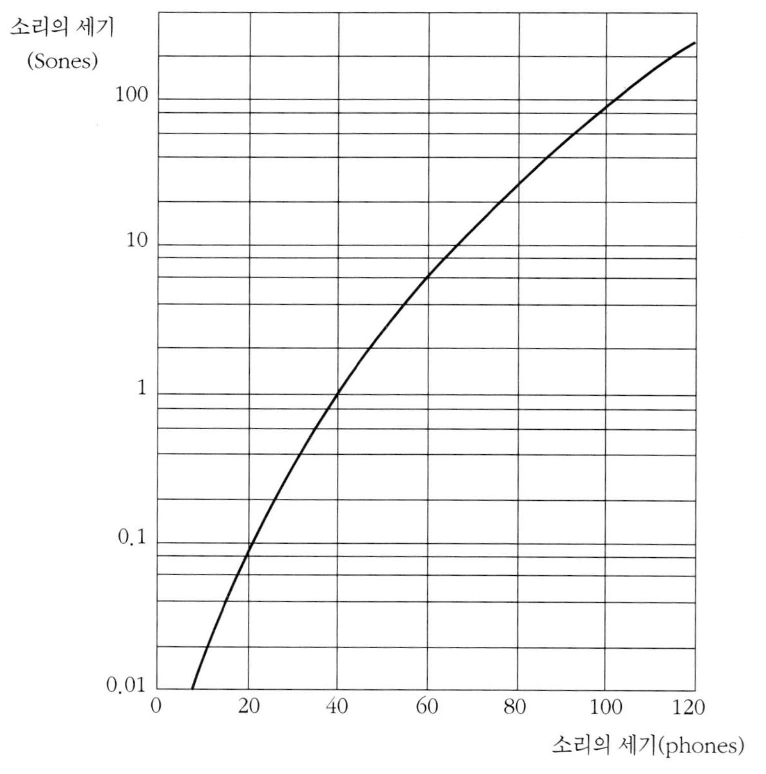

[그림 2-15] 소리의 세기와 세기 수준 간의 관계

손(sone)이라는 단위는 서로 다른 강도에서 1,000 Hz 음의 소리 세기를 비교한 것이다. 1 sone은 40 dB SL에서의 1,000 Hz 음의 소리 세기다. 대상자들이 1 sone의 절반 세기 음을 감지하도록 요구되는 강도는 0.5 sone이고 2배의 세기는 2 sone이다. 따라서 소리의 세기 수준(phon)은 소리의 세기(sone)와 관련된다. 하지만 [그림 2-15]는 이 둘 간에 정확한 대응이 되지 않음을 보여 준다.

3) 음원찾기

청각은 시각, 촉각, 후각을 방해하는 많은 장벽에 영향을 받지 않는 원거리 감지에 사용되는 감각이다. 소리는 주파수가 높아짐에 따라 단일 방향으로 이동하려는 경향이 더 커지기는 하지만 거의 왜곡 없이 코너를 돌 수 있다. 음원은 볼 수 없을지라도 많은 경우 소리가 어디서 나는지 알 수 있다. 음원찾기(localization)라는 이 능력은 양쪽 귀의 상호 작용에 의한 복잡한 현상이다. 음원찾기, 곧 소리가 난 곳 찾기는 가능한 위험의 전조를 경고함으로써 아마도 우리의 초기 생존에 많은 기여를 하였을 것이다.

음원찾기는 소리의 상대적인 강도와 소리가 두 귀에 도착하는 시간 차 때문에 가능하다(즉, 위상). 음원찾기에 기여하는 가장 큰 신호는 저주파수(1,500 Hz 이하)에서 양 귀 간의 위상 차와 고주파수 영역의 강도 차다. 자연적으로 표면이 단단한 음향적 환경에서 소리는 다시 진동하면서 원래의 음원과는 달리 다른 방향에서 오는 것처럼 들린다. 다시 진동하는 단단한 표면이 없는 영역은 자유장(free field)이라고 부른다. 자유장은 실제로 산꼭대기나 특별히 만들어진 방음실과 같은 곳에서만 존재한다.

4) 차 폐

두 가지 소리가 동시에 들릴 때, 한 소리의 강도에 대해 다른 소리가 들리지 않게 될 수 있다. 이렇게 함께 제시된 음에 의한 청력역치의 변화를 '차폐'라고 한다. 소음 상황에서 말 듣기를 방해받은 경험은 누구에게나 있을 것이다. 여기서 방해를 하는 소음은 차폐음(masker)이라 하고, 영향을 받는 신호는 피차폐음(maskee)이라고 한다.

제 3 장

청각생리와 청각장애의 원인

1. 귀의 구조와 기능
2. 청각장애의 원인 및 유형

일반적으로 우리는 소리를 지각하고 인지할 때 청각기관이 자연스럽게 기능하기 때문에 특별한 노력 없이 일상생활과 여러 활동에 필요한 청각 정보를 수용하고 이해할 수 있다. 그러나 청각기관은 매우 복잡한 구조를 가지고 있어서 작은 손상으로도 기능상의 문제가 크게 나타날 수 있으며, 다양한 원인에 의한 청각기관의 손상은 청각장애를 초래하게 된다. 청각장애 때문에 청각 정보를 원활하게 수용하지 못한다면 음성언어 습득에 어려움이 가중되며, 이는 또한 학습 및 적응 문제로 이어질 수 있다. 따라서 청각장애아동의 교육에서는 이러한 청각장애를 개선하여 청각 정보의 수용을 보다 잘 할 수 있게 하는 지원이 필요하다.

이를 위하여 이 장에서는 청각기관의 구조와 기능을 알아보고 청각장애의 주요 원인과 유형을 개괄적으로 살펴보고자 한다.

1. 귀의 구조와 기능

여러 가지 소리가 공기의 진동에 의하여 우리 귀에 도달하면, 공기 진동의 파동은 외이를 거쳐 고막과 이소골을 진동시킨 후 내이의 와우에 이르러 다시 액체의 진동으로 변화하고 신경 흥분으로 전환된 다음 중추에 전달되어 소리를 듣게 된다. 이 과정 중 어느 한 곳이라도 손상을 입으면 청각장애를 유발할 수 있다. 청각장애의 원인을 이해하기 위해서는 귀의 어떤 구조가 어떻게 기능하여 소리를 듣게 되는가를 살펴볼 필요가 있다.

청각기관은 소리가 전달되는 순서에 따라, 혹은 기관이 자리한 위치에 따라 크게 외이(external ear), 중이(middle ear), 내이(inner ear)로 구분된다.

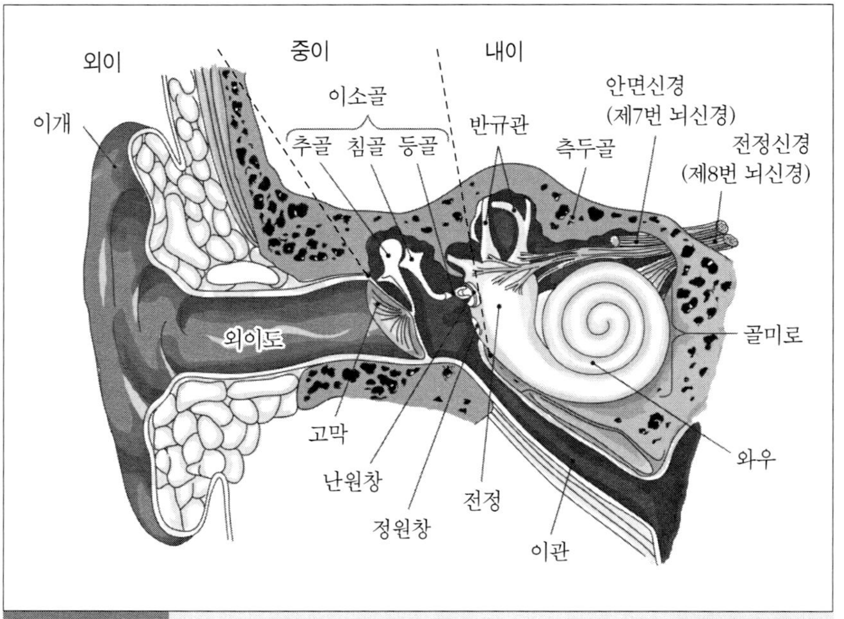

[그림 3-1] 귀의 구조

수정 발췌: Martini, F. H., & Bartholomew, E. F. (2003). *Essentials of anatomy & physiology* (3rd ed.), p. 297. San Francisco, CA: Pearson Education, Inc.

외이는 소리를 모아서 중이로 전달하는 역할을 하고, 중이는 외이에서 들어온 공기 중의 음파를 기계적인 에너지로 바꾸는 기능을 하며, 내이는 중이의 기계적 에너지를 전기적 에너지로 전환하는 작용을 한다. 다시 말해, 청각기관의 기능은 '전음'과 '감음'으로 대별되는데, 전음 기능은 외이와 중이에서 이루어지고 감음 기능은 내이에서 이루어진다.

1) 외이의 구조와 기능

외이(external ear)에는 이개(귓바퀴, auricle, pinna)와 외이도(external auditory canal: EAC, external auditory meatus)가 포함된다.

이개 연골로 구성된 이개는 외측 가장자리인 이륜(helix), 대이륜(antihelix), 안쪽 함몰부 윗부분인 이개정(cymba concha), 외이도의 입구 대이륜의 안쪽 함몰부 아랫부분인 이개강(cavum concha)으로 구분된다. 이개는 집음(소리 모으기) 기능을 하며, 소리의 방향 지각에 도움을 주지만 그 역할은 크지 않다.

외이도 외이도는 이개정에서 고막에 이르는 관이다. 외이도는 외부에서 이물질이 침입하는 것을 막는 방어작용과 공명기의 역할을 한다.

2) 중이의 구조와 기능

중이(middle ear)는 고막(eardrum, tympanic membrane), 고실(tympanum, tympanic cavity) 내의 이소골(auditory ossicle)과 이내근(auditory m.), 그리고 이관(auditory tube, Eustachian tube)으로 이루어져 있으며, 측두골(temporal bone) 안에 들어 있다.

중이는 소리를 고체 진동으로 바꾸어 내이의 림프액으로 전달하는 작용을 한다. 즉, 외이도를 통해 들어온 음파(진동)를 고막과 이소골이라는 뼈를 통해 내이에 전달한다.

고막 외이도와 고실 사이에 타원형으로 생긴 3겹의 얇은 막이다. 두께는 0.1mm 정도지만, 100mmHg('100 Torr'=수은주 100mm 높이가 누르는 압력의 세기)의 압력에도 견딜 수 있는 탄력이 있다. 중앙에 추골병(handle of malleus)이 부착되어 있으며, 면적은 약 85mm^{2}다.

고막은 중이를 보호하는 방어벽인 동시에 음의 전도에 중요한 역할을 한다. 외이도를 거쳐 들어온 음파가 고막에 다다르면 고막은 공기의 진동에 비례하여 진동하면서 그 진동을 이소골로 전달한다.

고실 외이와 내이 사이의 측두골에 위치하는 공기로 찬 공기강으로 '중이강' 이라고도 한다. 고실 안에는 이소골과 이내근이 있다.

이소골 고막에서부터 추골(malleus, 망치뼈: hammer), 침골(incus, 지렛뼈: anvil), 등골(stapes, 말굽뼈: stirrup)의 순으로 연결된 3개의 작은 뼈들로 모두 고실 안에 들어 있다. 고막에 붙어 있는 추골의 한쪽 끝이 침골로 이어지고, 이것이 등골과 관절을 이루며, 등골의 밑바닥(등골판)이 내이의 난원창으로 연결된다.

이소골은 전음 기능을 하며 서로의 연골 접합(cartilage joint)으로 연쇄를 이룬다. 즉, 고막의 진동에 따라 동일하게 진동하여 그 파동을 등골판의 작용을 통해 내이로 전달한다.

- 추골(malleus): 이소골 중 가장 큰 뼈(약 7.5~8mm 길이)로 두부돌기(anterior process), 경부돌기(lateral process), 추골병(manubrium)으로 구분된다.
- 침골(incus): 추골의 내측 후방(inner-posterior)에 있으며, 체부(body), 장각(long process), 단각(short process), 두상돌기(lenticular process)로 이루어져 있다.
- 등골(stapes): 우리 몸에서 가장 작은 뼈(약 3.3mm 길이)로 두부(head), 경부(neck), 전후각(anterior crus, posterior crus), 족판(footplat)을 포함한다.

이내근 고막장근(tensor tympani m.)과 등골근(stapedius m.)을 이내근(auditory m.)이라고 한다. 고막장근의 수축으로 고막이 고실(중이강) 쪽으로 이동되며, 등골근의 수축으로 등골이 수직 거상되어 고막이 외이도 쪽으로 약간 이동하게 된다. 이러한 이내근은 강한 음에 반사적으로 수축하여 내이

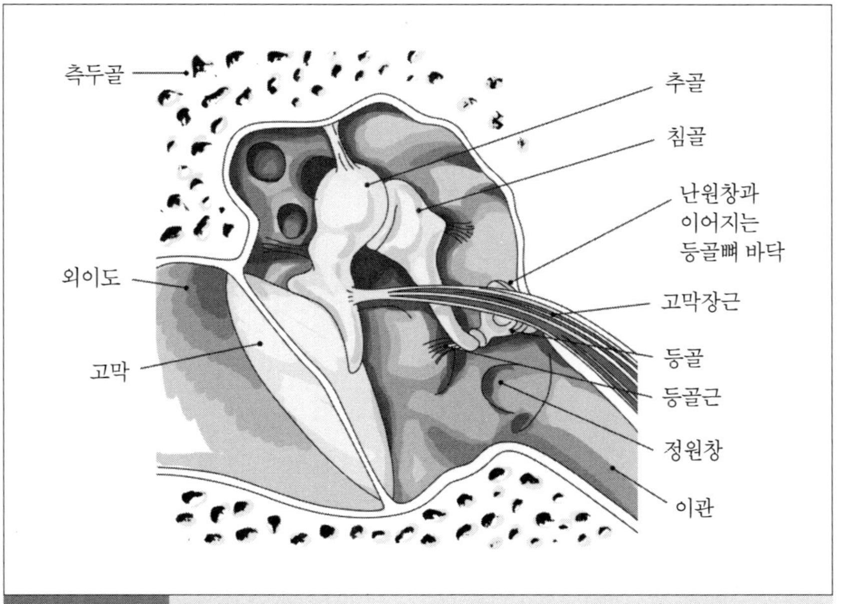

[그림 3-2] 중이의 구조

수정 발췌: Martini, F. H., & Bartholomew, E. F. (2003). *Essentials of anatomy & physiology* (3rd ed.), p. 297. San Francisco, CA: Pearson Education, Inc.

를 보호하는 역할을 하는데, 이를 '고실반사(tympanic reflex)' 라고 한다.

이관 고실과 비인강 사이에 있는 관으로 1/3은 골부로 되어 있고 2/3는 연골부로 되어 있다. 이관은 보통 때에는 닫혀 있다가 연하, 하품, 재채기를 할 때 잠깐 열리면서 고실의 환기통로 역할을 한다. 고막 안팎 기압을 항상 일정하게 고정시켜 고막에 도달한 음의 진동이 아무런 장애를 받지 않고 이소골을 거쳐 내이로 전달되도록 한다. 또한 중이강의 분비액이 비인강으로 배출되게끔 하는 통로의 기능도 한다.

중이의 기능 중이는 고막 진동을 증폭시켜 공기 중의 음파를 내이의 림프액으로 전달하는 기능을 한다. 만약 음파가 중이를 거치지 않고 곧바로 내

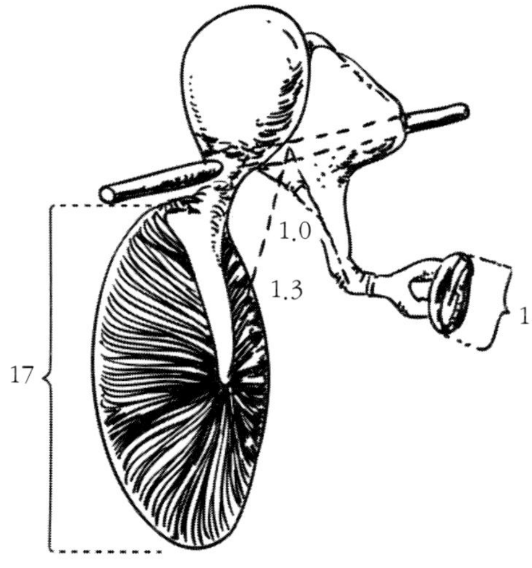

[그림 3-3] 중이의 증폭기전

발췌: 김영욱(1999). 청각생리와 청각장애의 원인. 김승국 외, **청각장애아동 교육** (p. 35). 서울: 교육과학사.

이에 다다른다면, 공기와 내이의 림프액 간에 음향저항(impedence)이 생겨 약 99.9%의 소리가 내이 입구 액체면에서 반사되고 나머지 0.1%만 내이로 전달되어 음압이 30 dB 정도 감소할 것이다. 이는 음향에너지가 서로 다른 매체에서 그대로 전도되지 못하는 물리적 특성 때문이다. 그러나 중이는 일종의 음압 변화기 역할을 하기 때문에 액체면에서 반사되는 30 dB의 손실을 보충하게 된다. 다음의 세 가지 작용을 통해 약 30 dB의 음압이 증폭된다([그림 3-3] 참조).

- 고막 대 등골판(stapes foot plate)의 면적비가 17(55mm^2) : 1(3.2mm^2)이기 때문에 면적이 좁아진 만큼 에너지가 집중되어 약 17배의 압력(약 25 dB)이 증강된다.
- 추골병(handle of malleus) 대 침골 장각(long crus of incus)의 길이비가 1.3 : 1이기 때문에 평형을 유지하기 위해 짧은 쪽에 더 큰 압력이 집중

되는 지렛대 효과(level effect)로 2.5 dB 정도의 음압이 증강된다.

• 나머지 약 2.5dB는 난원창(oval window)과 정원창(round window) 사이의 역위상 효과(counterphase effect)로 증강된다.

3) 내이의 구조와 기능

측두골(temporal bone) 추체부(petrous portion)에 위치한 내이는 와우(cochlea), 전정(vestibule), 반규관(semicircular canal)으로 이루어져 있다. 전정과 반규관은 평형감각을 감지하여 수용하는 기능을 하며, 전정기관(vestibular organ)이라 부른다. 와우는 소리를 인식하는 기관으로 중이에서 전달된 음파를 신경 흥분으로 전환하여 수용하는 기능을 한다.

내이는 그 형태와 구조가 복잡하여 미로(labyrinth)라고도 한다. 미로는 안쪽의 막미로(membranous labyrinth)와 이를 바깥쪽에서 둘러싸고 있는 골미

[그림 3-4] 내이의 구조

수정 발췌: Marieb, E. (1998). *Human anatomy and physiology* (4th ed.), p. 566. Menlo Park, CA: Benjamin/Cummings.

로(osseous labyrinth)로 구분된다. 골미로는 외림프(perilymph)로, 막미로는 내림프(endolymph)로 채워져 있다. 이러한 미로는 난원창(전정창, oval window) 및 정원창(와우창, round window)을 통해 고실과 연결되며, 내이도(internal auditory), 전정도수관(vestibular aqueduct) 및 와우소관(cochlear canaliculus)으로 이어져 후두와 연결된다.

이처럼 내이는 청각기관과 평형기관의 두 부분으로 되어 있다. 여기에서는 청각기관에 대해서만 알아보고자 한다([그림 3-5] 참조).

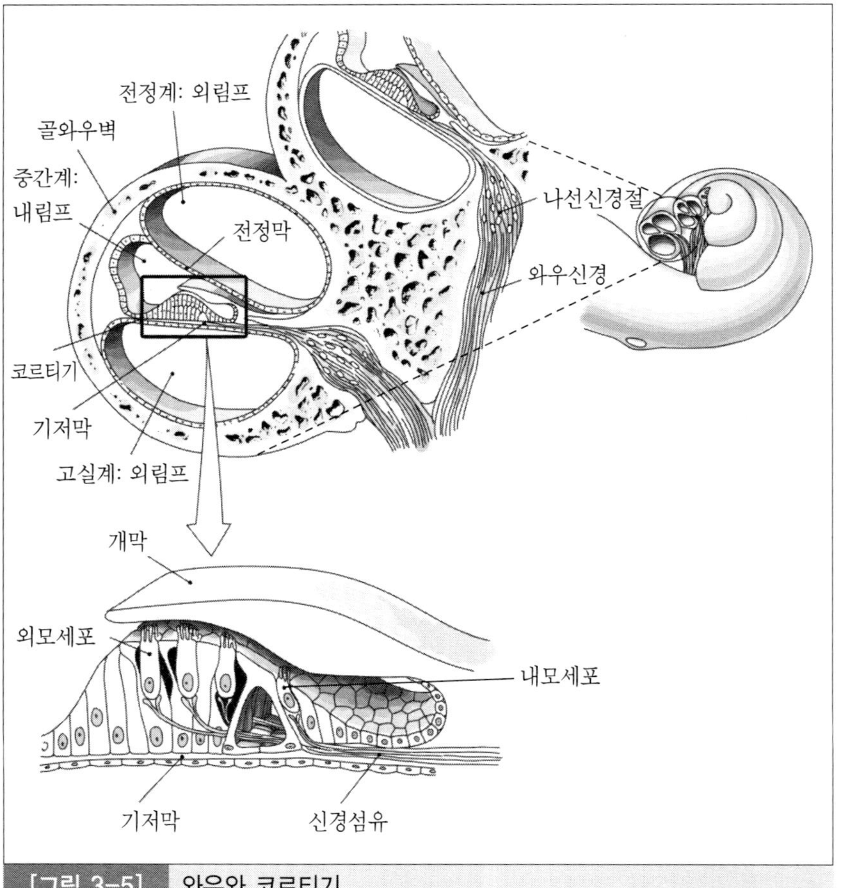

[그림 3-5] 와우와 코르티기

수정 발췌: Martini, F. H., & Bartholomew, E. F. (2003). *Essentials of anatomy & physiology* (3rd ed.), p. 302. San Francisco, CA: Pearson Education, Inc.

와우 와우는 2.75회전의 관으로 기저부의 직경이 9mm, 높이는 5mm 정도며, 외계를 싸고 있는 골성관(bony cochlea)과 막으로 덮여 있는 막성관(membranous cochlea)으로 되어 있다. 이 막성관은 다시 3층으로 분리되어 전정계(scala vestibule), 중앙계(scala media), 고실계(scala tympani)로 구별된다. 고실계와 전정계는 세포 외액(뇌척수액)과 성분이 유사한 외림프액으로, 중앙계는 세포 내액과 성분이 비슷한 내림프액으로 채워져 있다.

코르티기 소음성 난청이나 약물중독성 난청 같은 감각신경성 난청을 이해하는 데 가장 중요한 기관으로 중앙계와 고실계의 경계를 이루는 기저막 위에 위치하고 있다. 1줄의 내모세포(inner hair cell, 약 3,000개)와 3줄의 외모세포(outer hair cell, 약 12,000~15,000개)가 있다. 구심성 청신경 섬유 중 약 95%는 내모세포에 연결되어 있으며, 나머지 5%는 외모세포와 연결되어 있다. 전음계를 통해 들어온 소리는 음압을 증강하게 하여 난원창을 통해 전정계의 외림프액을 진동시키고, 여기서 다시 고실계를 통해 정원창으로 음의 파동이 이동하는 동안에 기적막이 상하로 운동하게 된다. 이에 따라 코르티(Corti) 기관의 내·외모세포도 상하로 움직이게 된다. 그런데 모세포 위에 있는 미세한 섬모는 기저막(basilar membrane)과 축을 달리한 개막(tectorial membrane)에 그 끝이 박혀 있어 기저막이 위로 올라가면 섬모는 안으로 눕고, 반대로 기저막이 밑으로 내려가면 섬모는 밖으로 눕는 등 좌우로 파동운동을 하게 된다. 이러한 내이 모세포에서의 전파를 '와우전위(cochlea microphoni: CM)'라고 한다. 예를 들어, 외계에서 들어온 1,000Hz의 음파는 외이, 중이를 거치게 되고, 내이의 전정계, 고실계, 기저막 등의 파동으로 이어지면서 코르티기 모세포의 섬유를 좌우로 1,000번 눕혔다 폈다 하게 되고 이를 통해 와우에서 1,000Hz의 전파를 일으키게 된다. 이와 같이 음파를 전파로 바꿀 수 있는 내이의 기관을 감음기관이라고 한다.

4) 청각신경 및 중추의 구조와 기능

내이의 코르티기에서 발생한 청각전파는 청신경을 따라 내이도를 지나 뇌간(brain stem)을 거치게 된다. 와우신경핵(cochlear nuclei)에 도달한 청각전파는 연수(medulla)의 정준선을 넘어 반대측으로 전달되어, 중뇌(midbrain)의 하구체, 시상(thalamus)의 내측 슬상체(medial geniculate body)를 지난 후 측두엽에 있는 청각중추로 가게 된다([그림 3-6] 참조). 이 과정에서 다른 기능을 맡은 중추들과 서로 복잡하게 연관되어 억제 · 기억 · 습관화하게 하며 뜻을 알게 하는 등의 기능을 하게 된다.

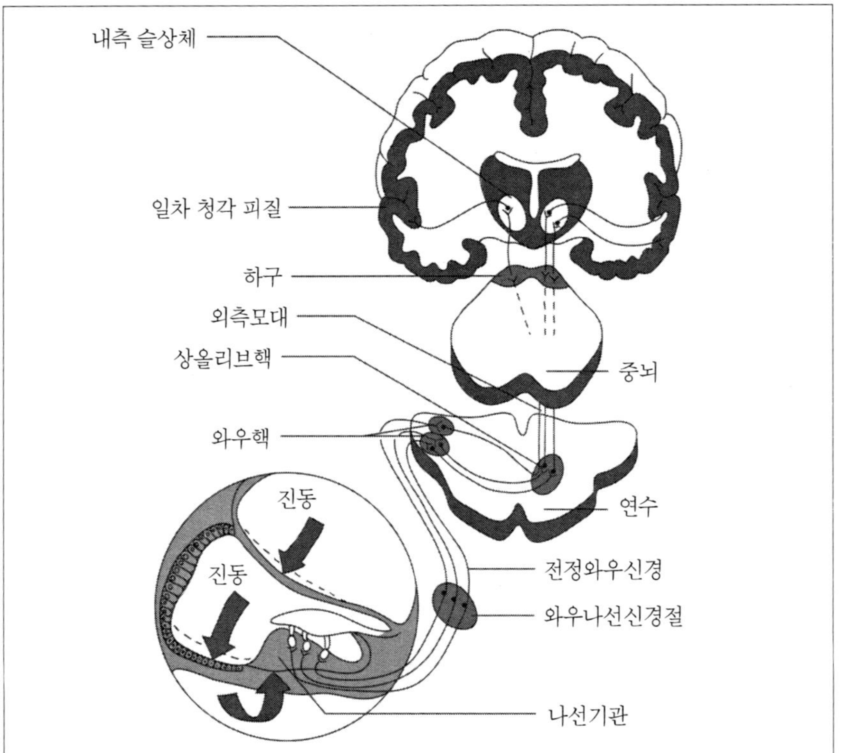

[그림 3-6] 코르티기에서 측두엽의 청각 피질에 이르는 청각 전도로

수정 발췌: Marieb, E. (1998). *Human anatomy and physiology* (4th ed.), p. 572. Menlo Park, CA: Benjamin/Cummings.

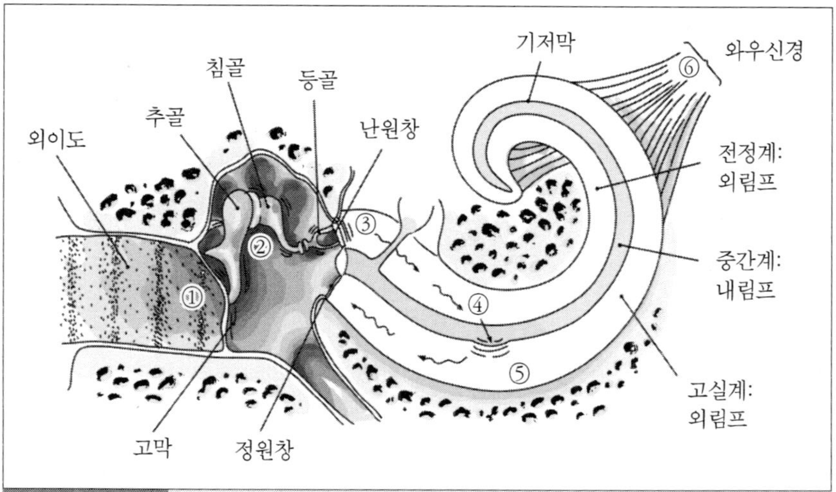

[그림 3-7] 소리와 청각: 소리 수용 및 청각 과정

수정 발췌: Martini, F. H., & Bartholomew, E. F. (2003). *Essentials of anatomy & physiology* (3rd ed.), p. 303. San Francisco, CA: Pearson Education, Inc.

이상 살펴본 바와 같이 소리를 듣게 되는 과정은 그리 단순하지 않다. 외이로 들어온 소리가 청신경에 도달할 때까지의 과정을 6단계로 요약하면 다음과 같다([그림 3-7] 참조).

- 단계1: 음파가 고막에 이른다.
- 단계2: 고막의 진동이 이소골을 움직이게 한다.
- 단계3: 난원창에 연접한 등골의 움직임이 전정계 외림프에서 압력파를 만든다.
- 단계4: 고실계 정원창에 이르는 동안 압력파가 기저막을 상하로 틀어지게 한다.
- 단계5: 기저막의 상하 진동이 개막의 반대쪽 유모세포를 움직이게 한다.
- 단계6: 자극 부위 및 강도에 대한 정보가 와우신경(VIII)을 거쳐 중추신경계로 전달된다.

5) 공기전도와 골전도

음파가 내이에 도달하는 경로는 공기전도와 골전도로 나눌 수 있다. 공기전도는 외이도를 통하여 들어온 음파가 고막을 진동하고 다시 중이의 증폭기전인 이소골 연쇄를 거쳐 난원창으로 들어가 내이의 림프액에 파동을 일으켜 듣게 되는 경우, 그리고 고막의 진동이 이소골 연쇄를 거치지 않고 중이강의 공기 진동으로 정원창에 직접 도달되는 경우가 있다. 이러한 경로를 통하여 듣게 되는 경우를 기도청력이라 한다.

골도청력은 골전도에 의하여 듣게 되는 경우로, 음파가 두개골에서 직접 와우로 전해지는 순수 골전도와 두개골에서 이소골을 거쳐 난원창으로 전도되는 골고실 전도가 있다.

2. 청각장애의 원인 및 유형

1) 청각장애의 원인

외이, 중이, 내이 등의 청각기관별로 청각장애의 원인을 살펴보면 다음과 같다.

외이의 원인 귀지나 이물 등이 외이도를 막았을 경우에도 청각장애를 유발할 수 있으나 비교적 경미하다. 그러나 외이도가 형성되지 못하여 폐쇄증(atresia)이 생기면 중이의 기형까지 겹쳐 심한 경우 약 70 dB까지의 전도성 청각장애를 초래할 수 있다. 이러한 선천적 기형은 임신 초기 태아에게 영향을 주는 바이러스성 감염(풍진, 인플루엔자)에 의한 경우가 많다. 또한 외이도 표면이 감염되어 외이도염(external otitis)으로 진행되거나 외이도에 종양(tumors)이 생겨 청각장애가 나타날 수 있다(Hallahan & Kauffman, 2000).

중이의 원인 중이의 원인은 주로 중이염이며, 고막의 손상과 이경화증 등이 있다.

- 고막천공(perforation of tympanic membrane): 타박이나 중이의 과도한 압박, 기타 염증에 의해 생긴다. 이소골 연쇄가 건전하다면 20~30 dB의 청력손실이 온다.
- 중이염(otitis media): 언어 후 원인(postlingual causes) 중 가장 보편적이다.
  - 급성 중이염(acute otitis media): 일반적으로 감염에 의하며 중이에 액이 차서 중이의 증폭 기능이 장애를 입는다. 약 30 dB 정도의 청력손실이 오나 의료적인 치료로 치유가 가능하다.
  - 삼출성 중이염(otitis media, exudative): 고막 안의 중이강 속에 끈적끈적한 진물이 차서 잘 안 들리게 되는 질환으로 30 dB 정도의 청력손실이 온다. 원인도 잘 모르며 만성으로 진행되는 경우가 대부분이다.
  - 알레르기성 중이염(otitis media, allergic): 최근에 와서 많은 주의를 끌고 있는 중이염으로 이관이 부어서 중이 내에 음기압(negative air pressure)을 일으키고 이 음기압이 중이 내막(lining)의 혈청(blood serum)을 중이강 속으로 빨려들게 하여 청력손실을 일으킨다.
- 이경화증(otosclerosis): 중이염에 비해 드물게 발생하는 것으로 등골이 난원창에 비정상적으로 붙어 있게 하는 질병이다. 이경화증은 일반적으로 유전되는 것으로 알려져 있다(Goodhill & Guggenhein, 1971).

내이의 원인 내이의 장애는 대부분 심한 청력손실을 일으키며 소리의 왜곡, 평형의 문제, 현기증 등을 일으킬 수 있다. 언어 전 원인(prelingual causes)과 언어 후 원인(postlingual causes), 혹은 유전적 원인(genetic causes)과 환경적 원인(environmental causes)으로 구분할 수 있다(〈표 3-1〉 참조).

- 유전성(heredity): 선천적인 농의 약 1/2이 유전 이상(genetic abnormalities)

으로 인해 유발된다(Tran & Grunfast, 1999). 유전성 원인에는 여러 가지가 있는데, 주요 증후군으로는 와덴버그(Waardenberg) 증후군, 어셔스(Ushers) 증후군, 트리처 콜린스(Treacher Collins) 증후군 등이 있다. 유전성 농은 우성 유전형질(14%), 열성 유전형질(84%), 성 관련 장애(2%)로 유전되며(Lowenbraun & Thompson, 1986), 지금까지 확인된 선천성 농의 종류는 150~175 유형이 있다(Heward, 2000). 아동 초기 농의 경우 약 60%가 유전성 원인에 의한 것이라 한다(Moores, 1996).

- **뇌막염**(meningitis): 언어 후 원인(postlingual causes)으로 구분된다. 출생 후 또는 외인성 원인 중에서 가장 많이 나타나는 질병으로 감염되면 청신경에 손상이 올 수 있다. 청력손실의 4.9%가 뇌막염에 의한 것이며(Ries, 1973), 뇌막염에 의해 청력이 손실된 아동에게 나타나는 가장 일반적인 유형은 감각신경성 청각장애다(Northern & Downs, 1991).
- **풍진**(rubella): 환경적 원인으로 유전되는 것이다. 임산부가 임신 3개월 이내에 풍진에 감염되면 농아동을 출산할 수 있다. 농뿐만 아니라 시각장애 및 정신지체의 원인이 될 수도 있다(Kirk et al, 2006). 그러나 백신을 접종하면 예방할 수 있기 때문에 실제 발생 사례는 그리 많지 않다(Steinberg & Knightly, 1997).

〈표 3-1〉 내이장애의 원인이 되는 질병의 분류

내이 관련 질병	언어 전 원인	언어 후 원인	유전적 원인	환경적 원인
와덴버그 증후군, 어셔스 증후군, 트리처 콜린스 증후군 등	○		○	
뇌막염		○		
풍진	○			○
모자 혈액 부적합	○		○	
미숙	○			
사이토메갈로 바이러스	○			○

- **모자 혈액 부적합**(mother-child blood incompatibility): 어머니와 태아가 각각 다른 Rh형을 갖게 되는 경우로 유전적 요인에 속한다. 청각장애뿐만 아니라 다른 여러 장애를 유발할 수도 있고, 태아가 사망할 수도 있다.
- **미숙**(prematurity): 농의 원인일 뿐만 아니라 시각장애 또는 정신지체의 원인이 되기도 한다. 미숙이 청력손실을 야기하는 원인인지 정확하게 평가하기는 매우 어렵지만, 건청아동에 비해 농아동의 경우에 조산과 저체중이 더 보편적이다(Heward, 2000).
- **사이토메갈로 바이러스**(Cytomegalovirus: CMV): 최근에 확인된 바이러스로 아직 백신이 없으며 선천적으로 감염된다. 새로 태어난 아이들 중에 가장 흔한 바이러스성 감염이며(Williams et al., 1982), 농의 주된 환경적 원인으로 산모의 자궁에서 감염된다(Kirk, 2006). 특히, 해로운 바이러스가 태반을 통해 태아에게 영향을 줄 수 있으며, 모유를 통해서도 감염될 수 있다(Strauss, 1999). 감염된 아동 중 1/2이 청각장애를 일으킬 수 있으며(Schildroth et al., 1989), 진행성 청력손실로 즉시 발견하기도 어렵다(Lowenbraun & Thompson, 1986).
- **메니에르병**(Méniére' s disease): 반규관과 와우에 영향을 주는 미로장애로 평형이 깨어져 똑바로 서 있는 상태를 유지하는 것이 어렵다(Marieb, 1998). 급작스럽게 현기증, 이명(tinnitus) 및 난청이 나타나는 질병으로 그 원인과 치료법은 아직 명확하게 밝혀지지 않았다. 40세에서 60세 동안 빈번히 발생하나 10세 이하의 아동도 영향을 받을 수 있다(Heward, 2003).

청각중추의 원인 청각중추는 상위 부위로 올라갈수록 고도의 기능을 가진 다른 작용, 즉 언어 · 판단 · 기억 · 학습 등과 같은 작용을 하는 중추들과 상호 의존하고 보완하고 견제하는 기능을 가지고 있어 청각장애만 오는 경우는 드물고 학습장애, 뇌성마비, 정신과 문제 등을 동반한다. 이러한 장애의 원인은 뇌중추의 발육 부진이나 손상이 있는 기질적인 경우와 기능적으로 정신과 문제들이 동반되는 경우가 많다(장애자복지편람, 1981).

2) 청각장애 유형

어느 위치에 있는 청각기관이 손상되었느냐에 따라 전도성 청각장애, 감

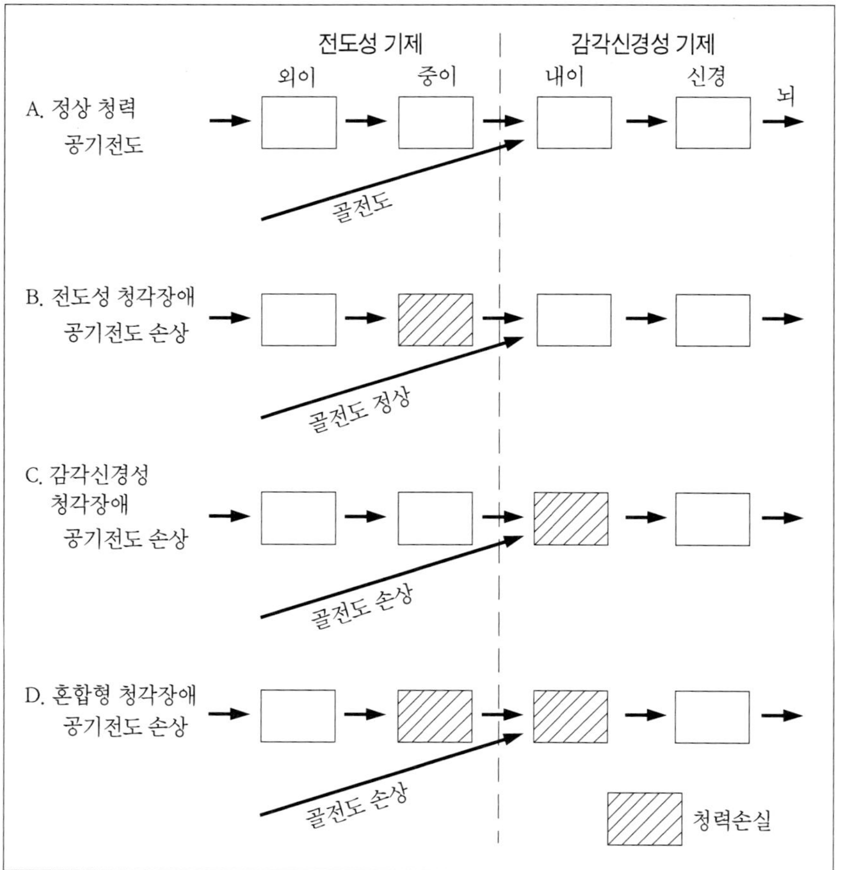

[그림 3-8] 청각 손상 부위에 따른 청각장애 유형별 블록 다이어그램

수정 발췌: Martin, F. N. (1997). *Introduction to audiology* (6th ed.), p. 5. MA: Allyn & Bacon.

각신경성 청각장애, 혼합성 청각장애로 구분한다. 전음기관인 외이와 중이가 손상된 경우 전도성 청각장애, 감음기관인 내이 및 중추신경이 손상된 경우는 감각신경성 청각장애, 그리고 전음기관과 감음기관이 모두 손상된 경우는 혼합성 청각장애다([그림 3-8] 참조).

전도성 청각장애(conductive hearing loss) 외이나 중이의 손상에 의하여 초래된 청각장애로서 일반적으로 그 정도가 심하지 않다. 매우 드물게 60~70 dB 이상의 청력손실이 나타나기도 하지만 대부분 60 dB 이하이며 의료적 처치도 가능하다. 전도성 청력손실일 경우에는 [그림 3-9]와 같

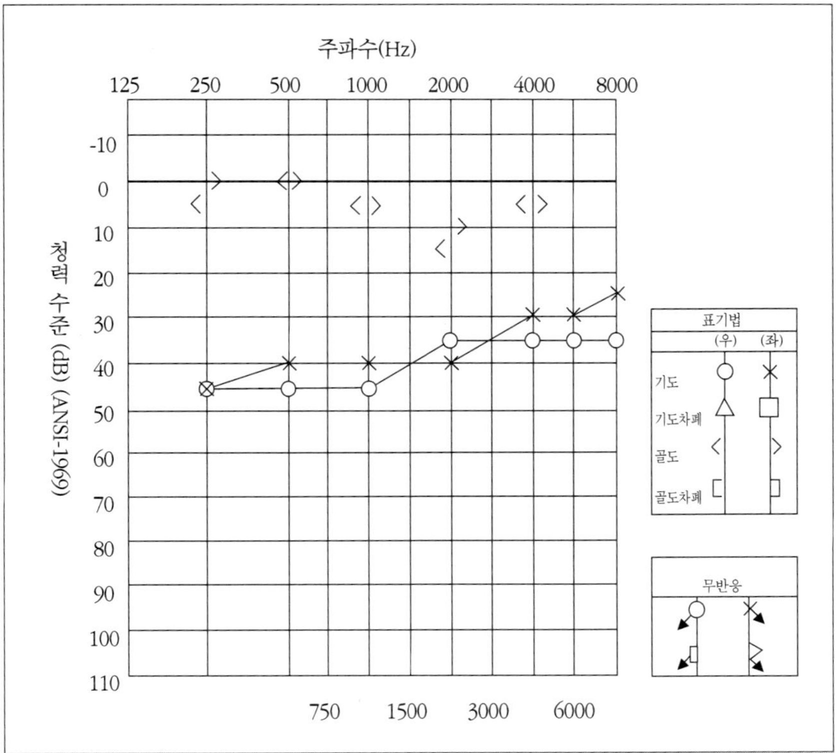

[그림 3-9] 전도성 청각장애아동의 청력도

발췌: 김영욱(2005). 청각장애. 김영욱 외, **특수교육학** (p. 121). 서울: 교육과학사.

이 골도청력은 거의 정상이고 기도청력에만 장애가 있다.

감각신경성 청각장애(sensorineural hearing loss) 내이나 청신경계에 이상이 있어 청각장애를 일으키는 경우다. 대부분 그 정도가 심하여 특수교육이 요구되며 청각을 통한 의사소통에 어려움을 겪는다. 감각신경성 청력손실자인 경우는 흔히 저주파수대보다는 고주파수대의 청력손실이 크며 골도청력과 기도청력의 차이도 거의 없다([그림 3-10] 참조).

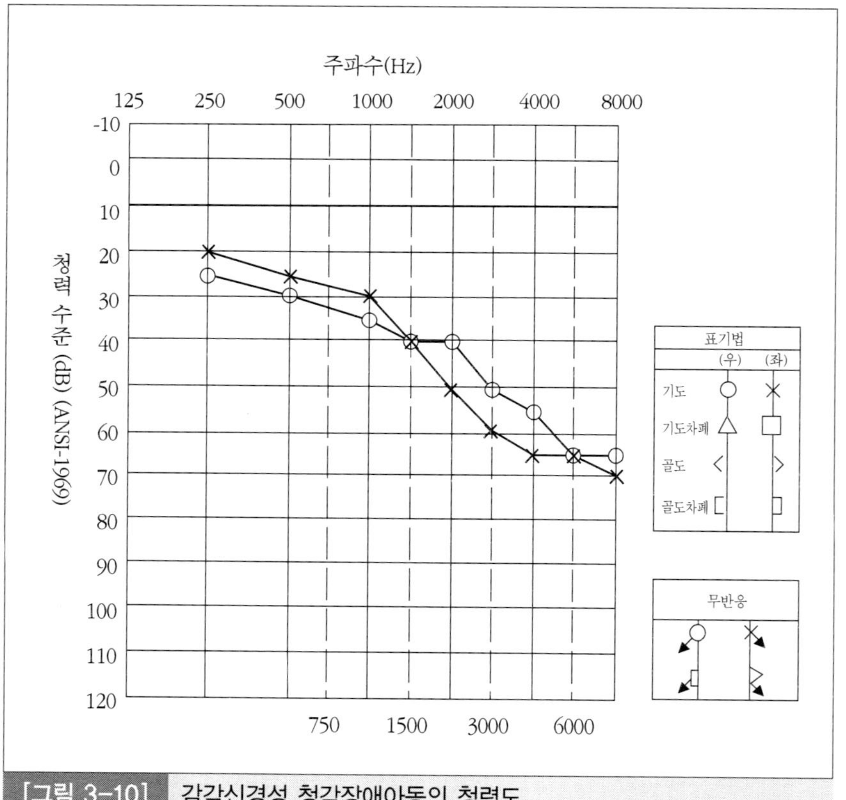

[그림 3-10] 감각신경성 청각장애아동의 청력도

발췌: 김영욱(2005). 청각장애. 김영욱 외, 특수교육학 (p. 122). 서울: 교육과학사.

혼합성 청각장애(mixed hearing loss) 만성 중이염과 같이 염증에 의하여 중이의 증폭 기능이 장애를 받고, 내이까지 염증이 파급되어 내이의 감각신경성 장애까지 일으키게 되는 경우다. 중이의 전도성 장애는 치료가 가능하나 감각신경성 장애는 치료가 불가능하다. 일반적으로 골도청력보다 기도청력의 손실이 더 크게 나타난다([그림 3-11] 참조).

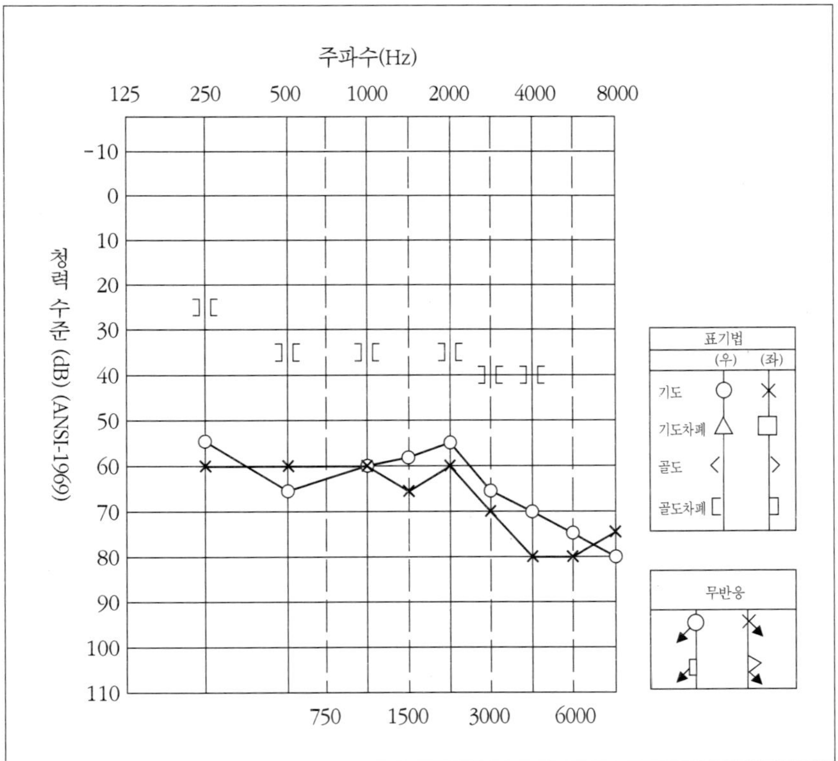

[그림 3-11] 혼합성 청각장애아동의 청력도

발췌: 김영욱(2005). 청각장애. 김영욱 외, 특수교육학 (p. 122). 서울: 교육과학사.

제4장

청각장애의 정의와 분류

1. 청각장애의 정의
2. 청각장애의 분류

청각장애의 정의와 분류는 청각장애에 대한 이해의 정도에 따라 바뀌어 왔으며 학문적 입장과 지원의 목적 및 종류에 따라서도 차이가 있다. 그런데도 대부분의 정의와 분류는 순음청력검사의 결과로 얻은 평균청력역치에 기초하고 있는 것이 현실이다. 그러나 이러한 정보는 청각장애아동에게 요구되는 교육적 지원을 적절히 하기에는 제한적이다. 따라서 이 장에서는 청각장애아동의 교육적 지원을 위해서 어떻게 정의하고 분류하는 것이 바람직한지, 무엇을 고려해야 하는지, 그리고 청각장애를 어떻게 이해해야 하는지를 중심으로 살펴보고자 한다.

1. 청각장애의 정의

1) Moores의 정의와 분류

Moores(1996)는 청각장애를 농과 난청으로 나누고 각각을 다음과 같이 정의하였다.

> '농(deaf)'은 보청기를 사용하거나 사용하지 않은 상태에서 귀만으로 말을 들어 이해할 수 없을 정도(보통 70dB 이상)로 청각에 장애가 있는 사람이다.
> '난청(hard of hearing)'은 보청기를 착용하거나 착용하지 않은 상태에서 귀만으로 말을 들어 이해하는 것이 불가능하지는 않으나 어려운 정도(보통 35~69dB)로 청각에 장애가 있는 사람이다.

Moores는 농과 난청을 이와 같이 정의하면서 데시벨 수준을 사용하여 청각장애를 다음과 같이 수준 I, 수준 II, 수준 III, 수준 IV로 분류하고, 각 수준별 아동들에게 요구되는 지원을 기술하였다(〈표 4-1〉 참조).

〈표 4-1〉 청력손실 수준별 요구되는 지원

수준	dB HL	요구되는 지원
수준 I	35~54	언어치료사와 청각사의 지원
수준 II	55~69	
수준 III	70~89	언어치료사, 청각사, 농교육자의 지원
수준 IV	90 이상	

2) 미국 '장애인교육법'의 정의

미국의 '장애인교육법(Individuals with Disabilities Education Act)'은 청각장애를 농과 난청으로 나누고 각각을 다음과 같이 정의하고 있다.

> '농'이란 음을 증폭하여 들려주든 증폭하지 않든 간에 청각으로 언어 정보를 처리하는 데 장애가 있을 정도로 아동의 교육적 수행에 부적 영향을 미치는 대단히 심한 청각장애를 의미한다. 이에 비해 '난청'이란 농의 정의에는 포함되지 않으나 아동의 교육적 수행에 부적 영향을 미치는 영구적인 또는 변동하는 청각장애를 의미한다.

3) '장애인복지법'의 정의

우리나라에서 법으로 규정하고 있는 청각장애의 분류 체계와 정의에는 장애인의 복지를 목적으로 규정하고 있는 것과 특수교육을 목적으로 규정하고 있는 것이 있다.

'장애인복지법'(2007년 4월 11일 개정)은 제2조에서 '장애인은 신체적·정신적 장애로 오랫동안 일상생활이나 사회생활에서 상당한 제약을 받는 자로 대통령령으로 정하는 장애의 종류와 기준에 해당하는 자'를 장애인으로 규정하고 있다. 그리고 대통령령인 '장애인복지법시행령'(2005년 10월 21일 개정)은 별표 1에서 '장애인복지법' 제2조의 규정에 의한 청각장애인의 기준을 다음과 같이 정하고 있다.

- 두 귀의 청력손실이 각각 60 dB 이상인 사람
- 한 귀의 청력손실이 80 dB 이상, 다른 한 귀의 청력손실이 40 dB 이상인 사람
- 두 귀에 들리는 보통 말소리의 명료도가 50% 이하인 사람
- 평형기능에 상당한 장애가 있는 사람

그리고 동 시행령은 제2조 제2항에서 장애인을 장애의 정도에 따라 등급을 구분하되 보건복지부령으로 정한다고 규정하고 있다. 보건복지부령인 '장애인복지법시행규칙' (2007년 2월 7일 개정)은 청각장애인의 장애등급을 다른 장애인의 장애등급과 달리 5개의 등급(2, 3, 4, 5, 6급)으로 나누고 각각을 다음과 같이 규정하고 있다.

〈청력이 손실된 사람〉

- 2급: 두 귀의 청력손실이 각각 90 dB 이상인 사람(두 귀가 완전히 들리지 아니하는 사람)
- 3급: 두 귀의 청력손실이 80 dB 이상인 사람(귀에 입을 대고 큰 소리로 말을 하여도 듣지 못하는 사람)
- 4급: 1. 두 귀의 청력손실이 70 dB 이상인 사람(귀에 대고 말을 하여야 들을 수 있는 사람)
  2. 두 귀에 들리는 보통 말소리의 최량의 명료도가 50% 이하인 사람
- 5급: 두 귀의 청력손실이 각각 60 dB 이상인 사람(40cm 이상 거리에서 발성된 말소리를 듣지 못하는 사람)
- 6급: 한 귀의 청력손실이 80 dB 이상, 다른 귀의 청력손실이 40 dB 이상인 사람

〈평형기능에 장애가 있는 사람〉

- 3급: 양측 평형기능의 소실로 두 눈을 뜨고 직선으로 10 m 이상을 지속적으로 걸을 수 없는 사람
- 4급: 양측 평형기능의 소실 또는 감소로 두 눈을 뜨고 10 m를 걸으려면 중간에 균형을 잡으려 멈추어야 하는 사람
- 5급: 양측 평형기능의 감소로 두 눈을 뜨고 10 m 거리를 직선으로 걸을 때 중앙에서 60 cm 이상 벗어나며 복합적인 신체운동은 어려운 사람

동 규칙은 이와 같이 규정하면서 같은 등급에 둘 이상의 중복장애가 있는 경우에는 1등급 위의 등급으로 하며, 서로 다른 등급에 둘 이상의 중복장애가 있는 경우에는 의료기관의 전문의가 장애 정도를 감안하여 당해 주된 장애등급보다 1등급 위의 등급으로 조정할 수 있다고 규정하고 있다.

장애인의 장애 등급표를 보면 청각장애인만이 아니라 지체장애인, 뇌병변장애인, 시각장애인, 언어장애인, 발달장애(자폐증)인, 정신지체인, 신장장애인, 심장장애인의 장애 등급도 규정하고 있다. 여기서 같은 등급이나 다른 등급에 둘 또는 그 이상의 중복장애가 있다는 말은 청각장애인이면서 다른 장애 중에서 같은 등급이나 다른 등급의 장애를 하나 또는 그 이상 가지고 있다는 것을 의미한다.

4) '장애인 등에 대한 특수교육법'의 정의

2007년 5월 25일 법률 제8483호로 「장애인 등에 대한 특수교육법」이 「특수교육진흥법」을 전면 개정하여 제정되었으며, 동 법률의 시행령이 2008년 5월 26일자로 제정되었다. 「장애인 등에 대한 특수교육법 시행령」 제10조 관련 [별표]의 '특수교육 대상자 선정 기준'에서는 '청각장애를 지닌 특수교육 대상자'를 다음과 같이 규정하고 있다.

청력손실이 심하여 보청기를 착용해도 청각을 통한 의사소통이 불가능 또는

곤란한 상태이거나, 청력이 남아 있어도 보청기를 착용해야 청각을 통한 의사소통이 가능하며 청각에 의한 교육적 성취가 어려운 사람

이 기준은 「장애인복지법 시행 규칙」에서 규정하고 있는 청력손실 정도를 바탕으로 한 장애등급별 기준과는 달리 청각을 통한 의사소통 정도를 바탕으로 규정하고 있다는 점에 차이가 있다. 그러므로 이 기준은 교육적 의미의 청각장애 정의라 할 수 있으며, 앞에 기술한 미국 장애인 교육법, Moores 등의 정의와도 교육적 의미의 함축성에 차이가 없다.

이와 같이 청각장애 정의는 교육, 복지, 치료 등 그 입장에 따라 약간의 차이가 있지만 청력손실 정도, 청각을 통한 의사소통 정도, 청각을 통한 교육수행 가능성 등의 요소를 중심으로 기술하고 있음을 알 수 있다. 이러한 요소를 고려하고 교육적인 측면을 강조하여 청각장애를 정의하면 다음과 같다.

- 청각장애(hearing impairment): 청각기관의 손상을 지칭하는 일반적인 용어로 농과 난청을 포함한다.
- 농(deaf): 청각보조장치를 사용하거나 사용하지 않은 상태에서 청각에 의한 언어 정보의 처리가 매우 어려워 교육 수행에 부적 영향을 미치는 심한 청각장애
- 난청(hard of hearing): 청각보조장치를 사용하거나 사용하지 않은 상태에서 청각에 의한 언어 정보의 처리가 원활하지 않아 교육 수행에 부적 영향을 미치는 청각장애

2. 청각장애의 분류

1) 청력손실 시기에 따른 분류

청각장애아동 교육 및 재활에서는 청력손실 정도도 중요하지만 그 시기도

중요하다. 말을 하고 언어를 이해하는 학습을 하기 이전(3~5세)에 청력이 손실된 사람을 언어 전 청력손실(prelingually hearing loss)이라 하며, 말을 하고 언어를 이해하는 학습을 한 후에 농이 된 사람을 언어 후 청력손실(postlingually hearing loss)이라 한다.

일반적으로 정상 청력이었던 기간이 길수록 이미 발달된 언어 지식을 계속 보유할 가능성이 높다. 농아동 중에 언어 전 농은 태어날 때부터 농이었거나 유아기에 청력을 손실한 사람이 대부분이다. 농아동 중 약 95%가 언어 전 농에 해당된다(Commission on the Education of the Deaf, 1988). 언어 전 농아동 10명 중 1명은 농부모(한쪽 또는 양쪽)를 가지고 있다. 그리고 언어 후 농 중 많은 사람은 말을 사용하고 구두로 의사소통하는 능력을 가지고 있다(Smith & Luckasson, 1995: 452).

2) 생리학 및 의학적 입장의 분류

생리학 및 의학적인 측면의 정의와 분류는 주로 청각장애의 원인과 손상 부위, 청력검사 결과에 의한 청력손실도(청력역치 또는 순음평균치)를 기준으로 하고 있다. 따라서 이 입장에서는 청각기관의 병변이나 이상 때문에 나타나는 청력손실 현상에 초점을 두어 청각장애(hearing impairment)를 정의한다. 물론, 청력손실도에 따라서 농과 난청으로 구분하며 일반적으로 91 dB 이상을 농으로, 90 dB 이하를 난청으로 분류한다.

청력손실도에 따른 분류 청각장애의 정도에 따라 ISO(1964)는 난청의 정도를 다음과 같이 분류하였다.

- 정상역(normal limits): −10~26 dB
- 경도난청(mild hearing loss): 27~40 dB

- 중등도난청(moderate hearing loss): 41~55 dB을
- 중등고도난청(moderately severe hearing loss): 56~70 dB
- 고도난청(severe hearing loss): 71~90 dB
- 최고도난청(profound hearing loss): 91 dB 이상

이 분류에서는 청각장애를 농과 난청으로 구분하지 않았다. 또 다른 분류는 ISO의 분류와 유사하지만 범주별 명칭을 달리한 것으로 의료계 및 교육계에서 널리 사용될 수 있으리라 본다. 이 분류는 순음평균치(pure tone arerage: PTA)를 기준으로 하여 6등급으로 구분하고 있다.

- 정상 청력(nomal): 0~26 dB
- 경도난청(mild): 27~40 dB
- 중등도난청(moderate): 41~55 dB
- 농(deaf): 91 dB 이상
- 중등고도난청(severe): 56~70 dB
- 고도난청(profound): 70~90 dB

청각기관 손상 부위에 따른 분류 청각장애의 원인에 따라서는 청각기관의 구조를 기초로 하여 외이의 원인, 중이의 원인, 내이의 원인, 청각중추의 원인으로 분류한다.

청각기관의 손상 부위에 따라서는 전음성 청각장애, 감각신경성 청각장애, 중추성 청각장애, 혼합성 청각장애, 기능성 청각장애 등의 유형으로 구분한다.

- **전음성 청각장애**(conductive hearing loss): 음을 전달하는 기관, 즉 외이나 중이에 병변이 있을 때 초래되는 장애로 그 정도가 심하지 않다.
- **감각신경성 청각장애**(sensorineural hearing loss): 물리적 음향에너지를 전기적 음향에너지로 바꾸어 청각중추로 전달하는 기관인 내이와 청신경계에 이상이 있어 청각장애를 일으키는 경우다. 이는 대부분 장애의 정

도가 심하여 청각을 통한 의사소통에 어려움을 겪으며 특수교육적 지원이 요구된다.

- **중추성 청각장애**(central hearing loss): 청신경이 연수에 들어가서부터 대뇌피질 사이의 중추신경계통에 장애가 있어 초래되는 경우다.
- **기능성 청각장애**(functional hearing loss): 기질적인 장애 없이 심인성으로 나타나는 청각장애를 말한다.
- **혼합성 청각장애**(mixed hearing loss): 앞의 장애 중 두 가지 이상의 장애가 혼합된 것으로 주로 전음성과 감각신경성 장애가 공존한다.

한편으로 청력도상에 나타난 기도청력 곡선을 바탕으로 한 청력형에 따라 청각장애를 분류하기도 하는데, 청력손실도가 전 주파수 대역에 걸쳐 거의 동일한 경우에는 수평형이라 하며, 고주파수대의 청력손실이 적고 저주파수대의 청력손실이 더 큰 경우에는 저음장애형으로 분류한다. 그리고 저주파수대의 청력손실은 수평형이나 2,000 Hz 이상에서 급격한 청력손실이 있을 경우에는 고음급추형으로, 저주파수대에서 고주파수대로 올라갈수록 청력손실도가 커지는 경우에는 고음점경형으로 분류한다.

이 밖에도 특정 주파수대를 중심으로 청력손실이 나타나면 곡형(谷型), 저주파수대 및 고주파수대의 손실이 크고 중주파수대의 손실이 적은 산형(山型) 등이 있다.

전도성 청력손실 음파가 내이로 전도될 수 없도록 외이나 중이가 막혀 있거나 손상되어 있기 때문에 생기는 청력손실을 전도성 청력손실(conductive hearing loss)이라 한다. 전도성 청력손실은 일반적으로 경도 내지 중등도의 손실을 보이며 일부는 일시적인 청력손실을 보인다. 경도손실의 경우 거의 모든 말소리를 들을 수 있으며, 대부분의 대화를 들을 수 있다(Boone, 1987). 그러나 보청기를 착용하지 않고서는 보통 하는 말을 듣기 어렵다. 많은 전도성 청력손실은 수술이나 기타 의학적 기법으로 교정할 수 있다. 그렇지만 흔히 그들 중 대다수가 자신이 청각장애가 있는지 알지 못하고, 적절한 보청기를 착용하거나 청각 재활 서비스를 받지 않으며, 자신의 필요에 맞게 학교나 집 등의 환경을 변화시키지도 않는다. 또한 왜곡된 청각 자극 속에서 계속 생활하며 의사소통 상황에서 도움이 될 수 있는 시각적 단서나 보상 전략을 활용하지 못하여 일상생활이나 사회생활에 지장을 초래하는 경우도 있다.

전도성 청력손실이 언어 발달에 영향을 미치는가는 아직 논란이 되고 있으며, 기존의 연구 결과도 일관된 결론을 내리지 못하고 있다(Klein & Rapin, 1988). 언어 발달의 결정적 시기의 존재와 그 기간을 고려한다면, 전도성 청력손실에 의해 일관되지 못하고 감쇠된 청각 자극 정보의 영향을 받을 수 있을 것이다. 일반적으로 언어 발달 측면에서 전도성 청력손실을 보이는 사람들을 동질적인 집단으로 간주해서는 안 된다. 그들의 언어 획득에 청력손실이 영향을 미쳤는가를 평가할 때는 청력손실 시기, 그 정도, 지속 기간 등도 함께 고려하여야 한다.

일관되지 않은 청각 자극이 유아기 때 시작되어 초기 학령기까지 지속되는 경우도 있다. 이 시기가 언어 발달에서 중요한 시기인데도 60 dB HL 정도의 경미한 수준의 청력손실을 가진 아동이 일관되지 않은 청각 자극에 노출될 수 있다. 이런 아동들은 놓쳐 버린 정보를 예상하거나 채워 넣기 위해 필요한 듣기 전략(auditory strategies)을 사용하는 데 필요한 미묘한 정보를 듣고 처리하지 못할 수 있다.

어린 아동들은 자신이 들을 내용을 예상할 수 있을 정도의 언어 경험이나 청각 경험이 부족하다. 따라서 그들은 자신들이 들은 왜곡된 자극을 보상하여 처리할 수 없고 언어적 부호화를 방해하는 의사결정을 내리기 쉽다. 이러한 오류는 누적되고 다른 요인과 상호 작용하여 상황을 더욱 악화시킬 수 있다.

30~35 dB HL 수준의 청력손실을 보이는 아동들도 언어 발달이 지체된 경우가 있다. 초기 청각 자극의 변질은 무성마찰음(/s, sh, f, t, d/) 같은 고주파수 음의 변별에 영향을 미친다. 그리고 대화 상황에서 적절한 순간에 말을 하고 말을 듣기(turn-taking) 위해서는 말의 운율적 자질을 감지해 낼 수 있어야 한다. 그런데 전도성 청력손실은 모든 주파수에 영향을 미치기 때문에 특정 말소리와 운율적 자질을 감지하지 못하여 적절하게 대화의 참여자가 되지 못할 수도 있다. 더욱이 시끄러운 교실 같은 상황에서는 소리 나는 곳을 찾기가 어려워 귀담아 들어야 할 화자를 제때 찾지 못하는 경우도 있을 수 있다.

전도성 청력손실을 보이는 아동 중에는 건청아동보다 간단한 구문을 사용하는 아동들이 있다. 이들은 시제 및 주어-동사의 일치 등에 문제를 보이기도 한다. 전도성 청력손실로 125 Hz에서 8 kHz 사이의 모든 주파수에 영향을 받기 때문에 아동들은 음운 사용이나 초분절적 자질 사용에 문제를 보인다.

청각적으로 유사한 단어는 귀로 들어 이해하는 데 혼동이 있는 경우가 있다. 초기 어휘 발달 속도가 느린 면이 있지만 시간이 지나면서 보통은 정상적으로 발달을 한다. 그러나 청력손실 정도가 큰 경우에는 어휘 발달에 문제가 있을 수 있다.

감각신경성 청력손실 내이나 청신경에 손상이 있을 때 나타나는 청력손실을 감각신경성 청력손실(sensorineural hearing loss)이라 한다. 감각신경성 청력손실은 청력도상에서 수평을 이루지 않으며, 어린 아동 중에서는 전도성보다 적게 발견된다.

감각신경성 청력손실을 보이는 아동들의 수용 언어나 표현 언어, 구어, 문어 등의 발달 수준은 제각각이다. 따라서 청력손실만으로 아동을 동질적으로 보려고 해서는 안 된다. 청력손실이 심하지 않은 경우라도 읽기나 쓰기, 개념 학습에 문제가 있을 수도 있고, 한쪽 귀에만 청각장애가 있는 경우라도 주위 소음이 크면 말소리 변별에 어려움이 있게 되어 언어 발달이 지체될 수도 있다.

말이나 언어 발달에 청력손실이 영향을 미치는 정도를 결정하는 요인을 정리하면 다음과 같다.

- 청력손실의 유형
- 청력손실 시기
- 청력손실을 발견한(진단 받은) 시기: 조기 발견과 진단 및 적절한 개입 필요
- 적절한 증폭장치 착용: 발견 즉시 적절한 보청기의 착용 및 적합(fitting)이 중요
- 보청기의 수용 여부
- 부모의 적극적인 참여
- 중복장애의 유무
- 아동의 성격, 지능, 정서 발달
- 교육 환경: 배치된 학교의 종류, 학급 크기, 사용하는 언어에 대한 학교의 정책, 교수의 질
- 학교와 집에서 사용하는 언어의 일치 여부

감각신경성 청력손실인 아동들은 어휘 발달이 지체되어 있고 제한된 어휘를 사용한다. 또한 추상적인 명사보다는 구체적인 명사를 더 많이 알고 있다. 이들에게 가장 어려운 개념은 시간과 양이고, 공간 개념은 보다 쉽게 획득된다. 연령 집단 간에 큰 차이를 보이지 않는다.

이 아동들은 전보식 문장을 사용하며, 쓰기에서 많은 오류를 보인다. 표현 언어에서 융통성이 부족하고 문장의 길이가 짧다. 문장에 포함된 어휘나 개념을 알고 있는 경우도 구문 구조를 이해하는 데 어려움을 보인다.

또한 과비음이 많고 성대 울림이 부자연스러울 수도 있다. 그리고 말 크기

와 리듬, 강약, 높이, 억양에 문제를 보인다. 말 속도가 너무 느리거나 힘들게 말을 하거나 호흡 조절을 적절히 하지 못하는 문제도 보인다.

청각장애의 정의와 분류는 청각장애인에 대한 이해 정도에 따라 바뀌어 왔으며 학문적 입장에 따라서도 달라져 왔다. 현재 사용되고 있는 여러 가지 정의와 분류는 순음청력검사의 결과로 얻은 청력역치에 기초하고 있으나 학문적 입장에 따라서는 차이가 있다. 생리학 또는 의학적 입장을 취하는 사람들은 주로 청력손실도에 의해 청각장애를 정의하고 분류하지만, 교육적인 입장을 취하고 있는 사람들은 청력손실과 의사소통 능력 간의 관계를 중요시하여 정의하고 분류한다. 청력검사 결과만으로 농과 난청으로 분류하고 요구되는 교육적 지원을 제시하기에는 정보의 제한이 크다. 청각장애아동의 교육적 지원을 효과적으로 하기 위해서는 청력손실 시기, 청력손실 유형 및 원인, 청력손실 정도, 교육과 훈련을 받기 시작한 시기 및 기간, 보청기를 착용한 시기 및 적합의 적절성, 가족 환경, 의사소통 유형, 교육 프로그램 유형, 사회경제적 지위, 지능, 부모와 형제의 청력손실 유무 등이 중요한 요인으로 고려되어야 한다.

또한 보청기 착용 전과 후에 큰 차이가 있는데도 청각장애의 정의에서 맨귀의 청력 수준에 기초해서 청각장애를 정의함으로써 청각장애 정의에 혼동을 주고 있다. 적절히 보청기를 착용하고 적절한 교육과 훈련을 받은 경우, 농아동과 난청아동 간의 구분이 어려운 경우도 있다. 점차 청각장애가 조기에 진단되고 보청기도 조기에 착용되고 있으므로, 정상적인 청취 환경을 전제로 청력손실을 정의하는 것이 필요할 것이다. 현재의 정상적인 청취 환경이란 보청기를 착용한 상태를 의미한다고 보아야 한다(Moores, 1996). 따라서 청각장애에 관한 정의는 기능적으로 이해되어야 하며 제한점을 고려하여 받아들여야 한다. 그렇게 함으로써 개인의 청각장애를 보다 잘 이해하고 보다 효과적인 교육 및 재활 서비스를 제공할 수 있을 것이다.

제5장

청각장애아동의 진단 및 평가

1. 선 별
2. 청력검사

청각장애아동의 교육을 계획하고 효율적으로 실행하기 위해서는 대상 아동의 청각 특성을 구체적으로 알아야 한다. 청각장애의 선별, 진단 및 평가는 어떻게 하며, 그 결과의 해석은 어떻게 하는지? 그리고 청각장애의 진단 · 평가의 결과는 그들의 교육 및 재활과 관련하여 어떤 의미가 있는지 등을 정확하게 이해하여야 한다.

청각장애아동을 판별하는 방법은 여러 가지가 있다. 먼저, 청각장애 유무를 알아보기 위해서는 선별검사(screening)를 하며, 선별 시 청력손실이 의심되면 정확한 진단과 재활의 방향을 결정하기 위해 과학적인 청력검사를 실시하게 된다.

이 장에서는 청각장애인의 선별, 진단 및 평가의 과정을 개괄적으로 살펴본 후, 검사 방법, 검사 결과의 해석을 중심으로 살펴보고자 한다.

1. 선 별

대개 부모나 주 양육자가 아동의 청력손실을 발견하는 경우가 많다. 청력을 측정하지 않고 청각장애 유무를 결정하기란 쉽지 않으나 대략 다음과 같은 특성을 보이는 아동은 청각장애일 가능성이 있다. 이는 Stephens 등(1982)이 기술한 내용과 Green과 Fischgrund(1993)가 제안한 지침에 기초한 것이다(김영욱, 2005).

- 자주 귀앓이를 하거나 귀에서 고름이 나오는 등 귀와 관련된 신체적인 문제를 나타낸다.
- 말소리가 명료하지 않거나 조음을 잘하지 못하며, 연령에 맞는 소리를

산출하지 않고 소리를 완전히 생략한다. 특히, 자음의 생략 현상이 있다.

- 라디오, 텔레비전 등을 들을 때 보통 사람들이 불평할 만큼 큰 소리로 듣는다. 즉, 필요 이상으로 큰 소리가 날 때까지 전자기기의 볼륨을 높인다.
- 좀 더 잘 듣기 위해서 머리를 치켜들거나 화자 쪽으로 머리를 돌리며, 화자와 마주 보는 상황일 경우 더 유의해서 듣는 것 같다.
- 다시 말하라고 자주 요구한다.
- 보통의 말소리에 반응을 보이지 않거나 주의를 기울이지 않는다.
- 의사소통 중 직접적인 시도에 반응하지 않는다.
- 언어적 요구(verbal requests)를 자주 틀리게 이해한다.
- 말하는 활동에 참여하지 않으려고 한다.

또한 청력검사기를 사용해서 청력을 측정하여 그 결과를 보고 청각장애 유무를 가려내기 위해서 순음청력검사와 중이검사를 실시할 수 있다.

2. 청력검사

청력검사는 크게 주관적 검사와 객관적 검사로 구분할 수 있다. 주관적 검사는 아동이 소리에 직접 반응하도록 하거나 아동의 반응을 관찰하는 방법이므로 아동의 능동적인 참여가 필요하다. 객관적 검사는 아동의 능동적 참여를 필요로 하지 않고 검사 결과를 객관적으로 분석할 수 있는 간접적인 청력 측정 방법이다.

1) 주관적 청력검사

순음청력검사와 어음청력검사가 보편적이며 반사청력검사, 유희청력검사, 조작조건청력검사, 행동관찰청력검사는 어린 아동을 대상으로 실시할 수 있는 방법이다.

순음청력검사 순음청력검사(pure tone audiometery)는 순음청력검사기(pure tone audiometer)를 사용하여 피검자에게 주파수별로 순음을 들려주면서, 각 주파수대의 청력역치(hearing threshold level: HTL)를 측정하는 주관적 방법의 검사다.

순음청력검사기는 일반적으로 125 Hz에서 8,000 Hz까지의 음을 1옥타브 또는 1/2옥타브 차로 측정할 수 있는 주파수 선택 다이얼과 0 dB에서 110 dB까지의 음의 강도를 선택할 수 있는 강도 선택 다이얼, 산출 선택 스위치, 차폐 스위치, 단속 스위치 등으로 구성되어 있다([그림 5-1] 참조).

순음청력검사에는 기도청력검사와 골도청력검사가 있다.

① 검사 방법: 기도청력검사

기도청력검사(air conduction audiometry)는 방음실에서 기계의 조작이 보

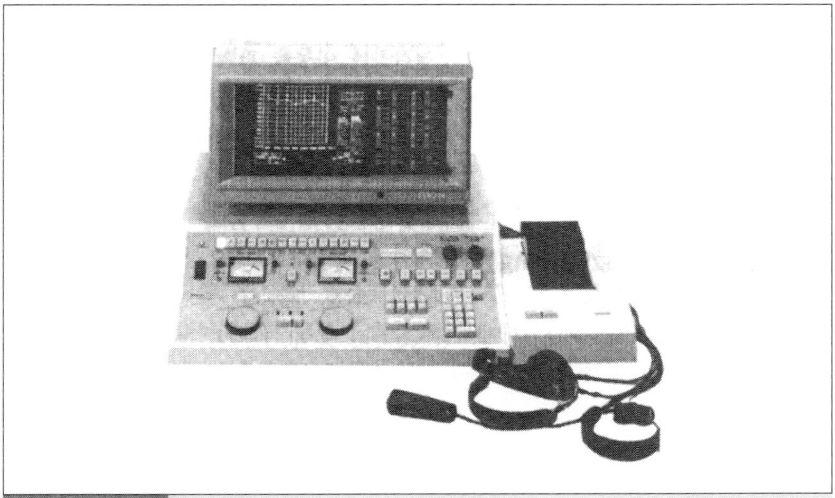

[그림 5-1] 순음청력검사기

발췌: 김영욱(2005). 청각장애. 김영욱 외, **특수교육학**(p. 124). 서울: 교육과학사.

이지 않는 위치에 피검자를 앉게 하고 이어폰을 통해 음을 들려주어 각 주파수에 따른 최소 가청역치를 측정한다. 기도청력검사는 보통 청력이 좋은 쪽부터 실시하며, 양쪽이 비슷한 경우라면 오른쪽 귀부터 측정한다. 청력손실이 심한 쪽을 검사할 때는 자극음이 반대쪽 귀로 교차(crossover of interaural attenuation)하여 들릴 수 있기 때문에 양측의 청력 차이가 30~35 dB 이상이면 청력이 좋은 귀(검사하지 않는 귀)에 차폐(masking)를 해야 한다.

검사를 실시할 때는 주파수(Hz)와 강도(dB)를 조절한다. 주파수는 가청주파수 범위(audible frequency range: 20~20,000Hz) 중 언어의 인지와 이해를 고려하여 250 Hz부터 8,000 Hz까지 검사한다. 검사는 비교적 쉽게 알아들을 수 있는 1,000 Hz부터 시작하여 2,000, 4,000, 8,000 Hz의 순으로 검사하고, 다시 1,000 Hz의 음을 검사한 후 500 Hz, 250 Hz의 순으로 저음역을 검사하는 것이 일반적이다. 강도는 10 dB HL에서 110 dB HL까지의 가청범위를 고려하여 측정한다.

음의 강도를 조절하는 검사 방법은 상승법(ascending method), 하강법(descending method), 수정 상승법(modified Hughson-Westlake technique) 등이 있다.

- 하강법: 음을 뚜렷하게 들을 수 있는 높은 강도에서 차차 그 강도를 줄여 측정하는 방법
- 상승법: 들리지 않는 약한 강도에서 그 강도를 차츰 높여 가며 측정하는 방법이다. 보통 하강법에서 역치는 5~10 dB 정도 높게 나타난다.
- 수정 상승법: 30 dB HL에서 시작하여 피검자가 들을 수 있을 때까지 20 dB씩 상승하여 일단 검사음에 대해 피검자가 친숙하도록 한 다음, 검사할 수준을 정하고 못들을 때까지 보통 10 dB씩 강도를 줄여 나간다. 그리고 피검자가 못 듣게 되면 다시 들을 때까지 5 dB씩 강도를 올리면서 역치가 결정될 때까지 이러한 과정을 반복한다(김규상, 2003a).

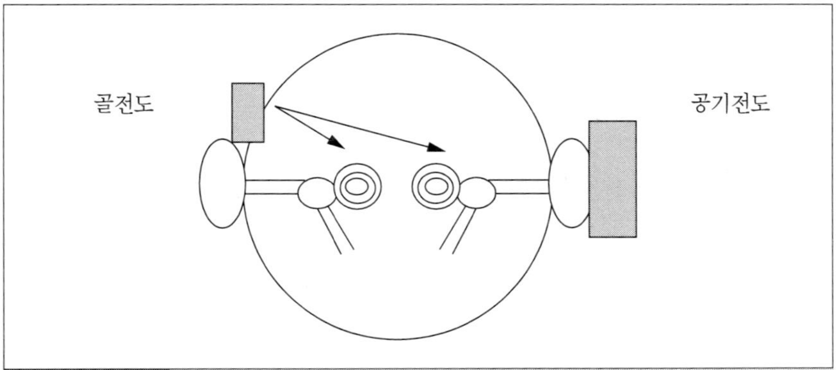

[그림 5-2] 순음청력검사 시 골전도 및 공기전도의 사용 유형

수정 발췌: McCracken, W., & Laoide-Kemp, S. (1997). *Audiology in education* (p. 9). London, England: Whurr Publishers Ltd.

② 검사 방법: 골도청력검사

골도청력검사(bone conduction audiometry)는 보통 기도검사 시 잘 들리는 쪽부터 검사하며, 골도진동기(bone vibrator)를 유양돌기(mastoid bone) 부분에 고정시켜 250, 500, 1,000, 2,000, 4,000 Hz에서의 청력역치를 측정한다. 이때 최대 65~70 dB 정도의 강도까지 음 자극을 줄 수 있다. 골도청력검사는 기도청력검사와는 달리 그 음이 외이와 중이를 거치지 않고 직접 두개골을 진동시켜 내이를 자극하기 때문에 고막이나 이소골 상태에 영향을 받지 않고 직접 청각 경로(내이 이상)의 기능이 어떠한지 살펴볼 수 있다([그림 5-2] 참조).

골도청력검사는 기도청력검사와 같은 방법으로 한다. 그러나 검사 시 반드시 차폐를 해야 하며, 기도검사에 비하여 신뢰성이 높지 않다는 차이가 있다.

③ 결과 해석

순음청력검사를 실시한 결과는 청력도로 표기한다. 이 청력도를 통해 어느 정도로 청력이 손실되어 있는지, 어떤 유형의 청각장애인지를 파악할 수 있다([그림 5-3] 참조).

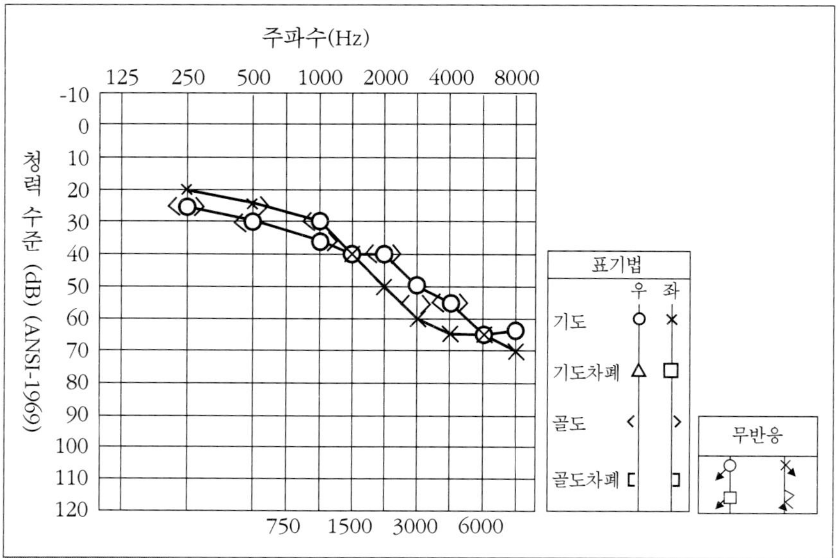

[그림 5-3] 청력도

수정 발췌: Martin, F. N. (1997). *Introduction to audiology* (6th ed.), p. 88. MA: Allyn & Bacon.

- 청각장애 정도: 청력손실 정도를 산출할 때에는 말소리의 주요 주파수 대역인 500 Hz(a), 1,000 Hz(b), 2,000 Hz(c), 4,000 Hz(d)에서의 청력역치 평균을 구한다. 즉, (a+2b+c)/4의 4분법이나 (a+2b+2c+d)/6의 6분법을 사용하여 평균 청력손실도를 산출한다.
- 청각장애 유형: 전음성 장애는 골도청력은 정상이며 기도-골도 청력 차이(Air Bone Gap: A-B Gap)는 10 dB 이상이다. 감각신경성 장애는 기도, 골도 모두 이상을 보이나 A-B 차이는 없다. 반면에 혼합성 장애는 기도, 골도 모두 이상을 보이며 A-B의 차이가 보통 15 dB이다(김규상, 2003b).

어음청력검사 순음청력검사에서 산출된 순음청력역치(pure tone hearing threshold)는 말소리에 대한 청취 능력을 추정할 수는 있으나 언어에 대한 직접적인 측정 방법이 아니므로 부정확할 수 있어서 어음청력검사를 실시한다. 즉, 어음청력검사(speech audiometry)는 언어 청취 및 이해 능력을 측정하기 위해 말소리 자체를 음 자극으로 사용하여 청력을 측정하는 방법이다. 검사 유형에는 어음청취역치검사, 어음명료도검사, 어음청취역치저하검사가 있다.

어음청력검사기(speech audiometer)에는 말소리를 들려주기 위한 마이크로폰이나 콤팩트디스크 플레이어 혹은 녹음기가 장착되어 있으며, 차폐를 위한 백색잡음기(white-noise generator) 등이 부착되어 있다. 더불어 0~110 dB의 음 강도 선택 다이얼도 있다([그림 5-4] 참조).

어음청력검사로는 어음청취역치검사와 어음명료도검사가 대표적이다. 어음청력검사는 어음청취역치의 산출뿐만 아니라 최적 청취 수준, 말소리에 대한 불쾌역치, 말소리의 조음, 말소리의 변별력 등을 알아보는 데에도 사용할 수 있다.

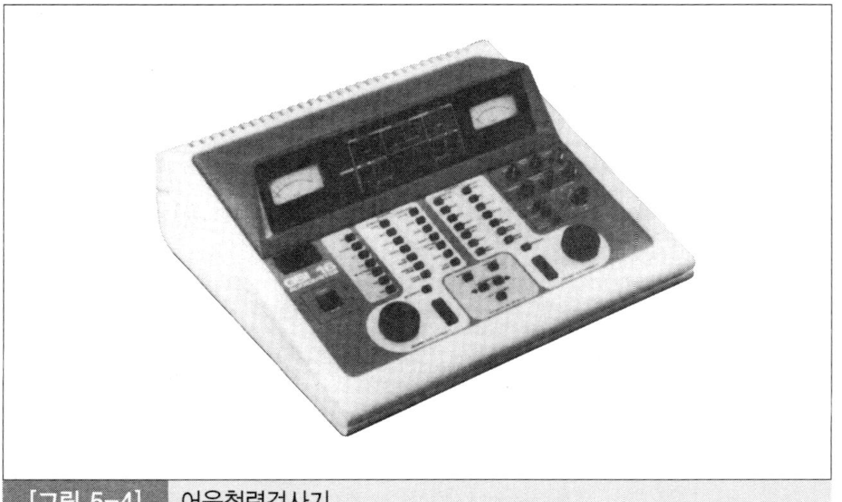

[그림 5-4] 어음청력검사기

수정 발췌: Martin, F. N. (1997). *Introduction to audiology* (6th ed.), p. 43. MA: Allyn & Bacon.

① 어음청취역치검사

- 검사 방법: 어음청취역치검사는 말소리를 탐지하고 이해할 수 있는 어음청취역치(speech reception threshold test: SRT)를 측정하는 검사다. 이는 검사 어음의 50%를 정확히 청취할 수 있는 최소 언어 강도를 기준으로 어음 이해에 필요한 가장 작은 소리의 정도를 측정한다. 이때 검사 어음은 전통적으로 강도가 같은 2음절어로 양음절 모두에 강도가 있는 강강격 단어(spondee)다. 잘 들리는 귀부터 검사하며, 차폐가 필요한 경우 어음잡음(speech noise)이나 백색잡음(white noise)을 사용한다(허승덕, 김리석, 2001).
- 결과 해석: 순음 평균청력보다 20~30 dB 정도 높은 어음 강도에서 시작하며, 검사 어음에 대해 50%를 맞게 응답하는 최소 어음 강도를 측정하여 어음청취역치를 산출한다. 일반적으로 어음청취역치(speech reception threshold: SRT)와 순음평균역치(pure tone averages: PTAs)는 거의 일치하며 대개 10 dB 이내의 차이를 나타내므로, 두 역치 간의 차가 15 dB 이상일 경우 검사 자체의 신뢰도가 없거나 기능성 난청을 의심할 수 있다. 그러나 순음청력도가 급격하게 경사진 유형일 때는 순음평균역치와 어음청취역치가 다르게 나타나며, 이 경우 어음청취역치를 사용하는 것이 타당하다.

② 어음명료도검사

- 검사 방법: 어음명료도검사(speech discrimination test: SDT, speech recognition, word recognition test: WRT)는 말소리의 변별도를 측정하기 위한 어음청력검사다. 보통 말소리 청취역치보다 40 dB 정도 높은 강도에서 단음절어로 구성된 PB 단어 목록(phonoetically balanced word list)을 들려준다. 이때 PB 단어는 음성학적으로 균형을 이루어야 하고 일상 회화에서 사용되는 어음 빈도와 동일해야 하며 친숙한 어음

이어야 한다. PB 단어를 제시한 후에는 바르게 변별한 검사 어음의 백분율(어음명료도치: discrimination score), 부정확한 반응을 보인 검사 어음의 백분율(어음판별손실: discrimination loss), 어음 강도와 상관없이 가장 높은 명료도(최대 명료도치: maximum discrimination score, PB max)를 산출한다.

- 결과 해석: 일반적으로 정상 또는 전음성 청각장애일 경우 어음청취역치상 약 40 dB 어음 강도에서 최대 명료치를 구할 수 있다. 특히, 감각신경성 청각장애에서 병변이 와우인지 후미로인지 알아볼 때 유용한 검사 방법이다. 만약, 후미로성(예: 청신경종양)이라면 흔히 순음청력검사 결과는 정상이지만 어음 명료도(약 30~40%)가 낮게 나타난다. 그리고 감각신경성이라면 일반적으로 어음 명료도가 70~80% 이하로 나타난다.

반사청력검사 반사청력검사(reflex audiometry)는 신생아와 유아의 청각을 알아보기 위한 것이다. 이 검사는 아이에게 소리 자극을 주고 그에 대한 반응으로 청각장애 여부를 판별하는 방법이다.

유희청력검사 유희청력검사(play audiometry)는 유아의 청력을 측정하기 위해 검사 사태에서 놀이를 활용하는 검사다. 검사자는 유아가 큰 소리를 들으면 장난감(블록, 구슬 등)을 바구니에 집어넣도록 유도하여 검사 방법을 반복해서 익히게 한 후(김진숙, 이정학, 1998), 놀이를 하면서 순음청력치(500, 1,000, 2,000 Hz)를 구한다. 2세 6개월 이상인 아동에게 유용하며(Davis, 1978), 아동과 검사자의 관계(rapport)가 어떻게 성립되느냐가 중요하다.

조작조건청력검사 조작조건청력검사(operant conditioning audiometry)는 조건화 원리를 적용하여 아동이 소리를 듣고 반응할 때 보상을 주는 것으로, 시각강화조작조건검사법(visual reinforcement operant conditioning audiometry: VROCA)과 물질강화조작조건검사법(tangible reinforcement operant conditioning audiometry: TROCA), 유희조건청력검사법(conditioning paly audiometry: CPA) 등이 있다. VROCA는 헤드폰을 통해 소리를 듣고 아동(약 3~7세)이 직접 단추를 누르거나 마우스를 누르면 장난감이 움직이거나 컴퓨터를 직접 조작할 수 있게 고안된 방법이다(김진숙, 이정학, 1998). TROCA의 경우는 사탕, 초콜릿, 과자 등과 같은 물질을 강화물로 채택하여 청각에 대한 반응을 이끌어 내는 반면, CPA의 경우는 장난감을 가지고 놀 수 있게 해 주는 보상 방법을 주로 사용한다(Paul & Quigley, 1994). TROCA와 CPA는 특히 2~4세 아동의 청력 측정에 유용하다(김진숙, 이정학, 1998).

행동관찰청력검사 행동관찰청력검사(behavior observation audiometry: BOA)는 구조화된 조건에서 먼저 소리를 들려주고 그에 대한 행동 반응을 살펴봄으로써 청력의 상태를 측정하는 방법이다. 즉, 아동이 소리에 반응하는 것을 관찰하는 것으로, 반응(예: 머리 돌리기, 눈 깜박이기, 놀다 멈추기)이 명확하게 관찰될 때까지 강도 수준을 높이면서 소리를 제시한다(Heward, 2003). 신생아의 경우 소리 자극〔장난감 혹은 검사자나 엄마 목소리, 진동음(warble tone), 협대역 잡음(narrow band noise) 등〕을 주고 아기가 잠자는 상태를 관찰한 결과, 2초 이내에 다음과 같은 반응을 보인다면 정반응으로 간주한다(김진숙, 이정학, 1999). 즉, 소리 자극 직후의 확실한 눈 깜빡임, 몸에 경련을 일으키거나 몸 전체를 흔듦, 잠깐이라도 눈을 떴다가 감음, 소리가 난 쪽으로 머리를 살짝 움직임, 팔이나 다리 또는 기타 신체 부위의 확실한 움직임 등을 살핀다. 이 검사는 보통 3세 이하 아동에게 사용된다(Kirk et al., 2000).

2) 객관적 청력검사

객관적 청력검사 중에서 중이검사, 이음향방사검사 및 청성유발전위검사

등이 임상 장면에서 빈번히 사용된다.

중이검사 중이검사(immittance test)는 고막을 향해 긴 소리를 주고 난 후 반사되어 나오는 소리의 양을 미세 마이크로 잡아 전기적으로 분석한다. 고막면(the plane of the tympanic membrane)에서 만들어진 측정치들을 통해 간접적으로 중이의 기능을 결정한다(Martin, 2002).

[그림 5-5]와 같이 임피던스 측정 체계의 주기능 부분은 프로브 팁(probe tip)이다. 이는 소리를 발생시키는 발진기(an oscillataor producing a sound), 외이도 내의 압력을 변화시키는 공기 펌프(a pump to vary the air pressure in the ear canal), 고막에서 반사된 소리에너지를 마이크로폰에서 포착하여 계기에 나타나는 것을 전압으로 표시하는 접압기(a sound level meter to measure the SPL in the canal)의 세 가지 구조로 연결되어 있다(McCracken & Laoide-Kemp, 1997).

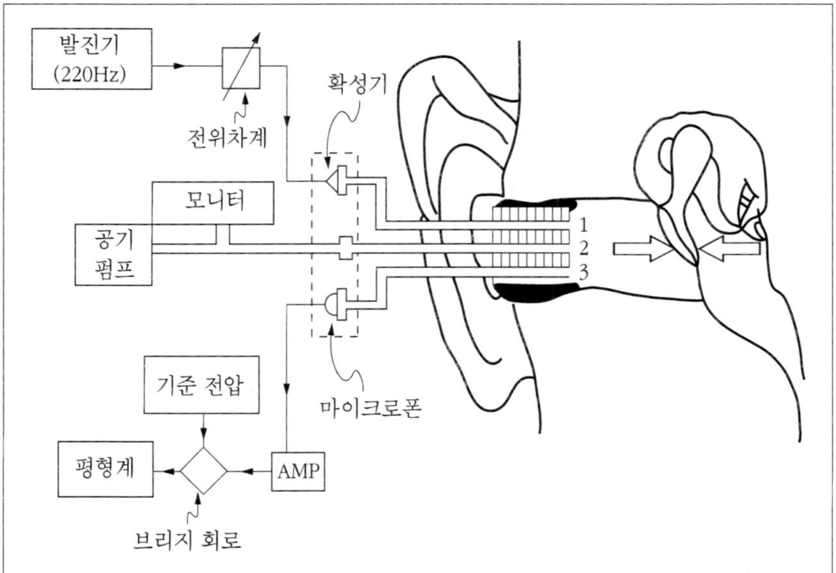

[그림 5-5] 중이 미터(immitance meter)의 도식

중이검사로는 외이도의 압력 변화에 따라 고막 진동의 변화 양상을 측정하는 고막운동성검사, 큰 소리를 들려주었을 때 중이의 등골근의 수축 여부를 측정하는 등골근반사검사, 강한 소리 자극을 지속적으로 들려주어 등골근 반사의 변화 정도를 측정하는 반사피로검사 등이 있다.

① 고막운동성검사

- 검사 방법: 고막운동성검사(tympanometry)는 중이검사 가운데 가장 널리 사용된다. 이 검사는 프로브로 외이도를 완전히 차단한 상태에서 저주파 검사음(220 Hz 또는 226 Hz, 85 dB SPL)을 지속적으로 들려주면서 외이도 내의 압력(+200/+400mmH_2O ~ −200/−600mmH_2O)을 변화시키는 동안 고막에서 반사되는 에너지를 외이도에서 측정한다. 이때 외이도와 중이강의 압력이 같을 때 가장 효율적으로 소리에너지가 전달되는

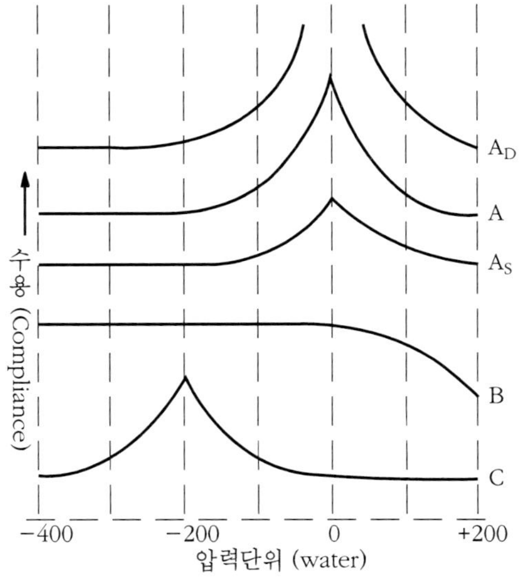

[그림 5-6] 고실도의 5유형

수정 발췌: Martin, F. N. (1997). *Introduction to audiology* (6th ed.), p. 160. MA: Allyn & Bacon.

특성을 보인다.

- 결과 해석: 외이도의 압력 변화에 따른 고막 진동의 변화 양상을 측정하여 외이도의 부피와 고막 및 중이 구조물의 상태를 진단하게 되는데, 흔히 Jerger(1970)가 제안한 분류 체계에 기초하여 다섯 가지 유형으로 구분한다(Martin, 2002; McCracken & Laoide-Kemp, 1997: Ross et al., 1991). [그림 5-6]은 고실도(tympanogram) 5유형을 하나의 체계로 도식화한 것이며(X축: 압력 단위 mmH$_2$O, Y축: 수용 단위 mm^3), 〈표 5-1〉은 유형별 특성을 기술한 것이다.

② 등골근반사검사

- 검사 방법: 중이기제(mechanism)에 관여하는 근육(고막장근과 등골근) 중에서 등골근(stapedius muscle)이 소리에 대한 반사 반응을 뚜렷하게 보여 준다. 등골근반사검사(acoustic reflex test)는 정상적으로 강한 소리 자

〈표 5-1〉 고실도의 유형별 특성

유형	기본 특성
A형	• 중이의 기능이 정상임을 보여 주는 것으로 수용 값의 최대치 범위는 −100~+50 mmH$_2$O다. 정상인이나 감각신경성 청력손실인 경우 나타난다.
A$_S$형	• A형과 비슷하나 A형에 비해 훨씬 얕은 형태를 보인다. 즉, 고막의 움직임이 감소된 것으로 이소골 유착, 고실경화증, 이경화증, 삼출성 중이염 등에서 나타날 수 있다(s=stiffness, shallow).
A$_D$형	• A형과 같은 패턴을 보이나 곡선의 변화가 비정상적으로 높아지는 것으로 고막의 기능 유실(flaccidity) 또는 이소골 연결의 단절(separation) 시 나타날 수 있다(D=discontinuous, deep).
B형	• 중이강이 액체로 채워져 있어 나타나는 유형으로, 외이의 압력 변화를 통해 고막 뒤쪽 액체 압력을 대등하게 조절하여 맞출 수 없기 때문에 compliance 최대치가 없고 평평하다.
C형	• 외이의 압력이 부적(negative)일 때(보통 −100daPa 내외, −100mmH$_2$O 이하의 음압) compliance 최대치가 나타나는데, 이때 중이의 압력이 비정상적으로 부적인 양상을 보이는 유형으로 유스타키오관 기능 저하 혹은 삼출성 중이염 초기에 나타날 수 있다.

극(약 65~90 dB SL)을 받으면 큰 소리로부터 내이를 보호하기 위해 등골근이 반사적으로 수축하기 시작하여 이소골의 소리 전달 연쇄 기능이 약화되며, 이 때문에 중이 내의 저항은 증가하고 고막의 수용은 감소하게 되는 원리를 이용한 것이다. 큰 소리 자극에 대한 등골근의 반사작용을 측정할 때 등골근이 반사적으로 수축하면 중이에 변화가 생겨 외이도의 부피(약 2cc)가 증가하게 된다. 이때 약 1%(약 0.02cc)의 부피가 증가하는 최소 소리 강도를 등골근반사역치(acoustic reflex threshold: ART, 중이의 수용이 최초로 변화되는 가장 낮은 자극음 강도)라고 한다. 정상 청력인 경우 약 70~100 dB 정도며, 소리 자극에 대해 동측(ipsilateral)과 대측(contralateral) 귀의 근육이 모두 수축한다. 실제적으로 검사는 70~120 혹은 125 dB HL의 500, 1,000, 2,000, 4,000 Hz의 순음을 검사음으로 들려주고 동측과 대측의 ART를 측정하는 절차로 진행된다(Martin, 2002).

- 결과 해석: 정상 청력 시 산출된 등골근반사 결과의 예는 다음과 같다. 1,000 Hz인 경우 외이강 체적 감소는 80 dB HL일 때 0.01cc, 85 dB HL일 때 0.05 cc, 90 dB HL일 때 0.09 cc로 반사역치는 85 dB HL이다. 2,000 Hz인 경우는 85 dB HL일 때 0.01 cc, 90 dB HL일 때 0.03 cc, 95 dB HL일 때 0.11 cc로 반사역치는 90 dB HL이다.

③ 반사피로검사

- 검사 방법: 반사피로검사(acoustic reflex decay test)는 강한 소리 자극을 지속적으로 들려줄 때 등골근이 끊임없이 반사를 일으키도록 자극하는 원리에 기초한 방법이다(Martin, 2002). 실제 검사에서는 500 혹은 1,000 Hz에서 ART보다 10 dB 더 강한 소리를 10초 동안 지속적으로 들려주면서 등골근반사의 변화 정도를 측정한다(Martin, 2002).
- 결과 해석: 정상이거나 와우에 이상이 있는 미로성 난청일 때는 반사의 정도가 변함없이 지속된다. 그러나 청신경 이상으로 후미로성 난청이

있다면, 반사 지속에 피로를 느껴 5초 이내에 반사량이 50% 이상 감소(decay)된다. 즉, 후미로성 난청일 때는 청각 피로 현상을 관찰할 수 있다.

이음향방사검사 이음향방사검사(otoacoustic emissions test: OAE검사)는 와우에 있는 외모세포(outer hair cells)가 움직여서 외이도로 에너지가 방사되면 외이도에서 매우 낮은 강도의 소리에너지를 측정할 수 있다는 원리에 기초한다. 이러한 방사 반응은 중이의 상태를 민감하게 반영하게 되며, 와우(외모세포) 기능의 평가에 유용하다.

감각신경성 청력손실의 경우, OAE가 있다면 외모세포 기능에 손상이 없고 장애 부위가 불명확한 후미로성 병변으로 유추할 수 있다. 그러나 OAE가 없다면 병인이 와우와 관련된 것이기는 하나 후미로성이 동시에 관여할 수 있는 가능성도 고려하여 해석한다(Martin, 2002).

이음향방사검사에는 자발이음향방사와 유발이음향방사가 있다.

- **자발이음향방사**(spontaneous otoacousitc emissions: SOAE): 외부의 소리 자극 없이 존재하는 방사로, 전형적으로 1,000~3,000 Hz 범위의 주파수 영역에서 발견된다(Martin, 2002). 이처럼 SOAE는 반응 주파수에 대한 변화의 폭은 적은 편이나 강도에서는 많은 변화를 보이며, 한쪽 귀에서 하나 이상 혹은 양쪽 귀의 여러 방사가 있을 수 있다(Martin, 2002). 정상 귀에서 SOAE 출현도는 약 72%이나 다양한 요인에 따라 차이가 나타나기 때문에 적어도 SOAE가 측정되면 건청인임을 확인할 수 있다.
- **유발이음향방사**(evoked otoacoustic emissions: EOAE): 음향 자극(acoustic stimulation)을 일정 기간 동안 혹은 즉각적으로 제시하여 방사를 유도할 때 나타나는 음향방사로 일과성이음향방사(transient-evoked otoacoustic emissions: TEOAE)와 변조이음향방사(distortion product otoacoustic

emissions: DPOAE)가 대표적이다. EOAE가 있는 것은 중이의 이상으로 생긴 전도성 청력손실이 없음을 보여 주는 것으로, 나아가 와우 부위의 반응이 정상이거나 경도 이상의 청력손실이 없는 것으로 해석할 수 있다.

청성유발전위검사 청성유발전위(auditory evoked potentials: AEP)는 전기 자극에 따른 결과로 측정되는 여러 가지 유발 반응 중 하나로, EEG (electroencephalograph)라 부르는 측정 도구를 이용하여 두피에 부착된 전극을 통해 뇌의 전기 활동을 증폭시키는 원리에 기초하여 검사를 실시한다 (Martin, 2002).

소리 자극 후의 유발 반응은 잠복 시간에 따라 청성 초기 반응(auditory early response: 0~10ms), 청성 중기 반응(auditory middle latency reponses: 10~50ms), 청성 후기 반응(late evoked response: 50~300ms 이상)으로 구분한다. 일반적으로 청성 초기 반응을 측정하기 위해 전기와우검사(ECoG, ECochG: electrocochleography)와 뇌간유발반응검사(ABR test: auditory brainstem response test)를 실시한다. 그리고 청성 중기 반응을 평가하기 위해서는 40 Hz 반응과 ASSR(auditory steady state response)을 측정하며, 청성 후기 반응을 평가하기 위해서는 P300과 MMN(mismatch negativity)을 살펴본다.

특히, 뇌간유발반응검사 시 뇌에서 일어나는 전기적 반응 활동이 수면이나 마취 상태 동안 지속되기 때문에 행동검사에서 역치 측정이 불가능한 생후 4, 5개월의 유아에게 실시할 수 있다(McCracken & Laoide-Kemp, 1997). 뇌간유발반응을 측정하기 위한 검사 및 해석 방법은 다음과 같다.

두정부(vertex), 외이 뒤쪽에 있는 유양돌기(mastoid), 이마에 전극을 부착하여 소리 자극을 준 후, 5~10ms 혹은 15ms까지의 기간 동안 청신경계 (auditory nervous system)에서 발생하는 전위를 측정하는 절차로 진행한다. 검사 대상자의 수면 상태에서 1,000~2,000 Hz의 딸깍음을 초당 20~40번

비율로(McCracken & Laoide-Kemp, 1997) 70 dB 자극 강도로 제공하였을 때 반응이 없다면 강도를 20 dB 높여 소리 자극을 제시하고, 반응이 있다면 파형 V가 탐지되지 않는 수준까지 강도를 10 혹은 20 dB 정도 낮춰 소리 자극을 제시한다(Martin, 2002).

측정치에 대한 분석 기준은 전체 파형, 상이한 강도 수준에서 파형(파형 I ~ V)의 절대 반응 기간(absolute latency: 자극 직후 시점부터의 반응 기간), 파간 반응 기간(interpeak latency interval, interwave latency: 반응과 반응 사이의 경과 시간) 혹은 각 파의 상대적 반응 기간, 각 파의 절대적 · 상대적 크기(높이, amplitude) 및 파형 V의 역치 등이다. ABR 결과 중 정상 청력의 경우에 나타나는 절대 반응 기간은 [그림 5-7]과 같다.

반응과 반응 시간이 지연될 때, 파형 V 잠복 기간이 양쪽 귀 간에 유의미하게 다를 때, 파형의 높이 비율이 비정상적일 때(보통 V파가 I파보다 더 높다), 그리고 V파가 비정상적으로 길어지거나 정점이 소실된 때 신경학적으로 비정상적인 것으로 간주한다(Martin, 2002).

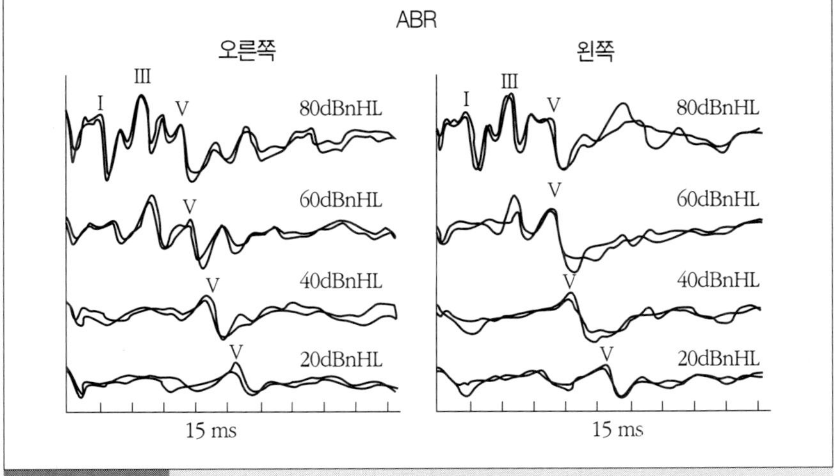

[그림 5-7] ABR 결과 중 정상 청력의 경우에 나타나는 절대 반응 기간의 예

수정발췌: Martin, F. N. (1997). *Introduction to audiology* (6th ed.) (p. 176). MA: Allyn & Bacon.

제6장

청능훈련

1. 청능훈련의 개념
2. 청능훈련의 기초
3. 청능훈련의 계획
4. 청능훈련 방법

청각장애아동이 음성언어를 수용하기 위해 사용하는 주된 감각은 청각과 시각이다. 따라서 그들에게는 청각과 시각의 활용 능력을 향상시켜 음성언어를 보다 잘 수용할 수 있게 하여야 한다. 청각의 활용 능력을 향상시키기 위해서는 청능훈련이 필요하다. 청능훈련에서는 청각장애아동이 잔존 청력을 보다 잘 활용할 수 있도록 청취 환경을 구조화하고, 적절한 청각 자극을 제공하여 듣기 기술을 향상시키도록 하여야 한다.

청각장애 때문에 갖게 되는 의사소통 능력의 제한은 사회심리 발달, 교육, 직업 생활 등에도 영향을 미치기 때문에 청각장애아동 교육에서 청능훈련은 매우 중요한 의미를 갖는다. 이 장에서는 청능훈련의 의미, 목표, 내용, 방법, 그리고 전략 등에 관하여 살펴보고자 한다.

1. 청능훈련의 개념

청능훈련에 대한 정의는 여러 가지가 있다. Goldstein(1939)은 청능훈련을 말소리와 음향적 신호의 여러 속성인 크기, 높이, 리듬, 억양 등을 변별하는 능력의 발달 또는 향상이라 하였다. Goldstein의 접근은 말소리 지각력을 촉진하는 데 중점을 두고 있으며, 훈련 기간 동안 다양한 음성, 비음성 자극의 사용을 강조하고 있다.

일반적으로 가장 많이 언급되는 정의는 Carhart(1960)의 정의인데, 그는 청능훈련을 청각장애아동이나 성인이 말을 지각할 때 청각 단서를 충분히 이용하도록 가르치는 과정으로 보았다. 그러므로 청능훈련에서는 소리의 인식, 비음성 자극의 대변별, 말소리의 대변별 및 미세한 변별에 중점을 두어야 한다.

최근에 Erber(1982)는 청능훈련을 청각장애아동이 청지각 능력을 가능한 많이 획득하도록 특별한 의사소통 상황을 설정하는 지원 활동으로 정의하였다. 이 정의에서는 청각장애아동이 의사소통할 때에 청각기관의 손상 정도와 관계없이 청각을 가능한 충분히 활용하도록 돕는 과정을 중요시하였다. 일반적으로 이러한 과정은 증폭장치를 착용하고 특별한 교수기법을 사용함으로써 성취될 수 있다.

청각장애인은 청력의 손실 정도가 크다 할지라도 청력을 최대한 활용하여야 한다. 따라서 청능훈련의 궁극적인 목적은 청각 능력을 충분히 계발하여 의사소통의 가능성을 최대한 향상시키는 데 있다. 청능훈련의 일차적인 목표는 수용적 의사소통 능력을 최대화하는 것이지만, 이러한 기본 목표를 성취함으로써 보다 능숙한 말과 언어 기술의 획득, 교육 · 직업상의 진보, 성공적인 심리사회적 적응과 같은 다른 중요한 성취를 이룰 수 있다.

2. 청능훈련의 기초

1) 청각 기술의 발달

출생을 몇 주 앞둔 태아도 청각 자극을 지각할 수 있는 청각 능력을 가지고 있다(Bench, 1968). 출생 후 몇 주 안에 신생아의 청각 처리 기술은 더욱 정교해져 청각 자극을 탐지할 수 있을 뿐만 아니라 주파수와 강도 변화에 기초해서 여러 청각 자극을 대별할 수도 있다(Eisenberg, 1970). 이러한 선택적인 듣기 과정은 출생 후 몇 주 지나지 않아 음소 신호에 대해서도 이루어진다(Eimas, 1975; Eisenberg, 1976). 청각 기술의 빠른 발달은 유아의 말과 언어 발달에 결정적인 영향을 미친다. 그러므로 이 시기에 풍부한 청각 자극을 받지 못한다면 언어 발달은 크게 제한된다.

말과 언어를 정상적으로 획득하는 데 필요한 기초적인 청각 기술은 출생 시나 출생 직후에 어느 정도 발달하지만, 그 후 몇 년에 걸쳐 더욱 정교해진다.

2) 비음성 자극의 지각

인간의 청각기관이 매우 복잡하고 정교한 지각 능력을 가지고 있다고 할지라도 처리할 수 있는 신호는 제한적이다. 정상 귀는 약 20~20,000 Hz 범위의 청각 신호를 지각할 수 있으며, 이 주파수 범위 밖의 자극은 탐지할 수 없다. 강도의 탐지 범위는 청각 자극이 가지고 있는 주파수에 따라 다르다. 인간이 듣고 처리할 수 있는 신호음의 강도 범위는 3,000~4,000 Hz에서 가장 넓은데, 약 0~140 dB SPL에 이른다. 인간의 귀는 음향 신호를 탐지할 뿐만 아니라 그 속성상의 작은 차이를 토대로 하여 여러 자극을 변별할 수도 있다. 청각 신호 간의 차이를 변별하는 능력에 관한 연구는 소리의 세 가지 매개 변수인 주파수, 강도, 지속 시간의 문제를 중심으로 하여 이루어졌다. 이러한 연구 결과는 이들 변수 간에 복잡한 상호 작용이 존재함을 밝혔다. 즉, 어떤 신호의 주파수나 강도 혹은 지속 시간상의 변화를 변별하는 능력은 다른 두 요인 각각의 중요도에 따라 영향을 받는다. Stevens와 Davis(1938)는 정상 귀는 가청 범위 내에서 대략 340,000개의 음을 변별적으로 지각할 수 있다고 추정하였다. 이러한 전체 수는 단지 주어진 자극의 주파수 및 강도상의 변화에만 기초하여 추정한 것이다. 다른 변수를 더 추가한다면 변별력은 매우 커질 것이다. 이러한 것을 통해 인간의 청각기관이 대단한 변별력을 가지고 있음을 알 수 있다.

3) 말소리의 특성

말소리의 음향적 특성에 관한 지식은 말소리를 지각하는 과정을 이해하는데 중요하다.

말소리의 강도 인간의 귀는 130~140 dB까지의 강도 범위에 속하는 신호를 처리할 수 있다. 그러나 일상적인 말소리의 강도 범위는 상대적으로 좁다. 화자에게서 약 1m 거리에서 측정하였을 때, 연결된 말소리의 평균 강도는 65 dB SPL에 가깝다. 이것은 약 52 dB HL의 값과 같다. 보통의 외치는 소리는 85 dB SPL(75 dB HL)에 가깝고, 속삭이는 말소리의 강도는 약 20 dB SPL이다. 따라서 화자와 청자 간의 거리는 의사소통 상황에서 강도 수준에 영향을 미칠 수 있다.

개별 말소리와 관련된 음향에너지 역시 상당한 변화성이 있다. 가장 강력한 음소인 /ɔ/는 가장 약한 음소인 /θ/보다 약 680 배의 에너지를 가지고 있으며, 두 말소리 간의 강도 차이는 평균 28 dB 정도다. 개인 음성의 강도에도 상당한 차이가 있기 때문에 화자에 따라 이들 두 음소 간의 강도 차이는 56 dB까지 나타날 수 있다. 또한 가장 약한 모음 /i/는 가장 강력한 자음 혹은 반모음 /ɝ/보다 더 많은 에너지를 가지고 있으며, 전형적인 남성의 음성 강도는 여성의 음성 강도보다 3 dB 정도 크다(Fletcher, 1953).

말소리의 주파수 음성의 전체 스펙트럼은 대략 50~10,000 Hz의 음향에너지로 이루어져 있다. 음성에서 발견되는 가장 많은 양의 에너지는 1,000 Hz 이하에 있으며, 이 주파수대 이상에서는 말소리의 에너지가 옥타브마다 약 9 dB씩 줄어든다. 낮은 주파수대에 에너지가 집중되어 있는 것은 성인 음성의 기본 주파수(남자 130 Hz, 여자 260 Hz; Zemlin, 1981) 및 모음 산출과 관련된 높은 강도와 스펙트럼상의 특징 때문일 수 있다. 또한 아동의 기본 주파수는 성인의 것보다 높아서(McGlone, 1966) 주요 에너지가 더 높은 주파수 대역에 집중되어 있다.

모음은 주로 낮은 주파수와 중간 주파수의 에너지로 구성되어 있으며, 음성에 대부분의 음향적 파워를 제공한다. 특히, 각 모음의 주파수 스펙트럼은 발성하는 동안 성도(vocal tract)에서 일어나는 공명 때문에 에너지가 집중되는, 적어도 두세 지점을 포함한다. 이때 최고의 진폭을 나타내는 지점을 '음형대(formant)' 라고 하는데, 이 음형대의 주파수는 각 모음마다 다르다. 일반적으로 모음은 여러 음형대를 가지고 있지만 화자가 말하는 모음을 지각하기 위해서는 처음의 두세 음형대(F_1, F_2, F_3)의 청취가 가능해야 한다(Peterson & Barney, 1952).

자음은 모음보다 넓은 고주파수 스펙트럼으로 구성되어 있다. 이것은 유성음이 아닌 자음, 조음부의 수축을 수반하는 자음일 때 특히 그렇다. 자음은 모음에 비해 상대적으로 적은 에너지를 가지고 있지만 말소리의 명료도를 결정하는 데 중요한 역할을 한다. 따라서 자음을 정확하게 지각하는 것은 듣기에 있어 매우 중요하다.

말소리의 지속 시간 말소리의 지속 시간은 m/sec로 측정한다. 영어의 개별 말소리의 지속 시간은 약 30~300 m/sec다(Lehiste, 1976). 많은 요인이 음소의 지속 시간에 영향을 미칠 수 있기 때문에 음소들 간의 지속 시간을 직접 비교하기는 어렵다. 그러나 Crandall의 연구(1925)에 의하면 일반적으로 모음이 자음보다 더 길다. Fletcher는 모음의 평균 지속 시간은 130~360 m/sec이고, 자음의 평균 지속 시간은 20~150 m/sec라고 하였다. 개별 음소의 지속 시간은 말소리를 지각하는 데 변별적 요소가 된다. 폐쇄자음(stop consonants, 예: /p/와 /b/)의 지속 시간은 V-C-V 맥락에서 규칙적으로 변화하며, 산출된 음소의 지속 시간 속성은 말소리를 정확하게 지각하는 데 영향을 미친다(Minifie, 1973).

일반적으로 화자에 따라 말하는 속도는 상당히 다르다. 연결된 담화를 하는 동안 말의 평균 속도는 초당 약 4.4~5.9 음절을 산출한다. 이것을 음소 산출로 나타내면 초당 15 음소가량으로 대단히 빠르다(Orr, Friedman, & Williams, 1965).

전이 단서 음소를 분리하여 발음하였을 때와 연결된 담화나 대화에서 산출하였을 때의 음향적 속성은 의미 있게 달라진다. 연결된 담화에서 인접한 음소를 산출하기 위한 조음부의 역동적인 움직임은 음향상의 부산물을 만드는데, 이를 전이 단서(transitional cues)라고 한다. 이들 단서들은 말소리를 지각하는 데 매우 유용한데, 이는 개별 음소의 지각에 관련된 가치 있는 정보를 가지고 있기 때문이다.

예컨대, 모음의 두 번째와 세 번째 음형대는 바로 뒤에 있는 특정 자음을 만들기 위한 조음부의 활발한 움직임에 의해 주파수의 변화가 일어난다. 이들 주파수의 변화는 결합된 모음과 자음을 조음하는 동안 소리의 공명이 이동함에 따라 일어난다. 마찬가지로 연결된 말에서 모음의 지속 시간은 뒤에 있는 음소에 관한 정보를 전하기 위해 달라질 수 있다. 영어에서 유성자음이 끝소리인 경우 종종 바로 앞 모음의 길이는 증가한다. 이렇게 모음의 지속 시간 증가는 뒤에 있는 자음 소리를 지각하는 데 도움을 준다.

4) 말소리의 지각과 이해

화자가 말을 할 때 분절 요소와 초분절 요소를 조직화하고 산출하는 것, 그리고 청자가 이 역동적인 신호를 정확하게 지각하는 것은 매우 복잡하고 정교한 과정이다. 그러나 청자가 말소리 자극을 수용하였다고 해서 전언을 적절하게 지각하였다고는 할 수 없다. 말소리 지각이란 '포괄적인 이해'를 의미하며, 청각기관에 의한 말소리 신호의 수용이란 지각의 첫 단계에 불과하다.

말소리를 지각하고 이해하는 과정에는 다음과 같은 여러 구성 요소가 포함될 수 있다.

- 탐지(detection): 소리의 유무를 인식하는 단계다. 말소리를 탐지하는 능력은 청각의 민감도와 신호의 강도 수준의 영향을 받는다.
- 변별(discrimination): 말소리 자극(음소, 음절 등) 간의 차이를 구별하는 능력이다. 말소리의 개별 요소를 얼마나 정확하게 지각하느냐에 관한 것이다.
- 확인(identification): 반복하여 말하기, 가리키기, 단어나 문장으로 쓰기 등을 통해 자신이 들은 것을 확인하거나 식별하는 능력이다.
- 주의(attention): 말소리에 주의를 기울여야 한다. 청자의 주의 정도와 질은 말소리를 얼마나 잘 지각하느냐에 영향을 준다.
- 기억(memory): 말소리 지각에서 핵심이 되는 구성 요소는 상대적으로 짧은 기간 동안에, 어떤 경우에는 좀 더 긴 시간 동안에 음성 정보를 보유하고 저장하는 능력이다. 기억은 또한 말소리 지각에서 다른 구성 요소들의 기본이 되는 요소며, 전체 음성 메시지에서 의미를 이끌어 낼 수 있도록 개별 말소리 단위를 결합할 수 있게 한다.
- 종결(closure): 수용하고 변별되어, 앞으로의 처리를 위해 보유하고 있는 말소리 요소는 의미 있는 전체로 종합되어야 한다. 이것은 어려운 일이다. 그러나 우리가 음성 메시지 내용을 적절하게 수용하지 못할 때(청력 손실에 의해 발생하는)조차도, 청자가 이용 가능한 전후 관계에 기초하여 놓친 정보를 추론하는 과정에서 종결이 이루어질 수 있다.

5) 말소리 지각과 청력손실

말소리 자극을 성공적으로 처리하는 능력은 신호를 구성하는 부호화된 음향 정보를 수용하는 능력과 밀접히 관련된다. 따라서 청력손상은 말소리를 올바르게 지각하는 데 심각한 영향을 미칠 수 있다.

물리적 속성 말소리의 물리적 속성에 관한 정보는 말소리의 지각과 청력손실 간의 관계를 이해하는 데 가장 중요하다. 말소리 자극을 성공적으로 처리할 수 있는 정도는 신호를 구성하는 부호화된 음향 정보의 수용 능력과 밀접하게 관련되어 있다.

정상 귀는 대부분의 상황에서 말소리를 수용하여 처리할 수 있다. 일반적으로 말소리는 평균 45 dB HL 정도의 크기를 가지고 있기 때문에 정상 귀로 충분히 들을 수 있다. 또한 우리는 약 20~20,000 Hz 범위의 청각 신호를 들을 수 있는데, 말소리는 대략 50~10,000 Hz의 에너지를 가지고 있기 때문에 말소리 지각에 필요한 주파수 범위는 전체의 일부에 불과하다. 따라서 청력이 정상인 사람들은 구어로 의사소통할 때 말소리를 지각하는 데 어려움을 겪지 않는다.

그러나 청각장애인의 경우에는 말소리 신호를 모두 지각할 수 없다. 예컨대, 2,000~8,000 Hz에서 50 dB의 역치를 가진 사람은 고주파수의 음소를 지각하는 데 상당한 어려움이 있다.

청력손실을 입은 대부분의 청자는 모음을 지각하는 데에는 어려움이 적으나 그중 /ɛ/와 /o/ 모음은 지각함에 있어 오류를 나타낼 가능성이 높다(Owens, Benedict, & Schubert, 1971). 그러나 손실의 정도가 중도, 최중도일 때에는 모음 지각도 어려워진다(Erber, 1979). 이에 비해 청각장애인이 자음을 지각한다는 것은 매우 어려운 과제다. Owens(1978)는 /s/, /p/, /k/, /d/, /θ/ 등이 감음성 청각장애 성인이 가장 지각하기 어려운 음소라고 하였으며, 단어의 어두보다는 어말에서 음소 변별의 오류가 더 빈번하다고 하였다. 자음의 변별에서 가장 공통된 오류는 조음 위치의 특징(Boothroyd, 1978; Byers, 1973; Owens, 1978) 및 조음 방법과 관계가 있다. 비음과 유성음을 지각할 때는 오류가 훨씬 덜하다.

Owens와 그의 동료는 자음 지각에 관한 일련의 연구를 수행하였다. 그 중 한 연구에서 Owens 등(owens et al., 1972)은 청력형과 자음 지각 오류 간의 관계를 조사하였다. 그 결과 /s/, /ʃ/, /tʃ/, /dʒ/, /t/, /θ/ 등이 어두에 있을 경우, 특히 경사(sloping)형의 청력형를 가진 사람은 듣는 데 어려움이 있었다. 그들은 고주파대에서 청력손실의 경사가 심할수록 이들 음소를 정확하게 듣기가 더욱 어렵다고 하였다. /s/와 어두의 /t/, /θ/를 올바르게 인식하는 것은 2,000 Hz 이상에서의 청력의 민감도와 밀접하게 관련되어 있는 반면에 /ʃ/, /tʃ/, /dʒ/의 지각은 1,000~2,000 Hz에서의 민감도에 크게 의존한다. Sher와 Owens(1974)는 고음장애가 있는 사람을 대상으로 이와 유사한 연구를 하였는데, 2,000Hz까지는 청력이 정상이었지만 그 이상의 주파수에서 급경사의 손실을 보이는 사람들은 자음 음소를 충분하게 듣는 데 어려움이 있다는 것을 확인하였다.

잉여성과 소음 말의 지각은 매우 복잡한 과정이다. 구어로 의사소통을 성공적으로 하기 위해서는 전언에 충분한 정보가 담겨 있어야 한다. 특정한 의사소통 상황에서 이용 가능한 정보의 양은 잉여성(redundancy)과 소음(noise)이 어떠냐에 밀접히 관련된다.

대화에서 사용하는 말은 많은 잉여성을 가지고 있다. 대화어(conversational speech)는 청자가 의사소통의 일부를 듣지 못할지라도 전언의 의미를 파악하기 위해 사용할 수 있는 다양한 정보를 담고 있다. 구어로 하는 의사소통에서 잉여성의 정도는 표현 어구에 따라 다르기 때문에 청자가 들은 내용을 예측할 수 있는 정도 또한 달라질 수 있다. 기본적으로 전언의 내용이 중복될수록 청자는 지각을 더욱 용이하게 한다. 의사소통 상황에서 많은 요인들이 잉여성의 양에 영향을 미칠 수 있다.

대화어에 포함된 구조적, 의미적, 상황적 제약은 잉여성에 영향을 미칠 수 있다. 구조적 제약은 규칙에 따라 말의 단위를 함께 묶는 방법으로 어떤 말이 이어질 것인지에 대한 예측을 가능하게 한다. 말을 할 때 음소와 단어의 선택은 이러한 규칙에 강하게 영향을 받는데, 청자가 문장의 첫 부분을 듣고 다음에 무엇이 올지 예측하는 것을 용이하게 해 준다. 의미적 제약은 표현 어구의 의미적 내용에 기초하여 앞으로 사용될 어휘 및 어구의 유형을 예측하게 해 준다. 예를 들어, 대화의 주제가 음식이라면 청자는 이 주제와 관련되는 다소 제한된 범위의 어휘를 들을 것이라고 기대할 수 있다. 이러한 적은 범위의 단어 사용은 들은 내용에서 잉여성을 증가시킬 것이다. 상황적 제약 또한 잉여성을 제공한다. 대화의 상대자, 대화 장소, 대화 시간 등은 말하는 내용, 방법에 영향을 주며 대화에서 사용할 말을 어느 정도 예측하게 할 수 있다. 이러한 여러 제약은 말의 지각을 더 용이하게 하는 잉여성을 만들어 낸다.

구어로 하는 의사소통에서 소음이란 청자가 이용할 수 있는 정보의 양을 줄일 수 있는 여러 요인을 말한다. 즉, 청각적 소음뿐만 아니라 의사소통에 역효과를 낼 수 있는 다양한 변수를 말한다. 화자와 청자, 그리고 의사소통 환경과 관련된 여러 소음은 청자가 말을 지각하기 위해 사용할 수 있는 정보 또는 잉여성의 양을 줄일 수 있다.

3. 청능훈련의 계획

청능훈련의 계획은 대상의 특성을 고려하되 일반적으로 〈표 6-1〉에 제시한 네 가지 계획 원리에 의해 구성한다. 이 네 가지 계획 원리는 훈련 목표의 설정과 위계화에 도움을 줄 수 있다(Tye-Murray, 1998).

〈표 6-1〉 청능훈련의 네 가지 계획 원리에 포함될 수 있는 활동의 수준과 내용

A. 청능 기술(auditory skill)	D. 난이도(difficulty level)
음의 인식(sound awareness)	자극 형태(response set)
음의 변별(sound discrimination)	폐쇄형(closed)
음의 확인(sound identification)	제한형(limited)
음의 이해(sound comprehension)	개방형(open)
	자극 단위(stimulus unit)
	단어(words)
B. 자극(stimuli)	구(phrases)
음성적 수준(phonetic-level)	문장(sentences)
문장 수준(sentence-level)	자극의 유사성(stimulus similarity)
	맥락적 유사성(contextual support)
	과제 구조(task structure)
C. 활동 유형(activity type)	구조적(highly structured)
형식적 유형(formal type)	자발적(spontaneous)
비형식적 유형(informal type)	청취 조건(listening conditions)

1) 청각 기술 수준

청능훈련을 계획할 때 첫 번째로 고려할 사항은 대상의 청각 능력이다. 대상 학생의 청각 수준에 따라 청각 기술 수준의 네 단계, 즉 음의 인식, 음의 변별, 확인, 이해 중 적합한 단계를 선택하여 훈련 계획을 세운다. 여기서 고려해야 할 점은 '음의 인식 수준' 이 보다 쉽고 말의 '이해' 수준이 보다 어렵지만 각 수준은 분리된 것이 아니라 연속적이며 부분적으로 중첩되어 있다는 것이다.

청각 기술 훈련의 수준별 적용 예는 다음과 같다.

최중도의 양측성 청력손실 아동으로 5세 때 인공와우(cochlear implant) 이식 수술을 받았다. 이식 후 몇 주 동안 아동은 소리에 자발적으로 반응하지 못했다. 예를 들어, 자신이 놀고 있는 방 근처에서 플라스틱 접시가 떨어진 소리나 전화벨 소리에 고개를 돌리는 반응을 보이지 못했다. 몇 주가 경과하여 아동은

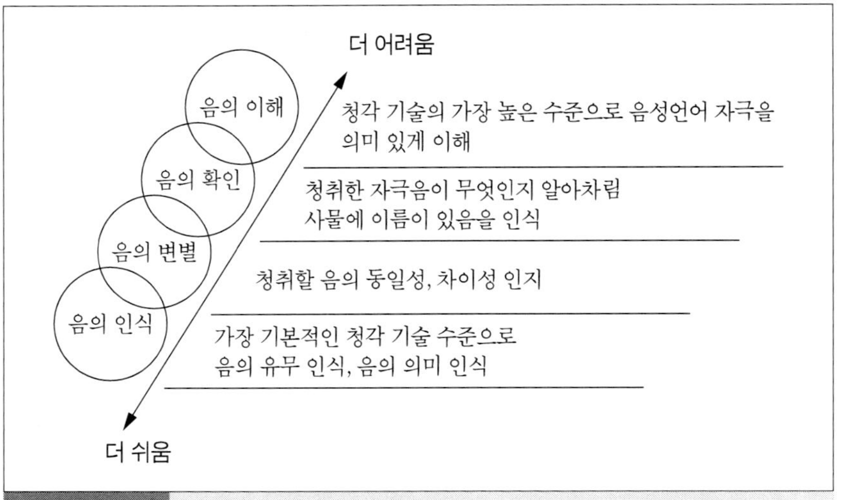

[그림 6-1] 청각 기술의 네 수준

소리의 유무를 인식하는 청능훈련의 단계를 시작하였고, 곧 소리가 의미를 가진다는 것과 행동하는 것이 소리를 만든다는 것을 깨달았다. 그래서 다음 단계인 소리 변별을 시작하였고, 이때 두 개의 소리(예: 아/이)가 같은지 다른지를 인식할 수 있었다.

인공와우 수술을 한 지 약 12개월 후 이 아동은 3단계인 확인 단계를 시작하였다(예: 파란색 크레파스를 요구하면 4개의 다른 색 크레파스 중 파란색을 가져오기). 이 단계의 기술은 사물이 이름을 가진다는 것과 이름은 청각 표현을 가진다는 것을 인식시키기 위한 것이다. 이 확인 단계에서 아동이 모방한 누군가의 발화를 이해하지 않을 수도 있다. 2년이 지나서 아동은 마침내 청각 기술의 마지막 단계인 이해 단계와 관련하여 듣고 이해하여 행동하는 것을 변별하기 시작하였다.

이 단계에서는 단지 청각적 기술의 증진뿐만 아니라 어휘와 문법적 지식도 획득한다. 그리고 언어적 · 환경적 상황에 의해 도움받은 질문은 시각적 단서 없이도 듣고 이해할 수 있을 것으로 기대한다.

만약, 정상 청력을 가졌던 경우이거나 잔청이 많이 남아 있는 경우라면 대상의 특성에 적합한 수준에서 청능훈련을 하여야 한다. 모든 대상에게 이러한 네 단계의 과정을 모두 적용할 필요는 없다.

2) 자극 단위 수준

청각 기술 수준을 결정한 후에는 청능훈련에 사용할 자극을 선정하여야 한다. 자극 단위를 선택할 때에는 대상자 특성에 따라 음성적 수준에서 분석적으로 접근할 것인지 또는 문장 수준에서 종합적으로 접근할 것인지 결정해야 한다. 분석적 훈련을 강조할 경우에는 음절이나 음소와 같은 말 신호의 분절적 요소를 중심으로 자극을 준다. 그러나 종합적 훈련을 강조할 경우에는 모든 소리와 단어의 청각적 인식 수준이 낮다 하더라도 음절 대 음절, 소리 대 소리의 분석을 하지 않고 발화의 의미를 인식하기 위한 학습을 한다.

일반적으로 분석적 훈련 시 음성적 수준의 자극 단위를 사용하는 반면, 종합적 훈련 시 문장 수준의 자극 단위를 사용한다. 그러나 분석적 훈련과 종합적 훈련을 상반되거나 별개의 것으로 구분하여 생각하는 것은 바람직하지 않다. 이 두 접근법은 명확하게 구분할 수 없으며 연속적인 것이다.

3) 활동 유형 수준

청능훈련을 계획할 때 고려해야 할 세 번째 원리는 어떤 활동을 중심으로 할 것인가다. 일반적으로 고려하는 활동의 종류에는 형식적 훈련(formal training)과 비형식적 훈련(informal training)이 있다. 형식적 훈련은 이미 계획된 시간에 임상가와 학생이 일대일로, 또는 임상가와 소수의 학생 간에 이루어진다. 형식적 훈련은 내용이 체계적이며 활동이 구조화되어 있다. 그리고 훈련은 반복적일 수 있으며, 목표 도달 시에는 종종 강화가 사용된다.

비형식적 훈련은 매일의 일상 속에서 부모와 아동 간에 이루어지며, 구조화되지 않은 학교 상황, 대화 장면, 기타 교과 학습 시에 자연스럽게 이루어지고 다른 활동과 동시에 수행되기도 한다.

일반적으로 청능훈련의 대상이 어린 아동이거나 경도의 청각장애이거나 잔존청력의 기능적 활용 수준이 높으면 비형식적 훈련을 강조하는 것이 바람직하다. 반대로 청소년이나 성인, 비교적 중증의 청각장애아동, 청각의 기능적 활용 수준이 낮은 경우에는 형식적 훈련을 강조하는 것이 바람직하다. 그러나 대부분의 경우에는 두 가지 경우를 혼합하여 청능훈련을 계획하며 강조점에만 차이를 둔다.

형식적인 청능훈련 형식적인 청능훈련을 행하기 위한 일반적인 지침은 다음과 같다.

- 반응 자극은 훈련이 진행됨에 따라 더 변별하기 어려운 수준으로 제시되어야 한다.
- 실제 자극에 익숙해지도록 다양한 화자와 말하기 훈련을 하여야 한다.
- 많은 훈련 아이템이 비교적 짧은 기간 동안 나타나야 한다.
- 비음성 훈련 자극은 언어 이전기 어린 농 아동들을 위해 사용하되 짧은 기간 동안 사용되어야 한다.
- 청능훈련 연습은 분석적, 종합적 수준의 자극을 모두 포함할 수 있다.
- 훈련은 반응 양식이 닫힌 상황에서 열린 상황으로 진행되어야 한다.
- 매일 10~15분 정도 형식적인 청능훈련을 실시하여야 한다.
- 형식적 훈련 목표는 비형식적인 훈련 목표를 추구해야 한다.
- 훈련 활동은 매력적이고 흥미 있어야 한다.

이러한 훈련 활동과 자료는 아동의 나이, 성, 언어 기술, 매일의 경험에 적절해야 한다(예: 조용한 방, 최소한의 방해, 치료사와 아동 간의 15~30cm 거리 등).

형식적인 훈련 활동에서 강화는 필요하다. 강화는 아동의 나이와 흥미를 고려하여 선택해야 한다. 어린 아동의 경우 스티커 모으기, 퍼즐판에 퍼즐 놓기, 비눗방울 게임, 구슬 끼우기 등을, 청소년의 경우 컴퓨터 게임 시간(원하는 것을 할 수 있는 토큰), 학용품, 먹는 것, 선물 등 원하는 것을 살 수 있는 토큰 등을 강화로 제공할 수 있다.

강화의 일반적 원칙들은 다음과 같다.

- 어린아이의 경우 훈련 활동보다 강화 활동에 더 많은 시간을 할애하지 마라.
- 훈련 과업과 밀접한 것을 강화로 제시하라.
- 다양한 활동을 제시하라.
- 흥미 있는 활동을 제시하라.
- 강화는 즉시 하라.
- 아동의 나이와 성에 적절한 것으로 선택하라.

비형식적인 청능훈련 비형식적인 청능훈련은 의미 있는 의사소통 상황에서의 듣기 연습을 하는 것이다. 아동이 실제로 경험하고 있는 일상적 맥락과 연계시켜 생활장면에서 직접 부딪칠 수 듣기 상황을 중심으로 훈련이 이루어지기 때문에 효과가 쉽게 사라지지 않고 의사소통 동기 유발에도 효과적이다. 특히, 아동이 어릴 경우에는 비형식적인 청능훈련이 도움이 된다.

가정에서 수행할 수 있는 비형식적 청능훈련으로는 부모와 아동이 함께 음악을 이용하는 놀이가 있다.

4) 난이도 수준

청능훈련을 계획할 때 고려해야 하는 네 번째 원리는 과제와 활동의 난이

더 쉬움		더 어려움
폐쇄형	자극 형태	개방형
단 어	자극 단위	완전한 문장
상이함	자극의 유사성	유사함
높 음	맥락	낮 음
구조적	과제	자발적
양호함	신호 대 잡음 비	열약함

[그림 6-2] 청능훈련 과제 난이도의 다양화 방법에 포함될 수 있는 변인

도 수준을 결정하는 것이다. 난이도 수준을 결정할 때는 〈표 6-1〉에 제시한 내용을 참고할 수 있는데, 이 내용을 도식화 하면 [그림 6-2]와 같다. 현재 수준에서 보다 상위 수준으로 발전시키기 위해 활동을 계획할 경우에는 적어도 여섯 가지 방법으로 난이도를 조정할 수 있다.

청능훈련 시 듣기 과제는 일반적으로 쉬운 자극에서 시작하여 점점 더 어려운 자극으로 제시된다. Estabrooks(1994)는 듣기 자극을 쉬운 것에서 어려운 것으로 위계를 정하여 다음과 같이 제시하였다. 이 목록에서는 아래쪽으로 갈수록 더 어려운 자극이다.

- 친숙한 표현/일반적인 구
- 한 가지 지시/두 가지 지시
- 교실 수업
- 순차적인 세 가지 지시
- 중다 요소 지시
- 하나의 이야기에서 순차적인 세 가지 사건

- 이야기에 관한 질문에 답하기: 폐쇄형과 개방형
- 이해 활동/소음 환경에서의 연습
- 의성어

4. 청능훈련 방법

1) 전통적 청능훈련 방법

초기의 청능훈련 방법은 대부분 청지각 능력의 향상을 위한 단계적이고 체계적인 접근이었다. 이러한 방법 중 대표적인 것은 웨든버그(Wedenberg) 방법과 카하트(Carhart) 방법이다.

웨든버그 방법 Wedenberg(1951)가 개발한 이 방법은 고도 이상의 청각장애아동을 대상으로 한 체계적이고 단계적인 청능훈련을 강조한 것이다. 이 방법에서는 아동들의 적절한 듣기 태도가 발달할 때까지는 독화를 배제하기 때문에 '단감각법' 이라고도 한다. Wedenberg의 청능훈련 프로그램은 소리에 대한 아동의 주의력을 향상시키는 데 초점이 모아졌다. 초기 단계의 청각 자극으로는 환경어나 말소리가 사용되었다. 이 방법은 처음부터 보청기를 착용하여 훈련하는 것이 아니라 근접한 거리에서 아동의 귀에 직접 음 자극을 주고, 거리를 점점 더 멀리 하면서 제시한 음 자극에 주의를 기울이거나 인식하게 한다. 이러한 일련의 활동을 실시하는 것은 아동들이 청각 자극에 주의를 집중하는 것이 무엇보다도 중요하다고 생각하기 때문이다.

청각 자극은 음, 음절, 단어의 순으로 제시하였으며, 단어의 수준부터 보청기를 부분적으로 사용하게 하였다. 그런 다음 아동이 청각적으로 인식한 단어들로 구성한 짧은 문장을 훈련에 사용하였다. 비록, 결정적인 역할을 하는 것은 아니지만 독화가 아동들이 청각을 통하여 획득한 정보를 보충하는 데 유용할 수 있다고 보고 독화를 음성언어의 수용에 활용하였으나, 청능훈련을 충분히 한 아동은 독화 교육을 초기부터 집중적으로 받은 아동들 못지않게 독화 능력을 가질 수 있다고 보아 강조하지는 않았다.

카하트 방법 이 방법은 1960년 Carhart가 소개한 것으로 청능훈련을 청각재활의 관점에서 계획하고 실시하였다. 따라서 청각장애인의 재활을 위해서는 무엇보다도 청능훈련의 중요성을 강조한다. 특히, 언어 습득 이전에 청각장애를 입은 아동은 정상적인 듣기 기술의 발달 단계를 따르지 않기 때문에 그들을 위한 청능훈련 프로그램에는 이를 고려하고 있다. 그 실시 단계는 다음과 같다.

- 소리에 대한 인식의 발달
- 개략적인 변별의 발달
- 단순 말 유형의 개략적인 변별
- 말소리에 대한 구체적인 변별

청각 자극에 대한 인식과 소리에 대한 의미의 발달 단계에서는 아동들이 실제 소리와 그를 둘러싼 환경에 대한 중요성을 인식하도록 한다. 개략적인 식별 단계에서는 다양한 소리를 내는 물건에 반응하게 하는 것이 필요하다. 아동이 이 단계에 익숙해지면 보다 세분화된 주파수, 강도, 지속성을 지닌 소리를 변별하도록 계획한다. 아동들이 실제 소리를 인식하고 비언어적인 소리를 개략적으로 지각하기 시작하면 언어적인 자극을 구별할 수 있게 한다. 마지막 단계는 담화에서 언어적인 자극을 정확하게 구별하게 하는 훈련과 증가된 어휘력을 이용하여 보다 빠르고 정확하게 연속적인 언어를 이해하게 하는 훈련이 필요하다. Carhart(1960)는 단감각적인 접근(unisen-sory approach)과는 달리 청능훈련에서도 독화에 대한 강조가 이루어져야 한다고 주장하였다.

아동기 후반이나 성년기에 청력손실이 발생하였을 때에는 기능적 청능기술(functional auditory skills)이 손상되어 있지 않은 상태지만 이내 청각장애로 연결될 수 있다. 따라서 이들에 대한 청능훈련은 청각장애의 결과로 나타난 기능의 감소를 재교육하는 데 초점을 두었다. 청능훈련은 우선 변별하기 어려운 소리에 매우 주의 깊게 반응하게 하는 훈련과 청각장애를 입은 성인이 인식하기 어려운 음소를 이해하게 하기 위한 강도 높은 훈련을 한다. 예컨대, '쉬-피(she-fee)', '멧-렛(met-let)', '매시-매스(mash-math)'와 같이 음절이나 단어를 반복하여 읽게 하는 것이다. 이러한 훈련은 청력손실을 입은 사람들이 가능한 빠르고 정확하게 음성 요소를 구와 문장에서 이해할 수 있도록 하는 데 효과적이다. 또한 그들의 청능훈련에서는 듣기와 함께 독화가 강조되었다.

특히, 청취가 곤란한 상황에서 대화할 수 있는 능력을 기르기 위해 상대적으로 큰 배경 소음의 제시, 목표음을 선별하여 듣도록 복합적인 말소리 제시, 전화 통화 시의 소리에 적용할 수 있는 음의 제시 등을 청능훈련에 포함시켰다. 이 방법에서는 특히 보청기의 조기 착용이 강조되었다.

2) 최근의 청능훈련 방법

청능훈련의 기본 목표는 청각장애를 가진 개인이 이용 가능한 청각 경로를 최대한 발달시켜 의사소통 능력을 극대화하는 것이다. 최근에는 청각 재활의 형태를 띤 청능훈련 방법이 전통적인 방법과는 다른 형태로 적용되고 있다. 여기에서는 이러한 접근법의 특징을 선별하여 설명하고자 한다.

청능훈련에 대한 보다 최근의 접근법들은 상당히 다양하다. Blamey와 Alcantara(1994)는 강조하는 기본 전략에 따라 청능훈련에 대한 최근의 접근법을 다음 네 가지로 유목화하였다.

- **분석적**(analytic) **접근**: 말을 보다 작은 요소(음소, 음절, 단어)로 나누어 청능훈련을 실시하고 분절된 성분을 하나로 통합시켜 나가는 방법이다.
- **종합적**(synthetic) **접근**: 구어를 통한 의사소통의 효과를 높이기 위하여 전언의 구문, 문맥 단서의 활용을 강조하는 방법으로 의미 있는 자극(단어, 구, 문맥)을 사용한다.
- **화용적**(pragmatic) **접근**: 청각을 통하여 실제 대화에서 필요한 정보를 얻게 하기 위하여 말의 수준, 신호음에 대한 소음의 비, 전언의 맥락과 복잡성 등과 같은 의사소통 변인을 통제하는 훈련을 강조한다.
- **절충적**(eclectic) **접근**: 앞의 모든 전략을 결합한 형태를 말한다.

청능훈련 프로그램은 강조점에 따라 분석적, 종합적, 화용적으로 구분할 수 있지만 최근의 청능훈련에서는 대부분 하나 이상의 전략을 포함한 절충적인 방법을 사용한다. 이러한 청능훈련 프로그램에는 다음과 같은 것들이 있다.

어버의 프로그램 이 프로그램은 Erber(1982)가 개발한 것으로 아동의 청력손실 정도와 청취 능력에 따라 다양하게 적용할 수 있다. 따라서 이 프로그램은 청각장애아동의 청각 능력을 종합적으로 평가한 후 이를 바탕으로 적용하여야 한다. 평가에서는 주로 음성언어 자극의 지각 수준이 음, 음절, 단어, 문장, 담화 등에서 어떠한가, 아동의 반응 형태가 음의 탐지, 변별, 확인, 이해 중 어느 수준인가 등을 알아본다. 아동의 청취 능력의 평가 결과를 바탕으로 청능훈련에 사용할 전략을 결정한다. 청취 수준이 높은 아동에게는 대화법(natural conversational approach)을 적용할 수 있다. 이 접근이 어려운 아동에게는 준구조화법(moderately structured approach)을 적용하여야 한다. 그리고 청취 수준이 낮은 아동에게는 특정 과제의 연습(practice on specific tasks)을 하여야 한다.

청능훈련은 음소를 먼저 분별하고 난 다음에 문장을 이해하는 식으로 단계적인 계획에 따라 실시할 필요가 없다. 대신 일상생활에서 가능한 대화를 사용하여야 한다. 그리고 각각의 수업 활동 장면에서 상황을 구조화하여 실시하고 각 활동에서 발생하는 모든 오류를 점검한다. 그러고 나서 빈번하게 발생한 오류를 중심으로 특수한 과제 훈련을 짧은 기간 동안 실시한다. 이렇게 하면 듣기 기술의 습득 활동뿐만 아니라 대화와 학습활동까지 연계된 청능훈련을 할 수 있다(Erber, 1982).

Erber가 강조하는 것은 청각장애를 가진 아동이 모든 일상 활동에서 청능훈련이 종합적으로 이루어지도록 하는 것으로 Sanders(1993), Ling과 Ling(1978)이 강조한 것과 같다. 청능훈련은 청각적인 경험을 보충하는 것으로, 그리고 말과 언어 훈련의 일부로 이해되어야 한다.

DASL Ⅱ 프로그램 이 프로그램은 Stout와 Windle(1992)이 개발한 '성공적인 듣기를 위한 발달적 접근(developmental approach to successful listening Ⅱ: DASLⅡ)' 이라는 청능훈련 프로그램이다. 이것은 Erber(1982)가 개발한 프로그램과 유사한 것으로 연속적이며 구조적인 청능훈련 프로그램이다. 이 프로그램은 위계적인 듣기 성취 과제로 구성되어 있으며, 각각의 과제는 비교적 짧고 개별화가 용이하다.

DASL Ⅱ는 모든 연령층에 적용할 수 있으나 주로 보청기나 인공와우를 착용한 학령전이나 학령기의 아동에게 유용하다. 청능훈련의 단계는 다음과 같다.

- 소리 인식(sound awareness): 환경어 혹은 말소리 청취의 기초 기술 발달이 목표, 보청기나 인공와우를 활용한다.
- 음소 듣기(phonetic listening): 말소리의 지속성, 강도, 높이, 빠르기와 같은 언어 인식에 관련된 활동으로 이루어지며, 자음과 모음을 독립적으

로 혹은 단어나 어구 안에서 변별하도록 한다.

- 청각적 이해(auditory comprehension): 일상어에 대한 기초적인 이해 활동으로부터 구조화되지 않은 상황에서 종합적이고 복잡한 말의 이해 활동을 한다.

SKI-HI 프로그램 Clark와 Watkins(1985)는 청각장애를 가진 아동과 그들의 가족을 위한 가정-중재 처치 프로그램(home-intervention treatment

〈표 6-2〉 SKI-HI 청능훈련 프로그램의 예

소리를 내는 물건과 사건에 대한 인식(단계 2, 기술 3, 하위 기술 6)
• **부모의 목적**: 부모는 환경음과 말소리를 연합한 의미 있는 소리를 아동에게 제공한다. • **아동의 목적**: 아동은 환경음과 말소리의 출처가 어떤 것인지를 인식한다. • **과제**: 이전에 아동의 주의를 끌기 위하여 사용하였던 소리와 활동을 검토한다. 아동이 음원을 인식하고, 그 소리가 자신과 관련이 있다는 확신을 가질 수 있도록 반복한다. • **재료**: 자연적으로 발생할 수 있는 환경음과 목소리 • **활동**: – 자주 방문하는 사람에게 노크를 하고 잠시 기다리는 동작을 반복하게 하고 부모는 아동을 문 쪽으로 데려가 듣게 한다. – 다양한 종류의 장난감은 서로 다른 소리를 낸다는 것을 아동이 발견할 수 있도록 자극한다. – 아동이 장난감을 가지고 놀면서 장난감을 두드리거나 눌러서 소리가 나게끔 유도하며, 부모는 아동과 함께 놀면서 입으로 소리를 내어 아동이 음성에 대하여 자극을 받도록 한다. – 아동이 딸랑이를 흔드는 것과 같은 행동을 부모가 모방하는 한편, 놀이 시에 발생하는 모든 소리(vocalization)를 모방하여 소리낸다. – 말과 행동을 연합한다(예를 들어, 구를 때는 '구른다' 고 하고 아동을 위로 들어올릴 때는 '위로' 라고 말한다). – 사촌이나 친척들을 아동과 함께 놀게 함으로써 아동이 다양한 사람의 독특한 목소리에 익숙해지도록 한다.

출처: Watkins, S., & Clark, T. C. (1993). *SKI-HI resource manual: Family-Centered, home-hased programing for infants, toddlers, and preschool-aged children with hearing impairment*. Logan, UT-HOPE. Inc.

program)을 개발하였다. SKI-HI 치료 계획의 주요 특징은 발달 단계에 맞춘 청각 자극 훈련 프로그램이라는 점이다. 이것은 4단계 11개 기술로 구성되어 있으며, 언어와 말소리 자극(speech stimulation)의 연계성을 고려한 것이다. 11개의 하위 기술은 소리에 주의 집중하기, 기초 발성을 하며 듣기, 주변의 소리와 말소리의 차이 알기, 음원찾기, 조절하여 발성하기, 음원의 거리와 위치 바꿔 듣기, 모음과 자음 발성하기, 환경어의 변별과 이해, 음성의 변별과 이해, 말소리의 변별과 이해, 말의 모방 발성과 말하기 등으로 구성되어 있다. 비록, 이러한 것들이 단계에 맞추어 설정되어 있다 할지라도 아동의 활동이 반드시 이 단계를 따라야 하는 것은 아니며, 아동의 특성과 능력에 따라 조정되어야 한다. 이 프로그램의 하위 기술 중 '주변의 소리와 말소리의 차이 알기' 에 대한 청능훈련의 예를 일부 소개하면 〈표 6-2〉와 같다.

파운데이션스 프로그램 파운데이션스(Foundations; Brown, 1994)는 보청기나 촉각 보조기(tactile aids) 또는 인공와우를 사용하는 아동들의 듣기 기능을 향상시키거나 평가하려는 목적으로 개발된 상호 작용 학습 소프트웨어다. 1,000여 개 이상의 과제들이 컬러그래픽과 고품질 음향으로 지원된다. 이 프로그램은 청능 기술을 발달시키기 위하여 음성언어 자극과 비음성언어 자극을 모두 사용한다. 음성언어 자극은 음소 지각의 수준부터 음절, 단어, 문장 수준까지 다양하게 제공할 수 있으며, 수용은 청각과 함께 여러 종류의 시각적 지원 체제(그림, 수화 등)에 의하여 지원받을 수 있다. 아동들은 키보드, 터치스크린, 마우스 등으로 컴퓨터를 작동할 수 있다.

파운데이션스의 두 번째 특징은 내용이 구어체와 문어체로 이루어져 있다는 것이다. 아동은 가족이나 동물과 같은 주제에 대한 이야기를 들을 수도 있으며, 청각 혹은 시각 정보를 제공받을 수도 있고, 각각의 단어들, 구, 전체 문장을 개별적으로 되풀이하여 들을 수도 있다. 또한 아동들은 자신의 음성을 녹음하여 컴퓨터에 입력된 음성과 비교하여 확인할 수도 있다. 이러한 기능은 청능훈련에서 말과 언어 기술을 동시에 획득하게 하는 데 효과가 있다. 모든 프로그램 활동은 아동의 수준에 알맞도록 개별화되어 있다. 아동이 반응하는 시간과 내용을 저장함으로써 이를 비교하여 아동의 발달 정도와 속도를 평가할 수도 있다.

컴퓨터를 이용한 청능훈련 접근법은 청각장애를 가진 모든 연령의 대상자를 지도할 수 있는 가능성을 열어 주었다. 앞으로는 이러한 방법이 보다 보편화될 것이다.

의사소통 접근법 최근의 청각장애 성인을 위한 청각재활의 일반적인 형태는 대화에서의 성공적인 활용에 강조를 두는 것으로서 의사소통 훈련 혹은 치료라고 부른다. 의사소통 접근법은 연습과 훈련을 반복적으로 실시하는 전통적인 청능훈련 접근법이나 독화를 통한 수용 능력을 향상시키기보다는 대화 맥락에서 말의 지각을 용이하게 하는 방법을 취한다. 청각장애 성인을 위한 청능훈련 방법의 이러한 변화는 청각적 또는 시각적 지각 기술의 향상에 의존한 기존의 접근법이 비효율적이라는 데에서 비롯한 것이다 (Walden & Grant, 1993).

대부분의 의사소통 훈련 프로그램들은 상대적으로 짧은 기간을 몇 개의 주기로 하여 성인 청각장애인을 대상으로 소규모로 이루어진다. 청력손실, 말지각(speech perception), 효과적인 보청기의 사용, 보조 학습 기구 사용의 유용성, 시각을 이용한 말 지각의 향상법, 그리고 청각장애인의 심리적 문제와 관련된 다양한 주제의 정보가 교환된다(Giolas, 1982).

최근에 주목받는 의사소통 접근법의 또 다른 요소는 의사소통 전략 훈련(communication strategies training)과 관련이 있다. 이 전략은 주어진 정보가 충분하지 못할 경우에 사용한다. 이러한 기술은 '예상과 보충 전략(anticipatory and repair strategies)' 이라고 부른다. 이용 가능한 몇 가지 전략은 다음과 같다.

- 말하는 사람에게 구, 문장, 주요 어휘를 반복해 줄 것을 요구한다.
- 말하는 사람에게 문장을 재구성하여(rephrase) 줄 것을 요구한다.
- 더 단순한 문장으로 반복해 줄 것을 요구한다.
- 부가적인 정보를 요구한다.
- 말하는 사람에게 더 완만한 속도로 말해 줄 것을 요청한다.
- 듣는 사람을 향해 말해 줄 것을 요구한다.
- 방해가 되는 소리(TV 소리 등)를 줄이거나 꺼 달라고 요청한다.

듣기 능력의 향상은 의사소통 시 직면하는 일상적인 문제의 극복을 위해 적절한 전략을 적극적으로 사용하는 태도에 달려 있다. 〈표 6-3〉에 제시되어 있는 질문은 청각장애인의 의사소통 태도의 형성과 의사소통 전략의 습득에 활용할 수 있다.

DeFilippo와 Scott(1978)은 말 추적법(speech tracking)이라는 기술을 발전시켰다. 이것은 대화 맥락에서 사용하는 의사소통 보충 전략(communication repair strategies)이다. 따라서 말 추적법은 청각적으로 이해한 단어,

〈표 6-3〉 일상적인 의사소통의 문제와 이를 해결하기 위한 질문

어떠한 의사소통 문제가 있습니까?	어떻게 도움을 요청할까요?
• 단지 내용의 일부분만을 이해할 때	이해한 것을 반복하라, 그리고 이해하지 못한 부분을 질문하라.
• 말하는 사람의 입을 볼 수 없을 때	손을 아래로 내려놓아 주세요.
• 상대방이 너무 빨리 말할 때	좀 더 천천히 이야기해 주세요.
• 말소리가 너무 작을 때	좀 크게 이야기해 주세요.
• 문장이 너무 길 때	약간 짧게 이야기해 주세요.
• 말이 분명하지 않을 때	좀 더 또박또박 이야기해 주세요.
• 문장이 너무 복잡할 때	다르게 설명해 주세요.
• 문제가 무엇인지 파악하지 못하였을 때	다시 한 번 말씀해 주세요.

출처: Erber, N. (1993). *Communication and adult hearing loss*. Abbosford, Victoria. Clavis Press.

구, 문장을 반복하면서 전체를 이해할 때까지 정보를 채워 나가는 전략을 사용한다. 청자는 대화 내용을 모두 이해할 때까지 문장 전체 혹은 일부를 다시 말해 달라고 하는 다양한 보완 전략을 사용할 수 있어야 한다. 이중감각 훈련(bisensory training)에서는 시각적인 단서를 제공할 수도 있다. 말 추적법의 예는 다음과 같다(주제는 날씨다).

교사 : 오늘은 날씨가 매우 춥습니다.
청자 : 오늘…… 매우……? 뭐라고 하셨죠?
교사 : 오늘은 날씨가 매우 춥습니다.
청자 : 오늘은 날씨가…… 춥다……? 오늘은 날씨가 다음에 뭐라고 하셨지요?
교사 : 매우
청자 : 매우?
교사 : 네
청자 : 오늘은 날씨가 매우 춥다.
교사 : 아니요, 매우 춥습니다.
청자 : 아, 오늘은 날씨가 매우 춥습니다.
교사 : 네, 맞아요.

이 전략은 독화 지도와 함께 사용할 수 있는 것으로 의사소통 중심 구어 지도에 적절하다.

이러한 의사소통 훈련은 보청기를 처음 착용하고 어느 정도 소통 가능한 청각장애인의 청각재활에 더욱 효과적이다. 그들의 대부분은 청각과 시각의 기능에 대한 정보를 어느 정도 알고 있기 때문이다. 의사소통 전략은 보청기 착용 훈련에도 유용하다. Montgomery(1994)는 청각재활을 통한 보청기 적응에 관한 원리를 제시하였다. 그것은 말하는 사람의 입을 주목하라(독화), 특별한 질문을 하라(대화 보완 전략의 사용), 자신의 청력손실을 이야기하라(청력손실에 대한 인정), 상황을 변화시켜라(상황 통제), 건강을 관리하는 지식을 갖추고 보청기 소비자로서 알아야 할 정보를 습득하라 등이다.

이 프로그램은 성공적인 의사소통을 위한 간단한 내용으로 구성되어 있지만 청각장애인에게도 의사소통 행위에 대한 책임을 느끼게 하고 이를 성공적으로 수행하게 하는 데 효과적이다.

최근 청각장애인들의 의사소통 기술을 향상시키기 위한 방법과 전략은 크게 진보되었다. 특히, 청능훈련은 청각장애인들의 의사소통 기술을 향상시키는 데 무엇보다 큰 가능성을 보여 주고 있다. 청능훈련은 대상의 특성을 고려하여 방법과 전략을 모색하여야 하며, 대상, 시간, 장소, 상황을 구조화하여 말의 실제적 사용에 바탕을 둔 화용적 접근으로 실시하는 것이 보다 효과적이다.

제7장

독화 특성 및 지도

1. 독화 관련 변인
2. 독화 정보의 처리 특성
3. 독화 능력의 평가
4. 독화 지도 방법

청각장애아동이 음성언어를 수용하기 위해 사용하는 주된 감각은 청각과 시각이다. 그런데 이들 감각의 활용은 청각장애아동의 청력손실 정도에 따라 다르다. 일반적으로 청력손실도가 낮은 아동은 청각을 주된 수용감각으로, 청력손실도가 높은 아동은 시각을 주된 수용감각으로 사용한다.

독화(speechreading)는 말의 시각적인 수용이다. 즉, 말의 시각적인 정보를 통하여 화자가 말한 내용을 이해하는 시각적 기술이다. 독화(말읽기)라는 용어가 사용되기 이전에는 독순(lipreading)이라는 용어가 사용되었다. 그러나 독화를 할 때에는 조음운동 시 나타나는 음소의 구형뿐만 아니라 화용적 맥락, 독화 과제와 유관한 안면 표정 · 손짓 · 몸짓 · 상황 등과 같은 비음성 단서도 활용하며(김영욱, 1993), 음성 단서도 활용하게 된다. 이런 의미에서 독화라는 용어를 사용하게 되었다.

청각장애아동이 독화로 화자의 말을 이해하고 해석하기 위해서는 개별적이고 정확한 음성언어의 시각 정보가 필요한데, 음성언어의 시각 정보는 음소마다 다르지 않고, 음소 간에 중복된 것이 많으며, 불완전할 뿐만 아니라 그 처리 과정도 복잡하다. 그렇기 때문에 독화에 의한 음성언어의 수용은 청각에 의한 음성언어의 수용보다 상대적으로 낮을 수밖에 없지만 청각장애아동에게는 매우 중요하다.

독화 기술은 학습 및 훈련에 의해 향상될 수 있다(Ling, 1989). 그런데 독화 기술은 독화 과정에 포함된 단서의 효과적인 활용에 따라 다를 수 있기 때문에 청각장애아동의 독화력을 향상시키기 위해서는 독화 과정에 포함된 단서를 효과적으로 활용할 수 있게 하여야 한다. 이 장에서는 청각장애아동의 독화 특성과 지도 방법을 살펴보고자 한다.

1. 독화 관련 변인

독화 과정에는 화자의 말소리인 음성 단서(verbal cues), 화자의 조음운동에 의해 나타나는 시각 단서(visual cues), 전언에 수반되어 화자에 의해 표현되는 비음성 단서(nonverbal cues), 환경에서 오는 단서(environmental cues) 등을 포함할 수 있다. 더불어 전언의 구조적 특성도 단서로 작용할 수 있다. 이들 단서 중 음성 단서는 청각장애아동의 청력에 따라 그 유용성에 차이가 있다. 음성 단서는 청력손실도가 낮아 청각에 의한 언어 수용이 어느 정도 가능한 아동에게는 유용하지만 청력손실도가 높은 아동에게는 유용한 단서가 되지 못한다. 따라서 청력손실도가 높은 아동은 음소의 시각 단서와 비음성 단서에 더 크게 의존하여 독화하게 된다. 그러나 이들 단서는 음성 단서와 같은 변별적 기능을 가지고 있지 않고 전언에 직접 관련되지 않은 것도 있어서, 독화를 어렵게 할 뿐만 아니라 독화자의 주의를 산만하게 하는 원인이 되기도 한다(O' Neill & Oyer, 1981).

독화 과정에 포함될 수 있는 변인 중 특히 화자의 조음운동에 의해 나타나는 시각 정보, 전언에 수반되는 화자의 안면 표정, 손짓과 몸짓, 제시 상황, 그리고 전언에 포함된 통사 구조와 화용적 맥락 등은 독화에 중요한 단서로 작용한다(김영욱, 1993). 따라서 청각장애아동의 독화력 향상을 위해서는 이러한 단서를 적절히 활용할 수 있는 기술을 습득하여야 한다.

청각장애아동의 독화력은 그들의 언어 발달 수준, 독화 학습 경험, 청력손실도, 정서적 특성 등과 같은 개인 내적 변인에 의해 영향을 받기도 하지만 독화 단서의 특성, 독화 과제의 제시 방법, 독화 과제의 제시 상황 등이 독화 과제와 어떻게 관련되느냐에 따라서도 영향을 받는다(김영욱, 1990). 즉, 화자의 조음운동에 의해 나타나는 시각 단서는 중복되어 있어서 변별이 어려울 뿐만 아니라 지각의 혼란을 초래할 수 있고, 전언에 수반되어 제시되는 화자의 안면 표정, 손짓 또는 몸짓, 전언에 관련된 상황 등의 적절성이 독화력에 영향을 줄 수 있기 때문이다.

독화 단서의 활용은 독화자의 지적 요인에 포함된 특정 능력과도 관련될 수 있다. 예컨대, 어휘력, 언어 이해력, 추리력이 높은 아동은 낮은 아동에 비해 독화 과제의 구조적 특성인 통사 구조 및 화용적 맥락을 효과적인 독화 단서로 더 잘 활용할 수 있다. 그리고 지각 속도, 공간 지각력이 높은 아동은 시각 단서를 효과적으로 활용할 수 있다(김영욱, 1993).

한국어 음소의 구형 변별력을 조사한 김영욱(1983)은 단모음의 평균 구형 변별력은 47.4%이고, 자음의 평균 구형 변별력은 13.8%이며, 이중모음의 평균 구형 변별력은 39.4%라고 하였다.

독화 과정에서 개별 음소가 갖는 시각적 단서의 기능은 말을 청각적으로 지각할 때 음소가 기능하는 것과 같은 의미를 갖는다고 볼 수 있다. 그러나 조음운동에 의해 나타나는 시각적 단서는 개별 음소가 가지고 있는 변별적 자질과는 다른 특성을 가지고 있다(Jackson, 1988). 이러한 것은 음소가 가진 변별적 자질이 아닌 음소의 조음운동에 관련된 시각적 특징이다. 이것은 말의 시지각적 최소 단위로서 독화소(visual phonemes, visemes)로 기능한다(Owens & Blazek, 1985).

음소의 조음운동에 의해 나타나는 시각 단서를 알아보기 위한 연구 중에는 자음과 모음의 가시도를 조사하여 개별 음소가 갖는 변별력을 제시한 것이 있다. 영어의 자음과 모음의 가시도를 조사한 O' Neill(1954)은 시각이 모음의 29.5%, 자음의 57%를 재인하는 데 기여한다고 하였으며, 시각 재인 점수로 자 · 모음의 상대적 가시도를 제시하였다. Jeffers와 Barley(1971)는 영어의 자 · 모음의 가시도를 조사한 후 이를 14개의 음소군으로 묶어 제시하고, /f, v/, /aU/, /w, hw, r, u, U, o, oU, æ/, /p, b, m/의 4종류만 일상의 독화 조건에서 가시적이고 안정적이라 하였다. 또한 Jackson 등(1976)은 모음과 이중모음의 변별력을 측정한 결과, 54%가 바른 판단을 하였으며, 이러한 결과는 구형의 물리적인 특성과 상관이 높다고 하였다.

한국어 음소의 최소 독화 단위를 조사한 김영욱(1997)의 연구에서는 한국어 자음의 최소 독화 단위는 6개의 독화소 단위인 /p, p′, p^h, m/, /n, t^h, t′, t/, /ŋ/, /k^h, k, k′, l, h/, /s, s′/, /tʃ′, tʃ^h, tʃ/로 나타났으며, 모음 및 이중모음의 최소 독화 단위는 9개의 독화소 단위인 /wə/, /ja, a/, /jo, o/, /y/, /ə, jə/, /i, ɨ, ɨj/, /u, ju/, /je, jɛ, ɛ, e/, /ø, we, wɛ, wa/로 묶여 나타났다. 이 연구 결과는 독화의 제한성과 함께 독화 지도의 효율적인 방법과 전략의 모색을 위한 시사점을 제공하고 있다. 독화에서는 서로 다른 음소가 구형 독화 단서에서 같은 단위로 묶임에 의해 구형 독화 단서만으로는 화자의 말을 충분히 이해하는 데 어려움이 있다는 것을 말해 준다. 즉, 독화에 변별적으로 작용하는 음소의 구형 단서 효과는 제한적일 수밖에 없다. 따라서 독화는 기본적으로 조음운동 시 나타나는 시각적 특징의 분석을 바탕으로 해야 한다. 그러나 청각장애아동의 독화 지도에서는 구형의 변별적 단위 간의 차이를 먼저 알게 하고, 단위 내 음소의 변별은 시각뿐만 아니라 청각의 활용을 강조하여야 하며, 비음성적 단서도 함께 활용할 수 있도록 지도할 필요가 있다. 또한 독화 과제와 관련된 맥락 단서와 상황 단서의 활용을 통해 시각적 분석에 의한 독화의 제한점을 보완할 필요도 있다.

독화에서는 화자 관련 변인의 영향이 매우 크다. 따라서 독화 지도에서는 다음과 같은 점이 고려되어야 한다.

- 독화 상황에서 화자는 융통성을 가지고 있어야 한다. 화자는 독화자의 독화 이해 정도를 염두에 두면서 수시로 말의 속도, 반복, 강조 등을 조절하여 독화자가 독화를 용이하게 할 수 있도록 하여야 한다.
- 독화자가 확인하기 쉽게 조음하여야 한다. 독화 시 입술의 움직임이 과장되었을 때보다는 정상적일 때 가시도가 더 높다.
- 화자는 과장되지 않은 분명한 발음을 하여야 한다. 독화 시, 화자가 부

주의하거나 청각적으로 분명하지 않게 발음하면 독화를 어렵게 할 수 있다. 따라서 독화자는 분명하고 과장되지 않게 말할 필요가 있다.
- 적절한 안면 표정을 짓는다. 화자의 안면 표정은 항상 가시적이며 정보를 제공하기 때문에 의사소통 상황에서 매우 중요하게 작용하고 감정과 정서의 표현과도 크게 관련된다. 특히, 화자의 안면 표정이 독화 과제와 유관할 경우에는 그 효과가 더 크게 나타날 수 있으나, 독화 과제와 무관할 경우에는 오히려 독화에 방해 자극으로 작용할 수 있다(김영욱, 1993).
- 불필요한 과장된 동작을 삼가야 한다.
- 적절한 속도로 말한다. 말의 속도는 독화자의 말 발달 수준을 고려하여 조절하여야 한다.

이와 같은 변인 중에서도 독화자의 언어 능력은 독화력에 가장 크게 작용한다. 또한 말소리의 가시도도 크게 영향을 미치는데, 일부 말소리는 가시도가 매우 낮거나 다른 말소리의 구형과 중복되어 있어 독화를 더욱 어렵게 만든다.

2. 독화 정보의 처리 특성

말의 뜻을 실은 시각적 부호의 의미를 파악하기 위해서는 그 부호의 형태에 대한 탐지가 이루어져야 하고, 그 다음 변별과 재인의 과정을 거쳐 확인(identification)할 수 있어야 한다. 그리고 부호의 형태를 확인하는 과정 중 재인 단계에서는 지금 지각되고 있는 부호가 이미 기억되어 있는 것과 비교되면서 의미의 정체가 결정된다. 이와 같이 재인 과정에서 지각되는 형태가 학습되는 정신적 작용을 '표상' 이라 한다.

이러한 지각의 과정으로 볼 때 독화에서도 음성언어의 시각적 정보가 개별적이고 분명한 변별적 기능을 한다면 독화로 화자의 말을 이해하기가 어렵지 않다. 그러나 음성언어의 시각 정보는 개별적이지 않고 중복된 것이 많으며, 불완전하여 변별적으로 기능하지 못할 뿐더러 그 처리 과정도 복잡하다(김영욱, 1993).

다시 말하면, 청각장애아동의 독화 정보의 처리는 그들의 언어 발달 수준, 독화 학습 경험, 청력손실도, 정서적 특성 등과 같은 개인 내적 변인에 의해 영향을 받기도 하지만 독화 단서의 특성, 독화 과제의 제시 방법, 독화 과제의 제시 상황 등이 독화 과제와 어떻게 관련되느냐에 따라서도 영향을 받는다(김영욱, 1990). 즉, 화자의 조음운동에 의해 나타나는 시각 단서는 중복되어 있어서 변별이 어려울 뿐만 아니라 지각의 혼란을 초래할 수 있고, 전언에 수반되어 제시되는 화자의 안면 표정, 손짓 또는 몸짓, 전언에 관련된 상황 등의 적절성이 독화 정보의 처리에 영향을 줄 수 있다.

독화란 글자 그대로 말을 읽는 것이다. '읽는다' 는 것은 시각적 정보를 처리하는 과정이다. 시각적 정보의 처리 과정이란 단순히 인쇄된 글자를 읽는 것이 아니라 낱말을 해독하고 앞에서 읽은 것을 기억해서 그 조직을 지배하는 문법 구조에 맞추어 문장 전체를 이해하는 것이다. 그러므로 말을 읽는 독화 과정 역시 이러한 맥락에서 이해해야 한다. 그러나 독화 자극은 인쇄된 문자와는 달리 일시적인 형태고, 역동적인 자극일 뿐 아니라 부분적인 정보만을 제공한다. 한국어 음소의 평균 구형 변별력은 36.25%이고(김영욱, 1983), 음운 구형의 독화 단서인 독화소는 자음+/i/로 제시하였을 때 5개, 자음+/a/로 제시하였을 때 6개, 그리고 모음과 이중모음은 13개로 적은 것으로 나타났다(김영욱, 1992).

독화의 과정은 이와 같이 복잡하다. 또 독화에 관련된 모든 변인이 유용한 것도 아니다. 따라서 독화를 잘하기 위해서는 독화 정보를 효율적으로 처리해야 한다. 많은 정보에 대한 선택적 주의가 요구되고 적합한 부호화, 독화 정보의 처리 방식도 과제에 알맞아야 한다.

이와 같이 독화 기능은 독화 과정에 포함된 정보의 효과적인 활용과 관련되어 있기 때문에 청각장애아동의 독화력을 향상시키기 위해서는 독화 정보 처리 과정에 포함된 특성을 밝혀 이를 효과적으로 활용할 수 있게 하여야 한다.

이제부터는 청각장애아동의 독화 과정에서 나타나는 독화 정보의 처리 특성을 알아본다.

1) 음소 구형 독화 정보의 지각 특성

음소의 구형 독화 정보가 어떻게 지각되는가를 알아보기 위해서는 음소 조음 시 나타나는 시각적 형태가 어느 정도 독화에 변별적 단서로 사용되는지 알아볼 필요가 있다. 음소의 시각적 재인에 대한 연구 중에는 독화자에게 동일하게 보이는 조음운동에 기초하여 자음과 모음을 범주화한 것이 있다. 이러한 범주는 동구형 이음 또는 독화소라는 용어로 사용되었다. 후자의 용어는 Fisher(1968)에 의해 처음 사용된 것으로 시각적으로 대비될 수 있는 말소리의 분절적 단위를 기술하기 위하여 조어한 것이다.

음소는 형태소 또는 단어의 의미 차이를 나타내는 변별적인 말소리의 최소 단위다. 그런데 한 음소가 음성적 환경에 의하여 예측할 수 있는 잉여 자질로 구별되는 경우가 있는데, 이 말소리의 단위를 '이음' 이라고 한다. 이러한 개념을 독화에 적용하면 변별적 자질에 의해 구별되는 음소는 곧 독화의 시지각적 최소 단위라 할 수 있고, 이 단위 내에 있는 음소는 이음 관계에 있다고 할 수 있다. 그러나 독화에서의 시지각적 최소 단위와 이 단위 내에 포함된 음소의 관계는 음성언어와 마찬가지로 구체적이지 못하고 여러 가지의 독화 변인에 의하여 달라질 수 있다.

음소 조음 시 나타나는 시각적 특징은 자음과 모음의 변별적 자질에 의하여 어느 정도 예측이 가능하다. 예컨대, /p, p^h, m/은 모두 동일한 구형으로 하나의 시지각 단위다. 영어 자음의 조음 특성을 조사한 많은 연구 결과에서는 /p, b, m/, /f, v/, /w, r/, /θ, ð/, /tʃ, dʒ, ʃ, ʒ/ 등이 대체로 일치된 말소리의 시지각적 최소 단위로 나타났다. 이들 단위는 변별적이며 가시도가 비교적 높은 자음에 해당된다. 일부 연구에서는 조음운동이 잘 보이지 않는 연구개음, 경구개음의 시지각적 독화 단위가 서로 다르게 제시되었다(Erber, 1979; Binnie et al., 1976; Owens & Blazek, 1985; Lesner et al., 1987).

또한 조음 장소는 동일하나 조음 방법이 다른 음소는 각각 다른 독화소로 묶여 나타났다(Walden et al., 1981). 이는 조음운동에 의해 나타나는 시각적 특징은 구형과 조음기의 움직임에서 오는 그 밖의 요소가 함께 작용하기 때문이라 할 수 있다.

모음의 시각 단서를 알아보기 위한 연구도 자음의 연구와 같은 방법으로 이루어졌다. Jeffers와 Barley(1971)는 모음과 이중모음의 가시도를 이상적인 독화 조건과 일상적인 독화 조건에서 조사한 후, 가시 정도에 따라 이상적인 독화 조건에서는 7개, 일상적인 독화 조건에서는 4개의 군으로 묶어 제시하고, 이를 독화운동(speechreading movement)에 따라 분류하였다. 독화운동은 곧 조음 자질에 비추어 이해할 수 있으나 음성언어에서의 조음 자질과는 다른 일련의 시각적 재인 유형 또는 음소의 독화 단서 유형이라 하였다.

이와 같은 연구를 통해 음 수준의 독화에서는 조음운동 시 나타나는 구형이 독화에 어느 정도 변별적으로 작용하는지를 알 수 있다. 또한 이러한 결과를 바탕으로 음소 구형의 시각적 재인에 관한 특성을 알 수 있다.

청각장애아동의 독화에 관련된 한국어 음소의 최소 독화 단위를 독화소 단위로 묶어 알아본 김영욱(1997)의 연구에서는 이를 구체적으로 제시하였다. 이 연구에서는 39명의 건청대학생을 검사 대상으로 하였으며, 음소의 최소 독화 단위를 조사하기 위해 모두 네 가지 유형의 음소독화검사를 사용하였다.

이 연구에 따르면 우선 자음의 평균 독화율은 38.3%로 비교적 낮게 나타났다. 따라서 자음 조음 시 나타나는 시각적 특징은 변별적인 독화 단서로 크게 작용하지 못한다는 것을 알 수 있다. 자음의 독화 결과에 나타난 시지각적 혼란은 조음 방법이 동일한 음소보다 조음 위치가 동일하거나 인접한 음소에서 더 크게 나타났다. 이는 조음 위치가 동일한 자음은 조음 시 나타나는 시각적 특징의 유사성이 크기 때문이라고 볼 수 있다. 독화 결과를 군집분석하여 나타난 군집화의 양상은 자음 조음 시 나타나는 시각적 특징이 독화에 변별적 최소 단위로 기능할 수 있는 독화소의 단위 수를 알 수 있게 한다. 독화소의 단위를 판정하기 위한 기준을 독화소 단위가 변별적 단서로 작용할 수 있는 60%의 변별도로 하였을 경우 독화소 단위는 /tʃ^{h}, tʃ, tʃ′/, /m, p, p^{h}, p′/, /ŋ/, /l, h, k′, k^{h}, k/, /s′, s/, /n, t′, t^{h}, t/의 6개 군으로 묶여 나타났다. 이러한 결과는 자음의 조음운동 시 나타나는 시각적 특징이 독화에 단서로 작용하기는 하지만 개별적이지 못하며, 자음 구형은 적어도 6개의 시지각적 재인 유형으로 독화에 작용함을 말해 준다.

둘째, 모음 및 이중모음의 최소 독화 단위를 알아보기 위하여 한국어 모음 및 이중모음 21개를 /h/–V–/g/ 형태로 제시하고 이를 독화하게 한 결과, 모음 및 이중모음의 독화율은 평균 61.6%로 비교적 높게 나타났으나 모든 모음 및 이중모음의 구형이 독화에 변별적인 단서로 작용하지는 않았다. 그러나 자음의 경우보다는 변별력이 높았다. 따라서 모음 및 이중모음의 구형이 독화에 변별적으로 작용하는 단서도 일정한 수의 독화소 단위로 묶을 수 있다. 이를 구체적으로 알아보기 위하여 모음 및 이중모음의 독화 결과를 군집분석한 결과 독화소 단위는 9개의 독화소 군으로 묶여 나타났다. 즉, /ə, jə/, /ɛ, e, je, jɛ,/ /ju, u/, /i, ɨj, ɨ/, /jo, o/, /a, ja/, /wa, wɛ, we, ø/, /y/, /wə/ 등이다.

이 결과에서 보면 분명히 모음 및 이중모음의 조음운동 시 나타나는 시지각적 특징은 자음에 비해 변별도가 높으며, 독화에 작용하는 단서의 효과도 크다는 것을 알 수 있다. 그렇지만 구형의 시각적 특징이 개별적이지 못하며, 모음 및 이중모음의 구형은 9개 정도의 시지각적 재인 유형으로 독화에 작용함을 알 수 있다. 따라서 독화 정보로서 음소 구형은 시각적 유사성에 따라 자음은 6개 단위, 모음 및 이중모음은 9개 단위로 범주화된 시지각적 재인 유형으로 독화에 작용함을 알 수 있다. 즉, 음소 구형의 시각적 재인의 중요한 특성은 범주적 지각이라 할 수 있다.

2) 비음성 독화 정보의 지각 특성

독화에는 전언에 관련된 화자의 안면 표정, 손짓과 몸짓, 독화 과제의 제시 상황 등의 비음성 독화 정보가 활용될 수 있다. 독화력의 향상을 위해서는 이러한 정보가 어떻게 처리되는지, 독화 과제에 따라 다른 효과를 보이는지를 알아볼 필요가 있다. 이에 대한 연구는 독화에 알맞은 화자의 발화 행위가 어떠해야 하는지를 알 수 있게 하며 독화력 향상을 위한 독화 정보 활용 방법의 모색에도 필요하기 때문이다.

말을 할 때에는 조음기관의 움직임뿐만 아니라 안면 근육이 함께 움직이기도 하며, 전언에 관련된 안면 표정이 수반되기도 한다. Ekman(1982)은 의사소통에 관련된 비음성 행동 중에서 안면 표정이 가장 복잡하고 가장 혼란스러운 것이라 하였다. 안면 표정은 항상 가시적이며, 항상 어떤 정보를 제공하기 때문에 의사소통 상황에서 매우 중요하게 작용한다. 특히 감정과 정서의 표현에 크게 관련된다고 하였다.

청각장애아동의 비음성 독화 정보의 처리 특성은 전체적으로 보면 인지적 영향을 크게 받는다. 독화 과제와 유관한 비음성 독화 단서의 활용은 독화를 더욱 용이하게 하였으며, 독화 과제와 무관한 비음성 자극의 제시에서는 오히려 독화를 방해하는 것으로 나타났다. 이러한 결과는 독화 정보의 처리에서는 개념 주도적 또는 하향식 처리 방식이 자료 주도적 또는 상향식 처리 방식보다 더 유용하게 사용되고 있다는 것을 알 수 있게 한다.

3) 맥락 독화 정보의 처리 특성

음성언어의 시각 정보는 그 말을 독화하여 이해하기에 충분하지 않으며 모호하고 불완전한 것이 많다. 이러한 점 때문에 독화에서는 음성언어의 시각 정보 이외에 추가적인 정보가 필요하다. 독화에 필요한 추가적인 정보로는 독화 과제의 구조적 특성을 들 수 있다. 독화 과제의 구조적 특성 단서는 독화자의 음성학적 · 화용적 지식을 바탕으로 활용이 가능하다(Jeffers & Barley, 1971; Gailey, 1987).

우리 말은 조음기관에서 내는 음성을 형식으로 하여 일정한 모양의 음성에다가 일정한 뜻을 실은 자의적인 언어 기호 체계다. 이 체계는 곧 일정한 규칙에 따라 구성된 조직체란 뜻이므로 말을 할 때에는 항상 이러한 체계를 따라야 바르게 의미를 전달할 수 있게 된다. 언어 기호의 체계 속에서 이루어진 말은 특정한 언어적 구조를 가지게 되는데, 이들 언어적 구조는 사고를 표현한다. 그리고 이러한 사고의 이해와 표현은 화자와 독화자의 상호 작용 속에서 이루어진다. 이와 같은 과정의 모든 층위에는 언어적 제약(linguistic constraints)이 있다. 화자의 말은 항상 화용적 · 화제적 · 자의적 · 통사적 · 어의적 · 음운론적 제약 속에서 이루어진다(Boothroyd, 1988). 특히, 음성언어에 의한 표현은 항상 어떤 화용적 맥락 속에서, 또는 그러한 맥락과의 어떤 관련성을 제공하기 위한 필요에서 일어난다. 예컨대, 대화 시의 화제는 몇 개의 상호 교환문 이상을 포함하며, 관련된 상황은 화제의 제약에 의해 한정된다. 이러한 화용적 제약은 언어의 규칙과 기능에 의해 부가되는 것이므로(Summerfield, 1983), 청각장애아동의 독화에도 효과적인 단서로 작용할 수 있다.

김영욱(1993)은 독화 과제의 통사 구조와 화용적 맥락이 효과적인 독화 단서로 활용되는지를 조사하였다. 그 결과 언어 능력이 낮은 청각장애아동의 경우에는 독화 과제에 포함된 통사 구조를 효과적인 독화 단서로 활용하지 못하였으나 독화 과제의 화용적 맥락은 효과적인 독화 단서로 활용하였으며, 언어 능력이 높은 경우에는 독화 과제의 화용적 맥락과 통사 구조 모두를 효과적인 독화 단서로 활용하였다. 이러한 독화 단서의 활용 효과는 청력손실도가 높은 집단보다 낮은 집단에서 더 크게 나타났다. 통사 구조가 효과적인 독화 단서로 작용하지 못하는 이유는 단서 효과보다 문장 길이의 간섭 효과가 상대적으로 크거나 독화자의 전반적인 언어 능력이 낮다는 데 기인될 수 있다. 또한 독화 과제를 단어만으로 제시하였을 때와 문장 속에 포함하여 제시하였을 때 독화에 요구되는 시각적 주의의 양에 차이가 있기 때문이다.

이러한 연구의 고찰을 통하여 청각장애아동의 맥락 독화 정보의 처리 특성은 역시 개념 주도적 또는 하향식 처리 방식이 유용하게 작용함을 알 수 있다. 따라서 청각장애아동의 독화 지도에서는 종합법 또는 전체법을 의사소통 상황에서 적용하는 것이 바람직하다.

4) 청각을 활용한 독화 정보의 처리 특성

독화 정보의 처리 특성을 알아볼 수 있는 방법 중 하나는 독화 과정에 나타나는 즉시기억(immediate memory)에 관한 것이다. 단어 수준의 회상검사에서 볼 때 단기기억 형태나 용량이 전체의 의미를 이해해야 하는 독해에서 결정적인 요소는 아니지만, 청각장애를 대상으로 살펴본 결과 독해력이 우수한 청각장애학생은 열등한 학생에 비해 단어 회상을 더 잘하였다(Hanson, 1984; Lichtenstein, 1984; Siedlecki, Votaw, Bonvillian, & Jordan, 1990). 또한 그들이 쓰인 단어를 회상하는 형태는 최근 효과(recency effect)를 보여주기는 하지만, 건청인의 그것과는 조금 다르므로 잔향기억(echoic memory)에 의한 저장과는 조금 다른 형태라고 하였다(Siedlecki, Votaw, Bonvillian, & Jordan, 1990). 이러한 맥락에서 독화의 처리 과정도 살펴볼 수 있다.

단기기억에서는 정보를 특정한 양식에 의해 처리하는 것으로 보는데, 이것은 다른 양식으로 주어진 후미 첨가 자극이 최근 효과를 감소시키는 현상에 의해 설명된다. 이러한 실험 기법을 이용하여 독화 자극 항목에 청각적 후미 자극을 첨가하였을 때 최근 효과가 감소하는 결과를 통해 독화의 단기기억에서의 처리 과정은 듣기와 비슷하다고 하였다(Dodd & Burnham, 1988).

이와 같이 독화 자극에 대한 즉시기억에서는 청각으로 들은 말이나 시각으로 본 말에 대해 공통의 처리 부호를 사용한다. 독화 자극의 제시 양식을 회상하는 과제에서 자신들이 단어를 들은 것인지 읽은 것인지를 기억하는 과제에서는 거의 어려움을 느끼지 않는 반면(Dodd & Campbell, 1984), 자신들이 단어를 들은 것인지 독화한 것인지를 기억하는 과제에서는 상당한 어려움을 느꼈다. 이처럼 투입 양식이 무엇인지를 판단하는 과제에서의 어려움은 과제가 요구하는 것이 무엇인지 알고 있다 해도 분명히 나타난다. 이러한 결과는 독화와 듣기 정보는 문자 정보에서 사용한 것과는 다른 음성학적 부호로 통합될 수 있음을 말해 준다. 독화 정보 처리의 또 다른 특성은 선행 자극을 반복 제시하였을 때 일어나는 초두 효과(primacy effect)에 관한 것이다. 이를 통하여 언어 정보 처리 과정의 특성을 알아보기 위해 널리 사용된 방법은 반복자극주기(repetition priming)다(Kirsner & Dunn, 1985; Monsell, 1985).

또한 독화에서는 청각 자극과 그림 자극에 의한 잔향기억의 효과 및 선행 자극의 효과를 활용할 수 있기 때문에 어휘적 수용 수준에서 읽기와 듣기와는 다른 처리 특성을 보인다는 것을 알 수 있다. 따라서 독화할 때에는 지각되지 않은 부분을 파악하기 위해 이전의 경험에서 얻은 언어적 지식을 활용하는 전략을 사용하여야 한다. 또한 독화에서는 독화 자극이 분리되어 처리되는 감각 단계가 있고, 주변적 특정 감각 양식이 사용되기도 한다. 감각 단계에서의 처리 후에는 형태 자극을 배제한 음운 부호로 독화 자극의 청각적, 시각적 단서를 통합하는 과정으로 진전된다. 따라서 독화자의 청력손실도가 낮고 독화 기술의 수준이 높을 경우에는 어휘 수준의 독화는 단어의 청각적 특징과 시각적인 조음 특징에 의해 촉진될 수 있다.

따라서 시각과 청각을 동시에 활용한 독화 과정에서는 선택적 적응 현상이 나타났다. 적어도 한 조음 위치에서는 말에 대한 선택적 적응이 음운이 아닌 음향적인 것에 기초하며, 이 단계의 처리에서는 독화와 청각을 통한 지각은 서로 독립적이었다.

이와 같은 독화 정보의 처리 특성은 청각장애아동의 독화 지도에 많은 시사점을 제공한다. 청각장애아동의 독화 지도에서는 전언의 구형 단서뿐만 아니라 비음성 독화 단서를 종합적으로 활용하는 독화 정보 처리 기술의 습득이 강조되어야 한다. 또한 독화에 청각을 효과적으로 활용할 수 있는 기술의 습득과 함께 전언의 의미를 파악하는 추론 능력과 종합하는 능력도 길러야 한다. 그러기 위해서는 의사소통 상황에서 청각과 시각을 동시에 활용하여 독화를 지도하여야 하며, 개념 주도적 또는 하향식 정보 처리와 상호 작용을 강조한 독화 지도가 되어야 한다.

3. 독화 능력의 평가

청각장애아동의 독화 기술을 향상시키기 위해서는 독화 기술에 대해 신뢰할 수 있고 타당한 평가가 우선되어야 하나 대부분의 평가가 그렇지 못하였다. 독화 과정의 복잡성과 독화 관련 변인의 다양성이 주된 문제이기는 하지만 평가 방법의 개선에 관한 연구의 부족도 그 이유가 된다(김영욱, 1993). 청각장애아동의 독화 기술 평가와 관련된 변인은 많으나 그 변인을 종합적으로 고려한 평가 도구는 아직 개발되지 않았다. 따라서 이 절에서는 청각장애아동의 독화 기술을 신뢰할 수 있고 타당하게 평가하는 데 따른 문제점을 탐색하고 그 개선 방안을 제시하고자 한다.

1) 독화 능력의 평가 방법

독화 과정의 복잡성은 정확한 독화 수행 평가에 어려움을 주고 있다. 전문가들이 수십 년 동안 신뢰할 수 있고 타당한 측정 도구의 개발을 위해 노력했지만 아직 보편적으로 사용 가능한 검사나 검사 배터리가 개발되지 못하였다. 그럼에도 임상가들은 독화 훈련의 효율성 평가와 개인에게 맞는 시각적 의사소통 훈련 방법의 결정을 위해서는 독화 능력의 사정이 중요함을 인정한다. 그 결과 현재 여러 형식적 · 비형식적 독화 능력 평가 방법이 사용되고 있다.

형식적 독화검사 독화검사는 1940년대 중반 이후부터 개발되기 시작하여 널리 사용되어 왔다. 독화검사는 아동용과 성인용으로 나눌 수 있으며, 음절, 단어, 문장, 이야기, 그리고 네 가지의 혼합 구성으로 이루어져 있다. 독화검사의 조건은 청각적 단서 없이 시각적 단서만이 제시되는 조건과 시 · 청각 자극이 함께 제시되는 조건이 있다. 이러한 형식적인 검사는 가끔은 미리 녹화된 비디오테이프를 통해서 제시되기도 하지만, 흔히 대면법(face-to-face)으로 자극을 제시하는 형태로 이루어진다. 대면법으로 자극을 제시할 경우에는 거리(1.5~3m), 조도(300룩스 이상), 보는 각도(0~45°) 등에 유의해야 한다.

비형식적 독화검사 비형식적 검사는 임상가들이 자극을 임의로 선택하여 구성한다. 검사의 내용은 대상 연령과 언어 능력을 고려하여 선정한다. 독화 과제는 단어, 구, 문장 등으로 구성하며, 제시 형태는 단어, 구, 문장을 별도로 제시하거나 문장 속에 포함하여 제시한다. 비형식적 검사에서는 형식적 특정 대상자에게 적절한 자극을 더욱 자유롭게 선택할 수 있지만 검사결과의 신뢰도가 문제시될 수 있다.

독화 사정은 관련 음향적 단서의 제공 없이 시각적 자극만을 제시할 수도 있다. 이러한 방식이 기초 독화 기술에 대한 의미 있는 정보를 얻을 수 있게 하지만, 아동의 의사소통 지도에서는 청각과 시각을 동시에 사용하는 상황에서 독화 능력을 평가하는 것이 보다 유용하다. 이러한 검사는 청각장애아동의 시각적 · 청각적 정보의 통합 능력을 알아보는 데도 유용하다(Garstecki, 1983).

시각검사 독화 기술은 시각의 예민성과 밀접한 관련이 있다. 시각의 예민성이 낮은 아동은 독화 기술의 습득이 매우 어렵다. 따라서 독화 지도를 하기 위해서는 반드시 시각검사를 하여야 한다. 미국의 경우 청각장애인의 38~58%가 시각 결함을 수반하고 있는 것으로 나타났다(Johnson et al., 1981).

의사소통 기술의 평가 독화 지도의 효과를 높이기 위해서는 아동의 의사소통 기술 수준을 알아야 한다. 이를 위해서는 아동의 표현 · 수용 언어의 수준과 장단점에 대한 관찰과 평가가 이루어져야 한다. 이러한 평가는 교사에 의한 평가와 아동 자신에 의한 자기 평가가 함께 이루어져야 한다.

2) 독화 평가 방법의 문제

독화 평가는 청각장애학생들의 교육적 사정과 배치를 위해, 청각재활을 위한 실제 훈련을 위해 필요하다. 그리고 청각장애아동의 현재 독화 수준을 결정하고 향상 가능성을 알 수 있게 하는 자료가 되며, 교육적, 치료교육적인 진전 상황을 점검하는 데도 필요하다.

정확한 독화 평가가 필히 요구되는 경우는 인공와우 시술자를 선정할 때다. 인공와우는 많은 경우 독화를 위한 보조 역할을 하기 때문인데(Pickett &

McFarland, 1985), 다른 모든 조건이 동일한 상황이라면 독화를 잘하는 사람이 인공와우 시술에 더 적합한 대상이 된다. 인공와우를 사용할 청각장애인의 장애 특성과 독화 기술 및 그 외 다양한 능력을 자세하게 검사한 후 이를 고려하여 인공와우의 말소리 처리기를 조정하여야 하는 것도 정확한 독화 기술을 평가해야 하는 이유다. 현재 사용되고 있는 대부분의 검사들과 검사 절차들은 심리검사나 심리 측정적인 기준에 맞지 않다. 그러나 이러한 문제는 문항을 선정하고 검사를 개발하고 평가하는 데 따르는 보다 발전된 기술과 프로그램들이 있기 때문에 해결될 수도 있다. 또한 보다 정교화된 공학적인 기술, 예를 들면 컴퓨터로 조정할 수 있는 디스플레이나 상호 작용할 수 있는 비디오디스크 등과 같은 기술의 발전은 '당신이 본 문장을 아래에 쓰시오.' 라는 전통적인 방법에서 탈피한 새로운 검사 방법을 제공할 수 있게 되었다. 그러나 현재는 다음과 같은 몇 가지 문제가 있어서 정확한 독화 평가를 하기가 매우 어렵다.

독화검사의 타당성 문제 독화검사는 말 지각에서 제기되고 있는 타당성의 문제와 유사한 문제를 가지고 있다. 예를 들면, 실제 상황과 비슷한 의사소통 상황을 선정하는 것이 어려우며, 사용되는 자료가 가장 적절하고 민감한 자료라는 것이 불명확하고, 일반적으로 말재인검사의 목적에 대한 동의도 아직 이루어지지 않은 상태다. 더불어 낮은 수준의 지각 기술(무의미 단어나 단일어)을 검사하는 것이 바람직한지, 높은 수준의 언어 및 인지 기술(문장 사용, 연속적인 대화, 실제 상황의 재연)을 검사하는 것이 옳은지에 대한 지속적인 논란 등이 독화검사와 말지각검사가 직면하고 있는 어려움들이다.

다른 특성과의 관련성 부족 일반적으로 독화검사 결과는 지능이나 구어 표현력, 시각 기억, 성, 교육, 사회경제적 지위, 그 밖의 다른 중요한 개인의 특성과 관련성이 아주 낮다(Berger, 1978; Jeffers & Barley, 1971; Stoker

& French-St. George, 1984). 사실 독화검사에서 이 모든 변인을 고려하기란 어려운 일이다.

시청각의 통합 실제적 의미에서 독화는 청각 정보를 활용한 말의 시각적 수용 기술이라 정의할 수 있다. 이러한 관점에서 대개 독화는 청각 정보가 동시에 입력되면서 이루어진다. 따라서 독화검사는 시각과 청각을 동시에 활용하는 형태로 개발되어야 한다. 그동안 시 · 청각을 활용한 검사를 개발하려는 시도가 있었지만 시 · 청각적 언어 재인을 검사할 수 있는 좋은 검사를 고안하는 데는 실패하였다.

화자 간 차이 독화자에게 제시되는 자극의 가시도는 주로 그 검사 자료를 발음하는 화자에게 달려 있다. 화자 간의 차이는 독화검사를 만드는 데 매우 큰 문제가 된다. 독화의 실제적인 측면을 고려하면 검사에 사용될 화자를 우리가 일상생활에서 쉽게 만나는 화자 중에서 선정하는 것이 바람직할 수 있다. 그러나 그들은 표준적이고 정확하게 발화하는 능력에 한계가 있다. 또한 화자에 따라 시각적인 명료도에 영향을 주는 신체적인 특징과 조음운동 형태가 다르다. 따라서 독화 기술을 정확히 평가하기 위해서는 이들 관련 변인의 영향을 측정하여 검사에 반영하여야 하지만 그러한 연구들(Montgomery & Jackson, 1983)은 아직 초기 단계에 머물고 있다.

채점의 기준 독화검사는 적절한 채점의 단위를 결정하는 데 어려움이 있다. 채점에서 언어 단위—음절, 단어, 문장에서의 중심 단어, 문장의 의미, 이어지는 담화에서의 명료도—를 결정하는 데에도 아직 합의가 이루어지지 않았다는 점 이외에도 독화검사에서의 또 다른 문제점은 시각적인 유사성, 즉 독화소의 문제다. 이것은 /p, b, m/, /f, v/ 등과 같이 시각적으로 구별하기 어려운 음절의 집단으로 정의하고 있는 '독화소' 의 개념이 갖고 있는 문제와 관련된다. '마다' 를 보고 '바다' 로 기재하거나, '형수는 친절한 사람이다.' 를 '경수는 친절한 사람이다.' 라고 응답한 것을 틀리다고 채점하는 것은 자극의 시각적 유사성을 고려하지 않은 부적절한 방법이다.

자유반응 과제의 채점 독화검사 제작에만 관련된 중요한 문제 중 하나는 자유반응 과제(open-ended response tasks)에서 피검사자의 반응을 채점하기가 어렵다는 것이다. 'Cheat my mother(자극)−She' s my mother(반응)' 처럼 독화를 잘하는 사람들도 시각적으로 비슷하게 보이는 단어와 구, 일부 문장이 혼동된다는 것이 문제다. 검사 항목이 문장이든 그보다 짧든 간에 채점을 할 때는 시각적 유사성의 문제에 직면하게 된다. 즉, 숙달된 독화자들이 발화 자극에 서너 개의 답을 모두 정답으로 고른다면 피검사자가 그 답 중의 어느 하나를 선택하더라도 정답 처리를 해야 할 것이다(이러한 어려움은 AV 검사를 통해서 줄이거나 없앨 수 있는데, 소리 때문에 시각적인 혼동을 방지할 수 있다).

자유반응검사는 검사 과정에서 모든 피검사자에게 동일한 비감각 효과(non-sensory effect)를 전제로 하고 있다는 또 다른 문제점이 있다. 아마도 가장 주의해야 할 비감각 효과는 추측 효과일 것이다. 추측하는 것을 좋아하지 않는 사람은 일반적으로 비슷한 능력을 가지고 있지만, 문장의 일부분을 쓰면서 자유롭게 추측하는 사람들에 비해서 더 낮은 수행을 보인다.

3) 독화 평가 방법의 개선 방안

독화 평가 방법의 문제점에 대한 개선 방안을 정리하면 다음과 같다.

- 유의미한 독화 관련 변인을 모두 고려한 평가 도구를 만들어야 한다. 구형 독화 단서만으로는 화자의 말을 충분히 이해하기 어려우며, 독화

과제와 관련 있는 화용적 맥락, 안면 표정, 손짓과 몸짓, 제시 상황 등의 단서를 활용하게 함으로써 구형의 시각적 분석에 의한 독화의 한계를 극복할 수 있다(김영욱, 1993). 독화 지도뿐만 아니라 독화 평가에서도 독화 수행과 관련된 변인을 모두 고려하여야 한다. 또한 안면 표정, 손짓과 몸짓 등과 같은 감각 요인 외에도 추측하기, 어휘력, 언어 이해력 등과 같은 비감각 요인도 독화 평가에서 고려해야 한다.

- 독화의 대상이 되는 화자를 체계적으로 훈련시킬 필요가 있다. 독화에서는 화자 관련 변인의 영향이 매우 크므로 화자는 독화자가 확인하기 쉽게 조음하며, 적절한 안면 표정과 적절한 속도로 제시하도록 체계적으로 훈련시킬 필요가 있다.
- 독화 향상 정도를 평가하기 위해 다음과 같은 점에 주의해야 한다.
  - 가능하면 피검사자를 몇 번이고 반복해서 검사하라. 예를 들면, 훈련을 시키기 전에 세 가지 다른 형태의 검사를 실시하고, 훈련을 받고 나서 또 다른 세 가지 검사를 실시하라. 이러한 형태의 검사들이 지금은 없다고 하더라도 이러한 '통계학적인 이상'은 미래에는 가능할 것이다.
  - 실시하고 있는 검사 도구의 심리측정학적인 특징을 알고 있어라.
  - 연구에서는 가능하면 통제집단을 사용하라.
  - 집단의 수행을 비교할 때 공변량 분석과 회귀 분석을 사용하라.
  - 독화검사를 구안하려 할 경우 변화를 신뢰 있게 탐지할 수 있는 능력을 극대화하기 위한 문항 분석과 문항 선택 절차를 사용하라.
  - 일반적으로 처음에 독화 기술이 아주 높거나 낮은 집단을 선택하지 말고 다양한 능력을 가지고 있는 집단을 구성하라.

또한 독화 향상 정도를 평가하기 위해 사용되던 전통적인 사전-사후설계모형의 대안으로 단일대상설계(Single-Subject Designs)를 고려할 필요가 있다. 이 방법은 단일대상설계는 철저히 연구하고자 하는 것으로 대상의 행동(종속변인)에 대한 독립변인의 효과를 반복적으로 측정한다. 단일대상설계는 특히 어린 아동의 말더듬 빈도나 자음 발화 등과 같이 대상 내 변인이 많을 경우(예: 매일의 변화)나 행동 관찰이 쉽고 확실한 경우에 유용하다. 집단 연구일 경우에는 대상 내 변인은 검사-재검사의 신뢰도를 감소시키는 효과가 있는데, 이는 치료사가 향상을 발견할 수 있는 기회를 뺏는 결과를 초래한다.

단일대상설계는 의사소통 장애인의 경우 여러 가지 장점이 있고 적용 가능성이 높기 때문에 많이 이용된다. 의사소통 장애인을 대상으로 한 65개의 단일대상설계 연구를 자세하게 검토한 Connell과 Thompson(1986)은 어떤 형태로든 말 지각과 관련된 연구는 단지 3개뿐이었다고 한다. 이와 같이 연구 수가 적은 이유 중의 하나는 말 산출과 달리 말 지각은 반복적으로 평가하였을 때 학습 효과의 영향을 받기 때문이다. 이러한 학습 효과는 독립변인에 의한 것으로 볼 수 없다. 게다가 독화 수행에서 대상 내 변인이 크지 않은 것으로 보여 단일사례연구를 할 다른 동기도 없기 때문일 것이다.

- 자유반응 과제나 문장 과제에 대한 독화, 즉 실제 생활에서의 독화 능력에 민감한 독화검사를 만들기 위해 독화소의 정의에 대한 재검토가 필요하다.

Fisher(1968)가 정의한 개념이 시각적인 유사성에 관한 관심을 불러일으키고, 이에 관한 연구를 자극하였다는 것은 사실이다. 그러나 그의 정의는 음소를 바탕으로 하였기에 음성적인 맥락의 효과를 고려하지 못하였다. 또한 독화소를 0과 1 사이의 값을 갖는 음소의 집합이 아닌 양극단의 값(0 아니면 1)만을 갖는 음운으로 구성된 집합으로 보게 되어 독화자의 혼동을 더 정확하게 반영하지 못하였다. 더 폭넓고 극단적이지 않으며 맥락에 민감한 독화소를 정의하지 않는 한 문장이나 짧은 항목에 대한 자유반응을 분석하면서 시각적 유사성을 최적으로 고려한다는 것은 불가능하다.

지금까지 독화검사가 무엇을 측정해야만 하는가에 대한 논란, 독화검사 점수와 다른 중요한 개인 특성의 낮은 상관, 실제 독화 상황에서 독화 수행 능력을 평가하기 위해서는 시청각을 모두 활용한 검사여야 한다는 점, 화자 간 차이의 문제, 채점 단위 결정의 어려움, 독화검사를 평가하기 위한 심리 측정 자료의 부족, 독화 능력 향상 정도를 신뢰 있게 측정하기가 어렵다는 점, 실제 독화 상황에 가깝도록 자유반응 과제를 사용한 경우 채점이 어렵다는 점 등 독화검사의 문제점을 살펴보았다.

이와 같은 문제점 때문에 타당하고 신뢰 있는 독화검사를 만들기가 어려운 것은 사실이다. 그러나 현재 직면하고 있는 몇 가지 문제를 해결할 잠재 가능성이 높은 몇 가지 대안들, 즉 독화 관련 변인을 종합적으로 고려하고, 화자에 대해 체계적인 훈련을 하고, 심리 측정 분석(예: 일반화 가능도 이론)을 통해 신뢰도를 향상시키고, 다양한 통계 분석 방법을 적용하여 시각적 혼동에 대한 타당한 분석을 하고, 실제 독화 상황에 민감하도록 독화소를 재정의하고, 이를 기준으로 채점한다면 보다 나은 독화검사 도구를 개발할 수 있을 것이다.

4. 독화 지도 방법

1) 독화 지도 방법의 문제

청각장애아동의 독화 지도에 관해 부정적 견해를 가진 사람도 있다. 그들은 독화가 청취력의 발달을 방해하며(Pollack, 1985: 71-73), 전통적인 독화 기술은 지도될 수 없으며, 청각장애아동의 독화력 평가 결과도 실제의 소통 상황에서 어느 정도 성공할 수 있는지 예언할 수 없기 때문에 그 타당성이 결여되어 있다는 것이다(Alpiner & McCarthy, 1987: 3-17). 그러나 독화 지도는 청각장애아동의 음성언어 수용력을 향상시키는 데 크게 기여하며 독화 경험에도 분명히 효과가 있는 것으로 나타났다(Ling, 1989: 125-127).

전통적인 독화 지도 방법에는 종합적 접근법(synthetic approach)과 분석적 접근법(analytical approach)이 있다. 종합적 접근법은 단어부터 시작하여 문장, 문단의 순으로 지도하는 것이며, 분석적 접근법은 음운의 단위부터 시작하여 음절, 단어, 구, 문장, 문단 순으로 지도하는 것이다. 그러나 이 두 방법의 차이는 뚜렷하다고 볼 수 없으며, 실제 지도에서의 강조점이 다를 뿐이다(김승국, 1990: 291).

지도 형식에 따라서는 비형식적 학습과 형식적 교수로 나눌 수 있다. 비형식적 학습에 의한 독화 지도는 일상생활 속에서 아동과의 상호 작용을 통해 지도한다. 형식적 교수는 체계적인 독화 지도 프로그램을 적용하는 것으로, 비형식적 학습에 의한 독화력의 향상을 기대하기 어려운 아동에게 주로 적용한다.

또한 독화에 활용되는 감각에 따라 단일감각에 의한 접근법과 다감각에 의한 접근법으로 나누어 볼 수 있다. 단일감각에 의한 접근법은 주로 시각 기능에 의존하여 독화하는 것이며, 다감각에 의한 접근법은 시각만 활용하는 것이 아니라 청각과 촉각의 활용도 강조한 것이다.

독화를 통한 음성언어의 시각적 수용은 청각적 수용에 비해 정확성과 완전성이 부족하기 때문에 독화 지도에는 음성언어의 시각 단서 활용 방법과 이들 단서의 제한점을 보완해 줄 수 있는 단서들의 활용 방법도 강조되어야 한다(Ling, 1989: 119-122).

독화 지도의 문제는 이러한 방법을 어떤 아동에게 어떻게 적용하여야 할 것이냐다. 그러나 더욱 중요한 것은 독화 지도 방법 자체가 가진 문제보다는 사용 전략에 따른 문제가 더 크다는 데 있다. 이는 아동의 특성에 적합한 감각의 활용을 잘 못하거나 독화에 관련된 여러 변인이 독화에 미치는 영향 등을 충분히 고려하지 못하는 것과 관련되어 있기 때문이다.

아동의 독화력은 어떤 방법으로 어떻게 지도하느냐에 따라서도 차이가 있다. 언어 발달 수준이 낮은 아동에게 독화 과제에 포함된 어휘적 특성, 통사 구조, 문맥 등의 활용을 강조하여 지도하는 것은 오히려 시각 단서의 활용력을 떨어뜨리는 결과를 초래할 수 있다. 또한 기본적인 독화 기능을 습득하기도 전에 손가락으로 글쓰기, 과도한 표정, 손짓 또는 몸짓 등과 같은 단서의 활용을 강조하는 것은 독화에 의한 소통 가능성을 낮추게 할 수 있다.

음성언어의 시각적 수용은 기본적으로 음운의 조음운동에 의해 나타나는 시각 단서에 의존한다. 그러므로 초기 독화 지도에서는 음운의 구형 변별 훈련을 중요시해야 하지만 종합력의 향상에 초점을 두는 귀납적 추리나 연상과 같은 전략을 강조하는 경우도 있다.

독화는 단순히 화자의 구형을 시각적으로 변별하는 것만이 아니라 화자의 말을 이해하고 해석하여야 한다. 그러기 위해서는 독화자의 시각 기능의 향상과 함께 종합하는 능력을 길러 주어야 한다. 이를 고려한 독화 지도 방법의 하나가 종합적 방법이다. 이 방법은 독화자의 독화 동기 유발을 강조하고 흥미 있는 내용을 가지고 지도하되, 전반적인 언어 능력의 향상을 위한 개념 주도적 처리와 시각 정보와 의미 간의 상호 작용을 강조한다.

청각장애아동의 독화력을 향상시키기 위해서는 가능한 적극적으로 잔청을 활용하여야 하며, 시각에만 의한 독화의 제한점을 보완할 수 있도록 해 주어야 한다. 또한 아동의 특성과 언어 발달 수준을 고려한 독화 지도 방법 및 전략을 알맞게 사용할 수 있도록 하는 것도 중요하다.

이와 같은 관점에서 독화 지도 방법을 전통적인 것과 비교적 최근에 적용되는 것으로 나누어 프로그램을 중심으로 살펴보면 다음과 같다.

2) 전통적인 독화 지도 방법

독화 지도 프로그램은 1940년대부터 개발되어 사용되었다. 전통적인 독화 지도 방법도 종합법과 분석법으로 대별할 수 있다. 이들 독화 지도 방법에서는 주로 시각만을 활용하였으며 단계적이고 체계적인 형식적 교수법이 사용되었다.

종합법에는 Nitchie법, Kinzie법이 있으며, 분석법에는 Brauckman법, Mueller-Walle법, Bruhn법 등이 있다.

3) 최근의 독화 지도 방법

최근의 독화 지도에서는 청각적 자극과 시각적 자극을 통합하는 방법이 강조되고 있다. 청각장애아동의 음성언어 지도에서는 청각적 자극이 중심이 되어야 하지만, 이중감각의 사용이 청각장애아동의 음성언어 수용에 오히려 더 효과적일 수 있다(Alpiner & McCarthy, 1993). 독화 기술은 청각, 말, 언어적 기술의 습득과 상호 관련되어 향상되며, 의사소통 상황에서는 독화와 청각적 기술을 별개로 사용하기보다 통합하여 사용하는 것이 효과적이기 때문이다. 또한 청각장애아동의 독화 기술을 향상시키기 위해서는 시각 정보와 더불어 진동 촉각(vibrotactile) 자극의 활용, 인공와우관 이식도 고려해야 한다.

이와 같은 점을 고려하여 최근의 독화 지도 방법은 대부분 의사소통 기술의 향상에 목표를 둔 종합적 접근으로 이루어지고 있다. 널리 적용되고 있는 대표적인 종합적 접근 프로그램의 특징과 강조점은 다음과 같다.

종합적 접근법 이 방법은 Yoshinaga-Itano(1988)가 발전시킨 독화 지도 방법이다. 종합적 접근법은 모든 아동에게 한 가지 기법만을 사용하지 않는다는 점에서 전통적인 독화 지도 방법과 다르다. 이것은 아동의 의사소통에 대한 동기화, 인내력, 책임감의 향상에 초점을 두고 있다. 또한 이 방법은 자연스러운 상황에서 지도되기 때문에 자연적 접근(naturalistic approach)이라고도 하지만, Yoshinaga-Itano는 기능적 치료(functional therapy)라는 것을 강조하였다. 어쨌든 사용되는 자극은 아동 중심적이며 판에 박힌 듯한 연습보다는 아동의 가능성과 요구에 기초하여 지도되는 점이 특징이다. 특히, 흥미 있는 활동을 통하여 독화 기술을 습득하게 하는 것이 강조된다.

독화 지도의 종합적 접근의 특징은 언어 능력, 말 명료성, 읽기와 독화 기술 간의 상호 관련성을 강조하며, 이 방법의 강조점은 다음과 같다.

- 청각장애아동의 독화 수행은 언어와 어휘 발달, 말 명료성, 읽기 이해 수행 등과 밀접한 관계가 있다.
- 열등한 독화자가 사용하는 전략 특성은 열등한 읽기자가 사용하는 전략 특성과 같다. 즉, 단어 수준에서 읽기를 하는 사람은 단어 수준에서 독화도 한다는 것이다.
- 독화에서의 성공과 향상 정도는 음성언어에 의한 의사소통을 증진시키겠다는 청각장애인의 동기와 밀접하게 관련이 있다.
- 아동의 청력 상태가 좋을수록 말의 청각-시각적 성취도도 높다.
- 어떠한 방법을 통해서든지 언어 능력이 향상되면 독화 능력도 향상된다. 즉, 언어 능력의 향상과 독화 능력의 향상은 정적 관계에 있다.

종합법에서 제안하고 있는 중재 모델의 목표는 다음과 같다.

- 다양한 의사소통 장면 안에서 아동의 독화 기술에 대한 자기 평가 능력을 증대시킨다.
- 독화 과정에 대한 아동의 지식을 증대시킨다.
- 좀 더 성공적인 의사소통을 촉진하기 위한 아동의 전략 산출 능력을 신

장시킨다.
- 높은 성공 가능성을 보장하는 장면을 제공함으로써 독화의 효율성에 대한 아동의 확신을 증대시킨다.
- 좌절하기 쉬운 의사소통 장면에 대한 아동의 인내를 기른다.
- 독화를 증진시키기 위한 개인적인 목표를 산출할 수 있는 아동의 능력을 신장시킨다.
- 독화 능력을 증진하고자 하는 아동의 동기를 높여 준다.

독화 지도에 대한 이러한 종합적 접근은 기술 중심적일 뿐 아니라 전략 중심적이며, 아동 지향적이고, 자기 평가적임과 동시에 교사 평가적이다. 이것은 반복적인 훈련보다는 실제 생활 장면과 경험들로 구조화된 상황에서 행해져야 한다. 또한 독화 기술을 향상시키기 위해서 아동들에게 다음과 같은 독화 전략을 사용할 수 있도록 지도할 것을 강조하고 있다.

- 화자가 좀 더 명확한 조음으로 반복하도록 요구하기
- 화자가 지나치게 과장된 표현을 하지 않고 반복해 주도록 요구하기
- 다른 단어로 고쳐 말하거나 진술하도록 요구하기
- 비음성 독화 단서를 적절히 활용하기
- 집단 상황에서 화자로 하여금 그들이 말을 하기 전에 손을 들거나 혹은 받아들일 수 있는 적절한 다른 방법을 통해 그들 자신을 확인시키도록 요구하기
- 화자가 이야기하고 있는 동안에 옆으로 움직이거나 껌을 씹거나 고개를 흔들거나 하는 행동을 하지 않도록 요구하기
- 독화하기 좋은 자리를 요구하거나 최상의 독화 수행 조건을 제공하는 거리와 각도에 대해서 알리기
- 말의 청각-시각적 지각을 강화하기 위해서 청각적 환경(특히, 소음과 말 자극의 강도)을 개선하기

독화 지도에 대한 종합적 접근에서는 읽기와 마찬가지로 의미와 심리언어적 추리에 초점을 두고 맥락 중심의 상호적 과정 접근과 단일감각만이 아닌 청각과 촉각까지 활용한 독화 교수를 제안한다. 이 방법에서는 점차적으로 난이도가 증가하는 체계적인 과제를 사용할 것을 강조한다. 그리고 성공적인 활동을 위해서는 아동의 동기를 높이는 것이 무엇보다 중요하다.

말 추적에 의한 독화 훈련 독화의 한 기술로 적용된 말 추적법(tracking)은 서로 연결된 담화에 대한 인지도를 측정하고 훈련하기 위해 1978년에 DeFilippo와 Scott가 독창적으로 사용한 기술이다. 기본적인 절차는 우선 전달자인 화자가 미리 준비된 내용을 짤막짤막하게 읽어 주고 수신자인 독화자는 전달자가 말한 그대로를 되풀이해서 말한다. 이때 화자는 다음 절로 넘어가기 전에 독화자가 하는 반응을 수정할 수 있는 구어적인 전략을 적용하도록 한다. 이 과정에서 시간을 측정하여 1분에 전달되는 단어 수(wpm)에 따라 점수를 매긴다.

이 훈련 절차의 원칙을 살펴보면, 먼저 말 따라하기(verbatim)로 불완전한 말을 되받아서 바르게 교정해 주는 것이다. 이 기법은 반응이나 중요 단어를 평가할 때 자극에 대한 반응 차이를 어느 정도까지 받아들일지 결정하는 문제에 대한 책임을 없애 주며, 독화자가 언어 요소와 말의 가시적인 요소 간의 연관성을 배울 수 있게 해 준다. 다음으로 추적은 화자의 행동이 독화자의 활동에 달려 있다는 점에서 상호 작용한다고 말할 수 있다(DeFilippo, 1988).

화자는 이 절차에서 교정을 할 때 의미 단위를 반복해야 하며, 의사소통 상황에서 교정해야 하고 화자의 계획성과 순발력이 필요하므로 그의 역할이 중요하다. 화자에게 주어진 다섯 가지 교정 전략은 다음과 같다.

- 절을 반복하라.
- 잘못 인식된 단어를 반복하라.

- 단어의 순서를 재구성하라.
- 빠진 주요 단어를 위해 동의어나 반의어를 되풀이해서 말하라.
- 그 주제의 핵심 단어를 써서 보여 주어라.

이 훈련에 적합한 교재로는 맥락이 이어지는 이야기 독본이 좋으며, 독화자의 언어 능력에 맞는 자료이어야 하고, 독화자의 흥미를 유지시킬 수 있는 것이 좋다.

컴퓨터와 영상 자료를 이용한 독화 지도 방법 최중도 청각장애학생의 교육과 재활 영역 중 의사소통 기술의 훈련에 사용할 수 있는 적절한 도구는 매우 부족하다. 그러나 최근 영상 기술과 컴퓨터 기술의 발달은 이 영역에 희망을 주고 있다. 전통적인 훈련 방법과 비교해 볼 때 컴퓨터 레이저 비디오디스크 프로그램은 다음과 같은 독특한 특징이 있다.

- 최중도 청각장애학생은 언어치료사의 의사소통 기술과 인내에 더 이상 의존하지 않는다.
- 학습 환경이 더 편안하다. 학생은 실수를 해도 자신이 언어치료사를 만족시키지 못한다는 느낌을 갖지 않을 수 있다.
- 최중도 청각장애학생은 자신을 위해 항목이 제시될 때와 제시되는 수를 결정할 수 있다.
- 비디오디스크 자극은 평범한 구어 의사소통 배경에서 제공하지 못하는 자극도 제시할 수 있다. 자극은 소리 없이, 혹은 느린 말로 화자의 입술만 보이도록 제시할 수 있다.
- 컴퓨터와 비디오디스크는 프로그램에 통합될 수 있는 그림이나 사진들을 제시할 수 있는 가능성을 제공한다.

4) 독화 지도 방법의 개선

모든 청각장애아동은 그들의 교육에 적용된 소통 양식에 관계없이 일반적인 소통 상황에서는 독화를 통하여 소통하는 경우가 많다. 따라서 독화 지도는 모든 청각장애아동들에게 필요하다. 앞에서도 말했듯이 독화력은 연습, 경험, 독화 과정에 관한 지식의 습득 등을 통해서도 향상될 수 있다. 그러므로 독화 지도에서 강조되어야 할 사항은 독화력이 말하기, 쓰기, 읽기 등의 능력과 밀접하게 관련되어 있으므로 이 지도는 전반적인 언어 능력의 향상에도 중점을 두어야 하고, 독화 지도 방법의 선택과 적용은 아동의 청력, 발달 수준, 환경에 맞게 하여야 하며, 지도 전략이 적절하고 효과적이어야 한다는 점이다.

종래의 독화 지도 전략은 상향식(bottom-up) 방법과 유사한 처리 과정을 강조하였다. 조음운동에 의해 나타나는 음운의 시각적 특징, 음운과 음운의 결합에 따른 시지각 문제, 화자의 표현 방법과 관련된 비음성적 단서 등의 처리 기술에 보다 많은 관심을 가졌다. 즉, 시각적 처리 과정에 나타나는 자료 단위를 강조한 자료 주도적 처리를 강조한 지도였다. 그러나 이 방법에 의한 독화 지도에도 많은 제약성이 있다. 이 점을 보충하기 위한 전략이 하향식(top-down) 자료 처리 이론에 바탕을 둔 개념 주도적 처리 방법과 이 두 방법을 모두 강조한 상호 작용(interaction) 이론에 바탕을 둔 전략이다. 개념 주도적 처리는 종합법과 유사한 방법으로, 독화할 때 사고와 언어의 상호 작용, 가설 검증, 심리언어학적인 추측 및 예측의 활용을 강조한 것이다. 상호 작용 이론에 바탕을 둔 전략은 독화할 때 시각적 정보와 의미 간, 시각적 부호로서 자료와 독화 과제에 관련된 개념적 자료 간의 상호 관련성의 활용을 강조한 것이다. 따라서 바람직한 독화 지도 전략은 시각적 분석력을 기르는 훈련과 함께 개념 주도적인 처리에 필요한 학습도 강조되어야 한다.

이와 같은 독화 지도 방법에서는 다음과 같이 하는 것이 효과적이다.

- 독화력의 평가는 다양한 소통 상황에서 하도록 한다.
- 독화 과정에 대한 학습을 강조한다.
- 소통 가능한 상황을 제공하여 독화 효과에 대한 믿음을 향상시킨다.
- 청각 활용을 강조하고 발성 · 발화와 함께 독화하는 기회를 많이 제공한다.
- 적극적으로 독화하는 태도를 기른다.
- 아동 중심의 교수-학습을 강조한다.
- 자기 평가를 강조한다.
- 가능하면 실제 생활 장면에서 독화할 수 있는 기회를 많이 제공한다.
- 부모, 형제자매, 동료와 많은 상호 작용을 통하여 독화하게 한다.
- 독화 과제는 아동에게 친숙하고 흥미로우며 독화 지도 상황에 적합한 것을 선정한다.
- 독화 과제는 아동의 언어 발달 수준에 맞아야 하고 위계적으로 선정되어야 한다.
- 과제의 난이도는 언어적인 복잡성, 화제 및 어휘의 친숙성, 시청각적 환경 조건, 아동의 흥미와 요구 등을 고려하여 정한다.
- 필요한 경우 시각적 변별 단서, 촉각 장치 등을 활용한다.

독화력을 향상시키기 위해서는 독화에 적합한 청각적 환경이 필요하다. 독화만으로 말을 수용해야 할 정도로 청력손실도가 큰 아동은 독화 지도를 위한 청각적 환경의 개선 문제가 심각하지 않다. 그러나 독화에 청각을 활용할 수 있는 경우에는 청각적 환경의 개선을 고려하여야 한다. 청각을 활용한 독화 지도에서 청각과 시각 단서 모두에 집중하도록 요구하면 청각에 의한 수용이 어려울 뿐만 아니라 시각에 의한 수용에도 어려움이 있게 되어 오히려 어느 하나만을 활용하게 한 결과보다 못하게 된다. 그렇다고 청각에 의한 수용을 배제하면 다른 언어 능력의 향상, 특히 발성 · 발화력의 향상에 문제가 된다. 그러므로 아무런 준비도 없이 청각을 활용하기만 한 독화 지도는 독화력의 향상을 극대화할 수 없다. 이에 대한 대안은 우선 청능훈련을 철저히 하는 것이다.

청능훈련의 한 방법은 자극음과 소음을 동시에 들려주고 음 강도에서 차이를 두는 것이다. 최초에는 자극음을 20 dB 더 크게 하여 들려주고, 점차 +18, +12, +6, 0, −6 dB까지 그 비를 달리하여 들려주고 청각적 변별을 하게 한다. 이러한 방법에서는 소음의 음량을 다양하게 바꾸어 들려주는 것도 효과적이다. 또한 소음의 종류를 여러 가지로 바꾸어 들려주는 것도 효과적이다.

이와 같은 청능훈련의 목적은 청각이나 시각으로 얼마나 많은 정보를 처리할 수 있는지를 알아보기 위한 것이 아니라 청각적 또는 시청각적 수용 환경에 적응시키기 위한 것이다.

독화력을 향상시키기 위해서는 알맞은 시각적 환경 조성이 필요하다. 밝기는 화자의 조음운동이 잘 보일 수 있어야 하며, 화자와의 거리는 대화 시 평균 거리인 1~2m 정도가 알맞다. 그리고 주위 환경이 산만하지 않아야 하고, 화자의 차림새도 단정한 것이 좋다.

청각의 도움을 받기 곤란한 아동의 독화 지도에는 적합한 암시 단서 체계(cued speech), 지문자, 수화소 등을 독화의 보조 단서로 활용하거나 인공와우의 시술 및 촉각 보장구를 활용하는 것이 보다 효과적일 수 있다.

제8장

말 • 언어 특성 및 지도

1. 언어 습득과 언어 발달
2. 언어 능력의 평가
3. 청각장애아동의 발성 · 발화 특성
4. 의사소통 기술 습득을 위한 상호 작용
5. 의사소통 기술 향상을 위한 방법과 전략
6. 의사소통 상대자를 위한 의사소통 전략 훈련
7. 최중도 청각장애인의 언어 지도

감정과 사고를 원활하게 전달하고 공유하기 위해서는 개인이 속한 사회문화적 맥락에 맞는 말(speech)과 언어(language)를 상황에 맞게 적절히 사용할 줄 알아야 한다. 건청아동의 경우 이러한 소통 과정이 자연스럽게 습득 · 발달된다. 청각장애아동 또한 건청아동의 경우와 비슷한 패턴으로 말 · 언어가 발달되나, 청각적으로 정보를 수용하는 방식과 시각적으로 정보에 접근하는 방식이 건청아동과 다를 수밖에 없기 때문에 그들 나름의 고유한 말 · 언어 특성을 보인다.

이 장에서는 '청각장애가 언어 습득에 어떤 영향을 미치는가? 청각장애아동의 언어는 어떻게 발달해 가며, 그들의 언어 능력 평가 시, 어떤 요인을 고려해야 하는가? 청각장애아동의 일반적인 발성 · 발화 특성 및 의사소통 기술 습득을 위한 상호 작용은 어떠한 양상으로 나타나는가? 이러한 말 · 언어 특성에 비춰 볼 때 그들에게 제안할 수 있는 효과적인 의사소통 방법 및 의사소통 전략에는 어떤 것들이 있으며, 의사소통 상대자를 위한 전략 훈련은 어떻게 실시해야 하는가? 청력손실이 최중도 일 때 어떻게 언어를 지도해야 하는가?' 라는 질문을 중심으로 청각장애아동의 말 · 언어 특성 및 지도에 대해 개괄적으로 살펴보고자 한다.

1. 언어 습득과 언어 발달

언어는 의미를 표현하고 의사소통을 쉽게 하기 위하여 공동체에 의해서 만들어진 일련의 상징과 규칙이라고 정의할 수 있다. 일반적으로 언어는 다섯 가지 기본적인 규칙 체계를 가지고 있다. 즉, 통사론, 형태론, 음운론, 의미론, 화용론이다. 화용론은 적절한 시선 접촉과 관련된 전략이나 지식, 대화를 시작하고 끝마치는 방법, 의사소통의 실수를 교정하는 방법, 대화에서 화제를 바꾸고 역할을 바꾸는 방법 등을 포함한다. 이러한 다섯 가지 규칙/체계는 언어 활동에 모두 중요하고 상호 관련된 것이다. 따라서 언어가 무엇이고 어떻게 기능하는지, 그리고 이들 규칙/체계의 상호 행위와 상호 관련은 어떠한지에 대한 종합적인 고찰을 바탕으로 언어를 지도하여야 한다.

언어에 대한 개념 차이는 청각장애아동의 언어 중재 활동에도 영향을 미쳤다. 1970년대 초반에는 구문과 단어 유형에 대한 아동의 지식과 사용에 초점을 맞추었다. 그 결과 청각장애아동을 지도하는 교사와 임상가들은 어휘를 확장시키고 여러 문장 유형의 사용을 발달시키는 데 초점을 맞추었다. 따라서 언어 지도는 구조화된 훈련과 모방 혹은 체계적인 언어 활동을 강조하게 되었는데, 1980년대에는 초점의 변화가 있었다. 의미(의미론)와 대화 능력(화용론)에 더욱 중점을 두게 되었다. 그러나 청각장애아동을 위한 대부분의 프로그램은 여전히 총체적이고 실용적이며, 의미에 기반을 둔 중재와는 거리가 있었다. 대화 기술과 전반적인 의사소통 효과를 발전시키기보다는 어휘 습득과 구문 훈련에 초점을 맞춘 것이다.

청각장애아동의 언어 지도에서는 언어와 언어 중재 방법을 고려하는 것과 함께 청각장애가 구어 습득에 어떤 영향을 주는지를 고려하는 것 또한 중요하다. 청각장애 아동의 언어 습득에 영향을 주는 요인은 다음과 같다.

- 청각장애아동은 청력손실에 의해 언어의 형태(음운론, 구문론, 형태론), 내용(의미론), 사용(화용론)에 관한 정보를 놓칠 수 있다.
- 청각장애아동의 언어 습득은 동질적이지 않다. 언어 습득에 영향을 미치는 중요한 요인은 청력손실의 정도, 청력손실의 시기, 그리고 다른 장애의 유무다. 청각장애아동 중 교육적으로 중요한 부가적 장애를 가진 자는 약 30%다.
- 일반적으로 청력손실 정도가 클수록 언어 지체도 더 크다. 그러나 언어

능력이 단지 청력손실 정도에만 기초하는 것은 아니다.

• 가족 간의 의사소통과 중재 프로그램의 차이도 언어장애 정도를 다르게 하는 요인이다. 부모의 신호 기술이 아동의 언어 학습에 영향을 줄 수 있으며, 부모가 사용하는 신호의 구문적, 의미적, 화용적 특징 등도 아동의 언어 학습에 영향을 준다.

청각장애 아동의 언어 발달은 또래의 일반 아동에 비해 지체된다. 출생 후 초기 3~4개월 동안 유아는 몸짓을 하고 움직이며 울고 양육자가 의사소통으로 해석할 수 있는 발성을 한다. 유아기 초기의 이러한 행동은 비언어적 행동을 표상하고, 후기의 단어 혹은 기호의 사용은 언어적 행동을 표상한다. 출생 후 1년의 후반기 6개월 동안 유아는 의도적인 의사소통을 하기 시작한다. 그들은 목적을 달성하기 위해 몸짓과 발성을 사용한다.

청각장애아동은 6~36개월 동안 비언어적 의사소통 기술이 증가한다. 이들은 단어 혹은 기호를 습득하기 시작할 때 비언어적 의사소통이 감소되거나 고정되지만, 의사소통에 필요한 음성적, 비음성적 행동을 학습하는 데는 일반적 발달 유형을 따른다. 그러나 청각장애아동은 종종 다음의 두 가지 중요한 이유로 언어적 도식 형성이 어렵다.

• 청각장애아동은 일상생활 속에서 부모나 형제자매가 사용하는 언어를 수용하는 데 한계가 있다.
• 우연 학습 기회가 제한되어 있다. 그러므로 청각장애 유아는 대부분 화용적 기능을 가지고 있으나 비언어적, 언어적 의사소통 행동을 사용하는 의미적 기능들은 제한적이다.

2~4세의 선천성 청각장애아동의 언어 수준은 일반 아동의 언어 전 또는 일어문 사용 단계의 의미적, 화용적 기능 수준에 불과하다. 언어적 의사소통 행위는 19개월에 시작되어 30개월에 안정되고, 30~36개월 사이에 눈에 띄

게 발달한다. 난청아동이 농아동보다 언어적 의사소통을 훨씬 많이 한다.

청각장애아동들의 어휘 발달은 지체된다. 18개월 된 청각장애아동은 평균 0~9개의 단어만을 사용한다. 종합적 의사소통 프로그램에 참여하고 있는 22개월 된 아동은 대략 60개의 수화와 구어 단어를 습득하였으며, 구화 프로그램에 있는 아동들은 대략 10개의 구어 단어를 사용하였다. 학습된 단어나 기호의 유형은 건청아동이 처음 학습하는 것과 유사하다.

학령기 청각장애아동의 어휘 및 단어 의미의 발달은 일반 아동에 비해 지체된다. 최중도의 청각장애아동은 대략 3년 이상, 중등도 청각장애아동은 대략 1년 정도의 지체를 보였다(Davis et al., 1986).

학령기 청각장애아동의 화용 기술 또한 몇 가지의 특징이 있다. 학령기의 많은 청각장애아동은 대화자로서 역할하기, 화제 꺼내기, 화제 유지하기에 어려움을 보인다. 그러나 그들의 화용 기술은 나이가 듦에 따라 꾸준히 향상된다.

2. 언어 능력의 평가

청각장애아동의 언어 능력을 평가할 때에는 여러 요인을 고려해야 한다. 보청기나 인공와우와 같은 감각 보장구가 적절한 기능을 하는지 확인해야 하고, 검사는 소음과 외부 방해가 없는 최적의 환경에서 실시해야 한다. 그리고 검사하는 동안 구어를 사용한다면 검사자는 아동이 독화 단서를 충분히 이용할 수 있도록 의도적인 노력을 하여야 한다. 언어 평가에서 가장 중요한 요인은 아동의 의사소통 양식이 구어든, 수화든, 구어와 수화든 간에 검사자가 그것을 유창하게 구사할 수 있어야 한다는 것이다.

청각장애아동의 언어 기술을 평가할 때에는 다음을 포함하여야 한다.

- 청각장애의 특성과 아동의 기능적인 청각 기술을 결정하기 위한 과거의 청력도 검토
- 독화 능력
- 가족 지원
- 시각-운동 협응과 시각적 기억과 같은 시각적 처리 기술
- 아동의 언어 학습 유형을 결정하기 위한 과거 기록 검토
- 비언어적인 지적 능력
- 주의 결함, 충동성, 전이의 곤란과 같은 부수적인 언어 학습 문제의 상태
- 행동문제
- 사회적 기술과 경험
- 언어 유창성
- 읽기 능력

청각장애아동의 언어 능력을 평가하는 데에는 주로 의사소통 검목표, 형식적 언어 검사, 의사소통 및 언어 사례 분석 등이 사용된다. 그중에는 청각장애아동용으로 표준화된 검사들도 있으나 대부분의 검사는 일반 아동용으로 개발되어 표준화된 것이다.

최근 청각장애아동의 언어 능력을 평가하는 데 가장 유용하게 사용되는 방법은 아동의 언어 사례 분석법이다. 보호자와 함께 놀고 있는 아동을 비디오로 촬영하여 대화, 상호 작용, 부모의 의사소통 방식, 의사소통 능력을 최대화하기 위한 전략 등을 평가한다. 녹화할 때에는 아동과 보호자의 음성적, 비음성적 행동을 포함시켜야 한다.

3. 청각장애아동의 발성·발화 특성

많은 임상가와 부모는 가능한 정도가 어떻든 구어 의사소통 기술을 발달시키려 한다. 이 절에서는 이러한 입장에서 논의하되, 수화와 같은 다른 의사소통 양식의 이점이나 필요성을 부정하지 않는 관점에서 논의할 것이다. 사실상 모든 청각장애아동이 구어로 의사소통할 수 있는 것은 아니다. 따라서 여기에서 논의되는 것은 모든 청각장애아동에게 적용되는 것이 아니다.

청각장애아동의 초기 발성을 고찰하기 위해서는 건청유아의 일반적인 발성을 간단하게 살펴보는 것이 필요하다. 정상 청력의 아기는 출생부터 첫 단어 시기까지 계열적 순서로 발성이 발달된다. 그것은 울음과 무의식적인 소리(트림, 기침), 중얼거림과 웃음, 음절이나 소리의 반복 발성(CV 음절과 유사), 다양한 소리(CV 음절의 변화), 어조적 발성 등과 같은 소리 산출 계열을 따른다(Oller, 1980; Stark, 1983).

청각장애아동의 초기 발성 특성은 확실히 이해하기 어렵다. 청각장애유아와 건청유아의 음성 발달에는 유사점과 차이점이 있는데, 청각장애유아는 건청유아와는 달리 6~10개월부터 자음과 유사한 음성의 발성이 줄어들며, 옹알이도 선천성 청각장애유아가 건청유아에 비해 더 늦게 시작하고, 더 적은 옹알이를 보인다. 말소리 명료도는 청자가 이해할 수 있는 말소리의 비율을 말하는데, 일반적으로 청력손실도가 클수록 말소리의 명료도는 낮게 나타난다.

경도에서 중등도의 청각장애아동은 일반적으로 명료한 수준의 말소리를 산출할 수 있다. 모음 발성은 대부분 명료하나 자음의 발성과 음성 자질 및 초분절 특성에서는 약간의 오류가 나타난다(Elfenbein, Hardin-Jones, & Davis, 1994). 대부분의 이러한 오류는 낮은 강도, 높은 주파수, 또는 짧은 지속 시간의 특성을 가진 음소의 발성에서 나타난다. 즉, 파찰음, 마찰음의 발성에서 오류를 보인다.

중도 및 최중도 청각장애아동의 발성은 0~100%의 다양한 명료도를 보이나, 평균 명료도는 대략 20% 정도다(Carney, 1986). 이 아동들은 자음 산출, 모음과 이중모음 산출, 음성 자질에 어려움이 있다(Markides, 1970). 이 아동들의 말소리 특성은 호흡, 공명, 발성, 조음운동과 관련되어 있다. 이러한 것들은 말소리가 산출되는 동안 상호 작용하고 또 함께 발생하기도 한다. 중도 및 최중도 청각장애아동은 불완전한 초분절적 자질을 나타낸다.

1) 호 흡

중도 및 최중도 청각장애아동들은 한 번의 호기에 단지 몇 음절만을 발성하는 특성이 있다. 청각장애 발화자들은 건청발화자들과는 달리 발성 전에 흉곽의 팽창과 횡경막의 수축을 보인다. 그리고 발성 전 짧은 기간 동안 공기의 손실이 눈에 띄게 많이 나타난다. 이러한 특성은 발성 전에 정상적으로 공기의 손실을 제한하는 성대의 내전 작용이 지연되기 때문이다. 따라서 청각장애 발화자들은 폐의 기능적 잔존 용량 수준(폐 휴식 수준) 또는 그 이하에서 발성하는 경향이 있다.

2) 공 명

청각장애인의 말소리에서 저비음성과 과비음성의 문제가 제기되어 왔다. 비음성의 음향학적 정보는 낮은 주파수대에 있는데, 청각장애 발화자들이 저주파수대에 잔존청력을 더 많이 보유하기 때문이다(Borden, Harris, & Raphael, 1994). 이러한 경우에 그들은 향상된 공명의 결과인 비음성의 음향적 단서를 발성 · 발화에 활용할 수 있도록 훈련받아야 한다.

3) 발 성

발성 전과 발성하는 동안의 공기 소모는 호흡 곤란보다는 불충분한 성대 내전 작용에 관련된다. 청각장애 발화자들은 모음을 산출할 때 부적절한 성대 내전 작용이 일어남을 확실히 관찰할 수 있다(Metz, Whitehead, & Whitehead, 1984). 이 때문에 불충분한 폐쇄는 일부 기식음 특성을 전체적인 것으로, 유성음을 무성음으로 지각하게 할 수 있다.

목소리의 기본 주파수 조절은 원래 후두의 기능에 관련된다. 청각장애인은 말을 할 때 건청인보다 높은 기본 주파수를 사용한다. 그러나 조기에 증폭장치의 도움을 받아 어느 정도 발화가 가능한 청각장애인은 정상적인 기본 주파수를 사용할 수 있다(Boone, 1966). 그렇지만 그 범위는 매우 좁다.

발성의 다른 측면인 말소리 강도도 후두 활동과 관련되어 있다(Hirano, Ohala, & Vennard, 1969). 약한 강도, 과도한 강도, 변화가 없는 강도는 모두 청각장애인의 발성에서 나타나는 특징이다. 과도한 강도는 과도한 성문의 저항과 관련된 것일 수 있다. 그리고 청각장애로 인한 음향적 피드백의 부족은 음 강도의 가변성에 영향을 미친다. 더욱이, 낮은 폐활량 수준에서 말하는 청각장애인들은 적절한 강세의 산출에도 어려움이 있다.

4) 조 음

청각장애인의 조음에는 많은 오류가 있다. 조음의 오류 현상은 자음과 모음 모두에서 나타난다. 그러나 자음의 조음 오류가 모음이나 이중모음의 조음 오류보다 더 많이 나타난다. 조음의 오류 현상은 주로 모음 대치와 중화, 이중모음화, 이중모음의 파괴, 모음의 비음화 등이다(Markides, 1983). 그리고 자음 발성의 가장 일반적인 오류 형태는 자음의 대치, 자음의 생략과 왜곡, 자음의 비음화 등이다.

또한 청각장애인의 발화에서 개별 음소의 오류는 동시조음(coarticulation)의 어려움에 기인한다. 청각장애아동의 동시조음 오류는 낱말 하나하나를 발음하려는 경향과 조음기관의 통합 조정의 미숙이 주된 요인이다.

5) 초분절 자질

청각장애아동의 말소리 명료도가 낮은 중요한 요인 중 하나는 초분절 자질의 오류다. 초분절 자질은 개인의 감정적인 의도나 정보의 긴박함을 전달할 수 있게 하고, 단어의 의미를 맥락에 맞게 이해할 수 있게 한다. 청각장애아동은 이러한 초분절 자질의 습득이 어렵다.

청각장애인은 건청인보다 거의 1.5~2배 정도 더 느리게 말한다(Tye-Murray, 1992). 느리게 말하는 정도는 개별 음소를 연장하는 것과 발화 사이에 휴지가 길어지는 것과 관련이 있다. 물론, 조음운동을 천천히 하면 부분적으로 명료도를 높일 수도 있다. 그러나 과도하게 느리게 말하는 것은 말의 이해를 어렵게 할 뿐만 아니라 명료도를 오히려 감소시킬 수 있다.

청각장애 발화자는 발성하는 동안 구절 내에서도 더 많이, 더 길게 멈추려고 한다. 이는 적절한 억양의 조절을 어렵게 한다. 또한 청각장애아동은 하강격 억양의 문장을 더 잘 읽는데, 이는 상승격 억양 유형은 발화 뒷부분에서 성대의 이완보다는 긴장을 필요로 하기 때문이다.

이와 같이 청각장애아동은 발화 시에 말소리의 지속과 강도 및 억양 단서를 조절하는 데 어려움이 있다. 이러한 초분절 자질의 불완전한 사용은 말소리 명료도를 낮게 하여 말의 이해를 어렵게 한다. 특히, 비전형적인 억양은 전체적인 말소리 명료도를 저하시킨다.

4. 의사소통 기술 습득을 위한 상호 작용

의사소통은 메시지나 생각을 다른 사람들과 나누기 위한 일련의 행동으로 정의할 수 있다. 분명히 이 정의는 많은 의사소통 행동을 포함하고 있다. 그러나 구어가 의사소통을 위한 유일한 수단은 아니다. 태도와 감정은 특별한 억양이나 강세를 사용하여 표현할 수 있으며, 몸 동작, 몸자세, 안면 표정, 시선 접촉, 머리와 신체 움직임, 그리고 물리적 거리 또한 의사소통에 사용되는 것들이다. 예를 들면, 팔을 아빠에게 올리는 어린아이는 안아 달라는 뜻을 표현한 것이다. 이것은 유아기에 시작되는 의사소통 양식이다. 이들 행동은 언어 발달의 전조다.

앞서 언급하였듯이 생후 3~4개월 동안 유아는 몸짓을 하고 움직이며 울고 양육자가 의사소통으로 해석하는 발성을 한다. 유아기 초기의 이러한 행동은 비언어적 행동을 표상하고, 후기의 단어 혹은 기호의 사용은 언어적 행동을 표상한다. 유아들은 관심을 공유하고 양육자와의 대화에서 대화자의 역할을 학습한다. 이러한 사회적 상호 작용은 청각장애아의 의사소통 기술의 향상에 필수적인 것이다.

그러나 청각장애아동의 부모나 교사까지도 상호 작용을 적절히 하지 못하는 경우가 많다. 효과적인 상호 작용은 아동과 함께하는 활동을 통해, 또 시간, 공간, 장면, 활동의 구조화를 통해 이루어질 수 있다.

아동의 초기 언어 발달은 일상생활의 반복적인 일들을 통해서 이루어진다. 예를 들면, 아동은 저녁을 먹거나 목욕을 하거나 잠잘 때 전형적인 일의 순서와 의사소통을 경험한다. 시간이 지나면서 아동은 이러한 사건과 형태에 관한 지식의 틀(도식이라 부르는)을 저장하고 기억한다. 청각장애아동은 종종 다음과 같은 이유로 도식 형성에 한계를 갖는다.

- 청각장애아동은 매일의 일상생활 동안 부모나 형제자매가 사용하는 언어를 수용하는 데 한계를 갖는다. 구어를 수용할 때 청력손상을 입은 아동은 종종 불완전하고 왜곡된 내용으로 오해할 수 있다. 또한 수화와 함께 구어를 사용할 경우에도 가족의 제한된 표현 기술 때문에 의미 전달이 불충분하거나 왜곡될 수 있다.
- 청각장애아동은 우연 학습 기회들을 놓친다. 이에 청각장애아동은 언어적 자극을 적게 받게 되어 세계에 대한 지식을 습득하지 못하는 경우가 많다. 이러한 문제도 적절한 상호 작용으로 해결할 수 있다.

5. 의사소통 기술 향상을 위한 방법과 전략

청각장애아동에게 사용되는 언어 중재는 언어 학습 이론의 변화에 따라서 재평가되었다. 그중 하나가 총체적 언어 학습 이론에 바탕을 둔 것이다. 이것은 어휘나 문법 훈련을 통해서보다는 모든 언어 규칙/체계를 경험하는 자연적인 맥락에서 발생하는 한 과정으로서 언어 학습을 말한다(Schirmer, 1994). 예를 들면, 교사가 어떤 항목을 묘사하는 사물이나 그림카드를 제시하는 것으로 아동이 '달걀, 쌀, 우유, 주스, 빵' 과 같은 단어의 의미를 습득하도록 하는 것이 아니라, 그러한 사물이 차려진 식사를 하면서 그 식단의 특징을 이야기하고 그 단어가 포함된 대화를 하여 의미와 쓰임을 알게 하는 것이 더욱 바람직하다고 본다. 이러한 과정은 단지 독립된 단어만이 아니라 언어 사용의 모든 면에 대해 알게 하는 좋은 기회가 된다.

1) 자연적 방법과 문법적 방법

말하기(발화) 지도 방법은 자연적인 방법과 문법적인 방법으로 대별할 수 있다. 자연적인 방법은 종합적인 방법, 비형식적인 방법이라고도 하는데, 가능한 한 언어 습득 및 발달의 정상적인 과정을 따라 지도하는 것을 말한다. 따라서 이 방법은 청각 활용을 극대화하여, 즉 듣기를 통해 말하기를 지도하는 것이다.

문법적인 방법은 형식적인 방법, 분석적인 방법, 체계적인 방법이라고도 하는데, 이는 어떤 감각 양식을 주로 활용할 것인가와 음운, 음절, 낱말 중 어느 수준에서 시작할 것인가에 따라 약간의 차이가 있다. 최근에는 Ling(1989)이 체계화한 비형식적 학습과 형식적 교수에 의한 구어 지도 체계가 널리 적용되고 있으며, 상호 작용을 중요시한 대화법, 의사소통 지도법, 총체적 언어 지도 방법, 환경 접근법 등이 적용되고 있다.

경도 및 중등도 청각장애아동은 듣기를 통한 말 발달이 어느 정도 가능하다. 따라서 그들의 의사소통 지도는 일상생활 속에서, 또는 자연적 맥락으로 구조화하여 상호 작용을 통해 지도하는 것이 보다 효과적이다.

2) 대화법

Schirmer(1994)는 청각장애아동의 언어 발달을 촉진하는 여러 가지 대화법에 관하여 논의하였다. 이 대화법은 아동이 이야기 상대로서 참여하고 연습하여 언제, 어떻게 대화를 시작하고 주고받고, 언제 대화를 끝마쳐야 하는지를 배울 수 있다. 이러한 전략에는 실제적으로 또는 역할극으로 구성된 대화가 포함될 수 있다. 이 전략들은 통사나 형태뿐만 아니라 모든 언어의 측면에서 유창하게 의사소통할 수 있도록 하는 데 효과적이다.

Schirmer가 제시한 기술 중 하나는 고쳐주기(recasting)다. 어린 아동과 대화하는 어른은 아동의 문법적-의미적 구조 발달을 목표로 한다. 아동이 대화 중에 불완전하거나 부적당한 형태의 언어를 사용할 경우, 의미 전달은 되어도 부적절하다면 아동의 언어 양식을 수정해 주는 전략이다.

또 다른 의사소통 전략은 어른이 대화에서 최소의 역할을 하는 것, 즉 대화를 격려해 주는 것이다. 예를 들면, 어른이 '와, 재미있다.' 고 말하거나, 고개를 끄덕거리거나, 아동의 설명을 반복하는 것이다. 이 전략을 통해 청각장애아동은 대화에 더 많이 참여하게 되고 질문도 더 많이 하게 된다.

Luetke-Stahlman과 Luckner(1991)도 언어의 사용과 내용 및 형식을 가르치는 데 필요한 실질적인 제안을 하였다. 그들은 언어의 화용적 측면의 학습은 의미 있는 언어를 풍부하게 만들어 아이들에게 일상적인 상황에서 대화할 기회를 제공하는 교사와 보호자의 능력에 성패가 달려 있다고 하였다. 여러 가지 관심 끌기 전략은 아동에게 이미 익숙한 언어를 사용할 수 있는 기회를 제공하는 것이다. 이 활동의 한 유형은 일상적인 상황을 변경하는 것이다. 예를 들면, 저녁 식사 때 의자 위에 접시를 놓아 식탁을 차리거나, 아동이 가장 좋아하는 음식을 놓지 않거나, 늘 있어야 할 물컵을 놓지 않는 것이다. 이러한 방해 활동은 아동에게 주장하고 요구하고 의견을 제시하고 투덜거릴 수 있는 기회를 제공하고, 아동은 의미 있는 상황에서 언어를 사용할 수 있는 기회를 충분히 갖게 된다. 자연적인 상황에서 실제 필요한 것을 이야기하는 것이 언어의 의미론적, 통사적 측면에서 중요하다.

3) 비형식적 학습과 형식적 교수

Ling(1989)은 비형식적 언어 학습과 형식적 언어 교수 전략을 청각장애아동의 효과적인 구어 지도 방법으로 제시하였다.

일반적으로 비형식적 학습(informal learning)은 가정을 중심으로 부모와 아동의 일대일 관계로 일상생활 속에서 이루어지며, 형식적 교수(formal teaching)는 교육적 장면에서 한 사람 이상의 전문가와 한 사람 이상의 아동 사이에서 체계적으로 이루어진다. 여기서 학습은 아동이 중심이 되어 활동하지만 체계적인 프로그램을 지시적으로 적용하는 것이 아니라 일상의 활동 속에서 장면의 구조화를 통하여 이루어지는 상호 작용 결과로서 자발적인 말의 습득을 의미한다. 그러나 교수는 교사나 임상가 등에 의해서 아동의 학습 과정을 돕기 위하여 의도적으로 행해지는 목표 지향적이고 체계적인 교육 활동을 말한다.

비형식적 학습과 형식적 교수를 통하여 청각장애아동의 구어에 의한 의사소통 기술을 향상시키기 위해서는 구조화된 장면을 준비하여 제공하는 일이 필요하다. 이것은 구체적으로 설정된 목표 달성을 위해서 사회적 상호 작용 활동을 계획하는 것을 말한다.

비형식적 학습은 보청기 등의 감각보조기를 사용하는 아동에게 효율적이라고 할 수 있다. 그 대상은 유아기부터 초등부까지 가능하나 8세 이후에는 음성언어의 효과적인 발달을 기대하기 어렵다.

형식적 교수 프로그램은 모든 청각장애아동에게 적용되어서는 안 되며, 자발적으로 음성언어를 습득하지 못하는 아동에게만 사용되어야 한다.

- 형식적 교수법을 적용하기 위해서는 어느 정도 구어를 이해하고 사용할 수 있어야 하며 교사와 쉽게 협동할 수 있는 능력을 가지고 있어야 한다. 따라서 형식적 교수를 시작하기 전에 비형식적 학습법을 사용하여 발성·발어의 기초를 확립하여야 한다.
- 형식적 교수법은 신중한 평가를 거쳐 적용되어야 한다.
- 지식이나 기술을 형식적 교수로 지도하기 위해서는 활동이 체계적으로 배열되고 발달 계열이 명확하게 제시되어 단계적인 방법으로 가르쳐야 한다. 또한 교수를 시작하기 전에 청각과 기타 감각을 검사하고 보청기 등 감각보조기를 조절하여야 한다.
- 형식적 교수에서는 말에 대한 음성학적, 음운론적 평가를 기초로 하여 지도할 목표를 설정하여야 하며, 목표의 설정은 일반화와 전이의 단계까지 포함하여야 한다.

- 지도는 한 과정(session)에서 몇 개의 목표를 짧은 시간 내(2~3분)에 시행하며, 성공감을 가지고 시작하고 끝내게 해야 한다.
- 아동이 의사소통하려는 의도를 가지고 있을 때, 아동의 요구와 흥미에 맞는 구어를 사용하면 형식적인 교수도 재미있고 기능적인 것으로 만들 수 있다.
- 습득된 말 유형을 구어적 의사 전달 장면에서 활용하며, 광범위한 장면에 즉시 일반화하고, 실생활 장면과 유사한 훈련 절차를 활용하여 전이를 용이하게 한다.

6. 의사소통 상대자를 위한 의사소통 전략 훈련

청각장애인과 자주 대화를 나누는 사람들도 의사소통 전략 훈련으로 이득을 볼 수 있다. 청각장애인과 자주 의사소통을 하는 사람은 부모, 배우자, 자녀, 친구 등이다. 의사소통 상대자를 위한 의사소통 전략 훈련의 목표는 독화의 어려움에 대해 공감대를 형성하고, 적절한 말하기 행동을 취하며, 어떻게 메시지를 전달해서 인식하기 쉽게 할 것인지, 대화의 흐름이 끊겼을 때 어떻게 수정해야 하는지를 알게 하는 것 등이다.

여러 측면에서 의사소통 상대자를 위한 전략 훈련 프로그램의 주제는 청각장애인을 위한 전략 훈련 내용을 반영하고 있다. 의사소통 상대자들은 그들의 메시지를 적절한 말하기로 전달하는 것을 배울 수 있다. 예를 들면, 조금 천천히, 그리고 명확하게 말하는 것을 배울 수 있고, 얼굴이 잘 보이게 하여 청각장애인이 독화할 수 있도록 하는 것을 배울 수 있다. 의사소통 상대자들은 〈표 8-1〉과 같은 방법으로 그들의 메시지를 조직할 수 있다. 예를 들면, 장황한 설명을 피하고 의미론적으로 간단한 문장을 사용하는 것이다. 마지막으로 그들은 회복 전략을 배울 수 있다.

〈표 8-1〉 의사소통 상대자를 위한 의사소통 전략 훈련 프로그램에 포함될 수 있는 내용

■ 적절한 말하기 행동

의사소통 상대자는 다음에 유의하여 행동하도록 한다.

- 천천히 명확히 말하라.
- 청각장애인 쪽으로 얼굴을 향하고 말하라.
- 말하는 동안 입에 물건을 물고 있거나 입 근처에 사물을 두지 마라.
- 창문이나 밝은 불빛 근처에서 떨어져서 말하라.

■ 공감대

의사소통 상대자는 다음을 고려해야 한다.

- 좋지 않은 청력과 증폭기에 의존해서 말소리를 이해하는 어려움
- 독화의 어려움
- 청력손실에 의한 스트레스와 분노, 피로, 사회적 고립감

■ 조직된 메시지

의사소통 상대자는 다음에 유의하여야 한다.

- 장황한 설명을 피하고 간결하고 통사적으로 간단한 문장을 사용하라.
  예) '난 별로 생각해 본 적은 없지만 토요일에 할 일이 없으니 영화나 보러 가자.' 와 같이 장황한 문장보다 '영화 보러 가자.' 와 같은 단순한 문장을 사용하라.
- 간결한 용어를 사용하여 모호함을 피하라.
  예) '그녀 거야.' 보다는 '그 스웨터는 영희 거야.'

■ 이해

- 메시지를 이해하였는지 자주 물어라.
- 그들이 말한 것을 다시 한 번 반복해 주도록 요청하라.
- 메시지를 정확하게 이해하였는지에 대한 피드백을 제공하라.

■ 의사소통 단절의 회복

의사소통 상대자들은 어떻게 회복 전략을 적절히 사용하는지를 알아야 할 것이다. 의사소통 단절이 일어났을 때는 다음과 같이 하라.

- 메시지를 반복하라.
- 메시지의 절을 반복하고 다른 방법으로 말하라.
- 대화의 주제를 알리기 위해 중요한 단어를 반복하라.
  예) 철수가 넘어졌다는 것을 인식하지 못하였을 때 의사소통 상대자는 '철수, 철수가 넘어졌어.' 라며 의사소통의 단절을 회복한다.
- 적은 단어와 더 쉬운 단어를 사용하여 메시지를 단순화한다.
  예) '친구가 갈색 중절모자를 가지고 왔어.' 라는 문장을 '제인이 모자를 가지고 왔

어.' 라고 단순화할 수 있다.

• 더 많은 정보를 제공하고 중요한 단어를 반복하여 정교화하라.
  예) '나는 종이를 잘랐어.' 라는 문장이 잘못 이해되었을 때 의사소통 상대자는 '나는 가위를 갖고 있고 그 가위로 종이를 잘랐어.' 라고 말할 수 있다.
• 알고 있는 것으로 설명하라. 상황에서 쉽게 이해될 수 있는 정보를 제공하라.
  예) 원래 문장이 '지갑을 내 핸드백에 넣어 주세요.' 라면, 의사소통 단절이 일어났을 때 의사소통 상대자는 '지갑을(지갑을 가리키며) 내 핸드백에(핸드백을 가리키며) 넣어 주세요.' 라고 말할 수 있다.

출처: Tye-Murray, N. (1998). *Foundatuions of aurol rehabilliton*. SanDiego, California Singular publishing Group.

의사소통 상대자를 위한 의사소통 전략 훈련은 일반적으로 청각장애인의 훈련 상황에서 함께 이루어진다. 이들은 의사소통 전략 훈련을 받는 것 이외에도 청각장애를 가진 친척이나 친구 때문에 일어난 자신들의 삶의 변화에 적응하는 데 대해서 언어, 청각 관련 전문가들에게 상담과 지원을 받을 수도 있다 (Stephens & Hetu, 1991). 종종 그들은 가정에서의 큰 텔레비전 소리와 큰 소리로 말하는 것 등의 과도한 소음 때문에 스트레스를 호소하기도 한다. 이러한 소음 때문에, 또는 청각장애인과 그들 사이의 오해 때문에 기분이 상하는 일이나 화가 나는 일이나 긴장이 되는 일들을 경험할 수 있을 것이다. 가정 이외의 사회적 상호 작용이 줄어들어 사회적 고립감과 외로움을 경험할 수도 있다. 청각장애인들과 자주 의사소통을 나누는 상대자들은 또한 청력손실로 인해 통역사나 전화 통화를 위한 중재인을 찾아야 하는 일과 같은 다른 과제도 해결해야 한다. 많은 경우에 상담과 함께 이루어지는 의사소통 전략 훈련은 의사소통 상대자로서 겪어야 하는 이러한 과정에 적응하는 것을 도울 수 있다.

1) 아동을 위한 의사소통 전략 훈련

의사소통 전략 훈련은 청각장애아동에게도 유익하다. 프로그램 내용은 촉진적, 회복적 의사소통 전략에 초점을 둔다.

2) 촉진적, 수용적 회복 전략

일반적으로 아동을 위한 의사소통 전략 훈련 프로그램은 성인을 위한 프로그램에 비해 단순하다. 예를 들어, 추상적 개념을 포함하여 정교화하기를 요구하는 것과 같은 다른 전략은 아동들에게는 너무 어려울 수 있다. 따라서 '다시 말해 주세요', '다른 방법으로 말씀해 주시겠어요?', '무슨 얘기를 하고 있는 거지요?' 와 같이 단순한 회복 전략을 아동이 익히도록 지도한다.

3) 형식적 교수

아동을 위한 형식적 교수는 효과적인 청취 행동을 포함한다(예: 주의 기울이기, 화자의 얼굴 보기, 중요한 단어 파악하기). 그리고 메시지를 명확하게 해 줄 것을 요구하는 방법을 포함할 수 있다(예: 메시지를 이해하지 못하였을 때 화자에게 한 단어만 다시 말해 달라고 요청하라. 이런 방법이 다른 사람이 무슨 말을 하는지 이해할 수 있게 해 줄 것이다).

대부분의 아동은 형식적 교수에 의해 익힌 개념이라도 말을 주고받는 일상적인 회화에 적용하는 데 많은 어려움을 느낀다. 아동들은 의사소통 단절을 회복하는 충분한 기회를 가져야 하고, 임상가들은 여러 다양한 상황에서 비형식적인 방법으로 형식적으로 교수된 개념을 반복적으로 말해야 한다.

4) 도움이 제공되는 학습

아동을 위한 학습은 좋은 청취 행동과 의사소통 전략에 아동이 주의를 기울이도록 하는 것을 강조한다. 아동은 행동과 전략을 구조화된 세팅에서 모델링과 역할놀이를 통해 연습할 수 있다. 모델링에서 아동은 임상가가 목표 행동을 하는 것을 본 후 그것을 모방한다. 모델링과 역할놀이는 아동과의 상호 작용이 긴밀히, 빈번하게 일어날 수 있는 실제 상황이나 그와 유사한 상황을 설정해서 하는 것이 효과적이다.

5) 실제 연습

일단 의사소통 전략을 구조화된 상황에서 연습하고 나면 아동은 그 전략

〈표 8-2〉 아동을 위한 실제 연습 개발 지침

A. 도움이 제공되는 학습에서 아동이 성공적으로 행한 활동을 실제로 연습해 볼 수 있도록 하라. 만일, 아동이 의사소통 단절이 일어났을 때 메시지를 반복해 달라고 요청하였다면 아동은 교실이나 치료 상황에서 명확히 하기를 요구하는 것을 연습해야 한다. 예를 들어, 미술 시간에 아동이 그 전략을 사용하도록 해야 한다. 미술 교사에게 필요하지 않더라도 아동이 교사와 회복 전략을 연습할 것이라고 미리 일러두어야 한다.

B. 아동이 의사소통하도록 동기화될 수 있는 의사소통 상황을 선정하라. 예를 들어, 어린 아동에게 패스트푸드점에서 음식을 주문하면서 의사소통 회복 전략을 사용하도록 지시할 수 있다.

C. 아동이 성취감을 맛볼 수 있는 상호 작용을 선정하라. 예를 들어, 아동에게 친숙하지 않은 점원에게 의사소통 회복 전략을 사용하도록 하기 전에 친숙한 교사에게 먼저 사용해 보도록 요청하라.

D. 활동에 대한 정보를 단순한 문장과 어휘를 사용하여 제공하라. 숙제의 목적은 한 단락의 주요 내용을 듣는 것이 될 수 있다. 임상가는 다음과 같은 숙제를 제시할 수 있다.
"이 봉투에는 한 이야기가 들어 있다. 어머니에게 읽어 주도록 부탁드려라. 주의 깊게 보고 들어라. 만일 네가 이야기를 이해하지 못했다면 질문을 하라. 그리고 이야기에 대한 그림을 그리도록 하라."

E. 경험을 기록하는 수단을 제공하라. D에서 기술한 활동에서는 그림그리기가 기록의 수단이 된다.

출처: Tye-Murray, N. (1998). *Foundatuions of aurol rehabilliton*. SanDiego, California Singular publishing Group.

들을 일상 경험에 적용해 볼 것이다. 실제 활동은 아동이 그들의 의사소통 전략을 자연적인 상황에서 적용할 수 있도록 돕는다. 활동은 아동들이 다른 여러 화자들과 다양한 상황에서 상호 작용하도록 요구한다. 아동들을 위한 실제 활동을 개발하기 위한 지침은 〈표 8-2〉와 같다.

6) 표현적 회복 전략

촉진적이고 수용적인 회복 전략의 사용법을 학습하는 것에 더하여 아동은 표현적 회복 전략(expressive repair strategies)을 사용하는 법도 배워야 한다. 표현적 회복 전략은 아동이 구어로 메시지를 표현하였으나 상대방이 그것을 이해하지 못하였을 때 사용할 수 있다. 이럴 때 아동은 의사소통의 단절을 말소리를 다시 명료하게 하거나 몸짓을 동반하여 회복할 수 있다.

〈표 8-3〉은 아동에게 표현적 회복 전략을 가르치는 데 사용할 수 있는 5단계 훈련 계획이다(Elfenbein, 1994). 형식적 교수와 도움이 제공되는 학습은 4단계까지 제공될 수 있고, 실전 연습은 5단계에서 활용될 수 있다.

이 계획에서 아동들은 기본적인 의사소통 절차를 복습하고, 청자와 화자의 관계를 고려해 보며, 여러 의사소통 방법을 살펴봄으로써 시작할 수 있다. 아동은 사람들이 의사소통하는 방법에 대해 여러 가지 잡지에서 사진을 오려 책으로 만들 수 있다. 2단계에서는 의사소통 단절에 대해 이야기한다. 즉, 단절이 일어났을 때 어떤 일이 발생하는가? 어떻게 그것이 일어났다고 말할 수 있는가? 왜 일어났는가? 여기에서 아동은 사람들이 단절이 일어났음을 알리는 방법을 목록으로 정리해 볼 수 있다. 3단계는 메시지 형성에 초점을 맞출 수 있다. 그리고 4단계는 표현적인 회복 전략의 소개를 포함할 수 있다. 아동은 그들이 특정한 표현적 회복 전략을 사용하도록 지시된 마임과 같은 게임을 할 수도 있다. 마지막 단계는 〈표 8-3〉과 같이 의사소통 회복 전략을 사용하는 실전을 제공하는 것이다. 이때 아동은 그들의 감정에 대해

〈표 8-3〉 의사소통 전략 사용 교수를 위한 5단계 계획

단계 1. 기본적인 의사소통 과정 이해하기
A. 화자-메시지-청자의 관계 B. 의사소통 방법(예: 말소리, 쓰기, 마임, 제스처, 수화 등)
단계 2. 의사소통 단절 이해하기
A. 정의와 예들 B. 의사소통 단절의 원인 C. 사람의 신호가 혼동되는 방법
단계 3. 메시지 형성
A. 전달된 정보 B. 청자 지식 평가(예: 배경 지식) C. 화자의 능력(예: 말 유창 정도) D. 환경적 제약(예: 배경 소음) E. 사회적 제약들(예: 예절)
단계 4. 의사소통 회복 전략의 도입
A. 청자의 의무 • 혼동을 인정 • 의사소통 단절의 원인 파악 • 수용적 회복 전략 사용 B. 화자의 의무 • 혼동 신호에 주의를 기울이기 • 의사소통 단절의 원인 파악 • 표현적 회복 전략의 사용
단계 5. 의사소통 회복 전략 사용 연습
A. 실제 상황에서 연습 B. 간단한 메시지에서 복잡한 메시지로 이행 C. 의사소통에 관련된 감정에 대해 논의

출처: Tye-Murray, N. (1998). *Foundatuions of aurol rehabilliton*. SanDiego, California Singular publishing Group.

이야기하고 의사소통 단절에 대해 반응할 것이다. 대부분의 학급 동료도 의사소통 단절이 일어났을 경우 좌절이나 당황스러움과 같은 감정을 경험한다. 이러한 경험을 바탕으로 간단한 것에서 시작하여 보다 복잡한 내용으로 이어가면서 서로 이야기한다.

7) 훈련의 효용성

의사소통 전략 훈련의 효용성에 대한 실험 연구는 많지 않다. 따라서 여전히 의사소통 전략 훈련이 효과가 있는가에 대한 의문은 남아 있다. 이전의 자료들은 이 질문에 대하여 '그렇다' 는 대답을 한다. 한 조사는 청각장애인들이 회복 전략 사용을 강조하는 의사소통 전략 훈련 프로그램에 참여한 후 그들의 회복 전략 사용법을 바꾸었음을 보여 주었다(Tye-Murray, 1991). 훈련 후 피험자들은 훈련 상황에서 자신에게 특히 효과적이었던 회복 전략을 사용하기 시작하였다. 예를 들어, 요구하기 전략이 인식하기 쉽지 않은 메시지를 이해하는 데 도움이 되었다면 그 전략을 더 많이 사용하는 것으로 나타났다. 마지막으로 Kricos와 Holmes(1996)는 좀 더 나이가 많은 청각장애 성인에게 활동적인 듣기 훈련을 제공하였다. 프로그램은 말소리 인식 훈련과 의사소통 전략 사용을 포함하였다. 훈련이 끝나자 피험자들은 향상된 말소리 인식과 심리사회적 기능을 보였다.

이와 같은 의사소통 전략 훈련은 학생들에게 그들의 의사소통 환경을 더욱 효과적으로 조정하게끔 도움을 준다. 그러나 얼마나 효과를 얻을 수 있는가는 사람마다 다르다. 제공되는 교수의 양과 질에 상관없이 어떤 사람은 그들의 의사소통 행동을 바꿀 수 없다. 또 어떤 사람은 자신의 의사소통 유형을 살펴볼 수 있는 상위 의사소통 기술(meta-communication skills)을 가지고 있지 않으며, 자신들이 어떻게 의사소통 상대자와 상호 작용하는지 점검할 수 없다. 예를 들어, 어떤 나이 많은 부인은 의사소통 전략을 사용하지도 않고 의사소통의 문제를 과도하게 공격적으로 다룰 수 있다. 그러나 이러한 행동은 성격의 일부이기 때문에 청능재활 중재로는 변할 수 없다. 이러한 예들로 볼 때 청각장애인과 자주 상호 작용하는 사람들이 교수를 받는 것은 매우 중요하다.

7. 최중도 청각장애인의 언어 지도

중도 및 최중도 청각장애아동의 발성 오류 유형은 매우 다양하다(김영욱, 1993). 이러한 다양성은 개별화된 언어 관리 절차의 중요성을 강조한다. 또 다른 중요한 점은 언어 훈련이 가능한 한 의미 있는 것이어야 한다는 것이다. 말은 의미를 표현하는 것이다. 들을 수 없어서 최상의 증폭을 해야 하는 말소리는 부가적인 시각 또는 촉각 단서를 필요로 한다. 그러나 훈련의 초점이 의미 없는 음절을 길게 소리 내는 연습에 맞추어져서는 안 된다. 말소리 훈련은 의미 있는 어휘를 사용하여 실시해야 한다. 총체적 언어 지도와 같이 언어 지도의 목표는 자연스러운 맥락에서 아동이 습득해야 할 단어에 맞추어져야 한다. 예를 들어, 아동이 /ㅇ/음을 산출하면서 단순히 '오리'를 배우게 할 것이 아니라 장난감 오리나 오리 사진을 보여 줄 때마다 '오리'를 발음하게 한다. 이렇게 하면 그 아동은 오리에 대해 읽고, 오리와 놀고, 오리가 있는 연못에 오리를 보러 가고, 오리과에 속한 새들과 속하지 않은 새들에 대해 말할 수 있다. 또한 동시 조음의 발달을 위해서는 다양한 음성 맥락의 소리를 산출시키는 것도 중요하다. 다음의 네 가지 내용은 청각장애아동의 발성을 촉진시킬 수 있다. 즉, 최대한의 잔청 사용, 해부학적이고 회화적인 모니터링, 시각적 자극, 복합적 피드백의 사용이다. 이러한 전략은 서로 배타적인 것이 아니며 연합적으로 사용할 수 있는 것이다.

청각장애아동의 발성·발화 지도에서는 최대한 많은 음 자극을 제공하는 것이 중요하다. 그렇게 하기 위해서는 아동의 청각 특성을 고려하여 적합한 보청기의 착용, FM 시스템의 활용, 인공와우의 이식, 진동 촉각 장치의 활용 등의 조치를 하여야 한다.

해부학적이고 회화적인 모델링도 말소리 산출을 돕기 위해 사용할 수 있다. 해부학적 도표, 움직이는 혀를 가진 모형, 혀 구조 사진은 청각장애아동의 발성 지도에 유용하게 사용될 수 있다. 그러나 이러한 보조 도구 사용의 문제점은 그것이 정적인 사진을 제공하는 반면에 말소리 산출은 정적이지 않다는 데 있다. 따라서 이러한 종류의 모형은 음 산출 초기 단계나 마지막의 도움 정도로 사용하는 것이 바람직하다. 말소리 산출 향상을 위한 또 다른 방법은 임상가의 시각적 자극이나 거울을 사용한 시각적 모니터링이다. 그러나 시각적 피드백을 지나치게 강조하는 것은 위험하다. 말소리의 시각적 특성은 상황에 따라서 역동적으로 바뀌기 때문이다. 복합적 피드백 보조기들은 청각장애인의 말소리 산출 훈련에 유용하게 사용되어 왔다. 대부분의 도구는 말소리 산출의 음향적 또는 생리적 특질을 시각적으로 모니터링 할 수 있다. 시화훈련기(visipitch)와 IBM 스피치뷰어(IBM SpeechViewer)는 말의 음향적 특질에 관한 피드백을 제공하는 도구들이다. 예를 들어, 시화훈련기는 기본 주파수와 발화 간의 강도 변화를 보여 준다. IBM의 스피치뷰어는 풍선의 크기 변화로 소리의 크기를 나타내고, 온도계의 변화로 음의 고저를 나타내고, 나무의 코코넛을 떨어뜨리는 원숭이로 모음의 정확성을 나타내어 아동이 친숙함을 느낄 수 있게 한다. 그러나 IBM 스피치뷰어의 사용이 모음 치료에 효과가 있기는 하지만(Ryalls, Michallet, & Le Dorze, 1994), 이 장치가 전통적 치료법보다 더 효과적이라는 증거는 없다. 게다가 여러 번의 치료 회기 중에 원숭이가 코코넛을 떨어뜨리는 것을 본 아동은 점점 흥미를 잃었다. 또한 치료 중에 연습한 언어 행위가 일상생활에 적용된다는 증거도 없다. 결과적으로 이러한 종류의 도구는 보조적 치료 도구로 사용하는 것이 바람직하다.

제9장

청각장애아동 통합교육 지원

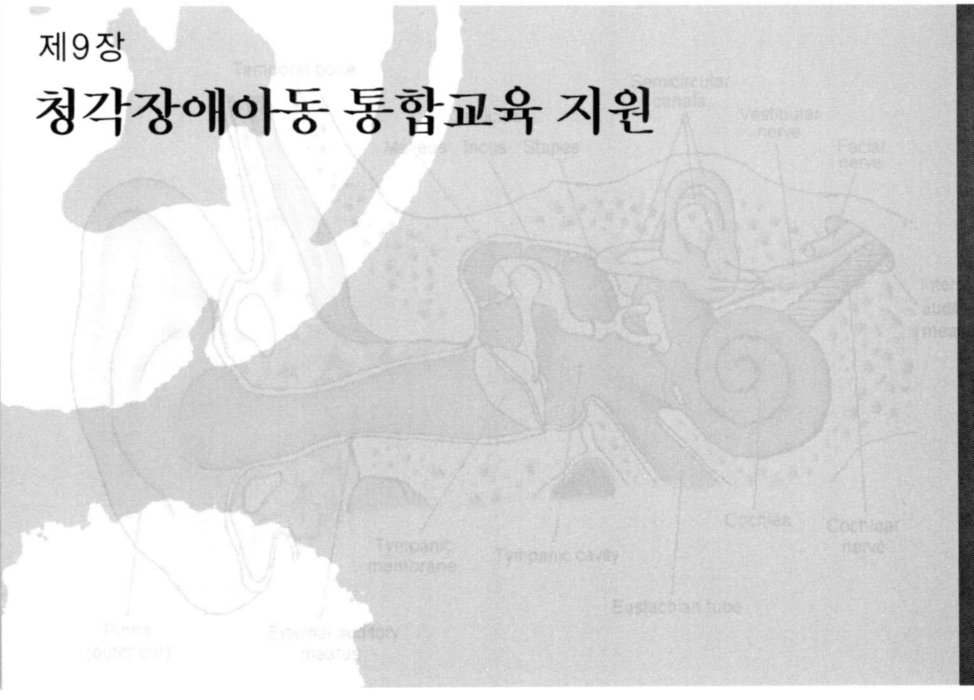

1. 청취를 위한 지원
2. 의사소통의 문제
3. 일반 학급 참여 촉진
4. 교실 수행의 평가

특수교육은 1970년대에 들어오면서 장애학생들을 가능한 최소 제한적인 환경(Least Restrictive Environment: LRE)에 배치하자는 운동에 의해 커다란 전환점을 맞게 되었다. 그리하여 점진적으로 특수교육과 일반 교육을 분리하지 않고 일반 교육 내에서 장애학생에게 적절한 지원을 최대한 보장하는 체제인 통합교육(inclusion education) 방향으로 가고 있다.

여러 연구에서 청각장애학생을 위해 통합 정책을 적극적으로 추진하는 것이 바람직하다고 권하지만 단순히 통합교육을 하는 것이 청각장애아동의 교육적 문제를 해결할 수 있는 최상의 선택은 아니다. 청각장애아동의 통합교육 문제는 대부분 청각장애학생의 학업 성취는 청력손실의 정도와 관련 없이 건청 또래에 비해 많이 지체되며, 사회정서적 발달과 적응 기술의 향상도 기대한 만큼 개선되지 못하였다는 데 있다. 따라서 통합교육은 단지 일반 아동과 장애아동을 함께 배치하는 물리적 통합보다 더 큰 의미를 가져야 한다. 청각장애아동의 성공적인 통합교육을 위해서는 물리적인 배치뿐 아니라 학업적 문제, 의사소통, 사회성 문제 등에 관한 지원이 함께 이루어져야 한다. 또한 이러한 지원을 효과적으로 하기 위해서는 일반 학급 교사, 특수교사, 동료, 아동, 기타 전문가들과의 협력이 필요하다.

이 장에서는 청각장애아동의 통합교육 상황에서 일어날 수 있는 듣기, 의사소통의 문제와 이에 대한 효과적인 지원을 위한 특수교사, 일반 교사, 동료, 아동, 전문가의 역할을 중심으로 살펴볼 것이다.

1. 청취를 위한 지원

1) 소음 수준과 반향

교실은 보통 상당한 소음에 둘러싸여 있는데, 일반적으로 교실의 소음은

55 dB이다. 그리고 체육관은 83~86 dB, 식당은 75~80 dB에 이른다. 이러한 소음 때문에 청각장애아동은 의사소통에 어려움을 겪을 수 있다. 또한 교사의 말, 즉 신호음 대 소음 수준의 비율이 청취 환경에서 중요한 요소인데, 이것은 보통 교실에서는 5 dB로 교사의 목소리가 주위 소음보다 5 dB 정도 크다는 의미다. 말소리를 변별할 수 있는 가장 좋은 환경은 소음보다 신호음이 30 dB 큰 경우다. 따라서 가능한 교실 상황에서 신호음을 20 dB 이상 크게 해 주는 것이 좋다.

반향(reverberation)은 소리가 교실 안의 단단한 벽에 반사되어 길게 늘어나는 것으로, 소음 수준과 서로 상호 작용하므로 청각장애학생들이 말을 인식하는 데 어려움을 주는 요소다. 교실에서의 반향 시간은 0.3초 이하가 좋다(English, 1995). 따라서 청각장애아동의 통합교육을 지원하기 위해서는 청취하는 데 적합하도록 교실 환경을 개선하여야 한다.

2) FM 보청기의 활용

FM 시스템을 사용하는 주된 이유는 주변 소음의 방해를 최대한 줄여서 청취하기 위함이다. FM 보청기의 활용은 청각장애아동의 청각손실 정도, 교실 환경, 나이, 교육 방식 등에 상관없이 효과적인 것으로 나타났다. 특히, 교사가 앞에서 말을 하고 학생들이 줄을 맞추어 앉는 구조라면 FM 보청기가 더욱 효과적이다. 성공의 열쇠는 교실에서 아동, 선생님, 다른 사람들의 참여도가 어떠하냐에 달려 있다. 또한 FM 보청기의 사용 효과는 사용자의 운용 기준에 따라서도 차이가 있다. 청각장애아동이 말을 할 경우에 교사는 FM 시스템의 마이크를 청각장애아동 앞에 위치시켜야 한다. 이는 청각장애아동이 그룹의 구성원으로서나 개인적으로 말하는 모든 경우에 사용해야 한다.

보청기와 마찬가지로 FM 보청기도 적절하게 사용하지 않으면 안 된다.

기계 충전은 매일 학교 시간이 끝난 후에 해야 하며, 기계 조정도 매일 아침 해야 한다(Ross, Brackett, & Maxon, 1991).

3) 효과적인 말소리 청취를 위한 교사 지원

통합 환경에 학생을 배치하기로 결정하는 것은 일반 학급의 풍부한 청각적 환경에 접근할 수 있다는 가정을 하는 것이다. 이러한 환경에서 이득을 얻도록 하기 위해 교사는 다음과 같은 점을 지원해야 한다.

- 아동이 교사와 동료의 말에 청각적, 시각적으로 접근하도록 보장해 주어야 한다.
  - 교실 구성, 일상 수업 및 발표 수업 이전에 활동에 대한 자료를 아동에게 제공한다.
  - 소음원에서 떨어진 위치에 배치하고 교사의 얼굴이 섬광의 영향 없이 잘 인식될 수 있는 장소에 학생을 앉게 한다.
  - 아동의 이름을 부르기 전에 아동의 청각적, 시각적 주의를 얻음으로써 아동이 준비하게 한다.
- 교사는 자료를 제시할 때 여러 방법을 동시에 사용하지 말아야 한다. 예를 들면, 칠판에 적으면서 동시에 말을 할 때는 시각적 정보(말 읽기)와 청각적 정보가 둘 다 감소한다. 놓친 정보는 칠판에 쓰인 단어에 의존해야 한다.
- 가정, 가사, 체육 시간같이 소음이 기본적으로 생기는 수업에서는 시각적 지원을 중심으로 한다.
  - 소음이 많은 환경에서 아동들은 말 읽기, 제스처, 자료 제시 같은 시각적 입력에 주로 의존해 말을 인식한다.
  - 수업 전에 칠판에 중요 단어를 적고, 내용에 대한 전체 개요를 준비

하며, 쓰인 단서를 통해 주제의 변화를 따라간다.

- 학급 토의를 할 때 교사는 다음 화자의 이름을 지명하여 청각장애아동이 화자를 쳐다볼 수 있는 충분한 시간을 준다.
  - 아동들은 토의 수업에 특히 어려움을 느낀다.
  - 고학년에서는 종종 책상 배열을 'U' 자나 원으로 하여 모든 토론자들이 최대한 서로 볼 수 있게 한다.
  - 저학년에서는 청각장애아동이 제일 오른쪽이나 왼쪽에 앉아 의자를 살짝 돌려 전체 학급을 볼 수 있도록 좌석을 배치한다.
  - 소그룹 토의의 경우 다음 화자에게 FM 마이크를 넘길 수 있으므로 토의의 속도를 천천히 진행해야만 화자를 시각적, 청각적으로 따라갈 수 있다.
  - 교사가 청각장애아동 가까이 서 있거나 FM 마이크로 이야기함으로써 토의 중 중요한 내용을 반복해 줄 수 있다.

이상의 지원들은 일상적인 수업에 약간의 변화를 주는 것만으로도 가능하다. 이러한 것들은 사실상 모든 학생을 위한 것이기도 하므로, 청각장애아동만을 위한 것이 아니라 모든 학생을 대상으로 고려하는 교수의 측면으로 볼 수 있다.

2. 의사소통의 문제

청각장애아동들이 성공적으로 통합교육을 받기 위해서는 통합 환경에서 그들이 겪을 수 있는 의사소통 문제가 해결되어야 한다. 특히, 청각장애아동이 통합 상황에서 이루어지는 모든 교육활동에 적극적으로 참여하기 위해서는 정서 · 동기 측면에서 그들을 지원할 수 있는 교수-학습 여건이 조성되어야 한다. 즉, 청각장애에 대한 인식 부족으로 일반 교사나 건청아동이 청각장애아동에게 부정적인 태도나 감정을 내보임으로써 그들이 교실 활동에 고립되지 않아야 한다. 그러나 현장에서는 여러 가지 복잡한 문제들 때문에 청각장애아동이 진행중인 모든 교수-학습활동에 완전하게 참여하기란 참으로 힘겨운 일이다.

청각장애아동은 전형적으로 말소리 인식, 말 산출, 어휘, 문법, 화용 영역에서 의사소통의 결함을 보인다. 언어병리학자들이나 교사들은 청각장애아동을 위한 서비스를 제공할 때 이러한 의사소통 영역에 중점을 두어야 한다. 〈표 9-1〉은 청각장애아동의 의사소통을 향상시키기 위한 교실에서의 의사소통 측면(말소리 인식, 말 산출, 어휘, 문법, 화용)에서 제안한 것이다.

〈표 9-1〉 의사소통을 향상시키기 위한 교실에서의 지원

의사소통 측면	교실에서의 지원
말소리 인식	• 학생을 집중시켜라. • 질문에 대한 대답을 반복하라. • 참가자들의 이름을 호명하면서 토론 수업에 직접 개입하라. • 시각적인 설명을 사용하라. • 칠판에 중요 단어를 적어라. • 학생에게 등을 향하고 말하는 것을 피하라. • 말하기를 할 것인지 자료를 제시할 것인지 선택하라. • 섬광에서 떨어져 교사의 얼굴이 잘 보일 수 있게 하라. • 소음원에서 떨어진 곳에 학생을 앉혀라.
말 산출	• 학생의 불명확한 대답을 쓰게 하라. • 잘못 이해하는 단어의 반복을 요청하라. • 답을 고르도록 제한된 선택 질문을 학생에게 주어라. • 학생의 말에서 이해한 부분을 다시 말하라. • 음성적 산출을 세련되게 하라. • 자연스러운 말로 연결을 촉진하라. • 점차 외부적 피드백을 줄여라. • 자신의 오류를 인식하는 연습을 하라. • 스스로 이해하려는 책임을 받아들여라. • 정확함을 요청할 때 더욱 정확한 말을 다시 해 주어라.

어 휘	• 칠판에 중요한 단어를 써라. • 문장을 사용함으로써 단어를 명확히 하라. • 규칙적인 시간 간격을 두어 예전에 익혔던 단어들을 복습하게 하라. • 새로운 단어의 시각적 모양만 보는 것이 아니라 '소리'를 알게 하라. • 여러 가지 의미, 동의어, 반의어, 숙어 등의 언어를 확장하라. • 아동이 특정한 대답을 할 수 있도록 격려하라. • 새로운 '교육적' 어휘를 배우기 위해 예전에 배웠던 단어를 사용하라.
문 법	• 간단한 형태를 확대하라. • 형태학적인 끝소리를 자기 스스로 점검하게 하라. • 필수적인 내용을 인식하고 따라서 반응하라. • 들을 수 있는 형태학적 끝소리를 말하라. • 문법 형태의 유용한 사용을 늘려라. • 단락을 더 간단한 형태로 하라. • 칠판에 과제를 써라. • 내용과 문법에 대해 다른 수준을 제시하라.
화 용	• 학기 초에 '선생님의 말'에 대한 스타일을 설명하라. • 학생이 주제를 유지할 것을 강조하라. • 아동이 그들 스스로 이해할 책임을 가정하고 요구하라. • 대화 화제를 갑자기 바꾸지 않게 하라. • 적절하게 대화하는 규칙들을 배우게 하라. • 요청하고 질문하고 지시하는 다양한 방법을 배우게 하라. • 회화체와 속어를 배우게 하라.

출처: Ross, M., Brackett, D., & Maxon, A. B. (1991). *Assessment and management of main streamed hearing-impaired children: principle and practices*. Anstin, texasi PRO-ED. Inc.

1) 말소리 인식

말 인식 능력을 높이기 위해서 교사가 시각적 단서 이외에 아동의 잔존청력을 함께 사용하는 것이 중요하다. 청각을 강조하는 접근을 사용하는 경우 아동이 착용한 증폭기에 가장 적합한 청각적 자극(예: 청력손실의 유형과 정도에 맞춰)을 제공하여야 한다. 교사는 통합 환경에서 아동들의 능력에 맞는 특정한 말소리 인식 목표를 설명해 주어야 한다.

2) 말소리 산출

말 인식과 말 산출 기술은 밀접한 연관이 있다. 말 산출 오류가 나타나는 이유는 청력손실과 관련이 있다. 말소리 산출을 돕기 위해 음소 체계를 구체화하고 의사소통이 취약한 부분에 따른 말 명료도의 향상에 중점을 두어야 한다. 이를 위해 처음에는 시각적, 청각적 모델을 둘 다 사용하여 아동이 정확하게 음소를 산출하고 습관화하게 한 다음, 점차 시각적인 면을 줄여 나가면서 결국에는 듣기만으로도 아동이 자신의 말소리와 정확한 음소를 비교할 수 있도록 도와주어야 한다.

3) 어 휘

대부분의 청각장애아동은 어휘 발달에 제한이 있다. 일반 아동은 어휘 성장 과정이 문법 발달처럼 거의 특별한 노력 없이 이루어지나 청각장애아동은 그렇지 않다. 청각장애아동에게 어휘를 학습시키는 최선의 방법은 동기를 유발하고 적절한 음향 환경에서 직접적으로 지도하는 것이다. 또한 일반 아동은 새로운 어휘의 의미를 언어적 맥락으로 알 수 있으나 청각장애아동은 어려움이 있다. 따라서 효과적인 의사소통을 위해 교사나 동료가 청각장애아동의 어휘 수준에 맞게 어려운 어휘를 수정하기도 한다.

4) 문 법

학교 수업에서 문법적 문제가 많이 나타난다. 이러한 문제는 읽기와 쓰기에 영향을 줄 것이다. 이는 언어 수행에 궁극적으로 영향을 주기 때문에 교사는 아동이 보이는 문법적 오류를 보완해 주면서 그들의 구어적 의사소통을 방해하지 않는 한도 내에서 간단한 문법의 사용을 도와주어야 한다.

또한 형태론적으로 끝에 나는 소리는 고주파이기 때문에 대화 상황에서 듣기가 힘들다. 따라서 아동들의 말소리를 모니터할 때 이러한 요인이 작용하였는지 확인할 필요가 있다. 이런 요인이 다른 사람의 말소리에 있을 경우에도 알아듣기 어렵고 빠뜨릴 수 있다. 청각장애아동은 이와 같은 형태론적 요소를 청력손실로 말미암아 들을 수 있는 기회가 제한된다. 이러한 문제가 있을 경우 치료사들은 그런 요소가 의미 있는 맥락 안에서 노출될 기회가 증가되도록 치료 프로그램을 고안할 수 있다.

5) 화 용

언어를 학습하는 것은 사회적 · 맥락적 상황에서 언어의 의미 차이를 추론하는 것을 배우고, 이러한 차이가 어떻게 독특한 언어 형태로 부호화되는지 배우는 것을 의미한다. 청각장애아동은 청자가 다른 상황(예: 요청, 초대, 공격, 농담)에 따라 표현을 어떻게 수정하는지에 대한 적절한 언어 형식을 알지 못할 수 있다. 따라서 청각장애아동이 실제로 경험하고 있는 여러 가지 상황별로 맥락에 맞는 적절한 언어를 구사하기 위해서는 언어의 화용적 사용에 초점을 둔 교수-학습 지원이 충분히 제공되어야 한다.

3. 일반 학급 참여 촉진

청각장애아동의 일반 학급 참여를 촉진하기 위해서는 여러 전문가와 동료, 청각장애아동 자신의 노력이 필요하다. Stinson과 Liu(1999)는 일반 학급에의 참여를 증가시키는 16개의 활동과 전략을 제안하였다. 다음은 이러한 전략을 역할로 나누어 제시한 것이다.

1) 일반 학급 교사

- 모든 수업에서 청각장애아동의 참여를 격려하는 의사소통 환경을 제공한다. 이를 위한 전략은 청각장애아동에게 토론 전에 주제에 대한 유인물을 미리 읽게 하는 것, 토론의 속도를 조절하는 것, 대화의 소주제들이 바뀔 때 잠깐 멈추는 것 등이다.
- 청각장애아동을 구성원으로 포함하는 효과적인 학습 소집단을 만든다. 모든 소집단에게 과제 학습을 효과적으로 수행하게 하기 위해서는 교사가 소집단 구성원을 잘 선택하고 구성원의 참여를 촉진할 수 있으며, 참여 정도를 점검할 수 있도록 배치한다.
- 교사와 통역사는 회의를 통해 학급에 참여하고 학습을 촉진할 수 있도록 협력한다.
- 청각장애아동에 대해 긍정적인 태도를 취한다. 교사가 청각장애아동을 학급 구성원으로서 참여시키고 일반 아동에게 좋은 태도에 대해 언급한다면 학급 아동은 청각장애아동을 더욱 잘 받아들일 수 있을 것이다.

2) 특수교사

- 청각장애에 관한 정보를 제공한다. 이러한 정보는 일반 학급 교사에게 효과적인 의사소통을 촉진시킬 수 있게 도움을 주며 아동에 대한 이해를 증대시켜 긍정적인 태도를 갖게 할 수 있다.
- 의사소통 문제 해결방법을 알려 준다. 의사소통 단절이 교실에서 일어난 것을 발견하였을 때 교사가 청각장애아동과 건청아동 사이의 의사소통을 향상시키는 특정 전략을 제안할 수 있다.
- 청각장애아동과 건청아동을 위한 특별한 활동을 조직한다. 예를 들어, 청각장애아동이 건청아동과 교외 활동을 함께하도록 한다.

3) 통역사

- 청각장애아동과 교사, 건청아동 간의 의사소통을 촉진한다. 이때 아동을 격려하는 의사소통 촉진자의 역할과 아동이 독립적으로 의사소통을 할 수 있도록 하는 역할 간에 조화를 맞추어야 한다.
- 통역사가 특수교사보다 일반 학급에 더 많이 상주하므로 통역사도 교사와 같이 청각장애에 관한 정보를 제공할 수 있다.
- 아동의 학습을 보조한다. 이것은 청각장애아동과 건청아동의 질문에 대답하고 적절하게 학습활동을 도와주는 것이다.

4) 건청아동

- 청각장애아동뿐 아니라 다른 아동과의 활동에 적극적으로 참여하고 일반적인 상호 작용 기술을 갖는다.
- 효과적인 의사소통 기술을 갖는다. 건청아동이 청각장애아동의 주의를 끄는 방법을 알고 얼굴을 마주 보고 의사소통을 이끌어 나간다면 청각장애아동과의 의사소통이 더 효과적으로 이루어질 것이다. 또한 의사소통 단절이 일어났을 때 기다려 주는 태도를 갖는 것도 중요하다. 수화에 대한 지식뿐 아니라 명확하게 적절한 크기로 말하는 능력도 도움이 된다.
- 청각장애아동의 특성과 친숙해지고 이런 학생들과 상호 작용하는 것에 편안하게 된다. 건청아동은 청각장애아동이 자신의 말을 듣지 못하여 응답하지 못할 수 있다는 것을 알아야 하며, 이러한 문제에 대하여 적절하게 대처할 수 있는 전략을 숙지해야 한다.

5) 청각장애아동

- 건청아동에 대해 긍정적인 태도를 갖고 학급 활동에 적극적으로 참여한다. 학생들은 학급 활동에 참여할 의무를 알아야 하며, 결과에 대해 긍정적인 생각을 가져야 한다.
- 일반 학급에 참여할 수 있는 의사소통 기술을 안다. 이는 의사소통 시 일어날 수 있는 오해를 정정하고 말 주고받기와 같은 집단의 의사소통 규칙을 아는 것이다. 청각장애학생은 또한 여러 시각적 정보를 통합하는 기술을 가지고 건청 동료와 구어를 통해 의사소통할 수 있도록 해야 한다.
- 소집단 학습활동에 어떻게 참여하는가를 안다. 청각장애아동은 집단의 구성원으로서 특정 과제를 수행하고 정보를 공유할 수 있다.

이상의 제안된 내용은 상황과 개인에 따라 달라진다(Friend & Bursuck, 1996). 즉, 초등학교 학생과 교사에게 적합한 것이 중 · 고등학교 교사와 학생에게 모두 적용될 수 있는 것은 아니다. 예를 들면, Schumm 등(1995)은 초등학교 교사들은 학생들의 개인적인 요구를 받아들이는 것이 필요하다고 느끼지만 고등학교 교사들은 학급 전체를 강조한다고 보고하였다. 이러한 차이는 고등학교 환경에서는 집단 학습 시 개인 수행에 주목하는 것이 적절하지 못함을 의미할 수도 있다.

청각장애아동의 학급 활동 참여를 촉진하기 위해서는 특정 목표를 가지고 지속적이고 의미 있는 교실에서의 상호 작용을 하는 것이 절실히 필요하다. 더 많은 참여가 청각장애아동에게 학급에 대한 소속감을 느끼게 하겠지만 이러한 수준에서의 참여를 사회적 통합과 같은 수준으로 볼 수는 없다. 따라서 더 나아가 교실 내와 교외의 활동에서 일어나는 많은 중요한 관계에 초점을 맞추어야 한다(Csikszentmihalyi & Larson, 1984).

이러한 참여를 촉진하는 것은 청각장애아동을 사회적으로 일반 학급에 통합시키는 중요한 첫 단계가 될 수 있으며, 참여가 자주, 그리고 성숙되고 즐거운 형태로 일어난다면 진정한 수용의 기저를 마련할 수 있을 것이다.

4. 교실 수행의 평가

청각장애아동의 듣기 및 의사소통 문제를 돕기 위한 지원이 이루어졌다면 그 지원에 대한 평가와 아동이 교실에서 어느 정도 수행하고 있는지에 대한 점검이 필요하다. 이러한 평가는 교실에서 아동이 어떤 방법으로 어느 정도 수행하고 있는가를 관찰하는 것에서 시작된다. 〈표 9-2〉에서는 교사가 아동을 관찰할 때 고려해야 할 질문 내용을 제시하였다.

이러한 질문을 고려하여 교실관찰점검표(classroom observation check-list)를 작성함으로써 청각장애아동의 효과적인 통합의 기본을 마련할 수 있다(참고 1). 이 점검표를 바탕으로 아동을 둘러싼 환경 요인과 통합 환경에서의 아동 태도에 대한 기본적인 정보를 확인한 후 이를 개별화 교육 계획(IEP)에 반영하여 통합 환경에서의 개별적 지원을 제공할 수 있다(참고 2).

〈표 9-2〉 교실 관찰의 고려점

대상	요소	내용
아동	활동 참여	아동이 토의 내용을 이해할 수 있는가? 아동이 토의에 참여할 수 있는가? 아동이 자발적으로 대답할 수 있는가? 아동이 누가 이야기하고 있는가를 알 수 있는가? 아동이 활동을 따라갈 수 있는가? 아동이 지시에 따르거나 동료의 자료를 볼 수 있는가? 아동이 지목되었을 때 정보를 알고 있는가?
	동료 상호 작용 (언어, 사회적)	아동이 그룹의 일부인가? 아동이 사회적인 상호 작용을 시도하는가? 동료들이 그러한 시도를 수용하는가? 이해하지 못할 때 아동은 어떻게 하는가?
	학습 전략	아동이 내용을 회상하기 위해 되뇌기를 하는가? 아동이 노트 필기를 하는가? 복습 시 이해하지 못한 부분이 있을 때 질문하는가? 아동이 도움을 요청하는가?
	아동-교사 간 상호 작용	교사가 말할 때 아동이 주목하는가? 아동이 적절한 방법(이름 명명, 거수 등)으로 교사의 주의를 끌 수 있는가? 아동과 교사가 효과적으로 의사소통하는 방법을 가지고 있는가? 대화의 흐름이 끊어졌을 때 아동이 내용을 명확하게 하기 위한 전략을 사용하는가?
교사	교사-아동 간 상호 작용	교사가 아동을 자주 호명하는가? 아동이 질문할 수 있도록 격려하는가? 교사가 아동의 발화를 이해하는가? 교사의 기대가 아동의 기능적인 수준에 적절한가? 교사가 모든 아동에게 유사한 반응을 보이는가, 아니면 청각장애아동에게 특별한 주의를 기울이는가?

출처: Ross, M., Brackett, D., & Maxon, A. B. (1991). *Assessment and management of main streamed hearing-impaired children: principle and practices*. Anstin, texasi PRO-ED. Inc.

참고 1 교실관찰 점검표

이름		연령		성별	남 / 여
학교		교사			
관찰일자		관찰자			

I. 물리적 특성

1. 학교 유형

ⓐ 개방형 공간　　ⓑ 개조된 개방 공간형
ⓒ 전통형　　ⓓ 기타

2. 교실 크기

ⓐ 대　　ⓑ 중　　ⓒ 소

3. 교실의 학생 수

____

4. 교사 수

ⓐ 정교사 ____________________
ⓑ 보조교사 ____________________

5. 좌석 설비 유형

ⓐ 책상　　ⓑ 탁자와 의자　　ⓒ 팔걸이의자
ⓓ 책상과 탁자　　ⓔ 기타

6. 채광

ⓐ 적절하다. ⓑ 부적절하다.

7. 창문

ⓐ 봉쇄됨 ⓑ 부분 창문 ⓒ 가려진 창문

ⓓ 없음

8. 바닥 재질

ⓐ 고무 타일 ⓑ 나무 ⓒ 카펫

9. 벽 표면

ⓐ 나무 ⓑ 벽돌 ⓒ 소음 방지용 타일

ⓓ 기타

10. 칠판

ⓐ 아동에게 적절한가?

ⓑ 교사들의 사용: ① 좋다. ② 적절하다. ③ 부적절하다.

ⓒ 빛의 반사 정도는 어떠한가?

11. 교실 위치

ⓐ 소음이 많은 공간 옆에 위치하는가? (자세하게 적어 주세요.)

____

____

12. 소음 수준

ⓐ 고 ⓑ 중 ⓒ 저 ⓓ 적절하다.

II. 교사와 학생의 특성

13. 아동의 자리 배치

ⓐ 적절하다. ⓑ 부적절하다.

14. 교사의 말과 음성

ⓐ 크다. ⓑ 조용하다.
ⓒ 음성을 잘 조절한다. ⓓ 조음이 정확하다.
ⓔ 조음이 부정확하다. ⓕ 음성이 양호하다.
ⓖ 음성이 거칠다.
ⓗ 독화 가능성: ① 양호하다. ② 보통이다. ③ 부적절하다.

15. 교사 이동

ⓐ 아동을 쳐다보면서 말한다. ⓑ 움직이면서 말한다.
ⓒ 손짓과 몸짓을 사용하면서 말한다. ⓓ 아동의 뒤에서 말한다.

16. 아동의 주의 집중 (자세하게 적어 주세요.)

ⓐ 항상 말하는 사람을 주시한다.
ⓑ 대부분의 경우 말하는 사람을 주시한다.
ⓒ 가끔 말하는 사람을 주시한다.
ⓓ 말하는 사람을 거의 주시하지 않는다.
ⓔ 교사와 이야기할 때와 친구와 이야기할 때 차이가 있다.

____

____

17. 수업 중 아동의 말

ⓐ 매우 명료하다. ⓑ 보통이다.
ⓒ 명료하지 않다. ⓓ 교사가 아동의 말을 이해한다.

18. 아동의 독화 기술

ⓐ 독화를 사용한다.

ⓑ 독화를 사용하지 않는다.

ⓒ 독화 능력이 뛰어나다: ① 대집단 ② 소집단

19. 수업에서 아동의 참여

ⓐ 자발적으로 참여한다.

ⓑ 교사가 질문하였을 때 대답을 한다.

① 대부분 정확하다. ② 대부분 부정확하다.

ⓒ 교실에서 토론할 때 참여하지 않는다.

ⓓ 이해하지 못하였을 때 질문하지 않는다.

ⓔ 이해하지 못하였을 때 이해한 척한다.

20. 아동의 사회적 상호 작용

ⓐ 다른 아동들과 상호 작용하려고 시도한다.

ⓑ 다른 아동이 아동과 상호 작용하려고 시도한다.

ⓒ 운동장에서 집단 활동에 참여한다.

ⓓ 혼자놀이를 한다.

21. 친구관계

ⓐ 친구가 없다. ⓑ 친구가 몇몇 있다. ⓒ 친구가 많다.

22. 출석

ⓐ 규칙적이다. ⓑ 불규칙적이다. ⓒ 매일 빠진다.

23. 증폭

ⓐ 보청기: ① 한쪽 귀 ② 양쪽 귀

ⓑ FM(personal, SF): ① 바른 장착 ② 틀린 장착

ⓒ 바르지 않게 사용한다.

ⓓ 현재 사용하지 않는다.

참고 2 IEP 점검표(청각장애아동 대상)

이름		날짜	

1. 증폭기의 유형(amplification option)
    ______ 개인용 청각장치(보청기, 인공와우, 촉각장치)
    ______ 개인용 FM 시스템
    ______ FM 시스템/청능 훈련(개인용 보청기 착용 없이)
    ______ 워크맨 스타일 FM 시스템
    ______ 음장 FM 시스템

2. 보조기기(assistive devices)
    ______ TDD
    ______ TV 자막기
    ______ 기타

3. 의사소통(communication accommodations)
    ______ 특정 좌석에 배치한다.
    ______ 말하기 전에 학생의 주의 집중을 유도한다.
    ______ 산만해질 수 있는 요인을 감소시킨다(배경 소음).
    ______ 시각적으로 산만해질 수 있는 요인을 감소시킨다.

_____ 독화 조건을 강화한다(이야기할 때 얼굴을 손으로 가리지 않고, 수염을 잘 다듬고, 껌을 씹지 않는다).

_____ 단순하고 구조화되고 순차적인 방법으로 정보를 제시한다.

_____ 정확한 발음으로 말한다.

_____ 정보를 수용할 수 있는 충분한 시간을 제공한다.

_____ 필요 시 정보를 반복하거나 다른 말로 바꾸어서 제공한다.

_____ 잘 이해하고 있는지 자주 점검한다.

_____ 교육적 통역(ASL, Signed English, Cued speech, oral)

4. 물리적 환경(physical environment accommodations)

_____ 소음 감소를 위해 카펫과 다른 방음장치를 제공한다.

_____ 특수 조명

_____ 방의 디자인 변경

_____ 화재 경보 등

5. 교수 방법(instructional accommodations)

_____ 시각적 도구 사용(OHP, 칠판, 차트, 어휘 목록표, 강의 개요)

_____ TV, 비디오, 영화를 위한 자막기나 대본

_____ 노트 필기, 설명과 지시를 위한 친구와의 협력 체계

_____ 정보 제공 시 정보 양의 조절

_____ 과제를 완성할 수 있도록 하기 위한 시간의 연장

_____ 천천히 지시하기

_____ 개인지도 교사

_____ 대필자

6. 교육과정(curricular modifications)

_____ 읽기 과제 수정(길이를 짧게 제공하기 등)

_____ 쓰기 과제 수정(길이를 짧게 제공하기 등)

_____ 사전에 어휘 지도하기

_____ 개념을 강화하기 위한 보충 자료 제공
_____ 시간을 연장해서 연습할 기회 제공
_____ 대안적 교육과정

7. 평가(evaluation modifications)
_____ 시험의 양을 줄임
_____ 대안적 검사 사용
_____ 시험과 함께 읽기 보조 자료 제공
_____ 여분의 시간 허용
_____ 기타 다른 수정

8. 기타/고려할 사항들(other needs/considerations)
_____ 상담
_____ 수화 지도
_____ 직업상의 서비스
_____ 가족 지원
_____ 농이나 난청 역할 모델
_____ 레크리에이션/사회 참여 기회
_____ 재정적 지원
_____ 전환 교육 서비스

제10장

청각장애아동의 조기교육

1. 조기교육의 방향
2. 청각장애 유아의 언어적 특성
3. 의사소통과 말하기 지도

청각장애아동의 조기교육은 장애의 보상과 극복이라는 측면에서 강조되어 왔다. 조기교육은 청각 활용의 극대화, 언어 습득 및 발달의 촉진에도 효과적이지만 사회정서적인 발달과 인지적인 발달에도 매우 중요하다. 더욱이 청각장애아동의 통합을 위해서도 조기교육의 필요성이 강조되고 있다. 그러나 조기교육의 효과는 무조건 조기에 실시하기만 하면 나타나는 것이 아니라 어떤 프로그램을 어떻게 제공하느냐에 따라 달라진다.

청각장애아동의 조기교육 프로그램은 청각장애유아의 교육 목적 달성을 위해 제공되는 최적의 것이어야 한다. 심신의 조화로운 발달을 조장하고 이를 위한 적절한 환경을 마련해 주어 궁극적으로는 건강한 사람, 자주적인 사람, 도덕적인 사람, 창의적인 사람으로 성장할 수 있도록 하는 인간 교육의 실천이어야 한다. 최근의 청각장애아동의 조기교육은 언어 능력의 향상과 지적 교육을 지나치게 강조하고 있어 이에 대한 결과가 어떻게 나타나고 있는지 살펴볼 필요가 있다.

1. 조기교육의 방향

청각장애아동의 조기교육은 아동 중심이어야 하며 다양한 경험과 활동을 통한 전인 발달에 중점을 두어야 한다. 언어 능력만 우수하다고 청각장애아동으로서 갖추어야 할 것과 경험해야 할 모든 것이 저절로 해결되지는 않으며, 조기의 지식화가 이후의 학습 과정에 반드시 유효한 것도 아니다. 따라서 청각장애아동의 조기교육은 기본 생활 교육을 강조하고, 청각장애유아의 요구와 흥미, 개별성을 존중하여 놀이 중심의 활동을 통한 전인 발달이 이루어질 수 있도록 하여야 한다.

이를 위해서는 청각장애아동의 조기교육 프로그램이 상황이나 활동 중심이어야 하며, 일상생활 속에서 경험할 수 있는 활동을 통하여 전개되어야 한다. 그러나 조기교육 프로그램의 특성으로 융통성과 다양성이 포함되어야 한다는 사실도 간과되어서는 안 된다. 어느 하나의 프로그램만이 최상의 것은 아니다. 특히, 청각장애유아는 개인차가 크기 때문에 대상과 상황에 따라 조기교육 프로그램을 융통성 있게 운영하여야 한다. 유아들의 상호 작용을 중요시하고 통합적인 교육을 지향하는 것은 중요하지만, 청각장애유아들의 개별적 특성을 고려한 개별화 교육이 무엇보다도 중요하기 때문이다.

이와 같이 청각장애아동의 조기교육은 전인 발달을 중요시하고 장애의 보상과 극복을 위한 활동을 강조하되, 폭넓은 상호 작용이 가능한 통합된 활동의 형태로 전개되어야 한다.

청각장애아동의 조기교육은 다음과 같은 사항에 중점을 두어야 한다.

- 청각장애유아의 발달 영역별 생활 경험 내용을 교육 활동의 기본 내용으로 하여야 한다.
- 청각장애의 보상 활동이 강조되어야 한다.
- 사회적 상호 작용이 강조되어야 한다.
- 부모의 역할이 보다 강화되어야 한다.
- 청각장애유아들의 교육 활동이 통합적으로 이루어져야 한다.
- 청각장애유아들의 요구와 흥미, 장애 특성 및 개별성이 충분히 고려되어야 한다.
- 놀이 중심의 교육 활동이 강조되어야 한다.
- 청각장애유아들이 자발적으로 활동에 참여할 수 있도록 유아 중심의 교수-학습이 강조되어야 한다.

청각장애아동의 조기교육은 이와 같은 사항을 포괄적으로 고려하면서 언어의 습득과 발달에 중점을 두어야 한다. 청각장애아동에게서 나타나는 여러 가지 문제는 그들이 가진 언어 문제와 밀접하게 관련되어 있기 때문에 이 시기의 언어 활동은 더욱 중요하다.

따라서 여기에서는 청각장애유아 교육의 전 영역에 관하여 기술하지 않고 언어 활동을 중심으로 약술하고자 한다.

2. 청각장애 유아의 언어적 특성

1) 초기의 의사소통

생후 3~4개월 동안 유아는 몸짓을 하고, 움직이고, 울고, 양육자가 의사소통으로 해석할 수 있는 발성을 한다. 어머니들은 유아가 대화 상황에서 대화자의 역할을 할 수 있는 것처럼 유아의 비언어적 행동(음성화, 미소)과 언어적 행동에 반응한다. 유아들은 양육자와의 대화에서 관심을 공유하는 법과 대화자로서 역할을 수행하는 법을 배우게 된다. 이 대화는 일상적인 양육과 놀이 상황에서 항상 이루어진다.

생후 1년 중 후반기 6개월 동안 유아는 의도적인 의사소통을 하기 시작한다. 이들은 목적을 달성하기 위해 몸짓과 발성을 사용한다. 그리고 자신의 목적을 성취할 때까지 같은 몸짓과 발성을 반복한다. 언어 전 시기와 한 단어 단계 동안 건청아동은 의사소통 행위로서 몸짓을 사용하다가 다단어 단계가 되면 몸짓 사용이 감소된다. 이 시점에서는 어휘가 보다 우세한 의사소통 방법이 되고 몸짓은 보조적인 역할을 한다. 반면에 난청아동이나 농아동은 6~36개월 사이에 비언어적 의사소통이 증가하며(Yoshinaga-Itano & Stredler-Brown, 1992), 청각장애아동이 단어 또는 수화를 획득하기 시작할 때는 비언어적 의사소통이 그다지 증감되지 않고 고정되거나 감소한다.

2) 부모와의 상호 작용

양육자는 유아의 행동을 의사소통으로 해석할 뿐만 아니라 유아나 어린 아동과 이야기할 때 그들의 의사소통 양식을 수정한다. 즉, 부모는 짧게, 통사 또는 의미적으로 간단하게, 문법적으로 쉽게, 그리고 말을 부드럽게, 반복적으로, 아동의 그때 그때 상황에 맞게 발성한다.

만약, 부모와 아이가 모두 농이고 자연 수화를 사용한다면 의사소통에 무리가 없을 것이다. 그러나 대략 90%의 청각장애아동 부모는 건청인이다. 만약, 건청부모가 청각장애 자녀와 구어로만 의사소통한다면 청각장애아동은 청력손실 때문에 왜곡된 형태로 듣거나 일부만을 들을 수 있을 것이다. 그리고 건청부모가 수화를 사용하는 경우도 부모의 수화 사용 수준이 아동이 받아들이는 언어에 영향을 미칠 것이다. 대개 부모의 수화 기술은 제한적이어서 청각장애 자녀와 할 수 있는 대화 내용이 한정되어 있기 때문에, 수화와 구어를 동시에 사용하는 의사소통의 이점을 살리기에는 실질적인 어려움이 있다(Moeller & Luetke-Stahlman, 1990).

동일 연령의 건청아동과 청각장애아동의 부모-아동 간 상호 작용을 비교한 연구들에서 부모들은 해석에 어려움이 없도록 하기 위해 아동의 생활 연령보다는 언어 발달 수준에 맞추어 언어를 사용하는 것처럼 보였다. 그러나 아동의 언어 수준을 고려하여 아동을 표집한 연구에서 청각장애아동의 부모는 건청아동의 부모와 유사한 상호 작용을 하였다.

청각장애아동 부모의 의사소통 유형은 부모와 아동 간의 의사소통 능력 및 의사소통 양식과 관계 있는 것으로 보인다. Meadow 등(1981)은 건청부모와 건청아동, 청각장애부모와 청각장애아동의 의사소통 상호 작용이 유사하다는 것을 발견하였다. 이러한 부모-아동 관계에서는 건청부모-청각장애아동의 관계(수화와 구어로 동시에 의사소통하든, 구어만으로 의사소통하든)보다 더 길고 복잡한 상호 작용이 가능하였다.

그러나 참여 정도를 고려하였을 때 부모–아동의 상호 작용은 차이를 보였다. 청각장애아동의 건청어머니는 다음과 같이 상호 작용을 하는 경향이 있었다.

첫째, 더 많은 발성을 산출했다.
둘째, 자녀의 의사소통 행위에 대해 적절히 반응하지 못했다.

Spencer와 Gutfreund(1990)는 청각장애아동의 어머니들은 건청아동의 어머니보다 더 많은 발성을 산출하고, 그들의 자녀는 건청아동에 비해서 더 적은 화제로 대화한다고 하였다. 그들에 의하면 청각장애아동의 어머니들은 자녀들에게 흥미 있는 화제를 표현할 충분한 시간을 주지 않고 대화를 이끌어 간다. 추후 면접에서 어머니들은 자녀가 청력손실 때문에 놓치게 되는 것을 보상하기 위해 전임 교사가 될 필요가 있다고 하였다.

이와 비슷하게 Pratt(1991)은 건청어머니와 청각장애유아가 함께 노는 동안 어머니가 비언어적 의사소통에서 우세한 역할을 한다는 것을 발견하였다. 즉, 청각장애아동의 어머니들은 자녀의 행동을 정교화하기보다는 자신의 놀이 행동을 정교화하는 경향이 있었다. 그리고 청각장애아동의 어머니들은 자녀의 흥미에 초점을 맞추어 반응하기보다는 자신의 흥미에 초점을 맞추려는 경향이 있었다.

또한 Kentworthy(1986)는 건청어머니와 청각장애아동 간의 대화에서 어머니가 사용하는 대부분의 말은 아동과 관련이 없다고 하였다. 즉, 청각장애아동의 어머니는 아동이 하는 이야기의 내용이나 아동이 주의 집중하는 것에 관계없는 설명을 하거나 대답을 하는 경우가 많았다. 〈표 10–1〉에서는 Kentworthy가 제시한 상호 작용의 두 가지 사례를 보여 준다. 하나는 어머니가 해석하고 설명하는 것이 관련 없는 경우(사례 1)고, 다른 하나는 어머니의 해석과 설명이 관련이 있는 경우(사례 2)다. 사례 1의 어머니는 아동이 관심을 보이는 유리창에 대해 말하기보다는 자신이 의도하는 화제로 이끌어

〈표 10-1〉 건청어머니와 청각장애아동 간의 전형적인 상호 작용 예

[사례 1]

아동: 바(창문을 가리키며).
엄마: 이것은 멋진 트럭이구나(장난감을 집어들며).
아동: 바(가리킴이 없이 반복).
아동: (창문으로 걸어간다.)
엄마: 제리, (잠시 침묵) 제리, 이리로 와라. (잠시 침묵) 여기 멋있는 농장이 있구나.
아동: (장난감을 가리킨다.)

[사례 2]

아동: 아바바.
엄마: 뭐?
아동: 아바바(창문을 가리키며).
엄마: 창문을 열까?
아동: 어(동의하는 뜻으로 고개를 아래위로 흔듦).
엄마: 어떻게 해 줄까?
아동: 오오에.
엄마: 알았어. 그렇게 할게. (아동은 창문을 올려다본다.)

가려고 하였다. 사례 2의 어머니는 창문에 관한 아동의 화제에 초점을 맞추어 효과적인 대화를 하였다.

Blennerhassett(1984)은 사례 연구를 통해 청각장애유아의 아버지와 어머니가 보이는 대화 유형의 차이를 알아보았다. 이 연구에 의하면 양친 모두 아동에게 짧게 말했지만, 어머니가 좀 더 많이 말했고 자녀의 대화 시도에 더 많이 반응하였으며 아버지보다 더 간단한 단어를 사용하였다. 그리고 청각장애 딸과의 대화에서 양친이 화제를 바꾸는 횟수나 기간은 비슷하였으나 딸과 대화하는 동안 부모가 사용한 화제 전환 방법은 달랐다.

어머니는 대화 초점의 변화(예: 대화 주제에 관한 새로운 특징을 언급)와 새로운 화제로의 변화를 같은 정도로 사용하였다. 이에 비해 아버지는 새로운 화제로 바꾸는 비율이 훨씬 더 높았다. 또한 아버지와 어머니는 딸이 화제를 바

꿀 때 다르게 반응하였다. 딸이 화제를 바꾸었을 때 아버지의 20.7%가 응답하였고, 어머니의 47%가 응답하였다. 딸이 무시된 화제를 반복해서 꺼냈을 때 어머니는 91%가 응답하였고, 아버지는 단지 53%만이 응답하였다. 이 연구는 비록 한 가족의 경우지만, 부모의 의사소통 유형에 차이가 있다는 것을 보여 주고 있다. 의사소통 유형의 차이는 언어 획득과 치료 프로그램에 중요한 영향을 미친다.

3) 의사소통과 상호 작용

청각장애유아들은 의사소통에 필요한 음성적, 비음성적 행동을 학습할 때 일반적인 발달 패턴을 따른다(Tait & Wood, 1987; Wood et al., 1986). 그러나 그들의 음성적, 비음성적 행동의 특성은 몇 가지 면에서 건청아동과 다르다.

Spencer(1993)의 연구에 의하면 건청아동이 청각장애아동에 비해 전형적인 음절들(예: 모음과 함께 짝을 이루는 자음과 같은 소리), 전통적인 발성들(예: 동물 소리의 모방, 자동차의 소음, '우-오' 와 같은 막연한 발성들), 그리고 단일 요소 또는 다요소의 구두적 발성이나 기호를 더 의미 있게 산출하였다.

4) 도식과 의사소통

유아들의 초기 언어 발달은 일상에서 반복되는 생활을 통해 이루어진다. 예를 들면, 아동은 저녁을 먹거나 목욕을 하거나 잠잘 때 전형적인 일의 순서와 의사소통을 경험한다. 시간이 지나면 아동은 이러한 사건과 형태에 관한 지식의 틀(도식이라 부르는)을 저장하고 기억한다(Yoshinaga-Itano & Downey, 1986).

청력손실을 입은 아동은 종종 두 가지 중요한 이유로 도식(schema) 형성에 제한을 받는다.

- 그들은 일상생활에서 부모나 형제자매가 사용하는 언어를 수용하는 데 제한을 받는다. 구어를 수용할 때 청력손실이 있는 아동은 종종 불완전하고 왜곡된 내용으로 오해할 수 있다. 또한 수화나 수화와 구어를 동시에 사용할 때에도 가족의 제한된 수화 기술 때문에 의미 전달이 불충분하거나 왜곡될 수 있다.
- 청력손실이 있는 아동은 우연히 학습할 수 있는 기회를 갖지 못한다. 건청아동은 농인 엄마와 아빠가 저녁 설거지를 하면서 나누는 대화 내용을 우연히 들을 수 없다. 청력손실을 입은 아동의 경우 부모를 직시하지 않는다면 대화를 거의 들을 수 없다. 게다가 수화와 구어로 동시에 의사소통을 하는 부모가 아동을 바라보고 있지 않다면 의사소통할 수도 없다. 따라서 청력손실을 입은 아동은 언어적 자극을 적게 받게 되고, 이 때문에 세계에 대한 지식을 습득하지 못하는 경우가 많다.

5) 의미적 · 화용적 기능

많은 연구자에 의하면 청력손실이 있는 취학 전 아동들은 비언어적 · 언어적 의사소통 행동을 통해 의사소통의 화용적 기능을 대부분 활용할 수 있으나 의미적 기능은 제한적으로 활용하고 있었다(Curtiss, Prutting, & Lowell, 1979; Skarakis & Prutting, 1977). 그리고 의사소통의 의미론적, 화용론적 기능 활용에서도 건청아동에 비해 뒤진다고 보고하고 있다.

문법성 수화를 배운 청력손실이 심한 아동의 의사소통 사용에 관한 연구에 의하면(Day, 1986; McKirdy & Blank, 1982), 청각장애아동의 화용적 기능 활용 양상은 일반 아동과 달랐다. 청력손실이 있는 아동은 대화를 위한 책략들(conversational devices, 예: 상대방을 지켜보거나, 상대방의 설명에 집중하거나, 대화를 유지하기 위해 상대방이 설명한 것을 따라하기)을 더 많이 사용하였고, '6하 원칙' 질문(예: 누가, 무엇을, 어디에서, 왜 등)은 별로 사용하지 않았다.

청각장애아동은 대화를 할 때 상대방의 태도 조정, 상대방의 의도 확인, 대화자로서의 역할을 하면서 상대방의 태도 모방하기 등이 더 많이 필요하다. '6하 원칙' 질문을 적게 사용하는 이유는 청력손실이 있는 아동의 어머니가 '6하 원칙' 질문을 적게 하기 때문인 것으로 보인다(Hyde, Elias, & Power, 1980). McKirdy와 Blank는 건청 또래들과 비교하였을 때 청각장애아동이 대화 상대자의 설명에 더 적게 반응한다는 것을 발견하였다. 게다가 그들은 대화자의 역할을 할 때 설명하기보다는 손으로 건드리려고 하였다. 청각장애아동의 설명은 현재 대화 상황의 사물과 사건에 제한되어 있다. 대다수의 청각장애아동은 의사소통적인 신호보다는 자신만의 신호를 사용하기 때문에 대화 상황 밖의 사건에 대하여 이야기할 때 더 어려움을 보였다. McKirdy와 Blank는 청각장애아동의 의사소통 능력을 측정하기 위해서는 명명하기(labeling) 기술뿐만 아니라 실제 대화 상황에 참여하는 능력도 관찰해야 한다고 주장하고 있다.

Yoshinaga-Itano와 Stredler-Brown(1992)은 부모-아동의 놀이 상황에서 청각장애아동이 언어적 · 비언어적 의사소통 의도(예: 대상이나 행위를 설명, 대상/행위/정보를 요구, 대답, 승인, 주장)를 다르게 사용하는 빈도를 제시하였다. 그 결과, 연령이 증가함에 따라 전 영역에 걸쳐 비언어적 의사소통의 수가 증가하였고, 난청아동과 농아동의 비언어적 의사소통 정도는 유사하였으며, 언어적 의사소통 행위는 19개월에 시작되어 30개월에 안정되고, 30~36개월 사이에 눈에 띄게 성장하였다. 난청아동은 농아동보다 언어적 의사소통을 훨씬 많이 사용하고 있었다. 이러한 결과에 근거하여 Yoshinaga-Itano와 Stredler-Brown은 청각장애아동의 의사소통 의도 발달을 〈표 10-2〉와 같이 제시하였다.

〈표 10-2〉 청력손상 집단의 의사소통 의도 발달

■ 1단계 6~12개월
- 화용적 범주
- 행위나 대상에 관한 설명과 요구
- 대답/인정/주장
- 가리키기/보여주기/주기

■ 2단계 12~24개월
- 완전한 비언어적 차별화
- 모든 비언어적 범주의 양적 증가
- 상징적인 몸짓들의 출현: 움직이기, 마시기, 망치 두드리기, 잠자기와 같은 대상이나 행동들의 상징적인 표상

■ 3단계 18~30개월
- 언어적 의사소통 의도의 징후
- 범주의 차별화
- 비언어적 의사소통 의도 범주의 안정
- 비언어적 의사소통에서 언어적 의사소통으로의 비판적 전환

■ 4단계 25~36개월
- 언어적 범주의 완전한 차이
- 모든 언어적 범주의 양적 증가

6) 초기 어휘 발달

청각장애아동들의 초기 어휘에 관한 연구는 거의 없다. 청력손실이 심한 경우 어린 아동은 구어 어휘 발달에 제한을 받게 된다. 나이가 듦에 따라 청각장애아동의 구어로 표현 가능한 어휘는 건청아동에 비해 그 수가 적었다. 그러나 처음에 학습한 단어의 종류는 건청아동이 처음 학습하는 것과 유사하였다.

총체적 의사소통(total communication) 프로그램에 참여하고 있는 4세 아동을 대상으로 한 연구(Howell, 1984)에 따르면, 농부모와 지내면서 수화를 일찍 접한 아동들이 건청부모와 지내며 수화에 늦게 접한 아동들보다 사용 가능한 수화 어휘 수가 더 많았다. 이 연구에서 4명의 4세 아동들은 모두 명

사류, 동사류, 제한된 수식 어구들을 많이 사용하였으나 시제, 공간, 부정어, 의문문, 접속사, 대명사는 거의 사용하지 않았다. 이들 아동들은 사용 어휘 수에서는 차이가 있었지만 사용 어휘의 종류의 비율은 유사했다.

7) 문해 전/문해에 관한 논란

손상된 청력을 가진 아동들의 언어 발달에서 또 다른 문제점은 문해(literacy: 읽고 쓸 줄 앎) 기술의 발달이다. 청력이 손실된 농아동의 읽기, 쓰기 기술 습득의 저조는 문해의 기반이 되는 구어 기술의 한계와 관련이 있다. 또한 청력손실을 가진 아동들은 건청아동과 같은 양 또는 범위의 미리 읽기(prereading)나 읽기 활동을 하지 못할 수 있다(Limbrick, McNaughton, & Clay, 1992). 유감스럽게도 청각장애아동의 읽기와 쓰기 발달을 위한 선행 필수 학습을 규명하는 연구는 매우 드물다.

건청아동은 그들이 아주 어릴 때 인쇄매체에 대해 배운다. 유아나 아장아장 걷는 아이들은 그림, 장난감, TV와 책 속의 문자나 단어를 보게 된다. 부모는 이야기책들, 교통신호들과 TV 광고들을 읽어 준다. 반대로 청력손실을 가진 아동들은 이렇게 문자에 노출되는 경험을 적게 한다. 그것은 읽기와 쓰기는 이후 초등학교 수업에서 배우게 될 거라는 기대로 취학 전에는 구어 발달에만 과도한 관심을 보이기 때문이다. Ewoldt(1985)는 청력손실을 가지고 있는 아동들에게 필요한 학교의 기본 문자 프로그램을 제시하였는데, 여기에는 이야기 말하기, 이야기 만들기, 그리기, 쓰기와 같은 자유 선택 활동이 포함되어 있다. 이러한 활동은 중요한데, 읽기는 청력손실 아동에게 중요한 하나의 기술이기 때문이다. 읽기를 통해 일생 동안 어휘를 확장할 수 있고, 텔레비전 자막이나 청각장애인용 문자 전화기를 이용할 수 있다.

청각장애유아의 언어 활동에서는 이와 같은 여러 특성을 고려하여 종합적인 활동으로 계획하고 실행하여야 한다.

3. 의사소통과 말하기 지도

아동의 청각 기술이 발달하기 시작하면 교사는 부모에게 가정에서 아동과 의사소통할 수 있도록 의사소통 전략을 가르쳐 주어야 한다. 부모와 아동 간의 효과적인 상호 작용은 아동의 언어 습득을 위한 과정의 기초다.

가정이 일차적인 중재 상황일 때 교사와 부모는 자연적인 환경과 일상의 사건을 교수 환경으로 이용해야 한다. 가능한 한 부모, 형제자매, 그 외 아동의 삶에 중요한 사람들이 중재 활동 기간 동안 조정자 역할을 하도록 해야 한다. 성인 주도의 활동보다는 아동 중심의 활동을 하고, 가능한 한 자연적인 상호 작용 상황에서 의사소통과 말하기 지도가 이루어지도록 해야 한다.

이 시기의 중재 프로그램은 부모와 아동 간의 효과적인 상호 작용을 촉진하는 데 중점을 두어야 한다. 아동과의 상호 작용을 촉진하기 위해서는 부모가 통제적이지 않아야 하며, 비지시적으로 언어 자극을 제공하여야 한다. 이에 필요한 몇 가지 중요 기술로는 다음과 같은 것이 있다.

- 가족이 유아 혹은 영아의 언어 이전 의사소통 신호를 이해하기(예: 제스처, 음성, 눈 응시, 울음, 가리키기 등)
- 부모가 의사소통 신호를 대화의 '차례'로 이해하고 의미적으로 적절한 반응을 하도록 돕기
- 일차적인 상호 작용자와 아동 간의 대화에서 주고받기를 할 수 있도록 촉진하기
- 아동이 환경 내 청각 자극에 반응할 수 있도록 발달상 적절한 기회를 고안하기
- 아동이 적절한 언어 개념에 노출될 수 있도록 부모가 일상의 사건을 이용하기

- 아동이 표현하고자 하는 것을 말로 해 주기
- 아동의 시각적인 주의를 유발하고 유지할 수 있는 적절한 방법을 개발하기
- 아동이 사건을 경험할 때 행하고, 보고, 생각하는 것을 가족이 설명하여 말해주기(parallel talk strategy)
- 의사소통하는 일반적인 상황에서 인지적 · 감각운동적 놀이 기술을 촉진하는 전략을 사용하기

더불어 효과적인 부모-아동 간의 의사소통을 위한 방법을 요약하면 〈표 10-3〉과 같다(Watkins & Clark, 1993).

〈표 10-3〉 부모와 아동이 효과적으로 의사소통하기 위한 방법

아동의 초기 신호 사용을 확인하고 상호 작용적으로 반응하기	• 초기 의사소통의 중요성에 대한 이해 및 의사소통 방법에 대한 이해 • 아동의 초기 의사소통 확인 • 아동의 초기 의사소통에 반응하기 • 상호 작용적으로 주고받기 • 아동의 울음에 적절하게 반응하기 • 초기 상호 작용에서 미소와 웃음을 촉진하기 • 아동에게 선택권을 주기 • 의사소통을 위해 일상적인 상황을 이용하기
가정에서 일상의 의사소통을 최대한 활용하기	• 산만한 소음의 최소화 • 아동 및 아동 수준에 맞추기 • 눈 접촉을 하고 아동과 직접적인 대화를 하기 • 안전한 또는 자극적인 의사소통 환경 제공하기 • 매일 아동과 자주 의사소통하기
초기의 상호 작용에서 부모와 아동 간의 의사소통을 최대한 활용하기	• 부모가 아동과 의사소통하는 방법을 이해하기 • 주고받기의 순서 바꾸기 • 의사소통 상호 작용에서 발성을 고무하기 • 의사소통 상호 작용에서 접촉과 제스처를 사용하기 • 의사소통 상호 작용에서 안면 표정과 억양을 이용하기 • 의미 있는 듣기로 아동과 상호작용하기

취학 전 아동의 의사소통은 보통 교실 상황에서 일어난다. 3~5세는 아동들이 다른 아동들과 사귀고 장차 학업에 도움이 될 인지적 · 사회적 · 언어적 기술을 발달시키는 데 가장 중요한 시기다. 취학 전 프로그램이 흔히 센터 중심이 될지라도 가족의 역할은 중요하다. 우수한 취학 전 프로그램은 그 프로그램에 가족 구성원을 지속적이며 실제적으로 참여시킨다. 많은 취학 전 프로그램은 가정과 학교 사이를 연결하기 위해 계속해서 가정을 방문하도록 한다.

이 시기의 아동은 능동적으로 의미를 구성한다. 아동들은 자신의 주변 정보에 열중함으로써 비교적 빠르게 정보와 언어를 획득한다. 농과 난청 아동을 위한 취학 전 프로그램의 목적은 아동이 지식의 기초를 확립할 수 있도록 능동적인 학습과 경험의 기회를 제공하는 것이다. 이러한 언어 지식의 기초는 취학 전 시기 동안 문해를 잘하기 위한 중요한 수단이기도 하다.

특정한 학교 상황(예: 특수학교, 특수학급 혹은 통합학급)에 관계없이 이 수준의 농과 난청 아동을 위한 프로그램에서는 다음과 같은 점을 고려해야 한다.

- 아동은 정보의 수동적인 수신자가 아닌 능동적인 학습자로 간주되어야 한다.
- 아동의 어휘 발달을 위해서는 체계적인 접근이 필요하다.
- 아동이 자신의 주변 정보에 접근하기 위한 하나의 도구로 언어를 사용하게 해야 한다.
- 교사가 던지는 질문을 통해 도움을 받기 위해서는 질문 이해를 우선시해야 한다.
- 농과 난청 아동을 위한 우수한 취학 전 프로그램은 발달적으로 적절한 경험을 제공해야 한다. 〈표 10-4〉는 농과 난청 아동에게 제공되는 취학 전 프로그램에서 기본적으로 고려해야 하는 '발달적으로 적절한 교육 실제를 위한 지침' (Bredekamp, 1987)이다.

〈표 10-4〉 발달적으로 적절한 교육 실제를 위한 지침

① 임상가나 교사는 발견과 탐구를 촉진하기 위한 학습 환경을 마련하고 활동을 계획한다.
② 연령에 적절한 내용과 전략을 제시한다.
③ 교육과정 내용은 아동의 학습 유형, 인성, 문화적 배경에 부합되도록 조정되어야 한다.
④ 아동이 주도하지만 어른이 지원하는 놀이는 전 영역의 발달을 촉진하는 중요한 매개체다.
⑤ 발달과 학습 영역은 교육과정 내에서 통합한다(예: 운동, 사회, 언어, 인지, 정서).
⑥ 학습 자료는 구체적이고 실제적이며 아동의 경험과 관련되어야 한다.
⑦ 학습 자료는 아동이 호기심을 가지고 도전하도록 다양한 발달 수준에서 제시되어야 한다.
⑧ 놀이 자료는 감각운동, 상징, 구성 놀이를 허용해야 한다.
⑨ 어른들은 아동에게 독립심을 갖도록 대해 주어야 하고 격려해 주어야 한다.
⑩ 어른들은 아동에게 자제심을 배우도록 지도하고, 갈등을 해결하기 위해 허용적인 행동을 하도록 다시 지도하고, 규칙을 상기시키는 훈련 기술을 활용한다.

- 언어(음성, 수화, 문자)가 의미를 전달하고 목적적으로 의사소통하기 위한 도구라는 것을 인식할 수 있게 해야 한다.
- 많은 취학 전 프로그램은 언어 발달을 촉진하기 위해 주제별 단원을 사용해야 한다.
- 놀이를 통한 탐구 기회를 정규적으로 마련해야 한다.
- 아동에게 훌륭한 아동 문학을 접하도록 하는 것도 여러 가지 면에서 유익하다.
- 취학 전 아동은 조기에 문해 기회를 접하는 것이 유익하다.

대부분의 경우 농과 난청 아동은 자발적으로 어떤 발성을 한다. 부모는 자녀의 발성 시도에 민감하게 반응함으로써 풍부한 발성을 하도록 촉진해야 한다. 부모는 미소를 짓거나, 아동 가까이 다가가거나, 음성 시도를 의사소통적으로 해석하거나, 아동을 모방함으로써 반응할 수 있다.

또한 부모는 아동과의 활동적인 놀이를 통해 생생한 발성 모델을 제시함으로써 아동의 초기 발성을 촉진시키며, 조기에 말의 초분절적 측면에 대한 발달을 촉진시켜야 한다. 청각장애아동의 의사소통과 말하기 지도에는 이러한 측면이 매우 중요하다.

제11장

청각장애부모 가정의 건청아동

1. 청각장애부모와 건청자녀 간의 문제
2. 농과 농인 사회
3. 농부모 가정의 건청아동을 돕기 위한 고려 사항

▶▶▶

청각장애학생 교육의 목적에는 학업 성취의 향상만 있는 것이 아니다. 학교를 졸업한 후 직장을 가져야 하고, 사회의 구성원으로서 책임과 역할을 수행하고, 주위 사람들과 함께 어울려 살아갈 수 있는 능력을 갖추는 것 또한 청각장애학생의 교육 목적이다.

결혼을 하고 한 가정을 이루어 배우자와 양가 부모, 친척, 자식과 함께 오순도순 살아가는 모습은 청각장애인 본인뿐만 아니라 주위 사람들도 걱정 반 기대 반으로 그려 보는 모습일 것이다. 그중 가장 걱정거리로 다가오는 것이 아이를 낳아 기르는 과정일 것이다. 특히, 청각장애부모의 건청아동 양육의 문제에 관해서는 여느 가정처럼 문제가 없다는 사람들이 있는가 하면 부모로서 부족한 점이 많다고 생각하여 다른 건청인 가정에 양육을 위탁하는 사람들도 있을 정도로 의견의 차가 크다.

이 장에서는 최근 청각장애부모 가정에서 양육되고 있는 건청아동들에 관한 연구를 정리하고, 그들이 어떤 도움을 필요로 하는지 살펴보고자 한다.

◀◀◀

1. 청각장애부모와 건청자녀 간의 문제

부모가 청각장애인이고 자녀가 건청아동일 경우, 흔히 나타나는 문제는 수화 통역, 의사소통의 어려움, 부모에 대한 자녀의 감정, 역할의 전도 등이다(Buchino, 1988, 1990).

1) 수화 통역

청각장애인이 사용하는 수화와 건청인이 사용하는 구어 간에는 일대일 대응이 되지 않는다. 수화는 나름대로의 구문 구조와 의미 구조를 가지고 있고 그 종류 또한 다양하다. 수화 통역과 관련해서 가족이 어떤 수화를 쓰는지, 누가 수화 통역을 하는지, 누구를 위해서 수화 통역을 하는지, 수화 통역을 얼마나 자주하는지, 어떤 상황에서 수화 통역을 해야 하는지 등을 고려할 필요가 있다. 흔히 아동 중에는 나이가 가장 많은 장남이나 장녀가 수화 통역을 하게 된다. 또한 청각장애부모도 자신들의 형제나 부모보다는 자녀들이 수화 통역을 해 줄 것을 기대하고 요구한다.

건청아동들이 수화 통역을 해야 하는 횟수와 수화 통역을 해야 하는 상황은 청각장애부모와 건청자녀 간의 관계를 결정짓는 중요한 측면이다. 전화받기 및 걸기, 병원가기, 보험설계사와 상담하기, 청구서 지불하기(빚 갚기), 동생들 돌보기 및 가르치기, 이웃들과 대화 나누기 등을 위해서 건청아동은 하루에도 수차례 수화 통역을 하게 된다. 물론, 청각장애부모의 주된 의사소통에 따라 그 횟수와 상황이 달라지겠지만, 구어를 사용하지 못하고 수화만을 쓰는 경우는 더 많은 수화 통역을 하게 되며, 구어를 사용하는 경우는 전화 걸기 및 받기 등으로 그치게 될 것이다.

또한 수화 통역 횟수와 상황은 건청아동의 나이를 고려할 필요가 있다. 그러나 실제로는 그렇지 못해서 어떤 경우 5세 아동이 청각장애부모와 의사, 변호사, 정비사, 외판원과의 대화를 수화 통역하는 경우도 있다. 이 경우 건청아동은 흥미와 긍정적인 감정을 느낄 수도 있지만, 자신이 이해할 수 없는 어휘나 자신의 인지 능력을 넘어선 대화 내용을 수화 통역할 때 좌절감과 부정적인 감정을 갖게 될 수도 있다. 또한 아동이 성장하면서 사춘기에 접어들고 다른 아동들처럼 부모와 떨어져 친구와 어울리고 싶어질 때, 청각장애부모는 오히려 더 건청자녀에게 의지하게 되고 방과 후 곧바로 집에 돌아올 것을 요구하기도 한다. 장남이나 장녀의 경우는 자신에게 부모가 의지하고 다른 동생들이 수화를 잘하지 못할 뿐더러 수화 통역을 하려고도 하지 않기 때문에 동생들에게 분노를 느끼기도 한다.

2) 의사소통: 청각장애부모와 건청자녀 간의 의사소통의 어려움

청각장애부모를 둔 가정의 경우 부모와 전화로 의사소통할 수 없고, 수화로든 구어로든 서로 바라볼 수 있는 상태에서만 의사소통이 가능하다. 건청인들에게는 이런 문제가 조금 불편하겠구나라고 생각되는 정도일 수도 있겠지만, 청각장애인들에게는 좌절감으로 다가올 수도 있는 문제다.

청각장애인들은 청각장애 때문에 잘 듣지 못할 뿐만 아니라 구어 형태의 언어를 수용하고 표현하는 데 어려움이 있다. 청각장애부모는 구어의 뉘앙스를 이해하지 못하며, 기저에 깔린 의미를 이해하기가 어렵다. 건청아동은 자신의 부모에게 어떤 의미나 상황을 설명하면서 느끼는 좌절감을 말하곤 한다.

대부분의 청각장애부모는 청각장애학교를 다녔고 기숙사 생활을 하였다. 또한 졸업 후 사회생활을 하면서도 대다수의 건청인들과는 다른 경험을 해 왔다. 따라서 건청아동이 자신들의 부모가 자신을 이해하지 못한다고 말하는 것은 틀린 말이 아니다.

청각장애부모와 건청아동 간의 의사소통이 어려운 또다른 이유로는 세대 차이를 들 수 있다. 부모와의 세대 차이 때문에 의사소통에 어려움을 토로하는 또래 건청아동들과 같은 이유로 그들은 자신들의 청각장애부모와 의사소통에 어려움을 겪지만, 일부 아동은 이를 '청각장애' 탓으로 돌린다. 건청아동들은 다른 건청부모들도 그렇다는 것을 알 필요가 있다.

3) 부모에 대한 감정

건청자녀는 일반적으로 청각장애부모에게 긍정적인 감정을 가지고 있다. 그들 간의 관계를 부모의 청력 상태만을 이유로 문제가 있다고 보는 것은 옳지 않다. 흔히, 청각장애부모에 대한 건청자녀의 감정은 자녀의 나이와 이러한 자녀에 대한 가족의 지원 정도, 제공되는 지원 서비스에 따라 달라질 수 있다. 흔히 11세 이전의 아동들은 부모에 대해 긍정적이다. 그러나 나이가 들면서 그들은 분노, 좌절, 당황, 죄책감, 창피함, 충성심, 슬픔 등의 다양한 감정에 휩싸이게 될 수 있다.

건청자녀를 지원하는 정도에도 가족 간에 차이가 있다. 대가족이 건청자녀에게 많은 도움을 줄 것이라고 생각해서는 안 된다. 오히려 가족이나 친척들은 건청아동을 죄책감과 분노에 빠져들게 하기도 한다. 조부모나 이모, 고모, 삼촌은 아동들에게 '착하구나, 네 아빠, 엄마는 너를 필요로 한다.' 고 말하곤 한다. 게다가 건청아동은 친척이 자신의 청각장애부모를 마치 아이나 무능력한 부모를 대하듯이 하는 것을 보곤 한다. 건청아동들은 청각장애인에게 익숙하지 않으며 청각장애인을 존중하지도 않는 어른들을 대하는 것이 어렵고, 청각장애부모와 같이 사는 것이 어떤 것인지 설명하는 데도 지치게 되고, 낯선 사람 또는 손님처럼 행동하는 친척들이나 가족에 대처하는 것도 귀찮아지게 된다.

건청아동들에게 가장 필요한 건청성인은 청각장애인을 알고 존중하고 필요할 때 동정(sympathy)이 아닌 공감(empathy)을 해 줄 수 있는 성인이다. 게다가 그들은 건청아동을 위해 필요할 때 설명을 해 줄 수 있고, 청각장애부모가 하는 일이나 말을 분명하게 설명해 줄 수도 있다. 건청아동들은 자신의 부모를 동정하고 불쌍히 여기는 사람을 많이 만나곤 한다. 또 자신의 부모를 어리석고, 아이 같고, 존재하지 않는 사람처럼 대하는 사람들을 많이 만난다. 건청아동들은 다른 사람들이 자신의 부모를 어떻게 생각하는지 아주 기민하게 알아챈다. 그들은 부모가 청각장애인인 것이 어떤 것인가를 설명하는 데 지쳤고, 수화를 할 수 있어서 멋지다고 생각하는 사람들에게 지쳤고, 서로 다른 처지에 있다는 것에 지쳐 있다. 그러므로 건청아동들과 그들의 청각장애부모를 위해 조부모, 이모, 고모, 친척들과 조화로운 관계(rapport)를 형성하는 것이 중요하다.

4) 역할의 전도

건청아동들은 부모처럼 행동하고 또 부모처럼 행동해야 한다고 느낀다. 그리고 부모는 자신에게 의존하고 있고 또 의존해야 한다고 느낀다. 건청아동들은 무엇을 사야 할지 결정하고, 자신의 나이에는 걸맞지 않은 일들을 하며, 동생들을 돌보고 가르친다. 그들은 일상의 대소사에서 부모의 조언자가 된 느낌을 갖게 되고, 아동이 아닌 성인이 된 듯한 느낌을 갖게 된다. 역할 전도(role reversal)가 얼마나 일어나는가는 부모가 얼마나 독립적으로 삶을 영위해 나갈 수 있는가에 달려 있다. 또한 부모의 독립적인 생활은 그들의 문해 능력과 의사소통 능력에 달려 있다.

실제로 역할 전도가 얼마나 일어났는가는 가정에서 누가 결정하는지, 아동이 부모를 비난하는 데 얼마나 자유로운지를 관찰해 보면 알 수 있다. 또한 자녀 중 누군가가 잘못하였을 때 무슨 일이 일어나는가를 관찰해 본다든지, 결정을 내릴 때 또는 편지 내용을 이해할 수 없을 때 청각장애부모가 자식에게 얼마나 의지하는지를 관찰해 보면 알 수 있다. 또한 '엄마, 아빠가 전화를 못 받아서 저는 집에 있어야만 해요.', '엄마, 아빠가 몰라서 전 아무것도 할 수가 없어요.'와 같은 아동의 말을 통해서도 알 수 있다.

농부모와 함께 사는 건청아동들은 서로 다른 세계를 이어 주는 중재자와 통역자 역할을 하며, 부모의 의사 결정에 필요한 정보를 제공해 주고, 가족의 대변인 역할을 하며, 아동기를 상실하였다는 느낌을 가지고 자라난다 (Lane et al., 1996: 171).

청각장애부모와 함께 사는 건청아동들은 독특한 상황 속에서 성장하고 있다. 하지만 이 상황을 병적인 상태 또는 문제가 있는 상황이라고 보아서는 안 된다. 청각장애인에 대해 익숙하지 않은 사람은 건청부모 가정을 대상으로 연구된 이론에 기초해서 아동들의 행동이나 가족 구조에 대한 아동들의 지각을 평가하는 데 아주 조심할 필요가 있다. 청각장애부모와 함께 사는 건청아동은 건청부모 가정과 자신의 가정 간의 유사점과 차이점을 탐색해 보고 이해할 필요가 있다. 모든 가정은 나름대로 독특한 면이 있다. 따라서 청각장애부모와 함께 사는 건청아동들이 유사점을 볼 수 있고 편안하게 차이점들에 대처할 수 있도록 하는 것이 필요하다.

2. 농과 농인 사회

Preston(1994)은 농부모 가정에서 자라난 150명의 건청인을 면담하고, 건청인에게 농인의 세계를 어떻게 설명하는지, 또 농인에게 건청인 세계를 어떻게 설명하는지에 관해 많은 정보를 얻었다.

1) 농의 의미

듣고 말하는 능력에 관계없이 누구나 농인(deaf person)일 수 있다. 농인이라 함은 이상적으로는 다른 농인과의 사회적 상호 작용과 자신이 농인이라는 것을 받아들이는 태도가 수반되어야 한다고 대답하였다. 그러나 농부모 가정의 건청아동들은 자신이 부모나 농인들과 어울려 살지 않는다면 과연 계속 농인일 수 있을지 잘 모르겠다고 대답하였다.

2) 책임 소재의 인식

건청아동은 농부모와 함께 사는 것이 어려운 일이라는 것을 인정하였지만, 그 어려움이 부모 탓만은 아니며 건청조부모와 건청인 사회에도 책임이 있다고 하였다. 대부분은 자신의 가족 생활을 정상적인 것으로 볼 수 있다고 하였고, 건청인 관점에서만 아동기와 양육, 장애를 보아서는 안 된다고 지적하였다. 그러나 한편으로는 자신들의 경험이 자신들의 친구나 동료들이 경험한 아동기와는 다른 것이었다는 것을 인정하였다.

3) 부모에 대한 보호 및 지원

건청아동은 자신들의 부모가 건청인에게 무시받고 모욕받는 것을 막으려고 하였다. 농부모의 건청아동은 건청인들의 농인들에 대한 부정적인 견해 때문에 상처를 받기도 하였으며, 자신과 자신의 부모, 조부모와 관련된 슬픔과 분노를 자아내는 이야기들을 마음속에 간직하고 있었다. 또한 성인이 되어서도 여전히 농부모를 돕고 지지하는 역할을 계속하고 있다고 대답하였다.

면담에 참여한 사람들은 대부분 자신의 아동기가 좋았던 점도 있고 나빴던 점도 있었다고 말하였다. 그들은 대부분의 농부모가 효과적으로, 사랑으로, 자신들이 아는 최상의 방법으로 자녀를 키웠다고 생각하고 있었다. 물론, 부모는 아동 양육에 관한 정보와 사회적 · 교육적 서비스에 관한 정보가 부족할 수도 있고, 가족 내 스트레스나 기능장애가 있을 수도 있다. 그러나 청각장애부모 가정의 문제는 의사소통과 핵가족 문화, 다른 건청인 친척과의 관계, 가족과 상호 작용하는 서비스 제공자나 교육자와의 관계 등과 관련이 컸다.

3. 농부모 가정의 건청아동을 돕기 위한 고려 사항

농부모 가정의 건청아동을 돕기 위해 고려할 사항을 정리하면 다음과 같다(Singleton 2000; Calderon & Greenberg, 1997: 474-477; Seal & Hammett, 1995).

- 자기 내부의 두 세계 중 건청인 쪽 세계를 이해하고 지원할 수 있는 방법을 찾아야 한다.
- 아동이 농아동과 건청아동 모두와 상호 작용할 수 있는 기회를 만들어 주어야 한다. 농아동을 통해서는 수화 기술을 향상시킬 수 있을 것이며, 건청아동과의 만남은 구어 발달에 도움이 될 것이다.
- 아동이 건청인 세계와 농인 세계를 넘나들며 사는 데 역할 모델이 되고, 사고방식과 생활방식에 관해 조정자 역할을 해 줄 수 있는 믿을 만한 건청성인을 찾아야 한다. 대개는 부모가 농인인 사람이나 건청인 친척이 이 역할을 할 수 있는 후보들일 것이다. 또한 그는 건청인들의 문화에 관해 농부모에게 유용한 정보를 제공할 수 있을 것이다.
- 아동에게 안정감과 부모의 유능함을 알려 주어야 하고, 아동이 두 세계 속에서 살고 있음을 인식할 수 있게 해 주어야 한다. 그리고 아동이 두 언어를 사용하고 두 문화 속에서 살 수 있는 성인으로 성장할 수 있도록 도와주어야 한다.
- 건청인 친척이 너무 과도하게 관여하는 경우, 세대 간 가족상담(intergenerational family counseling)을 통해 가족 구성원이 자신의 역할과 권한을 분명히 할 수 있도록 도와주어야 한다.
- 건청인 세계와의 의사소통에 도움이 되는 새로운 공학 기술을 최대한 활용하여야 한다. 예를 들어, 건청인과 농인 간의 전화 중개센터, 팩스, 전자우편, 휴대전화의 문자 전송, 무선 인터넷 서비스 등이 이용 가능할 것이다. 이러한 의사소통 방식을 통해 농부모가 건청아동에게 의존하는 정도를 줄일 수 있을 것이다.
- 가능한 한 수화 통역자의 도움을 이용하여야 한다. 특히, 아동이 통역하기에 부적절하거나 민감한 주제라면 더욱 그래야 한다. 또한 건청아동이 부모의 수화 통역 요청을 거절하는 경우 아동에게 강제로 수화 통역을 시켜서는 안 된다. 건청인이 아동에게 수화 통역을 요청하는 경우

도 가능한 한 부모와 직접적으로 의사소통할 수 있는 방법을 찾고 강구해야 한다. 그러나 일부 아동들은 자신의 부모를 위해 수화 통역을 하는 것을 자랑스러워하는 경우도 있다는 것을 잊지 말아야 한다. 아동이 부모를 위해 수화 통역을 하는 것을 좋아하는 경우, 아동의 통역 기술 향상을 촉진하기 위해 긍정적이고 스트레스가 없는 상황을 마련해 주어야 한다. 그리고 명심할 것은 딸들, 특히 장녀는 통역 역할을 자청하는 경향이 있으며, 보호적이고 도움을 주는 상호 작용 스타일(전형적인 여성 특유의 행동)을 선호하기 때문에 수화 통역을 강력히 주장할 수도 있다는 것이다(Jones & Dumas, 1996).

- 가족 내의 모든 건청아동이 농부모와 능숙하게 의사소통할 수 있도록 해야 한다. 보통 첫째 아이, 특히 장녀가 농부모와 자녀 간의 의사소통을 위해 통역을 맡는 경우가 많다. 이 때문에 나중에 태어난 자녀들은 부모와의 의사소통이 원활하지 않고 수화에도 능숙하지 못한 경우가 흔하다. 농부모가 있는 경우 모든 가족 구성원은 수화를 사용해야 한다. 농부모가 함께 있는데 부모가 이해하기 어려운 방법으로 건청아동이 별도로 대화를 나누는 경우, 부모는 아동의 상호 작용을 이해하고 부모의 역할을 유지하는 데 어려움을 겪게 된다.
- 중재하고자 하는 사람은 직접 지원뿐만 아니라 공동체가 요구하는 교육과 공동체 구성원과의 만남 및 관계에도 관심을 두어야 한다.
- 전체 가족과 가족 구성원과의 협력 및 참여를 이끌어 내야 한다.
- 확고한 언어 및 의사소통 기반을 발달시켜야 한다.
- 사회적 지원은 부모가 자신의 역할에 자신감을 갖고 잘 적응할 수 있도록 통합적으로 제공되어야 한다. 따라서 해당 가족이 이용 가능한 모든 자원에 대해 충분한 평가가 이루어져야 한다.
- 서비스 제공자는 수화와 구어 모두를 향상시키고 농인과 농인의 언어에 관해 균형 잡힌 중재 전략을 제공해야 한다.

- 서비스가 제공되는 과정에 민감해야 한다. 다양한 가족에게 서비스를 제공할 때 유연성은 성공의 열쇠가 된다.
- 중재의 한계를 평가할 때는 발달적 · 체계적 관점이 도움이 될 수 있다.

제12장

소음과 소음의 영향

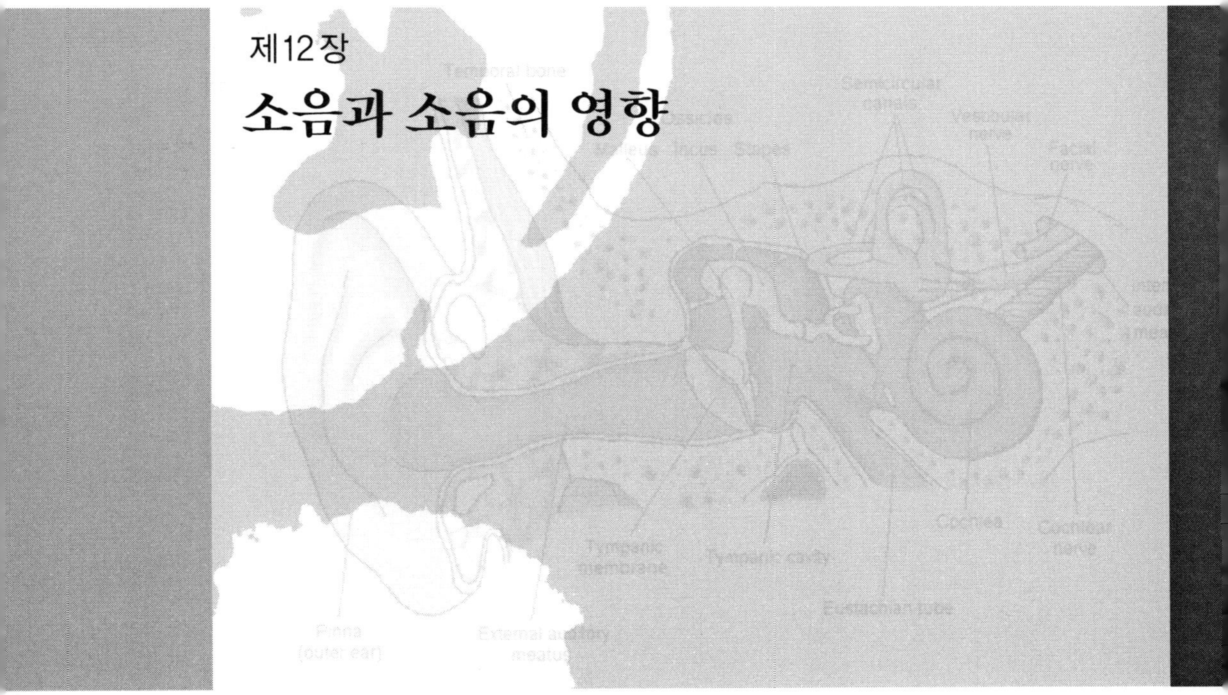

1. 소음의 정의
2. 소음 속에서의 의사소통
3. 청각에 미치는 소음의 영향
4. 과도한 소음
5. 소음성 난청의 예방과 관리

▶▶▶

청각장애와 관련된 소음의 문제는 주로 산업청각학 분야에서 폭넓고 깊이 있게 연구되어 왔다. 이들의 연구는 대부분 청각손실이 예상되는 작업 환경을 개선하고, 소음으로 인한 청각장애를 예방하고, 소음성 난청의 문제를 치료하는 등을 목적으로 수행되어 왔다. 그러나 최근에는 교육청각학 분야에서도 많은 관심을 가지게 되었다. 이 분야에서는 주로 청각장애아동의 청취에 방해가 되는 요소와 청취 환경의 개선 방안에 중점을 두고 연구해 오고 있으나 아직 활용할 정보는 많지 않은 편이다.

이 장에서는 청각장애아동의 의사소통과 관련하여 소음의 문제를 살펴보고자 한다.

◀◀◀

1. 소음의 정의

소음(noise)의 정의는 다소 복잡하다. 음향학에서의 소음은 불규칙한 음향신호 전반을 의미한다. 공학에서의 소음은 보통 다른 신호의 감지를 방해하거나 질을 떨어뜨리는 음향신호를 말한다. 음향심리학에서는 소음을 불필요한 소리라 정의한다. 이러한 정의들이 적절히 소음을 정의하고 있다 할지라도 확실치 않은 부분이 많다. 예를 들어, '록(Rock) 음악이 소음인가?'라는 의문은 그것을 듣는 사람에 따라 그 대답이 달라진다. 이와 유사하게 자동차의 시동 소리가 운전자에게는 소음이겠지만 엔진을 수리하는 기술자에게는 유용한 정보를 제공해 주는 소리이지 소음이 아니다.

소음은 사람들에게 영향을 주는 방법에 따라 다르게 정의될 수 있다. 소음 정도가 미약하다면 긴장을 누그러뜨리는 유용한 소리가 될 수 있다. 예를 들면, 도서관에서 공부하는 사람들은 에어컨이나 환풍기가 작동되는 소리가 있을 때 다른 사람들의 발소리나 책장 넘기는 소리에 덜 영향을 받게 된다. 중간 정도의 소음은 우리에게 피해를 준다. 이러한 소음은 의사소통을 어렵게 만들고 과제 수행에 영향을 미치며 스트레스를 유발한다. 강한 소음은 영구적인 청력손실을 가져오기도 한다.

일반적으로 많이 인용되는 소음의 정의는 Kryter(1996)에 의해 제안된 것으로, '소음은 물리적 또는 심리적으로 정상적인 사람에게 부정적인 영향을 주는 음향신호다' (p. 35)라는 것이다. 이 정의는 앞에 제시된 모든 결과를 포괄한다.

이 장에서는 소음에 의해 야기되는 의사소통의 문제에 관하여 논의할 것이며, 직업적 또는 오락성 소음에 과도하게 노출되어 일어날 수 있는 영구적 청력손실의 위험에 대해 다룰 것이다.

2. 소음 속에서의 의사소통

주변 소음은 구어로 의사소통하는 데 영향을 줄 수 있다. [그림 12-1]에서 세로축은 데시벨로 측정된 소음계의 A 특성(A-weighted sound level)을 나타낸 것이며, 가로축은 화자와 청자의 거리를 피트로 나타낸 것이다. 구분선 이하의 영역은 거리, 배경 소음, 구어적 의사소통 상황에서 영어를 사용하는 두 사람에 의해 산출되는 음성과의 조합이다. 예상된 음성 수준(expected voice level)이라고 된 선은 화자가 주변에 소음이 있을 때 무의식적으로 목소리를 높이는 정도를 나타낸다.

주변 소음이 50 dBA인 상황을 생각해 본다면, 정상적인 구어적 의사소통은 청자-화자의 거리가 약 6 m일 때 가능하다. 6 m 이상이라면 의사소통은 가능하겠지만 목소리를 높여야 한다. 주변 소음이 60 dBA 수준일 때 정상적인 의사소통 범위는 약 2.5 m로 줄어든다. 더 먼 거리에서도 의사소통은

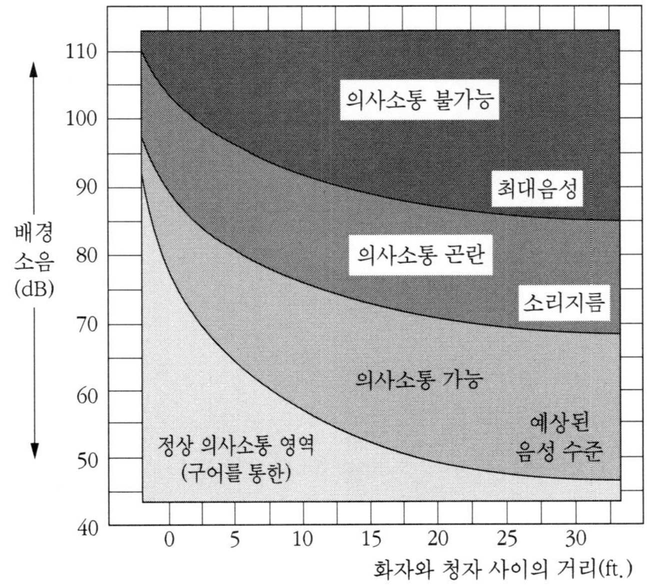

[그림 12-1] 말 의사소통

출처: Tye-Murray, N. (1998). *Foundations of aural rehabilitation*. San Diego, CA: Singular Publishing.

가능하겠지만 역시 목소리를 높여야 한다. 더 높은 주변 소음 수준, 예를 들어 80 dBA인 경우 약 1.5 m 이상의 거리에서는 소리를 질러야 하며 의사소통이 힘들다. 그러나 많은 산업적인 상황의 주변 소음 수준은 80 dBA이거나 그 이상이다. 이러한 환경일 경우 1.5 m 이상의 거리에서는 소리를 지르지 않고서는 의사소통이 불가능하고, 90 dBA 수준 이상인 경우 3~4 m 이상의 거리에서는 대화가 불가능하다. 즉, 80 dBA 이상의 주변 소음의 환경에 있는 경우 구어적으로 의사소통하기가 힘들다는 것이다.

3. 청각에 미치는 소음의 영향

어느 정도 소음에 노출되었느냐에 따라 두 가지 경로로 청각이 손상될 수 있다. 만일, 최고 음압 수준이 140 dB SPL을 넘는 매우 높은 정도의 소음에 짧은 시간 노출되었다면 신호의 음향에너지가 내이의 탄성 한계를 넘어서 섬세한 내이 조직까지 미치게 되어 고막이 찢어질 수 있다. 이러한 유형의 손상을 음향성 외상(acoustic trauma)이라 한다. 이것은 순간적으로 소음에 노출되어 즉시 일어나는 영구히 지속되는 청력손실을 말한다. 청력손실은 흔히 이명을 동반하는데, 이것은 노출 후 수시간 또는 수일 안에 약화되거나 사라진다(항상 그런 것은 아니다).

귀가 자극적인 소리에 의해 물리적으로(mechanically) 손상을 입었기 때문에 신호의 지속 정도가 어느 정도냐는 별 문제가 되지 않는다. 중요한 변수는 최고 음압 수준이다. 음향학적 외상을 유발할 만한 환경의 소음은 보통 폭발적인 사건에서 일어난다. 예를 들면, 머리 근처에서의 폭죽 폭발음(170 dB SPL), 귀 근처에서 일어난 장난감 권총 발포음(155 dB SPL), 또는 권총, 강력 소총, 엽총 발포음(160~170 dB SPL) 등이 있다.

90~140 dB 정도의 소음에 노출되어 일어나는 손상은 물리적인 손상이라기보다는 와우 대사적인(cochlear metabolically) 문제라고 할 수 있다. 이러한 경우 손상과 청력손실이 일어날 가능성은 노출의 정도와 지속 시간에 달렸다. 이러한 유형의 손상을 소음성 청력손실(noise-induced hearing loss)이라 한다. 이는 음향에 의한 외상과는 반대로 잠행성이어서 수년간의 노출에 의해 서서히 일어나게 된다. 소음성 청력손실은 흔히 작업 환경의 소음과 연관되어 있다고 하나 실제로는 평균 90 dBA 이상의 소음에 수년간 지속적으로 노출되어 발생한다. 이는 다음의 세 단계로 진행된다.

- 첫 번째 단계로 감각세포들이 소음의 과도한 노출에 의해 죽게 된다. 이때 세포들이 재생되지 않는 대신 흉터 조직이 자리 잡게 된다. 그러한 손상이 축적되고 잠행성으로 지속되어 순음역치에 도달하지 못한다. 실제로 각정에 있는 외유모세포의 50%가 저주파 순음역치에 도달하지 않고 죽을 수 있다.
- 두 번째 단계로 몇 주 동안의 노출에서 몇 년간의 노출 후에는 그 정도에 따라서 청력 측정상으로 청력손실이 나타나기 시작한다. 그러나 이러한 손실은 4 kHz 주변 주파수대에서 일어난다. 이 손상은 말소리 이해에 뚜렷한 영향을 주지 않기 때문에 다른 이유로 인해 청력검사를 받아보지 않는 한 알아차리기 어렵다.
- 세 번째 단계로 몇 십 년간의 노출이 지속될 경우, 처음 10년 동안보다는 느린 속도지만 청력손실이 4 kHz까지 축적되며 저주파수대까지 미치게 된다. 이 시점에서 환자는 몇 십 년 동안 진행되어 온 문제를 알게 된다. 만일, 소음성 청력손실로 진단된다면 의사나 청각사가 소음에 과도한 노출을 피하고, 노출이 필요하다면 청각보호기(hearing protector)를 착용하도록 권할 것이다. 물론, 이러한 권유를 받는 시점에는 이미 청각 손상이 많이 일어난 상태다.

4. 과도한 소음

만일, 어떤 사람의 귀가 강한 강도의 소음에 오랜 기간 노출되었다면 감음신경성 청각 손상이 일어날 수 있다. 앞서 기술한 바와 같이 특정 소음에 노출되어 발생하는 손상은 소리의 강도나 수준뿐 아니라 노출의 반복 횟수와 지속시간과도 관련된다. 소음에 노출되는 것에 대한 민감도가 사람마다 다르기 때문에 모든 사람의 귀를 보호할 수 있는 노출의 한계를 명확히 정한다는 것은 어렵다. 또 다른 복잡한 문제는 당사자가 모르는 사이에 소음의 영향이 미칠 수 있기 때문에 명확한 노출의 경위를 얻기가 불가능하다는 것이다.

1) 소음에의 노출 정도 측정

산업 환경에서 소음을 측정하는 데는 일반적으로 지역소음조사(area noise surveys)와 개인 소음 측정기(personal noise dosimetry)를 사용하는 두 가지 방법이 있다.

지역조사는 TWA 노출이 85 dBA를 넘는 작업 환경을 찾기 위해 사용된다. 이것은 소음이 있는 특정 장소에 소음 측정기(sound level meters)를 장치해 두는 것이다. 그러면 그 장소에서 근로자가 일하는 시간의 총량에 근거하여 노출 정도를 계산할 수 있다. 또한 지역조사는 산업 환경에서의 소음원을 알아내고 그러한 소음에의 노출을 줄이기 위한 소음 통제 전략을 계획하는 데 유용하다.

직업적인 소음 노출은 개인 소음 측정기를 통해 직접적으로 측정할 수 있다. 이러한 장치는 작고 컴퓨터화되어 있으며 근로 시간 동안 분 단위로 소리에의 노출 정도를 기록할 수 있는 소음 측정기 기능을 가지고 있다. 이 장치는 벨트나 상의에 부착할 수 있으며 마이크는 어깨에 장치하는데 귀와의 거리는 대략 5인치다. 전력 소모가 적고 부속 장치들이 소형화되는 등의 컴퓨터 중앙처리장치의 기술적인 진보로 이 장치는 착용하기 쉽게 작고 가벼우면서도 성능이 좋다. 다른 장치에 비해 이것은 근로자가 부착하고 이동이 가능하기 때문에 작업 시간 중 근로자가 옮겨다니는 서로 다른 근로 환경에 대한 소음 노출 정도를 더 정확하게 평가할 수 있다는 장점이 있다.

그러나 이 도구는 어깨에 부착하도록 되어 있기 때문에 반향음이 실제 노출 정도에 2 dB 정도를 증가시킨다는 단점도 있다. 게다가 충돌이나 마이크의 표면을 건드리는 경우가 있을 수 있다. 마이크를 건드리면 바람막이 유리

〈표 12-1〉 OSHA의 일상적 최대 소음 노출 한계

일일 지속 시간	소리 수준(dBA)
16	85
8	90
6	92
4	95
3	97
2	100
1.5	102
1	105
1/2	110
1/4 이하	115

출처: Tye-Murray, N. (1998). *Foundations of aural rehabilitation*. San Diego, CA: Singular Publishing.

가 있는 장소에서조차 측정량이 증가하게 된다. 또한 짧은 시간 동안 높은 수준의 접촉을 하게 되면 노출 정도는 급격하게 증가하게 된다. 그리고 측정기가 근로자와 함께 이동해 다니므로 잠시 빼 두는 경우가 있을 수 있다. 예를 들면, 상의에 부착된 측정기를 작업 이동 전에 개인 사물함에 두게 된다면 그 근로자의 소음 노출 정도는 측정할 수 없을 것이다. 미국 직업안전위생관리국(Occupational Safety and Health Administration: OSHA)에서 제시한 일상적 최대 소음 노출 한계는 〈표 12-1〉과 같다.

2) 직업성 소음 노출의 유형

1981년 미국 환경청(EPA)의 보고에 따르면, 9백만 이상의 미국인들이 85 dBA 이상의 일상적 소음에 노출되어 있다. 청력 보존 프로그램, 소음 통제 공학 기술의 향상과 주요 산업의 규모 감축이 과도한 소음에 노출되는 근로자 수를 줄이기는 하였지만, 여전히 과도한 소음에 노출되어서 수많은 미

국 근로자들이 청력손실을 갖게 되었다고 볼 수 있다.

과도한 소음에 노출되는 직업을 정확히 상술할 수는 없지만 방직산업, 목공산업, 식품산업, 금속 제조업에 종사하는 근로자 수가 많으며, 이 많은 수가 소음이 있는 환경에 있음을 의미한다.

3) 비직업성 소음 노출의 유형

소음성 난청을 유발할 수 있는 잠재적인 환경은 매우 많다. 소음 노출원의 유형은 개인의 오락적 선호와 관련이 있다. 비직업적 소음의 최대 수준과 중요한 소음원을 나타내면 〈표 12-2〉와 같다. 만일, 안전한 소음 정도와 위험한 소음 정도의 기준을 90 dB이라고 본다면 냉장고 작동 소리 같은 것을 제외하면 대부분이 위험 수위의 소음에 포함된다. 최대 수준에 관한 정보가 위험한 소음 노출을 의미하지는 않는다(140 dB SPL을 지속적으로 초과하지 않는다면). 목록에 포함된 내용 중 위험한 소음으로 결정되는 것은 그 소음의 수준과 노출 기간에 따라 달라진다.

최근에는 MP3와 같은 개인 스테레오의 증가가 특히 젊은이들에게 위험한 소음에의 노출 원인이 되고 있다. 헤드폰을 통해 듣는 음악이 청력손실을 유발할 수 있는가는 크기, 청취 시간, 청취 유형에 따라 달라진다.

몇몇 연구에서 개인 스테레오 사용이 120 dBA 이상의 소음을 발생할 수 있다고 제안하였지만 사용자의 청취 행동을 분석한 결과 대부분의 사용자가 청력손실을 일으키지 않을 만한 크기로 음악을 듣는 것으로 나타났으며, 5% 미만의 사용자가 청력에 영향을 줄 만한 크기로 스테레오를 사용하는 것으로 나타났다.

〈표 12-2〉 비직업성 소음의 최대 음압 수준

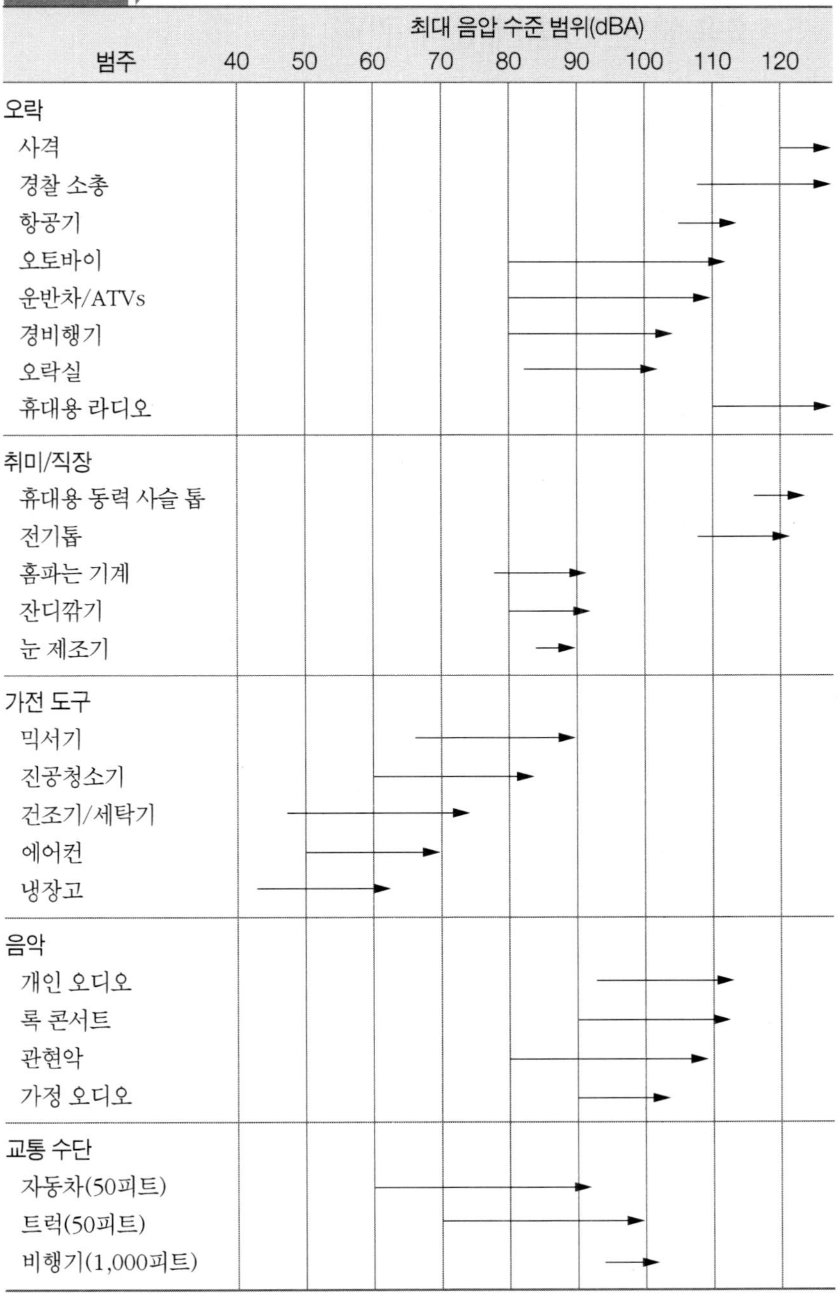

출처: Clark, W. W. (1992). *Otolaryngology*. Head and Neck Surgery, p. 334

5. 소음성 난청의 예방과 관리

1) 교육과 청력 보존 프로그램

난청의 원인이 직업적인 것이든 그렇지 않든 간에 가장 좋은 예방은 교육이다. 미국은 연방법에서 위험한 소음에 노출될 수 있는 근로자를 대상으로 정규 교육을 실시하도록 정하고 있다. 그러나 직업성 소음뿐만 아니라 그 외의 위험한 소음 모두가 귀에는 위해할 수 있으므로 이러한 소음에 노출될 가능성이 있는 모든 사람에게 교육 프로그램을 제공해야 한다.

건청인들뿐만 아니라 청각장애인들에게 청력 보존 프로그램을 제공하는 것도 중요하다. 학교에서는 일반 학급 교사나 특수교사 또는 그 외의 관련 전문가에 의해 청력 보존 프로그램이 전달되어야 한다. 다음은 유치, 초·중·고 프로그램에서 사용할 수 있는 청력 보존 프로그램의 예다.

학령전 청력 보존 프로그램

- 목표: 소리와 잡음에 대한 개념을 소개한다.
  - 우리는 우리의 귀로 듣는다.
  - 우리는 귀를 소중히 여겨야 한다.
  - 큰 소리는 우리의 귀에 해를 끼칠 수 있다.
- 내용
  - 귀의 위치와 개수
  - 소리의 근원: 큰 소리 대 작은 소리
  - 이 연령 수준에서 소음으로 청력에 손실을 가져오는 원인들(경보음, 장난감 차, 경주 모터사이클)
  - 소음을 피하기 위한 방법들(사용이 안전한 곳, 귀에 소리가 너무 크게 들

리면 자리를 옮길 것)

• 예시 활동
  - 귀를 안다. 귀가 있는 사람을 그린다.
  - 큰 소리와 작은 소리를 그려/찾아/잘라/붙여 포스터를 만든다.
  - 큰 소리와 작은 소리를 교실 내에서 찾는다.
  - 듣기 좋아하는 것들의 이름을 찾고, 안 들리는 소리가 있다면 무엇인지 쓴다.
  - 큰 소리/작은 소리가 나는 장난감의 포스터를 만들어 큰 소리가 나는 것은 멀리 두고, 작은 소리가 나는 것은 가까운 곳에 두거나 손에 닿기에 좋은 곳에 둔다.
  - 집에서 부모가 할 수 있는 활동을 제안하는 편지를 쓴다.

초등학교 청력 보존 프로그램

• 목표: 유치원에서 배운 지식을 확대하기
  - 큰 소리는 청력에 문제를 줄 수 있다.
  - 큰 소리로부터 우리의 귀를 보호할 수 있다.

• 내용
  - 어떻게 귀는 소리를 전하는가?
  - 소음으로부터 청력의 손상이 발생할 수 있고, 이는 순간적이거나 영구적일 수 있다.
  - 어떤 위치는 다른 곳보다 더 소음이 있을 수 있다.
  - 소음으로 인한 청력 손상을 피하는 방법

• 예시 활동
  - 세 가지 귀마개를 가지고 어떤 것이 좋은지 발표한다.
  - 보여 주고 말하기: 소음을 만들어 내는 것을 집에서 가져와 발표한다.
  - 소음 있는 방과 조용한 방에서 어떻게 느끼는지 논증하거나 그린다.

– 매일 소리의 크기에 대한 그림 차트를 만든다.

중학교 청력 보존 프로그램

- 목표
  - 지속적인 소음으로 손상될 수 있는 내이의 특성과 소음의 영향을 안다.
  - 소음성 난청을 예방하기 위한 특별한 전략을 안다.
- 내용
  - 어떻게 귀가 기능하며 소음에 노출됨에 따라 어떤 손상이 일어나는가를 안다.
  - 소음에 의한 손상은 지속적이지만 예방할 수 있다. 또한 이미 손상이 있더라도 손실이 더 심해지지 않도록 하는 예방법을 안다.
  - 소음성 난청의 원인을 찾아본다.
  - 소음성 난청의 증상을 알아본다.
- 예시 활동
  - 학교 환경에서 소음 수준을 측정한다.
  - 학생에게 유인물을 제공한다.

제13장

이중언어 접근

농아동을 위해 어떤 교육 프로그램을 선택할 것인가는 농과 농인, 현재의 농아동 교육에 대한 지식과 태도에서 많은 영향을 받는다. 서로 다른 프로그램들에 대해 충분히 알고, 그 프로그램의 기초가 되는 철학을 충분히 이해한다면 프로그램을 선택하는 데 도움이 될 것이다.

이 장에서는 구화법, 수화법, 종합적 의사소통법에 이어 거론되고 시도되고 있는 이중언어 접근(bilingual approach)에 관해 기술하려고 한다. 이중언어 접근법은 1960년대에 청각장애아동을 위한 언어 교육 방법론으로 시작되었으나, 1980년대에 들어와서는 미국을 비롯한 유럽, 아프리카 등의 여러 나라에서도 실천의 움직임이 가속화되고 있는 접근법이다. 이에 이중언어 교육의 일반적 개념은 무엇이고, 청각장애아동의 교육에 적용된 배경은 무엇이었으며, 문제점으로 지적되고 있는 점과 향후 연구 과제에 대해 살펴보고자 한다.

1. 이중언어 교육

언어 교수(language teaching)와 관련하여 '제2언어(second language)', '외국어(foreign language)', '이중언어 능통(bilingualism)', '언어 학습(language learning)', '언어 습득(language acquisition)' 등의 용어가 사용되고 있다. 이들 용어들은 종종 중의적이며 때로 아주 혼란스럽기까지 하다. 이러한 오해의 가능성을 줄이기 위해 이들 용어의 의미를 먼저 자세히 살펴보자(Stern, 1995: 9-25).

1) 제2언어

보통 모국어와 토박이어를 1차 언어(primary language) 또는 L1이라 하고, 제2언어와 외국어를 2차 언어(secondary language) 또는 L2라 한다. 이들 용어를 정리하면 〈표 13-1〉과 같다.

이러한 용어는 '오른쪽'과 '왼쪽'처럼 상대적인 개념이며, 한 언어와 개인, 한 언어와 한 집단 간의 주관적인 관계를 나타내는 데 사용된다. 영어든 한국어든 어떤 절대적인 방식으로 이들 용어를 해석해서는 안 된다.

또한 언어를 객관적으로, 개인과 해당 언어의 관계를 고려하지 않고 사용할 수 있는 용어, 즉 지리적 분포, 사회적 기능, 정치적 지위, 기원, 언어의 유형이나 중요성을 나타내기 위한 공용어(language of wider communication), 표준어(standard language), 지역어(regional language), 국가어(national language), 공식어(official language), 현대어(modern language), 고전어(classical language) 등을 사용하기도 한다. 그런데 제1언어에서 제1의 의미를 '국가적'이나 '역사적으로 제일' 혹은 '중요한'과 같다고 생각하거나, 제2언어에서 제2를 '덜 중요한' 또는 '열등한'과 같다고 잘못 생각해서는 안 된다.

용어의 혼동을 막기 위해서 아동이 초기에 습득한 언어는 '토박이어'로, 또 사용에서 더 우세하거나 선호되는 언어는 '1차 언어'로 부르는 것이 좋을 것이다. 제2언어는 다음의 두 가지 의미를 가진다.

〈표 13-1〉 L1과 L2

L1	L2
제1언어(first language)	제2언어(second language)
토박이어(native language)	비토박이어(non-native language)
모국어(mother tongue)	외국어(foreign language)
1차 언어(primary language)	2차 언어(secondary language)
능숙한 언어(stronger language)	미숙한 언어(weaker language)

- 언어 학습의 시간적 순서를 말해 주는 것으로 토박이어보다 더 늦게 습득하거나 습득될 언어를 의미한다.
- 언어 구사 능력 수준이 미숙함을 의미한다. 많은 경우 이 두 의미는 함께 사용되는 경우가 많다. 즉, L1보다 늦게 습득된 언어의 숙달은 흔히 L1의 숙달 정도보다 낮다. 낮은 수준의 숙달을 특별히 언급하고자 하는 경우 미숙한 언어라는 말을 사용하는 것이 좋다.

대부분의 경우 L1과 L2의 구분은 전혀 문제가 되지 않는다. 그러나 여러 언어가 쓰이는 상황이라면 언어들의 상대적인 위치는 그리 단순하지 않다. 영어가 L1인 교사들이 영어가 L2인 학생들을 가르치거나, 이중언어 또는 다중언어가 능통한 상황이나, 아프리카와 아시아의 여러 나라에서 지방 방언이 영어나 프랑스어, 스와힐리어, 힌두어 등의 공용어 한둘과 뒤섞여 사용되는 상황 등이 그러한 예다. 이러한 상황에서는 L1과 L2의 구별이 결코 쉽지 않으므로 L1과 L2는 이중언어 능통이라는 일반적인 개념으로 묶어 함께 고려되어야 한다.

2) 이중언어 사용 및 이중언어 능통

이중언어 능통에 관한 문헌에서 혼란이 계속되는 원인은 '이중언어 사용(bilingual)' 과 '이중언어 능통(bilingualism)' 이라는 단어 자체에 있다.

'이중언어 사용' 은 두 개의 언어가 객관적이고도 합법적인 지위를 가지고 있음을 의미한다. 그러나 반드시 그 나라의 모든 사람이 두 언어에 모두 숙달되어 있음을 의미하지는 않는다. 이는 일부는 한 언어의 토박이 화자이며, 다른 일부는 또 다른 언어의 토박이 화자라는 것을 의미할 수도 있다. 또한 두 언어를 동시에 학습해야 하는 환경에 산다는 의미이기도 하고, 두 언어가 이중언어 사용자에게 동등한 수준에서 유용하다는 것을 의미하기도 한다.

또한 두 언어에 모두 높은 수준의 숙달성을 지니고 있다는 것을 의미할 수도 있다.

이에 비해 '이중언어 능통'은 두 언어를 제1언어로 동시에 습득하는 것을 말하고, 두 언어 모두에 L1의 숙달성을 지니고 있는 것으로 해석된다.

2. 이중언어-이중문화 접근

'이중언어-이중문화 접근'은 교실에서 교수를 위한 1차 언어로 수화를 채택하여 가르치는 것을 말하며, 이 접근에서는 영어를 읽기와 쓰기를 위한 2차 언어로 가르친다(Reynolds, 1994). 게다가 이 접근에서는 농인문화 속에서의 교수를 지지하고, 농아동 교육에 농인 사회(deaf community)의 역사와 기여, 가치, 전통을 포함시킬 것을 주장한다. 즉, 이중언어-이중문화 접근은 '두 가지 언어와 두 가지 문화를 배우는 것'을 의미한다(Reynolds, 1994). 이중언어-이중문화 교육의 목적은 농아동이 사고에 필요한 도구를 발달시키고, 다른 농인과의 관계를 통해 건강한 자아 의식을 발달시키도록 강력한 시각적 1차 언어를 갖게 하는 것이다.

Pickersgill(1998)은 이를 수화 이중언어주의(sign bilingualism)라 명명하고, 농아동 교육에서 농인 공동체의 언어인 자연 수화와 건청인 사회의 구어와 문어를 함께 사용하는 접근법을 말한다고 하였다. 이 접근법에서는 농아동의 언어 발달과 교육에서 수화와 농성인의 역할을 강조하며, 농인들을 수화와 농인문화에 기초한 소수 집단 구성원으로 본다. 건청아동과 성인의 농인에 대한 인식과 농아동의 농인으로서의 정체감 발달을 중요시 여기며, 농아동이 건청인 사회와 농인 사회 모두에 완전하게 참여하고 두 언어를 사용하며 두 문화 속에서 생활할 수 있도록 함을 목적으로 한다. 또한 수화든 구어든 아동이 선호하는 언어(preferred language: 아동이 가장 손쉽게 획득할 수 있고 인지 및 정서 발달의 기초가 될 뿐만 아니라 사용하기를 원하는 언어)에 따라 사용하되 계획적으로, 그리고 체계적으로 사용하여야 하며, 어떤 언어에 더 비중을 둘 것인가는 각 아동의 필요에 따라 달라져야 한다고 보았다.

'이중언어-이중문화 접근'에서는 다양한 프로그램을 통해 부모를 지원한다. 제공되는 프로그램을 통해 건청부모가 농인 또는 다른 농아동의 부모와 만날 수 있는 기회를 제공하며, 농인의 문화와 자연 수화를 배울 수 있는 기회를 제공한다.

농아동 교육에서 '이중언어-이중문화 접근'에 대한 열정은 최근 몇 년 사이에 크게 확산되고 있다. 최근 미국과 유럽 등지에서 '이중언어-이중문화 접근'에 대한 지지가 확대되고 있는 것은 대부분의 농학생이 계속해서 낮은 학업 성취를 보이고 있으며, 농인의 삶에서 사회적, 문화적, 법적으로 의미 있는 변화가 많이 일어나고 있기 때문이다. 법적인 변화와 권리 측면에서의 변화는 일반적으로 장애인에 대한 사회의 인식을 향상시켰다. 많은 농인의 삶에서 자연 수화가 갖는 역할의 중요성에 대한 이해는 이러한 새로운 인식의 한 부분을 이루고 있다(Strong, 1995).

게다가 최근 미국에서는 더 많은 농인이 학교 행정에 참여하고 있고, 특히 농인을 위한 기숙제 학교에 많이 참여하고 있다. 그 결과 과거에는 농인을 위한 프로그램이 대부분 건청인에 의해 계획되고 실시되어 왔으나, 점점 더 농아동을 위한 프로그램을 계획하고 실시할 때 농교육자와 건청교육자 간에 보다 동등한 협력적 요구가 증대되고 있다(Reynolds, 1994). 농아동 교육에서 점점 그 힘을 키워 가고 있는 이러한 새로운 관점에 대해 보다 자세히 살펴보자.

3. 농아동 교육과 소수 언어 사용자 집단의 교육

이중언어 접근의 필요성을 이야기할 때 소수 언어 사용자 집단을 위한 이중언어 교육 프로그램의 효과와 이들 집단 구성원이 고유의 언어와 문화를 유지한 채 주류 사회에 통합되는 과정 및 그 결과를 많이 언급한다.

소수 언어 사용자 집단과 농인 집단에는 유사점과 차이점이 있다. 두 집단 모두 차이 때문에 차별을 받은 경험이 있고, 개인적으로 모욕적인 호칭으로 불린 경험이나 괴롭힘을 받거나 왕따(social exclusion)를 당한 경험이 있다. 집단 차원에서는 직장을 구하지 못하거나 교육을 받지 못하는 등의 경험과 주류 사회 구성원과의 의사소통의 어려움 때문에 인종 차별과 유사한 차별을 받은 경험이 있다.

그러나 의사소통 환경에서는 차이가 있다. 농아동의 경우 1차 언어가 유창하게 발달하는 경우가 적다. 많은 시간이 흐른 뒤에야 자신이 자신감을 가지고 유창하게 이해하고 산출할 수 있는 언어에 접하게 된다. 이는 유창하게 발달한 1차 언어를 소유한 소수 언어 사용자 집단과는 분명하게 다른 점이다.

소수 언어 사용자 집단은 자신이 자부심을 느낄 수 있는 공동체에 대한 소속감과 공동체의 지원, 의사소통의 용이함과 즐거움을 얻을 수 있다. 하지만 주류 사회의 분리를 감내해야 하는 자신들만의 공동체 결성, 가입 및 유지라는 선택과 주류 사회로의 통합은 용이하지만 차별과 편견 속에서 생활할 가능성이 크고 의사소통의 어려움이 있는 주류 사회 속의 생활이라는 선택을 놓고 자신과 주변 사람이 고민해야 하는 현실에 놓여 있다(Tony, 1997).

〈표 13-2〉와 〈표 13-3〉에는 농인과 소수 언어 사용 집단에 대한 전통적인 관점과 대안적 관점의 유사점과 차이점 및 교육적 시사점이 요약 · 제시되어 있다.

〈표 13-2〉 농과 소수 언어 사용 집단에 대한 전통적인 관점 및 대안적 관점

	농		2차 언어로서의 영어	
	의학적/결함 관점	사회적/문화적 관점	결함 관점	가치 높이기 관점
기본 관점	건청인에게 의존해서 살수밖에 없는 감각기관의 선천적 또는 후천적 상실	농인 공동체의 구성원으로 언어와 문화, 전통을 공유하면서 자율적으로 살 수 있는 존재	문해 발달과 사회 적응에 문제가 있을 수 있음을 강조	아동의 언어적, 사회적, 문화적 (활동) 범위 넓히기를 강조
이중언어 사용에 두는 의미	이런 용어를 거의 사용하지 않음. 주로 구어와 문어를 사용한 의사소통의 한계에 초점을 맞춤	제1언어로서의 유창한 자연 수화의 사용과 제2언어로서의 구어와 문어(영어) 사용	두 언어를 사용하는 사람을 단지 각각의 언어를 사용하는 두 사람의 합으로 봄	두 언어를 사용하는 사람을 1개 언어 사용자와 2개 언어 사용자 모두와 의사소통할 수 있는 유연한 능력이 있는 것으로 봄
인지 발달	건청아동에 비해 중대한 특정 결함이 있음	다른 아동이 듣기를 통해 접근할 수 있는 것들에 접근할 수 있는 방법만 있다면 학습 능력은 정상	두 번째 언어를 배우느라고 과부하가 걸려서, 또는 제한된 어휘 때문에 인지 발달 지체의 위험이 있음	인지적 유연성과 역지사지할 수 있는 인지적 이점이 있음
효과적인 의사소통을 위한 조건	청각장애아동에게 발음 암시법이나 인공와우 등의 방법을 통해 청각장애를 극복할 수 있는 보상 전략이 필요	의사소통 참여자 모두가 완전한 시각적 의사소통 방법을 사용해야 함		

출처: Tony, C. (1997). Educating for bilingualism in different contexts: Teaching the deaf and teaching children with English as an additional language. *Educational Review, 49*(2), 151-158.

〈표 13-3〉 농과 소수 언어 사용 집단에 관한 관점 교육에 주는 시사점

	농		2차 언어로서의 영어	
	의학적/결함 관점	사회적/문화적 관점	결함 관점	가치 높이기 관점
주된 교육 목표	건청사회 중심에서 건청사회에의 성공적인 참여	언어적/문화적 다양성, 농인으로서의 정체감	주류 사회에의 성공적인 참여	언어적/문화적 다양성, 이중언어 사용자로서의 자신감
선호하는 교육법	듣고 말하기 위주(구화법)	종합적 의사소통법과 이중언어-이중문화 접근법		
교육에서의 수화 및 자연 수화 또는 공동체 언어의 위상	배제되거나 사용을 허락하지 않음	적극적으로 채택하거나 적어도 사용을 막지는 않음	언어 습득에 도움이 되지 않으므로 공동체 언어를 함께 사용하는 것을 허락하지 않음	공동체 언어 사용을 교육과정의 학습 촉진을 위해 권장하고, 다양한 문화 학습과 소수 집단의 사회적 · 문화적 위상에 긍정적인 태도 형성을 위해 권장함
학교에서 농교사 또는 공동체 언어 사용자의 고용	제한적으로, 보조교사 수준에서만 고려	적극 찬성, 모든 장면에서 그들의 기술과 지식이 교육에 필수적인 것으로 보며, 역할 모델로서의 가치를 중요시함	보조 교사 수준에서의 고용도 고려하지 않음	적극 찬성, 모든 장면에서 그들의 기술과 지식이 교육에 필수적인 것으로 보며, 역할 모델로서의 가치를 중요시함
반대 이유	장애인의 권리, 많은 농아동이 구화법을 통해 얻은 이득이 적음	청각장애 정도의 차이가 심함, 일부 농아동에게는 구화법이 도움이 됨	소수 민족/공동체 권리	다언어 사용자들이 학교에 주장하는 과도한 요구

출처: Tony, C. (1997). Educating for bilingualism in different contexts: Teaching the deaf and teaching children with English as an additional language. *Educational Review, 49*(2), 151-158.

4. 이중언어-이중문화 접근의 특성

'이중언어-이중문화 접근'과 다른 접근법과의 차이를 이해하기 위해서는 자연 수화와 자연 수화가 아닌 수화를 먼저 이해하는 것이 필요하다. 자연 수화는 건청인의 언어를 시각적으로 표현한 언어가 아니다. 그것은 건청인의 언어와는 전혀 다르다. 자연 수화는 그 나름의 문법(문장 내에서의 단어 배열), 구문(문장을 만들기 위한 단어와 구, 절들 간의 관계), 의미론(단어 의미의 발달과 변화)을 가지고 있다. 다른 언어처럼 자연 수화는 서로 교류하는 언어에서 새로운 단어를 차용한다. 모든 언어처럼 자연 수화는 성장하고 변화한다. 수화는 끊임없이 첨가되고 사라지며 수정된다.

발화 암시법(cued speech)은 구어의 소리를 나타내는 손 모양을 체계적으로 구성한 것이다. 이 방법은 구어를 독화하는 데 도움을 주어 독화를 명확하게 할 수 있게 해 준다. 이 방법을 통해 구어를 시각적으로 정확하게 나타낼 수 있다.

종합적 의사소통법(total communication)은 잔존청력과 독화, 말과 함께 수화(manual sign system)를 사용하여 농아동을 교육하자는 철학을 의미한다. 과거에는 종합적 의사소통법에서 'Signed English', 'Signing Exact English', 'Seeing Essential English', 'Linguistics of Visual English' 등의 구어 체계를 고려해 수정·보완한 수화를 사용하였다. 이러한 수화 체계는 문법식 수화라고 부르기도 한다. 문법식 수화는 건청인의 언어를 시각적으로 표현하려는 의도에서 만들어졌다. 몇몇 종합적 의사소통법을 택한 프로그램이 자연 수화를 사용한다고 말하지만 진정한 자연 수화 지지자들은 그렇지 않다고 주장한다. 그들은 자연 수화가 구어와는 다른 특징을 가지고 있으며 말과 동시에 사용될 수 없다고 주장한다.

건청인의 언어를 손으로 표현하거나 시각적으로 표현할 때는 뭔가가 일어나는 것을 알 수 있다. 구에서 단어를 정렬시키는 것처럼 문법식 수화가 나열된다. 자신의 말을 손으로 표현하면서 생각을 전달하기 위해서는 구어로 말할 때보다 배로 시간이 더 걸린다(Bellugi, Fischer, & Newkirk, 1979).

단기 기억 내에서 일정 시간이 흐르면 사라지기 때문에 문법식 수화는 이 시간 한계를 넘지 못한다. 이렇게 뇌는 기억 한계와 인지 한계 때문에 문법식 수화를 쉽게 처리할 수 없다(Gee & Goodheart, 1988).

최근 20년간 건청인의 언어를 문법식 수화를 통해 표현해 보고자 하는 많은 시도가 있었지만 대부분의 농학생들은 여전히 영어에 능숙하지 못하였다(Position paper, Indiana School for the Deaf). 조사 결과, 고등학교를 졸업한 농학생의 평균 읽기 수준은 초등학교 3학년과 4학년 사이 정도였다.

5. 이중언어-이중문화 접근을 지지하는 근거

농아동 교육에서 이중언어-이중문화 접근을 지지하는 사람들은 공통적으로 다음과 같은 신념과 생각에 그 근거를 두고 있다.

- 시각은 농아동이 언어를 배울 수 있는 주된(최선의) 통로다. 따라서 전적으로 시각적 접근 양식에 기초한 언어 경험을 농아동에게 제공하는 것이 필요하다.
- 자연 수화는 전적으로 시각적이고 유일하고 완전한 언어다.
- 독화를 통한 구어의 시각적 학습은 모호하고, 때때로 전혀 볼 수 없는 자극에 의존하고 있다(Vernon & Daigle, 1994).
- 독화도 문법식 수화도 결정적인 언어 학습 시기 동안 완전한 언어에 접근할 수 있게 하지 못한다.

- 1차 언어가 자연스러울 정도로 능숙하게 되기 위해서는 결정적인 언어 습득기(0~5세) 동안 완전한 언어에 접할 수 있어야 한다.
- 농부모 가정에서 자연 수화를 1차 언어로 습득하는 농아동은 자연 수화를 1차 언어로 사용하지 않는 건청부모 가정에서 자라나는 농아동보다 사회적으로, 그리고 학업 성취 면에서 보다 나은 발달과 성취 수준을 나타냈다.
- 자연 수화를 1차 언어로서 능숙하게 표현하고 수용할 수 있는 농아동은 영어도 2차 언어로서 더 성공적으로 학습할 수 있다. 이중언어주의(bilingualism)에 대한 연구는 2차 언어를 성공적으로 획득하기 위해서는 하나의 언어를 능숙하게 사용할 수 있어야 한다고 제안하고 있다(Cummins, 1979).
- 언어는 개인의 문화를 전달하는 주된 도구다. 따라서 자연 수화를 배우는 것은 농인 문화를 배우는 가장 강력한 도구다.
- 농동료와의 상호 작용과 농인 역할 모델의 존재는 교실 안팎에서 농아동의 자존심과 정서적인 안정에 필요하다.
- 농아동 교육에서 이중언어-이중문화 모델의 적용은 Cummins(1989)의 언어 간 상호 의존 모델(linguistic interdependence model)에 기초하고 있다. 이 모델에 기초해서 자연 수화를 유창하게 1차 언어로 사용하는 농아동은 이를 통해 다른 언어의 문어를 능숙하게 사용할 정도로 습득할 수 있다.
- 구화법을 통해 교육받고 학교를 졸업한 농학생들은 낮은 학업 성취를 보였다.
- 농부모-농아동 집단의 농학생들은 상대적으로 높은 학업 성취를 나타냈다.
- 수화를 자신들의 언어로 인식하기 시작하였다.
- 교육 장면에서의 문법식 수화 사용에 대한 관심이 높아졌다.

- 스칸디나비아 지역 국가들에서 실시한 수화를 포함한 이중언어 접근 프로그램은 높은 읽기 학업 성취와 전반적인 학업 성취의 향상을 나타냈다.
- 건청인 소수 언어 사용자를 대상으로 한 이중언어 접근 프로그램의 효과성이 입증되었다.

6. 이중언어 접근에 기초한 청각장애아동 교육

Pickersgill(1998)은 이중언어 접근에 기초한 청각장애아동 교육을 언어와 의사소통, 교육과정과 평가, 교직원, 공통체와의 협력 측면에서 다음과 같이 제시하였다.

1) 언어와 의사소통

- 수화는 교육용 언어로 인식되어야 한다. 수화와 건청인의 언어는 동일한 위치를 점한다.
- 완전한 자연 언어로서 자연 수화를 가능한 빨리 접하게 하여야 한다.
- 수화와 건청인의 언어 모두 아동의 학교 생활에서 아주 능숙한 수준으로 사용되어야 한다.
- 수화와 건청인의 언어 간의 상호 의존성, 두 언어 간의 기술 전이가 촉진되도록 하여야 한다. 문해 기술 발달에 우선권이 주어져야 한다.
- 수화와 건청인의 언어를 교육 목적상 따로 떼어놓아야 한다.
- 문법식 수화나 교육용으로 고안된 수화 등의 역할을 분명히 규정하여 건청인의 언어 발달이나 교육 내용 전달을 위해 사용한다.

2) 교육과정과 평가

농아동의 학습 요구는 건청아동의 학습 요구와 다르다는 것을 인식해야 한다. 언어 교육, 교육과정, 관련 평가에의 접근은 농아동의 약점이 아닌 장점에 근거해서 결정되어야 한다.

- 수화와 건청인의 언어는 모두 교육과 교과목 교수를 위해 사용하는 언어이어야 한다.
- 교육과정은 언어 및 문화 다원주의에 입각해서 구성되어야 한다.
- 교육과정에 기초한 수화가 개발되어야 하고 이를 농인들과 상의하여야 한다.
- 평가 장면에서 수화와 건청인의 언어는 아동의 선호에 근거해서 선택되고 사용되어야 한다.

3) 교직원

교장을 포함한 모든 교직원은 모두 수화와 건청인의 언어를 사용하여야 하고, 학생들의 교육적 필요와 언어적 필요 및 정도에 민감해야 한다.

- 자연 수화를 사용하는 농인 교직원을 반드시 고용하여야 한다.
- 건청인의 언어를 할 수 있는 건청인 교사도 고용하여야 한다.
- 이중언어 접근 상황에서 협력하여 일할 수 있도록 직무 연수 등이 이루어져야 한다.

4) 공동체와의 협력

- 농인 공동체와의 협력이 촉진되어야 한다.
- 수화 사용자 공동체와의 만남이 허락되어야 한다.

7. 이중언어-이중문화 접근에 근거한 교육의 문제

1) 연구와 평가의 필요성

이중언어-이중문화 접근에 기초한 교육은 현재 북미 여러 곳 등에서 점차 많이 실시되고 있으나 아직 초기 단계에 머물러 있다(Mahshie, 1995). 이들 프로그램 중 소수만이 이중언어-이중문화 접근 모델의 효과를 검증하는 체계적인 연구를 하고 있다.

2) 교사 교육 프로그램에서의 큰 차이

북미와 유럽 등지에서 이중언어-이중문화 접근에 지지가 확산되고 있음에도 불구하고 미국에서는 그러한 접근에 기초한 교육을 담당하는 교사가 적절한 기술을 제공할 수 있도록 교육 프로그램을 조정하지 않고 있다. 그 결과 자연 수화에 대한 적절한 훈련 부족과 사용 능력 부족으로 이중언어-이중문화 접근 실행에 커다란 방해가 되고 있다(Gallimore, 1993). 성공적인 이중언어-이중문화 접근 프로그램은 농아동 교육자에게 자연 수화와 농인 문화, 언어, 인간 발달, 이중언어-이중문화 접근에 기초한 교육 방법에 대한 이해와 능력을 요구한다. 또한 이중언어-이중문화 접근 프로그램에 참여하는 농아동 교육자들은 농인 사회에 푹 잠김으로써(immerse) 농인 문화에 대한 감수성을 발달시키고 이를 유지할 필요가 있다(Gallimore, 1993).

3) 구어 지도에 관한 합의의 부재

구어를 어디서 어떻게 가르칠지의 문제에 관해서는 이중언어-이중문화 접근을 지지하는 사람들 간에도 많은 논쟁이 있고 동의가 이루어지지 않았다. 일부 프로그램에서는 ESOL(English for students of other languages) 방법을 채택하려고 하고 있다. 그러나 ESOL 방법은 영어에 완전히 푹 빠져 생활하는 것을 요구하기 때문에 이중언어-이중문화 접근에는 어울리지 않는다. 다른 프로그램에서는 영어를 읽기와 쓰기를 통해 가르친다. Orin Cornett 박사는 그가 개발한 발화 암시법이 영어를 가르치는 데 가장 효과적이라고 말하는데, 그 이유는 영어를 손으로, 즉 시각적으로 표현하는 정확한 표현법이기 때문이라고 한다.

> 자연 수화와 영어를 사용하는 이중언어-이중문화 접근이 실현 가능하기 위해서는 그 필요충분조건으로 두 언어 모두 특정 교육 프로그램에서 효율적이고 성공적으로 학습 가능해야만 한다(Cornett, 1994).

4) 자연 수화 / 구어 이중언어주의와 건청부모

부모와 아동 간의 관계에 이중언어-이중문화 접근이 어떤 영향을 미칠 것인가? '이중언어-이중문화 접근'에서는 프로그램의 일부분을 건청부모의 적극적인 참여를 위해 할애하고 있지만, 대부분의 건청부모는 수화를 능숙하게 사용하지 못한다. Shawn Mahshie에 의하면, 덴마크와 스웨덴의 부모 중 각 나라의 자연 수화에 푹 빠져서 능숙하게 사용하는 부모는 보다 안정되어 있고 자신들의 농자녀를 더 잘 이해할 수 있었다. 수화가 아닌 자연 수화를 강조함으로써 부모는 자신들의 수화 능력을 보다 향상시킬 수 있었다. 또한 그들은 자신들의 농자녀와 또 다른 농성인들과 의미 있는 대화를 보다 많이 나눌 수 있었다(Mahshie, 1995).

5) 교육과정과 지원 자료

이중언어-이중문화 접근은 아직 초기 단계에 머물고 있기 때문에 필요한 자료나 특별 교육과정이 아직 완전하게 개발되지 않았고 시험을 거치지도 않았다. 앞으로 교사 교육 프로그램과 자료들이 최적으로 실시될 수 있도록 개발되어야 한다(Vernon & Daigle, 1994).

6) 기본 가정에 대한 의문

Mayer와 Wells(1996)는 Cummins의 언어 간 상호의존모델에 근거해서 자연 수화의 유창함이 건청인들이 사용하는 문어의 획득에 도움이 된다는 주장에 의문을 제기하였다. Cummins는 언어 간에 학업/인지 기술 또는 문해 관련 기술이 전이되는 기초로서 언어 간 상호 의존을 언급하였지만 모든 언어 간에 모든 기술이 전이될 수 있다고 보지는 않았다.

또한 1차 언어의 구어 능력과 2차 언어의 읽고 쓰는 능력 간의 상관관계가 있다는 증거는 없으며, 오히려 1차 언어의 읽고 쓰는 능력과 2차 언어의 읽고 쓰는 능력 간에 높은 상관관계가 있었다. 그러나 이 경우도 두 언어가 유사하지 않은 경우 상관관계는 희박하였다. 이와 같이 1차 언어의 읽고 쓰는 능력과 2차 언어의 읽고 쓰는 능력 간의 관계가 높다면 수화의 경우 문자가 없기 때문에 수화 사용의 능숙함이 전이될 가능성은 낮을 수도 있다.

따라서 수화와 문어 형태 간에는 언어 간 상호 의존성이 적은 것 같다. 그렇다고 하여 자연 수화를 배우는 것이 언어 간에 광범위한 개념적 · 인지적 전이가 가능한 인지 능력 발달에 도움이 되지 않는다는 의미는 아니다. 자연 수화는 일부 농아동에게는 1차 언어로서 충분한 역할을 할 수 있다. 그러나 주류 사회에서 사용하는 문어의 사용 능력 발달에 직접적으로 도움이 된다고 보기는 어려울 것이다. 연구 결과는 두 언어 양식이 유사할수록 구어든, 문어든 보다 전이가 잘 일어난다는 점을 지적하고 있다. 따라서 문법식 수화와 인공으로 창안한 수화 체계 등이 자연 수화와 건청인 언어 간의 중간 언어로서 다시 그 교육적 활용의 의의가 커지고 있다(Stewart, 1993; Fischer, 1998).

제14장

중추성 청각정보처리장애

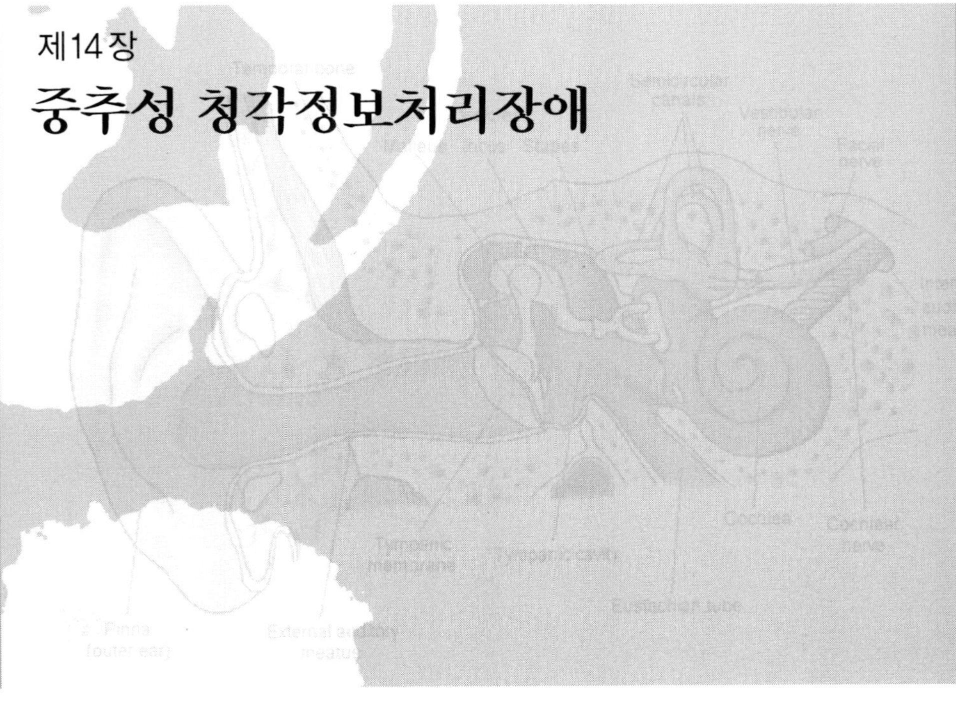

1. 중추성 청각정보처리장애의 정의 및 특성
2. 중추성 청각정보처리 결함 가설
3. 중추성 청각정보처리장애의 선별
4. 중추성 청각정보처리장애의 평가
5. 중추성 청각정보처리장애 아동을 위한 중재

언어 발달 지체, 학습장애, 읽기장애 등은 청력손실 문제와 언어 문제, 인지 문제가 상호 작용하여 나타날 가능성이 있어서 더욱 주의 깊은 검사와 평가, 의사 결정이 요구된다.

실제로 순음청력검사나 어음청력검사 결과는 청력이 정상이고 주의력에 문제가 없으며, 언어 이해 능력과 표현 능력이 모두 정상 범주인데도, 정보가 많은 메시지를 이해해야 하는 상황이나 소음이 많은 상황에서 청각적으로 말을 이해하는 데 어려움을 겪는 경우가 있다. 즉, 말초적인 수준에서의 청력은 문제가 없으나, 입력된 청각적 정보를 제대로 처리하지 못하는 경우가 있다. 이런 경우 청신경 이후의 청각정보처리 과정에서의 문제, 즉 중추성 청각정보처리장애(Central Auditory Processing Disorder: CAPD) 여부를 확인해 보아야 한다.

학령기 아동을 담당하고 있는 교사나 청각사들은 중추성 청각정보처리장애 문제와 그 교육적 영향을 잘 인식해야 한다. 그러나 이러한 문제를 확인하고 치료하기 위한 방법에 대해서는 논의의 여지가 있다.

이 장에서는 중추성 청각정보처리장애의 정의와 특성, 선별, 평가, 중재에 대하여 살펴보고, 중추성 청각정보처리장애 관련된 논란과 향후 연구 과제에 대해도 살펴보고자 한다.

1. 중추성 청각정보처리장애의 정의 및 특성

중추성 청각정보처리장애(CAPD)에 대하여 명확한 정의를 내리기는 어렵다. 그것은 원인이 명확하지 않고 나타나는 양상도 매우 다양하기 때문이다. 또한 장애의 초점을 어디에 두느냐에 따라서 일컫는 용어도 매우 다양하다. 그 예로 central deafness, auditory agnosia, dysacusis, central auditory imperception, auditory processing disorders, central hearing loss, non-sensory hearing loss, obscure auditory dysfunction 등을 들 수 있다.

미국 말-언어-청각협회의 임시특별위원회(The Central Auditory Processing Ad hoc Committee of the American Speech-Language-Hearing Association)(ASHA, 1990)와 중추성 청각정보처리에 관한 특별조사단(The Task Force on Central Auditory Processing Consensus Development)(ASHA, 1996)에서는 CAPD를 다음과 같이 정의하였다.

> CAPD는 청각장애나 지적 장애에 의하지 않은 청각 신호의 정보처리 과정(formation processing)에 결함이 있는 경우를 말한다. 특히, CAPD는 청각 신호에 담긴 정보를 지속적으르 전송, 분석, 조직, 변형, 정교화, 저장, 회상, 사용하는 데 결함을 보인다. 이러한 과정들이 적절히 상호 작용하여야 주의를 집중하고, 변별해 내고, 음향학적 신호를 확인한다. 말초신경계와 중추신경계를 통해 정보를 지속적으로 전송하고, 적절한 지각적 · 개념적 수준에서 정보를 걸러 내거나 분류하거나 결합하며, 정보를 효율적으로 저장하고 인출해 내야 한다. 음운론적 지식과 의미론적 지식, 구문론적 지식과 화용론적 지식을 활용하여 기억을 되살리고, 다양한 언어적 · 비언어적 맥락 정보를 활용하여 일련의 청각적 신호에 의미를 부여하는 등의 효과적인 의사소통 수용이 가능하다(ASHA, 1990).

중추성 청각정보처리 과정(Central Auditory Processes)에서는 다음과 같은 일이 이루어진다.

- 소리 난 곳 찾기
- 청각 변별
- 청각 패턴 재인
- 청각의 시간적 측면(temporal aspects of audition)

- 시간적 해상도(temporal resolution): 텔레비전 신호 등의 3차원 신호의 시간 방향 해상도
- 시간적 차폐(temporal masking)
- 시간적 통합(temporal integration)
- 시간적 순서(temporal ordering)

• 경쟁 청각 신호 자극의 청각적 수행 감소
• 퇴화한 청각 신호의 청각적 수행 감소

이러한 처리 과정은 구어 신호뿐만 아니라 비구어 신호에도 사용되는 것으로 가정되며, 말과 언어를 포함하는 많은 기능에 영향을 미치는 것으로 여겨진다. 또한 이러한 과정은 행동과 관련이 있을 뿐만 아니라 신경생리학적 문제이기도 하다.

CAPD는 앞에서 열거한 과정 중 하나 이상에서 결함을 보인다. 어떤 사람은 CAPD가 청각의 기능장애에 따른 것으로 보기도 하고, 어떤 사람은 주의력결핍장애나 신경상의 전달 속도의 문제와 같은 보다 일반적인 기능장애에 따른 것으로 보기도 한다. 그리고 두 측면 모두 작용하여 청각 신호를 처리하는 데 결함을 나타내는 것으로 보기도 한다(ASHA, 1996).

그러나 이 정의들은 모두 복잡해서 부모와 교사들이 이해하기가 어려우며, CAPD의 대략적인 윤곽도 그리기 어렵다. 따라서 이러한 정의보다 오히려 CAPD와 관련된 행동 특성을 모아 정리해 보면 이해하기가 더 쉬울 수 있다. 구체적인 행동 특성은 다음과 같다(〈표 14-1〉 참조).

〈표 14-1〉 CAPD의 특징

• 청력이 정상이다(정상 청력도).
• 주의 집중 단위가 작다.
• 청각 자극에 일관된 반응을 보이지 않는다.
• 지시를 따르는 데 어려움이 있다.

- 구어 자극에 느린 반응이나 지체된 반응을 보인다.
- 말을 반복해 줄 것을 자주 요구한다.
- 들은 말을 자주 잘못 이해한다.
- 청각 및 시각 자극에 쉽게 산만해진다.
- 배경 소음이 있으면 잘 듣지 못한다.
- 장기기억 및 단기기억 장애를 보인다.
- 언어 결함을 보인다.
- 정상 지능인데도 학업 성취, 특히 읽기와 쓰기에 어려움을 보인다.
- 귀로 들은 단어와 인쇄된 단어를 연결하는 데 어려움이 있다.
- 자신의 목소리 크기를 감지하고 조정하는 데 어려움이 있다.
- 청각 정보를 빠르게 처리하는 데 어려움이 있다.
- 말을 할 때 적절한 단어 인출이 어렵다.
- 행동 문제를 나타낸다.
- 의사소통을 하려고 할 때 시각 단서에 의지한다(예: 화자의 얼굴을 가까이에서 보려 한다).
- 소리가 난 곳을 찾는 데 어려움이 있다.
- 만성 중이염이나 변동성 청력손실의 경험이 있다.
- 자존감이 낮은 편이다.

출처: English, K., & Adkins, T. (1996). *CAPD, the basics*. In: Educational Audiology Association Newsletter, Spring, 6.; Johnson, C. D., Benson, P. V., & Seaton, J. B. (1997). *Educational audiology handbook*. San Diego. CA: Singular Publishing.

2. 중추성 청각정보처리 결함 가설

CAPD와 관련된 이론적인 논의 중 가장 핵심적인 논의는 장애의 근원이 어디에 있느냐는 것이다(Friel-Patti, 1999). 구체적으로 청각정보처리장애가 언어 정보의 처리에만 문제가 있는 특정 결함인지, 모든 소리를 처리하는 데 문제가 있는 일반 결함인지가 논란이 되고 있다.

1) 전반적 청각정보처리 결함 가설

CAPD를 전반적 청각정보처리장애로 보는 입장에서는 청각적 신호가 신경계로 연속적으로 빠르게 들어가도록 하는 처리 과정에 결손이 있다고 주장한다(Tallal, Miller, & Fitch, 1993). 이는 언어장애의 원인을 계열적 처리의 어려움으로 설명하는 주장과 유사하다. 계열적 처리 결함을 주장하는 연구자들은 특히 단순언어장애(Specific Language Impairment: SLI)를 대상으로 한 연구들에서, 단순언어장애아동들이 계열적 처리를 요구하는 과제들에서 일반 아동보다 낮은 수행을 보였으며, 전반적으로 반응 시간도 더 늦다는 것을 근거로 내세운다.

2) 언어 특정 정보처리 결함 가설

이 가설의 기본 입장은 CAPD가 전반적인 계열적 정보처리 과정의 결함이 아니라 음소적인 특성을 지니는 말소리에 한정된 결함에서 비롯된다는 것이다. 언어 특정 결함 가설에 대한 연구는 대부분 읽기장애 아동을 대상으로 이루어졌다. 이는 읽기장애 아동의 여러 특성 중 그들이 말 인식에도 어려움이 있다는 특성과 관련이 있다. 그러나 아직 CAPD에 관해서 언어 특정 정보처리 결함 가설이 적절한지는 연구된 바 없다. 물론, CAPD의 정의가 명확하지 않고 다른 장애와 함께 혼재되어 나타날 수도 있기 때문에 CAPD에 대한 언어 특정 정보처리 결함 가설에 관한 연구가 이루어지기는 어려울 것이다. 그렇지만 CAPD를 동반할 수 있는 보다 다양한 언어장애 영역에서 연구가 이루어진다면 CAPD를 이해하는 데 도움이 될 것이다.

3. 중추성 청각정보처리장애의 선별

CAPD를 판별하는 것은 광범위한 검사를 해야 하기 때문에 일반적으로 상당히 복잡하다. CAPD 선별은 1차 선별(the initial screening)과 2차 선별(the secondary screening)로 이루어진다. 1차 선별은 CAPD로 의심되는 사람들을 판별하기 위해 사용되고, 전반적인 선별검사보다는 대부분 교사나 부모의 의뢰를 통해 CAPD를 발견하게 되는 경우가 많다. 청각사들과 부모 또는 교사들에게 CAPD의 행동 특성에 대해서 정보를 제공해 주고, CAPD가 의심되는 아동을 알려 주어야 한다. 또한 CAPD에 대한 장애 위험(at risk) 아동의 경우에도 선별검사를 의뢰하여야 한다. 2차 선별은 누가 CAPD의 심층검사를 받아야 하는지 결정하는 것이다. 따라서 일단 CAPD 평가에 들어가기 전에 보다 표준화된 형태의 선별검사를 실시한다. 이를 위한 도구로는 청각처리과정선별검사(Auditory Processing Screening Test)와 교사 체크리스트(Teacher Checklists) 등이 있다.

- 청각처리과정선별검사(Auditory Processing Screening Test)
  - SCAN(A Screening Test for Auditory Processing Disorders; Keith, 1986)
  - SCAN-A(A Test Auditory Processing Disorders in Adolescents and Adults; Keith, 1993)
  - SAAT(the Selective Auditory Attention Test; Cherry, 1980)

이러한 검사 도구는 녹음 자료를 사용하며 청각사, 언어치료사, 특수교사 모두가 사용할 수 있다. SCAN과 SAAT는 대상이 적기는 하지만 미국에서는 표준화되었다.

- 교사 체크리스트(Teacher Checklists)
  - 청각문제관리전략 체크리스트(Fisher's Auditory Problem Management Strategies Checklist)(Fisher, 1985)
  - 아동용 청각정보처리수행척도(Children's Auditory Processing Performance Scale)(Smoski, 1990)

이 두 체크리스트는 아동의 듣기(listening), 주의 집중(attention), 청각 기억 기술(auditory memory skills)에 대한 질문에 답하도록 하고 있다.

4. 중추성 청각정보처리장애의 평가

한 아동이 CAPD의 2차 선별검사에서 과제 수행에 실패한 경우에는 아동의 청각정보 처리 과정을 심층적으로 평가(assessment)하기 위해 의뢰되어야 한다.

1) 사례사

사례사(case history)의 조사는 아동의 부모나 교사가 걱정하는 점에 초점을 맞추고, 공식적인 청력검사 이외의 정보를 제공하며, 아동에 대한 교육적 측면의 제언점을 결정한다. 여기서 사용되는 질문들은 〈표 14-2〉와 같다. 추가적으로 아동의 청각 문제가 학업 수행에 어떻게 영향을 미치는지에 대해 물어볼 수도 있다.

〈표 14-2〉 사례사 면담에서 확인해야 할 청각적 행동

- 소리가 나는 위치를 알아내는 능력
- 소리를 내는 물체가 무엇인지 알아내는 능력
- 소음 상황에서 선택적으로 주의를 기울여 들을 수 있는 능력
- 갑작스럽고 예상치 못했던 소리에 대한 반응
- 주변의 소음을 무시할 수 있는 능력
- 큰 소리에 대한 참을성
- 소리에 대한 반응의 일관성
- 구어 정보를 반복적으로 요구하는 정도
- 지시를 따를 수 있는 능력
- 긴 시간 동안 들을 수 있는 능력
- 들었던 것을 기억할 수 있는 능력
- 화자의 말에 주의를 기울이는 능력
- 단어와 그 의미를 이해할 수 있는 능력
- 단어의 여러 가지 뜻을 이해할 수 있는 능력
- 추상적인 개념을 이해할 수 있는 능력
- 청각적 행동과 시각적 행동 간의 불일치 정도

2) CAPD의 평가에 사용되는 검사 도구

중추성 청각정보 처리 과정(CAP)을 평가하기 위해 많은 검사가 만들어져 왔다. 청각 기술을 평가하기 위한 말-언어 또는 다른 자극음을 사용하는 검사들이 있는데, 청각 정보의 중추성 처리 과정을 알아보기 위한 검사를 선택할 때는 타당도와 신뢰도가 높고 연령에 적합한 규준 자료를 가진 검사를 사용해야 하며, 청각 환경도 고려되어야 한다.

청력 측정

- Monotic Speech Test: 이 검사들은 각 귀를 따로 검사하는데, 말의 왜곡이 단어와 문장을 이해하는 아동의 능력에 어느 정도 영향을 미치는

지 알 수 있다.

- Monotic Tone Test: 각 귀를 따로 검사하고 말 대신 '음'을 가지고 검사한다. 이런 유형의 검사들은 아동의 패턴 인식과 계열적 처리 과정을 조사한다. 대표적인 검사로는 Duration Pattern Test(DPT), Pitch Pattern Sequence Test(PPST), Wichita Auditory Fusion Test(WAFT) 등이 있다.
- Dichotic Speech Test: 양쪽 귀에 동시에 서로 다른 자극을 들려주는 검사다.
- Binaural Information/Interaction Test: 양쪽 귀에 동시에 같은 자극을 들려주는 검사로, 양쪽 귀에 도달한 정보를 통합하는 능력을 검사하는 데 효과적이다.

청력 측정을 하지 않는 검사 이런 유형의 검사는 일반적으로 청각사가 담당하지 않으며, 사운드 부스 안에서 행해지지는 않지만 조용하고 통제된 환경에서 이루어진다.

- **주의 집중**: 청각 주의 집중 능력은 흔히 소음 속에서 말소리에 주의 집중하는 정도로 평가된다.
- **변별**: 청각사에 의해 청력 검사실에서 수행된다. 그러나 몇몇 검사는 다른 환경에서 실시할 수도 있다.
- **기억**: 청각 기억 능력은 전통적인 청력측정검사와 함께 검사할 수 없다. 기억과 순차적 기억(sequential memory)을 평가하기 위해 사용되며, 전형적인 검사는 아니지만 CAPD 아동이 어려움을 가지는 영역이기 때문에 검사하는 것이 바람직하다.
- **통합 능력**: 청각통합검사는 아동의 음소 결합(sound blending) 능력과 청각 통합 기술을 평가하는 검사다. 이러한 능력은 자동화된 청각 기술

로, 그 사용에 어려움이 있는 경우 읽고 쓰는 데 어려움을 겪을 수 있다.

- 언어 이해: 언어장애는 CAPD의 결과나 원인으로 나타나는 것이 아닐 수 있기 때문에 언어이해검사가 CAPD 평가에 포함되어서는 안 된다는 의견이 있다. 그러나 몇몇 전문가들은 언어 이해가 가장 높은 수준의 청각정보 처리 과정이라고 보기 때문에 평가되어야만 한다고 주장한다. 청각사가 언어이해검사를 CAPD에 포함시키고 싶을 때는 반드시 언어치료사와 상의해야 한다.

아동 관찰(observation of the child) 아동을 관찰하는 것은 중요하다. 검사 중 아동을 관찰하는 것은 매우 구조화된 상황에서의 관찰이지만 유용한 정보를 제공한다. 특히, 실제 교실 장면에서 아동을 관찰하는 것은 아동이 교실에서 왜 어려움을 겪는지에 대한 정보를 알 수 있고, 이에 따라 교실 중재에 대한 시사점을 제시할 수 있기 때문에 큰 도움이 된다.

아동을 관찰할 때에는 다음과 같은 내용을 참고한다.

- 주의 집중 폭(attention span)
- 구조화된 과제와 비구조화된 과제에서의 주의 집중
- 쉬운 검사와 어려운 검사를 수행할 때의 자발성과 협력 정도
- 좌절에 대한 반응
- 과제를 완성하기 위해 필요한 칭찬과 격려

3) CAPD에 대한 종합적인 평가

다양한 검사를 조합하여 어떻게 의사 결정을 내릴 것인가는 CAPD에 대한 입장에 따라 다르다. 중추성 청각정보처리에 관한 ASHA 합의서에 의하면(ASHA, 1996), CAPD 검사 도구를 사용할 때 다음의 기준을 고려하여야

한다고 권고하고 있다.

- 검사는 의뢰가 들어온 문제나 관련된 정보에 기초하여 선택되어야 한다.
- 각 검사는 서로 다른 중추성 정보처리 과정을 평가하도록 한다.
- 검사는 구어 자극과 비구어 자극을 모두 사용하여야 한다.
- 각 검사는 신뢰성이 있고 타당성이 있어야 하며 피검사자의 연령에 적합하여야 한다.
- 검사 시간은 아동의 주의 집중 가능한 한계를 넘어서는 안 되며, 아동의 동기 수준을 고려하여야 한다.

4) CAPD의 결정

앞에서 제시하였듯이 CAPD 진단을 위해서는 다양한 검사 도구를 사용하는 것이 바람직하다. 단 하나의 검사를 가지고 CAPD를 판별하였을 경우에는 CAPD의 다양성 때문에 잘못된 판단을 내리기 쉽다. 공식 검사 외에도 사례사 면접과 아동 관찰을 통해서 얻은 정보를 활용해야 한다. 또한 검사를 선택하는 것 외에 어떠한 경우가 CAPD에 해당하는 경우인지를 미리 정의해 두어야 한다. 이를 위해 다음의 질문을 고려해야 한다.

- CAPD로 판별하기 위해서는 몇 개의 검사에서 통과하지 못해야 하는가?
- CAPD로 판별하기 위해서는 몇 개 이상의 청각 기술 영역에서 결함을 나타내야 하는가?
- 1SD(표준편차)를 기준으로 할 것인가, 2SD를 기준으로 할 것인가?

5. 중추성 청각정보처리장애 아동을 위한 중재

1) CAPD 아동을 위한 중재 전략

몇몇 중재 전략이 소개되었으나 불행하게도 모든 CAPD 아동에게 효과가 있는 중재 전략은 존재하지 않는다. 따라서 아동을 유심히 관찰하고 검사함으로써 가장 적절한 중재 방법을 부모 및 관련 전문가들과 함께 찾아야 한다. 아동과 함께 수행하여 성공하였던 전략에는 교실 수정(classroom accommodations), 증폭기 사용(amplification), 직접적인 처치 등이 있다.

- **교실 수정**: 가장 흔하게 사용되는 전략으로 아동의 교실 환경을 수정하는 것이다. 교실 수정 전략은 교사가 반드시 지켜야 할 몇 가지 지시를 제시함으로써 교실 환경을 효과적으로 수정하게 하는 것이다.
- **증폭기의 사용**: CAPD 아동은 소음이 있는 환경에서 듣는 데 어려움을 경험하는 경우가 많으므로 목표가 되는 말을 증폭시켜 들려줄 필요가 있다. 개인 FM 보청기와 음장(sound field) FM의 사용이 권장되고 있다. 이러한 증폭기는 교실에서 학생의 주의 집중 능력을 향상시키는 데 성공적으로 사용되어 왔다. FM 증폭기는 몇 번 시범 사용을 통해 효과를 평가하고, 증폭기의 최대 출력이 아동에게 적합한지를 확인하여야 한다.
- **직접적인 처치(기술 향상 훈련)**: 여러 가지 기술을 반복적으로 연습시킴으로써 청각 기술을 향상시킨다. 기술 내용에는 청각 기억(auditory memory), 듣기에서의 선택적 주의 집중(auditory selective attention), 듣기 종결(auditory closure), 음소 인식 및 종합, 소음 환경에서의 듣기, 듣기를 통한 개념 형성(auditory conceptualization), 청각적 변별(auditory discrimination), 시간 순차적 청각정보 처리(auditory temporal sequencing)가

포함된다.

이러한 기술 향상 활동이 몇몇 아동에게 이익을 제공한다 할지라도 이와 같은 활동을 모든 아동에게 사용할 수 있는 것은 아니다. 사용 가능한 여러 중재 전략 중에서 가장 효과적인 전략을 찾는 것은 쉬운 일이 아니며 여러 번의 시행착오를 거친 후에야 사용 가능하다. 또한 몇 개의 전략을 혼합하여 사용하는 것이 더 효과적일 수도 있다. CAPD의 양상은 매우 다양하게 나타나기 때문에 아동 개개인이 가장 어려워하는 부분을 우선적으로 중재하는 것이 필요하다.

CAPD 아동의 평가와 중재가 쉽지 않은 일이라는 것은 분명하다. CAPD 평가는 청력검사를 통한 검사 외에도 시각과 촉각을 활용한 검사를 활용하여 검사 결과를 서로 비교할 필요가 있다. 여전히 CAPD와 관련된 많은 논문과 정보들이 제공되고 있으며, 그에 따른 많은 갈등과 논란이 지속되고 있다. 따라서 앞으로 지속적인 연구와 많은 노력이 요구되며, 이를 통해 CAPD 아동을 선별하고 중재하기 위한 합리적인 접근이 개발되어야 할 것이다.

참·고·문·헌

김규상(2003a). 순음청력검사 방법과 검사결과에 미치는 영향. 산업보건, 179, 4-15.

김규상(2003b). 소음성 난청의 청각학적 평가(1). 산업보건, 181, 12-15.

김승국(1990). 특수교육학개론. 서울: 양서원.

김승국, 김영욱, 김희옥, 박승자, 최참도, 황도순(1992). 발성 · 발화지도의 이론과 실제. 서울: 교육부.

김승국, 김영욱, 정인호, 최참도(1994). 청각장애인의 통신기기 및 통신 욕구에 관한 연구. 특수교육요구아동연구, 3, 55-87.

김승국, 김영욱, 황도순, 정인호(1998). 청각장애아동 교육. 서울: 교육과학사.

김승국, 전병운, 한옥희, 신현기(1994). 청각장애자의 통화품질 기준 연구. 대전: 한국전자통신연구소.

김영욱 외(1990). 특수교육학. 서울: 교육과학사.

김영욱(1983). 한국어 음소의 구형 변별력에 관한 연구. 미간행 석사학위논문, 서울: 단국대학교대학원.

김영욱(1990). 독화 지도 방법의 문제와 개선 전략. 한국특수교육학회. 특수교육논총, 7, 1-21.

김영욱(1993). 청각장애아의 독화 단서 연구. 미간행 박사학위논문, 서울: 단국대학교대학원.

김영욱(1997). 한국어 음소의 최소 독화 단위 연구. 특수교육논총, 14(1), 55-72.

김영욱(1999). 청각생리와 청각장애의 원인. 김승국 외, 청각장애아동 교육 (pp. 31-45). 서울: 교육과학사.

김영욱(2005). 청각장애. 김영욱 외, 특수교육학 (pp. 107-155). 서울: 교육과학사.

김진숙, 이정학(1998). 청력손실아동의 재활에 관한 고찰. 음성과학, 4(2), 103-113.

남기심, 고영근(1986). 표준국어문법론. 서울: 탑출판사.

박진희, 김종현, 이규식(1988). 임피던스 청력측정법의 교육 및 임상 적용에 관한 고찰. 난청과 언어장애, 11(2), 151-164.

아산사회복지재단(1981). 장애자복지편람. 서울: 동재단.

정기원, 권선진, 계훈방(1995). 1995년도 장애인 실태조사. 서울: 한국보건사회연구원.

허승덕, 김리석(2001). 청각학. 부산: 미도문화사.

Alpiner, J. G., & McCarthy, P. (1987). *Rehabilitative audiology: Children and adults*. Baltimore: Williams & Wilkins.

Alpiner, J. G., & McCarthy, P. (1993). *Rehabilitative audiology: Children and adults* (2nd ed.). Baltimore: Williams & Wilkins.

American Speech-Language-Hearing Association (1990). Audiological assessment of central auditory processing: An annotated bibliography. *Asha, 32* (Suppl. 1), 13-30.

American Speech-Language-Hearing Association (1996). Central auditory processing: Current status of research and implications for clinical practice. *American Journal of Audiology, 5*(2), 41-54.

Antia, S. (1985). Social interaction of hearing-impaired children: Fact of fiction? *Volta Review, 87*, 279-289.

Bellugi, U., Fischer, S., & Newkirk, D. (1979). The rate of speaking and signing. In E. Klemer, & U. Bellugi (Eds.), *The signs of language*. Cambridge, MA: Harvard University Press.

Bench, R. (1968). Sound transmission to the human fetus through the maternal abdominal wall. *Journal of Genetic Psychology, 113*, 85-87.

Berger, K. W. (1978). *Speech reading: Principles and methods* (2nd ed.). Kent, OH: Herold Publishing.

Bess, F., & Humes, L. (1995). *Audiology, the fundamentals* (2nd ed.). Baltimore, MD: Williams and Wilkins.

Binnie, C. A., Jackson, P., & Montgomery, A. (1976). Visual intelligibility of consonants: A lipreading screening test with implications for aural rehabilitation. *Journal of Speech and Hearing Disorders, 41*, 530-539.

Blamey, P., & Alcantara, J. (1994). Research in auditory training. *Journal of the Academy of Rehabilitative Audiology, 27*, 161-192.

Blennerhassett, L. (1984). Communicative styles of a 13-month-old hearing-impaired child and her parents. *Volta Review, 5*, 217-227.

Boone, D. R. (1966). Modification of the voices of deaf children. *Volta Review, 68*, 686-692.

Boone, D. R. (1987). *Human communication and its disorders*. Englewood Cliffs, NJ: Prentice Hall.

Boothroyd, A. (1978). Speech perception and sensorineural hearing loss. In M. Ross, & T. Ciolas (Eds.), *Auditory management of hearing-impaired children*. Baltimore: University Park Press.

Boothroyd, A. (1988). Linguistic factors in speechreading. In C. L. DeFilippo, & D. G. Sims (Eds.), *New reflections on speechreading* (pp.77-87). Washington DC: A.G.Bell.

Borden, G. J., Harris, K. S., & Raphael, L. J. (1994). *Speech science primer: Physiology, acoustics, and perception of speech* (3rd ed.). Baltimore: Williams & Wilkins.

Bragg, B. (1994). Culture, language and deafness(collectivism and individualism): Deafness, life and culture. *A Deaf American Monograph, 44*(spring).

Bredekamp, S. (1987). *Developmentally appropriate practice in early childhood programs serving children from birth through age 8* (expanded ed.). Washington, DC: National Association for the Education of Young Children.

Brill, R. G. (1970). The superior IQ's of deaf children of deaf parents. *Journal of the Rehabilitation of the Deaf, 4*(2), 45-53.

Brown, C. (1994). *Foundations in speech perception*. Iowa City, Iowa: Breakthrough.

Buchino, M. (1988). *Hearing children of deaf parents: Personal perspectives*. Unpublished doctoral dissertation, University of Cincinnati.

Buchino, M. (1990). Hearing children of deaf parents: A counseling challenge. *Elementary School Guidance & Counseling, 24*, 207-212.

Byers, V. (1973). Initial consonant intelligibility by hearing impaired children. *Journal of Speech and Hearing Research, 16*, 4-55.

Calderon, R., & Greenberg, M. (1997). The effectiveness of early intervention for deaf children and children with hearing loss. In M. M. Guralnick (Ed.), *The effectiveness of early intervention* (pp. 455-492). Baltimore: Paul H. Brookes.

Carhart, R. (1960). Auditory training. In H. Davis, & R. Silverman (Eds.), *Hearing and deafness* (2nd ed.). New York: Holt, Rinehart & Winston.

Carney, A. E. (1986). Understanding speech intelligibility in the hearing impaired. *Topics in language Development, 6*(3), 47-59.

Cherry, R. (1980). *Selective auditory attention test* (SAAT). St. Louis, MO: Auditec of St. Louis.

Chomsky, N. (1957). *Syntactic structures.* The Hague: Mouton.

Clark, T., & Watkins, S. (1985). *Programming for hearing impaired infants through amplification and home visits* (4th ed.). Logan, UT: Utah State University.

Clark, W. W. (1992). Otolaryngology. *Head and Neck Surgery, 106*, 669-676.

Commission on the Education of the Deaf (1988). *Toward equality: Education of the deaf.* Washinton, DC: U.S. Government Printing Office.

Connell, P. J., & Thompson, C. K. (1986). Flexibility of single-subject exper-imental designs. *Journal of Speech and Hearing Disorders, 51,* 214-225.

Cornett, O. (1994). Who am I. Deafness, life and culture. *A Deaf American Monograph, 44* (Spring).

Crandall, I. (1925). Sounds of speech. *Bell System Technical Journal,* 586-626.

Csikszentmihalyi, M., & Larson, R. (1984). *Being adolescent.* New York: Basic Books.

Cummins, J. (1979). Linguistic interdependence and the educational development of bilingual children. *Review of educational research, 49*, 222-251.

Cummins, J. (1989). A theoretical framework of bilingual special education. *Exceptional Children, 56,* 111-119.

Curtiss, S., Prutting, C. A., & Lowell, E. L. (1979). Pragmatic and semantic development in young children with impaired hearing. *Journal of Speech and Hearing Research, 22,* 534-552.

Davis, H. (1978). Audiometry: Other auditory test. In H. Davis, & D. R. Silverman (Eds.), *Hearing and deafness* (4th ed.). NY: Holt, Rinehart and Winston.

Davis, J. M., Elfenbein, J., Schum, R., & Bentler, R. A. (1986). Effects of mild and moderate hearing impairments on language, educational and psychosocial behavior of children. *Journal of Speech and Hearing Disorders, 51*(1), 53-62.

Day, P. S. (1986). Deaf children's expression of communicative intentions. *Journal of*

Communication Disorders, 19, 367-386.

DeFilippo, C. L. (1988). Tracking for speechreading training [Monograph]. In C. L. DeFilippo, & D. G. Sims (Eds.), New reflections on speechreading. *Volta Review, 30*(5), 215-236.

DeFilippo, C., & Scott, B. (1978). A method for training and evaluating the reception of ongoing speech. *Journal of the Acoustical Society of America, 63,* 1186-1192.

Dodd, B., & Burnham, D. (1988). Processing speech information. *Volta Review, 90*(5), 45-60.

Dodd, B., & Campbell, R. (1984). Non-modality specific speech coding: The processing of lip-read information. *Austalian Journal of Psychology, 36,* 171-179.

Eimas, P. (1975). Developmental studies in speech perception. In L. B. Cohen, & P. Salapatek (Eds.), *Infant perception* (Vol. 2, pp. 193-231). New York: Academic Press.

Eisenberg, R. (1970). The development of hearing in man: An assessment of current status. *Asha, 12,* 110-123.

Eisenberg, R. (1976). *Auditory competence in early life.* Baltimore: University Park Press.

Ekman, P. (1982). Methods for measuring facial action. In K. R. Scherer, & P. Ekman (Eds.), *Handbook of methods in nonverbal behavior research* (pp. 45-90). Cambridge University Press.

Elfenbein, J. (1994). Communication breakdowns in conversations: Child-initiated repair strategies. In N. Tye-Murray (Ed.), *Let's converse! A how-to guide to develop and expand the converssational skills of children and teenagers who are hearing impaired* (pp. 123-146). Washington, DC: Alexander Graham Bell Association for the Deaf.

Elfenbein, J. L., Hardin-Jones, M. A., & Davis, J. M. (1994). Oral com-munication skills of children who are hard of hearing. *Journal of Speech and Hearing Research, 37,* 216-226.

English, K. M. (1995). *Educational audiology across the lifespan: Serving all learners with hearing impairment.* Baltimore, Maryland: Paul H. Brookes.

English, K., & Adkins, T. (1996). CAPD, the basics. *In: Educational Audiology Association Newsletter*, Spring, 6.

Erber, N. P. (1971). Effects of distance on the visual reception of speech. *Journal of Speech and Hearing Research, 14,* 848-857.

Erber, N. P. (1979). Speech perception by profoundly hearing-impaired children. *Journal of*

Speech and Hearing Disorders, 122, 255-270.

Erber, N. P. (1982). *Auditory training.* Washington, DC: Alexander Graham Bell Association for the Deaf.

Erber, N. P. (1993). *Communication and adult hearing loss.* Abbotsford, Victoria: Clavis Press.

Estabrooks, W. (1994). *Auditory-verbal therapy.* Washington, DC: Alexander Graham Bell Association for the Deaf.

Ewoldt, C. (1985). A descriptive study of the developing literacy of young hearing-impaired children. *Volta Review, 87*(5), 109-125.

Fischer, S. D. (1998). Critical periods for language acquisition: Consequences for deaf education. In A. Weisel (Ed.), *Issues unresolved: New perspectives on language and deaf education* (pp. 9-26). Washington, DC: Gallaudet University Press.

Fischgrund, J. E. (1990). The education of deaf children and youth. In M. C. Wang, M. C. Reynolds, & H. J. Walberg (Eds.), *Special education: Research and practice: Synthesis of findings* (pp. 143-160). Elmsford, NY: Pergamon Press.

Fisher, C. G. (1968). Confusions among visually perceived consonants. *Journal of Speech and Hearing Research, 11,* 796-804.

Fisher, L. I. (1985). Learning disabilities and auditory processing. In R. J. Van Hattam (Ed.), *Administration of speech language services in schools* (pp. 231-190). San Diego, CA: College-Hill Press.

Fletcher, H. (1953). *Speech and hearing in communication.* Princeton: VanNostrand.

Friel-Patti, S. (1999). Clinical decision-making it the assessment and inter-vention of central auditory processing disorders. *Language, Speech, and Hearing Services in Schools, 30,* 345-352.

Friend, M., & Bursuck, W. D. (1996). *Including students with special needs: A practical guide for classroom teachers.* Boston: Allyn & Bacon.

Frisina, D. R., & Quigley, S. (1961). Institutionalization and psycho-educational development of deaf children. Council for Exceptional Children Research Monograph. (ERIC Document Reproduction Service No. ED 002 966)

Gailey, L. (1987). Psychological parameters of lipreading skill. In B. Dodd, & R. Campbell

(Eds.), *Hearing by eye: The psychology of lip-reading* (pp. 115-137). NJ: L.E.A.

Gallimore, L. (1993). How to utilize American sign language as the language instruction in the classroom. *Paper presented at the conference pro-ceedings about ASL in Schools' continuing Education and Outreach.* Washington, DC: Gallaudet University.

Gallimore, L., & Woodruff, S. (1996). The bilingual-bicultural(Bi-Bi) approach: A professional point of view. In Sue Schwartz (Ed.), *Choices in deafness: A parents' guide to communication options.* Bethesda, MD: Woodbine House.

Garstecki, D. (1983). Auditory, visual and combined auditory-visual speech perception in young and elderly adults. *Journal of the Academy of Rehabilitative Audiology, 16*, 221-233.

Gee, J., & Goodheart, W. (1988). ASL and the biological capacity for language. In M. Strong (Ed.), *Language, learning and deafness.* New York: Cambridge University Press.

Giolas, T. (1982). *Hearing-handicapped adults.* Englewood Cliffs, NJ: Prentice Hall.

Goldstein, M. (1939). *The acoustic method of the training of the deaf and hard of hearing child.* St. Louis: Laryngoscope Press.

Goodhill, V., & Guggenhein, P. (1971). Pathology, diagnosis, and therapy of deafness. In L. E. Travis (Ed.), *Handbook of speech pathology and audiology.* Englewood Chiffs, N.H.: Prentice-Hall.

Green, W. W., & Fischgrund, J. E. (1993). Students with hearing loss. In A. E. Blackhurst, & W. H. Berdine (Eds.), *An instruction to special education* (3rd ed.). NY: HarperCollins.

Hallahan, D. P., & Kauffman, J. M. (2000). *Exceptional learners: Introduction to special education* (8th ed.) (pp. 344-351). Boston: Allyn and Bacon.

Hanson, V. (1984). Cognitive processes in reading: Where deaf readers succeed and where they have difficulty. In D. S. Martin (Ed.), *Cognition, education, and deafness* (pp. 108-110). Washinton, DC: Gallaudet University Press.

Heward, W. L. (2000). *Exceptional children: An introduction to special education* (6th ed.) (pp. 364-379). Upper Saddle River, NJ: Prentice Hall.

Heward, W. L. (2003). *Exceptional children: An introduction to special education* (7th ed.). NJ: Merrill.

Hirano, M., Ohala, J., & Vennard, W. (1969). The function of laryngeal muscles in regulating fundamental frequency and intensity of phonation. *Journal of Speech and Hearing Research, 12,* 616-628.

Howell, R. F. (1984). Maternal reports of vocabulary development in four-year-old deaf children. *American Annals of the Deaf, 12,* 459-465.

Hyde, M., Elias, G., & Power, D. (1980). *The use of verbal and nonverbal control thchniques by mothers of hearing-impairrred infants.* Mt. Gavatt, Australia: Mt. Gavatt College of Advanced Education, Center for Human Development.

Indiana School for the Deaf Position Paper Committee (1992). *Foundations for bilinual/bicultural education and implications for educational residential programs.* indianapolis: indiana school for the deaf.

Jackson, P. L. (1988). The theoretical minimal unit for visual speech perception: Visemes and coarticulation. *The Volta Review, 90,* 99-115.

Jackson, P. L., Montgomery, A. A., & Binnie, C. A. (1976). Perceptual dimensions underlying vowel lipreading performance. *Journal of Speech and Hearing Research, 19,* 796-812.

Jeffers, J., & Barley, M. (1971). *Speechreading.* Springfield, IL: Charles C. Thomas Publisher.

Johnson, C. D., Benson, P. V., & Seaton, J. B. (1997). *Educational audiology handbook.* San Diego, California: Singular Publishing Group.

Johnson, D., Caccamise, E., Rothblum, A., Hamilton, L., & Howard, M. (1981). Identification and follow-up of visual impairments in hearing-impaired populations. *American Annals of the Deaf, 126,* 321-360.

Jones, E. G., & Dumas, R. E. (1996). Deaf and hearing parents' interactions with eldest hearing children. *American Annals of the Deaf, 141*(4), 278-283.

Kentworthy, O. T. (1986). Caregiver-child interaction and language acquisition of hearing-impaired children. *Topics in Language Disorders, 6*(3), 1-11.

Kieth, R. (1986). *SCAN-A: A screening test for auditory processing disorders.* San Diego, CA: Singular Publishing Group.

Kieth, R. (1993). *SCAN-A: A test for auditory processing disorders in adolescents and adults.* San Diego, CA: The Psychological Corporation.

Kirk, S. A., Gallager, J., & Anactasiow, N. (2000). *Educating exceptional children* (9th ed.).

Boston, MA: Houghton Mifflin.

Kirk, S. A., Gallagher, J. J., Anastasiow, N. J., & Coleman, M. R. (2006). *Educating exceptional children* (11th ed.). Boston, MA: Houghton Mifflin.

Kirsner, K., & Dunn, J. C. (1985). The perceptual record: A common factor in repetition priming and attribute retention. In M. I. Posner, & O. S. M. Matin (Eds.), *Mechanisms of attention: Attention and performance*. Hillside, NJ : Erlbaum.

Klein, S. K., & Rapin, I. (1988). Intermittent conductive hearing loss and language development. In D. Bishop, & K. Mogford (Eds.), *Lanaguage in exceptional circumstances*. Hove: Lawrence Erlbaum.

Kricos, P. B., & Holmes, A. E. (1996). Efficacy of audiologic rehabilitation for older adults. *Journal of the American Academy of Audiology, 7,* 219-229.

Kryter, K. D. (1996). *Handbook of hearing and the effects of noise*. NY: Academic Press.

Lane, H., Hoffmeister, R., & Bahan, B. (1996). *A journey into the Deaf-world*. Sand Diego, CA: Dawn Sign Press.

Lehiste, I. (1976). Suprasegmental features of speech. In N. J. Lass (Ed.), *Contemporary issues in experimentalphonetics* (pp. 225-242). New York: Academic Press, Inc.

Lesner, S., Sandridge, S., & Kricos, P. (1987). Training influences on visual consonant and sentence recognition. *Ear and Hearing, 8,* 283-287.

Lewis, R. B., & Doorlag, D. H. (1995). *Teaching special students in the mainstream*. Englewood Cliffs, NJ: Prentice-Hall.

Lichtenstein, E. (1984). Deaf working memory processes and English language skills. In D. S. Martin (Ed.), *Cognition, education, and deafness* (pp. 111-114). Washinton, DC: Gallaudet University Press.

Limbrick, E. A., McNaughton, S., & Clay, M. M. (1992). Time engaged in reading: A critical factor in reading achievement. *American Annals of the Deaf, 137*(4), 309-314.

Ling, D. (1989). *Foundations of spoken language for hearing-impaired children*. Washington, DC: Alexander graham Bell Association for the Deaf.

Ling, D., & Ling, A. (1978). *Aural rehabilitation*. Washington, DC: Alexander Graham Bell Association for the Deaf.

Lowenbraun, S., & Thompson, M. D. (1986). Hearing impairments. In N. G. Haring & L.

McCormick (Eds.), *Exceptional children and youth* (4th ed.). Columbus, Ohio: Charles E. Merrill.

Luetke-Stahlman, B., & Luckner, J. (1991). *Effectively educating students with hearing impairments.* New York: Longman.

Mahshie, S. (1995). *Educating deaf children bilinually.* Washington DC: Pre College Publications, Gallaudet University.

Marieb, E. (1998). *Human anatomy and physiology* (4th ed.). Menlo Park, CA: Benjamin/Cummings.

Markides, A. (1970). The speech of deaf and partially hearing children with special reference to factors affecting intelligibility. *British Journal of Disorders of Communication, 5,* 126-140.

Markides, A. (1983). *The speech of hearing-impaired children.* Oxford: Manchester University Press.

Martin, F. N. (1997). *Introduction to audiology* (6th ed.). MA: Allyn & Bacon.

Martin, F. N. (2002). *Introduction to audiology* (8th ed.). MA: Allyn & Bacon.

Martini, F. H., & Bartholomew, E. F. (2003). *Essentials of anatomy & physiology* (3rd ed.). San Francisco, CA: Pearson Education, Inc.

Mayer, C., & Wells, G. (1996). Can the linguistic interdependence theory support a bilingual-bicultural model of literacy education for deaf students? *Journal of Deaf Studies and Deaf Education, 1,* 93-107.

McCracken, W., & Laoide-Kemp, S. (1997). *Audiology in education* (pp. 3-78). London, England: Whurr Publishers Ltd.

McGlone, R. (1966). Vocal pitch characteristics of children aged one and two years. *Speech Monographs, 33,* 42-49.

McKirdy, L. S., & Blank, M. (1982). Dialogue in deaf and hearing preschoolers. *Journal of Speech and Hearing research, 25,* 487-499.

Meadow, K. P., Greenberg, M. T., Erting, C., & Carmichael, H. (1981). Interactions of deaf mothers and deaf preschool children: Comparisons with three other groups of deaf and hearing dyads. *American Annals of the Deaf, 126,* 454-468.

Metz, D., Whitehead, R., & Whitehead, B.(1984). Mechanics of vocal fold vibration and laryngeal articulatory gestures produced by hearing-impaired speakers. *Journal of Speech and Hearing Research, 27,* 62-69.

Minifie, E. (1973). Speech acoustics. In E. Minifie, T. Hixon, & E. Williams (Eds.), *Normal aspects of speech, hearing and language.* Englewood Cliffs, NJ: Prentice Hall.

Moeller, M. P., & Luetke-Stahlman, B. (1990). Parents' use of signing exact English: A descriptive analysis. *Journal of Speech and Hearing Disorders, 55,* 327-338.

Monsell, S. (1985). Repetition and lexicon. In A. W. Ellis (Ed.), *Progress in the psychology of language* (Vol. 2), London: Erlbaum.

Montgomery, A. (1994). WATCI-I: A practical approach to brief auditory rehabilitation. *The Hearing Journal, 47*(10), 53-55.

Montgomery, A. A., & Jackson, P. (1983). Physical characteristics of the lips underlying vowel lipreading performance. *Journal of the Acoustical Society of America, 73,* 2134-2144.

Montgomery, A. A., Walden, B. E., Schwartz, D. M., & Prosek, R. A. (1984). Training auditory-visual speech reception in adults with moderate sensorineural hearing loss. *Ear and Hearing, 5,* 30-36.

Moores, D. F. (1987). *Educating the deaf: Psychology, prniciples and practices* (3rd ed.). Boston: Houghton Mifflin.

Moores, D. F. (1996). *Educating the deaf: Psychology, principles, and practices.* (4th ed.). Boston, MA: Houghton Mifflin Company.

Northern, J., & Downs, M. (1991). *Hearing and hearing loss in children.* Baltimore, M.D.: Williams & Wilkins.

Northern, J., & Downs, M. (1994). *Hearing in children.* Baltimore: Williams & Wilkins.

O'Neill, J. J. (1954). Contributions of the visual components of oral symbols to speech comprehension. *Journal of Speech and Hearing Disorder, 19,* 429-439.

O'Neill, J. J., & Oyer, H. J. (1981). *Visual communication for the hard of hearing* (2nd ed.). Englewood Cliffs, NJ: Prentice Hall.

Oller, D. K. (1980). The emergence of speech sounds in infancy. In G. YeniKomishan, J. Kavanaugh, & C. A. Ferguson (Eds.), *Child Phonology: Production* (Vol. 1, pp. 93-112). New York: Grune and Stratton.

Orr, D., Fiedman, H., & Williams, J. (1965). Trainability of listening comprehension of speeded discourse. *Journal of Educational Psychology, 56,* 148-156.

Owens, E. (1978). Consonant errors and remediation in sensorineural hearing loss. *Journal of Speech and Hearing Disorders, 43,* 331-347.

Owens, E., & Blazek, B. (1985). Visemes observed by hearing-impaired and normal hearing adult viewers. *Journal of Speech and Hearing Research, 28,* 381-393.

Owens, E., Benedict, M., & Shubert, E. (1971). Further investigation of vowel items in multiple-choice discrimination testing. *Journal of Speech and Hearing Research, 14,* 814-847

Owens, E., Benedict, M., & Shubert, E. (1972). Consonant phoneme errors associated with pure tone configurations and certain types of hearing impairment. *Journal of Speech and Hearing Research, 15,* 308-322.

Parthasarathy, T. K. (2000). Electrophysiologic assessment of CAPD: A review of the basics. *The Hearing Journal, 53*(4), 52-58.

Pau, C. S. (1995). The deaf child and solving problems of arithmetic. *American Annals of the Deaf, 140*(3), 287-294.

Paul, P., & Quigley, S. (1994). *Education and deafness.* White Plains, NY: Longman.

Peterson, G. E., & Barney, H. L. (1952). Control methods used in the study of the vowels. *Journal of the Acoustical Society of America, 32,* 693-703.

Pickersgill, M. (1998). Bilingualism: Current policy and practice. In S. Gregory, P. Knight, W. McCracken, S. Powers, & L. Watson (Eds.), *Issues in deaf education* (pp. 88-97). London: David Fulton.

Pickett, J. M., & McFarland, W. (1985). Auditory implants and tactile aids for the profoudly deaf. *Journal of Speech and Hearing Research, 28,* 134-150.

Pollack, D. (1985). *Educational Audiology for the Limited Hearing Infant and Preschoolers* (2nd ed.). Springfield, Illinois: Charles C. Tomas.

Pratt, S. R. (1991). Noverbal play interaction between hearing mothers and young deaf children. *Ear and Hearing, 12*(5), 328-336.

Preston, P. (1994). *Mother father deaf: Living between sound and silence.* Cambridge, MA: Harvard university press.

Reynolds, D. (1994). Parallel views. *The Spirit of bi-bi: Two languages and two cultures.* Washington, DC: Gallaudet University Press.

Ries, P. (1973). *Reported causes of hearing loss for hearing impaired students: 1970-1971.* Washington, D.C.: Gallaudet College.

Ross, M., Brackett, D., & Maxon, A. B. (1991). *Assessment and management of mainstreamed hearing-impaired children: Principle and practices.* Austin, Texas: PRO-ED, Inc.

Ryalls, J., Michallet, B., & Le Dorze, G. (1994). A preliminary evaluation of the clinical effectiveness of vowel training for hearing-impaired children on IBM' s SpeechViewer. *Volta Review, 96,* 19-30.

Sanders. N. (1993). *Management of Hearing Handicap* (3rd ed.). Englewood Cliffs, NJ: Prentice Hall.

Schildroth, A. N., Rawlings, B. W., & Allen, T. E. (1989). Hearing-impaired children under age six: A demographic analysis. *American Annals of the Deaf, 134*(2), 63-69.

Schirmer, B. R. (1994). *Language and literacy development in children who are deaf.* New York: Maxwell Macmillan International.

Schlesinger, H. S., & Meadow, K. P. (1972). *Sound and sign: Children, deafness and mental health.* Berkeley: University of California Press.

Schumm, J. S., Vaghn, S., Haagar, D., Mcdowell, J., Rothlein, L., & Saumell, L. (1995). General education teacher planning: What can students with learning disabilities expect? *Exceptional Children, 61*, 335-352.

Seal, B. C., & Hammett, L. A. (1995). Language intervention with a child with hearing whose parents are deaf. *American Journal of Speech-Language Pathology, 4*(4), 15-21.

Sher, A., & Owens, E. (1974). Consonant confusions associated with hearing loss above 2,000Hz. *Journal of Speech and Hearing Research, 17*, 669-681.

Siedlecki, T., Votaw, M. C., Bonvillian, J. D., & Jordan, I. K. (1990). The effects of manual interference and reading level on deaf subiects' recall of word lists. *Applied Psycholinguistics, 11*, 185-199.

Singleton, J. L. (2000). Deaf parents and their hearing children. *Journal of Deaf Studies and Deaf Education, 5*(3), 221-236.

Skrakis, E. A., & Prutting, C. A. (1977). Early comminication: Semantic functions and communication intentions in the communication of the preschool child with impaired hearing. *American Annals of the Deaf, 122*, 392-394.

Smith, D. D., & Luckasson, R. (1995). *Introduction to special education* (2nd ed.). Boston: Allyn and Bacon.

Smoski, W. (1990). Use of CHAPPS in a children' s audiology clinic. *Ear and Hearing, 11*(Suppl 5), 535-565.

Spencer, P. E. (1993). Communication behaviors of infants with hearing loss and their hearing mothers. *Journal of Speech and Hearing Research, 36,* 311-321.

Spencer, P. E., & Gutfreund, M. (1990). Characteristics of "dialogues" between mothers and prelinguistic hearing-impaired and normally-hearing infants. *Volta Review, 92*, 351-360.

Stark, R. E. (1983). Phonatory development in young normally hearing and hearing-impaired children. In I. Hochberg, H. Levitt, & M. J. Osberger (Eds.), *Speech of the hearing impaired: Research, training, and personnel preparation* (pp. 251-266). Baltimore: University Park Press.

Steinberg, A., & Knightly, C. (1997). Hearing: Sounds and silences, In M. L. Batshaw (Ed.), *Children with disabilities* (pp. 241-274). Baltimore: Paul H. Brookes.

Stephens, D., & Hetu, R. (1991). Impairment, disability, and handicap in audiology: Towards a concensus. *Audiology, 30,* 185-200.

Stephens, T., Blackhurst, A. E., &Magliocca L. (1982). *Teaching mainstream,ed students.* New York: Wiley.

Stern, H. H. (1995). 언어교수의 기본 개념(심영택, 위호정, 김봉순 옮김). 서울: 하우. (원책 출판년도 1983)

Stevens, S., & Davis, H. (1938). *Hearing: Its psychology and physiology.* New York: John Wiley & Sons.

Stewart, D. (1993). Bi-Bi to MCE? *American Annals of the Deaf, 138,* 331-337.

Stinson, M, S., & Liu, Y. (1999). Participation of deaf and hard-of-hearing students in classes with hearing students. *Journal of Deaf Studies and Deaf Education, 4*(3), 191-202.

Stoker, R. G., & French-St. George, M. (1984). Factors influencing speech-reading performance: Research findings. In W. H. Northcott (Ed.), *Oral interpreting: Principles and practices* (pp. 95-122). Baltimore, MD: University Park Press.

Stout, G., & Windle, J. (1992). *Developmental approach to successful listening II.* Englewood, CO: Resource Point.

Strauss, M. (1999). Hearing loss and CMV. *Volta Review, 99*(5), 71-77.

Strong, M. (1995). A review of bilingual/bicultural programs for deaf children in north america. *American Annals of the Deaf, 140*(2), 84-94

Summerfield, A. Q. (1983). Audio-visual perception. In M. E. Lutman & M. Haggard (Eds.), *Hearing Science and Hearing Disorders* (pp. 132-179). New York: Academic press.

Tallal, P., Miller, S., & Fitch, R. H. (1993). Neurobiological basis of speech: A case for the preeminence of temporal processing. *Annals of the New York Academy of sciences, 682,* 27-47.

Tony, C. (1997). Educating for bilingualism in different contexts: Teaching the deaf and teaching children with English as an additional language. *Educational Review, 49*(2), 151-158.

Trait, D. M., & Wood, D. J. (1987). From communication to speech in deaf children. *Child Language Teaching and Therapy, 31,* 1-16.

Tran, L. P., & Grunfast, K. M. (1999). Hereditary hearing loss. *The Volta Review, 99*(5), 63-69.

Tucker, J. E. (1997). Language: The Issue in deaf education. *Perspectives in Education and Deafness, 16*(1), 2-15.

Tullos, D. C. (1990). Strategies for assessing and training social-facilitator behavior. In P. J. Schloss, & M. A. Smith (Eds.), *Teaching social skills to hearing-impaired students* (pp. 45-57). Washington, DC: Alexander Graham Bell Association for the Deaf.

Tye-Murray, N. (1991) The establishment of open articulatory postures by deaf and hearing talkers. *Journal of Speech and Hearing Research, 34,* 453-459.

Tye-Murray, N. (1992). Articulatory organizational strategies and the roles of auditory information. *Volta Review, 94,* 243-260.

Tye-Murray, N. (1994). Some conversation strategies for adults who interact with hard-of-hearing children. In N. Tye-Murray (Ed.), *Let's converse! A how-to guide to develop and expand the converssational skills of children and teenagers who are hearing impaired* (pp. 11-50). Washington, DC: Alexander Graham Bell Association for the Deaf.

Tye-Murray, N. (1998). *Foundations of aural rehabilitaion.* San Diego, California: Singular Publishing Group.

Tye-Murray, N., Tyler, R., Woodworth, G., & Gantz, B. J. (1988). Using laser videodisc technology to train speechreading and assertive listening skills. *Journal of the Academy of Rehabilitative Audiology, 21,* 143-152.

Vernon, M., & Daigle, B. (1994). Bilingual and bicultural education: Deafness, life and culture. *A Deaf American Monograph, 44*(spring).

Walden, B., & Grant, K. (1993). Research needs in rehabilitative audiology. In J. Alpiner, & P. McCarthy (Eds.), *Rehabilitative audiology: Children and adults.* Baltimore: Williams & Wilkins.

Walden, B., Erdman, S., Montgomery, A., Schwartz, D., & Prosek, R. (1981). Some effects of training on speech perception by hearing-impaired adults. *Journal of Speech and Hearing Research, 24*, 207-216.

Walden, B., Erdman, S., Montgomery, A., Schwartz, D., & Prosek, R. (1981). Some effects of training on speech perception by hearing-impaired adults. *Journal of Speech and Hearing Research, 24*, 207-216.

Watkins, S., & Clark, T. C. (1993). *SKI-HI resource manual: Family-centered, home-hased programming for infants, toddlers, and preschool-aged children with hearing impairment.* Logan, UT: HOPE, Inc.

Wedenberg, E. (1951). Auditory training of deaf and hard of hearing children. *Acta Otolaryngologica* (Suppl 110).

Williams, W. D., Murdian, M. D., LaFeuers, N., Taber, L., Catlin, F. I., & Weaver, T. G. (1982). Symptomatic congenital cytomegalovirus. *American Journal of the Disabled Child, 138*, 902-905.

Wood, D., Wood, H., Griffiths, A., & Hwoarth, I. (1986). *Teaching and talking with deaf children.* Chichester, UK: Wiley.

World Health Organization (2001). *International classification of functioning, disability and health.* Geneva: World Health Organization.

Yoshinaga-Itano, C. (1988). Speech reading instruction for children [Monograph]. *Volta Review, 30*(5), 241-254.

Yoshinaga-Itano, C., & Downey, D. M. (1986). A hearing-impaired child's acquisition of schemata: Something's missing. *Topics in Language Disorders, 7*(1), 45-57.

Yoshinago-Itano, C., & Stredler-Brown, A. (1992). Learning to communicate: Babies with hearing impairments make their needs known. *Volta Review, 94*, 107-129.

Zemlin, W. (1981). *Speech and hearing science* (2nd ed.). Englewood Cliffs, NJ: Prentice Hall.

찾 · 아 · 보 · 기

인 명

내용

저자 소개

김 영 욱

단국대학교 특수교육과 졸업

단국대학교 대학원 특수교육학과(석사 · 박사)

한국언어청각 임상학회 회장(2000~2002)

한국특수교육학회 회장(2004~2006) 역임

현재 단국대학교 사범대학 특수교육과 교수

〈주요 저서 및 논문〉

「한국어 음소의 구형 변별력에 관한 연구」(1984)

『특수교육학』(교육과학사, 1990)

「청각장애아의 독화 단서에 관한 연구」(1992)

『발성 · 발화지도의 이론과 실제』(교육부, 1992)

『청각장애 아동 교육』(교육과학사, 1998)

「쓰기 전략과 텍스트 지식 지도가 청각장애 아동의 이야기 쓰기에 미치는 영향」(2003) 외 다수

청각장애아동 교육의 이해

2007년 8월 17일 1판 1쇄 발행
2021년 9월 25일 1판 9쇄 발행

지은이 • 김 영 욱
펴낸이 • 김 진 환
펴낸곳 • (주) 학지사
04031 서울특별시 마포구 양화로 15길 20 마인드월드빌딩 5층
대표전화 • 02) 330-5114 팩스 • 02) 324-2345
등록번호 • 제313-2006-000265호
홈페이지 • http://www.hakjisa.co.kr
페이스북 • https://www.facebook.com/hakjisabook

ISBN 978-89-5891-495-2 93370

정가 **16,000원**

저자와의 협약으로 인지는 생략합니다.
파본은 구입처에서 교환하여 드립니다.

청소년 학교폭력

-이해·예방·개입을 위한 지침서-

김혜원 저

학지사

| 머리말 |

최근 대구와 광주에서 학교폭력에 시달리던 중학생들이 잇달아 스스로 목숨을 끊었다. 대구의 K군은 같은 반 학생들로부터 9개월여 동안 극심한 괴롭힘에 시달리다 자신의 아파트 베란다에서 몸을 던졌다. 이로부터 5개월 전 K군과 같은 학교, 같은 학년에 다니던 D양이 학교폭력 피해 친구를 도우려다 스스로 목숨을 끊은 사실도 알려져 충격을 주었다. 연이어 광주의 S군 역시 또래들로부터 상습적인 폭행과 금품갈취를 당해 오다가 아파트 난간에 목을 매 숨진 채 발견되었다.

이 아이들은 모두 학교에서 또래로부터 받은 괴롭힘과 폭력으로 인해 죽음으로까지 내몰린 청소년들이다. 그러나 우리가 관심을 가져야 하는 대상은 이와 같이 죽음을 선택한 아이들만이 아니다. 청소년폭력예방재단의 2010년 조사에 따르면 초 · 중 · 고등학생의 57%가 폭력을 당하고도 신고하지 않았고 학교폭력으로 자살충동을 느낀 학생은 30%를 넘었다. 이렇게 볼 때 학교폭력은 일부 아이들에게 벌어지는 현상이 아니라, 학교라는 공간 속에서 가해자, 피해자 혹은 관찰자로 존재하는 모든 청소년의 문제라 할 수 있다. 더욱 놀라운 것은 학교에서 벌어지고 있는 폭력의 진상이다. 폭력 내용은 기절놀이, 컴퓨터게임 강요, 공갈과 협박, 상습상해 및 폭행, 금품갈취, 물고문, 전기고문, 성상납 강요, 집단성폭력, 성폭행 동영상 유포 등 더 이상 극단적일 수 없을 만큼 극단적이다. 조직폭력배들 간에나 있을 법한 이러한 폭력이 이제 겨우 10대 초·중반의 학생들이 머무르는 학교현장에서 벌어진다는 사실에, 우리는 가슴이 먹먹해지며 눈과 귀를 의심할 정도다.

왜 그럴까? 청소년들이 왜 이토록 잔인하고 집요하게 또래를 괴롭히며 이러한 행동을 지속하는 것일까? 청소년, 특히 우리나라 청소년들이 엄청난 공격성을 갖고 태어난 것일까? 아니면 우리 사회가 청소년들을 그렇게 삭막한 인성을 갖도록 몰아간 것일까? 청소년 자녀를 키우는 부모가 아니더라도 청소년을 동생이나 이웃으로 두거나, 필자를 비롯해 청소년을 지도하고 교육하는 우리 사회의 모든 어른들은 이러한 질문에 맞닥뜨릴 때마다 분명한 답을 찾지 못해 쩔쩔맸을 것이다.

모두들 알고 있듯이 학교폭력은 어제오늘의 문제가 아니고 우리나라에만 있는 현상 또한 아니다. 과거에도 학교폭력은 존재했고, 동서양을 막론하고 많은 청소년들이 다양한 형태의 학교폭력에 시달리고 있다. 그러나 이 책에서 다루고 있듯이 최근 우리나라에 나타나고 있는 학교폭력의 양상은 과거 혹은 다른 나라와는 사뭇 다르게, 광범위하고 일상적이며 집요하다는 특징을 갖는다. 또한 학교폭력 문제는 다양한 원인에 의해 발생하기 때문에 한두 개의 대응책이나 표면적 현상만을 건드리는 정책으로는 근절을 기대하기 어려운 것도 사실이다. 그렇지만 이런 점들로 인해 학교폭력 문제를 다루는 많은 전문가들이 무기력한 채 손을 놓고 있을 수는 없다. 청소년들의 폭력 및 학교폭력에 대한 검증된 자료들이 계속적으로 축적되어야 하고, 이를 바탕으로 하는 체계적인 예방 및 개입 방안이 마련되어야 하며, 무엇보다 이러한 방안들이 지속적으로 실천되어야 한다. 이 책은 이러한 노력의 일환으로 학교폭력의 이해와 예방과 개입을 위한 지침서가 되기를 희망하며 준비되었다.

필자에게 이 책의 출판은 많은 의미를 갖는다. 최근 몇 년간 청소년들의 문제행동과 비행, 학교폭력에 대한 연구를 계속해 오면서, 필자는 이에 대한 결과들을 정리해서 발표해야 한다는 일종의 의무감을 느꼈다. 특히 학교폭력으로 인한 청소년들의 죽음이 이어질 때는 안타까움을 넘어 대책 마련에 적극적으로 개입하지 못하는 데 대한 죄책감과 초조감마저 느꼈다. 그러나 이러한 학문적 과제로서의 의미보다 더욱 필자를 움직이게 한 것은 학교폭력으로 인해 고통받는 청소년 당사자, 그들의 부모, 교사, 상담자들과 함께 이 문제의 완화와 해결을 위해 함께 노력하고 싶다는 생각 때문이었다. 이 책은 이러한 의무감에 따른 결과물인 동시에, 학교폭력 문제를 해결하기 위해 노력하는 많은 분들과 소통의 계기가 되기를 바라며 만들어진 작은 결과물이다.

이 책을 출판하며 부끄러움이 앞선다. 처음에 계획하고 의도했던 많은 내용을 완성하지 못했고, 독자들의 입장에서 읽기 쉽게 다듬고 정리하는 노력에서 게을렀다. 또한 학교폭력의 예방과 개입을 위한 구체적인 방안을 개발하고 소개하는 데 크게 부족했다. 그러나 이러한 이유들을 떠나 이 책의 보완이 필요한(필요하길 바라는) 중요한 이유가 또 하나 있다. 이 책에 소개된 학교폭력과 관련된 많은 수치들은 수년의 시간이 흐른 뒤에는 '과거의 자료'가 될 것이다. 현재 학교폭력의 원인으로 작용하고 있는 요인들이 크게 줄어들고 학교폭력의 발생 정도가 급감함으로써, 필자가 부지런히 교정판을 준비해야 하는 날이 속히 오기를 고대한다.

부족한 내용을 한 권의 책으로 완성해 준 학지사의 김진환 사장님과 꼼꼼하고 정성스럽게 편집을 맡아 준 편집부 직원들에게 감사의 마음을 전한다. 무엇보다 늘 분주한 아내와 엄마를 '온전히 차지'하지 못하는 아쉬움 속에서도 변함없이 지지하고 격려해 준 가족들에게 깊은 감사의 마음을 전한다.

2013년 5월

저자 김혜원

차 례

제3부 학교폭력의 관련요인과 결과

제4부 학교폭력에 대한 예방과 개입

제1부

학교폭력의 개념과 특징

제1부에서는 청소년들 사이에 발생하는 학교폭력의 의미, 특징 및 유형별 경험에 대한 전반적 내용을 다룰 것이다. 제1장에서는 학교폭력이 집단따돌림이나 집단괴롭힘 및 기타 관련 현상들과 개념적으로 어떤 공통점과 차이점을 가지는지를 비교하고자 한다. 또한 학교폭력 현상이 우리 사회에 나타나기 시작한 시기와 학교폭력에 대한 사회적 시각이 어떻게 변해 왔는지에 대해 살펴볼 것이다. 제2장에서는 청소년기의 대인관계 발달의 대표적 특징을 파악함으로써 학교폭력이 청소년기의 발달적 특징과 어떤 양상으로 관련되어 있는지 살펴볼 것이다. 제3장에서는 과거의 학교폭력과 달리 최근에 나타나는 학교폭력이 어떤 특징을 갖는지에 대해 파악할 것이다. 또한 학교폭력의 대표적인 유형과 학교폭력 개입 양상에 따라 구분되는 4개 집단(가해, 피해, 가해-피해, 방관)의 특징에 대해 살펴볼 것이다.

제1장
학교폭력의 개념

- 청소년들 간에 행해지는 폭력은 다양한 용어로 지칭되어 왔는데, 가장 자주 혼용되어 온 용어로는 집단따돌림, 집단따돌림 및 학교폭력을 들 수 있다.
- 용어의 혼란은 학교폭력에 대한 정확한 이해뿐 아니라 포함되는 행위에 대한 합의를 어렵게 하고, 이에 대한 현황 파악 및 대책 마련에 심각한 걸림돌이 된다.
- 이 장에서는 청소년들의 학교폭력 현상에 대한 세부 내용을 살펴보기 위한 가장 기초적 작업으로 관련 용어들의 공통점과 차이점을 분석하고자 한다. 또한 최근 우리나라에서 벌어지고 있는 현상을 지칭하는 데 가장 적절한 용어가 무엇인지에 대해 살펴볼 것이다.
- 이와 함께 학교폭력 현상에 대한 정확한 이해를 위해 학교폭력 개념이 국내외에서 등장하기 시작한 역사와 사회적 배경에 대해 살펴볼 것이다.

1. 용어와 의미

1) 다양한 용어의 사용

청소년들 사이에서 일어나는 집단적 따돌림이나 괴롭힘 혹은 폭력행동은 어떤 명칭으로 불러야 할지 결정하기 어려울 정도로 매우 복합적인 양상을 보인다. 이와 관련해서 이제까지 가장 많이 사용되어 온 용어는 집단따돌림, 집단괴롭힘 및 학교폭력이다. 용어에 대한 학자들 간의 의견일치가 어려운 상태에서, 이들 개념은 분명하게 구분되지 않은 채 혼용되는 경우가 많다. 또한 어떤 용어가 현재 우리나라 학교현장에서 벌어지는 현상을 가장 정확하게 담아내는지를 결정하는 것은 더욱 어려운 일이다.

이 절에서는 청소년들 사이에 발생하는 집단적 따돌림과 괴롭힘 및 폭력현상과 관련된 다양한 용어들 간의 공통점과 차이점을 분석함으로써, 개념 간의 구분이 왜 필요하고 각 개념의 분명한 의미는 무엇인지 제시하고자 한다.

2) 동일한 용어에 대한 상이한 해석

또래들 간의 지속적이고 반복적인 공격행동은 이제까지 다양한 용어로 지칭되어 왔다. 그중 가장 많이 사용된 용어는 집단따돌림과 집단괴롭힘인데, 이 중 국내 연구에서 더 많이 사용된 용어는 집단따돌림이다. 흥미로운 것은 다음 제시된 모든 연구자들이 공통적으로 '집단따돌림'이라는 용어를 사용했지만, 그 용어를 통해 표현하는 세부 개념에는 상당한 차이가 있다는 점이다. 이러한 차이는 크게 세 가지 입장으로 정리할 수 있다.

첫 번째 입장은 집단따돌림이라는 용어를 사용하면서 이 용어 안에 따돌림과 괴롭힘의 개념을 함께 포함시키는 경우다. 예를 들어, 청소년대화의 광장(1997)에서는 집단따돌림을 "두 명 이상이 집단을 이루어 특정인을 그가 속해 있는 집단에서 소외시켜 구성원으로서의 역할 수행에 제약을 가하거나 인격적으로 무시 혹은 음해하는 언어적 · 신체적 일체의 행위"라고 보았다. 조학래(2002) 또한 이와 매우 유사하게, 집단따돌림이란 "또래관계에서 두 명 이상이 집단을 이루어 자신보다 약한 입장에 있는 특정 개인을 대상으로 역할 수행의 제약, 인격적 무시나 음해를 통해 반복적으로 고통을 주는 일체의 행위"라고 제시하였다. 이와 유사하게 노성호(2001)도 집단따돌림을 "학급에서 전부 혹은 대다수의 학생들이 한 명 또는 소수의 학생들을 대상으로 의도와 적극성을 가지고 지속적으로, 반복적으로 관계에서 소외시키거나 괴롭히는 일체의 현상"이라고 봄으로써, 따돌림과 괴롭힘의 행위를 집단따돌림 개념 속에 함께 포함시켰다. 이들 정의를 종합하면, 소외나 역할 수행의 제약과 같은 '따돌림'의 행동과 함께 언어적 · 신체적 '괴롭힘'의 행동을 집단따돌림의 개념 속에 동시에 포함시키고 있음을 알 수 있다.

두 번째 입장은 집단따돌림이라는 용어를 사용하면서 따돌림보다는 주로 괴롭힘의 행위만을 포함시키는 경우다. 예를 들어, 한국교육개발원(1998)은 집단따돌림이란 왕따를 의미하며, 왕따란 "한 집단의 소속원 중 자기보다 약한 상대를 대상으로 또는 집단의 암묵적인 규칙을 어긴 자를 대상으로 여럿이 함께 또는 개인이 돌아가며 신체적 · 심리적 공격을 지속적으로 가하여 반복적으로 고통을 주는 행동"이라고 설명하였다. 이와 유사하게 이종갑(2007)은 집단따돌림을 "두 명 이상의 집단구성원이 무리를 이루어 특정인에 대해 그의 의사에 반해 일정기간에 걸쳐 지속적으로 행하는 심리적 · 신체적 일체의 행위"라고 규정함으로써 집단적 괴롭힘의 내용을 주로 강조하였다. 이와 마찬가지로 최근에 개정된 「학교폭력 예방 및 대책에 관한 법률」(2012. 03. 21. 일부개정)에서는 집단따돌림이라는 용어 대신 따돌림이란 용어를 사용하면서 유사한 내용을 제시하고 있다. 즉, 따돌림을 "학교 내외에서 2명 이상의 학생들이 특정 집단의 학생들을 대상으로 지속적이거나 반복적으로 신체적 또는 심리적 공격을 가하여 상대방이 고통을 느끼도록 하는 일체의 행위"(제2조)라고 규정하며, 상대를 배제하고 소외시키는 행위가 아닌 공격하고 괴롭히는 행위를 따돌림의 주요 내용으로 보았다.

마지막으로 일부 학자들은 동일하게 집단따돌림이라는 용어를 사용하면서 괴롭힘 행동이 아닌 따돌림 행동만을 강조함으로써 입장 차이를 보인다. 예를 들어, 박종효(2007a)는 집단따돌림을 "일부 혹은 전체 구성원이 집단(학급)의 구성원(들)을 의도적이고 반복적으로 소외시키고 따돌리는 행위"로 봄으로써 괴롭히는 행위는 포함시키지 않았다.

이상은 집단따돌림이라는 동일한 용어를 사용하면서도 그 세부 내용에 대해서는 학자들마다 상당한 입장 차이가 있음을 보여 준다. 이러한 불일치는 단지 학자들 사이에서만 나타나는 것이 아니고 학교를 포함한 청소년 현장에서 더욱 큰 차이를 보일 것으로 예상된다. 용어 사용의 혼란과 동일한 용어에 대한 상이한 해석은 이 현상을 이해하고 대처하는 데 있어 생각보다 심각한 문제들을 야기한다(이에 대한 구체적인 내용은 제4장에서 다룸). 따라서 우리나라 청소년들 사이에 발생하는 집단적인 따돌림이나 괴롭힘 및 학교폭력 현상에 관한 세부 내용을 다루기 전에, 이 현상을 지칭하는 가장 적절한 용어가 무엇인지를 먼저 논의할 필요가 있다. 다음 절에서는 이를 구체적으로 다룰 것이다.

2. 용어 간 비교

1) 집단따돌림 · 집단괴롭힘 대 또래따돌림 · 또래괴롭힘

학교폭력과 관련해서 사용되는 다양한 용어로는 집단따돌림, 집단괴롭힘, 또래따돌림 및 또래괴롭힘 등을 꼽을 수 있다. 용어가 주는 의미만을 우선적으로 검토할 때, 집단따돌림과 집단괴롭힘은 피해 청소년에게 주어지는 '집단적' 공격에 초점을 두고 있다. 반면 또래따돌림과 또래괴롭힘은 '또래로부터' 의 공격에 초점을 둔 용어다. 청소년들 간에 벌어지는 따돌림과 괴롭힘 행동에는 '집단적 공격' 인가 혹은 '또래 공격' 인가의 두 가지 측면이 다 중요한 요소가 될 수 있다. 그러나 청소년들의 따돌림이나 괴롭힘 행동을 다룰 때는 이러한 행동이 또래로부터 유발되는가보다는, 한 명에 의해서가 아니라 집단적으로 행해지는가에 더 주목할 필요가 있다. 왜냐하면 청소년들 사이에 발생하는 따돌림과 괴롭힘의 문제는 다른 연령 집단과의 관계에서가 아닌 또래관계에서 발생하는 경우가 대부분이기 때문이다. 따라서 이보다는 얼마나 많은 사람들로부터 집단적으로 그러한 행위를 당하느냐에 주목하는 것이, 가해자나 피해자의 심리적 특성과 이에 따른 결과를 파악하는 데 더욱 필요한 내용이라 할 수 있다. 이런 관점에서 본다면 또래따돌림이나 또래괴롭힘보다는 집단따돌림이나 집단괴롭힘이라는 용어를 사용할 때, 최근 청소년들 사이에 벌어지는 따돌림과 괴롭힘 문제를 더 정확하게 표현할 수 있을 것이다.

2) 집단따돌림 대 집단괴롭힘

그렇다면 집단따돌림과 집단괴롭힘의 관계는 어떠한가? 과연 두 개념은 현재까지 혼용되어 온 사실이 보여 주는 것처럼 서로 유사한 특성만을 갖는가? 혹은 구분되는 특성으로 인해 별개의 개념으로 다루어야 하는가? 이러한 질문을 다루면서 다음과 같은 몇 가지의 가정이 가능하다.

(1) 구분되는 개념이다

먼저 집단따돌림과 집단괴롭힘은 서로 동일한 개념이 아니므로 구별 없이 서로 혼용되어서는 안 된다고 볼 수 있다. 이는 다음과 같은 이유들로 인해 그러하다. 첫 번째는 각 용어의 의미가 담고 있는 구체적 행위들이 다르기 때문이다. 즉, 집단따돌림은 '따돌림'이라는 용어가 의미하듯이, 주로 한 개인을 집단의 활동이나 놀이에 끼워 주지 않고 무시, 거부(exclusion, rejection)하거나 소외(isolation)시키는 행동을 말한다. 이와 달리 집단괴롭힘은 주로 의도적으로 한 개인을 언어적 · 신체적으로 못살게 구는 '괴롭힘(victimization)' 행동들을 지칭할 때 더 적절한 용어다.

두 번째는 주변에서 인지되는 정도에 차이가 있다는 점을 들 수 있다. 집단괴롭힘은 피해 청소년을 언어적 혹은 신체적으로 뚜렷하게 괴롭힘으로써 주변 사람들에게 인지되는 경우가 많다. 반면 집단따돌림은 비가시적인 소외와 무시 등이 주를 이루기 때문에 주변 사람들로부터 인지되지 못하는 경우가 많다.

세 번째는 집단따돌림과 집단괴롭힘 중 하나만을 경험하는 경우가 발생한다는 점이다. 연구 결과에 따르면, 피해청소년들은 집단따돌림과 집단괴롭힘을 동시에 경험하거나 순환적으로 경험하는 경우가 많지만, 두 경험을 동시에 조사했을 때 둘 중 하나만을 주되게 경험하는 경우도 있다

(김혜원, 이해경, 2000; 이해경, 김혜원, 2000a). 이러한 결과는 집단따돌림과 집단괴롭힘이 동일한 개념이 아니고, 따라서 대상자들에게 2개의 경험을 구분하여 조사할 때 비로소 피해자의 경험을 통합적으로 파악할 수 있음을 보여 준다.

마지막으로 집단따돌림과 집단괴롭힘에 따른 결과에 차이가 있다는 점을 들 수 있다. 관련 연구들에 따르면, 두 경험에 따른 부정적 결과와 피해 양상에 차이가 있다고 보고되고 있어(김정민, 2004; 김혜원, 2011a, 2011b; 최미경, 2006; Buhs, 2005) 두 개념이 동일하지 않음을 보여 준다.

이상의 내용들을 볼 때, 집단따돌림과 집단괴롭힘은 서로 동일한 개념이 아니며 따라서 혼용되어서는 안 되는 개념이라 할 수 있다. 종합하면 우선적으로 집단따돌림과 집단괴롭힘은 [그림 1-1]과 같이 서로 구분되는 개념으로 이해할 수 있다.

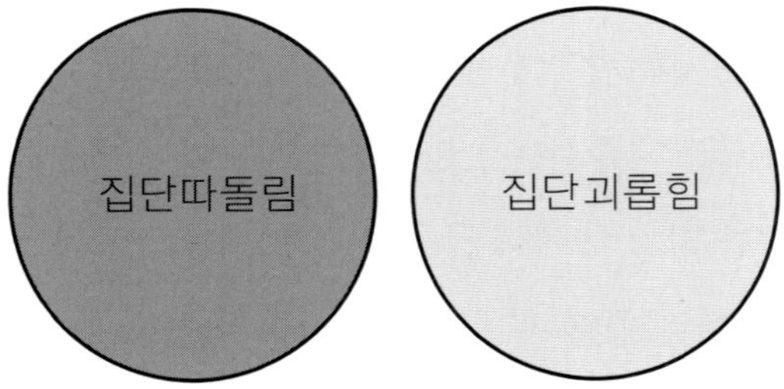

[그림 1-1] 집단따돌림과 집단괴롭힘의 관계 I: 구분되는 관계

(2) 포함관계의 개념이다

한편 이상과 다른 설명도 가능한데, 집단따돌림과 집단괴롭힘이 갖는 차이점들에도 불구하고 [그림 1-1]과 같이 두 개념을 상호 배타적이라고 보는 것은 무리라 할 수 있다. 왜냐하면 집단따돌림과 집단괴롭힘은 상당 부분 공통점을 공유하고 있고, 이러한 공통점들로 인해 기존의 연구들에서 두 개념을 매우 혼동스럽게 사용해 왔기 때문이다. 이렇게 볼 때 집단따돌림과 집단괴롭힘은 서로 포함관계를 갖는 개념들이라고 이해할 수 있다. 이러한 포함관계는 다시 몇 가지로 구분할 수 있다. 첫 번째는 각기 고유의 특성을 갖지만 일부의 특성을 공집합으로 갖는 관계다. 두 번째는 한 개념이 보다 폭넓은 내용을 가짐으로써 다른 개념을 부분집합으로 포함하는 관계다. 자세한 내용은 다음과 같다.

① 일부 특성만을 공집합으로 포함하는 관계

먼저 집단따돌림과 집단괴롭힘은 서로 구별되는 고유의 특징을 갖지만 동시에 공통적 특징을 갖는다고 가정할 수 있다. 이를 개념화하면 [그림 1-2]와 같다. 이러한 가정을 따르면 청소년들이 또래에게 행하는 일부 행위는 '따돌림' 만의 특성을 갖고 일부 행위는 '괴롭힘' 만의 특성을 갖지만, 또 다른 일부 행위는 '따돌리는 동시에 괴롭히는' 특성을 갖는다고 볼 수 있다.

그러나 이러한 관계를 면밀하게 들여다보면 과연 어떤 행위를 집단따돌림만으로 혹은 집단괴롭힘만으로 해석할 수 있는지에 의문이 생기게 된다. 예를 들어, 한 학급 내에서 급우들이 특정 학생을 따돌리는 경우 이로 인해 피해자는 예외 없이 괴로움을 경험하게 되고, 이런 경우 괴롭힘 없이 따돌림만을 했다고 볼 수 없기 때문이다. 이런 이유로 포함관계 중 공

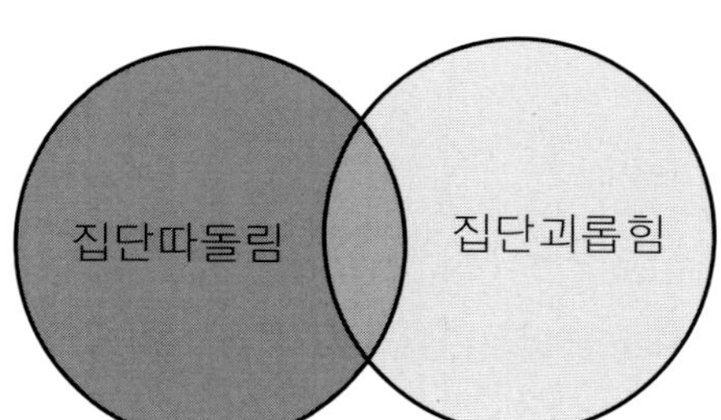

[그림 1-2] 집단따돌림과 집단괴롭힘의 관계 II: 공집합을 갖는 관계

집합만을 갖는 관계로 가정하는 것은 타당성이 적다고 할 수 있다.

② 하위개념으로 포함되는 관계

이렇게 볼 때 포함관계를 더 적절하게 개념화할 수 있는 것은 집단따돌림과 집단괴롭힘 중 하나가 다른 하나의 상위개념이라고 보는 것이다. 즉, 하나의 개념이 나머지 하나의 개념보다 더 포괄적이어서, 상위개념으로의 위치를 갖는다고 볼 수 있다. 이러한 포함관계는 다시 2개의 내용으로 구분이 가능한데, 하나는 '집단따돌림 속에 집단괴롭힘이 포함되는 관계' (A)이고, 다른 하나는 '집단괴롭힘 속에 집단따돌림이 포함되는 관계' (B)다([그림 1-3] 참조).

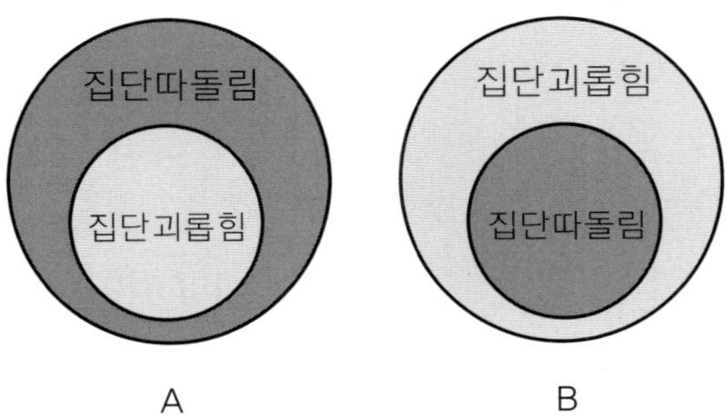

[그림 1-3] 집단괴롭힘과 집단따돌림의 관계 III: 하위개념으로 포함되는 관계

• 집단따돌림 속에 집단괴롭힘이 포함되는 관계

먼저 [그림 1-3]의 A는 집단따돌림이라는 개념 속에 집단괴롭힘의 행동을 포함시켜 이해하는 것이다. 이는 한 구성원을 언어적 · 신체적으로 괴롭히는 행동(집단괴롭힘)을 그 구성원을 소외시키고 배척시키는 행동(집단따돌림)의 일부로 보는 것이다. 일부 학자는 이와 같은 입장을 견지한다. 이명신(2000)은 청소년들 사이의 다양한 따돌림과 괴롭힘 행동을 지칭하는 데 있어 집단괴롭힘보다는 집단따돌림이 더 적절한 용어라고 밝혔다. 그에 따르면 집단원들이 한 구성원을 집단적으로 괴롭히는 행동에서 궁극적으로 목적하는 바는, 그 사람을 집단으로부터 따돌리고 배척하는 것이다. 따라서 집단원은 특정 구성원을 따돌리기 위해 신체 · 심리 · 사회적 공격 등 여러 방법을 동원하여 괴롭히며, 그 결과 지속적으로 괴롭힘을 당한 구성원은 따돌림을 당하게 되는 것이다. 따라서 집단괴롭힘은 집단따돌림을 위해 사용되는 수단으로 해석하였다.

• **집단괴롭힘 속에 집단따돌림이 포함되는 관계**

반면 또 하나의 경우인 [그림 1-3]의 B는 집단괴롭힘이라는 개념 속에 집단따돌림의 행동을 포함시켜 이해하는 경우다. 이는 청소년들이 또래 친구를 집단 속에 포함시키지 않거나 소외시키거나 지위를 박탈하는 것과 같은 따돌림 행동을, 그 사람을 괴롭히는 행동의 일부로 보는 것이다.

표면적으로 볼 때 [그림 1-3]의 A와 B는 모두 나름의 타당성을 갖는 듯하다. 그러나 구체적으로 분석해 보면 하나의 가정에서 문제점을 발견하게 된다. 즉, '집단괴롭힘이 집단따돌림 속에 포함된다' ([그림 1-3]의 A)의 가정은 그 자체에 논리적 모순을 내포한다. 왜냐하면 상대를 괴롭히는 행동을 한다는 것은 이미 어떠한 행동을 한다는 것을 의미하며, 따라서 그러한 행동을 하면서 혹은 그러한 행동을 함으로써 그 사람을 전적으로 따돌리는 것은 가능하지 않기 때문이다. 또한 최근에 벌어지는 청소년들의 행동에서 상대를 괴롭히는 행동이 궁극적으로 따돌리는 행동을 목적으로 한다고 보기도 어렵다(세부 내용은 제3장과 제5장에서 다룸). 반면 '집단따돌림이 집단괴롭힘 속에 포함된다' ([그림 1-3]의 B)의 가정은 논리적 · 현실적으로 문제가 없어 보인다. 상대를 따돌리는 행동을 함으로써 그 사람에게 괴로움을 주는 것이 가능하며, 따돌리는 행동은 괴롭히는 행동의 일부가 될 수 있기 때문이다. 또한 최근 우리나라 청소년들 사이에는 이와 같이 따돌리는 행위를 통해 또래에게 고통을 주는 경우가 매우 빈번하기 때문이다.

종합하면 2개의 혼동되는 개념의 정리가 조금 명확해지는데, 집단괴롭힘 속에는 집단따돌림이 포함될 수 있지만, 집단따돌림 속에는 집단괴롭힘이 포함되기 어렵다고 할 수 있다. 따라서 집단따돌림에 비해 집단괴롭힘이 보다 포괄적인 개념이고, 집단괴롭힘 속에는 집단따돌림의 개념이 포함된다고 보는 것이 타당할 것이다.

3) 학교폭력 대 집단따돌림 · 집단괴롭힘

(1) 학교폭력의 의미

폭력 혹은 청소년폭력에 대해서도 학자들은 다양한 정의를 내려 왔다. 폭력은 강제적으로 다른 사람의 생명, 신체, 재산에 위협을 가하는 행위로 학자에 따라서는 살인, 강도, 강간, 폭행, 상해, 협박, 공갈, 약취, 유인하는 행위 모두를 폭력의 범주에 포함시킨다. 또한 폭력은 첫째, 도구적 폭력, 개인 간 폭력, 이념적 폭력과 동기 없는 폭력, 둘째, 신체적 폭력과 언어적 폭력, 셋째, 대인폭력, 대물폭력, 피해자가 없는 폭력 등으로 나누기도 한다(서울특별시 자녀안심운동 서울협의회, 2000). Olweus(1993)는 청소년폭력의 유형에는 위협, 조롱, 때림, 발로 참, 들볶음, 꼬집음, 따돌림 등 물리적이거나 비물리적인 행위가 모두 포함된다고 보았다. 한편, 한국청소년개발원의 연구(1998)에서는 선행연구의 청소년폭력 개념들을 종합, 정리하여, "청소년폭력은 청소년기라는 특정한 생득적 · 환경적 성장과정에서, 욕구를 충족하기 위한 목적으로 대인과 대물에 관계없이 힘의 불균형 상황에서 발생하는 언어적 · 심리적 · 물리적 폭력을 말한다."라고 포괄적으로 정의하였다.

한편 청소년들의 대부분이 학생이라는 점에서 청소년폭력은 많은 경우 학교폭력과 연결되고, 청소년폭력 중 가장 많은 비율을 차지하는 것은 학교폭력이다(대검찰청, 2010). 따라서 학교폭력은 청소년폭력의 하위유형으로, 청소년폭력 중 학교라는 특정 장소를 중심으로 발생하는 폭력이라고 볼 수 있다. 학교폭력은 학생들이 학교 안이나 밖에서 행하는 금품이나 물건의 강탈, 폭행, 공갈, 협박 및 성폭행 등을 의미하며, 폭력행위에 포함될 수 있는 모든 행위들이 이에 대한 구체적 유형에 포함된다.

(2) 학교폭력 대 집단따돌림 · 집단괴롭힘

그렇다면 학교폭력은 앞에서 살펴본 집단따돌림이나 집단괴롭힘의 개념과 어떤 공통점 및 차이점을 갖는가? 언론이나 연구들에서 자주 동일한 개념처럼 사용해 온 것처럼 집단따돌림이나 집단괴롭힘은 학교폭력이라는 용어로 대체될 수 있는가?

① 구별되는 개념이다

이러한 질문들에 대한 첫 번째 입장은 집단따돌림과 집단괴롭힘이 학교폭력과 구별되는 개념이라는 입장을 들 수 있다. 이는 비록 각 개념들이 매우 많은 공통점을 갖지만, 다음과 같은 점들로 인해 집단따돌림과 집단괴롭힘이 학교폭력과 서로 동일한 개념이 아니며, 따라서 구분 없이 사용되어서는 안 된다고 보는 것이다.

먼저 집단따돌림과 집단괴롭힘은 학교폭력과 비교했을 때 주를 이루는 하위행위들에서 차이가 있다. 특히 앞서 보았듯 엄격한 의미의 집단따돌림의 경우는 폭력이 배제된 따돌림의 형태가 주를 이루는데, 이런 경우 학교폭력과의 차이가 분명해진다. 또한 학교폭력은 언어적 · 신체적 폭력행위에 주로 초점이 맞춰진 개념인 반면, 집단따돌림이나 집단괴롭힘은 이러한 행위와 함께 심리적 형태의 괴롭힘에도 초점이 맞춰져 있다는 차이점을 갖는다. 덧붙여 학교폭력은 주로 일방적이고 무차별적인 가해 행위가 주를 이루는 반면, 집단따돌림이나 집단괴롭힘에는 방관의 문제가 포함된다는 점에서도 차이가 있다(이규미, 문영춘, 홍혜영, 1998). 이러한 차이점들과 함께 무엇보다 중요한 것은 대상의 차이다. 집단따돌림이나 집단괴롭힘은 용어가 보여 주듯이 주로 '한 개인이 집단으로부터' 받는 따돌림이나 괴롭힘을 의미하는 반면, 학교폭력은 이러한 '집단 대 개인' 간의 폭력뿐 아니라 '집단 대 집단', 나아가 '개인 대 개인' 간의 폭력까지도 포함한다는 점에서 차이가 있다.

② 포함관계의 개념이다

이상의 내용을 따른다면 집단따돌림과 집단괴롭힘은 학교폭력과 구분되는 개념이라 할 수 있다. 그러나 이들을 서로 상호배타적인 개념으로 보는 것 또한 적절하지 않다. 왜냐하면 집단따돌림이나 집단괴롭힘은 학교라는 공간과 학생이라는 대상들 간에 주로 발생하는 행위이고, 따라서 이는 당연히 학교폭력의 한 범주로 다루어질 수 있기 때문이다. 또한 앞서 보았듯 집단따돌림과 집단괴롭힘이 주로 집단과 개인 간에 발생하는 문제에 초점이 맞춰져 있지만, 학교폭력 문제 또한 집단과 집단 간의 폭력행위뿐 아니라 집단과 개인 간의 문제도 포함하기 때문이다. 이렇게 볼 때 집단따돌림, 집단괴롭힘 및 학교폭력의 관계는 서로 배타적으로 구분되는 관계가 아니고 서로 관련성을 갖는 관계이며, 특히 일부의 공통점만을 갖는 관계가 아닌 상호 포함관계라고 볼 수 있다. 즉, 학교폭력은 집단따돌림과 집단괴롭힘을 포함하는 상위개념으로 보는 것이 타당할 것이다.

이러한 입장을 견지하면서 Olweus(1993)는 학교폭력의 개념을 보다 넓게 정의하였고, 이에 따라 집단괴롭힘(bullying)을 학교폭력의 하위범

주로 분류하였다. 그에 따르면 학교폭력은 크게 두 가지 형태로 구분된다. 이는 능동적 학교폭력과 수동적 학교폭력이다. 한 학생이나 집단이 특정 학생을 상대로 직접적인 해를 가하고 언어적으로 공격하는 것은 능동적 학교폭력인 반면, 집단괴롭힘과 같이 한 학생을 은근히 집단적으로 괴롭히거나 따돌리는 경우는 수동적 학교폭력인 것이다. 이와 유사하게 몇몇 학자들도 집단따돌림을 학교폭력의 한 하위범주로 보았다. 박종효(2007a)에 따르면 집단따돌림은 학교폭력의 한 유형이며 동시에 학교폭력을 대표하는 개념이다. 그에 따르면 실제로 집단따돌림은 학교현장에서 가장 빈번하고 쉽게 접할 수 있는 폭력 유형이며, 신체폭행과 같이 심각한 유형으로 악화되기 이전에 나타나는 과도기적인 행동이라 할 수 있다. 또한 우리나라에서 발표된 「학교폭력예방 및 대책에 관한 법률」(2012. 03. 21. 일부개정)의 가장 최근 내용에서도, 학교폭력은 "학교 내외에서 학생을 대상으로 발생한 상해, 폭행, 감금, 협박, 약취 · 유인, 명예훼손 · 모욕, 공갈, 강요 · 강제적인 심부름 및 성폭력, 따돌림, 사이버 따돌림, 정보통신망을 이용한 음란 · 폭력 정보 등에 의하여 신체 · 정신 또는 재산상의 피해를 수반하는 행위"(제2조)로 규정되어 있다. 이렇게 볼 때, 이 법률에서는 학교폭력을 집단따돌림과 집단괴롭힘을 모두 포함하는 개념으

[그림 1-4] 학교폭력, 집단괴롭힘, 집단따돌림의 종합적 관계

로 봄으로써 학교폭력을 가장 큰 범주의 행위로 규명하고 있음을 알 수 있다.

종합하면 학교폭력은 집단따돌림과 집단괴롭힘을 모두 포함하며, 집단과 개인 간의 폭력행위 외에 집단과 집단, 개인과 개인 간의 폭력행위를 모두 포함하는 가장 광의의 개념이라 할 수 있다. 따라서 이제까지의 개념설명에 대한 내용을 종합하여 도식화하면 [그림 1-4]와 같이 표현할 수 있다.

4) 'Bullying' 에 대한 번역: 집단따돌림 대 집단괴롭힘

청소년들의 집단적 괴롭힘이나 따돌림 행동을 지칭하면서 전 세계적으로 가장 널리 사용되는 용어는 bullying이다(세부 내용은 다음 절에서 다룸). 그런데 이 용어가 국내에서 번역되면서 매우 혼란스럽게 사용되고 있어 이에 대한 정리 또한 필요한 상황이다.

Olweus(1978, 1987, 1993, 1994b)는 bullying이라는 용어를 사용하면서 다음의 세 가지 중요한 요소가 개념에 포함된다고 보았다. 첫째, bullying은 상대가 원하지 않는 부정적인 행동을 포함하는 공격행동이고, 둘째, 지속적으로 반복되는 행동이며, 셋째, 가해자와 피해자 간 힘의 불균형이 존재하는 가운데 나타나는 행동이다. 또한 bullying은 다양한 형태의 공격행동을 포함하는데, 다음 아홉 가지의 하위유형이 이에 해당된다(http://www.olweus.org). 이는 ① 험담이나 놀림과 같은 언어적 괴롭힘, ② 사회적 소외나 배제, ③ 때리기 · 차기 · 밀기 · 침뱉기와 같은 신체적 괴롭힘, ④ 잘못되거나 거짓된 소문 퍼뜨리기, ⑤ 돈이나 물건을 뺏거나 훼손시키기, ⑥ 어떤 일을 하도록 위협하거나 강요하기, ⑦ 인종적 괴롭힘, ⑧ 성적 괴롭힘, ⑨ 사이버 괴롭힘이다.

이 용어가 소개된 이후 우리나라에서는 bullying이라는 동일한 단어를 집단따돌림(곽금주, 1999; 권준모, 1999; 이춘재, 곽금주, 1999) 또는 집단괴롭힘(강진령, 유형근, 2000; 한종철, 이민아, 이기학, 1999)이라는 2개의 용어로 동시에 번역 · 사용해 왔다. 그러나 이상에서 보았듯이 Olweus가 사용한 bullying이라는 용어는 집단적 따돌림과 괴롭힘 행위를 모두 포함하는 매우 포괄적인 개념이다. 따라서 bullying이 사회적 소외와 같은 따돌림 행위와 더불어 다양한 괴롭힘 행위를 모두 포함한다는 점에서, 이를 집단따돌림으로 번역하는 것은 적절하지 않다. 대신 앞서 보았듯 집단따돌림에 비해 집단괴롭힘이 보다 포괄적인 개념이라는 점을 감안할 때, bullying은 집단따돌림이 아닌 집단괴롭힘 혹은 괴롭힘으로 번역 · 사용하는 것이 더 적절하다고 할 수 있다. 덧붙여 Olweus의 정의를 보면 이러한 행위가 가해자 집단과 피해자 개인 간에 발생하는지 혹은 가해자 개인과 피해자 개인 간에 발생하는지에 관심을 두고 있지 않다. 따라서 이를 '집단괴롭힘' 이 아닌 '괴롭힘' 으로 번역 · 사용해도 무방하다고 본다.

5) 필자의 입장 및 이 책의 초점

하나의 사회적 현상을 지칭할 때 어떤 용어를 사용하고 그 용어의 개념을 어떻게 이해하는가에는 사회구성원들의 선택과 합의가 중요하게 작용한다. 그러나 분명한 것은 최상의 결정을 위한 중요한 기준은, 그 용어가 실제 사회 현상의 내용을 얼마나 정확하게 담고 있는가에 맞춰져야 한다는 점이다. 이는 다양한 관련 용어들 중 어떤 용어를 선택할 때, 우리가 관심 두는 행동을 가장 정확하게 지칭하고 오해 없이 의사소통할 수 있는가와 연결된다. 이에 따라 다양한 용어들에 대한 필자의 입장을 정리하면 다음과 같다.

첫째, 앞에서 밝혔듯 필자는 최근 우리나라 청소년들 간에 발생하는 집단적인 따돌림과 괴롭힘 현상을 보다 정확하게 표현하는 용어는 집단따돌림이 아니라 집단괴롭힘이라고 본다. 우리가 관심을 갖고 다루고자 하는 청소년들의 행동은 단순한 따돌림의 행위만이 아니고, 괴롭힘 행위가 따돌림을 목적으로 한다고 보기 어렵기 때문이다.

둘째, 역시 앞에서 언급했듯이 학교폭력은 집단따돌림과 집단괴롭힘을 포함하는 보다 큰 범주의 개념이며, 따라서 최근 우리나라에서 발생하는 집단적인 따돌림과 괴롭힘 현상만을 다룰 때는 학교폭력으로 통칭하는 것이 적절하지 않다고 본다. 실제로 최근 많은 연구나 언론에서 중요한 사회문제로 다루는 세부 내용을 검토해 보면 이는 '집단 대 집단' '개인 대 개인' 간의 공격행동을 모두 포함하는 학교폭력이 아니고, 한 개인에게 또래들이 집단적으로 행하는 '집단 대 개인'의 공격행동에 관한 것인 경우가 많다. 따라서 이러한 내용을 다루는 데 있어서는 학교폭력이라는 용어 대신 집단괴롭힘이라는 용어를 사용하는 것이 적절하다고 본다.

셋째, 그럼에도 불구하고 최근 우리나라에서 발생하는 학교폭력의 독특한 점은 일부 개인이 한 개인에게 폭력을 행사하는 것이 아니라, 다수의 또래집단이 한 개인에게 다양한 폭력을 지속적으로 행사한다는 점이다. 이러한 현상을 감안하여 이 책에서는 청소년들의 학교폭력 문제(집단따돌림과 집단괴롭힘을 포함하는)를 다루는 데 있어 집단 대 개인 간에 발생하는 폭력에 더 많은 초점을 맞추고자 한다.

이처럼 개념들 간의 관계를 명확히 하는 것은 최근 우리나라 청소년들 사이에 발생하는 일련의 행동을 더 적절히 이해하고 접근하는 데 필수적인 작업이라 할 수 있다. 그러나 기존의 많은 연구들에서는 집단괴롭힘보다 집단따돌림이라는 용어를 많이 사용해 왔고, 집단따돌림, 집단괴롭힘 및 학교폭력을 뚜렷하게 구분하지 않은 경우가 많았다. 따라서 이 책에서 기존 연구 결과를 인용하거나 참고할 때는 집단따돌림, 집단괴롭힘 및 학교폭력을 주제로 한 자료를 통합적으로 고찰하고자 한다.

3. 학교폭력 개념의 등장

1) 국 내

한 개인에게 집단적으로 폭력을 가하거나 괴롭히는 행위는 집단생활을 유지시키고 결속시키는 하나의 방편으로 오랜 기간 인간과 동물 세계에 존재해 왔다. 구성원들은 집단에서 이질적 요소를 동질화하는 방식으로, 또는 증오를 제삼자에게 발산시켜 집단의 평온을 유지하는 방법으로 폭력을 사용해 왔다. 청소년들의 학교폭력 현상도 이와 마찬가지로 오랜 역사를 갖는다.

우리나라에서도 예외가 아니어서 유사한 사례가 심지어 조선시대 자료에서도 보고되고 있다. 조선시대에는 가난하거나 무력한 아이가 다른 아이들에게 놀림을 당하거나 피해를 입었을 때 피해보상을 위해 곡식을 따로 마련해 두던 '농곡'이라는 관례가 존재했다고 한다(김현성, 2004).

그러나 청소년들 간의 집단괴롭힘이나 학교폭력이 국내에서 분명한 연구주제로 등장하기 시작한 것은 비교적 최근의 일이다. 특히 또래관계에서 무시아나 거부아의 특성과 관련된 연구가 시작된 것은 1980년대 후반부터로 볼 수 있다. 이 시기 이후 일본의 '이지메' 현상이 국내에 소개되면서 이를 우리말로 옮긴 '집단괴롭힘' 혹은 '집단따돌림'의 용어가 사용되었다. 그러나 이 같은 현상에 대해 본격적인 사회적 관심이 모아지고, 이것이 남의 나라 현상만이 아님을 인식하기 시작한 것은 1990년대 중반 이후다. 1990년대 후반 한 연구(한국교육개발원, 1998)에서 '학생들의 왕따(집단따돌림 및 괴롭힘) 현상에 관한 연구'를 함으로써 '왕따' 라는 말이 학술논문의 주제로 처음 등장했다(정옥분, 정순화, 김경은, 박연정, 2008). 또한 집단따돌림, 집단괴롭힘 혹은 학교폭력이라는 관련 현상이 빈번한 연구주제로 다루어졌고, '왕따' (왕따돌림 혹은 왕따돌림을 받는 아이의 준말), '은따' (은근히 따돌림), '전따' (전교 따돌림) 등 하위 현상을 일컫는 다양한 용어들도 통용되기 시작했다.

이후 피해사례에 대한 보도가 급증하는 등 사회적 관심이 모아지면서 2000년대 이후 집단따돌림이나 집단괴롭힘에 대한 연구 수는 상당히 증가했다. 구체적으로 2000년 이후 집단따돌림과 관련된 학술논문을 검색한 결과, 2007년까지 발표된 학위논문 및 학술논문은 대략 500건 정도로 추산된다(정옥분 외, 2008).

2) 국 외

국내에서와 마찬가지로 국외에서도 청소년들 사이의 학교폭력 현상은 매우 긴 역사를 갖지만, 이러한 개념이 여러 나라에서 사회적 관심을 받고 연구되기 시작한 것은 1970년대 초반부터다. 이 시기부터 학교폭력은 bullying, mobbing, social exclusion, social harrassment, peer abuse, 이지메 등의 다양한 용어로 지칭되어 왔다. Heineman(1973)은 학교폭력과 관련된 용어를 최초로 사용한 사람 중 한 명이다(Berger, 2007 재인용). 그는 처음으로 노르웨이어인 'mobbning' 이라는 용어를 사용했다. 이 용어는 일탈적인 한 개인에 대해 집단이 행하는 폭력을 말하고, 갑자기 행해지고 갑자기 사라진다는 의미를 갖는다. Mobbning은 한 개인에 대해 집단이 공격을 행한다는 점에서 영어 'mobbing' (떼지어 공격하기)과 유사한 개념이라 할 수 있다. 여기서 'mob' 은 괴롭힘에 연관된 다수의 익명 집단 자체와, 이들 집단이 자신들의 활동을 방해하는 한 개인을 공격하는 행위를 동시에 의미한다.

학교폭력에 대한 심층적이고 폭넓은 연구를 본격적으로 시작한 가장 대표적인 학자는 노르웨이 베르겐 대학의 심리학자 Olweus다. Olweus는 1973년 학교폭력에 관한 연구를 모국어(native Sweden)로 발표하였고(Berger, 2007 재인용), 이후 『학교에서의 공격성: 집단괴롭힘 가해자와 피해자들(*Aggression in the Schools: Bullies and Whipping Boys*)』(1978)이라는 책을 영어로 처음 출판하였다. 이에 따라 'bullying'이라는 용어와 의미가 전 세계에 알려졌다(Berger, 2007 재인용). 특히 1982년 노르웨이에서는 3명의 학생이 학교폭력 피해로 잇달아 자살하는 사건이 일어났는데, 이 사건을 계기로 범국가적인 연구와 대응책이 마련되었고 여기서 Olweus가 중심 역할을 하게 되었다. 1986년 발표된 연구보고서에 따르면 노르웨이에서 매우 높게 나타났던 집단괴롭힘 현상(20%의 학생들이 가해자 혹은 피해자였음)은 2년간의 범국가적 프로젝트 이후 절반으로 줄어들었다(Berger, 2007 재인용). Olweus는 이후 다양한 연구들을 통해 이 현상에 대한 내용을 더욱 구체적으로 밝혔고, 연구들은 현재까지도 이어지고 있다.

최근으로 오면서 집단괴롭힘 및 학교폭력에 관한 사회적 · 학문적 관심이 급증하고 있음은 논문 검색도구를 통한 결과에서도 확인할 수 있다(Berger, 2007). 심리학 관련 연구물에 대한 대표적 검색도구인 PsycINFO에서 'bullying'이라는 키워드를 검색하면, 1900년에서 1979년까지의 80년의 기간 동안 단지 27개의 연구만을 검색할 수 있다. 또한 1980년에서 1989년까지의 10년 동안에는 단지 35개의 연구물이 검색된다. 그러나 1990년대의 10년 기간 동안에는 총 289개의 연구가 검색되어 큰 차이를 보인다. 또한 2000년부터 2004년까지의 5년 동안 발표된 연구의 수는 592개이고, 특히 2004년 한 해 동안에만 158개가 발표되어 최근으로 올수록 증가세

가 뚜렷함을 알 수 있다. 이러한 수치는 20세기까지 발표된 전체 연구의 수(351개)를 합해도 21세기 초의 단 5년간 발표된 연구의 수에 크게 못 미침을 보여 준다. 이러한 양상은 다른 대표적 검색도구를 통한 결과에서도 유사하게 나타난다.

4. 학교폭력에 대한 사회적 시각

1) 사회적 시각의 변화

앞서 보았듯 청소년들 사이의 학교폭력은 갑자기 생겨난 현상이 아니지만, 최근 들어 현상 자체와 이에 대한 사회적 관심이 달라지고 있다. 김현성(2004)은 청소년문제, 특히 집단괴롭힘 문제에 대한 사회적 담론분석(discourse analysis)을 통해 이러한 현상들이 1990년대 이후 사회적으로 어떻게 정의되고 해석되는지를 보여 준다.

그에 따르면 1990년대 초까지 우리나라 신문은 집단괴롭힘과 관련해서 이를 철저하게 일본의 이지메와 연결지어서만 다루었다. 즉, '일본인의 집단의식의 발로' '극히 일본적인 특성' '일본의식의 계승'과 같은 표현들을 통해, 집단괴롭힘이 일본 고유의 문제임을 강조했다. 이렇게 이지메를 일본 특유의 전체주의와 집단주의가 가져오는 폐단으로 파악하면서 당시 집단괴롭힘을 우리나라의 청소년문제와는 큰 관계가 없는 현상으로 여겼다.

이후 1990년대 중반, 우리나라에서도 본격적으로 대두된 학교폭력 문제를 다루면서 사회적 시각의 변화가 나타났다. 즉, 1995년에 들어서면서 집단괴롭힘을 일본의 문화적 특성만으로 보던 시각에서 우리나라 청소년 비행의 한 유형으로 보는 시각으로 바뀌어, 이지메 현상과 우리의 학교폭력과의 유사성을 보도하기 시작했다. 이 시기부터 청소년들의 집단괴롭힘은 일본의 이지메가 아닌 한국 청소년의 문화적 용어로 정의되었고, '왕따' 라는 용어가 사용되기 시작했다. 이와 같은 변화는 다음의 예들에서 분명하게 찾아볼 수 있다.

> "과거 교내 폭력은 금품을 뜯거나, 힘으로 자기를 과시하려는 청소년기의 치기에서 비롯된 것이 많았다. 청소년기의 돌출의식에서 비롯된 '순진한' 폭력이었다. 그러나 최근 들어 특정 대상을 골라 지속적으로 괴롭히면서 쾌감을 느끼는 소위 '이지메' 성 폭력이 크게 늘고 있어 문제의 심각성을 더하고 있다." (대한매일, 1995. 9. 14.: 김현성, 2004 재인용)

> "문제는 약자를 골라 괴롭히는 학내 폭력현상이 이 학교에 국한된 얘기만이 아니라는 데 있다. 일본에서 오래전부터 사회문제화된 그런 현상이 요즘에는 우리네 초 · 중 · 고등학교에도 번져, 갈수록 심해지고 있다는 것이 학교관계자들의 얘기다." (조선일보, 1996. 2. 18.: 김현성, 2004 재인용)

이렇게 청소년들의 집단괴롭힘을 우리나라의 문제로 수용하기 시작하면서 사회적 관심은 급격하게 증가하였다. 1990년에서 2000년까지의 집단괴롭힘과 관련된 기사의 양을 보면 이를 알 수 있다. 관련 기사는 1996년까지는 매년 1~2건 정도이다가, 1997년 3건, 1998년 7건, 1999년에는 20건으로 1998년 이후 급격히 증가했다(김현성, 2004).

2) 사회적 시각이 갖는 의미

(1) 사회 전반에 나타나는 현상

김현성(2004)은 이러한 사회적 관심의 증가가 단순히 청소년들 간의 집단괴롭힘이 수적으로 증가했기 때문에 나타난 것만은 아니라고 본다. 대신 이는 집단괴롭힘 현상이 학교 영역에 국한된 것이 아니라 사회 다른 영역에서 다양하게 나타나는 현상임을 인식하기 시작하면서 나타난 결과로 보았다. 신문기사를 통해 볼 때 처음에는 '왕따'가 청소년 비행의 한 형태로 보도되기 시작했지만, 점차로 한국 사회의 정치 · 경제 · 문화 · 사회 전 분야에서 벌어지는 집단괴롭힘을 설명하는 용어로 바뀌어 간 것을 그 증거로 들 수 있다. 구체적으로 KINDS로 검색한 결과에서 집단괴롭힘 관련기사는 총 3,538건이었는데, 이 중 청소년에 대한 기사는 302건에 불과했고 나머지는 다른 연령 집단에서 벌어진 문제에 관한 기사였다(김현성, 2004).

이렇게 볼 때, 이 시기쯤 우리나라에서는 집단괴롭힘 현상을 다루면서 이를 청소년의 문제만이 아니라 한국사회의 보편적 문제임을 인식하기 시작했다고 할 수 있다. 또한 실제로 많은 연구들에서는 집단괴롭힘 문제가 청소년만의 것이 아님을 입증하며, 이러한 인식이 타당함을 보여 준다. 예를 들어, 취업포털 '사람인'(www.saramin.co.kr)이 직장인 2,975명을 대상으로 설문조사를 실시한 결과, 응답자의 45%가 '직장에 왕따가 있다'고 답했고 '왕따 문제로 퇴사한 직원이 있다'고 답한 경우도 58%였다(중앙일보, 2012. 1. 15.).

(2) 청소년에 대한 고정된 시각

그럼에도 불구하고 여전히 우리나라에서는 폭력이나 집단괴롭힘 문제에 접근할 때 이를 기타의 사회구성원보다 청소년 고유의 문제처럼 이해하는 경우가 많다. 즉, 실제로는 폭력이나 집단괴롭힘이 우리 사회 전반의 문제로 표출되는 경우가 많지만, 그 대책과 치유책을 논하는 과정에서는 거의 대부분 청소년의 문제로만 국한시키는 경우가 많은 것이다.

이러한 사회적 시각의 이유에 대해 김현성(2004)은 사회구성원들이 이 문제에 대해 강력한 통제를 원하기 때문이라고 해석한다. 즉, 폭력이나 집단괴롭힘을 청소년 고유의 문제처럼 강조하면서 청소년에 대한 사회적 통제를 강화하고자 한다는 것이다. 폭력이나 집단괴롭힘의 가해 · 피해 청소년 모두를 '문제 있는 집단'으로 보고 이들에 대한 수정 · 변화에 초점을 맞추는 것이다. 이상의 사항들을 고려할 때, 우리 사회에서 나타나는 폭력이나 집단괴롭힘 문제는 청소년뿐 아니라 전체 사회구성원 집단에 대한 공통된 문제(김정매, 2010)임을 인식해야 하고, 이를 바탕으로 한 균형 잡힌 접근이 필요하다고 할 수 있다.

제2장

학교폭력과 청소년기 대인관계의 특징

- 이 장에서는 청소년기에 나타나는 전반적인 대인관계 양상과 특징을 파악함으로써 학교폭력이 청소년기의 발달적 특징과 어떤 양상으로 관련되어 있는지 살펴볼 것이다.
- 청소년기는 다른 어떤 발달단계보다 타인들과 긴밀한 관계를 유지하려는 친밀감의 욕구가 강한데, 특히 또래에 대한 친밀감 욕구가 강하게 발달한다. 또한 이 시기에는 부모에 대한 애착이 점차 약해지면서 또래에 대한 애착과 동조성이 강해진다.
- 이러한 과정 속에서 또래와 맺는 대인관계의 양과 질에 따라 전반적인 인성 형성과 일상생활이 영향을 받게 된다.
- 즉, 청소년 시기의 또래관계는 청소년들의 지지망 형성, 가치감 증진, 사회적 기술 습득 등에 지대한 영향을 미치게 된다. 따라서 학교폭력과 같이 또래관계에서 지속적으로 부정적 경험을 하게 되는 경우 피해 청소년들은 인지적 · 정서적 · 사회적 측면에서 매우 심각한 폐해를 경험할 수 있다.

1. 청소년기 대인관계의 발달적 변화

1) 대인관계 욕구의 변화

유아기, 아동기, 청소년기를 거치면서 인간은 대인관계와 관련된 독특한 발달적 변화를 보인다. 이러한 변화의 대표적인 특징은 나와 내 주변으로만 국한되었던 관심의 초점이 점차 넓어지고 더욱 깊어진다는 점이다. 이렇게 인간은 전 발달단계를 거치면서 타인이나 주변 사람에 대한 친밀감과 대인관계 욕구를 갖지만, 친밀감 욕구는 특히 청소년기에 가장 강한 것으로 알려져 있다.

Sullivan은 개인이 일생 동안 보이는 대인관계 욕구의 변화를 다루면서 대인관계의 측면에서 인간을 바라볼 때 한 개인의 발달을 가장 잘 이해할 수 있다고 주장하였다. Sullivan(1953: 장휘숙, 2004 재인용)이 제시한 대인관계 욕구의 변화에 따른 발달단계는 〈표 2-1〉과 같다.

제1단계인 유아기에는 자신을 보호하고 양육해 주는 대상과의 접촉 욕

〈표 2-1〉 연령별 대인관계 욕구 발달단계

단 계	연 령	특징적인 대인관계 욕구
유아기	0~2, 3세	사람들과의 접촉 욕구, 양육자로부터 사랑받고 싶은 욕구
아동기	~6, 7세	아동의 놀이에 성인이 참여해 주기를 원함
소년·소녀기	~8, 10세	또래 놀이 친구를 얻고자 하는 욕구
전청소년기	~12, 14세	친밀감과 동성단짝 관계에서 교감 확인 욕구
청소년 초기	~17, 18세	성적 접촉 욕구, 이성친구와의 친밀감 욕구
청소년 후기	~성인기	성인사회에의 통합 욕구

구가 가장 큰데, 이 욕구는 주로 따듯한 어머니나 다른 양육자의 품에 안김으로써 충족된다.

제2단계인 아동기는 언어를 습득하는 단계로 아동들은 어른들이 자신의 놀이에 참여해 주기를 원하게 된다. 이때 아동들은 어른들이 어떤 경우 인정하고 어떤 경우 인정하지 않는지를 이해하게 되면서 어른들로부터 인정받는 행동을 주로 하게 된다.

제3단계는 소년 · 소녀기로, 같은 정신분석학파인 Freud가 잠복기라는 명칭하에 비교적 조용한 시기로 본 것과 달리, Sullivan은 이 시기에 많은 심리적 변화가 일어난다고 설명한다. 이때는 적극적으로 친구를 필요로 하는 시기로, 다양한 인간관계를 알게 되고 이런 관계를 통해 협동심과 경쟁심을 배우게 된다.

제4단계인 전청소년기는 단순한 친구가 아닌 '단짝(chum)' 친구를 필요로 하는데, 단짝이란 모든 것을 털어놓고 이야기할 수 있는 대상을 의미한다. 즉, 소년 · 소녀기가 다른 사람과의 관계를 폭넓게 하는 시기였다면 전청소년기는 그 관계를 깊게 한다는 특징을 갖는다.

제5단계인 청소년 초기에는 이성과의 관계를 맺고자 하는 욕구를 갖게 된다. 이 시기에는 생리적 변화가 일어나고 이에 따라 성적 만족을 얻으려는 욕구가 커지면서 동성에 쏠리던 관심이 이성에게로 방향을 바꾸게 된다. 그러나 청소년 초기의 성적 욕구 충족은 많은 현실적 제약이 따르고 또한 성적 욕구를 느낌과 동시에 이를 의식적으로 밀어내려는 노력을 함께 함으로써, 이 시기의 청소년들은 많은 심리적 갈등과 혼란을 경험하게 된다.

마지막으로 제6단계인 청소년 후기에는 인지적 발달이 거의 완성되는 시기이고, 이에 따라 사회, 정치, 문화적인 보다 넓은 주제로 관심을 확장하게 된다. 또한 보다 넓고 안정된 사회적 관계를 맺으면서 대인관계 욕구에 대해서도 안정 단계로 접어드는 경우가 많다.

2) 사회성의 변화

Rice(1998)는 Sullivan과 유사한 입장을 취하면서 아동기에서 청소년기를 거치면서 나타나는 사회성(sociality) 발달을 크게 3단계로 구분하였다. 내용을 종합하면, 인생 초기에는 자신에게만 집중되어 있던 사회적 관심이 점차 타인에게 넓어져 가고, 이런 과정에서 초기에 동성에게 향했던 관심이 점차 이성에게 넓어져 가는 특징을 갖는다.

〈표 2-2〉의 내용을 통해 구체적인 발달 사항을 확인할 수 있다. 먼저 첫 번째 단계인 자기교제(autosociality)는 학령 전 시기까지 주로 나타난다. 이 시기 아동은 주된 즐거움과 만족을 자신에게서 찾는다. 즉, 다른 아이들과 함께 있기를 원하기는 하지만, 어울려 논다기보다 그저 옆에서 함께 있는 경우가 많다. 만일 친구 하나 없이 홀로 지내는 청소년이라면 발달적으로 여전히 이 단계에 머물러 있다고 볼 수 있다.

두 번째 단계인 동성교제(homosociality)는 주로 초등학교 시기에 나타난다. 이 시기의 아동들은 동성의 다른 아이들과 어울리면서 즐거움과 만

〈표 2-2〉 연령별 사회성 발달단계

단계	연령	특징
1단계	영아기	자기교제: 남자와 여자 모두 자신에게 주된 관심이 있다.
	2~7세	남자와 여자 모두 성에 관계없이 다른 아이와 사귀기 시작한다.
2단계	8~12세	동성교제: 동성의 다른 아이들과 놀기를 더 좋아한다. 성(性) 간에 약간의 반목이 생긴다.
3단계	13~14세	소년과 소녀가 서로에게 관심을 갖는다.
	15~16세	일부 소년, 소녀들은 이성친구와 친밀한 관계를 갖는다.
	17~18세	대다수의 청소년들이 이성친구를 갖는다.

족을 느낀다. 이러한 동성친구와의 우정관계를 통해 정체감 형성이나 이성과의 유대 형성의 기초를 마련하게 된다.

마지막으로 청소년기와 이후 성인기는 이성교제(heterosociality) 시기로, 즐거움과 우정을 동성과 이성 모두에게서 찾는다. 이제까지 동성교제에만 관심을 가졌던 이들은 이성과의 관계에 관심을 갖게 되는데, 이성과의 친밀관계를 형성하지 못하면 불안이 높아지고 자신의 성에 대한 두려움이 생기고 자아존중감이 낮아질 수 있다.

3) 우정관계의 변화

Sullivan과 Rice가 또래를 포함한 전반적인 대인관계 발달을 단계별로 제시한 것과 달리, Selman(1981)은 아동과 청소년이 성장하면서 또래와의 우정이 어떤 변화를 보이는지를 보다 구체적으로 제시하였다.

〈표 2-3〉 연령별 우정 발달단계

단 계	연 령	특 징
1단계	6세 이하	• 신체적 · 지리적 요인에 기초해서 우정을 형성한다. • 자아중심적이고 타인의 조망을 이해하지 못한다.
2단계	7~9세	• 상호성과 타인의 감정에 대한 인식에 기초해서 우정을 형성한다. • 사회적 행동과 서로에 대한 평가에 기초해서 우정을 형성한다.
3단계	9~12세	• 순수한 주고받기에 기초해서 우정을 형성한다. • 친구는 서로를 돕는 사람으로 생각한다. • 서로의 행동에 대한 상호적 평가가 이루어진다. • 신뢰성의 개념이 나타난다.
4단계	11, 12세 이상	• 신뢰에 기초한, 안정적이고 지속적인 관계를 우정으로 인식한다. • 우정관계를 3자적 조망에서 바라볼 수 있다.

〈표 2-3〉에서 볼 수 있듯이 Selman이 강조했던 우정의 일차적 요인은 타인의 조망을 고려하는 인지적 능력이다. 유아기, 아동기를 거쳐 청소년기에 접어들면서 점차적으로 외현적인 특성이나 주관적 판단에 따라 우정관계를 형성하던 것을 지양하고, 내면적인 특성을 고려하고 상호 판단에 따라 지속적이고 안정적인 우정관계를 형성하게 된다.

2. 청소년기 또래관계

1) 또래관계의 중요성

(1) 또래 동조성의 증가

일반적으로 한 아이가 성장하면서 보이는 또래와의 접촉량과 성인과의 접촉량에는 극적인 변화가 있다. [그림 2-1]에서 볼 수 있듯이 대부분의 2세

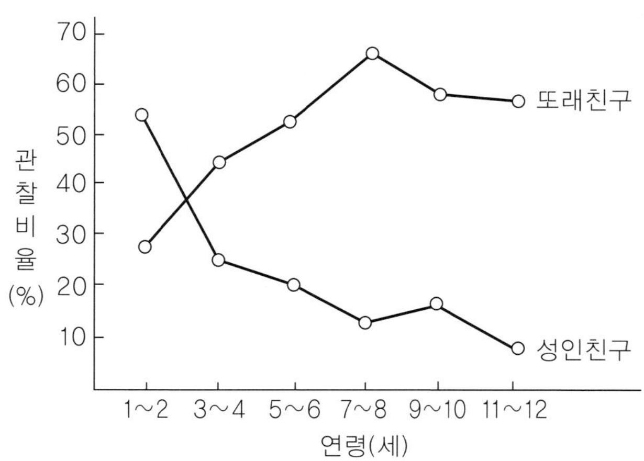

[그림 2-1] 연령에 따른 아동의 놀이친구 변화

출처: 장휘숙(2006). p. 217.

유아들의 사회적 접촉은 성인들과 이루어지지만, 4세 유아들은 성인보다 또래아동들과 더 많은 시간을 보내기 시작하고 그 이후 또래와의 접촉은 계속해서 증가한다.

청소년기로 갈수록 또래친구와의 관계가 밀접해지면서 동시에 또래에 대한 동조성도 극대화된다. 동조성(conformity)이란 집단 내부의 압력에 대해 개인이 일치하려는 경향을 의미한다. 동조행동은 청소년기에만 국한된 현상은 아니지만 일생 중 청소년기에 가장 커지는 것으로 알려져 있다([그림 2-2] 참조).

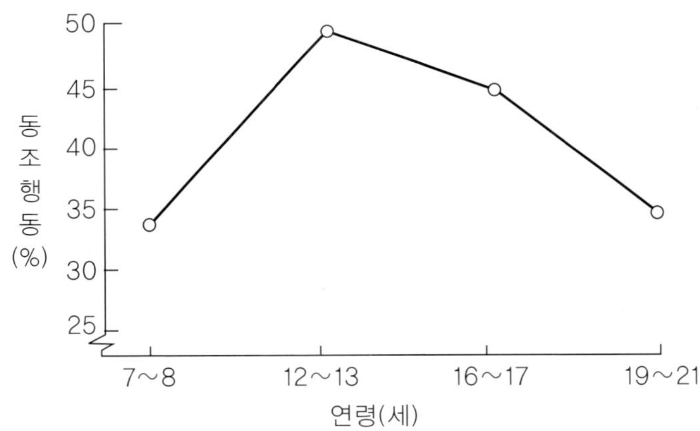

[그림 2-2] 연령에 따른 동조행동의 변화

출처: 정옥분(2005). p. 485.

동조성이 높은 경우 집단의 동조압력을 따름으로써 개인과 집단 간의 일치도가 증가하게 된다. 청소년들이 집단 규범에 동조하는 까닭은 자신의 생각에 대한 확신의 결여 때문만이 아니라 속해 있는 집단과 자신과의 관계 때문이기도 하다. 즉, 이들은 모호한 상황에서 정보를 얻기 위해서뿐 아니라 집단의 수용과 인정을 얻기 위해서 그들의 행동양식에 일치시키고 조화해 가려고 움직이게 되는 것이다.

(2) 애착과 초점의 변화

이상에서 보았듯 아동기를 지나 청소년기를 거치면서 한 개인이 정서적으로 의존하고 영향을 받는 주변 인물 또한 일정한 형태의 변화를 보인다. 청소년기의 대인관계 변화 중 두드러진 점은 부모에게 의존하고 영향받던 패턴에서 벗어나 독립과 자립의 욕구를 느낌과 동시에, 동년배 또래집단으로부터 강한 심리적 영향을 받는다는 점이다. 이에 대해 Coleman은 초점이론(focus theory)을 통해 청소년들이 주변 인물에 의존하는 경향성의 변화를 설명하였다. 그의 이론에 따르면 청소년들의 행동에 미치는 부모와 또래의 영향(초점)은 연령과 해결과제에 따라 달라진다.

첫째, 연령에 따른 차이에서 또래의 영향력은 다른 어떤 시기보다 청소년기에 최고조에 이른다(Coleman, 1978: 장휘숙, 2006 재인용). [그림 2-3]은 청소년들이 부모와 친구에 대해 보이는 자기노출 정도가 발달적으로 어떤 변화를 보이는지를 보여 준다.

연구 결과들도 청소년기에 나타나는 이러한 초점의 변화를 뒷받침하고 있다. 아동부터 청소년 전 연령대를 다룬 연구에서 아동(초등학생)들은 가장 중요한 정서적 지원자로 부모를 꼽았고, 초기 청소년(중학생)들은 부모와 동성친구를 동일하게 중요하게 여긴 반면, 중기 청소년(고등학생)들은 동성친구를 가장 빈번한 정서적 지원자로 꼽았다. 마지막으로 후기 청소년(대학생)들은 동성친구, 어머니, 이성 파트너를 동일하게 중요한 정서적 지원자로 지각하였다(Furman & Buhrmester, 1992). 황창순(2006)의 연구에서도 유사한 결과가 나타났다. 초등학교 4학년, 6학년, 중학교 2학년생을 비교한 연구에서 초등학생과 달리 중학생들은 부모에 대한 애착 정도가 유의하게 낮았고, 애착이 주는 기능을 충족하기 위해 부모보다 친구를 선택하는 비율이 높았다. 이러한 결과는 아동기까지 유지되던 부모애착이 청소년 초기에 들어서면 약해지는 경향이 있음을 보여 주는 것이다.

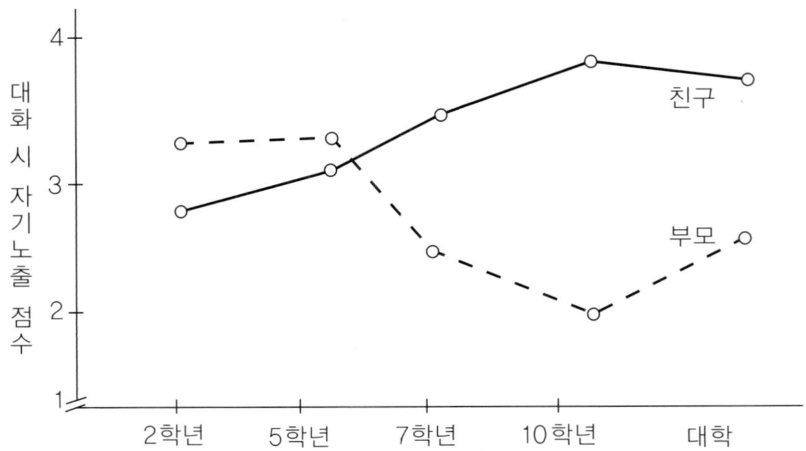

[그림 2-3] 부모와 친구에 대한 자기노출의 발달적 변화

출처: 장휘숙(2006). p. 263.

둘째, 청소년들의 주변 인물에 대한 의존도는 해결해야 할 과제에 따라서도 차이를 보인다. 이들은 의복스타일, 음악기호, 여가활동과 같은 매일 단위의 단기적 문제를 해결하기 위해서는 또래 집단에 의존하지만, 교육문제나 진로결정과 같은 장기적 문제나 도덕, 가치관, 종교문제와 같은 영역에 대해서는 부모나 주위 성인에게 더 많이 의존하였다(Steinberg, 1999: 장휘숙, 2004 재인용).

그러나 청소년 행동에 대한 이러한 또래 영향력의 정도는 고정되어 있는 것이 아니라 청소년과 부모의 관계에 따라 달라진다. 즉, 부모가 애정적이고 지지적일 때 청소년들은 또래에 지향하고 의존하는 경향이 적어지는 반면, 부모가 거부적이고 자녀의 의견에 귀 기울이지 않을 때 청소년들은 또래의 가치에 크게 의존하는 경향을 보인다(Iacovetta, 1975: 최윤미 외, 1998 재인용). 황창순(2006)의 연구에서도 청소년들이 친구에 대해 갖는 애착 정도는 부모에 대한 애착이 낮을 때 더욱 높아지는 것으로 나타났다. 따라서 청소년들이 또래 집단에 의존하는 정도는 또래 집단 자체의 매력뿐 아니라 부모와의 관계나 부모의 지원 정도에 따라서도 결정된다고 할 수 있다.

2) 또래에 대한 호감의 조건

(1) 호감의 조건

타인에 대해 갖는 호감(liking)은 대인관계를 형성하는 기본 요소가 되고, 이는 청소년들의 또래관계에서도 예외가 아니다. 호감이란 상대방에 대해 갖는 호의적인 태도를 말하며, 청소년들이 또래에 대해 호감을 갖는 데는 다음과 같은 요인들이 작용한다.

첫째는 개인적 특성으로, 상대의 신체적 외모나 분위기 등의 특성에 따라 호감이 생길 수 있다. 대개 신체적으로 매력적인 아이가 친구들에게 인기가 더 높다고 알려져 있다. 그러나 신체적 특성에 대한 개인적 취향이 각기 다르기 때문에 호감을 주는 일관적 특성을 정리하기는 어렵다. 또한 처음에는 신체적 매력에 의해 호감이 형성되지만, 점차 시간이 지나면서 성격이나 능력과 같은 내면적 특성에 의해 호감이 형성되는 것이 일반적이다(Aronson, Willerman, & Floyd, 1966).

둘째는 근접성 혹은 친숙성의 조건으로, 멀리 떨어져 있는 사람들보다 가까이 있는 사람이나 자주 만나는 사람들끼리 친해지는 경우다. 근접성은 자주 만남으로써 상대방에게 너그러운 행동을 기대하게 되고, 상대의 행동을 예측할 수 있게 됨으로써 호감을 증가시키는 것으로 알려져 있다(윤가현 외, 2005). 그러나 물리적으로 가까이 있거나 자주 만나는 자체만으로 또래관계에서 호감이 유발되는 것은 아니다. 이러한 원리는 상대방에 관한 부정적인 인상을 갖는 경우는 예외여서, 첫 만남에서 부정적인 인상이 형성된 또래라면 자주 만나도 호감이 일어나지 않을 수 있다. [그

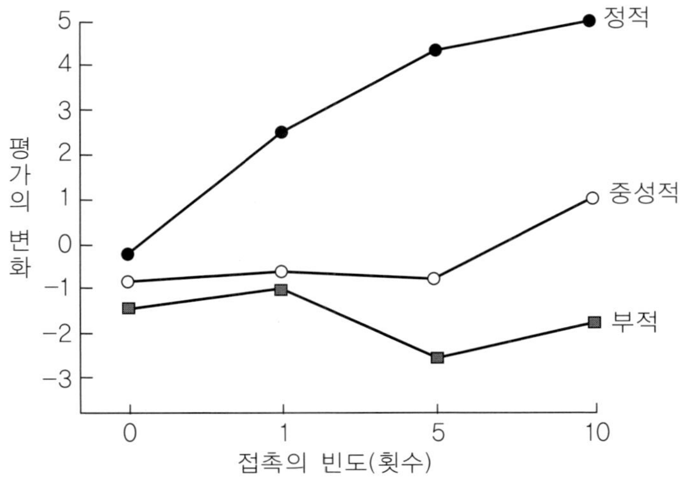

[그림 2-4] 정적 · 중성적 · 부적 자극의 접촉빈도와 호감도

출처: 김애순(2005). p. 301.

림 2-4]는 이러한 현상을 잘 보여 준다.

셋째는 유사성의 조건으로, 비슷한 사람들끼리 친구가 되는 경우다. 이렇게 친한 사람들이 여러 속성에서 유사성을 나타내는 경향성을 동질성(homophily)이라고 한다(Kandel, 1978: 최윤미 외, 1998 재인용). 태도, 종교, 가치관, 취미, 외모, 능력이 비슷한 또래에게 호감을 느끼고 친구관계를 맺는 경우가 그 예다. 유사성이 호감을 높이는 한 가지 이유는, 자신과 유사한 태도나 가치관을 갖는 사람은 세상에 대한 자신의 판단을 더 많이 수긍하고 찬성해 줌으로써 보상적(rewarding)이기 때문이다. 또한 청소년들이 친구로 어울리면서 비슷한 속성을 서로 강화해 주고 모델을 보여 주고 압력을 행사하면서 비슷한 태도와 행동을 조성해 간다는 설명도 가능하다. 즉, 친구들 간에 서로 유사한 형태로 사회화를 진행시키는 것이다.

넷째는 유사성과 반대의 개념으로, 상보성 혹은 상호보완성을 들 수 있다. 자신과 유사한 속성을 갖고 있기 때문에 호감을 느낄 수도 있지만, 자신이 갖고 있지 않은 측면에 매력을 느껴 상대에게 호감을 가질 수도 있는 것이다.

다섯째는 상호성 혹은 상호호혜성의 조건으로, 서로 도와주거나 지지해 주며 서로의 의견이나 행동을 이해하고 받아들여 주는 자세를 갖는 경우 상대에게 호감을 느끼고 친구관계가 형성된다. 상호성은 상호 간에 신뢰감을 형성시켜 주기 때문에 친구관계에 중요한 역할을 하게 된다.

여섯째는 역할모델의 조건으로, 상대에게 모델로 삼고 싶은 측면이 있는 경우 호감을 느끼고 친구가 되기도 한다. 친구의 언행, 생각, 태도, 능력 등 어떤 점에서라도 자신이 행동모델로 삼고 싶은 부분이 있어 친구관계를 유지하는 경우가 이에 해당된다.

(2) 인기 있는 또래 대 인기 없는 또래

같은 연령이라 하더라도 또래관계를 잘 맺고 폭넓은 친구관계를 갖는 청소년이 있는가 하면, 그렇지 않은 청소년도 있다. 이들 두 집단 간에는 친구로부터 인기를 얻을 만한 개인적 특성에서 차이가 있을 것이다. 선행연구에서 밝혀진 특징을 통해 이를 살펴볼 수 있다.

먼저 또래에게 인기 있는 아동이나 청소년의 특징을 정리하면 다음과 같다(장휘숙, 2006).

- 사교적 · 정력적이고 또래들이 좋아하는 활동에 가담할 수 있는 높은 에너지 수준을 지니고 있으며 운동을 잘한다.
- 긍정적인 자기지각을 지니고 있다.
- 타인을 수용하고 그들을 보호하며 감정이입적이다.
- 명랑하고 친절하며 좋은 유머감각을 지니고 있다.

- 다른 친구들보다 월등하게 높지는 않더라도 평균 이상의 지능을 지니고 있고 우수한 학업수행을 나타낸다.
- 착하고 정직하며 도덕성이 강하다.
- 교사들에게 인기가 있다.
- 뛰어난 사회인지능력과 의사소통기술을 지니고 있다.

다음으로 또래에게 인기가 없고 거부당하는 아동이나 청소년의 특징을 정리하면 다음과 같다(장휘숙, 2006).

- 자기중심적이고 위축된다.
- 불안하고, 겁이 많고, 우울하며, 내성적이다.
- 충동적이고 정서통제능력이 낮다.
- 타인과 사회적 상황에 대한 민감성이 부족하다.
- 적대적이고 지나치게 공격적이며 부적절한 방식으로 행동한다.
- 자신의 연령보다 더 어리게 행동하거나 더 나이 많은 사람처럼 행동한다.
- 낮은 지능을 지니고 있다.
- 부정적인 자기개념을 갖고 있다.
- 비만, 학습장애, 사시(斜視)나 특이한 눈, 특이한 외모, 특별한 이름을 지니고 있거나 장애아들이다.

또래관계에서의 인기나 비인기는 앞에 제시된 한두 가지의 특성들에 따라 나타난다기보다는 이것들이 종합적으로 작용하면서 나타나는 경우가 많다. 혹은 다양한 특성들 중 청소년들의 또래관계에서 더욱 큰 중요성을 갖는 요소가 있을 수 있다. 한 연구에서는 이에 대한 결과를 보여 주었다. 이경아(2008)는 남녀 중학생을 대상으로 한 연구에서 빈약한 사회기술이나 또래관계에서의 낮은 질이 직접적으로 학교폭력 경험으로 이어

지지는 않음을 밝혔다. 대신 학교폭력에는 청소년들이 자신에 대해 갖는 낮은 평가가 중요한 영향을 미치고 있었다. 즉, 청소년들이 협동이나 공감능력, 자기주장 및 자기통제와 같은 사회기술이 부족하고, 낮은 우정관계 등 또래관계의 질적 측면에 문제가 있을 경우 자기 자신에 대한 평가가 낮아지게 된다. 이는 사회적 · 학업적 · 총체적 자기존중감의 저하 및 내면화, 외현화 문제행동에 대한 부정적 평가로 이어지는데, 이렇게 낮아진 자기평가는 학생들로 하여금 학교폭력을 당하게 하거나 혹은 또래들에게 폭력행동을 하게끔 하는 것이다. 역으로 이는 사회기술이 부족하고 또래관계의 질이 좋지 못하더라도, 자존감 및 문제행동 측면에 대한 자신의 평가가 긍정적으로 유지된다면 우정관계 형성이 정상적으로 이루어질 수 있음을 보여 주는 것이다.

3. 청소년기 또래관계의 영향

1) 또래관계의 긍정적 영향

청소년기의 또래 집단에 대한 친밀감과 동조성은 자기존중감 고양이나 정체성 형성에 절대적으로 필요한 요소다. 청소년기의 또래관계가 갖는 기능과 역할을 요약하면 다음과 같다(김현정 외, 2004, p. 216).

- 동료의식: 친구관계는 청소년들에게 시간을 같이 보내고 공동의 활동을 하는 친근한 동료를 갖게 해 준다.
- 자극: 친구는 청소년들에게 흥미 있는 정보와 즐거움을 제공한다.
- 물리적 지원: 친구관계는 시간, 자원, 도움을 제공하는 관계다.

- 자아 지지: 친구관계는 지지, 격려, 피드백을 제공함으로써 청소년들이 스스로 유능하고 매력적이고 가치 있는 사람이라고 느낄 수 있도록 돕는다.
- 사회적 비교: 친구관계는 청소년들이 서로 비교해서 자신들이 어떤 위치에 있는가에 대한 정보를 제공해 준다.
- 친밀감과 애정: 친구관계는 청소년들에게 자신을 노출하고 타인과 따뜻하고 가까우며 신뢰할 수 있는 관계를 맺을 수 있게 한다.

2) 또래관계의 부정적 영향

(1) 친밀감 욕구의 미충족으로 인한 폐해

이상에서 보았듯 또래와의 친밀한 관계 형성은 청소년기의 중요한 발달과업 중 하나다. 따라서 이러한 친밀감 욕구가 제대로 충족되지 않았을 때 혹은 또래와의 관계에서 고립이나 좌절을 경험할 때 청소년들이 겪는 심리적 고통은 다른 어떤 연령대보다도 크다. 이러한 예는 청소년들의 학교폭력 현상에서 찾아볼 수 있다. 하루 중 가장 긴 시간을 학교에서 보내는 청소년들은 대부분의 또래 집단 문화를 학교에서 경험하고 그 집단에 대한 강한 소속감을 원하게 된다. 소속감을 유지하기 위해 때로는 본인의 의사와 상관없이 집단행동에 동조하게 되는데, 이때 집단에 동조하지 않고 위배되는 의견을 갖거나 혹은 집단에서 수용되지 않는 어떤 특징을 갖는 경우 집단으로부터 폭력의 피해자가 된다.

또래집단으로부터 집단적으로 폭력이나 괴롭힘을 당하는 청소년 피해자들은 특히 다른 연령대의 피해자보다 더 치명적인 정서적 · 대인관계적 박탈감을 경험하게 된다. 청소년들은 폭력을 경험하면서 이 시기의 중요한 발달과업 중 하나인 사회성 발달을 제대로 이루기 어렵고, 대인관계 기술에 대해서도 학습하기가 어렵다. 따라서 학교생활의 부적응뿐 아니라 성인이 되어서도 사회에 적응하지 못하고 대인관계에 대한 공포를 느끼거나 회피해 버리는 등의 심각한 후유증을 겪는 경우가 많아진다(세부 내용은 제11장에서 다룸).

(2) 반사회적 행동에 대한 동조성

또래 집단의 압력에 어떻게 대응하는가에 따라 또래 내에서 인기 혹은 거부를 경험하기 때문에, 청소년들에게 있어 또래 동조압력은 거부할 수 없는 위협적 요인이 된다(황규숙, 1999: 유현정, 2004 재인용). 그런데 이렇게 청소년기에 두드러지는 집단 동조압력이나 동조현상은 긍정적 행동뿐 아니라 다양한 반사회적 행동을 낳는 원인이 되기도 한다.

실제로 많은 연구자들은 청소년들의 비행 개입이나 범죄행동에는 친구 집단의 문제행동 성향 또는 친구지향성 등 친구 관련 특성이 밀접하게 관련된다고 밝힌다(오미경, 1998; 이익섭, 김근식, 1998; Pruitt & Kingery, 1991: 이수연, 김문섭, 2005 재인용). 이들에 따르면 청소년의 비행화에 가장 큰 영향을 미치는 요인은 비행친구와의 접촉이고(이익섭, 김근식, 1998), 청소년의 비행을 설명하는 요인 중 비행친구와의 친밀도가 가장 큰 설명력을 갖는다(전병재, 1991: 이수연, 김문섭, 2005 재인용). 구체적으로 청소년들은 또래친구를 따라 흡연을 하는 경우가 많고 친구들과 비슷한 정도의 혼전성교 경험을 하고(장휘숙, 2004), 비행동조성과 또래동조성이 강할수록 다양한 비행(폭력비행, 재산비행, 성비행 등)에 더 많이 연루된다(유현정, 2004).

이러한 양상은 학교폭력 현상에서도 그대로 나타난다. 연구에 따르면 가해자 자신이 직접 원해서 친구를 때리거나 괴롭히는 경우보다 다른 친구들의 행위를 따라 하고, 자신이 다른 또래들에게 수용되고 싶어 가해를 하는 경우가 더 많다(강진령, 유형근, 2000; 김혜원, 이해경, 2000). 2012년 교육과학기술부에서 실시한 학교폭력 실태조사(제2차) 결과에서도, 학교폭력 가해 행동은 집단적으로 발생하는 것으로 나타났다. 즉, 가해경험이 있는 학생 중 62~66%는 여럿이 함께 그런 행동을 했다고 응답했다. 이러한 결과들을 보면, 또래에 대한 높은 친밀감과 동조성이라는 청소년들의 심리적 특성이 학교폭력 현상을 강화시키는 하나의 동인으로 작용함을 알 수 있다.

제3장

학교폭력의 유형과 개입집단별 특징

- 이 장에서는 최근 발생하고 있는 학교폭력의 특징과 청소년들이 학교폭력에 개입하는 다양한 유형 및 유형별 행동양식에 대해 살펴볼 것이다.
- 학교폭력 현상은 어제오늘의 일이 아니지만 최근에 나타나는 학교폭력은 과거와 달리 몇 가지 독특한 특징을 갖는다. 이러한 특징에는 학교폭력의 일상화와 복합적 양상, 심각성 및 지속성, 가해자와 피해자 구분 및 원인 파악의 어려움 등이 포함된다.
- 또한 학교폭력은 가해자, 피해자, 가해-피해자, 방관자별로 고유의 행동 특징과 개입양상을 갖는 현상이다. 따라서 이들이 보이는 행동양식과 심리적 특징들을 구체적으로 파악할 때, 전체 학교폭력 현상에 대한 보다 포괄적인 이해와 접근이 가능해진다.

1. 학교폭력의 특징

제1장에서 보았듯이 청소년들 간에 학교폭력이 발생한 것은 어제오늘의 일이 아니다. 그러나 최근 나타나고 있는 학교폭력 현상은 과거와 비교할 때 다음과 같은 몇 가지 독특한 특징을 갖는다.

첫째, 다양하고 복합적인 양상을 보인다.

과거에는 집단따돌림, 집단괴롭힘이나 학교폭력이라는 각 용어가 의미하는 대로 청소년들 사이에 따돌림이나 괴롭힘이 구분되어 나타나는 경향이 있었다. 그러나 최근에는 이러한 행위가 복합적으로 나타나는 경우가 많다. 피해자들은 또래들로부터 철저하게 따돌려지다가도 이내 다양한 형태의 괴롭힘을 당하거나 폭력피해자가 되기도 한다. 또한 따돌림이나 괴롭힘 혹은 폭력 중 한 가지만의 피해를 경험하기보다는 여러 유형의 피해를 동시에 경험하는 경우가 많다(김혜원, 이해경, 2000). 일반적인 폭력행사나 금품갈취 이외에도 집단적인 따돌림이나 놀림, 시험지 보여 주기를 강요하거나 숙제나 심부름시키기 등 새로운 형태의 심리적 폭력이 나타나는 것이 최근의 특징이다. 또한 사이버 괴롭힘이라는 새로운 형태의 폭력까지 가미되고 있어 그 범위와 유형이 매우 넓어지고 있다.

둘째, 정도의 심각성이 커지고 있다.

최근 나타나고 있는 학교폭력은 단순한 탈선을 넘어 심각한 범죄 수준을 보이는 경우가 많다. 최근 나타나는 가해나 피해 양상은 신체적 폭력뿐 아니라 언어적 · 정신적 폭력의 전 범위에서 매우 극단적인 수준에까지 이르고 있다. 또한 단순히 일회성으로 가해를 하기보다는 지속적이고 집요하게 가해를 하는 소위 학대적 폭력의 형태를 띠는 경우가 많다. 2011년 말 대구와 광주에서 학교폭력에 시달리다 잇달아 자살한 중학생 K군과 S군 모두 오랜 기간 동안 극심한 괴롭힘에 시달리다 스스로 목숨을 끊었는데, 이러한 예가 최근에 나타나는 현상의 특징을 잘 보여 준다. 이들을 포함하여 피해 청소년들이 보고하는 피해 내용은 기절놀이, 컴퓨터게임 강요, 공갈과 협박, 상습상해 및 폭행, 금품갈취, 물고문, 전기고문, 성상납 강요, 집단성폭력, 성폭행 동영상 유포 등 더 이상 극단적일 수 없을 만큼 극단적이고 잔혹한 것이어서 놀라움을 준다. 이를 보여 주듯 최근 여성가족부가 전국 초등학교 5학년부터 고등학교 2학년 학생 1,015명을 대상으로 조사한 연구(여성가족부, 2011)에서도, 학교에서 집단폭행이나 칼·몽둥이 등을 이용한 심각한 신체적 폭력을 당한 학생이 학급당 2~3명으로 나타났다.

셋째, 일반화된 비행유형이 되고 있다.

학교폭력이 비행청소년에 의해서만 자행되는 것이 아니라, 많은 청소년들 사이에서 쉽게 발견될 수 있는 일반화된 비행유형이라는 점 또한 특징적이다. 최근의 청소년폭력 중 학교 안팎에서 이루어지는 학원폭력이 차지하는 비율은 점차 늘어나고 있고, 폭력행사의 장소도 학교 교실을 포함한 학교 안이 가장 많은 것으로 조사되고 있다(청소년폭력예방재단, 2006). 이는 폭력이 청소년들의 일상과 주변에 널리 퍼져 있음을 보여 주는 결과다. 이와 마찬가지로 과거의 학교폭력이 소수의 일탈 학생에 의한 금품탈취, 협박, 폭행 등의 노골적인 공격행동이었던 반면, 최근 들어서는 집단따돌림이나 집단괴롭힘과 같이 누구나 가해자 또는 피해자가 될 수 있는 '일상화'된 폭력의 양상을 띤다는 점이 특징적이다. 즉, 특별한 이유 없이 대상을 골라 지속적으로 괴롭히면서 상대가 괴로워하는 모습을 즐기는 형태를 나타내는 경우가 많은 것이다.

넷째, 가해자와 피해자의 구분이 어렵다.

학교폭력의 모든 하위유형에서 다 그런 것은 아니지만, 일반적으로 학교폭력은 가해자와 피해자를 명확하게 구분하기 어려운 경우가 많고 이러한 현상들이 과거에 비해 더욱 뚜렷해지고 있다. 폭력이라는 행동이 분명히 피해를 당한 피해자와 피해를 준 가해자가 있는 행동임에도 불구하고, 학교폭력의 경우에는 가해, 피해 현상이 동시에 일어남으로써 가해자와 피해자를 구분하기 어려운 경우가 적지 않다. 예를 들어, 오랫동안 괴롭힘이나 폭력 피해를 당하던 청소년이 분노 표출로 인해 가해 행동을 하는 경우나, 같은 반 급우를 수시로 괴롭히는 가해 청소년이 동시에 다른 반 급우나 교내 폭력집단으로부터 괴롭힘이나 폭력 피해를 당하며 생활하는 경우 등이 이에 해당된다. 즉, 비록 주동적으로 가해를 하는 중심인물이 있기는 하지만, 학교폭력은 다수에 의해 행해지는 경우도 많기 때문에 가해자의 존재나 가해자의 범위를 뚜렷하게 구분하기가 매우 어렵다(이명신, 2000). 이는 특히 직접적인 가해자와 달리 방관자의 입장을 취한 또래들도 학교폭력을 유지시키는 데 환경적 조건을 제공했다는 점에서 가해자의 범주에 포함될 수 있기 때문에 더욱 그러하다(이에 대한 자세한 내용은 다음 절에서 다룸). 이를 뒷받침하듯 많은 연구들(김준호, 김선애, 2000; 김혜원, 이해경, 2000; 이해경, 김혜원, 2000a, 2000b, 2001; Nansel et al., 2001)에서 청소년들은 학교폭력 가해와 피해 중 하나만 경험하기보다 두 가지를 동시에 경험하는 경우가 더 많은 것으로 나타났다.

다섯째, 뚜렷한 원인을 찾기 어렵다.

많은 연구들에서 학교폭력의 원인을 밝히기 위해 노력해 왔고 이 과정에서 다양한 내용들이 주요 관련 변인으로 주목받았다. 그러나 이러한 노력에도 불구하고 최근 벌어지고 있는 학교폭력 현상을 명확하게 설명해 줄 원인을 밝히는 것은 매우 어렵다. 과거의 학교폭력은 집단적 결속을 저해하는 별종을 가려냄으로써, 일체감과 동질감을 강화시키려는 공동체주의의 결과(조학래, 2002)로 해석되는 경우가 많았다. 따라서 공동체와 '다른' 특징을 갖는 구성원이 피해 대상자가 되기 때문에, 이들의 특징이 주요 원인으로 작용하는 구조였다. 그러나 이와 달리 최근의 학교폭력은 일부 구성원을 다수의 이름으로 배척함으로써 자신들의 위치를 보존 · 강화하려는 반공동체적이고 반윤리적인 성격을 띠는 경우가 많다. 이렇게 가해자의 욕구를 채우는 것에 초점이 맞춰지기 때문에, 피해 구성원이 갖고 있는 특징이 중요한 원인으로 작용하지 않는 경우가 많다(조학래, 2002). 실제로 3,560명을 대상으로 한 청소년폭력예방재단(2010)의 조사결과에 따르면, 학교폭력 가해 학생의 63%는 괴롭히는 이유로 '장난 · 이유 없음'을 꼽아 이와 같은 현실을 보여 주었다.

여섯째, 피해자의 신고가 적다.

학교폭력의 심각성에도 불구하고 피해 청소년들은 자신의 피해사실을 적극적으로 알리지 못하는 경우가 많다. 이러한 현상은 비단 최근에만 나타나는 것은 아니지만, 폭력에 대한 사회적 민감성이 높아져 가는 현 상황에서도 피해자의 신고가 매우 낮다는 것이 특징적이다. 이를 보여 주듯, 초 · 중학생 3,910명을 대상으로 한 청소년폭력예방재단의 연구(2006)에서 학교폭력 피해경험이 있는 응답자의 절반가량(45.9%)은 자신의 경험에 대해 아무에게도 도움 요청을 하지 않았다고 보고하였다. 청소년폭력예방재단(2010)의 조사결과에서도 초 · 중 · 고등학생의 57%는 폭력을 당하고도 신고하지 않고, 62%는 폭력을 보고도 못 본 체했다고 보고하였다. 전국 초(4~6학년)·중·고등학생 379만 명을 대상으로 가장 최근에 이루어진 제2차 학교폭력 실태조사(교육과학기술부, 2012)에서는 전체 31.3%의 학생들이 학교폭력을 목격한 후 모른 척했다고 응답했다. 이렇게 피해사실을 적극적으로 알리지 않는 가장 대표적인 이유는 자신이 도움받을 수 있다는 확신이 없기 때문이다(청소년폭력예방재단, 2010). 또한 방관자의 역할을 하는 청소년들의 경우 자신 또한 피해자의 위치에 놓일 수 있다는 두려움으로 인해 적극적으로 방어하거나 신고하지 못하는 경우가 많다(청소년폭력예방재단, 2010). 이렇게 낮은 신고율을 보이는 상태에서, 학교폭력은 교사나 부모 등 중재 가능한 성인이 인식하지 못하는 가운데 은밀하고 지속적으로 이루어진다는 특징을 갖는다.

2. 학교폭력의 대표적 유형

1) 다양한 구분

학자들에 따라 학교폭력의 유형은 다양하게 구분되어 왔다. 대표적인 내용을 정리하면 다음과 같다.

(1) 직접적·간접적 폭력

Olweus(1993)는 학교폭력을 두 가지 유형으로 구분하였다. 하나는 직접적인 형태로, 피해 대상에 대해 외부적으로 공격을 가하는 것(직접적 공격)을 말한다. 다른 하나는 간접적인 형태로, 피해 대상을 사회적으로 소외시키거나 내적으로 배제하는 것(간접적 공격)을 말한다.

(2) 적극적, 은밀한, 공격적 폭력

김용태와 박한샘(1997)은 학교폭력을 세 가지 유형으로 구분하였다. 첫째, 별명을 부르거나 욕을 하면서 조롱하는 것과 같이 개인적 차원에서 보다 적극적인 방식을 취해 친구를 괴롭히는 방식이다. 둘째, 전혀 말을 걸지 않거나 상대하지 않는 것과 같이 괴롭힘의 주체가 개인이기보다 집단적으로 그 아이를 소외시키거나 고립시키는 등의 은밀한 방식이다. 셋째, 따로 불러서 집단적으로 구타하는 것과 같이 집단적인 방식으로 상대를 공격하는 방식이다.

(3) 소외, 욕 · 협박, 조롱, 장난, 강제적 폭력

가우디(1999)는 보다 세부적으로 학교폭력을 다섯 가지 유형으로 구분하였다. 첫 번째는 '소외형'으로, 전혀 말을 걸지 않거나 상대를 하지 않는 것과 같은 행동을 말한다. 두 번째는 '욕과 협박형'으로, 재수없다고 하거나 심한 욕을 하는 것과 같이 말로 협박하거나 빈정거리는 형태다. 세 번째는 '조롱형'으로, 신체적 특징이나 외모에 대해 놀리는 것과 같은 행동이 포함된다. 네 번째는 '장난형'으로, 꼬집거나 심한 장난을 하는 것과 같이 다른 사람의 입장은 고려하지 않은 채 자신이 하고 싶은 일을 하는 유형을 말한다. 마지막은 '강제형'으로, 숙제를 강제로 시키거나 물건을 빼앗는 것과 같은 유형을 말한다. 이는 주로 남학생들에게서 많이 나타나는 형태로 알려져 있다.

(4) 신체적 · 언어적 · 관계적 · 사이버 폭력

Berger(2007)는 보다 포괄적으로 어떤 측면의 가행 행동이 가해지는가에 초점을 맞춰 학교폭력의 유형을 구별하였다. 그에 따르면 첫 번째는 '신체적 괴롭힘(physical bullying)'으로 피해자 자신뿐 아니라 성인들에게 가장 잘 인식되는 행동 유형을 말한다. 두 번째는 '언어적 괴롭힘(verbal bullying)'으로 반복해서 험담하기, 별명 부르기 등이 해당된다. 세 번째는 '관계적 괴롭힘(relational bullying)'으로 피해자와 또래 간의 사회적 관계를 방해하거나 단절시키는 형태를 말한다. 마지막은 '사이버 괴롭힘(cyber bullying)'으로 최근 들어 증가 추세에 있는 형태다. 이는 이메일, 문자 등을 통해 괴롭히는 것으로, 한 명의 가해자에 의해 시작된다 하더라도 파급효과가 매우 빠르고 넓다는 특징을 가진다.

2) 대표적인 유형

이상의 학교폭력 유형들을 종합하면 다음과 같이 크게 네 가지로 구분할 수 있다.

- 직접적 · 신체적 폭력
- 간접적 · 언어적 폭력
- 사회적 · 관계적 폭력
- 사이버 폭력 혹은 사이버 괴롭힘

(1) 직접적 · 신체적 폭력

피해 대상을 직접적으로 공격하는 것으로 신체적인 폭력이나 폭행을 가하는 것을 말한다. 때리기, 차기, 밀기 등의 행동이 가장 흔한 경우이지만, 점심 도시락이나 물건 훔치기, 과제에 낙서하기 등도 직접적 학교폭력과 유사한 행동이라 할 수 있다(Berger, 2007). 이러한 행동들은 분명하게 드러나기 때문에 피해 당사자와 주변 사람들에게 가장 잘 인식되는 학교폭력 유형이다. 일반적으로 아동이나 청소년들이 나이가 들면서 신체적 폭력은 언어적 폭력에 비해 크게 감소하는 것으로 보고되고 있다(Benbenishty & Astor, 2005).

(2) 간접적 · 언어적 폭력

피해 대상자를 간접적으로 공격하는 것으로, 심하게 놀리거나 협박하거나 욕하는 등의 언어적 폭력이 대표적인 예다. 많은 조사와 연구 결과에서는 청소년들이 가장 많이 경험하는 학교폭력이 언어적 폭력으로 나타나고 있다. 제2차 학교폭력 실태조사(교육과학기술부, 2012) 결과에서도, 학생들이 경험한 학교폭력 피해 중 가장 많은 유형은 심한 욕설(33.9%)이었다. 뒤를 이어 많이 경험한 피해는 물건이나 돈을 빼앗김(16.2%), 집단따돌림(11.4%)이었다. 가해경험은 다소 차이가 있었는데, 가장 많이 경험한 가해 유형은 집단따돌림(30.1%)이었고, 다음은 욕설과 협박(27.4%)으로 나타나 역시 언어적 폭력이 매우 빈번함을 보여 주었다. 또한 이 조사에서 심한 욕설 등 언어적 폭력은 57% 이상이 다른 유형의 피해와 함께 발생하는 것으로 나타났다.

(3) 사회적 · 관계적 폭력

사회적 · 관계적 폭력은 가장 은밀한 방법으로 상대를 공격하는 것으로 흔히 집단따돌림으로 불린다. 가장 대표적인 특징은 피해 학생을 또래관계에서 고의적으로 소외시키거나 배제시키는 것이다. 사춘기가 지나면서 이러한 형태의 학교폭력은 매우 많아지고 이로 인한 심리적 폐해도 커지는데, 이 시기부터 사회적 기술과 또래로부터의 승인이 매우 중요해지기 때문이다. 제2차 학교폭력 실태조사(교육과학기술부, 2012) 결과에서도, 피해 학생들이 느끼는 주관적 심각성이 가장 큰 유형은 집단따돌림이었다(75.2%가 '힘들었다' 고 응답함).

이 유형은 공격 형태가 미묘하고 은밀하다는 점에서 보다 주의 깊은 이해가 필요한데, 사회적 · 관계적 폭력에 해당되는 구체적인 행동들을 정리하면 다음과 같다(Macklem, 2003).

- 대상 학생에 대해 거짓말하기
- 대상 학생에 대한 심술궂은 소문을 내고 이를 퍼트리기
- 모임에서 대상 학생을 배제시키기
- 대상 학생이 없는 것처럼 행동하거나 무시하기
- 대상 학생에 대한 악의적인 내용의 메모를 학급에 돌리기
- 대상 학생이 폭력 피해자인 것에 대해 말하기
- 대상 학생을 희생양으로 만들기
- 대상 학생을 거부하거나 싫어하도록 친구들을 설득하기
- 대상 학생의 우정을 거절하기
- 대상 학생의 비밀을 발설하기
- 대상 학생의 불행을 비웃기
- 또래 집단에서 대상 학생의 명예를 실추시키기
- 대상 학생의 개인 정보가 담긴 유인물을 배포하기
- 대상 학생이 지나갈 때 쑥덕거리기
- 다양한 방법으로 대상 학생을 피하기
- 대상 학생을 희롱하거나 꾸며진 내용의 이메일 보내기
- 대상 학생에 대한 부정적 내용의 쪽지를 당사자가 볼 수 있도록 하기

(4) 사이버 폭력 혹은 사이버 괴롭힘

사이버 폭력 혹은 사이버 괴롭힘은 최근 들어 심각한 학교폭력 유형으로 대두되고 있고, 사이버 기기의 발달과 이용 급증에 따라 청소년들에게 광범위한 영향을 미치는 형태다. 제2차 학교폭력 실태조사(교육과학기술부, 2012)에서는 전체 7.3%의 학생들이 사이버 괴롭힘 피해경험이 있다고

응답했다. 사이버 괴롭힘은 다른 형태의 학교폭력과는 뚜렷하게 구분되는 특징을 가지고 있지만(세부 내용은 제5장 참조), 피해 학생들이 느끼는 심리적 고통은 역시 매우 큰 편이다. 실제로 제2차 학교폭력 실태조사에서 피해 학생들이 느끼는 주관적 심각성은 집단따돌림에 이어 두 번째로 컸다(65%가 '힘들었다'고 응답함).

3. 학교폭력의 개입집단별 특징

Koch(1998)는 학교폭력을 포함한 다양한 범죄와 관련해서 '80/20 원리'가 작용한다고 주장한다(Swearer, Espelage, & Napolitano, 2009 재인용). 그에 따르면 "우리 사회에서 20%의 범죄자들이 모든 범죄로 인한 결과의 80%를 설명한다."(1998, p. 4)라고 한다. 이 원리를 학교폭력 현상에 적용하면, 학교폭력 사건의 80%는 20%의 학생들에 의해 지속된다는 것을 의미한다. 이에 대해 Swearer, Espelage, Napolitano(2009)는 괴롭힘 현황에 대한 자료를 검토한 결과, 80/20 원리가 정확하게 적용되고 있음을 밝혔다. 따라서 학교폭력을 주도적으로 행하는 청소년들의 구체적 행동양식을 파악하는 것이 전체 학교폭력 현상을 이해하는 데 필수적이라 할 수 있다.

그러나 앞서 보았듯 최근 학교폭력의 경우 가해자와 피해자를 구분하는 것이 어려울 때가 많다. 특히 단순 가해자나 단순 피해자와 달리, 피해를 당하는 청소년들이 순환적으로 가해를 하는 경우가 많아(가해-피해자) 가해자와 피해자를 구분하는 것이 더욱 어려운 상황이다. 또한 많은 학교폭력이 다른 또래들 앞에서 행해지는 현상이라는 점에서, 직접적 개입이 없어도 그 현장에서 군중 역할을 하는 방관자 혹은 관찰자들도 관심을 가져야 할 주요 대상으로 부각되고 있다.

따라서 이 절에서는 학교폭력에 관여하는 역할에 따라 청소년들을 각각 가해 집단, 피해 집단, 가해-피해 집단 및 방관자 집단으로 구분하고 각 개입집단별 특징과 행동 유형에 대해 살펴보고자 한다.

1) 가해 집단

(1) 공격적 가해자

일반적으로 학교폭력 가해자는 크게 두 가지 유형으로 구분된다(Macklem, 2003). 첫 번째로 가장 흔한 가해자 유형은 **공격적 가해자**(aggressive bullies)다. 이 유형의 가해자는 공격적일 뿐 아니라 호전적이며, 또래들보다 더 힘이 세거나 덩치가 크고 더 많은 사회적 지위를 갖는 경우가 많다. 이들은 들볶기(hassling), 야단법석 떨기(roughhousing), 놀리기(teasing)로부터 폭력행동을 시작한다. 이들은 대상으로 삼는 학생들이 괴롭히기에 좋은 후보인지를 결정하기 위해 먼저 이런 행동들을 하고, 이후 대상을 정하면 심각한 정도까지 폭력 수준을 높인다. 이들은 다른 사람을 지배할 때 자신이 강하다고 느끼며, 짝을 짓거나 집단을 이루어 타인을 공격하면서 이런 행동을 통해 또래들로부터 지위를 획득하고 명성을 얻는 것을 좋아한다. 이때 옆에서 봐 주는 친구들은 이들의 폭력행동에 대해 긍정적인 피드백을 주고, 공격적 가해자들을 지지해 주는 역할을 하게 된다. 흔히 공격적 가해자들은 자신의 행동에 대해 책임을 지지 않으려 하고 피해자가 자신을 화나게 만들었다고 비난한다. 공격적 가해자는 가해-피해자와 달리 훨씬 다양한 폭력행동을 하고 그 행동에 더 많이 참여한다.

(2) 수동적 가해자

두 번째 유형의 학교폭력 가해자들은 수동적 가해자(passive bullies)다. 학교폭력 가해자의 약 18%가 수동적 가해자로 보고되고 있다(Macklem, 2003). 이들은 주로 공격적 가해자들의 행동을 따르고 이들의 지시에 순종한다. 이들은 스스로 먼저 폭력을 시작하지는 않는 편이나, 다른 친구를 괴롭히는 공격적 가해자를 따르거나 함께 참여하는 경우가 많다. 이들은 일반적으로 공격적 가해자에 비해 심리적으로 더 불안정하고 열악한 상황에 있는 경우가 많다. 구체적으로 이들은 불안감이 높고 폭발적으로 화를 내며 자아존중감이 낮은 편이고 또래들로부터 거부당하는 경우가 많다(Macklem, 2003). 또한 이들은 공격적 가해자와 친구가 되려고 애를 쓰는 편이고, 공격적 가해자에 비해 또래들 사이에 인기가 별로 없다(Macklem, 2003).

2) 피해 집단

(1) 피해 집단의 유형

① 복종적 피해자

Olweus(1994a)는 학교폭력의 피해 집단을 두 유형으로 구분하였다. 첫 번째는 수동적인 **복종적 피해자**(passive victim)다. 이들은 자신이 공격받고 모욕당할 때 상대에게 보복하지 않고 불안정한 반응을 보이는 특징을 갖는다. 또한 이들은 자신이 무가치한 사람이라는 신호를 상대에게 보여 피해를 당하는 경우가 많다. 일반적으로 이들은 괴롭힘을 당할 때 대응하려 하지 않고, 고립되거나 사회적으로 철회하는 경우가 많다. 이들은 학급이 바뀌거나 새로운 집단에서 새롭게 친구를 사귈 수 있을 때에도, 자신의 부정적 이미지가 퍼져 있다는 생각으로 인해 친구를 사귀려는 시도를 하지 않고 괴롭힘을 당하는 것이 어쩔 수 없다고 믿는 경우가 많다(Berstein & Watson, 1997).

② 도발적 피해자

도발적 피해자(provocative victim)는 피해를 당하면서 불안한 반응과 공격적인 반응을 함께 보이는 유형이다. 이들은 복종적 피해자와 달리 주변 사람을 짜증나게 함으로써 피해 대상이 되는 경우가 많다. 이들은 일반적으로 가해-피해자로 분류되기도 한다(이에 대한 구체적인 내용은 다음 절에서 다룸).

(2) 시간 경과에 따른 피해 집단의 변화

청소년들이 학교폭력 피해자가 된다 하더라도, 피해가 얼마나 지속되고 이후 경과가 어떻게 진행되느냐에 따라 이들의 경험에는 큰 차이가 생긴다. 대부분의 연구들은 횡단적 연구를 하기 때문에 학교폭력의 가해나 피해가 얼마나 오랫동안 지속되는지, 시간이 지난 후 어떤 양상으로 바뀌어 가는지를 파악하기 어렵다. 대신 종단적 연구를 통해서는 이러한 파악이 가능한데, 아쉽게도 이에 대한 연구는 많지 않은 상태다. 그러나 일부 종단적 연구를 통해 시간이 경과하면서 피해자 유형이 크게 몇 가지 형태로 나뉘는 것을 확인할 수 있다. 이에 대한 대표적인 연구 결과를 요약하면 〈표 3-1〉과 같다.

Juvonen, Nishina와 Graham(2000)은 미국에서 12~15세 청소년을 대상으로 1년 간격을 두고 두 번의 조사를 실시하였다. 그 결과, 피해자 유형이 4개 집단으로 구분되는 것을 확인하였다. 첫 번째는 '계속적 피해 집단'으로 1, 2차 조사 시기에 모두 피해자였던 경우인데 응답자의 1/4가

〈표 3-1〉 시간 경과에 따른 학교폭력 피해양상 변화

연구개요 집 단	피해자 여부		해당비율	
	1차 시기	2차 시기	Juvonen 등(2000) - 미국 12~15세 청소년 - 1년 간격의 자기보고	Smith 등(2004) - 영국 13~16세 청소년 - 2년 간격의 자기+교사보고
계속적 피해 집단	O	O	26.4%	14.3%
새로운 피해 집단	×	O	19.8%	6.7%
과거의 피해 집단	O	×	23.6%	35.9%
계속적 비 피해 집단	×	×	30.2%	43.1%

량(26.4%)이 여기에 해당되었다. 두 번째는 '새로운 피해 집단'으로, 1차 조사 시기에는 피해자가 아니었다가 2차 조사 시기에 피해자로 나타난 경우였다. 이들은 전체 집단에서 가장 낮은 비율을 보여 전체의 1/5 정도(19.8%)가 이에 해당되었다. 세 번째는 '과거의 피해 집단'으로, 1차 조사 시기에는 피해자였지만 2차 조사 시기에는 더 이상 피해자로 나타나지 않은 경우였다. 전체 응답자의 1/4가량(23.6%)이 이에 해당되었다. 마지막은 '계속적 비(非) 피해 집단'으로 1, 2차 조사 시기 모두 피해자가 아닌 경우였고 전체에서 가장 높은 비율(30.2%)을 보였다.

이러한 결과는 Smith 등(2004)의 연구에서도 유사하게 나타났다. 이 연구에서는 13~16세의 영국 청소년 406명을 대상으로, 2년 간격을 두고 두 차례의 개별 인터뷰와 본인과 교사를 상대로 한 설문조사를 실시하였다. 그 결과, 응답자들이 다음 네 가지 유형 중 하나에 속하는 것으로 나타났다. 하나는 '계속적 피해 집단'으로 1, 2차 조사 시기 모두 피해자인 경우였다. 그 비율은 Juvonen 등(2000)의 연구에 비해 절반 수준(14.3%)에 이르렀다. 두 번째는 '새로운 피해 집단'으로 2차 조사 시기에만 피해자로 나타난 경우였다. 이 집단은 Juvonen 등(2000)의 연구에서와 마찬가지로 가장 작은 비율(6.7%)을 보였다. 세 번째는 '과거의 피해 집단'으

로 1차 조사 시기에만 피해자였던 경우였다. 응답자의 1/3 이상(35.9%)이 이에 해당되어 Juvonen 등(2000)의 연구에서 보다 높은 비율을 보였다. 마지막은 '계속적 비 피해 집단'으로 1, 2차 조사 시기 모두 피해자가 아닌 경우였다. 이 집단은 Juvonen 등(2000)의 연구에서와 마찬가지로 역시 가장 많은 대상자들(43.1%)이 이에 해당되었다.

앞의 결과를 종합해 보면 청소년들의 학교폭력은 시간 경과에 따라 변화가 큰 현상임을 알 수 있다. 두 연구에서 각각 26.4%, 14.3%의 대상자들이 1~2년의 기간 동안 학교폭력 피해 청소년으로 머물러 있었지만, 이와 동시에 40% 이상[Juvonen 등(2000)에서는 43.4%, Smith 등(2004)에서는 42.6%]의 청소년들은 새롭게 피해자가 되거나 피해상태에서 벗어난 것을 알 수 있다. 특히 주목할 만한 점은 새롭게 피해 집단이 되는 경우보다 과거에는 피해 집단이었으나 이후에는 그 상태를 벗어나는 청소년들이 훨씬 많다는 사실이다[Smith 등(2004)의 연구에서는 6배에 가까움]. 이러한 결과들은 학교폭력 현상을 다루는 데 있어 시사하는 점이 큰데, 우선적으로 학생들이 보이는 현재의 상황이 고정적이지 않을 수 있음을 염두에 두어야 할 것이다. 또한 현재 상황 그 자체만이 아니라 이러한 상황이 변화되는 데 기여하는 요인들은 무엇인지에도 관심을 둘 필요가 있다. 즉, 어떤 상황과 특성으로 인해 청소년들이 긴 기간 동안 계속적인 학교폭력 피해자가 되는지, 반면 새로운 피해 집단이 되거나 피해 집단에서 벗어나는 데에는 어떤 상황과 특성이 작용하는지에 대해서도 세심하게 주의를 기울일 필요가 있는 것이다.

3) 가해-피해 집단

(1) 가해-피해 집단의 비율

학교폭력 가해-피해자는 타인에게 공격적 행동을 하긴 하지만, 순수 가해자와 달리 자신 또한 학교폭력의 피해경험이 있는 집단을 말한다. 이들은 가해-피해자(bully-victims), 도발적 피해자(provocative victim), 비효과적인 공격자(ineffectual aggressors) 또는 공격적 피해자(aggressive victims)와 같은 다양한 용어로 불린다(Pellegrini, 2001). 최근 연구들은 학교폭력의 가해와 피해 양상을 뚜렷하게 구분하기 어렵다는 사실을 반복해서 보고하고 있다. 이러한 이유 중 하나는 많은 수의 청소년들이 가해와 피해를 모두 경험하거나 혹은 동시에 경험하기 때문이다.

미국에서 이루어진 대단위 연구에서도 이와 같은 결과가 나타났다. Nansel 등(2001)은 6학년부터 고등학교 1학년까지의 학생 15,686명을 대상으로 조사하였는데, 그 결과 17%의 학생들이 학교폭력 피해를 당했고, 19%가 다른 아이들에게 가해 행동을 했으며, 6%는 가해와 피해를 다 경험한 것으로 나타났다. 우리나라 연구에서도 유사한 결과가 나타났다. 여중생 827명을 대상으로 한 이해경과 김혜원(2000a)의 연구에서 가해 집단은 25.6%, 피해 집단은 9.8%였고, 가해와 피해를 동시에 경험한 집단은 전체 집단의 1/4에 해당되는 23.9%에 달했다. 비슷한 시기에 초등학생을 대상으로 한 연구(이해경, 김혜원, 2001)에서는 이런 경향성이 더욱 두드러졌다. 초등학생 1,062명에게 학교폭력 경험을 조사한 결과, 가해 집단은 19.8%, 피해 집단은 12.0%였고, 가해와 피해를 동시에 경험한 집단은 이 둘을 합한 것보다 많은 40.8%였다. 또한 초·중·고등학생 3,737명을 비교한 대규모의 연구(김혜원, 이해경, 2000)에서도 가해와 피해를 동시에 경험한 집단은 전체의 1/4 이상(27.9%)을 차지했다(가해 집단은 21.4%, 피해 집단은 10.7%). 또한 남녀 중학생을 대상으로 한 다른 연구들(이은희, 강은희, 2003; 최윤자, 김아영, 2003)에서도 학교폭력 피해경험과 가해경험은 정적인 관계를 보여, 피해경험이 많을수록 가해경험도 많은 것으로 나타났다.

(2) 가해-피해 집단의 심리적 특징

흥미롭게도 가해-피해 집단은 순수한 가해 집단과 비교하여 심리적인 측면에서 더욱 부정적인 특징을 갖고, 장단기적인 결과에서도 더욱 부정적인 것으로 보고된다. 연구들에서 가해-피해 집단은 순수 가해 집단이나 다른 집단에 비해 공격성이 더 높은 것으로 보고되었다(Perry, Perry, & Kennedy, 1992). 연구자들은 가장 극단적인 폭력 피해자가 때로는 가장 공격적인 가해자가 될 수 있기 때문에(Perry, Kusel, & Perry, 1988), 이들에 대한 사회적 관심이 집중되어야 함을 강조한다(Schwartz, Proctor, & Chien, 2001). 이들은 공격적이고 적대적인 행동특성을 지니고(Tobin et al., 2005), 이러한 행동특성으로 인해 또래들로부터 사회적인 수용을 받지 못하며(Austin & Joseph, 1996), 다른 폭력 관여집단에 비해 친사회적 행동 수준이 낮다고 보고된다(Tobin et al., 2005). 이러한 특성들로 인해 가해-피해 집단은 사회생활에서 매우 큰 위험에 처하는 경우가 많다(Wolke, Woods, Bloomfield, & Karstadt, 2001).

구체적으로 한 연구에서 각 집단이 경험한 심리적 문제의 정도를 비교한 결과, 가해-피해 집단의 문제 정도가 가장 높았고 다음으로 피해 집단이 높았고 마지막으로 가해 집단이 가장 낮았다(Duncan, 1999). 우리나라 연구에서도 이와 같은 위험성이 밝혀졌다. 여중생을 대상으로 한 이해경과 김혜원(2000a)의 연구에서 가해-피해 집단은 다른 집단에 비해 집과 학교를 위험하다고 여기는 정도가 가장 높았고, 집과 학교에 대한 만족도도 가장 낮았다. 마찬가지로 초등학생을 대상으로 한 이해경과 김혜원(2001)의 연구에서 가해-피해 집단의 비행 정도는 다른 집단에 비해 가장 높아 이들이 일반적인 비행에 가장 많이 개입하는 것을 알 수 있었다.

(3) 가해-피해 집단의 행동적 특징

가해-피해자는 학교폭력 가해자와 피해자가 경험하는 각 행동들을 함께 경험하지만, 이와 동시에 가해자와 피해자가 보이는 주요 행동 어디에도 적용되지 않는 그들만의 특성을 갖기도 한다. 이들은 과잉행동을 하는 경향이 있고 다혈질적 기질을 갖는 것으로 보고되고 있다(Macklem, 2003). 또한 이들은 놀림을 심하게 당하거나 괴롭힘이 자주 일어나지 않는 경우에도 이에 대해 매우 공격적으로 반응한다(Wright, Lindgren, & Zakriski, 2001).

이들이 자주 보이는 특징적인 행동들은 다음과 같다(Macklem, 2003).

- 불안정하게 행동한다.
- 또래들로부터 호감을 받지 못한다.
- 쉽게 화를 낸다.
- 즉각적으로 화를 낸다.
- 적응에 문제를 보인다.
- 운동장에서 괴롭힘 행동을 많이 한다.

이러한 특성으로 인해 가해-피해자들은 성인이나 교사들에게 쉽게 확인되는 편이다. 그러나 마치 이들이 갈등상황을 원하고 주위를 끌기 위해 공격행동을 하는 것처럼 보이기 때문에, 이들의 행동을 중재하기는 쉽지 않다. 즉, 관찰자들이 보기에 가해-피해자들은 관심을 끌기 위해 폭력행동을 하는 것처럼 보이는 경우가 많다(Berstein & Watson, 1997).

또한 학교폭력 가해-피해자는 순수한 가해자와 공격의 양상에서도 차이를 갖는다. Berger(2007)에 따르면 순수 가해자는 상대에게 주도적(proactive)인 공격을 주로 하는데, 이는 자신의 지배성과 힘을 과시하고 영향력을 행사하기 위해 공격을 사용하는 것을 의미한다. 이에 비해 가해-피해자는 반응적인(reactive) 공격을 주로 하는데, 이는 무고한 잘못이나 사건 혹은 불분명한 모욕에 대응해서 공격을 하는 것을 의미한다. 또한 순수 가해자들은 연령이 증가하면서 상대에 대한 직접적이고 신체적인 폭력 양상을 줄이는 반면, 가해-피해자들은 아동기 내내 계속해서 가해자와 피해자로서의 순환적인 양상을 보이는 경우가 많다(Unnever, 2005).

4) 방관 집단

(1) 방관 집단의 의미와 특징

최근의 학교폭력이 기타의 폭력행동과 구별되는 가장 중요한 특징 중 하나는, 이러한 행동이 주로 다수의 군중 앞에서 일어난다는 점이다. 그렇기 때문에 가해를 하거나 피해를 당하는 대상 외에 군중에 속해 있었던 모든 참가자는 실질적으로 학교폭력의 관여자라 할 수 있다. 피해자에게는 가해자의 수나 가해 정도도 중요하지만, 얼마나 많은 방관자나 관찰자가 있느냐도 참기 어려운 피해 정도를 결정하는 주요 요인이 된다(주은선, 박은란, 2003). 즉, 자신이 얼마나 많은 또래들 앞에서 그러한 행위를 당하는가, 그리고 얼마나 많은 수로부터 자신이 무기력한 피해자로 묵인되는가에 따라 심리적 충격이 달라질 수 있는 것이다. 따라서 피해자는 소수의 가해자보다 다수의 동조자나 방관자에 따라 '왕따'의 정도가 가늠된다(강영계, 2000; 공숙자, 1999; 청소년대화의 광장, 1997).

연구를 통해서도 학교에서 다수의 청소년들이 학교폭력을 관찰하거나 목격하는 것을 알 수 있다. 중·고등학생 799명을 대상으로 한 연구(임광규, 2011)에서는 응답자의 60.7%가 가해경험이 있고 59.9%는 피해경험이 있는 반면, 이보다 월등히 많은 77.6%는 목격경험이 있는 것으로 조사되었다(중복응답). 청소년폭력예방재단(2010)의 조사결과에서는 청소년들의 방관 현상이 보다 분명하게 나타났다. 학교에서 폭력을 목격한 응답자의 62%는 폭력을 보고도 못 본 체했다고 보고하여 다수의 청소년들이 방관자 역할을 하고 있음을 알 수 있었다.

그러나 이들도 학교폭력에 대해 아무런 감정이 없거나 중립적인 가치만을 갖는 것은 아니다. 방관자들은 피해자를 괴롭히는 가해자에 대해 부정적인 감정을 가지고, 피해자에 대해 동정심과 함께 도와주고 싶은 감정을 동시에 소유하기도 한다(김용태, 박한샘, 1997; 장진경, 1999). 그러나 이들은 피해 학생을 도와주고 위로하려는 생각보다 자신에 대한 보복이 두려워 상황을 방관하거나 사건 자체를 무시하는 경우가 많다(김용태, 박한샘, 1997; 장진경, 1999).

(2) 방관 행동

이상에서 보았듯이 청소년들이 학교폭력 현상에 대해 방관적인 태도를 취하는 이유는 다양하다. Lee(2011)는 방관자가 다음과 같이 매우 다양한 이유를 갖고 방관 행동을 하게 된다고 설명한다.

- 손씻기형: "나와 상관없는 일이야."
  피해자가 도움을 요청하더라도 개입하려 하지 않는다. 자신의 책임을 부정하고 중재를 거부하며 피해자를 비난하기도 한다.
- 중립형: "어느 쪽도 편들고 싶지 않아."
  분명히 한쪽이 우세하고 다른 한쪽은 무력한 상황에서도 공정성과 무비판적인 태도를 취한다. 이로 인해 피해자들은 중립성에 대해 부정적 감정을 느끼기도 한다.
- 장막형: "진실은 양쪽 어딘가에 있어."
  모든 것은 생각의 문제라고 여기고 누가 옳은지 그른지 판단하기를 거부한다[즉, '중용의 오류(the fallacy of the mean)' 에 빠지게 됨]. 이들은 상대로부터 영향력을 뺏는 것과 같은 괴롭힘은 상대를 공격하는 것과는 구분된다고 여긴다.

- 평형형: "나는 문제를 만들고 싶지 않아."
  폭력에 끼어드는 데 겁을 먹는다. 표면적으로는 평화를 유지하면서 감정, 특히 피해자의 감정을 느끼는 것을 꺼린다. 가해자와 좋은 관계를 유지해 온 교직원이라면 폭력행동에 끼어듦으로써 가해자와의 관계에 문제가 생길 것을 우려하기도 한다.
- 혼란형: "보기보다 상황이 복잡해."
  학교폭력의 특성을 모두 이해하고 이에 관한 분명한 답을 얻기 원하기 때문에 혼란스러워 한다.
- 미완의 그림형: "나는 모든 정황을 알지 못해."
  상황과 관여된 사람들을 모두 알지 못한다는 이유로 개입을 미룬다.
- 유경험형: "나는 다시 당하고 싶지 않아."
  과거 자신이 학교폭력 피해를 당했던 경험으로 인해 개입을 꺼린다.
- 잔챙이형: "내가 개입해도 달라질 게 없을 거야."
  자신의 노력이 큰 영향을 주지 못할 거라는 생각에 개입하지 않는다. 이는 단순히 자기비하 때문이라기보다는 상황에 대해 충분히 염려하지 않기 때문일 수 있다. 이들은 종종 자신의 이러한 태도에 대해 죄책감이나 무력감을 표현하기도 한다.
- 판단형: "나는 내가 본 대로 진실을 얘기하고 있어."
  이들은 관여된 사람들과 얘기를 나누어 본 후, 각 사람의 관점이 다르거나 문제가 생각보다 복잡할 수 있다는 것을 무시하고 곧바로 결론을 내린다. 이에 따라 이들은 방관자적 자세를 취하고 관여되지 않은 사람들에게서 들은 정보에만 의존한다.
- 순응형: "나는 그저 규칙을 따를 거야."
  이들은 권위에 따르고자 하고 어려운 결정을 내리기보다는 복종하기를 원한다. 피해자가 현재 존재하는 규칙을 깰 수 있기 때문에 이들을 돕는 것을 꺼린다.

- 무관심형: "나는 그저 내 일에 충실하려고 해."
  폭력이 즉각적으로 자신에게 영향을 주지 않기 때문에 가해자가 자신을 괴롭힐 때까지 개입하지 않는다. 대신 이들은 가해자의 끔찍한 폭력행동에 대해 욕하는 것에만 만족한다.
- 비난형: "피해자에게도 문제가 있어."
  피해자가 그런 일을 당할 만한 이유가 있다고 여긴다. 이런 생각으로 인해 때로는 가해자와 공모하고, 그들과 마찬가지로 공격행동을 하는 것에 대해 죄책감을 느끼지 않는다.

(3) 방관자 개입의 효과

① 연구 결과

비록 많은 수의 청소년들이 학교폭력 상황을 목격하고도 이와 같은 방관자적 태도를 취하지만, 모든 청소년들이 그런 것은 아니다. 일부는 다양한 형태의 개입행동을 하고, 그로 인해 학교폭력 현상의 양상을 바꿔놓기도 한다.

몇몇 연구들(Berger, 2007; Pepler, Craig, & Roberts, 1998)에서 방관자 행동과 이에 따른 결과에 대해 보다 구체적으로 보고하였다. 연구에 따르면 학교 운동장에서 아동들의 행동을 관찰한 결과, 폭력행동 중 85%는 몇 명의 또래들이 지켜보는 가운데 벌어지고 지켜보는 또래의 수는 평균 4명이었다(Pepler, Craig, & Roberts, 1998). 이러한 폭력행동에서 많은 수의 아이들은 가해자도 피해자도 혹은 가해-피해자도 아닌 방관자와 관찰자의 역할을 했다. 그러나 이들이 모두 중립적인 태도를 취하면서 관찰만 하지는 않았다. 이들 중 일부는 가해자의 친구나 협력자가 되어 줌으로써 가해자의 행동을 부추겼다. 예를 들어, 이들은 가해자가 피해자를 괴롭히는 상황에 둘러서 있거나, 피해자를 비웃거나, 피해자를 끼워 주지 않는 행동을 같이 하는 등의 양상을 보였다. 연구에서 대상자의 연령이 높아질수록 이러한 부추기는 관찰자들의 숫자는 더욱 많아졌다(Berger, 2007).

반면, 비록 극히 일부이기는 하지만 몇몇 방관자들은 방어자의 역할을 하면서 피해자를 도우려고 노력했다. 그러나 이러한 '방어적 방관자'(이하 방어자)들에 대한 나머지 또래들의 태도는 연령에 따라 차이가 있었다(Berger, 2007). 즉, 어린 연령에서는 방어자들이 또래들로부터 매우 호감을 샀고, 이들의 노력으로 인해 다수 또래들의 반응이 달라지는 효과가 나타나기도 했다(예를 들어, 함께 피해자를 옹호함). 그러나 연령이 높아지면서 방어자들의 노력은 소용이 없어지거나 혹은 또 다른 공격을 유발하기도 했다.

Hawkins 등(2001)의 연구에서는 방관자들의 행동 유형과 그 영향에 대해 더욱 세부적인 결과를 보여 주었다. 이 연구에서는 캐나다에 거주하는 1학년부터 6학년생을 대상으로 3년간의 종단 연구를 실시하였다. 연구의 일부로 운동장에서 벌어지는 학교폭력에 어느 정도의 학생들이 어떤 양상으로 개입하는지를 관찰하였다. 그 결과, 학교폭력 중 절대 다수(88%)는 다른 학생들이 보는 앞에서 벌어지는 것으로 나타나 앞의 연구에서와 동일한 양상을 보였다. 특히 이러한 현상은 여학생보다 남학생에게서 더욱 두드러져, 학교폭력 목격자의 61%는 남학생이고 39%는 여학생이었다.

또한 일부 학생들은 가해 행동에 개입하여 그 흐름을 바꾸려는 노력을 했다. 방관자 중 19%의 학생들이 이런 개입행동을 보였고, 개입 정도에는 성별 차이가 없었다. 다만, 남학생들은 남학생들 간의 폭력에 더 많이 개입했고 여학생은 여학생들 간의 폭력에 더 많이 개입했다. 이들이 폭력 행동에 개입하는 시간은 대체로 짧고 편차가 있어, 1초에서 1분 58초까지의 차이를 보였다. 개입시간에 대한 성차도 역시 나타나지 않았다. 이들이 어떤 방식으로 개입하는지를 살펴본 결과, 가장 많이 하는 개입방법은 언어적 개입(29%)이었고, 다음은 신체적 개입(21%)이었다. 개입유형에서는 성차가 나타나 여학생은 신체적 개입(19%)에 비해 언어적 개입(47.6%)을 훨씬 많이 하는 반면, 남학생은 신체적 개입(22%)과 언어적 개입(19%)을 비슷한 정도로 했다.

이러한 개입행동들이 어떤 효과를 가져왔는지를 분석한 결과, 상당 부분 효과적인 것을 알 수 있었다. 방어자가 개입행동을 했을 때 이 중 절반 이상(57%)은 가해자의 폭력행동을 중단시키는 효과가 있었다(10초 내에 폭력이 중단됨). 그러나 개입행동의 26%는 비효과적이어서 폭력이 중단되지 않았고, 17%는 정확한 판단이 어려웠다. 특히 더 많은 방관자가 더 많이 개입할수록 폭력이 중단되는 효과는 컸고, 이에 대한 성차나 개입유형별 차이는 나타나지 않았다.

② 방관자 개입이 갖는 효과

이상의 결과는 매우 중요한 시사점들을 제공한다. 이는 청소년들 간의 폭력이 다수의 또래들이 목격하는 가운데 발생하고, 따라서 다수의 방관자가 개입된 형태로 발생한다는 사실을 보여 준다. 이런 상황에서 방관자들은 그 존재만으로도 폭력을 허용하는 사회적 맥락을 만들고, 현재 벌어지고 있는 행동에 대한 지지 세력으로서의 역할을 하게 된다. 그러나 희망적인 사실은, 이상의 결과에서 알 수 있듯이 방관자로 있던 사람이 약간이라도 개입행동을 할 때 그 효과는 비교적 강력하다는 점이다. 따라서 청소년들 간 폭력의 흐름을 바꾸기 위해서는 다수의 청소년들을 방관자로 머물게 하지 말고 방어자로 만드는 개입과 전략이 필수적이라고 할 수 있다. 또한 이상의 결과들에서 알 수 있듯이 방관자를 방어자로 만드는 사회적 개입 시기는 가능한 빠를수록 좋을 것이다. Berger(2007)의 연구에서도 알 수 있듯이 방어자를 옹호하는 또래들은 연령대가 높아질수록 줄어들 수 있기 때문이다.

제2부

학교폭력의 발생 현황

제2부에서는 우리 사회에서 어느 정도의 학교폭력이 발생하고 있는지에 대한 현황을 살펴볼 것이다. 먼저 제4장에서는 학교폭력 현황을 파악하는 데 있어 기존 연구들에서 보여 왔던 한계와 문제점에 대해 다룰 것이다. 이는 연구 내용 및 연구 방법과 관련된 문제들로, 이러한 한계들로 인해 학교폭력 현황을 정확하게 파악하는 데 어려움이 컸음을 지적하고 이를 해결할 수 있는 대안으로는 어떤 방법이 있는지 제시할 것이다. 제5장에서는 기존 연구들을 통해 발표된 학교폭력의 국내외 현황에 대해 살펴볼 것이다. 이와 함께 최근 새롭게 등장하고 있고 심각한 피해를 주는 것으로 알려진 사이버 괴롭힘의 현황에 대해 살펴볼 것이다. 마지막으로 제6장에서는 학교폭력 발생 현황이 청소년들의 발달단계와 성에 따라 적지 않은 차이가 있음에 주목하여, 연령(혹은 학교급)과 성에 따라 학교폭력 발생 현황에 어느 정도의 차이가 있는지를 살펴볼 것이다.

제4장

학교폭력의 현황 파악과 관련된 이슈들

- 기존의 많은 연구들에서 학교폭력의 가해와 피해 정도를 밝히고자 노력했고, 이를 통해 적지 않은 결과가 축적되었다. 그러나 관련 연구들을 살펴보면 상당히 비일관적인 결과를 제시하고 있다.
- 이러한 비일관성은 다양한 이유로 발생할 수 있는데, 이는 크게 연구 내용 및 범위와 관련된 문제와 자료 수집방법과 관련된 문제로 구분할 수 있다. 이러한 문제점들은 학교폭력 현황을 정확하게 파악하지 못하게 할 뿐 아니라, 학교폭력 예방과 대책 마련에 큰 혼란과 어려움을 준다.
- 이 장에서는 이러한 문제점들의 구체적 내용과 문제점들이 갖는 부정적 결과에 대해 살펴보고 문제점을 극복할 수 있는 대책들을 소개할 것이다.

1. 학교폭력 현황 파악의 어려움

학교폭력의 발생 현황을 살펴보면 비일관적인 결과가 제시되는 경우가 매우 많다. 동일한 개념을 연구주제로 삼고(예를 들어, '집단따돌림의 피해경험') 이에 대한 현황을 조사한 경우에도 적게는 1~2배, 많게는 4~5배 이상의 비율 차이가 보고되고 있어 혼돈을 준다(자세한 현황은 제5장에 제시함). 이러한 비일관적인 결과가 나타나는 데에는 다음과 같은 몇 가지 원인들이 작용할 것이다.

첫째, 연구 결과의 차이가 실제로 존재하는 현상을 보여 주었을 수 있다. 예를 들어, 연구 시기가 다른 경우 각 시기에 따라 학교폭력 현상이 변화되어 결과가 상이하게 나타났을 수 있다. 또는 실제로 연구 지역이나 대상자 특성(성별이나 연령 등)에 따라 차이가 있고, 각기 다른 지역에서 각기 다른 집단을 연구대상으로 한 경우 이러한 차이가 결과로 나타났을 수 있다. 이것이 사실이라면 학교폭력이 지역, 대상, 시기 등에 따라 실제로 차이가 있음을 의미하고, 따라서 세부 결과들을 구체적으로 활용하여 이에 따른 맞춤식 개입을 할 수 있을 것이다.

그러나 이와 달리 두 번째 원인을 생각해 볼 수 있는데, 이는 연구 내용 및 연구의 범위와 관련된 사항이다. 제1장에서 살펴보았듯이 집단따돌림, 집단괴롭힘 및 학교폭력은 서로 많은 공통점을 갖지만 동일하다고 볼 수 없는 현상이다. 그러면서도 동시에 서로 배타적으로 분리되는 현상이 아니다. 이런 상황에서 연구자들은 동일한 행동양식을 서로 다른 용어로 지칭하거나, 동일한 용어에 대해 각기 다른 조작적 정의를 내리는 경우가 많다. 이러한 개념 정립의 차이는 당연히 그 하위개념에 대한 차이로 이어지고, 사용하는 측정도구의 차이로도 이어질 수 있다. 만약 이런 흐름이 이어진다면, 동일한 주제를 다룬 연구들이라 하더라도 현황에 대해 각기 다른 결과를 얻을 수밖에 없는 것이다. 예를 들어, 몇 개의 연구들이 동일하게 '중학생들의 집단괴롭힘 피해 정도'라는 연구를 수행한다고 가정해 보자. 이때 각 연구자가 '집단괴롭힘 피해'를 무엇으로 규정하느냐 혹은 그 개념의 범위를 어디까지로 정하느냐에 차이가 있다면, 이는 동일한 내용을 조사한 연구라고 보기 어려운 것이다.

세 번째로 자료 수집방법과 관련된 원인을 생각해 볼 수 있다. 학교폭력의 가해나 피해 정도를 파악하는 데에는 여러 가지 방법이 사용될 수 있다(세부 내용은 다음 절에서 다룸). 대표적인 방법으로는 자기보고, 또래보고, 교사보고, 관찰법, 공적 자료 등이 포함된다. 가장 많이 사용되는 방법은 질문지나 인터뷰를 통해 당사자 스스로 자신의 경험을 보고하도록 하는 방법이다. 그러나 일부 연구들에서는 다양한 자료 수집방법을 사용하여 결과의 신뢰성을 높이려는 노력을 했는데, 이 연구들(Berger, 2007; Craig & Harel, 2004; Erath, Flanagan, & Bierman, 2008; Smith, 2004)에 따르면 학교폭력의 가해나 피해 정도는 자료 수집방법에 따라 매우 큰 차이가 있다(세부 내용은 다음 절에서 다룸). 따라서 연구의 내용뿐 아니라 자료 수집방법에 따라 파악되는 현황에 적지 않은 차이가 있다는 사실에 주목할 필요가 있다.

2. 연구 내용과 관련된 문제

1) 세부 개념에 대한 이해의 차이

학교폭력 현황을 파악하는 데 있어 연구 내용과 관련된 문제는 연구자가 학교폭력을 무엇으로 보느냐에 따라 파악하는 현황이 상당히 달라질 수 있다는 것이다. 이러한 문제점은 특히 여러 나라에서 이루어진 결과들을 토대로 국가별 비교를 할 때 더욱 심각해진다. 각국의 연구자들이 해석하는 학교폭력의 의미는 더욱 큰 편차를 가지기 때문이다.

몇몇 연구자들은 이와 같은 문제가 갖는 심각성을 구체적으로 보여 주었다. Smith 등(2002)의 연구에서는 유럽과 아시아 14개 나라(13개 언어를 사용하는)의 8세와 14세 아동 및 청소년 1,245명을 대상으로 학교폭력 경험을 조사하였다. 연구자는 총 25개의 학교폭력 내용을 제시하고 이에 대한 인식과 경험 정도를 파악하였다. 연구자들은 제시하는 내용에 대한 대상자들의 이해 차이를 최소화하기 위해 여러 가지의 세밀한 작업을 수행했다. 우선 제시하고자 하는 각 내용에 대해 구체적인 행동을 담은 문장으로 제시했는데, 이러한 문장은 번역-역번역의 과정을 거쳐 각 나라의 언어로 번역되었다(〈표 4-1〉 참조). 이와 함께 제시하는 각 내용을 그림과 함께 제시했다는 점도 특징적이었는데, 대상자들에게 막대인형이 주인공인 25개의 그림을 보여 주었다. 각 그림은 학교폭력의 세부개념에 해당되는 행동을 묘사하고 있고, 각 그림과 함께 〈표 4-1〉의 문장들이 함께 제시되었다([그림 4-1] 참조). 이에 따라 대상자들은 25개의 그림을 보고 학교폭력에 해당되는 개념이 무엇인지를 파악하고 그 세부 유형을 구분하도록 지시를 받았다.

이러한 방법을 통해 응답자들의 반응을 분석한 결과, 흥미로운 차이가 나타났다. 학교폭력의 세부 내용을 파악하는 정도에 연령별로 큰 차이가 있었는데, 8세 집단과 14세 집단에서 차이가 나타났다. 8세 아동들은 14세 아동들에 비해 학교폭력의 세부 내용을 파악하는 정도가 약하였다. 14세 아동들은 25개의 그림들을 5개의 군집으로 분류한 반면, 8세 아동들은 단지 2개 군집으로만 분류했다. 구체적으로 어린 아동들은 공격적 행동과

〈표 4-1〉 학교폭력의 25개 유형에 대한 내용(소년용)

번 호	내 용
1	서로 싫어하는 마이크와 존이 싸우기 시작한다.
2	빌이 조이와 싸우기 시작한다.
3	마틴이 자신보다 체격이 작은 아크탈과 싸우기 시작한다.
4	씬은 론이 자신을 바보 같다고 말해 싸우기 시작한다.
5	크리스는 매 휴식시간마다 데미언과 싸운다.
6	대비드가 스콧에게 만일 돈을 내놓지 않으면 때리겠다고 말한다.
7	닉과 친구들이 테리와 싸우기 시작한다.
8	니겔이 던칸의 자를 빌려와 고의로 부러뜨린다.
9	해리가 이안의 자를 가져와 부러뜨린다.
10	짐이 펜을 잃어버려 컬크가 자신의 것을 빌려준다.
11	컬트가 벤에게 불쾌한 말을 한다.
12	찰스가 마커스에게 매주 불쾌한 말을 한다.
13	스튜어트가 제프에게 그의 피부색에 관해 불쾌한 말을 한다. (만일 피부색이 중요하지 않은 문화권에서는 다음과 같은 문장이 가능함: 스튜어트가 제프에게 그의 말하는 투에 관해 불쾌한 말을 한다.)
14	카알이 다리가 불편해 지팡이를 써야 하는 조슈아에게 이에 관해 불쾌한 말을 한다.
15	죠지가 드렉의 성지향성(sexual orientation)에 관해 불쾌한 말을 한다.
16	켄이 그레햄의 머리에 대해 놀리고, 둘이 함께 웃는다.
17	앤소니가 스탠의 머리에 대해 놀리고, 스탠이 화를 낸다.
18	마이크가 리차드에게 같이 놀고 싶은지 묻는다.
19	매트가 레니에게 게임을 하지 못하게 한다.
20	세바스찬이 롭에게 절대 게임을 하지 못하게 한다.
21	헨리와 친구들이 레이에게 그들과 놀지 못하게 한다.
22	여학생들이 마크가 남자라는 이유로 자신들을 지나쳐 가지 못하게 한다.
23	남학생들이 카렌이 여자라는 이유로 축구를 못하게 한다.
24	게리가 모든 학생들에게 톰과 얘기하지 말라고 한다.
25	빌이 알렌에 관해 불쾌한 이야기를 퍼트린다.

출처: Smith et al. (2002).

그림 3

그림 10

그림 14

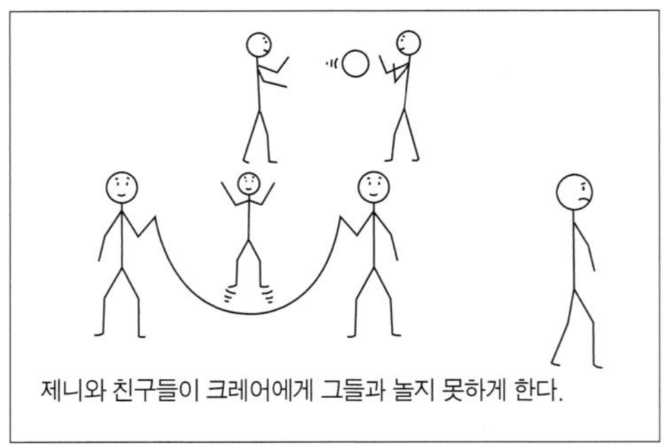

그림 21

[그림 4-1] 학교폭력의 내용을 보여 주는 그림 예
('그림 3'과 '그림 10'-소년용, '그림 14'와 '그림 21'-소녀용)

출처: Smith et al. (2002).

비공격적 행동은 구분했지만 나이 든 아동들에 비해 공격적 행동의 세부 내용(즉, 신체적 공격, 신체적 괴롭힘, 언어적 공격, 사회적 소외)은 구분하지 못했다. 이러한 연령별 차이는 조사대상이 된 모든 나라들에서 유사한 양상으로 나타났다. 반면 성별에 따라서는 모든 나라에서 차이가 나타나지 않았다.

앞의 결과는 어린 아동들이 나이 든 아동들에 비해 학교폭력 행위를 구체적으로 인식하고 구분하는 능력이 떨어짐을 의미한다. 이러한 결과는 연령별 차이에 대한 연구를 진행하고 결과를 해석하는 데 시사하는 점이 크다. 예를 들어, 초등학생과 중학생(혹은 고등학생)의 학교폭력 현황을 비교분석하는 것과 같이 연령대가 다른 집단을 연구대상으로 하는 경우, 많은 연구들에서는 연령대별로 다른 질문지를 사용하는 경우가 거의 없다(다만, 어린 대상자들에게 보다 구체적인 설명체를 사용하는 정도의 수정을 가함). 그러나 Smith 등(2002)의 연구에서 보았듯이 두 연령대의 대상자들은 주어진 개념에 대해 이를 구분하고 분류하는 양상에 차이가 있다. 따라서 이런 차이로 인해 자신들의 '경험 정도'를 다르게 보고할 수 있다. 만일 어린 아동이 청소년 집단에 비해 사회적 소외의 경험 정도를 더 크게 보고한 경우라도, 이는 이들이 다른 공격적 행동(예를 들어, 관계적 공격, 힘의 불균형)과 사회적 소외를 구분하지 않거나 학교폭력의 세부 유형을 구분하지 않은 채 합하여 보고해서 나타난 결과일 수 있는 것이다. 따라서 이러한 결과들은 어린 아동과 나이 든 아동 및 청소년에 대한 연구를 진행할 때는 대상자들이 용어를 이해하고 분류하는 정도에 차이가 있음을 인식하고 이에 대응하는 진행과 해석이 뒤따라야 함을 보여 준다.

2) 동일한 개념에 대한 인식의 차이

개념에 대한 인식의 차이는 연령차 때문에 나타나는 것만은 아니다. Smith 등(2002)의 연구에서는 같은 연령대의 대상자라 하더라도, 동일한 주제에 대해 갖고 있는 개념의 편차가 작지 않음을 보여 주었다. 이 연구에서는 나라별로 각 국가의 사전, 연구물, 관련서적 등의 자료를 참조하여 '괴롭힘(bullying)'과 유사한 현상을 지칭하는 용어들을 5~10개씩 추출하였다. 이후 동일한 연령(14세)의 대상자들에게 5개의 공격 유형에 해당되는 카드를 주고, 이러한 행동들이 자기 나라 언어 중 어느 것에 해당되는지 연결하도록 하였다. 5개 공격 유형은 비공격(nonaggressiveness)과 4개의 공격 유형[① 신체적 공격(physical aggression), ② 신체적 괴롭힘(physical bullying), ③ 직간접적 언어적 공격(direct+indirect verbal aggression), ④ 소외(social exclusion)]에 관한 것이었다. 그 결과, 비공격적인 것과 공격적인 것을 구분하는 것에는 응답자들 간에 대체로 높은 일치율이 나타났다. 그러나 공격 유형을 세부적으로 구분하는 것에는 응답자들 간에 일치율이 매우 낮았다. 이러한 결과는 대상자들이 동일한 용어를 보면서도 내적으로는 다른 개념을 떠올린다는 것을 의미한다. 또한 이는 같은 연령의 대상자라 하더라도 특정 용어를 접했을 때 서로 다른 세부 행동을 떠올릴 가능성이 큼을 보여 준다.

일반적으로 학교폭력의 현황을 파악하는 많은 연구에서는 "지난 ○개월 동안 학교폭력의 가해, 피해를 어느 정도 경험했습니까?"와 같은 형태의 질문을 많이 사용한다. 그러나 앞의 결과가 보여 주듯이 이런 경우 대상자들은 '학교폭력'이라는 용어에 대해 자신이 평소 생각해 온 각기 다른 세부 행동들을 떠올리고, 이에 따라 자신의 경험 정도를 보고하는 문제가 발생하게 되는 것이다.

3. 자료 수집과 관련된 문제

1) 자료 수집방법의 종류

다른 주제에 대해서도 마찬가지듯이 학교폭력 현황을 파악하는 데는 다양한 자료 수집방법이 사용될 수 있다. 먼저 가장 대표적인 방법으로 자기보고(self-report) 방법을 꼽을 수 있다. 이는 학교폭력의 가해나 피해 정도를 응답자가 스스로 보고하는 방식이다. 대부분의 연구들은 편리성의 이유로 이 방법을 많이 사용한다. 이 방법은 자신의 경험을 가장 잘 알고 있는 응답자에게 직접 질문한다는 점에서 구체적일 수 있으나, 경험을 은폐하려는 의도가 클 경우 신뢰할 수 있는 결과를 얻어 내기 어렵다.

두 번째는 **또래보고**(peer-report) 방법을 들 수 있다. 이는 같은 반이나 같은 학교 친구 중 가해나 피해를 경험하는 학생이 어느 정도 있고 어떤 경험을 하는지에 대해 교우의 입장에서 보고하는 것이다. 이러한 보고는 자기보고 방법에 비해 보다 객관적인 실태를 보여 줄 수 있지만, 소문이나 응답자의 주관적 해석에 따라 보고하는 경우 과장되거나 왜곡된 결과가 나타날 수 있다.

세 번째는 **교사나 부모의 보고 방법**이 사용될 수 있다. 교사나 부모는 청소년들을 가장 많이 접하는 대표적인 성인들이기 때문에 이들의 보고는 중요한 정보가 된다. 특히 교사들은 학교상황에서 가해자나 피해자 자신이 미처 인식하지 못하는 대인관계 양상을 보다 객관적으로 판단해 줄 수 있다. 그러나 학교폭력은 교실 내에서만 발생하는 것이 아니라 화장실, 운동장, 교내의 기타 지역, 학교 근처 등에서 이루어지는 경우가 많고, 특히 교사가 있지 않은 경우에(혹은 교사의 눈을 피해) 발생하는 경우가 많다. 따라서 교사의 보고가 전체 내용을 담는 데는 한계가 있을 수밖에 없다. 이러한 한계는 부모의 경우 더욱 커지는데, 학교폭력이 주로 학교나 학교 근처에서 일어나기 때문이다.

네 번째는 **관찰법**으로 마이크, 비디오 카메라, CCTV과 같은 장비를 이용해서 학교폭력의 가해와 피해 정도를 파악하는 방법이다. 이 방법은 은폐의 여지가 없고 보고자의 주관이 개입되지 않는다는 점에서 가장 객관적인 방법이라 할 수 있다. 그러나 관찰을 위한 장비 마련이나 설치가 쉽지 않고, 발생 가능한 모든 장소에 장비를 설치해야 하며, 대상자들이 감시당한다는 인상을 줄 수 있다는 단점을 갖는다.

마지막은 공적 자료나 보고서를 참고하는 방법이다. 예를 들어, 지각 · 조퇴 · 결석 정도, 병원치료나 입원치료 사항, 경찰 범죄기록, 사망기록과 같은 공적 보고 내용을 통해 학교폭력의 정도를 파악할 수 있다. 그러나 이러한 내용들은 극심한 형태의 가해나 피해 정도만을 보여 주는 한계가 있기 때문에 다른 방법과 함께 보조적인 방법으로 사용하는 경우가 많다.

2) 자료 수집방법에 따른 결과의 차이

학교폭력의 경험 정도는 연구 내용뿐 아니라 이상에서 살펴본 다양한 자료 수집방법에 따라서도 상당한 차이가 생길 수 있다. Cole 등(2006)의 연구에서는 자기보고보다 또래보고에 의한 학교폭력의 가해자 수가 월등히 많은 것으로 나타났다. 더욱이 이 연구에서는 자기보고된 가해자와 또래보고된 가해자가 전혀 일치하지 않는 결과가 나타나 놀라움을 줬다. Pepler 등(1998)의 연구에서도 자기보고와 관찰에 의한 현황을 비교한 결과 큰 차이가 나타났다. 이 연구에서는 교실과 학교운동장 등 다양한 곳에 마이크와 비디오 카메라를 설치하고, 7세에서 11세까지의 아동들을 관찰했다. 그 결과, 자신이 또래를 괴롭혔다고 보고한 정도(자기보고)에 비해 남학생들은 5배, 여학생들은 3배 더 많게 또래를 괴롭히는 것으로 관찰되었다. 이러한 결과들은 자기보고 방법이 갖는 특성을 보여 주는 것으로, 가해자가 자신의 경험을 정당화하거나 부인함으로써 기타의 객관적 방법에 비해 낮게 보고한다는 것을 보여 준다.

그러나 가해자에 대한 현황 파악과 달리 피해자 현황 파악에서는 다소 비일관적인 결과가 보고되고 있다. Salmivalli(2002)의 연구에서는 또래보고, 관찰, 자기보고에 의한 결과들을 비교하였는데, 기타의 방법에 비해 자기보고에 의한 피해 정도가 가장 적게 나타났다. 이와 달리 국내의 초·중·고등학생 1,100명을 대상으로 조사한 김혜원(2011a, 2011b)의 연구에서는 초·중·고등학생 모두에서 또래보고보다 자기보고의 피해사실이 더 많게 나타났다.

한편 자기보고와 교사보고를 비교했을 때도 매우 큰 차이가 나타났다. 일본에서 이루어진 한 연구에서는 학교폭력 피해에 대한 학생 스스로의 보고가 교사에 의한 보고(교사가 행정당국에 보고한 결과)에 비해 약 5배 많은 것으로 나타났다(Ando, Asakura, & Simons-Morton, 2005). 이는 앞서 보았듯이 학생들의 폭력경험을 교사가 파악하는 데 한계가 있고, 이와 함께 학교폭력 현상에 대해 교사와 학생 간에 문제 의식의 차이가 큼을 보여 주는 결과다.

Card(2003)는 기존 연구 결과들을 메타분석하여 다양한 자료 조사방법에 따른 차이를 보다 구체적으로 보여 주었다. 이제까지 이루어진 많은 연구들을 메타분석한 결과, 학교폭력의 피해 현황파악을 위해 사용한 자료 조사방법들 간에 매우 다른 관련 정도가 나타났다(〈표 4-2〉 참조). 이 중 또래보고와 교사보고 간의 상관관계가 가장 커서(.42), 또래와 교사가 학교폭력의 피해상황을 인식하는 정도에는 상대적으로 큰 일치성이 있음을 보여 주었다. 반면 또래보고와 관찰결과의 상관관계는 가장 낮아서(.16), 또래들이 학교폭력의 피해상황을 인식하는 정도와 실제 관찰결과 사이에 큰 차이가 있음을 보여 주었다.

또한 흥미롭게도 자료 수집방법에 따른 차이는 학교폭력의 피해 정도뿐 아니라 뒤따르는 부정적 결과에 대해서도 나타났다. Erath 등(2008)의 연구에서는 학교폭력에 대한 자기보고가 타인보고보다 피해 청소년들이 겪는 심리적·행동적 부적응을 더 잘 예견하는 것으로 나타났다. 또한 이 연구에서는 각 자료 조사방법에 따라 이후 피해자가 겪게 되는 부정적 결과를 예

〈표 4-2〉 연구 방법에 따른 학교폭력의 피해 현황 간 상관관계(연구자: Card, 2003)

비교 연구 방법	상관관계	메타분석된 연구 수
자기보고 대 또래보고	.37	21개
자기보고 대 교사보고	.29	5개
자기보고 대 관찰	.21	2개
또래보고 대 교사보고	.42	7개
또래보고 대 관찰	.16	2개

측하는 측면에도 차이가 있는 것으로 나타났다. 즉, 자기보고는 피해 청소년들의 심리사회적 측면의 어려움(예를 들어, 우울, 불안, 학교만족도 등)을 더 잘 예측하는 반면, 타인보고는 보다 가시적이고 행동적인 측면들, 즉 학교 참여나 학업성적을 더 잘 예측했다.

4. 문제해결을 위한 방법

1) 구체적 행동에 대한 조사

그렇다면 이상에서 제기된 문제들을 해결하기 위해서는 어떻게 해야 할까? 우선 가장 기초적인 해결 방법 중 하나는 연구를 진행할 때 대상자들에게 묻고자 하는 행동을 구체적으로 제시하는 것이다. 즉, 하나의 포괄적 용어(예: '집단따돌림' '집단괴롭힘' '학교폭력' 등)를 사용하는 대신, 각각의 세부적이고 구체적인 행동들을 제시하고 이에 대한 경험 정도를 답하게 하는 것이다. 예를 들어, 밀치기, 때리기, 친구들이 나에 대해 험담하기, 놀이에 끼워 주지 않기, 같이 밥 먹지 않기 등과 같은 행동목록을 주고, 각 행동에 대해 자신이 경험한 사항이나 정도를 표시하게 할 수 있다.

이러한 방법은 현재 전 세계적으로 가장 널리 사용되는 괴롭힘 질문지 중 하나인 Olweus(http://www.olweus.org)의 질문지에서 사용하는 방법이다. 이 질문지에서는 괴롭힘(bullying)에 다음과 같은 구체적인 행위들이 포함된다고 보고, 이에 대한 자신의 경험을 보고하도록 하고 있다.

"다음의 질문들은 괴롭힘(bullying)에 관한 것들입니다. 괴롭힘이란 예를 들어, 한 학생이나 여러 학생이 누군가에게 고약하고 불쾌한 말을 하거나 놀리고, 놀이에 끼워 주지 않는 것과 같이 그 사람을 무시하거나 따돌리고, 그 사람의 물건을 가져가거나 부수거나 숨기고, 때리거나 밀치고, 거짓말을 하고, 나쁜 소문을 퍼뜨리고, 나쁜 쪽지를 보내는 것과 같은 행동을 의미합니다. 그러나 동등한 힘이나 파워를 가진 2명의 학생이 논쟁하거나 싸우는 것은 괴롭힘에 해당되지 않습니다."

이러한 지시문과 함께 응답자들은 다음 각 항목에 대해 자신의 경험을 응답하도록 한다.

- 모욕적인 말이나 나쁜 평판하기와 같이 언어적으로 괴롭히기
- 사회적으로 배척하거나 소외시키며 괴롭히기
- 때리기, 차기, 밀기, 침 뱉기와 같이 신체적으로 괴롭히기
- 거짓말이나 잘못된 소문을 퍼뜨리며 괴롭히기
- 돈이나 물건을 뺏거나 훼손시키기
- 위협하거나 어떤 일을 강요하기
- 인종적 이유로 괴롭히기
- 성적으로 괴롭히기
- 전화나 인터넷과 같이 사이버상에서 괴롭히기

출처: http://www.olweus.org

최근에 이루어진 가장 대규모 연구 중 하나인 UN연구(Craig & Harel, 2004)에서도, 괴롭힘 가해와 피해 행동의 개념에 대한 혼란을 줄이고 각 나라의 말로 번역하는 과정에서의 오류를 줄이기 위해 앞과 같은 방법을 사용했다. 이 연구에서는 34개 유럽국가의 5만여 학생들을 대상으로 괴롭힘의 경험 정도를 조사하였다. 이를 위해 괴롭힘에 포함되는 행동과 포함되지 않는 행동을 구체적인 문장으로 제시하고 이를 각 나라의 말로 번역해서, 대상자가 제시된 개념에 대한 세부 행동이 무엇인지 동일하게 인식하도록 하였다. 연구에서 제시한 내용은 Olweus의 정의에 기초를 둔 것으로 다음과 같았다.

> "괴롭힌다는 것은 어떤 학생에게 1명이나 여러 명의 학생들이 무례하고 불쾌한 행동을 하는 것을 말한다. 또한 자신이 원하지 않는데도 반복해서 놀림을 당하거나 고의적으로 따돌려지는 것도 이에 해당된다. 하지만 동일한 힘을 가진 두 학생이 힘을 겨루거나 싸우는 것은 괴롭히는 것이 아니다. 또한 친근하거나 장난스러운 방식으로 놀리는 것도 이에 해당되지 않는다."

이러한 문장을 각 나라의 대상자들에게 제시하고, 지난 몇 달간 "얼마나 자주 괴롭힘을 당했는가?"와 "얼마나 자주 다른 학생을 괴롭히는 데 참여했는가?"를 질문했다.

2) 다면적 조사방법 사용

이상에서 보았듯이 학교폭력의 현황은 자료 조사방법에 따라서도 상당한 차이가 있다. 따라서 이러한 문제를 해결하기 위한 가장 이상적인 방법은 자기보고, 또래보고, 다양한 대상을 통한 인터뷰, 객관적 관찰, 공적 자료와 같은 다면적 방법을 사용하는 것이다.

다면적 방법의 사용은 여러 가지 긍정적인 효과를 가져다줄 수 있다. 첫째, 선행 연구들에서 그러했듯이 다면적 방법에 따른 결과를 비교함으로써 각 방법에 따른 결과의 차이를 확인할 수 있다. 이는 단순히 수치상의 차이뿐 아니라 대상자들마다 가해자나 피해자로 인식하는 것에 차이가 있다는 것을 보여 주는 결과이기 때문에, 대상자들의 대인관계 인식양상을 이해하는 데 풍부한 자료로 활용될 수 있다. 둘째, 다면적 방법을 통해 공통적으로 파악되는 대상자가 있다면, 이들에 대한 집중적인 관심과 개입의 근거로 사용할 수 있다. 또한 각 연구 방법은 고유의 장점을 갖기 때문에 연구나 조사의 주된 목적에 따라 이를 적절히 활용할 수 있다(Macklem, 2003). 구체적으로 학생 개개인에 관한 학교폭력의 영향력을 이해하는 것이 주 목적이라면, 자기보고 방법을 사용하는 것이 좋을 것이다. 반면 또래 간의 집단역동 혹은 개별 학생의 사회적 지위를 파악하고자 한다면 또래평정법이 적절하다. 이와 달리 폭력의 빈도를 알고자 할 때는 대상 학생이 매일매일의 상황을 정리하는 일일기록법이 효과적이다. 또한 직접관찰은 놓치기 쉬운 자료 수집방법을 보완하고 폭력행동의 복잡성을 명확히 하는 데 도움을 줄 수 있다. 따라서 복잡한 학교폭력 현상일수록 그 행동을 정확히 이해하기 위해서는 다양한 조사방법을 사용하는 것이 필수적이라고 할 수 있다.

제5장
학교폭력의 현황[1)]

- 이 장에서는 최근 학교폭력이 어느 정도 발생하고 있는지에 대한 현황을 구체적으로 살펴볼 것이다.
- 국내에서 실시된 주요 연구들을 보면, 학교폭력의 가해, 피해 및 가해-피해 현황 모두에서 연구들마다 매우 큰 차이가 있는 것을 알 수 있다. 이러한 양상은 국외 연구 결과에서도 유사하지만 국내 연구들과 비교했을 때 결과들의 비일관성은 적은 편이다.
- 학교폭력 중 최근의 두드러지는 유형이라 할 수 있는 사이버 괴롭힘은 여러 측면에서 기존의 학교폭력과 구별되는 특징을 갖는다. 그러나 아직까지 사이버 괴롭힘에 대한 많은 연구들이 이루어지지 않은 상태여서 이에 대한 구체적인 정보는 부족한 상황이다.

1) 앞장들에서 살펴보았듯이 기존 연구에서는 발생 현황을 파악하는 데 있어 집단따돌림, 집단괴롭힘 및 학교폭력의 의미를 정확하게 구분하지 않은 경우가 많다. 즉, 동일한 행동에 대해 질문하면서 이를 집단따돌림 혹은 집단괴롭힘 등 다르게 지칭하기도 하고, 반대로 집단따돌림이라는 동일한 주제를 다루면서 서로 다른 세부 행동을 포함시켜 조사한 경우도 많다. 이런 이유로 인해 기존 연구 결과들을 토대로 이 책에서 초점을 맞추고 있는 학교폭력의 전체 현황을 정확하게 제시하는 것은 어려운 상태다. 따라서 이 장에서는 집단따돌림, 집단괴롭힘 및 학교폭력을 주제로 다룬 기존 연구 결과들을 통합적으로 검토하여 내용을 구성하였다.

1. 국내 현황

1) 대규모 연구들의 결과

국내에서는 1996년 학교폭력을 당한 피해 학생이 자살하면서 이에 대한 사회적 관심이 커지고 관련연구들이 급증하였으며 본격적인 현황 파악이 시작되었다. 이 중 먼저, 전국단위 응답자들을 대상으로 한 대규모 조사결과들을 통해 학교폭력 현황을 살펴볼 수 있다. 주요 결과들은 〈표 5-1〉에 요약되어 있다.

〈표 5-1〉 대표적인 국내 연구에서 나타난 학교폭력 발생 현황

연구자(연도)	대 상	가해 경험	피해 경험	가해-피해 경험	보고방법
한국청소년상담원(1997)	초 · 중 · 고등학생 1,623명	48.1%	30.0%	-	자기보고
한국교육개발원(1998)	초 · 중 · 고등학생 6,800여 명	-	24.2%	-	자기보고
한국아동상담원(1999)	초 · 중학생 2,700여 명	-	53.2%	-	또래보고
청소년보호위원회(2000)	초 · 중 · 고등학생 2만여 명	-	3.2%	-	자기보고
김혜원, 이해경(2000)	초 · 중 · 고등학생 3,737명	21.4%	10.7%	27.9%	자기보고
한국청소년개발원(2006)	초 · 중 · 고등학생 14,336명	-	2.0%	-	자기보고
정은순 등(2002)	초등학생 512명	-	52.0%	-	또래보고
조학래(2002)	중학생 450명	18.0%	26.2%	19.6%	자기보고
최윤자, 김아영(2003)	중학생 415명	54.2%	40.5%	-	자기보고
임광규(2011)*	초 · 중학생 799명	60.7%	59.9%	77.6%	자기보고
교육과학기술부 (2012. 8~10월)	초 · 중 · 고등학생 379만여 명	4.1%	8.5%	2.1%	자기보고
평 균		34.4%	28.2%	31.8%	

(주) *는 중복응답

한국청소년상담원(1997)의 연구에서는 초 · 중 · 고등학생 1,624명을 대상으로 학교폭력 실태를 조사하였다. 그 결과, 조사대상자의 48.1%가 친구를 괴롭힌 적이 있고, 30%는 친구로부터 괴롭힘을 당한 적이 있는 것으로 나타났다. 비슷한 시기에 초 · 중 · 고등학생 6,800여 명을 대상으로 조사한 한국교육개발원(1998)의 연구에서는 전체의 24.2%가 학교폭력 피해를 경험한 것으로 나타났다. 학교급별로는 중학생의 26.9%, 초등학생의 25.1%, 고등학생의 21.3%가 폭력경험을 하여, 학교급이 낮을수록 피해경험이 많음을 보여 주었다. 한국아동상담원(1999)에서는 초 · 중학생 2,700여 명을 대상으로 조사하였는데, 이 연구에서는 기존 연구와 달리 자신의 학급에 학교폭력을 당하는 친구가 있는지를 보고하도록 하였다(정은순 외, 2002 재인용). 그 결과, 응답자의 53.2%가 학교폭력을 당하는 아이가 있다고 보고하여 자기보고에 비해 또래보고를 통한 비율이 높음을 보여 주었다.

2000년대 들어 청소년보호위원회(2000)에서는 초 · 중 · 고등학생 2만여 명을 대상으로 학교폭력에 대한 실태를 조사했다. 그 결과, 초등학생 5.6%, 중학생 2.7%, 고등학생 1.4%가 학교폭력 피해경험이 있는 것으로 나타났다(평균 3.2%). 이러한 결과는 앞의 연구에서 나타난 수치와 비교할 때 매우 낮은 비율임을 알 수 있고, 이는 제4장에서 다루었듯이 조사된 개념의 범위 차이에 따른 것으로 추정된다. 초 · 중 · 고등학생 3,737여 명을 대상으로 한 김혜원과 이해경(2000)의 연구에서는 약 1/5 정도(21.4%)의 응답자들이 학교폭력 가해경험이 있고 그 절반가량(10.7%)이 피해경험이 있는 것으로 조사되었다. 반면 가해와 피해를 동시에 경험한 비율은 가장 높아서 전체의 1/4 이상(27.9%)이 두 경험을 모두 했다고 보고하였다. 최근 들어 한국청소년개발원(2006)에서는 전국의 초 · 중 · 고등학생 14,336명을 대상으로 3월부터 6월까지의 학교폭력 피해 정도를 조사했다. 그 결과 초등학생 3.9%, 중학생 1.8%, 실업계 고등학생 1.5%, 일반계 고등학생 0.8%가 피해경험이 있는 것으로 나타났다(평균 2.0%).

국내에서 학교폭력의 실태를 가장 전면적으로 파악한 것은 2012년 '학교폭력근절 종합대책'의 발표와 함께 교육과학기술부에서 실시한 학교폭력 실태조사를 통해서다. 이 조사는 두 차례에 걸쳐 이루어졌는데 제1차는 1~2월, 제2차는 8~10월에 시행되었다. 두 번의 조사 모두에서 전국의 초등학교 4~6학년 학생과 중 · 고등학생 전체를 대상으로 전수조사를 실시했다. 제1차 조사는 우편조사 방식으로 진행되어 응답률이 매우 낮았던(25%) 반면, 제2차 조사는 나이스(NEIS, 교육행정정보시스템)를 통한 온라인 설문방식으로 이루어져 74%의 높은 응답률을 보였다. 제2차 조사를 통해 나타난 결과를 살펴보면, 전체 응답자의 8.5%가 학교폭력 피해경험이 있고, 4.1%는 가해경험이 있었다. 피해경험자 중 1/4 가량은 가해경험도 있는 것으로 나타나, 가해-피해경험 집단이 전체의 2.1%인 것을 알 수 있었다. 또한 전체의 17.5%는 학교폭력을 목격했고, 이 중 31.3%는 적극적으로 대응하기보다 '모른 척했다'고 응답했다. 이 결과는 전국의 청소년들을 대상으로 한 전수조사를 통해 얻어졌다는 점에서, 우리나라 학교폭력에 대한 가장 포괄적인 실태를 보여 준다고 할 수 있다.

2) 소규모 연구들의 결과

이상과 같은 대규모 조사는 아니지만 일부 지역의 표집 대상을 통해 나타난 결과를 통해서도 학교폭력 현황을 파악할 수 있다(〈표 5-1〉 참조). 정은순 등(2002)의 연구에서는 초등학교 3~6학년 512명을 대상으로 학급에 학교폭력을 당하는 친구가 있는지를 보고하도록 하였다. 그 결과, 전체 응답자의 절반 정도(52%)가 학교폭력을 당하는 친구가 있다고 응답하여, 전국단위의 결과에서와 마찬가지로 또래보고의 비율이 상대적으로 높음을 보여 주었다. 비슷한 시기에 실시된 조학래(2002)의 연구에서는 대전 지역 중학생 450명을 대상으로 학교폭력 실태를 조사했다. 그 결과, 학교폭력 가해경험이나 피해경험이 없는 무경험 집단이 가장 많고(36.2%), 다음으로 피해 집단(26.2%), 가해-피해 집단(19.6%), 가해 집단(18.0%)의 순서로 나타났다. 이 연구에서 나타난 피해경험을 유형별로 보면, 욕·협박형(욕하거나 재수없다고 놀림, 22.0%)이 가장 많고, 다음으로 소외형(고의로 끼워 주지 않거나 무시함, 14.9%)과 조롱형(신체 특징이나 외모에 대해 놀림, 14.9%)이 많고, 다음으로 신체폭력형(때리거나 위협함, 11.0%), 강제형(심부름을 시키거나 물건을 뺏음, 9.6%)과 모함형(헛소문을 퍼뜨림, 9.6%)의 순서였다.

최윤자와 김아영(2003)의 연구에서는 서울지역 남녀 중학생 415명을 대상으로 학교폭력 실태를 조사하였다. 그 결과, 응답자의 40.5%가 피해경험이 있고, 54.2%가 가해경험이 있다고 보고하였다. 학교폭력의 세부내용을 살펴보면, 욕하거나 놀리거나 관계에서 소외시키는 괴롭힘이 80% 이상을 차지해, 조학래(2002)의 연구에서와 마찬가지로 직접적인 폭력보다 간접적인 폭력이 월등히 많음을 보여 주었다. 가장 최근에 수행된 임광규(2011)의 연구에서는 충청지역의 초·중학생 799명을 대상으로 학교폭력의 경험 정도를 조사하였다. 그 결과, 응답자의 60.7%가 학교폭력 가해경험이 있고, 59.9%는 피해경험이 있는 것으로 나타났다(중복응답). 가해-피해경험에 대한 응답은 더욱 많아서 전체의 77.6%가 학교폭력의 가해경험과 피해경험을 함께 했다고 응답하였다.

이상의 결과들을 종합하면, 평균적으로 응답자의 34.4%가 학교폭력 가해경험이 있고 이보다 적은 28.2%는 피해경험이 있는 것을 알 수 있다. 반면 전체의 31.8%가 가해와 피해경험을 동시에 하고 있는 것을 알 수 있다. 그러나 결과에서 볼 수 있듯이 가해와 피해 및 가해-피해경험 모두가 연구들마다 상당히 큰 차이가 있어, 우리나라 청소년들이 학교폭력 가해나 피해를 과연 어느 정도 경험하고 있는지를 파악하는 것이 매우 어렵다는 것을 알 수 있다.

2. 국외 현황

1) 각국의 현황

세계 각국에서 크고 작은 연구를 통해 학교폭력에 대한 발생 현황을 조사해 오고 있다(결과에 대한 요약은 〈표 5-2〉 참조). 대표적인 학자로는 노르웨이의 Olweus를 꼽을 수 있고, 그를 통해 다양한 학교폭력 현황이 보고되었다. 1973년의 연구(Olweus, 1979)에서는 학교폭력 피해가 초등학교 2~6학년에서 가장 빈번하고(11.0%), 중학교 1~3학년에서는 절반 정도(5.4%)인 것으로 나타났다. 이후 1982년 노르웨이에서 3명의 학생이 학교폭력 피해로 잇달아 자살하면서 범국가적인 연구와 대응책 마련이 시작되었고, 2~3년 후 이에 대한 보고서가 발표되었다. 1986년 발표된 연구보고서에 따르면 연구의 시작 단계에서 매우 높게 나타났던 학교폭력 현상(20%의 학생들이 가해자 혹은 피해자)이 2년간의 국가적 프로젝트 이후 절반으로 줄어든 것을 알 수 있다(Olweus, 1986).

Olweus의 연구는 세계 각국의 연구자들에게 영향을 주었고, 이어 스칸디나비아 반도와 유럽 전역, 북미 지역 및 동양(일본 중심)에서 많은 관련 연구들이 발표되었다. 그중 유럽지역에서 발표된 대표적 연구 중 하나는 Veenstra 등(2005)에 의한 연구다. 이 연구에서는 1,065명의 네덜란드

〈표 5-2〉 대표적인 국외 연구에서 나타난 학교폭력 발생 현황

연구자(연도)	대 상	가해 경험	피해 경험	가해-피해 경험	보고방법
Olweus(1979)	노르웨이 초 2~중 3	-	11.0% (초 2~6) 5.4% (중 1~3)	-	자기보고
Veenstra et al. (2005)	네덜란드 아동(평균 연령 11.09세) 1,065명	13.1%	15.4%	10.3%	다면보고
Wolke et al.(2001)	미국 6~9세 초등생 1,639명과 부모	4.3%	39.8%	10.2%	자기보고
Nansel et al.(2001)	미국 6~10학년 15,686명	13.0%	10.6%	6.3%	자기보고
Juvonen et al.(2003)	미국 6~11학년 1,985명	7%	9%	6%	자기보고
미 교육부, 법무부 (2006)	미국 초 · 중 · 고등학생	-	28%	-	자기보고
Wang et al.(2009)	미국 6~10학년 7,182명	-	34.9%*	-	자기보고
평균		9.4%	19.3%	8.2%	

(주) *는 중복응답

아동(평균 연령 11.09세)을 대상으로 다각도의 방법으로 정보를 수집하였다. 이는 아동의 자기보고, 부모 설문조사, 교사 설문조사, 지능과 다양한 신체적 · 신경학적 정보(학교에서 수집)들이 포함되었다. 그 결과, 전체의 13.1%가 학교폭력 가해경험이 있고, 15.4%가 피해경험이 있고, 10.3%는 가해-피해경험이 있는 것으로 나타났다.

한편 유럽에서 시작된 연구들과 달리 비교적 최근에는 북미를 중심으로 많은 관련 연구들이 발표되었다. 그중 Wolke 등(2001)은 6~9세의 초등학생 1,639명과 그 부모들을 대상으로 학교폭력 경험 정도를 조사하였다. 그 결과, 응답자의 4.3%가 직접적인 가해경험이 있고, 10.2%가 가해-피해경험이 있으며, 39.8%는 피해경험이 있는 것으로 나타났다. 같은

시기에 Nansel 등(2001)에 의해 이루어진 연구에서는 미국의 6~10학년생 15,686명을 대상으로 학교폭력의 경험 정도를 조사했다. 그 결과, 전체의 29.9%가 학교폭력에 개입한 경험이 있는 것으로 나타났다. 이 중 가해경험(13.0%)이 가장 많았으며, 다음으로 피해경험(10.6%)이 많았고, 가해와 피해를 함께 경험한 경우(6.3%)는 상대적으로 적었다. 비슷한 시기에 Juvonen 등(2003)은 미국의 6~11학년생 1,985명을 대상으로 학교폭력 경험 정도를 조사했다. 이 연구에 참여한 대상자들은 대부분 저소득층의 라틴계와 흑인계 학생들이었고, 자기보고가 아닌 또래보고 방식에 따라 학교폭력의 피해 정도를 파악하였다. 그 결과, 응답자의 22%가 학교폭력의 경험 집단으로 나타났다. 이 중 피해 집단이 가장 많았고(9%), 다음으로 가해 집단(7%), 가해-피해 집단(6%)의 순서로 나타났다. 2006년 미국 교육부와 법무부(박종효, 2007b 재인용)에서는 보다 광범위하게 초·중·고등학생을 대상으로 학교폭력 피해 정도를 조사하였다. 그 결과, 지난 6개월 동안 한 번 이상 학교폭력 피해를 당한 학생이 전체의 1/4 이상(28%)으로 나타났다. 학년별로는 6학년이 가장 많았고(37%), 다음으로 9학년(28%), 12학년(20%)의 순서였다. 최근 Wang, Iannotti와 Nansel(2009)은 미국의 6~10학년생 7,182명을 대상으로 학교폭력 현황을 조사하였다. 이 연구에서는 Olweus 질문지를 통해 신체적·언어적·관계적 괴롭힘과 사이버 괴롭힘 경험 정도를 조사하였다. 그 결과, 대부분의 학생들이 신체적·언어적·사회적 또는 사이버상에서 괴롭힘 가해나 피해를 경험한 것으로 나타났다. 피해경험은 언어적 피해를 경험한 경우가 가장 많았고(53.6%), 이와 비슷한 정도로 관계적 피해경험이 많았으며(51.4%), 신체적 피해(20.8%)와 사이버 피해(13.6%)경험은 상대적으로 적었다.

한편 Berger(2007)는 1990년대 이후 여러 국가에서 수행된 대표적인 대규모 연구 결과들을 정리하여, 이에 대한 결과를 일목요연하게 보여 주

〈표 5-3〉 메타분석을 통해 나타난 학교폭력의 가해, 피해 정도(연구자: Berger, 2007)

연 구	국 가	대상자 수 (명)	대상자 연령	빈 도	가해경험	피해경험
Olweus(1993)	노르웨이	130,000	초 2~6학년	가끔	8%	12%
Whitney & Smith(1993)	영국	2,623	8~11세	주 1회 이상	4%	10%
Fonzi et al. (1999)	이탈리아	1,018	초등학생	주 1회 이상	11%	18%
Rigby & Slee (1999)	호주	25,399	8~13세	주 1회 이상	7%	25%
			14~18세		3%	14%
Morita et al. (1999)	일본	9,429	초등학생	지난 학기 동안 2회 이상	17%	14%
Borg(1999)	몰타	6,282	9~14세	주 1회 이상	27%	32%
Nansel et al. (2001)	미국	15,686	6~10학년	주 1회 이상	8%	9%
Craig & Pepler(2003)	캐나다	7,000	6~10학년	지난 주 동안 2회 이상	9%	18%
Alikasifoglu et al.(2002)	터키	4,153	9~11학년	지난 학기 동안	19%	30%
Hanewinkel (2004)	독일	6,433	5~8학년	주 1회 이상	9%	10%
Pereira et al. (2004)	포르투갈	4,092	5~6학년	이번 학기 동안 최소 3번	16%	20%
Fekkes et al. (2005)	네덜란드	2,766	9~11세	매주	4%	9%
평균					10.9%	17.0%

었다. 이 연구에서는 12개 나라에서 조사된 학교폭력의 가해와 피해 정도를 메타분석하였다(〈표 5-3〉 참조). 연구를 통해 밝혀진 결과를 종합하면, 가해자는 평균적으로 전체 대상자의 10.9%이고 피해자는 17.0%여서 피해자의 비율이 더 높은 것을 알 수 있다.

국외에서 이루어진 이상의 연구 결과들을 종합하면 평균 약 10%의 응답자들이 학교폭력의 가해경험이 있는 것으로 나타나, 국내 연구들에서 나타난 결과(평균 40.5%)에 비해 매우 낮은 비율임을 알 수 있다. 피해에 대해서도 마찬가지여서 국외 연구 결과들에서는 평균 약 18%의 응답자들이 피해경험이 있어, 국내 연구에서의 평균 비율(30.2%)에 비해 역시 매우 낮은 것을 알 수 있다. 이는 가해-피해경험에 대해서도 마찬가지여서 국외의 결과(평균 약 8%)들에 비해 국내의 결과(평균 약 42%)들이 훨씬 높은 비율임을 알 수 있다.

그러나 국내외 결과들을 직접적으로 비교하는 것은 무리가 있다고 본다. 왜냐하면 제4장에서 살펴보았던 연구 내용 및 자료 조사방법의 문제가 결과들에 영향을 미쳤을 것으로 예상되기 때문이다. 특히 주목할 만한 점은 국외 연구 결과들에서보다 국내 연구 결과들에서 학교폭력의 경험 정도에 대한 편차가 훨씬 크다는 점이다. 국외에서 이루어진 연구들에서도 학교폭력의 가해경험과 피해경험에서 적지 않은 편차가 나타나고 있다. 그러나 각 연구의 결과 차이는 국내에 비해 매우 작은 편이어서 현황을 파악하는 데 혼란이 적은 상태다. 또한 국외에서 행해진 일부 연구에서는 동일한 연구도구를 사용하여 국가 간 비교를 실시하거나(이에 대한 구체적인 내용은 아래 절에 제시함), 동일한 연구도구가 아니더라도 메타분석을 통해 결과를 객관적으로 비교함으로써 학교폭력 현황에 대한 요약된 결과를 제시하고 있다. 따라서 이후에 이뤄지는 국내 연구들에서도 이러한 노력들이 이뤄져, 우리나라 청소년들 사이에 발생하는 학교폭력 현황을 보다 신뢰할 수 있고 종합적으로 파악할 수 있어야 할 것이다.

2) 국가 간 현황 비교

(1) 비교 연구 결과

앞에서와 같이 각 나라에서 진행된 연구 결과를 종합해서도 학교폭력 현황을 파악할 수 있지만, 여러 나라 청소년들을 대상으로 한 비교 연구를 통해서 보다 정확한 현황을 파악할 수 있다. Wolke 등(2001)은 영국의 아동 2,377명(6세 1,072명과 8세 1,305명)과 독일의 아동(8세) 1,538명을 대상으로 비교 연구를 진행했다. 이 연구에서는 학교폭력과 관련된 동일한 내용에 대해 두 나라 아동들이 어떤 경험을 했는지에 대해 개별 아동을 인터뷰하였다. 그 결과, 두 나라 간에 공통점과 차이점이 함께 발견되었다. 공통적으로 발견된 결과는 두 나라 모두에서 첫째, 남아들이 여아들에 비해 가해-피해경험을 더 많이 하고, 둘째, 대부분의 학교폭력은 운동장이나 교실에서 이루어지는 경우가 많고, 셋째, 학교폭력의 가장 흔한 형태는 험담하기와 때리기고, 넷째, 대부분의 응답자들은 가해와 피해를 동시에 경험하고, 다섯째, 응답자의 사회경제적 지위와 인종이 학교폭력 현상과 경미하지만 유의미한 관계를 갖는다는 점이었다.

반면 두 나라에서는 각기 다른 결과가 나타나기도 했다. 이는 첫째, 학교폭력 피해를 경험한 정도가 독일(8%)에 비해 영국(24%) 아동들이 세 배나 많고, 둘째, 이와 달리 가해를 경험한 정도는 독일(4.8%)에 비해 영국(1.9~2.9%) 아동들이 두 배가량 적고, 셋째, 독일 아동들은 영국 아동들에 비해 학교를 오가는 도중에 폭력을 당하거나 나이 든 상대로부터 폭력을 당하는 경우가 많고, 넷째, 독일과 달리 영국에서는 소집단 학교에서 대집단 학교에 비해 피해자 비율이 높게 나타났다는 점이었다. 이러한 차이들은 실제적인 발생율의 차이와 함께, 두 나라의 교육시스템 차이와 학교폭력에 대한 사회적 인식 차이 등에서 기인한 것으로 해석되었다.

(2) HSBC 연구 결과

① 연구의 개관

학교폭력에 관한 국가 간 비교 연구 중 가장 대표적인 것은 WHO(World Health Organization) 주관하에 수행된 HBSC(학령기 아동의 건강에 관한 연구, Health Behaviour in School-aged Children)연구를 들 수 있다. 이 연구는 1997~1998년 1차 진행되었고, 이후 2001~2002년 2차 진행되었다. 1차 연구에서는 유럽과 북미 25개국에 있는 11만여 명의 청소년을 대상으로 조사를 실시하였고, 2차 연구에서는 10개국을 더 포함시켜 총 35개국의 청소년 16만 3천여 명을 대상으로 조사를 진행하였다(Craig & Harel, 2004; Nansel et al., 2004).

이 연구에서는 광범위한 국가와 대상을 연구에 포함시켜 괴롭힘(bullying)에 대한 대규모 비교를 실시하였다. 또한 이 연구에서는 11세, 13세, 15세의 세 연령 집단과 남녀 청소년을 포함시켜 연령과 성별에 따른 비교도 수행하였다. 이와 함께 괴롭힘을 경험한 정도('지난 한 해 동안 1회 이상' ~ '지난 몇 달 동안 2~3회 이상' 등)를 구분하여 파악함으로써 응답자들의 경험 정도를 보다 구체적으로 보여 주었다. 무엇보다 이 연구에서는 기존 연구들에서 문제점으로 제기되었던 가해와 피해 행동의 개념에 대한 혼란을 줄이고, 각 나라 언어로 번역하는 과정에서의 오류를 줄이기 위해 다양한 노력을 기울였다. 즉, 괴롭힘에 포함되는 행동과 포함되지 않은 행동을 구체적인 문장으로 제시하고, 이를 각 나라 언어로 번역해서 대상자가 동일하게 내용을 인지하도록 했다.

② 주요 연구 결과

이러한 과정을 거쳐 시행된 1차 연구 결과에서, 괴롭힘 가해와 피해경

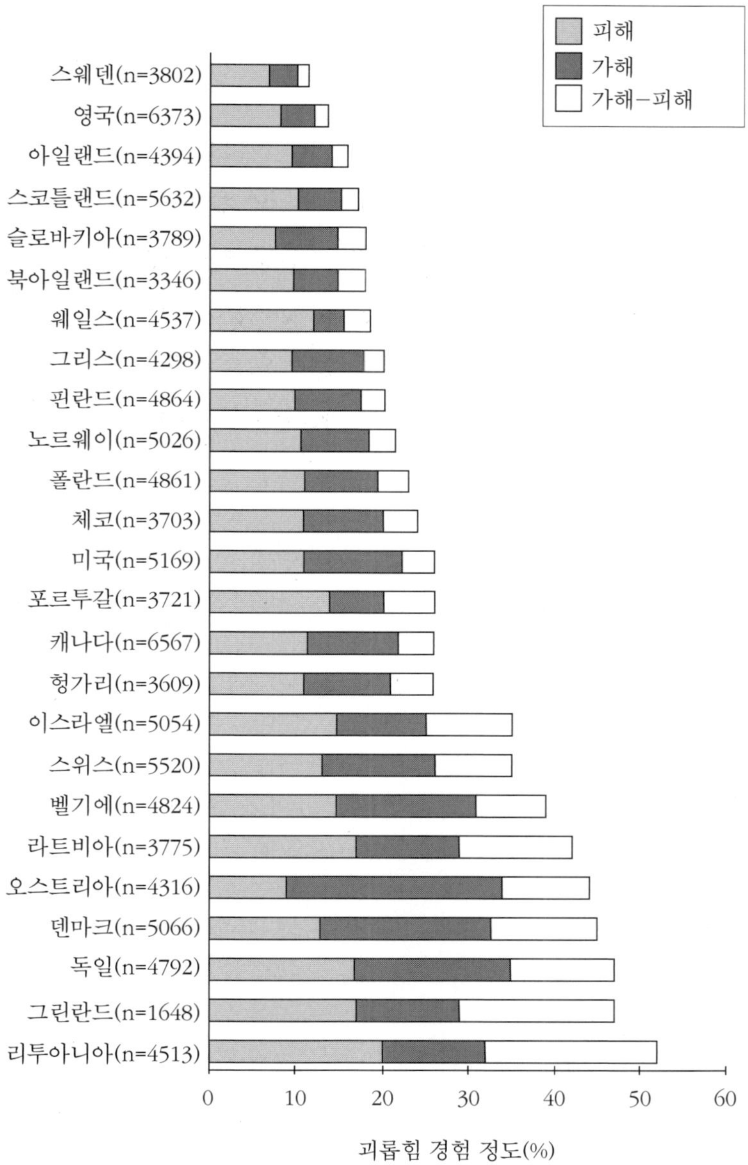

[그림 5-1] 25개국 청소년들의 괴롭힘 경험 정도(재학 중 두 번 이상)

출처: Nansel et al. (2004).

험 정도는 국가별로 매우 큰 차이가 나타났다. 괴롭힘 경험 정도(가해-피해경험의 합)는 국가별로 9%에서 54%까지의 편차가 나타났는데, 스웨덴에서 가장 적고(9%) 리투아니아에서 가장 많았다(54%). 세부적으로 볼 때 피해는 전체 응답자의 평균 11%가 경험이 있었는데, 역시 스웨덴에서 가장 경험이 적었고(5%) 리투아니아에서 가장 많았다(20%). 가해는 전체 응답자의 평균 10%가 경험이 있었는데, 스웨덴과 웨일즈에서 가장 적었고(3%) 덴마크에서 가장 많았다(20%). 가해-피해는 전체 응답자의 평균 6%가 경험이 있었는데, 역시 스웨덴에서 가장 적었고(1%) 리투아니아에서 가장 많아(20%) 다른 경험과 유사한 양상을 보였다. 전체 25개국에서 나타난 괴롭힘의 경험 정도는 [그림 5-1]에 요약되어 있다.

2차 연구에서도 이러한 국가 간 차이는 비슷한 양상을 보였다. 피해는 전체 응답자의 평균 12.7%가 경험이 있는 것으로 나타났는데, 1차 연구에서와 마찬가지로 스웨덴에서 가장 적었고(4.2%) 리투아니아에서 가장 많았다(32.4%). 가해는 전체 응답자의 평균 10%가 경험이 있는 것으로 나타났고, 역시 스웨덴에서 가장 적었으며(2.8%) 리투아니아에서 가장 많았다(33.8%).

한편 이 연구를 통해 전체 35개국에서의 괴롭힘 가해와 피해 및 폭력(fighting)의 경험 정도를 함께 파악하였다([그림 5-2] 참조). 이를 보면, 전체 1/3 정도(35%)의 응답자들은 어떤 형태의 공격행동에도 개입한 경험이 없는 것을 알 수 있다. 이와 달리 전체 1/4 가량(24%)의 응답자들은 괴롭힘이나 폭력의 가해-피해경험을 동시에 한 것으로 나타났다. 반면 10%의 응답자들은 피해경험만 갖고 있고, 31%의 응답자들은 폭력과 괴롭힘(9%), 괴롭힘(8%), 폭력(14%) 중 어느 한 형태의 가해 행동을 또래에게 하는 것으로 나타났다.

HBSC 연구를 통해 밝혀진 결과는 앞 절에서 보았던 개별 연구들 혹은 메타분석을 통한 결과들과는 다른 중요성을 갖는다. 왜냐하면 HBSC 연

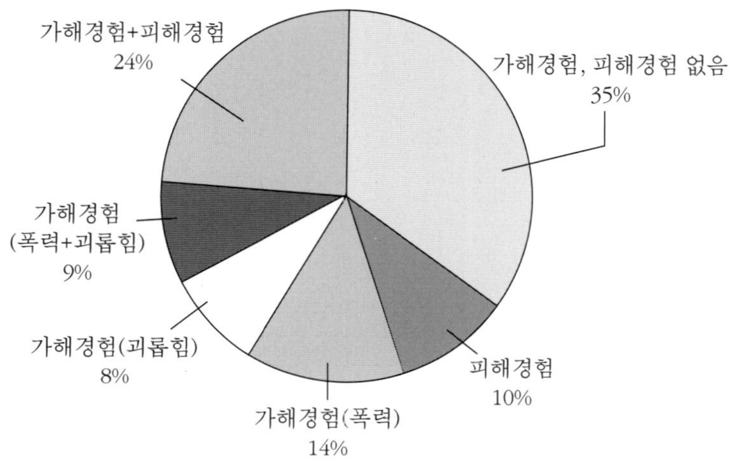

[그림 5-2] 35개국 청소년들의 괴롭힘 가해, 피해 및 폭력 경험 현황

출처: Craig & Harel (2004).

구 결과는 다국의 청소년들을 대상으로 동일한 연구 내용과 동일한 연구 도구를 통해 얻어진 것이기 때문이다. 흥미로운 점은 이러한 비교 연구에서도 역시 각 나라마다 학교폭력의 가해-피해경험에서 큰 차이가 있었다는 점이다. 이렇게 볼 때 각국 청소년들이 경험하는 학교폭력 가해-피해 경험에는 분명히 방법적 한계로 인한 차이 외에 실제적인 차이가 있음을 알 수 있다. 또 하나 주목할 만한 점은 이러한 결과와 비교했을 때도 국내에서 밝혀진 결과들은 매우 높은 수치라는 점이다. 이는 우리나라 청소년들에게서 학교폭력이 매우 빈번하게 일어나고 있다는 사실을 보여 주는 것일 수 있다. 그러나 앞서 보았듯 국내 연구들에서의 편차가 매우 심한 상태이기 때문에 이러한 결론을 내리기에는 아직 시기상조로 보인다.

3. 사이버 괴롭힘 현황

1) 개념과 특징

(1) 개념

최근의 학교폭력 현상 중 두드러지는 특징은 온라인 매체를 통한 괴롭힘이 중요한 하위유형으로 나타난다는 점이다. 사이버상의 괴롭힘 행동에 관해서는 다양한 용어가 사용되어 왔는데, 인터넷 괴롭힘, 전자 괴롭힘, 사이버 괴롭힘, 사이버 폭력 등이 그 예다. 이러한 개념들은 서로 유사성을 갖지만 상호간에 구분되는 측면도 있다. 인터넷 괴롭힘(internet harassment)은 일반적으로 인터넷을 통한 험담과 비방, 나쁜 소문 퍼뜨리기, 위협적이고 공격적인 말하기 등의 행위를 일컫는다(Ybarra et al., 2007). 이에 비해 전자 괴롭힘(electronic bullying)은 인터넷을 포함한 다양한 전자매체를 통한 괴롭힘을 의미하며, 이메일, 문자, 채팅방, 웹사이트 또는 디지털 메시지나 영상을 통해 행하는 괴롭힘의 형태를 포함한다(Kowalski & Limber, 2007). 사이버 괴롭힘(cyber bullying)도 온라인을 통해 텍스트 메시지, 이메일, 전화, 그림이나 영상의 방법을 통해 괴롭히는 것을 의미한다(Slonje & Smith, 2008). 이러한 다양한 용어들 중 이 책에서는 청소년들이 온라인 매체를 통해 경험하는 바를 가장 포괄적으로 담는 용어인 사이버 괴롭힘을 사용하고자 한다.

---

* 사이버 폭력(cyber harassment)은 컴퓨터, 스마트폰 등 사이버 공간에서 상대방의 의사와는 상관없이 부호, 문언, 음향, 화상 등을 이용하여 특정 대상에게 신체적 · 정신적 피해를 주는 일련의 행위를 말한다. 사이버 폭력에는 사이버 명예훼손, 사이버 언어폭력, 사이버 성폭력, 사이버 스토킹 등의 하위유형이 포함된다(방송통신심의위원회, 2009).

(2) 특징

주지하듯이 우리나라는 인터넷 이용시간, 초고속 인터넷 가입자 수, 인터넷 뱅킹 이용자 수 등에서 세계 1위인 인터넷 강국이다. 인터넷 발달은 청소년들의 대인관계 패턴에도 많은 영향을 주는데, 청소년들은 인터넷 사용을 통해 새로운 관계를 맺을 수 있고 친구관계를 돈독히 할 수 있다. 그러나 이러한 장점의 이면에는 상당한 위험요소 또한 존재한다. 인터넷을 통한 대인관계의 대표적 특징은 익명성을 유지할 수 있다는 점이다. 따라서 자신의 신분이 적게 노출된다는 안도감으로 인해 대면관계에서는 전하지 않을 내용도 인터넷상에서는 과감하게 전하는 경우가 많다(Kowalski & Limber, 2007). 같은 맥락에서, 인터넷상의 관계에서는 자신의 반응으로 인해 상대가 얼마나 정서적으로 피해를 받는지에 대해 무신경해지고, 따라서 상대에 대한 무분별하고 공격적인 행위를 더욱 쉽게 한다.

이상과 같이 사이버 괴롭힘이나 온라인상의 괴롭힘은 전통적인 오프라인 괴롭힘과는 다음과 같은 몇 가지 측면에서 뚜렷한 차이점을 갖는다(Slonje & Smith, 2008).

첫째, 사이버 괴롭힘은 피해자들이 매우 피하기 어렵다는 특징을 갖는다. 전통적인 형태의 오프라인 괴롭힘은 학교와 같은 특정 장소에서 벌어지는 경우가 많고, 따라서 학교를 떠나 피해상황을 벗어나면 다음날 다시 학교에 갈 때까지는 피해를 당하지 않게 된다. 그러나 온라인상의 괴롭힘은 피해자가 학교를 벗어난 후에도 다양한 형태의 전자매체들을 통해 끊임없이 괴롭힘을 경험하게 만든다.

둘째, 사이버 괴롭힘은 청중의 범위가 매우 넓다는 특징을 갖는다. 전통적 형태의 학교폭력에 비해 온라인상의 괴롭힘은 매우 넓은 청중에게 내용과 영향력을 전달할 수 있다. 예를 들어, 피해자에 대한 나쁜 험담이나 부정적 영상 및 사진을 온라인에 띄우면 수많은 사람들에게 이 내용이 퍼져 나가게 된다. 따라서 이렇게 넓어진 청중들(비록 면대면의 청중은 아니지만) 앞에서 피해자가 겪는 고통은 더욱 커질 수밖에 없다.

셋째, 사이버 괴롭힘은 가해자 파악이 어려운 경우가 많다. 예를 들어, 온라인 매체를 통해 피해자에 대한 나쁜 소문을 퍼뜨리는 경우, 이러한 언어적 공격을 처음 시작한 사람이 누구이며 중간 전달 과정에서 내용의 정도를 더한 가담자들이 누구인지를 구분하는 것이 매우 어렵다.

넷째, 사이버 괴롭힘에서는 가해자가 자신의 행위에 대해 갖는 정서적 개입이 적고 따라서 개선의 여지도 적다. 사이버 괴롭힘을 행하는 가해자들은 피해자의 고통을 면대면으로 확인하지 않고 자신의 행동결과가 즉각적으로 나타나지 않는다는 특성으로 인해, 일반적인 학교폭력에 비해 피해자에 대한 동정심이나 미안함을 적게 느낀다. 이러한 이유로 인해 가해자가 자신의 행동에 대해 느끼는 정서적 반응(미안함, 후회 등)이 일반적인 학교폭력에 비해 약해질 수 있다. 또한 가해자와 피해자의 관계에서 방관자가 개입하여 상황을 호전시킬 수 있는 기회도 적기 때문에 피해자가 도움을 받을 수 있는 가능성은 낮아지게 된다.

2) 발생 현황

(1) 현황 파악의 맥락

사이버 괴롭힘은 최근 급증하는 것으로 파악된다. 그러나 사이버 괴롭힘은 많은 사회적 관심을 받아 왔지만, 이에 대한 연구는 많이 이루어지지 않은 상태다. 특히 국내에서는 일반적인 사이버 폭력에 대한 연구가 일부 수행되었을 뿐, 청소년들 사이에 발생하는 사이버 괴롭힘에 대한 구체적 현황 파악은 매우 미흡한 상태다.

반면 2011년 한국정보화진흥원에서 전국 초 · 중 · 고등학생 1,260명을 대상으로 설문조사를 한 결과, 청소년 5명 중 1명이 사이버 상에서 집단 놀림 피해를 입은 것으로 나타났다. 욕설과 따돌림 등을 집단적으로 받았다는 응답은 각각 20.2%, 12.4%였고, 휴대폰을 이용한 집단 욕설을 경험한 청소년도 20%를 넘었다. 특히 읍면 지역이 대도시보다, 중학생이 초·고등학생보다 사이버 괴롭힘에 노출된 비율이 높다는 점에서 오프라인에서 이루어지는 폭력과 비슷한 양상이라는 분석이 제기되었다(http://news.mk.co.kr/newsRead.php?year=2011&no=809593). 또한 최근 교육과학기술부에서 진행된 제1, 2차 학교폭력 실태조사(2012)에서도 사이버 괴롭힘의 현황을 파악할 수 있었다. 전국의 초(4~6학년)·중·고등학생 379만여 명의 응답을 분석한 제2차 조사결과에서는 전체의 7.3%가 사이버 괴롭힘의 피해경험이 있는 것으로 나타났다. 거의 매일 이러한 피해를 경험하는 비율은 0.6%였고, 일주일에 1~2회 경험하는 비율은 0.3%였다.

이 같은 상황에서도 청소년들이 사이버 괴롭힘을 바라보는 시각은 매우 관대하다. 한국정보화진흥원(2011)의 조사 결과에서 청소년들의 35%는 개인 홈페이지에 욕설을 쓰거나 악성댓글을 다는 것을 폭력으로 생각하지 않는 것으로 나타났다. 청소년폭력예방재단의 실태조사(2011)에서도 응답자 10명 중 3명은 사이버 괴롭힘을 폭력이 아니라 그저 '학교 일상 문화'의 하나로 인식하는 것으로 나타났다.

한편 국내와 국외에서 청소년들의 사이버 괴롭힘에 대해 연구해 온 것을 비교하면 다음과 같은 차이점들이 발견된다(김경은, 2011). 국내에서는 청소년들이 특정 대상자를 염두에 두고 의도적으로 행하는 사이버 괴롭힘에 대해서는 크게 관심을 두지 않았다. 대신 청소년들이 인터넷 사용 중에 재미와 호기심, 스트레스 해소, 자기 과시 등의 이유로 불특정 다수에게 폭력을 행하는 것에 관심을 두고, 이러한 행동을 포함하여 인터넷 사용과 관련된 문제행동 전체에 관심을 두었다. 이와 달리 국외에서는 오프라인에서 보

〈표 5-4〉 대표적인 국외 연구에서 나타난 사이버 괴롭힘 발생 현황

연 구	국 가	대 상	피해경험	가해경험	가해-피해 경험
Smith & Brain(2000)	미국	11~19세 656명	27%	-	-
Ybarra & Mitchell(2004)	미국	10~17세 1,501명	4%	12%	3%
Ybarra et al. (2007)	미국	10세, 15세 1,588명	34.5%	-	-
Raskauskas & Stolts(2007)	미국	13~18세 84명	49%	21%	-
Rivers(2001)	미국	7~8학년 2,000여 명	6%	-	-
Kowalski & Limber(2007)	미국	6~8학년 3,767명	11.1%	4.1%	6.8%
Li(2006)	캐나다	중학생 264명	25%	17%	-
NCH(2005)	영국	11~19세 770명	20%	11%	-
Noret & Rivers(2006)	영국	11~15세 11,227명	7%	-	-
Slonje & Smith(2008)	스웨덴	12~20세 360명	17.6%	11.9%	-
Campbell (2005)	오스트레일리아	8학년 120명	14%	11%	-
평균			19.6%	12.6%	4.9%

이는 괴롭힘 행동에 대한 관심과 동일한 맥락으로, 청소년들이 사이버 공간에서 또래나 특정 대상을 의도적으로 괴롭히는 행동의 정도와 영향력에 연구의 초점을 맞춰 왔다. 따라서 이 책의 주제인 청소년들이 온라인 상에서 경험하는 사이버 괴롭힘의 현황을 파악하기 위해서는 국외에서 이루어진 연구 결과들을 고찰할 필요가 있다.

(2) 국외 연구 결과들

국외에서 청소년들의 사이버 괴롭힘 현황을 다룬 대부분의 연구들은 미국을 중심으로 수행되었다(연구의 주요 결과는 〈표 5-4〉 참조). Smith와 Brain(2000)은 11~19세의 청소년 656명을 대상으로 사이버 괴롭힘 경험 정도를 조사하였다. 그 결과, 응답자의 16%가 문자로 위협을 받았고, 7%는 인터넷 채팅방에서 괴롭힘을 당했으며, 4%는 이메일로 괴롭힘을 당한 것으로 나타났다. 이와 비슷한 연령대인 10~17세 청소년 1,501명을 대상으로 한 연구(Ybarra & Mitchell, 2004)에서는 12%가 온라인에서 상대를 공격했고, 4%가 공격 피해를 받았으며, 3%는 가해경험 및 피해경험을 동시에 한 것으로 나타났다. 또한 Ybarra, Diener-West와 Leaf(2007)의 연구에서는 10세와 15세 청소년 1,588명을 대상으로 온라인 조사를 통해 유사한 내용을 파악하였다. 그 결과, 전체의 34.5%가 온라인 괴롭힘을 한 번 이상 경험했고(비방이나 험담 31.5%, 나쁜 소문 퍼뜨리기 13.2%, 위협적이고 공격적인 언어 14.1%), 8%는 이런 경험을 자주 하는 것으로 나타났다. Raskauskas와 Stolts(2007)의 연구에서는 13~18세의 청소년 84명을 대상으로 조사했는데, 절반가량(49%)의 응답자가 전자 괴롭힘 피해경험이 있고, 21%가 가해경험이 있는 것으로 나타났다.

한편 Rivers(2001)는 앞의 연구들에서보다 어린 7~8학년 2,000여 명을 대상으로 사이버 괴롭힘 경험을 조사하였다. 그 결과, 6%가 자신을 험담하거나 위협하는 문자나 이메일을 받은 것으로 나타나, 앞의 연구들에서보다 다소 적은 비율을 보였다. 또한 Kowalski와 Limber(2007)도 6~8학년 3,767명을 대상으로 설문조사를 실시하여 전자 괴롭힘(이메일, 인스턴트 메시지, 채팅, 웹사이트, 전화문자를 통한 괴롭힘)의 정도와 양상을 파악하였다. 그 결과, 전체의 11.1%가 피해경험이 있고, 4.1%가 가해경험이 있으며, 6.8%가 가해-피해경험이 있는 것으로 나타났다. 가장 흔하게 경험한 내용은 가해와 피해 모두 인스턴트 메시지를 통한 괴롭힘이었고(가해 55.5%, 피해 66.6%), 다음이 채팅, 이메일, 웹사이트를 통한 괴롭힘의 순서였다. 또한 가해자 중 가장 많은 경우는 학교에 있는 재학생 중 1명(약 45.8%)인 것으로 나타나, 사이버 괴롭힘과 오프라인 괴롭힘이 상당 부분 동일한 사람으로부터 행해짐을 보여 주었다. 그러나 피해의 상당 부분(약 40.5%)은 알지 못하는 사람으로부터 괴롭힘을 당한 것이어서 사이버 괴롭힘만의 독특성을 보여 주기도 했다.

사이버 괴롭힘에 대한 연구는 미국을 제외한 몇몇 국가들에서도 수행되었다. Li(2006)는 캐나다 중학생 264명을 대상으로 사이버 괴롭힘의 경험 정도를 조사하였다. 그 결과, 25%가 사이버 괴롭힘의 피해경험이 있고, 17%는 가해경험이 있는 것으로 나타났다. 영국에서 11~19세의 청소년 770명을 대상으로 조사한 결과에 따르면 20%가 사이버 괴롭힘이나 위협을 경험했고, 11%가 가해경험이 있는 것으로 나타났다(NCH 연구, 2005: Slonje & Smith, 2008 재인용). 역시 영국에서 수행된 Noret와 Rivers(2006)의 연구에서는 11~15세의 청소년 11,227명을 대상으로 대규모 조사를 실시했다. 그 결과, 7%가 험담이나 위협적인 내용의 텍스트 메시지나 이메일 피해를 경험했고, 이런 피해는 남학생에 비해 여학생이 많은 것으로 나타났다. 한편 Slonje과 Smith(2008)는 스웨덴의 12~20세 청소년 360명을 대상으로 텍스트 메시지, 이메일, 전화, 웹사이트상의 그림이나 영상을 통한 괴롭힘 피해경험을 조사하였다. 그 결과, 전체의 11.9%는 사이버 괴롭힘의 가해경험이 있고, 17.6%는 피해경험이 있는 것으로 나타났다. 괴롭힘 유형 중 가장 많은 것은 가해(9.0%)와 피해(8.6%) 모두에서 이메일을 통한 괴롭힘이었다. 그러나 피해자에게 가장 부정적인 영향을 주는 것은 이메일을 통한 괴롭힘이 아니라 웹사이트에 올리는 사진과 영상을 통한 괴롭힘으로 나타나 주목할 만하다. 이와 유사하게 Campbell(2005)은 오스트레일리아의 8학년생 120명을 대상으로 조사하였는데, 14%가 사이버 괴롭힘 피해경험이 있고, 11%가 가해경험이 있는 것으로 나타났다.

이상의 결과들을 요약하면 사이버 괴롭힘에 대한 가해경험이나 피해경험은 연구들마다에서 다양하게 파악된다고 볼 수 있다. 그러나 가장 대표적인 형태는 문자나 이메일을 통한 괴롭힘이고, 이외에도 매우 다양한 매체나 방법을 통해 사이버 괴롭힘이 이루어지고 있음을 알 수 있다. 또한 사이버 괴롭힘에 대한 사회적 관심이 커지고 피해 사례 또한 크게 늘고 있지만, 구체적이고 체계적인 연구는 미흡한 상태이고 특히 국내에서의 연구는 매우 부족한 상태임을 알 수 있다.

제6장

학교폭력의 연령별 · 성별 현황

- 이 장에서는 학교폭력이 청소년들의 연령과 성에 따라 어떤 양상을 보이는지 살펴볼 것이다.
- 먼저 연령에 따라서는 비일관적인 결과가 보고되지만, 이를 종합해 볼 때 초등학교 고학년과 중학교 저학년 사이에 학교폭력이 가장 많이 발생하는 것을 알 수 있다. 또한 연령에 따라 학교폭력의 이유와 종류가 달라지는 것으로 파악된다. 이와 함께 학교폭력은 지속성과 변화성을 모두 지녀, 수개월 동안에는 학교폭력 피해 양상에 큰 변화가 없지만 수년간의 기간 동안에는 적지 않은 변화가 생긴다.
- 학교폭력은 성에 따라서도 비일관적인 결과가 보고되지만, 결과들을 종합할 때 여자 청소년들에 비해 남자 청소년들에게서 학교폭력이 더 자주, 더 많이 발생한다. 또한 학교폭력의 내용적 측면을 살펴볼 때 성에 따른 차이가 발견되는데, 남녀 청소년들은 학교폭력의 경험 내용, 피해자의 특징 및 경험의 전반적 과정에서 상이한 양상을 보인다.

1. 연령에 따른 현황

1) 경험의 양적 측면

초기 청소년기와 비교했을 때 중기, 후기 청소년기에 학교폭력은 증가하는가? 혹은 감소하는가? 연령 변화와 함께 청소년들의 학교폭력 양상 또한 달라지는가? 이러한 질문에 답하기 위해 많은 연구들이 연령에 따른 학교폭력 발생 현황을 조사해 왔다. 기존 연구 결과를 종합해 보면, 학교폭력의 연령별 차이에 대해서는 비일관적 결과가 보고되고 있음을 알 수 있다.

〈표 6-1〉 주요 연구 결과에서 나타난 연령에 따른 학교폭력 발생 현황

연구자	연구대상 및 결과
Whitney & Smith(1993)	초〉중
Berger(2007)	11～15세 가장 많음
이춘재, 곽금주(1997)	초〉중
청소년대화의 광장(1997)	초〉인문고〉실업고〉중
삼성생명 사회정신건강연구소(1997)	중〉고
박경숙, 손희권(1998)	중〉초〉고
이춘화(1999)	초〉중=고
김혜원, 이해경(2000)	초〉중=고
최윤자, 김아영(2003)	중 1〉중 2〉중 3
김순혜(2007)	초〉중=고
박종효(2007b)	중 2〉중 3
최수미, 김동일(2010)	가해: 중〉초=고 피해: 초〉중=고
김혜원(2011b)	초〉중〉고
교육과학기술부(2012, 8～10)	초〉중〉고

일부 연구들에서는 연령이 높아지면서 학교폭력 현상이 줄어든다는 결과를 보고하고 있다. 비교적 많은 연구들에서 이 같은 결과를 보고했는데, 이는 다시 말해 연구의 주요 대상이었던 중학생에 비해 초등학생에게서 학교폭력이 더 많이 발생한다는 것을 의미한다. 반면 다른 집단의 연구들에서는 연령이 높아지면서 학교폭력 현상이 증가한다는 결과를 보고하고 있어 대조를 이룬다. 주요 연구들에서 나타난 결과를 요약하면 〈표 6-1〉과 같다.

(1) 연령이 높아지면서 경험이 줄어듦

먼저 어린 청소년들에게서 학교폭력이 더 많이 발생함을 보여 주는 결과들을 살펴보면 다음과 같다. Whitney와 Smith(1993)의 연구에서는 초등학생과 중학생 간에 학교폭력 경험에 차이가 있는지를 조사하였다. 그 결과, 연령이 증가할수록 학교폭력의 보고율이 감소하여 중학생에 비해 초등학생에게서 학교폭력이 더 많이 발생하는 것을 알 수 있었다. Olweus(1994a)의 연구에서도 연령이 높아질수록 학교폭력의 피해를 당하는 학생들의 비율이 감소하는 것으로 나타났다. 즉, 어린 학생들일수록 더 많은 잠재적 피해자들이 있으며, 이들은 주로 자신보다 나이가 많은 학생들로부터 괴롭힘을 당하는 것으로 나타났다. 그러나 이 연구에서는 피해경험과 달리 학교폭력의 가해 현상은 연령에 따라 비일관적인 결과가 나타났다.

초등학생과 중학생을 대상으로 한 우리나라의 한 연구에서도 학교폭력의 피해 실태는 중학생보다 초등학생에서 2.5배 이상 많게 나타났다(이춘재, 곽금주, 1997). 이 연구에서 학교폭력의 가해 행동 역시 중학생보다 초등학생에게서 더 많은 것으로 나타났다. 비슷한 시기에 실시된 청소년대화의 광장(1997) 연구에서는 전국 초 · 중 · 고등학생 1,624명을 대상으로 조사하였는데, 학교폭력 경험이 가장 많은 집단은 초등학생(57.1%)이었고, 뒤를 이어 인문고(53.4%), 실업고(44.1%), 중학교(41.8%)의 순이었다. 이와 유사하게 중·고등학생을 대상으로 한 연구(삼성생명 사회정신건강연구소, 1997)에서도 학교폭력의 가해와 피해 현상은 고등학생에 비해 중학생에게서 가장 많은 것으로 조사되었다. 또한 초·중·고등학교의 교장 및 교육공무원을 대상으로 한 연구(이춘화, 1999)에서도 교장들이 인지하는 학교폭력 발생 실태는 초등학교가 가장 높았다(초등학교 0.2%, 중학교 0.14%, 고등학교 0.07%). 김혜원과 이해경(2000)의 연구에서는 초·중·고등학생의 자료를 비교하였는데, 그 결과 학교폭력 경험이 가장 많은 집단은 역시 초등학생이었다. 특히 초등학생들은 가해경험이나 피해경험보다 가해-피해경험이 2배 이상 많은 것으로 나타났고, 중학교와 고등학교로 갈수록 가해, 피해, 가해-피해경험은 전반적으로 감소했다.

보다 최근에 실시된 연구들에서도 유사한 결과가 나타났다. 한국청소년개발원(2006)에서는 전국의 초·중·고등학생 14,336명을 대상으로 학교폭력 피해 정도를 조사했다. 그 결과, 초등학생 3.9%, 중학생 1.8%, 실업계 고등학생 1.5%, 일반계 고등학생 0.8%가 피해경험이 있는 것으로 나타나(평균 2.0%) 학교급이 낮을수록 피해경험이 많음을 보여 주었다. 김순혜(2007) 또한 초·중·고등학생 835명의 자료를 분석하였는데, 가해경험과 피해경험 모두 초등학생이 중학생과 고등학생에 비해 많았다. 최수미와 김동일(2010)의 연구에서도 초·중·고등학생을 대상으로 학교폭력 현황을 조사하였다. 그 결과, 가해경험은 초등학생과 고등학생에 비해 중학생이 가장 많았지만, 피해와 가해-피해경험은 초등학생에게서 가장 많았다. 초·중·고등학생을 대상으로 한 김혜원(2011b)의 연구에서도 학교폭력을 경험한 비율은 초등학생이 가장 높아, 초등학생은 전체의 20.4%가 학교폭력을 경험한 반면, 중학생(19.7%)과 고등학생(17.0%)의 경험 비율은 다소 낮았다.

전국의 초(4~6학년) · 중 · 고등학생 379만여 명을 대상으로 실시한 제 2차 학교폭력 실태조사(교육과학기술부, 2012) 결과에서도, 학교폭력 경험은 연령이 어릴수록 많은 것으로 나타났다. 피해경험의 경우, 초등학생(11.1%)의 경험이 가장 많고, 다음으로 중학생(10.0%), 고등학생(4.2%)의 순이었다. 가해경험도 마찬가지여서 초등학생(5.8%)이 가장 많고, 다음으로 중학생(4.7%), 고등학생(1.7%)의 순이었다. 반면 목격경험은 중학생(20.2%)이 가장 많고, 다음으로 초등학생(18.8%), 고등학생(13.4%)의 순이어서 차이를 보였다. 종합해 보면 초등학생과 중학생이 고등학생에 비해 학교폭력의 가해경험, 피해경험이 많고, 중학생에 비해 초등학생의 경험이 더 많은 것을 알 수 있다.

학교급 간의 차이를 비교한 이상의 연구들과 달리 동일한 학교급 내에서 학년별 비교를 한 결과에서도 유사한 양상이 나타나 흥미를 끌었다. 최윤자와 김아영(2003)의 연구에서는 남녀 중학생 415명을 대상으로 학교폭력 가해와 피해 정도를 조사하였다. 그 결과, 가해와 피해 행동 모두 1학년에서 가장 빈번하고 학년이 높아질수록 줄어드는 추세를 보였다. 박종효(2007b)의 연구에서는 한국청소년패널조사(KYPS)의 1~3차 연도 패널자료를 분석하였다. 즉, 2003년도를 기준으로 중학교 2학년생 3,449명이 3학년이 될 때까지의 기간 동안 다른 친구를 집단적으로 괴롭히거나 집단적으로 괴롭힘을 당한 적이 있는지를 분석하였다. 그 결과, 중학교 2학년에서 가장 많은 학교폭력의 가해경험과 피해경험이 있고, 이러한 경험은 3학년으로 올라가면서 급격하게 줄어드는 것으로 나타났다

(2) 연령이 높아지면서 경험이 늘어남

앞의 결과들과는 대조적으로 일부 연구들에서는 연령이 높아지면서 학교폭력 현상이 늘어난다는 결과를 보고하였다. 그러나 이와 같은 결과들

은 첫 번째의 결과들과 비교할 때 상대적으로 드문 편이다. 한국교육개발원(1998)의 연구에서는 전국의 초 · 중 · 고등학생 6,893명을 대상으로 학교폭력의 피해경험을 조사하였다. 그 결과, 피해경험은 중학생(26.9%)이 가장 많고 다음으로 초등학생(25.1%)이 많은 반면, 고등학생(21.3%)의 경험이 가장 적었다. Berger(2007)의 연구에서도 이와 유사한 결과가 나타났는데, 다른 연령대보다 사춘기를 경험하는 11세에서 15세 사이의 대상자들 사이에서 학교폭력 현상이 가장 많이 발생하는 것으로 나타났다. 보다 구체적으로 이해경과 김혜원(2001)의 연구에서는 초등학생만을 대상으로 학년(4~6학년)에 따라 학교폭력 양상이 어떻게 달라지는지를 비교하였다. 그 결과, 학년이 높아질수록 가해-피해 집단과 가해 집단은 많아지는 반면, 피해 집단은 적어지는 것으로 나타났다.

(3) 초등학교 말~중학교: 가장 취약한 시기

이상의 내용들을 주의 깊게 살펴보면 초 · 중생이나 초 · 중 · 고등학생을 비교한 연구들에서 학교폭력 현상이 가장 빈번하게 보고된 집단은 초등학생임을 알 수 있다. 그러나 초 · 중 · 고를 함께 비교한 일부 연구(최수미, 김동일, 2010; 한국교육개발원, 1998)에서는 초등학생에 비해 중학생에게서 더 많은 학교폭력 현상이 나타나 이에 대해서도 주목할 필요가 있다. 이러한 결과들을 종합해 볼 때, 현재 상황에서 분명한 것은 고등학생에 비해 초등학생과 중학생의 학교폭력 경험이 더 많다는 점이다. 그러나 보다 구체적으로 연령별 차이를 보여 준 결과들(박종효, 2007b; 최윤자, 김아영, 2003)까지도 함께 고려할 때, 청소년들의 학교폭력은 초등학교 고학년과 중학교 저학년 시기에 가장 빈번하게 발생한다고 볼 수 있다.

미국에서 수행된 다양한 연구들에서도 청소년들은 초등학교를 졸업하고 중학교에 진학하는 시기에 학교폭력이 가장 많아진다고 밝히고 있다

(Macklem, 2003). 영국에서 수행된 연구들에서도 학교폭력과 다른 공격적 행동은 학생들이 처음 중학교에 들어갔을 때 가장 크게 증가한 것으로 나타났다(Pelligrini & Long, 2002). Pellegrini와 Bartini(2000)는 연구를 통해 이에 대한 결과를 보다 구체적으로 보여 주었다. 이 연구에서는 5학년(초등학교 마지막 학년)부터 6학년(중학교 첫 학년)까지의 2년 동안 총 292명의 미국 학생들을 대상으로 종단 연구를 실시하였다. 그 결과, 학교폭력 가해는 초등학교와 중학교 기간 동안 유사한 정도로 나타났다. 그러나 초등학교를 졸업하는 마지막 학기와 중학교에 입학하는 첫 학기 동안 학교폭력 가해 정도가 크게 늘어났다. 또한 이 시기 동안 친구들 간의 관계 양상도 다양한 변화를 보이는 것으로 나타났다.

이렇게 초등학교 말부터 중학교 시기인 청소년 초기 동안 학교폭력이 가장 많이 발생하는 이유에 대해서는 다양한 해석이 가능하다. 이에 대해 Macklem(2003)은 학생들이 학교를 바꿀 때 집단구조가 변하는 것에 주목하였다. 초등학교에서 중학교로 학교가 바뀔 때, 기존의 우정 집단은 해체되고 새로운 또래 집단과의 우정이 형성된다. 따라서 많은 학생들이 새로운 또래 집단에서 자신의 사회적 지위를 유지하기 위해 애쓰고, 이로 인해 공격적 행동을 사용하는 것이다.

또한 이 시기 동안의 남녀 학생들 간의 호감도 한 원인으로 작용한다는 흥미로운 해석도 제기되었다. Macklem(2003)에 따르면 이 시기에 여학생들은 수동적이고 위축되는 남학생들보다 공격적인 남학생들에게 매력을 느끼게 된다. 이러한 여학생들의 관심은 남학생들의 의욕을 부추기고, 이에 따라 또래를 괴롭히는 행동을 계속하는 것이다. 이와 동시에 여학생들은 사회적으로 강력한 힘을 가진 남학생들에 대한 다른 여학생들의 관심과 접근을 막기 위해 다른 여학생들을 무시하고 괴롭힌다. 이렇게 볼 때 이 시기의 괴롭힘 행동은 계획적인 공격성으로 볼 수 있는 것이다.

이와 마찬가지로, 이 시기에 나타나는 이성에 대한 호감 표시가 학교폭력과 연결된다는 해석도 제기되었다. 남학생들은 여학생들에게 호감을 표시할 때 처음에 놀림(teasing)을 사용하는 경우가 많다. 이렇게 자신의 관심을 놀리는 형태로 표시함으로써 남학생들은 여학생으로부터 거부되었을 때 자신을 보호할 수 있고 자신의 관심을 숨길 수 있는 것이다. 즉, 이 시기에 이성에 대한 관심이 커지면서 남학생들은 여학생들에 대한 놀림 행동을 많이 하고, 이로 인해 놀림을 하위유형으로 갖는 괴롭힘 또한 증가하는 것이다(Macklem, 2003).

2) 경험의 내용적 측면

학교폭력 현상이 연령에 따라 어떻게 달라지는지는 경험의 양적 측면과 내용적 측면을 함께 고려할 때 보다 정확하게 이해될 수 있다. 연령에 따라 학교폭력 경험의 많고 적음이 달라질 뿐 아니라 경험하는 학교폭력의 종류가 달라질 수 있기 때문이다.

정은순 등(2002)의 연구를 통해 이와 같은 결과를 살펴볼 수 있다. 이 연구에서는 초등학교 3~6학년생을 조사하였는데, 그 결과 전체의 52%가 괴롭힘을 당하는 친구가 있고 학년에 따라 따돌리는 이유에 차이가 있는 것을 알 수 있었다. 구체적으로 학년이 낮을수록 '못생기고 말을 못하기 때문' 혹은 '공부를 못하고 힘도 없고 약하기 때문'과 같은 외현적인 특성을 지적하는 응답이 많았다. 반면 학년이 올라갈수록 '너무 이기적이고 잘난척한다'와 같은 내면적인 특성을 지적하는 응답이 많아 대조를 이루었다. 이와 마찬가지로 멋있는 친구의 특성에 대한 질문에서도 학년별 차이가 나타났다. 학년이 높아질수록 '리더십이 있는 친구'와 '싸움 잘하는 친구'를 멋있게 보는 응답이 많은 반면, '다른 사람을 잘 이해해 주는 친구' 나 '공부 잘하는 친구' 를 멋있게 보는 응답은 낮아졌다.

또한 연령이 높아지면서 경험하는 학교폭력의 종류도 달라지는 것으로 파악된다. Whitney와 Smith(1993)의 연구에서는 초등학생과 중학생을 대상으로 학교폭력 경험을 조사하였다. 그 결과, 중학생에 비해 초등학생이 학교폭력을 더 많이 경험하는 것으로 나타났다. 그러나 피해경험의 종류에서는 차이가 있어 연령이 증가할수록 물리적인 폭력은 감소하는 반면, 언어적인 폭력은 증가했다.

제2차 학교폭력 실태조사(교육과학기술부, 2012)에서도 학교급에 따라 많이 경험하는 학교폭력 유형에 차이가 있었다. 즉, 중 · 고등학생은 '강제심부름' 피해가 13% 이상으로 초등학생(8.6%)에 비해 높았다.

3) 발생 시기와 연령에 따른 지속성

(1) 첫 발생 시기

이상에서는 학교폭력의 전체 발생 현황이 연령에 따라 어떻게 변화되는지를 살펴보았다. 그렇다면 '학교폭력은 주로 어떤 연령대에 처음으로 발생하고, 이러한 현상이 한 번 발생하면 어느 정도의 안정성을 갖고 지속되는가?' 라는 질문도 던져 볼 수 있다.

앞서의 많은 연구들을 통해 볼 때, 학교폭력은 초등학교에서부터 중학교, 고등학교의 기간 동안 폭넓게 일어나는 것을 알 수 있다(김용태, 박한샘, 1997; 이춘재, 곽금주, 1999; 한국교육개발원, 1998; Olweus, 1994a). 그렇다면 이러한 현상이 본격화되는 첫 시기는 언제인가? 이 질문에 대한 정확한 양상은 파악하기 어렵지만, 이르게는 이미 취학 전 6~7세의 아동들이 1명의 피해자에 대해 가해 집단을 형성한다는 결과가 보고되고 있다(Tattun & Lane, 1991: 이춘재, 곽금주, 1999 재인용). Olweus(1978)의 연구에서도 13세에 학교폭력 가해자나 피해자로 분류된 소년들의 경우, 이러한 경향성이 유치원 연령에서부터 시작된 것으로 확인되어 놀라움을 주었다.

(2) 연령에 따른 지속성

앞의 결과들을 보면 한 개인이 매우 어린 시절부터 또래로부터 가해 혹은 피해를 경험하는 경우, 이러한 경험이 상당히 오랫동안 지속됨을 알 수 있다. 그러나 모든 대상자가 이런 양상을 갖는 것은 아니다. Kochenderfer-Ladd와 Wardrop(2001)의 연구에서는 유치원 연령부터 초등학교 3학년까지의 아동을 추적 조사하였는데, 그 결과 4년에 걸쳐 또래들로부터 괴롭힘을 당한 아동은 전체 연구대상의 4% 정도뿐이었다. 또한 이 연구에서 나타난 학교폭력의 안정성 계수는 인접한 연도(예를 들어, 초등학교 1, 2학년 사이)에서보다 2년 이상의 격차를 보인 연도(예를 들어, 초등학교 1, 3학년 사이)에서 더 크게 떨어졌다. 이러한 결과는 시간이 경과할수록 한 개인이 당하는 학교폭력 피해의 지속성이 줄어들고, 따라서 피해자에서 벗어나는 정도도 커짐을 말해 준다. 결과를 종합하면, 몇몇 아동들은 연령이 증가해도 지속적으로 또래들로부터 괴롭힘을 당하지만, 시간이 지날수록 이러한 안정성은 약해지고 다수의 아동들은 산발적으로나 일시적으로만 괴롭힘을 경험한다는 것을 알 수 있다.

그러나 국내에서 실시된 연구들에서는 학교폭력의 안정성과 관련해서 비일관적인 결과가 나타났다. 김은정 등(2001)의 연구에서는 초등학교 고학년과 중학교 1학년을 대상으로 학급에서 일어나는 학교폭력 현상을 분석하였다. 4개월의 간격을 두고 조사한 결과, 제1차 조사 시에 비교집단(가해, 피해 성향을 보이지 않는 집단)이었던 학생 중 40.9%는 여전히 비교집단으로 남아 있었다. 그러나 나머지 학생들은 집단 간 변화가 커서 29.7%는 가해 집단으로, 9.89%는 피해 집단으로, 19.5%는 가해-피해 집단으로 변화된 것을 알 수 있었다. 반면 이귀숙과 정현희(2005)의 연구에서는 226명의 여중생을 대상으로 조사를 진행한 결과, 다소 대조적인 양상이 나타났다. 이 연구에서 학교폭력의 가해경험 비율은1차 시기에 비해 2차 시기에 유의하게 낮아졌지만, 피해경험은 유의미한 차이를 보이지 않았다.

여기서 한 가지 주목해야 할 점은, 가해경험이나 피해경험이 시간적 경과에 따라 어느 정도의 안정성을 갖는가의 문제는 연구 방법에 따라 큰 차이가 생길 수 있다는 점이다. 가장 많이 사용되는 횡단적 연구(예를 들어, 초 · 중 · 고등학생을 각각 조사하여 결과를 비교함)를 통해서는 연령대별 차이는 파악할 수 있지만, 한 개인이 성장하면서 경험하는 지속적인 경험은 파악하기 어렵다. 따라서 앞에서 살펴본 것과 같은 종단적 연구(예를 들어, 동일한 대상을 초 · 중 · 고등학교 시기를 거쳐 지속적으로 조사함)를 통해 결과를 비교하는 것이 필요하다. 또한 종단적 연구 중에서도 조사 시기의 간격을 얼마나 두느냐에 따라 상이한 결과가 나타날 수 있다. 앞에 소개된 국외 연구들의 경우 몇 년간의 간격을 두고 조사를 실시한 반면, 국내 연구들에서는 몇 개월의 간격을 두고 조사를 실시한 경우가 대부분이다. 따라서 2개 집단의 연구 결과에서 나타난 차이는 이러한 방법상의 차이에 기인했을 수 있다. 이러한 측면들을 고려하여 앞의 결과들을 다시 해석해 보면, 학교폭력은 수개월의 기간 동안에는 큰 변화가 없지만 수년간의 기간 동안에는 적지 않은 변화가 생겨나는 현상이라 볼 수 있다.

2. 성(性)에 따른 현황

1) 경험의 양적 측면

학교폭력은 남자 청소년과 여자 청소년 중 어느 집단에서 더 많이 발생하는가? 이에 대한 기존 연구 결과들을 종합하면, 다음과 같이 세 갈래로 정리할 수 있다. 첫 번째는 가장 많은 연구들이 보고하는 대로 여학생에 비해 남학생에게서 이러한 현상이 더 많이 발생한다는 결과들이다. 두 번째는 비록 일부이긴 하지만 몇몇 연구들에서는 남학생에 비해 여학생에게서 이러한 현상이 더 많이 발생한다는 결과가 나타나기도 한다. 마지막으로 역시 일부이지만 몇몇 연구들에서는 남자 청소년과 여자 청소년의 경험에 뚜렷한 차이가 없다고 보고한다.

(1) 남자 청소년의 경험이 더 많음

먼저 첫 번째의 결과들을 살펴보면 다음과 같다. Olweus(1994a)의 연구에서는 학교폭력이 여학생보다 남학생에게서 더 많이 발생하는 것으로 나타났다. 또한 이러한 차이는 초등학교보다 중 · 고등학교에서 더욱 두드러졌다. 결과에 따르면, 남학생과 여학생은 비슷한 수준의 간접적 괴롭힘(예: 사회적인 고립이나 배척, 소문 퍼뜨리기)을 행하지만 폭력과 같은 직접적 괴롭힘은 남학생에게 더 많았다. 그러나 두 집단에서 간접적 괴롭힘과 직접적 괴롭힘의 피해자가 되는 것 사이에는 강한 상관관계가 나타나, 한 가지 유형의 피해자가 되는 경우 다른 유형의 피해자가 되는 경우도 많았다. 비슷한 시기의 몇몇 국내 연구들(삼성생명 사회정신건강연구소, 1997; 양계민, 정현희, 1999)에서도 학교폭력에 대한 남학생의 피해비율이 여학생보다 높았다. 이와 마찬가지로, 전국 초 · 중 · 고등학생을 대상으로 조사한 한국청소년개발원(1998)의 연구에서도 피해경험은 여학생(20.3%)보다 남학생(28.2%)이 더 많았다.

2000년대 들어 수행된 여러 연구들에서도 학교폭력의 발생 현황이 여자 청소년보다 남자 청소년에게 더 많다는 보고가 이어졌다. Pellegrini와 Bartini(2000)는 5학년부터 6학년까지의 학생을 2년 동안 종단 연구했는데, 그 결과 여학생에 비해 남학생의 학교폭력이 더 많은 것을 알 수 있었다. 또한 학교폭력 가해는 초등학교를 졸업하는 마지막 학기와 중학교에 입학하는 첫 학기 동안 늘어났는데, 이는 남학생에게서만 그러했다. 국내에서 초 · 중 · 고등학생을 비교한 김혜원과 이해경(2000)의 연구에서도 남자 청소년들이 학교폭력을 경험하는 정도(전체의 68.4%)가 여자 청소년들(전체의 51.5%)에 비해 많았다. 이와 마찬가지로, 초등학생만을 대상으로 한 이해경과 김혜원(2001)의 연구에서도 남학생들은 여학생들에 비해 가해경험과 피해경험이 모두 많았다. 중학생을 대상으로 한 조학래(2002)의 연구에서도 유사한 결과가 나타났다. 이 연구에서는 남학생(51.6%)이 여학생(41.3%)에 비해 학교폭력 피해경험이 많고, 2~3회 이상 지속적으로 피해를 받은 비율도 4배 이상 많았다(남 12.4%, 여 3.1%). 또한 가해에서도 여학생(33.3%)에 비해 남학생(40.9%)의 경험이 더 많았다. 노충래와 이신옥(2003)은 중학생을 대상으로 학교폭력의 경험 정도를 분석하였는데, 이 연구에서도 남학생들의 학교폭력 가해경험이 여학생에 비해 많았다. 최근 이루어진 김재엽 등(2008)의 연구에서는 중 · 고등학생을 대상으로 학교폭력 경험 정도를 조사하였는데, 그 결과 지난 1년간 학교폭력을 경험한 비율이 여학생(37.6%)에 비해 남학생(57.7%)이 훨씬 많았다. 세부 내용에서도 정서적 폭력, 금품갈취, 신체적 폭력 모두에서 남학생의 경험이 여학생에 비해 많았다. 또한 최수미와 김동일(2010)의 연구에서는 초 · 중 · 고등학생을 대상으로 조사한 결과, 여자 청소년에 비해 남자 청소년이 가해경험이나 가해-피해경험을 더 많이 하는 것으로 나타났다. 즉, 학교폭력 가해경험(남 17.6%, 여 14.12%)과 공격적 피해경험(즉, 가해-피해경험)(남 8.6%, 여 8.22%)은 여학생보다 남학생이 더 많았고, 다만 피해에서 여학생(6.34%)의 경험이 남학생(3.53%)보다 많았다. 마찬가지로, 청소년들의 문제행동 유형과 내용을 분석한 이해경과 김혜원(2011a)의 연구에서도 유사한 결과가 나타났다. 즉, 남학생들은 여학생들에 비해 더 많은 문제행동들을 경험하는데, 특히 공격행동, 범죄성 비행 및 인터넷 중독을 더 많이 하는 것으로 나타났다.

국내에서 학교폭력의 실태를 가장 전면적으로 보여 준 학교폭력 실태조사(교육과학기술부, 2012)에서도 유사한 결과가 나타났다. 2012년 8~10월에 실시된 제2차 조사결과에서 피해경험(남 10.5%, 여 6.4%), 가해경험(남 4.9%, 여 3.3%), 목격경험(남 21.1%, 여 13.9%) 모두 여학생에 비해 남학생이 많았다.

(2) 여자 청소년의 경험이 더 많음

이상의 결과들과 달리 일부 연구들에서는 남자 청소년들에 비해 여자 청소년들의 학교폭력 경험이 더 많다는 결과가 보고되었다. 전국의 초 · 중학생을 대상으로 한 이춘재와 곽금주(1997)의 연구에서는 학교폭력의 가해경험과 피해경험 모두 남학생에 비해 여학생에게서 더 많이 나타났다. 이러한 결과는 초등학생과 중학생 모두에서 동일했으며, 특히 초등학생에게서 더욱 두드러졌다. 또한 Scheitauer(2002)의 연구에서도 아동 및 청소년에 대한 35개의 연구 결과를 메타분석하였는데, 그 결과 여아들이 남아들에 비해 간접적이고 관계적인 공격을 더 많이 하는 것으로 나타났다.

(3) 성별 차이 없음

한편 몇몇 연구들에서는 남자 청소년과 여자 청소년의 경험 정도에서 뚜렷한 차이가 나타나지 않아 앞의 결과들과 차이를 보였다. 최윤자와 김아영(2003)은 남녀 중학생을 대상으로 학교폭력의 경험 정도를 조사하였다. 그 결과, 전체의 40.5%가 피해경험이 있고 54.2%가 가해경험이 있다고 보고하였는데, 이러한 경험에서 성별 차이는 나타나지 않았다. 한국청소년개발원(2006)의 연구에서도 학생들이 보고한 학교폭력 피해율이 학교급에 따라서는 차이가 있었지만(초등학생이 가장 많음), 성에 따라서는 차이가 없었다(박종효, 2007b 재인용). 박종효(2007b)의 연구에서도 전국의 중학생 자료를 분석한 결과, 역시 학교급에 따라서는 차이가 있었지만(중학교 2학년 때 가장 많이 경험함) 성차는 발견되지 않았다.

2) 경험의 내용적 측면

(1) 내용적 측면의 의미

이상의 결과들을 종합해 보면, 남자 청소년이 여자 청소년에 비해 학교폭력을 더 많이 하고 더 많이 당하는 것을 알 수 있다. 그럼에도 불구하고, 남자 청소년과 여자 청소년의 경험을 단편적으로 양적 비교를 하는 것은 무리로 보인다. 왜냐하면 앞에서 보았듯 남녀 청소년이 양적으로 동일한 횟수나 기간 동안 가해나 피해를 경험한다 하더라도, 이들이 경험하는 구체적 내용에는 차이가 있기 때문이다. 실제로 학교폭력을 포함하여 청소년들이 또래관계 속에서 경험하는 문제행동은 성에 따라 차이가 있는 것으로 보고된다. 이해경과 김혜원(2011b)의 연구에서는 중학생을 대상으로 조사하였는데, 그 결과 남녀 청소년들이 또래관계 문제를 경험하는 정도는 유사하지만 남자 청소년들은 이성관계에 대한 어려움을 많이 느끼는 반면, 여자 청소년들은 동성친구와의 관계 유지(소외나 외로움, 관계기술의 부족 등)에 어려움을 많이 느끼는 것으로 나타났다. 또한 또래관계 문제로 인해 나타나는 부정적 결과에도 성차가 있었다. 즉, 남자 청소년들은 또래관계 문제를 많이 경험할 때 인터넷중독이 심해지는 반면, 여자 청소년들은 또래관계 문제를 많이 경험할 때 학업부적응이나 공격적 행동을 많이 하는 것으로 나타났다.

이런 결과를 바탕으로, 이 절에서는 남녀 청소년들이 학교폭력의 경험에서 어떠한 내용적 차이를 경험하는지 구체적으로 살펴보고자 한다. 내용적 측면에는 학교폭력 경험의 세부 내용, 피해자의 특징 그리고 경험과정의 전반적 내용이 포함된다.

(2) 경험의 세부 내용 차이

연구들에 따르면 학교폭력에 대해 남녀 청소년이 경험하는 세부 내용에는 적지 않은 차이가 있다. 먼저 중학생을 대상으로 한 청소년대화의 광장(1997) 연구에서 여학생은 수동적이고 상대방을 무시하는 행동(예: 전혀 말을 걸지 않기, 상대하지 않기, 쳐다보지 않기 등)을 많이 하는 반면, 남학생은 적극적이고 공격적인 행동(예: 시비 걸기, 약 올리기, 별명을 부르거나 욕하기, 조롱하기 등)을 많이 하는 것으로 나타났다. 조학래(2002)가 중학생을 대상으로 조사한 결과에서도 가해경험과 피해경험 모두 남학생이 여학생보다 많지만, 세부적인 내용에서는 이와 다른 성차가 있는 것으로 나타났다. 즉, 남학생은 욕 · 협박, 조롱, 신체적 폭력의 피해경험을 여학생에 비해 2배 정도 많이 하지만, 여학생은 남학생에 비해 모함에 대한 피해경험이 더 많았다. 남녀 중학생을 대상으로 한 최윤자와 김아영(2003)의 연구에서도 가해경험과 피해경험에 대한 성별 차이는 없었지만 세부 유형에서 차이가 나타났다. 즉, 학교폭력의 가해경험과 피해경험에서 직접적인 공격행동은 여학생보다 남학생에게서 더 많은 반면, 사회적 소외나 내적인 배제와 같은 간접적인 폭력은 가해, 피해 모두 남학생보다 여학생에게서 더 많았다.

한편 초등학생을 대상으로 한 정은순 등(2002)의 연구에서도 결과는 비슷했다. 초등학생 3~6학년을 대상으로 한 연구에서 남학생은 주로 언어형과 신체형 가해를 여학생에 비해 더 많이 하고, 여학생은 소외형 가해를 더 많이 하는 것으로 나타났다. 피해 경향 역시 남학생은 신체적이나 언어적 측면에서 겪는 피해가 여학생에 비해 많은 반면, 여학생은 소외와 관련된 피해를 겪는 정도가 많았다. 또한 초 · 중 · 고등학생의 결과를 종합한 문용린 등(2007)의 연구에서도 결과는 유사했다. 이 연구에서는 2006년 1월부터 12월까지의 기간 동안 남녀 초 · 중 · 고등학생들이 의뢰한 학교폭력 관련 전화 및 사이버 상담 사례 총 473건을 질적으로 내용 분석하였다. 그 결과, 학교폭력의 주요 유형에서 남녀 청소년들 간에 차이가 나타났다. 남학생의 경우는 신체폭행, 금품갈취, 협박, 심부름시키기 등의 물리적인 폭력이 주를 이루었다. 반면 여학생은 신체적이고 직접적인 폭력도 경험하지만, 이와 함께 험담 퍼뜨리기를 통해 피해 학생에 대한 부정적 인식을 확산시키고 고립시키는 관계적 폭력을 하는 경우가 많았다.

전국의 초(4~6학년) · 중 · 고등학생을 대상으로 실시된 제2차 학교폭력 실태조사(교육과학기술부, 2012)에서도 남녀 청소년들이 경험하는 학교폭력 유형에 차이가 있었다. 여학생은 '집단따돌림' 피해가 17.1%로 남학생(8.4%)에 비해 2배 이상 많다. 또한 피해자들은 학교폭력으로 인해 '힘들었다' 는 응답을 절반가량(46.4%) 했는데, 여학생(57.5%)이 남학생(39.9%)보다 학교폭력에 대해 더 힘들게 인식하는 것으로 나타났다.

종합하면 남녀 청소년들 간에는 많이 경험하는 가해 행동 혹은 피해 행동에 차이가 있음을 알 수 있다. 즉, 남학생은 주로 직접적이거나 신체와 관련된 공격을 많이 하거나 당하는 반면, 여학생은 간접적이거나 소외와 관련된 공격을 많이 하거나 당한다. 다시 말해, 이는 남학생이 또래를 따돌리거나 괴롭히는 데 자신의 신체적인 힘을 이용하는 경우가 많은 반면, 여학생은 사회적 연결망을 중시하는 특성을 이용해서 상대를 사회적으로 고립시키는 간접적 방법을 많이 사용하는 것을 의미한다.

(3) 피해자의 특징 및 교우선호도 차이

남녀 청소년은 피해를 당하는 이유 혹은 피해자의 특징에서도 차이가 있다. 남녀 초·중·고등학생들의 학교폭력에 대한 사례를 분석한 문용린 등(2007)의 연구에서 이에 대한 세부 사항을 보여 주었다. 분석 결과, 남자 청소년들은 주로 '약한' 대상자를 공격하는 것으로 나타났다. 여기서 약하다는 것은 또래에 비해 신체적으로나 심리적으로 약하다는 것을 의미한다. 신체적으로는 키가 작고 왜소한 체격의 소유자가 피해를 입는 경우가 많고, 심리적으로는 내성적이고 소극적이며 여성적인 성격의 소유자가 피해를 입는 경우가 많았다. 이와 달리 여자 청소년들은 '튀는' 대상자가 주요 피해자 유형이었다. 이들은 남학생들처럼 신체적으로 왜소한 특징은 부각되지 않았고, 대신 주위의 주목을 끌거나 시샘을 살 만한 돋보이는 특징을 갖는 경우가 많았다. 구체적으로 교과성적이나 외모가 뛰어나거나, 학급반장과 같은 특별한 지위를 갖거나, 건방지거나 잘난 척하는 성격특성을 갖거나, 남학생들과 친밀한 관계를 유지하는 등의 특징이 이에 포함되었다.

이러한 결과와 맥을 같이하면서 정은순 등(2002)의 연구에서도 남녀 청소년들 간에 교우에 대한 선호도에 차이가 있는 것으로 나타났다. 초등학생을 대상으로 한 이 연구에서는 멋있는 친구의 특성에 대한 질문에서 남녀 청소년들이 서로 상이한 반응을 보였다. 남녀 학생 모두 '다른 사람을 잘 이해해 주는 친구'(남 39.3%, 여 46.7%)에 대한 호감이 가장 컸고, 다음으로 '리더십이 있는 친구' (남 21.7%, 여 21.3%)를 꼽았다. 그러나 다음으로 여학생은 '공부 잘하는 친구' (14.2%)를 꼽은 반면, 남학생은 '싸움 잘하는 친구' (17.6%)를 멋있는 친구로 꼽았다. 이는 여학생에 비해 남학생이 친구 간 힘의 우월성에 더 중점을 둠을 보여 주는 것이다. 또한 친구관계에 대한 만족도에서도 성별 차이가 나타났다. 즉, 친구관계에 '매우 만족한다' 는 응답이 남학생(53.7%)에 비해 여학생(34.6%)이 훨씬 적어, 여학생들의 친구관계 만족도가 남학생에 비해 낮음을 알 수 있었다.

(4) 가해 및 피해 과정의 차이

이상의 차이와 함께 남녀 청소년들은 학교폭력 단계별 과정에서도 차이를 보인다. 가장 먼저, 피해 대상자를 선정하는 단계에서의 차이가 두드러진다. 문용린 등(2007)의 연구에서 이에 대한 결과가 잘 나타났는데, 남학생의 경우 '맞장 뜨기' 를 통해 힘의 우열을 가리면서 시작되는 경우가 많았다. 이러한 힘겨루기에서 회피하거나 패하는 대상자는 지속적인 피해자가 되기 쉬운 것이다. 반면 여학생은 눈에 띄는 성격특성을 갖거나 그러한 행동을 하는 대상자를 '찍기' 를 통해 지속적인 피해자로 선정하는 경우가 많았다. 또한 이러한 선정 이후 여학생은 남학생에 비해 더욱 많은 수의 가해자가 피해자를 괴롭히거나 방관하는 경우가 많았다. 즉, 남학생에 비해 여학생은 비록 주도적으로 가해하는 학생이 있다 하더라도, 일반적으로는 여러 명의 학생이 함께 피해 학생을 따돌리고 괴롭히는 경우가 많았다.

두 번째로, 남녀 청소년들은 가해 행동과 피해 행동을 시작하는 단계에서도 차이가 있었다. 문용린 등(2007)의 연구에 따르면 남학생의 경우 학교폭력이 '장난스럽게' 시작되는 경우가 많았다. 즉, 이들의 갈등은 의외로 사소한 사건에서 비롯되는데, 장난으로 톡톡 치는 행동이나 인격비하의 내용을 담은 별명 부르기와 같은 행동이 그 예다. 그러나 장난으로 톡톡 치는 행동에 대해 피해 학생은 상당한 괴로움을 느끼지만 가해 학생은 장난으로 인식해서, 서로 간에 학교폭력에 대한 허용범위와 민감성에 큰 차이를 보였다. 반면 남학생과 달리 여학생의 경우에는 피해자가 우정관계의 단절을 통해 고립되는 경우가 많았다. 즉, 이들은 친하게 지내던 친구나 친구들로부터 절교선언을 받고 여러 친구들로부터 한꺼번에 따돌림을 받는 경우가 많았다.

세 번째로, 가해 행동을 지속하는 이유에서도 흥미로운 남녀 차이가 발견된다. 문용린 등(2007)의 연구 결과에서 이를 살펴볼 수 있는데, 이 연구에서 남학생의 경우 힘과 남성다움의 과시가 학교폭력을 지속시키는 주요 요인이었다. 즉, 남학생 가해자들의 경우 학급 내 권력을 재편성하고자 하는 욕구를 느끼고, 이를 실천하기 위해 학교폭력을 시작하고 지속시키는 것이다. 남학생의 경우에는 다른 학생들이 보는 앞에서 피해자를 구타하는 경우도 종종 있었는데, 이러한 행동은 다른 학생들에게 힘의 우월성을 과시하고 인정받으려는 욕구가 표현된 것이라 할 수 있다. 이와 달리 여학생의 경우 배타적 우정을 나타내는 편 가르기를 통해 왕따를 만들고자 하는 것이 학교폭력을 시작하고 지속시키는 주요 요인이었다. 즉, 이들에게는 자신과 같은 집단에 소속되지 않은 피해 학생을 '왕따시키는' 관계적 공격행동이 두드러졌다. 이에 따라 남학생에게서는 흔하지 않은 '은따(은근히 따돌림)' 나 '전따(전교생이 따돌림)' 와 같은 현상이 여학생들에게는 더 자주 일어나는 것이다.

마지막으로, 가해 행동과 피해 행동을 지켜보는 방관자 혹은 관찰자들의 인식에도 성별에 따른 차이가 나타난다. 정은순 등(2002)의 연구에서 이에 대한 측면을 살펴볼 수 있다. 이 연구에서는 대상자들에게 집단괴롭힘의 원인이 무엇인지를 질문하였다. 그 결과, 남학생은 '친구를 따돌리는 학생에게 문제가 있다' 는 응답(48.9%)이 여학생(44.6%)에 비해 다소 높았다. 반면, 여학생은 '(가해자와 피해자) 둘 다 문제가 있는 것으로 생각한다' 는 응답(50.8%)이 남학생(40.1%)에 비해 높았다. 이러한 결과는 남자 청소년은 가해자만을 비난하는 경향이 좀 더 높은 반면, 여자 청소년은 가해자와 피해자 쌍방을 모두 비난하는 경향이 좀 더 높음을 보여 준다.

(5) 내용적 차이에 대한 요약

이상에서 살펴본 성에 따른 학교폭력의 내용적 차이를 요약하면 〈표 6-2〉와 같다. 이러한 차이들은 남녀 청소년들이 교우관계 전반에서 보이는 차이와도 연결된다. 따라서 여기서 주목해야 할 점은 남녀 청소년들의 학교폭력 문제를 다룰 때 단순히 양적 결과를 비교하는 것은 의미가 적다는 점이다. 대신 각 집단이 더 많이 경험하는 세부적인 내용은 무엇이고, 학교폭력 발생과 발달의 전 과정에서 남녀별로 어떤 차이가 있는지에 관심을 갖고 예방과 대책을 마련할 필요가 있다.

〈표 6-2〉 남녀 청소년들의 학교폭력 경험과 관련된 세부 내용의 차이

항 목	남자 청소년	여자 청소년
피해자 특징	'약한' 대상 (신체적 · 심리적 약함)	'튀는' 대상 (성적 · 외모, 성격 등에서 튀는 특징)
피해자 선정 방법	맞장 뜨기	찍기
피해 시작 단계	'장난스러운' 행동들 (톡톡 치기, 별명 부르기 등)	관계의 단절 이후 집단적 따돌림
가해를 지속하는 이유	남성다움, 힘의 우월성 과시	배타적 우정을 나타내는 편 가르기 (은따, 전따)
학교폭력 세부 내용	적극적 공격 (욕, 협박, 신체적 폭력)	수동적 공격 (무시, 모함, 언어적 공격)
방관자, 관찰자의 수	일부 구성원이 개입	많은 구성원이 개입
방관자, 관찰자의 인식	가해자 비난이 많음	가해자와 피해자에 대한 동시 비난이 많음

제3부

학교폭력의 관련요인과 결과

제3부에서는 학교폭력이 어떤 요인들에 의해 유발되거나 촉진되고, 학교폭력 경험은 청소년들에게 어떤 부정적 결과를 가져다주는지에 대해 살펴볼 것이다. 학교폭력은 청소년 개인의 특성뿐 아니라 그가 속해 있는 가정, 학교, 지역사회, 사회문화적 환경의 전반적인 특징들이 함께 영향을 미침으로써 발생하는 현상이다. 따라서 이 책에서는 학교폭력을 유발하거나 촉진시키는 특성들을 고찰하는 데 있어 사회생태학적 입장을 취해 미시적 영역에서부터 거시적 영역에 이르기까지 관련된 요인들을 포괄적으로 살펴보고자 한다. 구체적으로 제7장에서는 개인의 신체적 · 성격적 측면 중 어떤 특성이 학교폭력의 발생과 관련되는지를 파악하고, 제8장에서는 역시 개인적인 측면 중 어떤 인지적 · 정서적 특성이 학교폭력의 발생과 관련되는지 파악할 것이다. 제9장에서는 가정과 관련된 측면 중 구체적으로 어떤 특성들이 학교폭력의 발생과 관련되는지 파악할 것이다. 제10장에서는 보다 넓은 영역인 학교 및 사회문화적 요인 중 어떤 특성들이 학교폭력의 발생과 관련되는지 파악할 것이다. 마지막으로 제11장에서는 청소년들이 학교폭력을 경험함으로써 신체적 · 심리적 · 생활적 측면에서 구체적으로 어떤 부정적 결과를 경험하게 되는지 살펴볼 것이다.

제7장

학교폭력과 관련된 개인의 신체적 · 성격적 요인

- 학교폭력은 한 개인을 둘러싼 다양한 사회생태학적 요인들이 복합적으로 작용하면서 발생하는 현상이다. 여기에는 개인, 가족, 또래집단, 학교, 지역사회의 변인들이 모두 작용하는데, 학교폭력 문제의 원인 파악과 적절한 대응책 마련을 위해서는 이러한 변인들을 포괄적으로 이해할 필요가 있다.
- 이 장에서는 학교폭력과 관련되어 있는 다양한 요인들 중 개인의 신체 및 성격적 요인들에 대해 구체적으로 살펴볼 것이다.
- 학교폭력과 관련성을 갖는 개인의 생물학적 · 신체적 요인들로는 자율신경계의 특징, 뇌전달물질의 차이, 염색체 이상, 신체적 장애 등이 포함된다.
- 학교폭력과 관련된 대표적인 성격특성으로는 자아존중감 및 자아개념, 공격성, 사회성, 동조성 · 대인관계 의존성 · 모방 등이 포함되며, 이러한 요인들의 차이가 한 개인의 학교폭력 가해 혹은 피해 양상에 영향을 미치는 것으로 보고된다.

1. 학교폭력 관련요인의 의미

학교폭력과 관련해서 일반인들이 가장 많은 관심과 의문을 갖는 내용은 '왜 청소년들이 그토록 무시무시하고 집요하게 또래들을 괴롭히는가?' 에 대해서일 것이다. 이러한 의문은 '어떤 요인들이 학교폭력과 관련되어 있고 학교폭력의 발생 및 유지에 영향을 주는가?' 라는 질문과 연결된다.

학교폭력과 관련된 요인들을 다루면서 유의해야 할 것은 이러한 요인들을 쉽게 '원인' 으로 규정해서는 안 된다는 점이다. 대부분의 사회 현상들에서와 마찬가지로 어떤 한 요인이 다른 요인의 원인으로 작용하는지 혹은 그에 따른 결과인지를 분명하게 밝히는 것은 쉬운 일이 아니다. 구체적인 예를 들면 이에 대한 이해가 분명해진다. 기존의 많은 연구들에서는 '자아존중감과 학교폭력 피해' 의 관계를 다루었는데, 이를 통해 밝혀진 일반적인 결과는 '학교폭력 피해를 많이 경험하면 피해자의 자아존중감이 낮아진다' 는 것이다. 그러나 역으로, '한 개인의 자아존중감이 낮기 때문에 이로 인해 학교폭력 피해를 많이 경험하게 된다' 는 결과 또한 보고되고 있다(구체적인 내용은 다음 절에서 다룸). 이렇게 볼 때 낮은 자아존중감은 학교폭력 피해에 대한 결과인 동시에 원인이라고 할 수 있다. 그럼에도 불구하고 기존의 많은 연구들에서는 학교폭력과 관련된 요인들을 다루면서 그것들이 원인으로 작용하는지, 결과로 파생된 것인지 혹은 두 경우에 모두 해당되는지에 크게 관심을 두지 않은 경우가 많다. 이는 국내 대부분의 연구들이 횡단적 연구를 함으로써 종단적 연구를 통해서와 같이 분명한 인과관계를 밝히기 어려웠기 때문이기도 하다.

이 장에서는 학교폭력과 '관련된' 것으로 밝혀진 주요 변인들에는 어떤 것들이 있는지 포괄적으로 살펴보고자 한다. 앞서 언급했듯이 현재로서는 이러한 요인들이 학교폭력의 원인인지 혹은 결과인지를 명확히 밝히기 어렵다. 또한 이에 대한 구체적인 입증은 이 책의 범위를 벗어나는 것이다. 그러나 내용을 제시하면서 이러한 변인들의 관련성(원인 혹은 결과로서의)이 분명한 경우는 이를 구분하여 다룰 것이다. 구체적으로 제7~10장에서는 주로 '학교폭력에 영향을 미치는 요인들' 측면에 먼저 초점을 맞추고자 한다. 반면 '학교폭력 경험을 통해 나타나는 결과들' 은 제11장에서 다룰 것이다.

2. 사회생태학적 맥락에서의 학교폭력

1) 사회생태학적 맥락

주지하듯이 학교폭력은 청소년과 관련되어 있는 일부 요인들에 의해서만 생겨난다고 볼 수 없다. 그보다는 청소년을 둘러싼 모든 맥락과 상황이 통합적으로 영향을 미쳐 생겨나는 현상이다. 이러한 특징이 학교폭력 문제의 근절을 매우 어렵게 만드는 것이기도 하지만, 우리가 한두 개 요인에 주목할 때 학교폭력 문제의 해결을 기대할 수 없는 이유이기도 하다.

이러한 입장을 견지하면서 Swearer, Espelage와 Napolitano(2009)는 우리 사회에서 발생하는 학교폭력 문제는 관련자가 속해 있는 모든 맥락의 영향력 속에서 발생하는 것임을 강조한다. 이와 마찬가지로 청소년들의 학교폭력도 청소년 개인뿐 아니라 가족, 또래집단, 학교, 사회의 요인들을 바르게 이해할 때 해결의 실마리를 찾을 수 있다. 다시 말해, 이는 학교폭력 문제를 가해자와 피해자 간의 이자관계(dyad)가 아닌 사회생태학적(ecological) 맥락 속에서 접근해야 함을 의미한다.

사회생태학적 맥락은 미시체계, 중간체계, 외체계, 거시체계를 포함한다. 청소년을 기준으로 볼 때 미시체계는 한 청소년이 직접 접촉하며 영향을 미치는 체계로 그의 가정, 또래 및 학교 등이 포함된다. 중간체계는 미시체계들 간의 연결망을 의미하며, 가정에서 부모와의 관계가 학교에서 친구들과의 관계에 영향을 미치는 경우가 그 예에 해당된다. 이와 달리 외체계는 청소년의 발달에 영향을 미치지만 직접적인 영향을 미치지 않는 체계를 말한다. 일반적으로 지역사회 수준의 체계가 포함되는데, 직업세계, 대중매체, 정부기관, 교통 및 통신시설 등이 이에 해당된다. 마지막으로 거시체계는 청소년에게 영향을 미치는 전체 사회 및 문화적 영향력을 포함한다. 청소년이 속한 나라의 법, 정치, 교육, 문화, 경제적 체계와 이와 관련된 관습이나 습관 등이 이에 해당된다.

2) 학교폭력에 영향을 주는 사회생태학적 변인들

학교폭력을 사회생태학적 맥락에서 접근해야 함을 강조하면서 Swearer 등(2009)은 이러한 현상을 개인과 그의 가족, 또래집단, 학교, 지역사회 및 사회적 규범 간의 복잡한 상호작용의 결과로 보았다. 이에 대한 세부 내용은 〈표 7-1〉에 요약되어 있다. 만일 청소년들의 학교폭력 문제를 다룰 경우, 표에 제시되어 있는 각 요소가 현재 어떤 상태인지를 확인한다면 문제의 심각성과 해결방안을 보다 정확하게 판단할 수 있을 것이다.

〈표 7-1〉 학교폭력의 원인이 되는 사회생태학적 변인들

사회생태학적 변인	Yes/No	Yes/No	Yes/No	Yes/No
개인 변인	우울	불안	충동성	문제해결 능력 부족
가족 변인	부모 감독 부족	학대 경험	가족 내 공격성	부모 관여 부족
또래집단 변인	괴롭힘에 대한 수용	집단적 괴롭힘	체격 좋은 학생들의 괴롭힘	개인에 의한 괴롭힘
학교 변인	성인들 사이의 괴롭힘	성인들이 괴롭힘에 개입하지 않음	괴롭히는 학생들에 대한 처벌적 (혹은 도움) 개입	부정적 학교분위기
지역사회 변인	지역사회의 높은 수준의 공격성	자원의 부족	지역사회와 학교 간의 협력관계	지역사회의 핵심기관으로서의 학교

출처: Swearer et al. (2009).

3) 학교폭력 문제해결에 도움을 주는 사회생태학적 변인들

학교폭력의 원인을 사회생태학적 맥락에서 이해한다면, 학교폭력 문제의 해결 또한 사회생태학적 변인들의 수정 · 보완을 통해 꾀할 수 있다. 학교폭력 문제의 해결을 위해 사회생태학적 영역별로 노력할 수 있는 세부 내용들을 요약하면 〈표 7-2〉와 같다(Swearer et al., 2009).

〈표 7-2〉 학교폭력 문제해결에 도움을 줄 수 있는 사회생태학적 변인들 (개입자로서 시행할 수 있는 내용들)

사회생태학적 변인	Yes/No	Yes/No	Yes/No	Yes/No
개인 변인	개인상담 실시	집단상담 실시	학교심리학자, 상담자, 사회복지사와의 협력	건강한 문제해결과 갈등해결에 대한 교육
가족 변인	부모나 양육자와의 협력	부모 참여 격려	의심되는 방임 또는 학대의 보고	부모를 위한 지지적 풍토 조성

또래집단 변인	학교폭력의 부정적 결과에 대한 교육	또래집단에 적극적으로 개입하고, 부정적 집단과의 관계 끊기 교육	긍정적 리더에 대한 확인 및 이들에 대한 보상	학교에서 폭력이 보상받지 않도록 환경 조성
학교 변인	모든 성인과 학생들 간의 상호 존중 풍토 조성	폭력이 관찰될 때 성인의 일관성 있는 개입	폭력 가해 학생의 행동변화에 대한 교육 및 조력	긍정적 학교 풍토 조성
지역사회 변인	긍정적 지역사회 환경 조성을 위한 지역사회 리더와의 협력	학교와 가족을 지원하기 위한 지역사회 자원의 활용	지역사회와 학교 간의 협력관계 정착	학교를 지역사회의 주요 기관으로 조성

출처: Swearer et al. (2009).

3. 생물학적 · 신체적 요인

1) 생물학적 · 유전적 특성

(1) 생물학적 · 유전적 특성

학교폭력과 관련되어 있는 생물학적 · 유전적 특성은 주로 가해자 측면에 집중되어 연구되었다. 즉, 한 개인이 다른 사람들에 비해 왜 더 많은 공격행동을 하는가에 대해 일부 학자들은 그 개인이 갖고 있는 생물학적 특징에 주목하였다. 예를 들어, 한 연구에서는 반사회적인 청소년들은 휴식 시 심장박동과 피부전도 반응이 일반 집단에 비해 낮고 반사회적인 사람들, 특히 심각한 비행을 더 많이 더 지속적으로 행하는 사람들은 자율반응이 낮다는 결과를 제시하였다(Magnusson, 1992). 이에 따르면 각성수준이 낮은 것과 지루한 상태는 둘 다 고통스러운 상태이므로, 감각자극을 증가시켜 지루함으로부터 도피하려는 것이 곧 공격적인 청소년들의 전형적인 행동양식인 들뜨고 불안한 상태라는 것이다. 반드시 자극 추구 자체가 공격적인 행동의 근원은 아니지만, 자율신경계의 반응이 낮으면 벌과 보상에 대한 반응이 감소되고 이것이 학습을 저해하는 원인이 될 수 있는 것이다(Baum, 1989).

또한 충동적인 폭력행동을 생물학적으로 설명할 때 XYY염색체, 뇌의 변연계(Limbic System) 기능장애 혹은 뇌전달물질의 불균형 등이 관련 원인으로 제기되기도 했다. 예를 들어, 교도소에 수감된 재소자들 중에 XYY 염색체를 가진 사람들이 많다는 연구(Fox, 1971: 이경아, 이정윤, 양현정, 2005 재인용)가 있으며, 연쇄 살인자가 XYY염색체를 보유하고 있었다는 보고 등에 의해 이 염색체와 공격적 행동과의 상관관계가 주장되었다(Rosenberg, 1995: 이경아 등, 2005 재인용). 한편 다른 연구들은 정상인과 폭력자들 사이에서 변연계가 흥분되는 역치를 비교하여, 폭력자들의 변연계가 정상인보다 쉽게 흥분된다는 것을 보고하였다(Cawdry & Gardner, 1988). 이러한 결과는 동일한 자극에 대해서도 폭력적인 사람들은 정상인보다 더 쉽게 흥분하고 이에 따라 더욱 공격적인 행동을 하게 된다는 것을 보여 준다. 또한 충동성과 관련된 뇌전달물질로 노어에피네프린과 세로토닌의 영향력이 주장되었는데, 두뇌 속에 들어 있는 이 두 가지 생화학 물질은 정신분열증이나 우울증 등 많은 정신과 질환뿐 아니라 감정상태의 흥분 및 억제와 관련되어 있는 것으로 알려져 있다. 따라서 만약 노어에피네프린의 수준이 정상보다 높고 세로토닌의 수준이 현저하게 낮으면 충동적인 감정을 조절하는 능력에 문제가 생기게 되는 것이다(Cawdry & Gardner, 1988).

(2) 유전과 환경의 영향

학교폭력을 비롯한 공격적 행동에 개인의 생물학적 · 유전적 요인이 어느 정도 영향을 미치는지는 유전적 요인과 환경적 요인의 영향력을 함께 비교함으로써도 분명해진다. 이에 대한 대표적 연구로는 Caspi 등(2002)이 수행한 연구를 꼽을 수 있다. 이 연구는 뉴질랜드 더니든(Dunedin) 지역에서 1972년 4월부터 1973년 3월 사이에 태어난 모든 신생아를 대상으로 한 종단적 연구다. 제1차 조사에서 이 시기에 태어난 모든 신생아 중 1/3가량(37%)은 신경전달물질인 MAOA(monoamine oxidase A)가 감소되는 유전적 형질을 타고난 것으로 조사되었다. 또한 전체 신생아의 34%가량은 이후 열악한 환경 속에서 양육되는 것으로 함께 조사되었다. 유전과 환경의 이러한 두 가지 조건을 조합했을 때, 전체 신생아의 약 1/3은 가장 우수한 조건('높은 MAOA + 좋은 양육환경') 속에서 성장하고, 약 1/2은 둘 중 한 요인만이 좋은 환경 속에서 성장하고('높은 MAOA + 나쁜 양육환경' 혹은 '낮은 MAOA + 좋은 양육환경'), 마지막으로 약 12%는 가장 열악한 조건('낮은 MAOA + 나쁜 양육환경') 속에서 성장한다는 것을 알 수 있다.

이후 종단 연구를 통해 이들이 성장과정 동안 어느 정도 공격적 행동을 하는지를 조사했다. 그 결과 흥미로운 양상이 나타났는데, 유전과 환경 모두 열악한 조건에서 성장한 집단은 그렇지 않은 집단에 비해 부모, 또래, 교사 및 경찰에게 반항하거나 공격적 행동을 하는 정도가 매우 높았다. 성인이 될 때까지 추적 조사한 결과 이러한 양상은 동일하게 유지되었고, 26세가 되었을 때 두 조건 모두 열악한 상황에서 성장한 집단의 상당수(약 60%)는 공격적 가해자로서 유죄선고를 받았다. 이와 달리 한 가지 조건만 열악했던 집단은 유죄선고를 받은 정도가 훨씬 적었고(4% 내외), 두 가지 모두 좋은 조건에서 성장한 집단은 그 비율이 더욱 적었다(3% 이하). 이러한 결과는 유전과 환경이 개인의 공격성에 모두 영향을 미침을 보여 준다. 또한 유전과 환경 중 한 가지 조건만이 열악한 경우에는 나머지 조건에 의해 보완될 수 있지만, 유전과 환경 조건이 모두 나쁠 때 개인의 공격성과 반사회적 행동이 가장 극단적으로 나타날 수 있음을 보여 준다.

2) 신체적 특성과 장애

학교폭력에 영향을 미치는 신체적 특성이나 장애는 가해, 피해 모두와 관련되어 있다. 이는 '한 개인이 신체적 특성이나 장애로 인해 또래를 더 많이 괴롭히거나, 이런 이유로 인해 또래로부터 더 많은 괴롭힘을 당하는가?' 라는 질문과 관련된다.

연구에 따르면 학교폭력 피해와 신체적 조건은 어느 정도 관련이 있다. 특히 남학생에게 있어 학교폭력 피해와 관련되어 있는 가장 중요한 외적 요인은 신체 크기였다. 즉, 덩치가 큰 가해자들이 덩치가 작은 피해자들을 집단적으로 괴롭히는 경우가 가장 흔했다(Olweus, 1993). 이러한 결과는 다른 연구를 통해서도 밝혀졌다. 일본에서 수행된 한 연구(Ono & Hasegawa, 2001)에서는 대학생에게 처음 보는 아동들의 사진을 보여 주고 누가 학교폭력 피해자일지를 추측하도록 했다. 그 결과, 대부분(70%)은 신체적으로 약해 보이는 아동을 피해자로 지목했고, 이들은 실제 지속적으로 피해를 당하는 대상자들과 일치했다. 그러나 이와 달리 일부 학자들은 학교폭력과 신체적 특성의 관계가 지나치게 확대 해석되고 있다고 주장한다. 기존 연구들을 종합적으로 고찰하면서 Berger(2007)는 외모와 관련된 다양한 측면들이 학교폭력과 관련되기는 하지만, 이것들 중 대부분은 학교폭력의 직접적 원인은 아니라고 결론 내렸다.

신체적 특성뿐 아니라 장애도 학교폭력과 관련되는 것으로 보고된다. 특히 한 개인이 신체적 장애를 갖고 있을 때 피해자가 되는 경우가 많다(Berger, 2007). 그러나 더 세부적으로 보았을 때, 개인이 갖고 있는 신체적 장애 하나만이 원인이라기보다는 이를 어떻게 수용하느냐와 같은 학교 변인이 '함께' 문제를 양산하는 것으로 밝혀졌다(Berger, 2007). 한편 Mishna (2003)는 신체적 장애가 아닌 학습장애(learning disabilities)와 학교폭력 간의 관련성에 대해 연구하였다. 일반적으로 학습장애아들은 일반 아동들에 비해 더 많은 괴롭힘을 당할 것으로 예상되는데, 이들은 기질적으로 갖고 있는 신경학적 원인으로 인해 낮은 자아존중감이나 좌절을 경험하고, 친구들로부터의 소외로 인한 대인관계 학습과 사회적 기술 발달 부족을 더 많이 경험하기 때문이다. 이러한 특징들로 인해 학습장애아들은 또래로부터 더 많이 거부되고 수용되지 못하고 괴롭힘을 당하는 경우가 많을 수 있다. 실제로 몇몇 연구들에서는 학습장애가 클수록 학교폭력 피해자가 될 위험이 높은 것으로 나타났다(Whitney, Smith, & Thompson, 1994). 그러나 Mishna(2003)의 조사에 따르면 몇몇 연구에서는 반대 양상도 나타나 결과가 비일관적임을 보여 주었다. 또한 일부 연구에서는 학습장애를 가진 학생이 모두 학교폭력 피해를 받는 것은 아니고, 학습장애를 가진 개인이 이와 함께 낮은 사회적 기술을 가질 경우 문제가 더 커진다고 보고한다. 예를 들어, 학습장애를 가진 청소년이 주의력결핍 과잉행동 장애(ADHD)가 있을 경우 또래들에 의해 더 배척당하고 피해를 당하는 경우가 많았다(Macklem, 2003).

4. 성격적 요인

1) 자아존중감 및 자아개념

학교폭력 가해, 피해와 관련된 성격적 특성 중 가장 많이 다루어진 것은 자아존중감이나 자아개념과 같은 개인의 자아와 관련된 내용일 것이다. Reasoner(1994)는 폭력과 범죄에 관한 1,000여 개의 연구논문과 언론기사를 개관, 검토하면서 낮은 자아존중감이 여러 종류의 범죄나 폭력과 밀접한 관계가 있음을 보고하였다(Reston, 1995 재인용). Reston(1995)은 이와 비슷한 맥락에서 청소년 범죄가 청소년의 자아존중감과 밀접한 관련이 있다고 제시하였다. 김혜원(2009, 2010)의 연구에서도 낮은 자아존중감은 청소년들의 학교적응 및 학업수행 문제, 알코올 및 약물남용, 성행동문제, 우울과 자살사고, 사회적 관계 어려움과 같은 전반적인 측면과 상당 부분 관련되어 있음이 보고되었다. 또한 김혜원과 정일현(2010)의 연구에서는 자아의 여러 측면들이 청소년 부적응행동과 다양하게 관련되어 있음을 보여 주었다. 구체적으로 중 · 고등학생을 대상으로 조사한 결과, 자아존중감, 자아개념, 자아통제력 및 자의식은 청소년들의 부적응행동과 각기 밀접한 관계를 가져서 자아의 다면적 측면들이 건강하지 않은 경우에 청소년들은 다양한 부적응행동에 연류될 수 있는 것으로 나타났다. 특히 이 연구에서는 여러 부적응행동 중 자아의 건강성과 가장 밀접한 관계가 있는 것은 학교생활 부적응으로 나타나, 학교생활을 건강하게 영위하는 데 가장 중요한 요인 중 하나는 청소년들의 건강한 자아임을 보여 주었다.

학교폭력 현상을 다룬 많은 연구들 또한 학교폭력 현상이 청소년들의 자아존중감과 밀접한 관계가 있음을 보고하였다(김혜원, 2011a, 2011b; Austin & Joseph, 1996; Slee, 1994). 최윤자와 김아영(2003)의 연구에서도 동일한 결과가 나타났다. 이 연구에서는 남녀 중학생 415명을 대상으로 조사하였는데, 그 결과 학교폭력 가해경험과 피해경험 모두 자아개념과 부적인 상관을 보여 가해경험과 피해경험이 많을수록 자아개념이 낮은 것으로 나타났다. 특히 피해경험과 달리 가해경험은 가정적 자아개념 및 도덕적 자아개념에 의한 영향을 많이 받는 것으로 나타나 가정에서의 불화나 불만족으로 인해 자아개념이 낮아지는 것이 또래와의 관계에서 폭력 가해 행동으로 연결됨을 보여 주었다.

손향숙(2005)은 중학생 264명을 대상으로 초등학교 6학년 시기에 학교폭력을 당했던 경험과 현재인 중학교 1학년 시기에 당하고 있는 경험을 비교 분석하였다. 그 결과, 과거와 현재에 괴롭힘 경험이 없는 집단(무경험집단)은 과거에 괴롭힘을 당했으나 현재는 벗어난 집단(과거 경험집단)에 비해 일반 자아개념이 긍정적이었다. 학업 자아개념에서도 무경험집단은 과거 경험집단이나 현재 경험집단(과거에는 괴롭힘 경험이 없으나 현재 당하고 있는 집단) 및 경험 유지집단(과거와 현재 모두 괴롭힘을 당한 집단)에 비해 긍정적인 자아개념을 갖고 있었다. 이러한 결과는 과거 혹은 현재에 학교폭력을 경험한 피해자들이 이러한 경험이 전혀 없는 청소년들에 비해 자아개념이 부정적임을 보여 준다.

2) 가해 행동과 자아존중감

한편 최근 들어서는 학교폭력 가해자들이 오히려 높은 자아존중감을 유지하고 있다는 새로운 시각이 제기되고 있어 주목할 만하다. 앞에서 보았듯이 피해자들의 경우 일관되게 자아존중감의 하락이 발견되는 것과 달리, 가해자들의 경우에는 자아존중감 하락이나 부정적 자아개념이 아니라 오히려 이와 반대의 양상을 보이는 경우도 적지 않다. 연구에 따르면, 학교폭력 가해자들은(특히 남학생의 경우) 다른 친구들에게 잘 수용되고 오히려 인기가 있고 타인들을 이용하는 데 기술이 뛰어나 또래들 간의 사회적 지위가 높은 경우가 있다(Rodkin, Farmer, Pearl, & Van Acker, 2000). 이러한 이유 때문인지 가해자들이 평균 혹은 평균 이상의 자아존중감을 보이는 결과들이 나타나기도 한다(Sudermann, Jaffe, & Schiek, 1996). 몇몇 연구들에 따르면 강한 긍정적 자기인식(self-perception)을 갖는 학생들이 또래들에게 보다 공격적으로 행동한다고 한다(David & Kistner, 2000). 이렇게 볼 때, 이들에게 있어 학교폭력은 오히려 또래 사이에서 사회적 지위를 유지하는 중요한 수단이 될 수 있는 것이다(Rodkin et al., 2000). 이런 점을 감안한다면, 학교폭력 예방과 개입을 위해 가해자의 자아존중감 향상을 위한 프로그램만을 마련하는 것은 빗나간 접근이 될 수도 있을 것이다.

이러한 주장과 맥을 같이하면서, 이은희와 강은희(2003)는 학교폭력 가해 행동과 관련되어 있는 성격적 특성 중 하나로 자기애적 성격을 제시하였다. 자기애적 성격 특성이 강한 사람은 일반인에 비해 자신을 과장되게 표현하고 자신의 수행을 과장되게 평가한다. 따라서 이들은 자신에 대해 매우 긍정적으로 생각하고 자기중심적이며 자신을 특별하다고 여긴다. 이러한 성격은 정신분석학적 입장에서 볼 때, 어린 시절에 경험한 대상상실에 따른 우울에 대응하기 위한 자기방어로 볼 수 있다. 또한 어린 시절 양육자와의 관계에서 생겨난 거부적 애착유형도 이러한 성격의 원인이 될 수 있다. 이들은 자기고양이나 자아존중감을 유지하는 것에 많은 관심을 두는데, 다른 사람들에 대한 우월감의 추구를 통해 이를 성취하고자 하는 경우가 많다. 또한 이러한 우월감 추구 욕구가 좌절될 때 분노가 공격성으로 표출될 수 있는 것이다.

3) 공격성

(1) 학교폭력 가해와 공격성

학교폭력과 관련된 또 다른 성격적 특성으로 가해자들이 일반 청소년들에 비해 높은 공격적 특성을 가진다는 점을 꼽을 수 있다. 관련 연구들에 따르면 어떤 개인은 다른 개인에 비해 분노를 더 쉽게 경험하고, 따라서 공격행동과 폭력에 성격적으로 더 취약하다. 폭력이나 비행을 저지르는 청소년들은 일반 청소년들과 비교했을 때 스트레스 상황에 대처하는 전 과정에서 차이를 보인다. 구체적으로 이들은 일반 청소년들에 비해 더 공격적이고 반사회적인 경향을 보이며, 그 결과로 상황을 적대적으로 해석하게 되고 문제해결을 위해 주장적 반응 등의 공격적 문제해결 방식을 택하는 경향이 있다(조성호, 1999). 실제로 폭력행동을 하는 학생들에게서 가장 빈번히 발견·보고되는 심리적 특성은 분노와 공격성이었다(이시형, 1997; 정지민, 1998; 청소년폭력예방재단, 1996).

보다 구체적으로 조학래(2002)는 중학생 450명을 대상으로 학교폭력 경험과 공격성의 관계에 대해 조사하였다. 그 결과, 공격성 수준이 가장 높은 집단은 학교폭력 가해 집단과 가해-피해 집단이었고, 다음으로 무경험집단이었다. 공격성이 가장 낮은 집단은 피해 집단이었다. 이러한 결과는 학교폭력 가해자의 경우 공격성이 높고, 이와 함께 가해뿐 아니라 가해와 피해의 순환적 경험을 하는 경우도 유사한 정도로 공격성이 높음을 보여 준다. 이러한 결과는 최수미와 김동일(2010)의 연구에서도 동일하게 나타났다. 초·중·고등학생 1,881명을 대상으로 조사한 결과, 학교폭력 관여 집단이 비관여 집단에 비해 공격적 행동 성향이 더 높았다. 학교폭력 관여 집단 중에서는 가해자와 공격적 피해자(가해-피해) 집단이 피해자 집단보다 공격적 성향이 더 높은 것으로 나타나, 앞과 동일한 결과를 보였다.

국외에서 이루어진 연구에서도 유사한 양상이 나타났다. Roland와 Idsoo(2001)는 노르웨이 학생들을 대상으로 학교폭력 행동과 대상자들의 성격적 특성의 관계를 조사했다. 그 결과, 공격성과 주도적인 친화성(가해 학생과 가해 학생 간에 연합 관계를 맺는 것)이 학교폭력 가해 행동에 직접적인 영향을 미치는 것을 확인할 수 있었다.

(2) 공격성의 이면적 특성

이러한 결과들에 대해 박병기와 전영기(1999)는 흥미로운 해석을 내리고 있다. 학교폭력을 주도하는 청소년들이 보이는 공격성은 이들이 내면적으로 자기과시적이며 타인에게 위력이나 영향력을 보이려는 욕구를 갖기 때문이라는 것이다. 이러한 특성으로 인해 이들은 표적을 외부에서 찾아 공격함으로써 자신의 허약한 점을 보완하려는 욕구를 갖는 것이다. 따라서 이들이 보이는 공격적 행동은 자신의 허약함을 감추려는 일종의 방어기제로 해석될 수 있다. 또한 일반적인 공격성과 달리 학교폭력 가해 청소년들의 공격성에는 고유한 특성이 있다. 일반적으로 공격성이 높은 청소년들은 모든 환경이나 사람에 대해 공격적인 데 반해, 학교폭력 가해자들은 그들이 지배하고자 하는 또래에 대해서만 선택적으로 공격적이라는 점이다(Macklem, 2003). 이 점에 대해 Macklem(2003)은 가해자가 대상을 선택하고 상황을 조작 · 통제한다는 점에서, 학교폭력 가해자가 갖는 공격성은 일반적인 공격성과 구별되어야 한다고 주장한다.

한편 한 연구에서는 공격성이 청소년들의 또래관계에 이색적인 영향력을 갖는다는 사실을 보여 주었다. Rodkin 등(2000)은 4학년에서 6학년까지의 남학생들을 대상으로 사회측정법(sociometric status)을 통해 또래관계 양상을 조사하였다. 그 결과, 두 종류의 학생 집단이 또래 가운데 가장 영향력이 있는 것으로 나타났다. 하나는 소위 '모델 집단'이라 말할 수 있는 집단으로, 비공격적이고, 운동을 잘하고, 리더십이 있고, 협조적이고, 학구적이고, 외향적인 특성을 가진 집단이었다. 반면 또 하나의 집단은 '거친 집단'으로, 공격적이고, 신체적으로 강하고, 또래들에게 인기가 있는 집단이었다. 이렇게 볼 때, 청소년들 간에 또래로부터 주목받는 특성은 다양해서 친사회적 특성뿐 아니라 공격적 특성 또한 또래들의 주목을 받는 특성임을 알 수 있다.

가해자가 갖고 있는 이러한 측면에 대해 Swearer 등(2009)은 공격성에는 어느 정도의 적응적 속성이 있다고 지적한다. 이는 가해 집단이 자아존중감 측면에서 오히려 유리한 측면을 갖는다는 결과들과 맥이 통한다. 즉, 앞의 결과가 보여 주듯이 가해 청소년들은 또래들 사이에서 인기가 있고, 다른 사람들로부터 존중을 받는 경우가 있다. 또한 일부 경우, 공격성은 청소년 집단에서 지배성을 확립하는 수단이 되기도 한다. 집단에서 큰 영향력을 발휘하는 청소년들이 지원을 더 많이 얻고 또래들에게 더 많은 통제력과 영향력을 행사하기 때문이다(Swearer et al., 2009). 이렇게 또래 속에서 지위를 확보하는 데는 친사회적인 방법(예: 이타적 행동)뿐 아니라, 반사회적 방법(예: 괴롭힘, 공격적 행동)이 모두 사용될 수 있는 것이다. 이런 점을 감안할 때 가해 학생들이 반드시 또래로부터 거부당한다고 보기 어렵고, 때론 가해자가 되는 것에 '영광'이 따를 수도 있는 것이다(Swearer et al., 2009). 따라서 학교폭력 가해 청소년들에 대한 프로그램을 운영할 때 이들의 공격성이 가져다주는 사회적·심리적 지위를 무시한다면 가해 청소년들의 공격적 행동을 개선하는 데 한계가 있을 수밖에 없다. 대신 이들이 또래로부터 인정받기 위해 사용해 왔던 반사회적 방법을 친사회적 방법으로 수정하여 대처할 수 있도록 하는 접근이 필요할 것이다.

4) 사회성

학교폭력 현상에 대한 또 다른 일반적 예상 중 하나는 가해자와 피해자가 사회성이 떨어지고, 타인과의 관계에서 비협조적인 태도를 가질 것이라는 점이다. 이에 대한 결과들은 다소 비일관적이다. 강승호와 민미자(2002)의 연구에서는 중학생 417명을 대상으로 사회측정법, 질문지법, 담임교사의 관찰 및 상담을 통해 학교폭력을 당하는 학생과 주도하는 학생을 선별하여 일반 학생의 자료와 비교하였다. 그 결과, 흥미롭게도 학교폭력을 주도하는 가해 학생의 사회성이 가장 높아 일반적인 예상을 뒤집었다. 다음으로는 일반 학생의 사회성이 높았고, 학교폭력을 당하는 피해 학생의 사회성이 가장 낮았다. 이러한 결과는 학교폭력을 당하는 학생일수록 집단 속에서의 사회활동이 소극적인 반면, 학교폭력을 주도하는 학생은 일반 학생보다 오히려 더욱 사교적이며 적극적으로 활동하는 것을 보여 준다.

최수미와 김동일(2010)도 초 · 중 · 고등학생 1,881명을 대상으로 한 조사에서 유사한 내용을 다뤘지만, 결과는 상반적이었다. 즉, 학교폭력 관여 집단(가해자, 가해-피해자, 피해자)은 비관여 집단에 비해 협동심과 책임감이 더 낮아 어떤 형태로든 학교폭력에 관여하는 집단은 그렇지 않은 집단보다 사회성이 낮음을 알 수 있었다. 학교폭력 관여 집단들을 비교했을 때는 가해-피해 집단의 사회적 기술이 다른 집단에 비해 가장 낮았다. 이는 가해와 피해를 동시에 경험하는 청소년들이 또래와의 부정적인 상호작용을 다른 집단보다 더 많이 경험하고, 이로 인한 분노감정과 보복적 공격을 더 많이 함을 보여 주는 결과다.

5) 동조성, 대인관계 의존성 및 모방

(1) 동조성과 대인관계 의존성

학교폭력 현상은 청소년기에 강하게 나타나는 또래에 대한 동조현상과 관계가 깊다. 동조성(conformity)이란 남과 같은 행동양식을 취하려는 특성을 말하며, 동조성의 강도는 사회나 집단의 집단행동이나 응집성 정도에 비례한다. 청소년기는 다른 시기와 비교할 때 또래에 대한 동조성이 가장 큰 시기로 알려져 있다. 특히 또래에 대한 동조는 청소년 후기보다는 청소년 초기와 중기 동안 더 강해서, 또래로부터 거부당하는 것을 두려워하는 거부공포는 15세경에 절정에 이른다(Lloyd, 1985).

동조성에 따라 청소년기에는 신념이나 태도, 가치관이 비슷한 또래들이 모여 집단을 형성하는 집단화 경향이 강해진다. 이러한 또래집단은 점점 안정되고 배타적으로 되면서 청소년들에게 소속감, 연속성, 지지 및 수용을 제공하는 긍정적인 기능을 하게 된다. 또한 집단의 규범과 행동기준을 제공하여 구성원이 이를 잘 준수했을 때 인정과 지지를 주기도 한다. 그러나 이러한 긍정적인 측면과 함께, 청소년기의 동조현상은 학교폭력에 영향을 미치는 부정적인 측면을 갖기도 한다. 집단압력에 의한 동조현상은 학교폭력의 집단화를 가속화시킬 수 있다. 집단에 속한 청소년들은 집단규범을 위반하면 집단의 지위를 상실하게 되고 거절당하며 심지어 추방당할 수도 있다는 두려움 때문에 집단압력에 굴복하고 동조하게 된다(청소년대화의 광장, 1997). 이렇게 청소년들이 속한 집단의 응집력이 강하거나 앞으로 지속적인 상호작용을 필요로 하는 집단일 경우, 구성원들 간에는 맹목적인 동조현상이 가속화될 수 있다.

많은 연구자들이 보고하듯이 학교폭력은 또래들이 목격하는 상황에서 발생하는 것이 일반적이다. 또한 가해자들은 소수의 관찰자가 있을 때보다 다수의 군중이 있을 때 피해자를 더 심하게 괴롭히는 경우가 많다. 따라서 학교폭력에 관여하는 청소년들은 대인관계나 맥락에 의존하는 경향이 높다는 예상이 가능하다. 일부 연구들에서는 이러한 측면을 보다 구체적으로 조명하였다. Bowers, Smith와 Binney(1994)의 연구에서 학교폭력 가해자들은 자신의 공격이 동료에 의해 목격될 수 있는 상황을 물색하여 공격을 하며 이를 즐기는 것으로 나타났다. 이렇게 볼 때, 가해자들은 대인관계 의존성이 높고 이러한 특성을 바탕으로 또래 사이에서 인기와 인정을 얻기 위해 학교폭력 행동을 한다고 볼 수 있다. 흥미롭게도 대인관계 의존성은 피해자들과도 관련이 있는 것으로 나타났다. Troy와 Sroufe(1987)의 연구에서 피해 아동들은 다른 아이와 둘이 놀게 될 때 지나치게 다른 사람을 필요로 하는 것으로 관찰되었다(이명신, 2000 재인용). 이렇게 피해자들은 지나치게 다른 사람의 인정을 원하고 필요로 하기 때문에, 자신이 상대로부터 거절당했을 때조차도 자신을 괴롭히는 상대와 관계를 지속하기 위해 비효과적인 시도를 계속할 수 있다.

(2) 모방

청소년들의 학교폭력은 모방의 결과로도 나타난다. 기타의 비행들이 그렇듯이 청소년들의 학교폭력은 주변 친구들의 유사행동에 많이 노출되는 경우 발생빈도가 높아진다. 이에 대해 Olweus(1995)는 대부분의 학교현장에서 학교폭력의 가해와 피해 현상이 뚜렷하게 구분되지 않는 현상 또한 이러한 모방에 따른 결과라고 해석하였다. 다른 많은 연구들에서와 마찬가지로 그의 연구(Olweus, 1994b)에서도 심각하게 학교폭력을 당한 아동의 6%와 가끔씩 학교폭력을 당한 아동의 13%가 자신도 다른 아동들을 괴롭힌 경험이 있다고 보고하였다. 이처럼 가해 학생과 피해 학생의 구별이 모호한 것은, 한 상황에서는 피해자이지만 다른 상황에서는 자신이 받은 행위를 모방하여 타인에게 행하는 가해자가 되기 때문이다.

국내에서도 보호관찰소 청소년 520명을 대상으로 조사한 결과(한국청소년개발원, 1999), 이러한 양상이 나타났다. 이 연구에서 폭력비행 경험이 있는 청소년들은 폭력비행 경험이 없는 집단에 비해 주변에 사귀는 비행친구의 숫자가 훨씬 많았고 폭력서클에 가입하고 활동해 온 경험도 훨씬 많았다. Mouttapa 등(2004)의 연구에서도 미국 6학년생들(중학교 1학년생들) 1,368명을 대상으로 조사한 결과, 친구의 공격행동 개입 정도가 높을수록 대상자들은 집단괴롭힘 가해와 가해-피해 행동이 증가하는 것으로 나타났다. 이러한 결과들은 모방을 학교폭력의 주요 관련 요인으로 보는 입장을 지지하는 것으로, 청소년들은 친구들이 하는 행동(공격성)을 모델로 삼고 이에 영향을 받게 됨을 보여 준다.

(3) 모방에 대한 심리적 기제

또래들의 공격적 행동을 경험하거나 목격한 청소년들이 공격적 행동을 되풀이하는 현상에 대해 구체적으로 몇 가지 심리학적 설명이 가능하다. 우선적으로 공격적 행동이 청소년들 간에 확산되어 나가는 과정에 대해 사회인지 이론(social cognitive theory)에서는 '사회적 전염' 혹은 '책임의 분산' 이라는 개념을 통해 설명한다(이상균, 1999). 간단히 말해, 이는 다른 또래들이 행하는 공격적 행동을 목격하면서 관찰학습과 모델링을 경험하게 되고, 이에 따라 유사한 행동을 학습하는 기회를 갖게 된다는 것이다. 이 경우 공개적이고 반복적으로 또래폭력을 경험하거나 목격하게 되면, 경험자뿐 아니라 목격자 또한 피해 학생이 폭력을 당해도 무방하며 그럴 만한 이유가 있다고 인식하게 된다. 이로 인해 또래폭력에 대한 죄책감을 거의 느끼지 못하고 폭력에 대해 긍정적인 태도를 갖게 되는 것이다.

이 현상을 좀 더 세부적으로 볼 때, 단순히 목격함으로써 청소년들이 상대를 공격한다고 보기는 어렵다. 대신 이러한 행동과 관련하여 주변 환경이 갖고 있는 규범이나 가치를 한 개인이 어떻게 인식하느냐가 중요할 수 있다. 이훈구와 홍영오(2000)의 연구에서는 구체적으로 이를 다루었다. 중학생 567명을 대상으로 한 연구에서, 학교폭력이라는 행위를 결정하는 데는 청소년들 자신이 그 행위에 대해 갖고 있는 의도나 신념보다 규범에 대한 인식(주관적 규범)이 더 중요한 것으로 나타났다. 여기서 주관적 규범이란 외부의 규범을 개인이 받아들이고 인식하는 정도로, 폭력행동에 대해 주위 친구들이 어떻게 생각하는가, 친구들이 폭력을 얼마나 정당하다고 생각하는가 혹은 폭력에 대해 외부 압력이 얼마나 큰가 등에 대한 인식을 말한다. 따라서 학교폭력에 대해 자신을 둘러싼 주변 사람들이 이를 허용한다고 인식하는 청소년들은 이러한 공격적 행동을 더 많이 하게 되는 것이다.

제8장

학교폭력과 관련된 개인의 인지적 · 정서적 요인

- 이 장에서는 학교폭력과 관련되어 있는 개인의 인지적 · 정서적 요인들에 대해 살펴볼 것이다.
- 학교폭력과 관련된 한 개인의 인지적 특성으로는 귀인양상과 대인관계에서의 인지적 오류를 꼽을 수 있다. 귀인양상에서 내적인 귀인을 하는 청소년들은 외적인 귀인을 하는 청소년들에 비해 더 사교적이고 대인관계의 적응 수준이 높다고 밝혀지고 있다. 한편 지속적으로 부정적인 또래관계를 경험하는 것은 청소년들에게 자신의 특성을 비난하는 귀인양상을 갖게 함으로써 또래관계에서 더욱 철외되고 고립되는 결과를 생겨나게 한다.
- 대인관계에서의 인지적 오류는 특히 가해자 행동과 관련되어 있는데, 가해자들은 일반 청소년들에 비해 문제상황을 과잉지각하고, 적대적으로 해석하고, 건설적인 방법으로 대처하지 못하고, 행동의 결과를 객관적으로 예상하지 못하는 오류를 범하는 경우가 많다.
- 다양한 정서적 특성이 학교폭력의 가해 및 피해 행동과 관련되어 있는 것으로 보고된다. 구체적으로 이는 공감 및 수용능력의 부족, 부적절한 정서표현 능력, 높은 스트레스 수준 및 부적절한 스트레스 대처 양식, 정서적 불건강 등의 요인들이 포함된다.

1. 인지적 요인

1) 귀인양상

귀인(attribution)은 한 개인이 자신의 주위 환경에서 일어난 사건 및 행동의 원인에 대해 내리는 추정을 말한다. 일반적으로 귀인은 두 가지 형태로 구분할 수 있다. 첫째는 외적 귀인으로, 한 사건의 원인을 타인이나 운과 같이 자신을 제외한 외적 요인으로 돌리는 것을 말한다. 다른 하나는 내적 귀인으로, 사건의 원인을 자신의 능력이나 동기와 같은 내적 요인으로 돌리는 것을 말한다. 이러한 귀인양상은 개인의 대인지각 형성에 영향을 주기 때문에(김미경, 2007), 청소년들의 또래관계 형성과도 밀접한 관련성을 갖는다. 자신이 행한 행동 결과의 원인을 자신에게 두느냐, 외부 환경에 두느냐에 따라 타인에 대한 대인지각이 달라지고, 이는 또래와의 관계만족도에도 차이를 가져오기 때문이다(김미경, 2007). 연구들에 따르면 내적 귀인을 주로 하는 내적 통제자는 행동결과를 자신이 통제한다고 보는 경향이 높기 때문에 대인관계에서 주도적인 책임감이 큰 편이다. 반면 외적 귀인을 많이 하는 외적 통제자는 이러한 주도성에서 낮은 수준을 보이고 내적 귀인자에 비해 유순하고 자기비하적이다(김영례, 1982).

동일한 맥락에서 또래관계에서 보이는 사회성이 개인들의 귀인양상과 어떤 관계가 있는지를 분석한 연구들도 흥미 있는 결과를 보여 주었다. 이들 연구에 따르면, 또래관계에서 인기 있는 청소년들은 자신의 인기나 배척을 내적으로 귀인하는 경향이 높았다. 반면 고립적인 청소년들은 이러한 결과들을 외적으로 귀인하여 자신의 개입 정도를 낮게 인지하고 있었다(한정란, 1989). 이러한 결과를 종합하면, 내적 귀인 성향을 갖는 청소년들, 즉 내적 통제소재 청소년들은 외적 통제소재 청소년들보다 또래관계에서 사교적이고 책임감이 강하고 주도성이 크고 개방적인 것을 알 수 있다. 이러한 경향은 외국 연구에서도 동일하게 나타났다. 이에 따르면 내적 통제자는 외적 통제자에 비해 대인관계의 적응 수준이 높고 자율성과 상호의존성이 높아 가족이나 친구와 긍정적인 관계를 맺으며, 사회활동에 더 적극적으로 참여했다(Duttweilier, 1984: 김미경, 2007 재인용).

한편 귀인양상은 청소년들의 또래관계에 영향을 미칠 뿐 아니라 역으로 또래관계를 포함한 주변 사람들과의 관계 양상에 따라 청소년들의 귀인양상 또한 달라진다. Graham, Bellmore와 Mize(2006)에 따르면 학교폭력 피해를 지속적으로 받게 되는 경우 피해 청소년들은 자신의 특성에 대한 자기비난, 즉 '특성적 자기비난(characterological self-blame)'을 많이 하게 되고 이로 인해 심리적 부적응이나 학교 부적응 결과가 생겨난다. 이에 따르면 '행동적 자기비난(behavioral self-blame)'이 외적이고 비지속적이며 통제 가능한 방향으로 원인을 인식하는 것과 달리, 특성적 자기비난은 내적이고 지속적이며 통제 불가능한 방향으로 원인을 인식함으로써 또래로부터의 피해에 대해 더욱 수동적인 대응을 하게 된다.

실제로 Graham 등(2006)의 연구에서 학교폭력 피해 청소년은 피해경험으로 인해 특성적 자기비난의 귀인양상을 갖게 되고, 이후 우울, 불안과 같은 심리적 부적응과 학교 부적응의 결과로 이어진 것으로 나타났다. 국내 연구에서도 또래들 간에 많은 지지를 경험한 청소년들은 자신의 성공을 내적으로 귀인하고 실패를 외적으로 귀인하는 반면, 또래들 간에 적은 지지를 경험한 청소년들은 반대로 성공을 외적으로 귀인하고 실패를 내적으로 귀인하는 것으로 나타났다(이미순, 1995). 이와 유사한 맥락에서, 김미경의 연구(2007)에서도 고립되는 경험을 많이 한 아동일수록 외적 귀인을 많이 하는 것으로 나타났다. 또한 문진명(2000)의 연구에서도 자신이 또래로부터 피해를 받았다고 지각하는 아동들은 곤란한 상황을 자신과 관련된 통제 불가능한 요인 때문으로 귀인하는 경향이 높았다. 이러한 현상에 따라 계속적으로 학교폭력을 경험하는 피해 청소년들은 상황에 대한 통제감을 상실하면서 학교폭력이라는 부정적 상황을 내적 귀인하게 되고, 따라서 변화를 위한 노력을 하지 않는 결과를 보이게 된다.

2) 대인관계에서의 인지적 오류

(1) 가해자들의 인지적 오류

청소년들이 대인관계에서 갖는 인지적 오류도 학교폭력과 관계가 있는 것으로 보고된다. 이는 특히 또래들에게 적대적이고 공격적인 행동을 하는 가해 청소년들의 행동과 관련성이 높고, 구체적으로 또래관계에서의 잘못된 지각이나 오귀인(misattribution)과 같은 정보처리 과정상의 왜곡과 관련된다. 이를 주장하는 학자들(Dodge & Coie, 1987; Dodge, Price, Bachorowski, & Newman, 1990)에 따르면, 또래관계에서 잘못된 지각을 갖고 있거나 타인의 관점을 이해하는 능력인 조망수용능력이 부족한 청소년들은 다른 사람이 하는 중립적 행위를 자신을 향한 도발 행위로 잘못 지각하거나 해석하는 경향이 있다. 또한 이러한 해석으로 인해 보다 빈번한 공격행동을 보인다. 이와 함께 타인에 대해 폭력행동을 많이 하는 청소년들은 과거 경험에 대한 인지에서도 독특한 점을 보인다. 이들은 일반 청소년들에 비해 과거 경험을 잘 기억하지 못하는데, 특히 즐거운 경험을 잘 기억하지 못하는 것으로 나타났다(이춘재, 1999). 또한 이들은 자신의 행동이 어떤 결과를 가져올지에 대한 미래예측 능력도 떨어져서 일반 청소년들에 비해 반사회적이고 충동적인 행동을 쉽게 하는 것으로 나타났다(이춘재, 1999).

공격적 행동을 하는 청소년들의 이러한 특성은 사회적 장면에서의 문제해결 전 과정과도 관련이 된다. D'Zurilla와 Goldfried(1973)에 따르면, 폭력적 행동이나 비행을 저지르는 청소년들은 사회생활에서 생기는 문제의 각 해결 과정에서 오류를 범한다. 즉, 이들은 문제상황과 관련된 여러 단서들에 대한 민감성이 떨어지고 문제를 과잉지각하는 경향이 있다. 또한 문제를 해석하는 과정에서도 중립적인 문제상황을 적대적인 것으로 잘못 해석하는 경향이 높다. 문제를 해결하는 방법에서도 폭력이나 비행 이외의 다른 건설적인 방식을 생성해 내지 못하고, 창출된 대안들 중 폭력을 사용하거나 강압적인 언어를 사용하는 데 더 높은 가치를 부여한다. 마지막으로 자신의 행동에 대한 평가에서도 공격적 행동이 가져올 장기적인 손실을 고려하지 못하는 오류를 범하는 경우가 많다.

청소년들의 또래관계에서의 인지적 오류에 대해 사회인지 모델(Coie & Dodge, 1998)에서도 유사한 설명을 하고 있다. 특히 Coie와 Dodge(1998)는 사회정보처리 모델을 주장하였는데, 이에 따르면 또래행동에서 문제행동을 보이는 청소년들은 사회적 정보를 처리하는 데 있어 일반 청소년들과 비교되는 특징을 갖는다. 이들은 사회적 상황에서 단서를 부호화하고 해석하는 첫 단계에서부터 일반 청소년에 비해 더 적은 수의 사회적 단서를 이용하고, 주어진 단서에 대해서도 적절한 처리를 하지 못한다. 또한 애매한 상황에서 발생한 부정적 결과에 대해서는 또래의 책임으로 돌리거나 또래의 행동의도를 적대적으로 귀인하기도 한다. 마지막으로 자신이 어떤 반응을 할지를 결정하는 과정에서도 문제행동을 보이는 청소년은 일반 청소년에 비해 자신이 선택한 반응이 가져올 결과를 우호적으로 평가하는 경향이 있다. 또한 이들은 자신이 결정한 반응을 수행하는 것을 다른 대안들에 비해 상대적으로 더 쉽다고 지각하고, 부적응적인 행동을 저지르고 싶은 충동을 억제하는 자기효능감도 낮다.

최옥임과 정옥분(2003)의 연구에서는 이러한 모델에 대한 실제적인 결과가 나타나 흥미를 끌었다. 이 연구에서는 초 · 중학생 365명을 대상으로 설문조사를 실시한 후, 학교폭력을 주도하는 가해 청소년과 일반 청소년 60명씩을 선별하여 사회인지적 특징을 비교하였다. 그 결과, 가해 청소년들은 일반 청소년들에 비해 주어진 동일한 상황을 폭력과 관련된 것으로 해석하는 경향이 높았다. 또한 자신이 반응할 수 있는 행동을 탐색하는 과정에서도 가해 청소년들은 일반 청소년들에 비해 친사회적 반응을 적게 선택하는 반면, 폭력과 관련된 행동을 더 많이 선택했다. 폭력을 실제로 수행함에 있어 어느 정도의 곤란을 느끼는가에 대해서도 가해 청소년들은 일반 청소년들에 비해 곤란을 적게 느낌으로써 수월하게 폭력을 수행할 수 있다고 생각했다. 마지막으로 폭력 이후 얻어질 보상에 대해 가해 청소년들은 상대방이 자신에게 공손해질 것을 예견하거나 주변 친구들이 자신의 세력행사에 대해 승인해 주는 등 자신에게 긍정적인 결과가 올 것으로 해석하는 경향이 높았다. 또한 이들은 일반 청소년들과는 다른 규범적 신념을 갖고 있었는데, 폭력 정도는 해도 괜찮다는 합법적인 신념과 폭력 행위를 통해 또래로부터 자신의 힘을 인정받고 싶어 하는 경향, 피해자들은 그다지 고통받지 않을 거라고 여기는 경향이 높았다.

결과들을 종합할 때, 학교폭력 가해 청소년들은 일반 청소년들과 비교하여 사회적 정보처리 과정에서 왜곡되고 결함 있는 인지적 특성을 갖고 있고, 이러한 인지적 특성으로 인해 상대에게 공격적인 행동을 하게 됨을 알 수 있다.

(2) 인지적 결함 이론에 대한 반론

학교폭력 가해자들이 사회적 정보처리에서 인지적으로 결함이 있다는 이상의 주장에 대해 일부 학자들은 반론을 제기한다. Swearer 등(2009)은 이러한 사회기술 결함 모델이 개인의 학교폭력 행동을 설명하는 데 많이 사용되기는 하지만 이 모델이 모든 종류의 공격성, 특히 학교폭력을 설명하는 데 적절한지에 대해 의문을 제기한다. 이들에 따르면, 가해자들은 자신이 힘이 센 것처럼 행동함으로써 또래들 사이에서 의도적으로 자신의 명성을 쌓고자 한다. 특히 가해자들이 간접적 괴롭힘이나 관계적 괴롭힘을 할 때는 피해자에 대해 거짓소문을 퍼뜨리거나, 의견을 조작하거나, 빈정대고 놀리는 등 미묘한 방법을 사용하여 피해자가 또래집단으로부터 배척당하도록 만든다. Swearer 등(2009)이 지적하듯이 이런 종류의 행동을 하기 위해서는 타인의 생각을 인지하거나 사람들 간의 관점 차이 등을 이해하는 등 사회적 정보처리에 능통할 필요가 있다. 따라서 학교폭력 가해자들이 사회적 정보처리에 미숙하고, 이러한 미숙함으로 인해 왜곡된 판단과 행동을 한다고 보는 것은 적절치 않다는 것이다.

따라서 Swearer 등(2009)은 가해자들의 인지적 결함에 대한 초점을 넘어서 이들이 적절한 사회적 정보처리 능력을 갖고도 왜 친사회적 방향으로 그 능력을 사용하지 않는지에 초점을 맞춰야 한다고 강조한다. 이에 대한 대안적 설명으로 Swearer 등(2009)은 가해자들이 갖고 있는 정서적 특징이 주요 원인이 될 수 있다고 제시한다(이에 대한 세부 내용은 다음 절에서 다룸).

2. 정서적 요인

1) 공감 및 수용능력

(1) 공감 및 수용능력의 부족

학교폭력, 특히 학교폭력 가해 행동과 관련되어 있다고 여겨지는 대표적 정서는 타인에 대한 공감능력 부족이다. 공감(empathy)이란 타인의 감정, 의견, 주장 등에 대해 자신도 그렇다고 느끼는 기분이고, 공감능력이란 이러한 특성을 갖는 능력 정도를 말한다. 일반적으로 학교폭력 가해 청소년들은 일반 청소년들에 비해 상대의 감정을 읽어 내는 능력이 부족하다고 여겨지고, 이러한 주장은 여러 실증 연구들을 통해 검증되어 왔다. 연구에 따르면, 가해자들은 피해자들을 불쌍하게 여기거나 공감하는 능력이 부족하고(Clarke & Kiselica, 1997), 피해자들이 폭력을 당할 만하다고 생각하며 피해자를 비난하는 경향이 있다(Horne & Socherman, 1996). 김혜원과 이해경의 연구들(김혜원, 이해경, 2000; 이해경, 김혜원, 2000a)에서는 학교폭력의 가해, 피해, 가해-피해 집단과 일반 집단 간의 공감능력을 비교한 결과, 가해 집단은 일반 집단이나 피해 집단에 비해 공감능력이 낮고, 특히 가해 집단은 가해-피해 집단에 비해 공감능력이 더 낮은 것을 알 수 있었다. 강승호와 민미자(2002)의 연구에서도 유사한 결과가 나타났다. 이 연구에서 학교폭력을 주도하는 학생은 일반 학생이나 피해 학생에 비해 감성지능이 낮았는데, 구체적으로 이들은 일반 학생이나 피해 학생에 비해 타인의 감정을 인식하는 능력과 타인의 감정을 관리하는 능력이 낮았다.

한편 공감능력과 연결되는 개념인 타인에 대한 수용능력 또한 학교폭력과 밀접한 관계가 있는 것으로 보고된다. 이명신(2000)의 연구에서는 중 · 고등학생 1,212명을 대상으로 학교폭력 의도에 영향을 미치는 요인들을 분석하였다. 그 결과, 학교폭력을 촉발시키는 내적 요인 중 수용능력만이 학교폭력 의도를 감소시킬 수 있는 유일한 요인으로 밝혀졌다. 즉, 자신과 타인을 있는 그대로 인정하고 수용할 수 있는 수용능력이 있는 경우, 편협함 없이 열린 마음으로 세상과 다른 사람들을 바라볼 수 있고, 그로 인해 자신의 마음에 들지 않거나 거슬린다는 이유로 친구들을 괴롭힐 가능성은 감소하는 것이다.

또한 앞서 보았듯, 가해자들의 인지적 결함보다 더욱 문제가 되는 정서적 결함에 대해 Swearer 등(2009)은 가해자들이 갖고 있는 몇 가지 정서적 특징을 제시하였다. 이들은 연구 결과를 토대로 학교폭력 가해자들이 정서적으로 자기중심적이고, 피해자에 대한 동정심을 갖고 있지 않고, 후회를 하지 않음을 발견했다. 이러한 결과를 바탕으로 Swearer 등(2009)은 학교폭력 가해자들이 사회적 관계에서 옳고 그름을 이해하지 못하는 것이 아니라, 단지 타인들을 존중하는 데 관심이 적은 것이라고 주장한다.

이는 가해자들의 인지적 측면과 정서적 측면을 비교한 연구에서 보다 분명하게 밝혀졌다(Swearer et al., 2009). 이 연구에서 청소년들의 공격성은 인지적 측면(예: 조망수용능력)보다 정서적 측면(예: 공감)과 더 밀접한 관련성이 있었다. 이는 가해자들이 피해자의 마음과 정서를 '이해' 하는 것과 피해자에게 동정심을 '느껴' 공격적 행동을 멈추는 것 간에는 차이가 있음을 보여 주는 결과다. 또한 전자에 비해 후자가 이들의 행동을 수정하는 데 있어 더 중요한 기능을 함을 의미하는 결과이기도 하다. 이러한 결과는 가해자들의 인지적 측면에만 초점을 맞출 경우 학교폭력의 예방 및 개입 노력에 한계가 있을 수 있음을 보여 준다.

(2) 공감 및 수용능력 부족의 원인

그렇다면 한 개인에게 공감 및 수용능력의 부족은 어떤 이유로 만들어지는가? 관련 연구들은 첫 번째로, 어린 시절부터의 인정과 지지 부족을 중요한 원인으로 꼽는다. 즉, 한 개인이 보호자로부터 인정과 지지를 충분히 받지 못하거나 수용되지 못했을 경우 공감과 수용능력의 형성에 문제가 발생하는 것이다. 구체적으로 가정에서 공격과 폭력의 대상이었던 아이들은 효과적인 사회적 기술을 발달시키지 못하고 타인에 대한 공감능력이나 타인에 대한 지지능력이 결여된 채 성장한다(Horne & Socherman, 1996). 이들은 타인에 대한 공감 및 수용능력을 발달시키지 못했기 때문에 자신의 욕구나 기대를 충족시키는 과정에서 사회적 기술보다 힘과 공격성을 사용하는 것이다(Horne & Socherman, 1996).

또한 반복적으로 폭력에 노출되는 경우 이에 대한 둔감화로 인해 공감능력이 떨어질 수 있다. 즉, 한 개인이 많은 폭력에 노출됨으로써 폭력에 대해 점점 둔감해지고, 타인이 겪는 고통에 대하여 공감능력이 결핍된다(곽금주, 윤진, 1992; Mullin & Linz, 1995). 특히 주변 환경과 자신의 환경 사이에 긴밀한 상호관계를 형성하는 시기인 청소년기에 과다한 폭력 환경에 노출되는 것은 폭력에 대한 무비판적이고 무감각적인 성향을 갖게 할 수 있다. 실제로 학교폭력 가해자들은 일반 청소년들보다 폭력에 대해 더 긍정적인 태도를 갖고(Olweus, 1994b), 공감능력과 타인에 대한 배려가 더 낮았다(Rigby, 1993).

2) 정서표현능력

사회적 상황에서 주어진 자극에 대해 적절하게 정서를 느끼고, 자신의 정서를 건강하게 표현하는 것은 원활한 관계를 유지하는 데 매우 중요한 요인이 된다. 이런 의미에서, 학교폭력 관여 청소년들은 일반 청소년들과 비교하여 정서경험이나 정서표현능력에서 차이가 있을 수 있다. 실제로 학교폭력 피해 집단은 갈등상황에서 자신의 정서를 표현하는 데 어려움이 있었다. 조학래(2002)의 연구에서는 중학생 450명을 대상으로 조사한 결과, 자기표현 점수가 가장 높은 집단은 학교폭력 가해 집단이었고 다음은 무경험 집단인 반면, 피해 집단의 자기표현 점수는 가장 낮은 것으로 나타났다. 이러한 결과는 가해 학생들은 자신의 감정에 대한 표현이 가장 많은 반면, 피해 학생들은 자기표현이나 자기주장 행동이 상대적으로 약하고 수동적이고 순응적이어서 쉽게 공격대상이 되고 학교폭력을 지속시키는 요인이 될 수 있음을 보여 준다.

특히 얼굴표정을 통해 표현되는 정서는 또래들 간에 소통적 기능을 하기 때문에 어떤 정서를 어떻게 표현하는가는 이후 행동에 중요한 영향을 주게 된다. Silton 등(2000)의 연구에서는 이에 대한 구체적인 결과를 보여주었다(조학래, 2002 재인용). 이 연구에서는 캐나다의 초등학교 1~6학년생 120명을 대상으로 학교폭력 가해와 피해 집단이 얼굴표정을 통한 정서표현에서 어떤 공통점과 차이점이 있는지를 분석하였다. 총 3학기 동안 운동장과 교실의 관찰을 통해 학교폭력 가해와 피해 학생들이 폭력행동이 일어나는 동안 10개의 정서표현 중 어떤 표현을 많이 하는지를 분석하였다. 그 결과, 놀랍게도 피해 집단이 가장 많이 표현한 정서는 흥미(30.2%), 기쁨(22.4%), 분노(14.7%)였고, 이러한 표현은 전체 정서의 67%를 차지했다. 다음은 놀람, 슬픔, 멸시, 괴로움이었고 이는 전체의 27%를 차지했다. 가해 집단이 가장 많이 표현한 정서 또한 흥미(36.4%), 기쁨(32.8%), 분노(20.4%)였고, 이는 전체 정서의 90%를 차지했다. 물론 두 집단 간에 차이도 나타나, 가해 집단이 피해 집단에 비해 더 많이 표현한 정서는 기쁨과 분노인 반면, 피해 집단이 가해 집단에 비해 더 많이 표현한 정서는 놀람과 슬픔이었다.

가해 집단에 비해 적은 정도이긴 하지만 피해 집단이 괴롭힘을 당하는 동안 가장 많이 표현한 정서가 흥미와 기쁨이라는 것은 매우 의외의 결과다. 흥미와 기쁨은 상대를 기쁘게 하고 그 행동을 유지하도록 격려하는 정서다. 이렇게 볼 때 피해 아동들이 표현하는 정서는 학교폭력을 감소시키거나 중지시키는 데 역기능적 역할을 할 것이고, 이러한 패턴이 지속될 경우 이들의 또래관계에 부정적인 역할을 하게 된다. 이에 대해 연구자들은, 또래로부터 수용받지 못해 온 많은 피해자들이 (비록 역기능적이기는 하지만) 긍정적인 정서를 표현하여 또래의 인정과 수용을 얻기 위해 노력하는 결과라고 해석한다.

3) 스트레스 및 스트레스 대처 양식

(1) 학업 관련 스트레스

일부 연구자들은 우리나라 청소년들 간에 학교폭력이 많이 발생하는 중요한 원인 중 하나는 입시위주나 통제위주의 교육환경으로부터 오는 스트레스와 좌절이라고 강조한다(청소년대화의 광장, 1997). 현재 우리 사회에서 취학 순간부터 대학입학 전까지 한 개인이 추구하는 교육의 궁극적 목적은 대학진학이라 해도 과언이 아니다. 이러한 현실 속에서 청소년들은 또래와의 경쟁이나 긴장관계에서 스트레스를 경험하게 된다. 또한 이런 환경은 청소년들을 쉽게 좌절하게 만들고 욕구좌절은 분노를 야기하며, 따라서 공격과 폭력을 초래할 수 있다. 욕구좌절이 폭력행동에 영향을 미친다는 결과는 많은 사회심리학적 연구들에서 밝혀졌다(구창모, 1991).

일반적인 청소년 폭력과 마찬가지로 학교폭력 가해자들 또한 학업실패나 학업좌절로 인해 공격행동을 행사하는 것으로 여겨진다. 그러나 Olweus(1978, 1993)의 연구에서는 이러한 가정이 잘못된 것임을 보여 주었다. 그는 스톡홀름에 거주하는 444명의 남학생을 초등학교 6학년부터 중학교 3학년까지 종단적으로 추적 조사했다. 그 결과, 학교폭력 행동은 불량한 성적이나 학업실패와는 무관한 것으로 나타났다. 아직까지 우리나라에서는 이에 대해 장기·종단적으로 연구한 경우가 드물어 실상을 정확히 파악하기 어려운 상태다.

(2) 스트레스 대처 양식

한편 개인이 경험하는 스트레스보다 더욱 중요한 것은 이러한 스트레스에 대처하는 방식이다. 청소년 비행에 관한 연구들은 폭력이나 비행을 저지르는 청소년들은 욕구좌절이나 스트레스 상황에서 이에 대처하는 방식에 결함이 있다고 보고한다(D' Zurilla & Goldfried, 1973). 앞서 보았듯 비행 청소년들은 일반 청소년들에 비해 폭력이나 비행 이외의 다른 건설적인 문제해결 방식을 생성해 내지 못하며, 창출된 대안 중 폭력을 사용하거나 강압적인 언어를 사용하는 데 더 높은 가치를 부여한다. 또한 이들은 공격적 행동이 가져올 장기적인 손실을 고려하지 못하는 오류를 범하기도 한다. 따라서 학교폭력 가해자들은 욕구좌절이나 스트레스 상황에서 건설적인 문제해결 방식을 택하기보다는 공격적이거나 충동적인 방식으로 문제를 해결하고, 스트레스 대처 양식에서도 비효율적으로 대처할 가능성이 있다.

이런 가능성은 김혜원과 이해경(2000)의 연구에서 검증되었다. 이들 연구에서는 스트레스와 스트레스 대처 양식에 대해 학교폭력 가해, 피해, 가해-피해 집단과 일반 집단을 비교하였다. 그 결과, 학업관련 스트레스나 대인관련 스트레스가 일반과 가해 집단에 비해 피해와 가해-피해 집단에서 더 큰 것으로 나타났다. 또한 스트레스 대처 양식에서는 가해, 피해, 가해-피해 집단이 일반 집단에 비해 더 소극적인 방법으로 스트레스에 대처하는 것으로 나타났다.

손향숙(2005)의 연구에서는 보다 세부적인 결과가 보고되었다. 이 연구에서는 중학생 264명을 대상으로 초등학교 6학년 시기 학교폭력을 당했던 경험과 현재 중학교 1학년 시기에 당하고 있는 경험을 비교 분석하였다. 그 결과, 대상자들 간에는 적극적 문제해결 방식에서 차이가 있었다. 과거에 학교폭력을 당했으나 현재는 벗어난 집단은, 과거에는 학교폭력을 당하지 않았으나 현재 당하고 있는 집단에 비해 보다 적극적인 문제해결 방식을 사용하고 있었다. 이러한 결과는 적극적인 문제해결 방식이 학교폭력 상황을 개선하는 데 효과적일 수 있음을 보여 주는 것이다. 또한 회피적 방식에서도 차이가 나타났다. 흥미롭게도 과거에 학교폭력을 당했으나 현재는 벗어난 집단이 과거에는 학교폭력을 당하지 않았으나 현재 당하고 있는 집단에 비해 무대응 반응과 내재화 반응(자신의 특성으로 받아들임)을 더 많이 사용하는 것으로 나타났다. 이러한 결과들은 피해 학생의 내재화 대처가 가해 학생들에게 약하고 상처받기 쉬운 징표로 전달되어 학교폭력을 지속시키는 요인이 될 수도 있지만, 적극적인 대처가 어려운 경우 피해 학생들에게 어느 정도 긍정적인 효과를 줌을 보여 준다.

4) 정서적 건강

개인의 정서적 건강이 학교폭력과 어떻게 관련되어 있는지에 대해서는 일관된 결론을 내리기 어렵다. 정서적 건강이 학교폭력의 가해나 피해로 인한 결과인지 혹은 선행 원인인지는 기타의 변인들에 대해서보다 더욱 분명치 않기 때문이다. 이런 가운데 Fekkes 등(2006)은 미국에서 9~11세 아동 1,118명을 대상으로 이들의 신체적 · 심리적 문제(우울, 불안, 야뇨, 두통, 불면증, 복통, 식욕감퇴, 긴장감이나 피로감)와 학교폭력 경험 간의 관계를 조사하였다. 그 결과, 학교폭력 피해자들은 피해경험 이후 새로운 신체적 · 심리적 문제들을 겪는 것으로 나타났다. 그러나 이와 함께 몇 개의 심리적 문제들은 학교폭력 피해 이전부터 있던 것으로 밝혀졌다. 구체적으로, 피해자들은 기타의 심리 · 정서적 특징과는 달리 우울과 불안을 피해경험 이전부터도 경험했던 것으로 나타나 이러한 정서적 특징이 학교폭력 문제를 야기하는 원인으로 작용할 수 있음을 보여 주었다.

한편 학교폭력과 관련되어 있는 또 다른 정서적 건강 요인으로는 사회불안을 꼽을 수 있다. 사회불안은 한 개인이 사회적 관계 속에서 느끼는 불안을 말한다. 관련 연구들에서는 한 개인이 갖고 있는 사회불안이 부정적 또래관계에 따른 결과임과 동시에 부정적 또래관계를 유발하는 원인이 됨을 보여 주었다(김예성, 김광혁, 2008; Vernberg, Abwender, Ewell, & Beery, 1992). 이에 따르면, 불안수준이 높은 개인은 상황자극을 잘못 이해함으로써 애매한 상황을 위협적인 것으로 인식하게 되고, 이는 공격적 행동을 이끌어 낼 수 있는 것이다. 이와 마찬가지로 김혜원 등의 연구(김혜원, 2011a, 2011b; 이해경, 김혜원, 2000a, 2000b, 2001)에서는 학교폭력 현상이 청소년들의 우울, 불안, 외로움 등의 정서적 건강과 밀접한 관계가 있음을 보여 주었다.

제9장

학교폭력과 관련된 가정 요인

- 이 장에서는 학교폭력과 관련되어 있는 다양한 요인들 중 가정과 관련된 요인들에 대해 살펴볼 것이다.
- 가정의 구조적 특성은 학교폭력과 관련이 있는 것으로 보고되는데, 가정의 결손과 빈곤 정도가 심할수록 청소년 자녀들은 학교폭력을 많이 경험하는 것으로 보고된다. 그러나 이러한 결과는 연구들마다 비일관적이어서 더 많은 추후연구가 필요한 상태다.
- 부모-자녀의 관계와 양육태도 또한 학교폭력과 관련이 있어서 부모-자녀 관계가 부정적이거나, 비민주적 · 강압적 · 폭력적 양육태도를 경험할수록 청소년 자녀의 학교폭력 경험은 많아지는 것으로 보고된다.

1. 가정 요인의 중요성

청소년들의 학교폭력 가해경험과 피해경험은 그가 속해 있는 가정의 영향력을 배제하고는 이해하기 어렵다. 가정은 한 개인이 출생 후 접하는 최초의 사회적 기관이고, 사회화의 기능을 담당하는 가장 핵심적인 기관이기 때문이다. 특히 청소년들의 경우 연령상 생후 대부분의 기간을 가정 내 양육자의 훈육 속에서 생활한 집단이기 때문에, 현재 그들이 보이는 행동특성의 상당 부분이 가정 내 요인들과 연관되어 있다고 봐도 무리가 아니다. 또한 여전히 양육자의 보호 속에서 대부분의 일상을 영위하는 청소년들에게 가정과 관련된 요인들은 성인과 달리 '현재의' 중요한 요인일 수밖에 없다.

이런 의미에서 많은 학자들이 청소년 학교폭력과 관련되어 있는 중요한 요인으로 가정 요인을 지목해 왔다. 학교폭력에 관한 가장 대표적인 학자인 Olweus도 이러한 입장을 견지한다. 구체적으로 Olweus는 청소년 집단괴롭힘(bullying)에 영향을 미치는 주요 요인들에 대해 다음과 같이 정리하였다(www.olweus.org).

- 집단괴롭힘을 하는 학생들은 힘(부정적)과 지배에 대한 강한 욕구를 갖고 있다. 그들은 타인들을 통제하고 복종시키는 것을 즐기는 듯 보인다.
- 집단괴롭힘 가해자들은 다른 학생들에게 상해를 입히고, 그들이 괴로워하는 데 만족감을 느낀다. 이러한 특징에는 적대적인 가정환경이 일부 원인으로 작용했을 수 있다.
- 집단괴롭힘 가해자들은 때로는 자신의 행동에 대해 보상을 받는다. 보상은 물질적인 것이나 심리적인 것일 수 있는데, 피해 학생들이 그들에게 바치는 돈이나 다른 학생들이 이들을 주목하고 지위를 인정하고 선망하

는 것이 그 예가 된다.

- 집단괴롭힘 가해자들은 공통적인 가정 요인들을 갖는 경우가 있다. 부모가 자녀의 삶에 긴밀하게 개입하지 않거나, 온정성과 긍정적 개입이 부족한 경우가 그 예다. 또한 이들 부모들은 자녀의 공격적 행동을 분명히 제한하지 않거나, 형제자매나 다른 아이들을 공격하는 것을 허용하는 경우도 있다. 또한 가해 청소년들은 가정에서 종종 체벌이나 '힘을 행사하는' 양육방식을 경험하기도 한다.
- 집단괴롭힘 가해 학생들은 다른 학생들에 비해 가정폭력을 경험하는 경우가 많다. 또한 이들은 매체폭력에 자주 노출되거나 자주 접하고 권투, 킥복싱, 레슬링과 같은 '힘으로 하는 운동'을 자주 접한다.

이상의 내용을 종합적으로 보면, Olweus는 집단괴롭힘과 관련되어 있는 다양한 요인들 중 특히 청소년들이 가정에서 경험하는 폭력적인 환경과 이와 관련된 양육방식의 중요성을 강조함을 알 수 있다.

보다 구체적으로, Olweus(1993)는 공격적인 청소년이 가정 내에서 어떻게 부정적인 행동패턴을 발달시키는지에 대해 다음 네 가지 요인들이 중요하게 작용한다고 제시하였다.

- 자녀가 어렸을 때 부모로부터 부정적인 정서표현을 경험한다.
- 자녀가 다른 사람이나 부모에게 공격성을 보일 때, 부모가 이에 대해 적절히 개입하지 않는다.
- 자녀가 규칙을 어기거나 지시를 따르지 않을 때, 부모가 고함을 치거나 때리는 등의 공격적 방식을 사용한다.
- 공격적 기질을 갖고 태어난다.

2. 가정의 구조적 요인

학교폭력이 가정의 구조적 특성과 어떤 관련성을 갖는지를 다룬 연구들은 가정의 결손이나 빈곤 정도에 초점을 맞추는 경우가 많다. 결손가정은 어머니만 생존해 있는 모자가정, 아버지만 생존해 있는 부자가정, 양친이 모두 생존해 있으나 계부 · 계모인 가정이 포함되며, 부부가 이혼했거나 별거 중일 때도 준결손가정으로 분류할 수 있다. 한편 빈곤가정에는 금전적 부족이 큰 절대적 빈곤가정과 희망하는 수준의 생활을 하지 못함으로써 심리적 박탈감을 느끼는 상대적 빈곤가정이 포함된다.

일부 연구들(박영신, 김의철, 2001b; 청소년폭력예방재단, 1996)은 결손가정과 빈곤가정이 청소년들의 폭력행동에 직간접적인 영향을 줌을 보여주었다. 이들에 따르면 결손가정은 가족역할이 정상적으로 기능하지 못함으로써 역할 구조상의 변화를 가져오고, 이후 사회 재적응을 요구하는 문제가 야기될 수 있다. 또한 빈곤가정의 경우 절대적 빈곤은 인간을 열등감에 빠뜨리고 무기력하게 하며 정서적 불안정을 야기시킴으로써, 특히 청소년들로 하여금 공격적 행위로 빠져들게 하는 요인이 된다. 이에 대해 이춘재와 곽금주(1999)는 초등학교와 중학교 1,500명의 남녀 학생을 대상으로 학교폭력 가해와 피해 학생 가정의 경제적 수준을 비교하였다. 그 결과, 피해 여학생에 비해 가해 여학생이 경제적 수준에서 더 부유한 것으로 나타났다. 이와 유사하게 오창순과 송미숙(2004)의 연구에서는 중학생 620명의 자료를 분석하였는데, 그 결과 남학생과 달리 여학생의 경우 가정의 경제적 수준이 낮을수록 학교폭력의 가해경험과 피해경험이 모두 높은 것으로 나타났다. 김재영(2005)의 연구에서도 남녀 실업계 고등학생 463명을 대상으로 조사를 실시한 결과, 가정의 경제적 수준에 따라 학교폭력의 가해경험과 피해경험에 차이가 있는 것으로 나타났다. 그러나 이 연구에서는 흥미롭게도 앞선 연구들에서와 달리 가정의 생활수준이 높은 경우의 학생들이 언어적 폭력을 더 많이 하는 것으로 나타났다. 신체적 폭력이나 갈취, 기타의 가해경험에서는 생활수준에 따른 차이가 나타나지 않았고, 학교폭력의 피해경험도 가정의 생활수준에 따라 차이가 없었다.

한편 여기서 주목해야 할 점은 국가가 발전할수록 절대적 빈곤가정은 감소하는 대신 심리적 차원의 상대적 빈곤가정의 비율이 증가한다는 점이다. 가정의 상대적 빈곤은 청소년 자녀들에게 무력감, 열등감, 사회에 대한 반발, 반항심, 공격성, 폭력성 등을 초래하게 할 가능성을 높인다. 특히 이러한 경험이 있는 청소년들은 금전을 빼앗는 가해 행동을 하는 경우가 많은데, 이러한 행동은 자신이 느끼는 상대적인 빈곤감을 해소하기 위한 것으로 해석되기도 한다(청소년폭력예방재단, 1996).

반면 이상의 주장과 달리 일부 연구들에서는 가정의 물리적·구조적 측면과 학교폭력이 큰 관련이 없는 것으로 나타났다. 한국청소년개발원(1999)의 연구에서는 가족구조 측면에서 일반가정과 결손가정 여부에 따라 자녀의 공격적 행동 유무에 차이가 없는 것으로 나타났다. 구체적으로, 이 연구에서 보호관찰소 청소년 520명을 대상으로 조사한 결과, 폭력비행 경험이 있는 청소년과 폭력비행 경험이 없는 청소년들 모두에서 결손가정의 비율이 높긴 했으나 가족구조와 부모의 학력수준, 가정의 월평균 소득에서 집단 간에 차이가 없었다. 유영수(2002)의 연구에서도 농어촌지역 초등학생 511명을 대상으로 조사한 결과, 학교폭력 가해와 피해 정도는 가정의 경제적 수준에 따라 차이가 없었다. 이는 서양 청소년을 대상으로 한 연구(Olweus, 1993)에서 나타난 가정의 사회경제적 지위가 학교폭력과 관계가 없다는 결과와 일치하는 것이다.

이상의 결과들을 종합해 볼 때, 심각한 가정적 빈곤은 청소년 자녀의 학교폭력 행동과 관련성을 갖는다. 그러나 이에 대한 결론은 아직 유보적이라 할 수 있다.

3. 양육태도 및 부모-자녀 관계

1) 부모의 양육태도

가정의 물리적 · 구조적 환경과 함께 학교폭력과 밀접한 관계를 갖는 것은 청소년들이 가정에서 경험하는 부모의 양육태도 및 부모-자녀 관계다. 청소년들의 공격성에 초점을 맞춰 연구를 진행한 Loeber와 Stouthamer-Lober(1998)에 따르면, 가족관계 특징 중 청소년의 공격적 성향과 관계가 있는 요인들은 가족의 불화, 방임적이거나 엄격하거나 일관성 없는 훈육방법, 가족학대, 부모 감독 소홀 등이었다. 이 중 청소년의 품행장애와 비행을 예언하는 가장 강력한 변인은 부모의 감독 부재, 부모-자녀 간의 관여 부재, 부모의 자녀 거부였고, 그다음으로 중요한 예언변인은 부부간 갈등과 부모의 범죄였다.

몇몇 연구들은 보다 구체적으로 어떤 양육태도가 청소년 자녀의 공격성과 관계가 있는지를 밝혔다. 이에 따르면, 적대적 · 거부적 · 방임적인 양육태도와 일관성 없는 양육태도가 모두 문제가 된다(서울특별시 · 자녀안심운동 서울협의회, 2000). 이러한 가정에서 양육된 자녀들은 사회규범을 준수하는 데 대한 동기가 부족하고, 초자아 형성이 제대로 되지 않아 죄책감을 경험하기 어려우며, 특히 가족에 대한 결속력을 갖지 못하는 경우가 많았다. 이덕진(2007)의 연구에서도 유사한 결과가 나타났다. 남녀 중학생

382명을 대상으로 한 연구에서 부모의 양육태도는 자녀들의 학교폭력 가해경험에 중요한 영향력을 미치는 것으로 나타났다. 이 연구에서는 흥미롭게도 아버지와 어머니의 양육태도에 따라 자녀가 학교에서 하는 가해행동에 차이가 있었다. 구체적으로 아버지의 부정적인 양육태도는 자녀의 심리적 폭력행동(협박, 강요, 모욕 등)에 영향을 미치는 반면, 어머니의 부정적인 양육태도는 자녀의 금품갈취에 영향을 미치는 변인으로 나타났다.

2) 부모-자녀 관계

부모와 자녀가 어떤 관계를 갖고 어떤 의사소통을 하느냐는 청소년 자녀의 발달에 중요한 영향을 미친다. 많은 연구들에서는 청소년의 삶의 만족도에 부모-자녀 간의 긍정적 관계가 매우 핵심적인 요소가 된다고 강조한다(김혜원, 조성연, 2011; 김혜원, 조성연, 김민, 2010).

이러한 양상은 학교폭력과 관련해서도 예외가 아니어서 부모와 자녀 관계의 질은 청소년 자녀의 학교폭력 및 공격적 행동과 밀접한 관계가 있는 것으로 보고된다. 예를 들어, 박영신과 김의철(2001a)의 연구에서는 폭력 가해행동을 하는 청소년일수록 부모와의 관계가 적대적인 것으로 나타났다. 또한 다른 연구에서는 부모와의 긍정적인 의사소통과 부모의 적절한 감독은 청소년 자녀로 하여금 분노조절 능력을 향상시키고 비행친구와의 접촉을 감소시켜 간접적으로 학교폭력 가해 행동을 억제하는 것으로 나타났다(김명자, 2002). 구체적으로 부모가 개방적인 의사소통을 많이 하고 자녀가 건전한 가치와 바람직한 행동을 하도록 감독하는 가정환경은 부모-자녀 간의 갈등을 감소시키고 부모-자녀의 유대를 강화시켜 결국 분노와 같은 충동적인 감정을 잘 조절하도록 하고 비행친구와의 접촉을 감소시켜 가해 행동 정도를 낮췄다. 남녀 중학생 311명의 자료를 분석한 이은희, 공수자와 이정숙(2004)의 연구에서도 부모-자녀 간의 활발한 의사소통과 자녀에 대한 부모의 적절한 감독이 학교폭력 가해 행동을 직접적으로 억제하는 요인으로 나타났다. 또한 이러한 요인은 청소년 자녀의 분노조절 능력을 높이고 비행친구와의 접촉 정도를 감소시켜 학교폭력 가해 행동을 간접적으로 억제하는 요인으로 나타났다. 이와 마찬가지로 남녀 실업계 고등학생을 대상으로 한 김재영(2005)의 연구에서는 가족분위기가 민주적일수록 학생들은 학교에서 언어적 폭력, 신체적 폭력, 기타 폭력 가해를 덜하는 것으로 나타났다.

3) 가정 내 폭력 및 학대 경험

가정 내에서 경험하는 폭력이나 학대 또한 청소년 자녀의 학교폭력이나 공격적 행동과 밀접한 관계를 갖는 것으로 보고된다. 기존 연구들에 의하면 폭력적인 성인의 70% 이상은 어린 시절 부모 사이의 폭력을 경험하고, 이로 인해 직접적 피해, 간접적 피해 및 목격자로서의 피해를 경험한 것으로 나타났다(Baldry, 2003). 이에 대해 Baldry(2003)는 8세에서 15세 사이의 이탈리아 청소년 1,059명을 대상으로 학교폭력 가해 · 피해경험과 가정 내 폭력경험 간의 관련성을 분석했다. 그 결과, 아버지가 아동에 대해 행하는 학대와 어머니가 아버지에 대해 행하는 폭력이 아동 및 청소년의 학교폭력 가해경험과 피해경험에 유의미한 영향을 미치는 것으로 나타났다.

이러한 결과는 국내 연구들에서도 동일하게 나타났다. 한국청소년개발원(1999)의 연구에서는 보호관찰 청소년 중에서 다른 사람을 폭행하거나 금품갈취 및 협박을 한 경험이 있는 집단(폭력비행 집단)과 폭력비행이 없는 집단(비폭력비행 집단) 간에 차이가 있는지를 비교하였다. 그 결과, 폭력비행 집단은 비폭력비행 집단에 비해 부모로부터 체벌을 더 많이 받은 것으로 나타났다. 보호관찰소 청소년 520명을 대상으로 조사한 결과(한국청소년개발원, 1999)에서도 폭력비행 경험이 있는 청소년은 폭력비행 경험이 없는 청소년에 비해 가정분위기가 더 폭력적이었고, 특히 부모로부터의 체벌경험이 더 많은 것을 알 수 있었다.

이러한 양상은 일반청소년을 대상으로 한 연구에서도 반복해서 나타났다. 노충래와 이신옥(2003)은 중학생 381명을 대상으로 연구한 결과, 부모로부터 학대를 경험한 집단은 그렇지 않은 집단에 비해 학교폭력의 가해 정도가 심한 것을 알 수 있었다. 또한 아버지나 어머니로부터의 학대경험은 학교폭력에 영향을 미치는 주요 변수로 나타났다. 이와 유사하게 오창순과 송미숙(2004)은 중학생 620명을 대상으로 학교폭력 가해-피해 행동과 가정 내 학대경험 간의 관계를 분석하였다. 그 결과, 남학생의 경우 부모의 학대와 방임이 많을수록 학교폭력 가해 행동과 피해 행동을 많이 하는 것으로 나타났다. 여학생의 경우도 이와 비슷해서 부모로부터의 학대경험이 많을수록 가해와 피해 행동을 많이 하는 것으로 나타났다.

마찬가지로 남녀 실업계 고등학생을 대상으로 한 김재영(2005)의 연구에서도, 가정폭력 경험은 다양한 유형의 학교폭력 가해경험에 유의미한 영향을 미치는 것으로 나타났다. 구체적으로 가정폭력을 많이 경험할수록 학생들은 학교에서 언어폭력, 신체폭력, 갈취, 기타 폭력을 더 많이 하는 것으로 나타났다. 또한 가정폭력 경험은 학교폭력 피해경험에도 유의미한 영향을 미쳐서 가정폭력을 많이 경험할수록 학생들은 학교에서 갈취와 기타 폭력의 피해를 많이 당하는 것으로 나타났다. 또한 남녀 중학생을 대상으로 한 이덕진(2007)의 연구에서도 부모의 방임과 학대는 자녀의 학교폭력 가해 행동에 대한 중요한 설명변인이어서 부모로부터 방임과 학대를 많이 경험한 학생일수록 학교에서 괴롭힘, 금품갈취, 언어적 · 신체적 · 심리적 폭력을 많이 하는 것으로 나타났다. 덧붙여 이 연구에서는 부모 간의 폭력을 목격하는 것도 자녀의 학교폭력에 영향을 주는 것으로 나타나 부모의 폭력을 많이 경험하는 학생들일수록 학교에서 괴롭힘, 금품갈취, 언어적 · 신체적 · 심리적 폭력을 많이 하는 것으로 나타났다. 이상의 결과를 종합해 보면, 가정에서의 폭력과 학대경험은 청소년 자녀가 학교에서 행하는 학교폭력 가해경험 및 피해경험과 비교적 밀접한 관련성을 가지고 있음을 알 수 있다.

4) 강압이론

이상과 같은 부모 양육태도나 부모-자녀 관계는 청소년 자녀의 학교폭력과 어떠한 심리적 메커니즘 속에서 관련성을 갖는 것일까? 이와 관련하여 Patterson(1986)은 '강압이론(coercion theory)' 혹은 '강화의 덫(reinforcement trap)' 이라는 개념을 통해 설명한다. 특히 그는 아동 및 청소년들의 가해행동에 초점을 맞추었는데, 그에 따르면 아동의 학령전기에 부모가 아동의 공격적인 행동을 보면서 중립적이거나 긍정적인 반응을 보임으로써 그러한 공격행동을 강화할 수 있다. 또한 아동이 원하는 것을 얻지 못했을 때 보이는 분노폭발에 대해 부모가 양보를 함으로써 아동의 공격성을 강화하기도 한다. 이때 아동의 공격행동이나 분노폭발에 대해 부모가 긍정적 반응을 보이는 이유는, 이로 인해 아동이 분노폭발을 그치게 되고 따라서 부모도 아동의 성화에서 놓여 나는 강화를 경험하기 때문이다. 이런 과정이 되풀이되면 자녀들은 원하는 것을 얻기 위해 점점 더 혐오스러운 방법을 사용하게 되고, 이런 악순환 속에서 결국 부모는 자녀를 올바르게 사회화시킬 수 없게 된다. 이런 부모-자녀 상호작용 양식에서 자녀는 폭력행동 가해자나 품행장애아가 되는 것이다.

4. 가해, 피해 집단 간 비교

1) 가해, 피해 집단의 가정적 특징

일부 연구에서는 가해 청소년과 피해 청소년의 가정적 특징에 어떤 차이점과 유사점이 있는가를 분석하여 이에 대한 결과를 보다 구체적으로 보여 주었다. Chazen(1988)은 부모로부터 받는 충분한 애정이나 적절한 감독은 학교폭력 가해 청소년뿐 아니라 피해 청소년에게도 동일하게 중요하다고 보고하였다(Baldry, 2003 재인용). 그에 따르면 학교폭력 가해 청소년들은 우울한 유아기를 보낸 경우가 많고 심한 가정불화나 가정폭력 그리고 훈계 또는 비일관적인 부모 양육태도를 경험한다. 이러한 특징들은 학교폭력 피해 청소년들에게도 유사해서, 이들은 부모의 충분한 애정이나 적절한 감독에 대한 경험이 적은 경우가 많다. 또한 Baldry(2003)의 연구에서도 아동에 대한 아버지의 학대와 아버지에 대한 어머니의 폭력은 아동 및 청소년의 학교폭력 가해와 피해경험 모두에 유의미한 영향력을 미치는 것으로 나타났다.

반면 Bowers, Smith와 Binney(1994)의 연구에서는 학교폭력 가해와 피해 집단 간의 차이점을 보여 주었다. 이 연구에서는 학교폭력 피해자 부모의 경우 자녀에게 과잉보호적이고 과잉결속된 가족체계를 강조하는 것으로 나타났다. 반면 학교폭력 가해자 부모는 앞서 보았듯이 양육방법에 폭력적이거나 일관성이 없으며, 체벌적인 훈육방법을 사용하는 경향이 높아 차이를 보였다. 또한 Macklem(2003)은 학교폭력 가해자와 달리 피해자는 부모님, 특히 어머니와 친밀하고 부모에 의해 과잉보호되는 경향이 있다고 보고하였다. 또한 학교폭력 피해자들은 부모에 대해 불안정-저항 애착을 나타내는 경향이 있고, 이들 부모는 자녀에게 자율성을 크게 허용하지 않고 종종 과잉보호로 반응한다고 한다. 이와 유사하게 Berstein과 Watson(1997)의 연구에서는 학교폭력 피해 남학생의 어머니의 경우 자녀를 나이보다 어리게 취급하고, 아버지의 경우는 자신을 희생하면서 가정생활을 하는 것으로 나타났다.

2) 가정 변인과 학교폭력 가해자 · 피해자의 발달적 진행과정

(1) 학교폭력 가해자

학교폭력 가해-피해 행동과 관련되어 있는 가정 관련 요인들을 종합하면, 이러한 요인들이 영향을 미치는 과정을 보다 체계적으로 제시할 수 있다. Macklem(2003)은 먼저 학교폭력 가해자(특히 가해-피해자)들은 가정에서의 비일관적인 양육태도로 정서와 행동에 대한 규제를 학습하지 못하

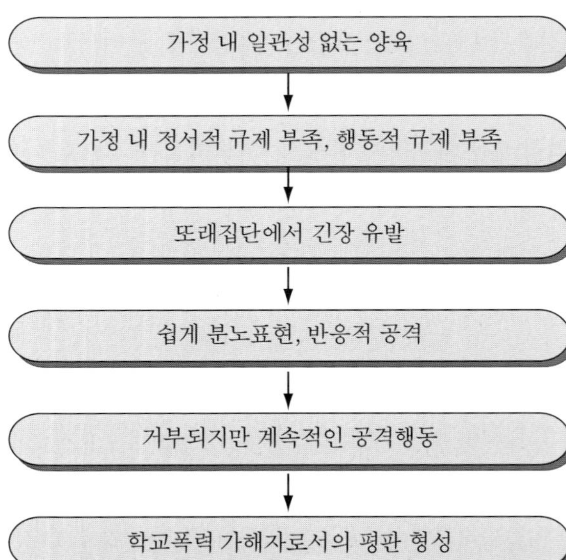

[그림 9-1] 학교폭력 가해자의 발달적 진행과정

출처: Macklem(2003). 일부 수정.

고, 이를 바탕으로 또래관계에서 공격행동을 계속한다고 제시한다. 이러한 학교폭력 가해자의 발달적 진행과정을 요약하면 [그림 9-1]과 같다.

(2) 학교폭력 피해자

마찬가지로 학교폭력 피해와 관련되어 있는 가정 관련 요인들을 정리하면 다음의 과정을 거쳐 피해자들의 패턴이 형성된다고 볼 수 있다(Macklem, 2003). 즉, 가정에서 부모와의 의존적이고 과잉보호적인 관계를 바탕으로 사회생활에서 타인에게 다가가는 데 주저하고, 타인을 기쁘게 하는 데 어려움을 겪고, 집단에 소속되기를 원하나 거부당했을 때 불안과 같은 정서적 반응을 함으로써 고립되고, 이후 학교폭력 피해자로 굳어지는 것이다. 이러한 과정을 요약하면 [그림 9-2]와 같다.

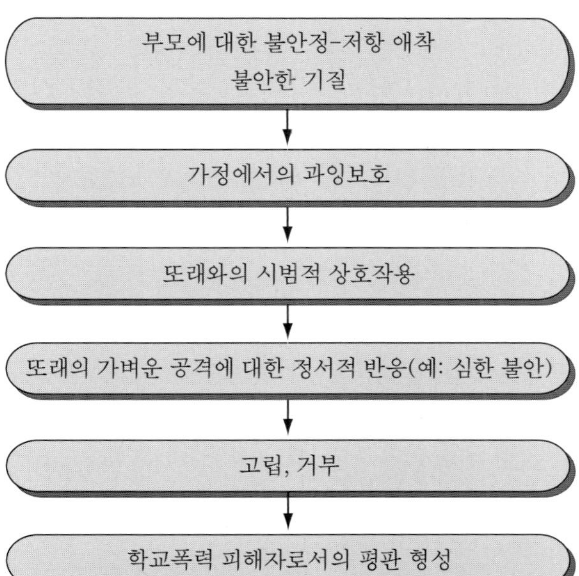

[그림 9-2] 학교폭력 피해자의 발달적 진행과정

출처: Macklem(2003). 일부 수정.

이러한 내용들을 숙고해 보면, 학교폭력 가해 행동에는 가정에서의 일관성 없는 양육태도와 규제 부족이 중요한 요인으로 작용함을 알 수 있다. 반면 학교폭력 피해 행동에는 부모와의 불안정한 애착관계와 과잉보호가 중요한 요인이 될 수 있다. 비록 이러한 가정 요인들이 청소년 자녀의 학교폭력 가해-피해 행동을 유발하는 절대적인 조건은 아니라 하더라도, 이를 통해 형성된 대인관계 기술은 이후 또래관계에 영향을 미치는 중요한 기초가 된다고 할 수 있다.

제10장

학교폭력과 관련된 학교 및 사회문화적 요인

- 학교폭력은 청소년들이 속해 있는 학교의 다양한 환경과 사회문화적 배경들이 함께 영향을 미쳐 나타나는 현상이다. 이 장에서는 학교 및 사회문화적 요인들 중 구체적으로 어떤 내용들이 학교폭력과 밀접한 관계가 있는지에 대해 살펴볼 것이다.
- 학교와 관련해서는 학교의 구조적이고 물리적인 특성, 입시위주의 경쟁적 교육풍토, 폭력에 대한 또래와 학교구성원들의 태도, 교사의 태도와 개입 정도 등이 학교폭력과 관련성을 갖는 요인으로 요약될 수 있다.
- 사회문화적 배경으로는 우리 사회의 집단주의적 문화, 매체폭력에 대한 노출 등이 학교폭력과 관련성을 갖는다고 볼 수 있다.

1. 학교폭력근절 종합대책의 입장

국내의 학교폭력 문제가 심각해지면서 2012년 초 범정부부처 합동으로 학교폭력근절 종합대책을 발표했다(자세한 내용은 제13장 참조). 최근 발생하는 학교폭력의 주요 원인에 대해 발표된 대책에서 제시한 내용은 다음과 같다(학교폭력근절 종합대책, 2012. 2. 6.).

- 학생의 인성 및 사회성 함양을 위한 교육적 실천의 미흡
  - 높은 학업성취 수준에 비해 학생들이 타인과 관계를 원만히 맺고 협력하는 사회적 상호작용 능력은 부족한 상태임. 한국 학생의 언어적 · 수학적 소양은 1~2위인 반면, 원만한 타인관계와 협력하여 일하는 능력은 22위 수준임(청소년의 핵심역량 국제비교, 여가부, 2010)
- 학업 스트레스를 해소할 수 있는 감성교육이나 신체활동 참여 기회 부족
  - 학생들은 과도한 스트레스를 받게 되면, 감정을 관장하는 뇌의 민감성이 둔화되고 소통과 감성의 능력이 약화되는 것으로 밝혀지고 있음
- 교사가 적절한 생활지도를 하기 어려운 교육 여건
  - 학교폭력의 양상이 지속적으로 변화하고 있으나, 이에 대응하여 학생을 효과적으로 지도할 수 있는 수단과 관련 제도가 미흡한 상태임
  - 교사 양성-임용-연수 단계에서 생활지도에 대한 실천적 전문성을 키울 수 있는 프로그램이 부족한 상태임
- 학부모의 자녀교육에 대한 관여 부족
  - 자녀와의 대화 및 학교교육 참여 기회가 부족하여, 학교폭력으로 인한 이상 징후를 즉각 발견하지 못하는 경우가 빈번함
  - 특히 형제가 없는 한 자녀 가구, 맞벌이 부부가 증가하고 한국사회에

만연한 야근문화 등으로 인해 가정에서의 돌봄 기능이 약화되고 있음

• 인터넷 · 게임 · 영상매체의 부정적 영향력 증가
- 인터넷을 통한 폭력영화, 만화 등 유해 영상매체에 대한 접근이 용이하여 청소년들의 폭력에 대한 인식이 무뎌지는 경향이 있음
- 인터넷, 게임 산업을 경제적 · 산업적 관점으로만 접근하여 교육적 시각에서 심의 · 규제하고 유해성을 자율 자정하려는 노력이 미흡한 상태임

이상의 내용을 살펴보면 가정이나 사회환경의 부정적 측면도 원인으로 지적하고 있지만, 청소년 폭력문제의 주된 원인으로 주로 학교환경이나 교육풍토와 관련된 요인들을 꼽고 있음을 알 수 있다. 이러한 입장에 대한 보다 구체적인 내용을 다루면서, 이 장에서는 학교폭력과 학교 및 사회문화적 요인들이 얼마나 밀접하게 관련되어 있고, 구체적인 관련 내용들은 무엇인지에 대해 고찰하고자 한다.

2. 학교 관련 요인

1) 구조적 · 물리적 특성

학교폭력이 학교 요인들과 어떤 관련성을 갖는지에 대해 우선적으로 살펴볼 수 있는 내용은 학교의 구조적이고 물리적인 특성에 대해서다. 학교의 구조적 · 물리적 특성이란 학교의 크기, 건물 구조나 공간 배치, 학생 수, 교수-학생 간 비율 등의 요소들을 말한다.

먼저 과대학교나 과밀학급의 교육환경이 갖는 부정적 측면을 우려하는 입장

에서는 이러한 환경이 교사와 학생 간, 학생과 학생 간의 인간적인 접촉이나 관계형성에 큰 장애요인이 될 수 있다고 본다. 이런 환경 속에서는 학생 개개인의 성장에 관심을 기울이거나 학생과의 대화, 상담지도가 잘 이루어지지 않아 교사나 친구에게 인정받지 못한다고 생각하는 학생들은 그 울분을 폭력으로 해소할 가능성이 많기 때문이다. 흥미롭게도 한 연구에서는 교실 내에서 학생들이 선택하는 학습 위치 또한 이들의 심리적 특성과 연결된다는 결과를 보여 주었다. 중학생 870명을 대상으로 한 연구(이윤길, 이지숙, 김혜원, 2011)에서는 교실 내에서 학생들이 선호하는 학습위치에 따라 이들의 자살사고뿐 아니라 문제행동, 나아가 문제에 대처하는 행동양식에도 차이가 있음을 알 수 있었다. 이와 마찬가지로 몇몇 연구에서는 학교나 교실의 물리적 특성과 학교폭력이 관련되어 있음을 보여 주었다. Macklem (2003)에 따르면 학생 수 500명 이하의 중학교에서는 500명 이상의 중학교에서보다 학교활동 참여를 장려함으로써 학교폭력을 더 줄일 수 있었다.

그러나 이상의 결과들이 언제나 지지되는 것은 아니다. 일부 연구들에서는 학교의 물리적 특징인 학급 · 학교 규모와 학교폭력 발생률 간에 관계가 없는 것으로 나타나(박영신, 김의철, 2001b; Olweus, 1993), 이상의 연구들과 상반된 결과를 보여 주었다.

한편 일부 연구에서는 학교에서도 공간별로 학교폭력 발생 위험에 차이가 있다는 흥미로운 결과를 보여 주었다. 연구에 따르면 학교폭력은 수업시간보다는 쉬는 시간이나 점심시간에 더 많이 발생하고, 교실보다는 복도나 화장실 혹은 운동장에서 더 자주 일어난다(Macklem, 2003). 특히 학교에서 교사의 눈이 잘 닿지 않고 관리감독이 적게 이루어지는 곳은 복도, 식당, 화장실, 운동장 등이다. 이러한 공간들은 한정된 공간인 교실에 비해 더 넓고 성인의 제재를 받지 않는 비구조화된 장소다. 실제로 중학생을 대상으로 한 연구에서, 응답자들은 복도가 학교폭력이 발생할 수 있는 핵심 장소 중 하나라고 보고하였다(Macklem, 2003).

2012년 실시된 교육과학기술부의 학교폭력 실태조사(제2차) 결과에서도, 학교폭력은 학교 밖(20.2%)보다 학교 안(61.6%)에서 훨씬 많이 발생하는 것으로 나타났다. 구체적으로 교실(41.7%)에서의 폭력이 가장 많았고, 다음으로 화장실이나 복도(7.6%), 운동장(3.4%)의 순서로 학교폭력이 많이 발생하는 것으로 조사되었다. 또한 시간대별로 볼 때도 주로 학교 일과시간 중(53.3%) 발생하며, 쉬는 시간(37.6%)과 점심시간(8.7%)의 피해가 가장 많은 것을 알 수 있다.

이와 함께 운동장 또한 학교폭력이 일어날 수 있는 가장 취약한 공간으로 볼 수 있다. 이와 관련해서 Craig, Pepler와 Atlas(2000)의 연구에서는 학교폭력이 교실에서는 37분당 한 번꼴로 발생하는 반면, 운동장에서는 2.4분에 한 번꼴로 발생하는 것으로 나타났다. 이렇게 운동장이 학교폭력에 취약한 이유는 감독하는 성인의 수에 비해 매우 많은 또래들이 활동하고, 여러 가지 형태의 다양한 놀이들이 동시에 벌어지며 또한 교실에서보다 훨씬 높은 수준의 활동과 신체적 접촉활동을 하기 때문이다(Macklem, 2003). 특히 유의해야 할 것은 다른 공간에서와 마찬가지로 운동장에서의 폭력 또한 신체적 폭력에 비해 언어적 폭력이 훨씬 높은 비율을 차지한다는 점이다(Craig et al., 2000). 실내 공간에서 언어적 폭력이 일어나는 경우보다 넓고 개방된 공간인 운동장에서 언어적 폭력이 일어나는 경우, 이에 대한 확인과 지도감독이 어렵다는 점에서 피해자의 고통이 더 커질 수 있다. 예를 들어, 운동장에 CCTV를 설치해서 학생들의 행동을 관찰한다 하더라도, 이를 통해서는 학생들 간에 벌어지는 신체적 폭력은 파악할 수 있을지 몰라도 언어적 폭력이나 관계적 폭력을 파악하기는 쉽지 않다. 따라서 이런 공간에서는 피해자들이 받는 은밀한 고통을 보호해 주기가 어렵고, 따라서 이에 대한 더욱 세심한 관심과 감독이 필요한 것이다.

2) 입시위주의 경쟁적 교육풍토

학교와 관련된 요인들을 다룰 때 많은 관심을 모으는 또 다른 내용 중 하나는 우리나라 교육 풍토에 대해서다. 우리사회가 강조하는 고학력 지향 풍토는 국민들의 지식수준을 높이고 사회를 발전시키는 데 근간이 되어 왔다. 그러나 이러한 풍토 속에서 사회구성원들은 교육을 부의 축적과 성공의 비결만으로 여겨 높은 수준의 성취를 위해 이기적이고 경쟁적인 특성을 발달시키는 부정적 결과가 생겨나기도 했다. 이렇게 획일적인 목표를 지향하는 교육풍토 속에서 구성원들은 자신만이 갖는 고유의 잠재력을 개발하거나 발휘할 의미와 기회를 잃기 쉽고, 이로 인해 분노, 좌절 및 심리적 박탈감을 경험하는 경우가 많다.

이러한 부정적 측면에 대한 가장 큰 피해자는 학업을 수행하는 것이 주된 발달과업인 청소년들일 수밖에 없다. 많은 학자들은 우리나라의 성적위주의 교육풍토가 청소년들로 하여금 학업부적응자가 되게 할 뿐 아니라 또래관계에서도 부적응하게 만들어 직접적으로 학교폭력을 야기시키는 요인이 된다고 본다(강진령, 유형근, 2000). 경쟁에서 이길 수 없다는 좌절감은 공격행동으로 표출될 수 있기 때문이다. 즉, 학력경쟁에서 좌절한 청소년들은 스트레스를 해소할 만한 마땅한 분출구가 없기 때문에 적대감을 표출할 '희생양'을 찾아내고 폭력을 통해 왜곡된 우월감을 성취하려 한다(강진령, 유형근, 2000).

실제로 중 · 고등학생 2,203명을 대상으로 조사한 연구(조성진 외, 2001)에서는 학업성적에 대한 만족도가 낮은 학생은 그렇지 않은 학생보다 우울증에 걸릴 위험이 최고 8배 이상인 것으로 조사되었다. 중 · 고등학생을 대상으로 한 김혜원 등(조성연, 김민, 김혜원, 2011; 조성연, 김혜원, 김민, 2011)의 연구에서도 학업성적이 낮은 청소년들은 삶의 만족도가 낮은 것으로 나타났다. 학교폭력의 촉진 요인을 조사한 이명신(2000)의 연구에서도 이와 유사한 결과가 나타났다. 중 · 고등학생 1,212명을 대상으로 조사한 결과, 학교폭력을 촉진시키는 외적 요인들 중 집단의 갈등 해결 방식과 함께 경쟁적인 학급분위기가 가장 강력하게 영향을 미치는 요인으로 나타났다. 경쟁적인 학급분위기는 직접적으로 학생들의 학교폭력 의도를 증대시킬 뿐 아니라, 여러 다른 요인들에 간접적인 영향을 줌으로써 학교폭력 의도를 높이고 있었다.

3) 폭력에 대한 또래와 학교의 태도

(1) 또래의 묵인과 방조

학교폭력 현상이 갖는 대표적인 특징은 직접적으로 가해를 하는 사람과 피해를 당하는 사람 외에, 폭력을 묵시적으로 인정하고 방조하는 다수의 집단이 존재한다는 것이다. 학교폭력 가해자는 피해자의 특정 행동이 집단이 요구하는 규범이나 자신이 생각하는 규범을 위반했다고 생각하면서 가해 행동을 시작한다. 그러나 이러한 행동이 지속되거나 확대되는 데에는 이를 묵인하고 방조하는 또래의 영향이 중요하게 작용한다. 즉, 가해자의 공격행동에 대한 일부 또래들의 묵인은 이러한 행동에 찬성하지 않는 다른 또래들까지도 폭력을 묵인하도록 만드는 원인이 된다.

이와 같이 학교폭력은 가해자와 피해자만의 문제가 아니라 다수의 방관자 집단이 참여하는 학급 혹은 학교 전체의 문제다(손경원, 2008). 따라서 방관자 집단이 어떤 역할을 수행하느냐에 따라 초기에 발생하는 학교폭력의 양상은 크게 달라진다. 만일 동조하는 학생들이 늘어난다면 동조에 대한 집단압력은 늘어나고 피해자는 점점 더 고립된다. 반면 이와 같은 상황에서 동조하지 않는 학생이 존재할 경우, 폭력행동은 개선될 수 있다. 즉, 폭력행동을 공개적으로 비난하거나 피해자의 고통을 공감하는 학생들이 증가하면, 피해자는 또래의 지지를 얻음으로써 가해자와 동등한 힘을 얻게 되는 것이다(손경원, 2008).

(2) 또래 묵인의 이유들

이러한 원리에도 불구하고 많은 경우 관찰자들은 학교폭력 장면에서 가해자의 행동을 중단하기보다 가해자를 따라 폭력에 가담하거나 폭력을 묵인하게 된다. Olweus(1995)는 폭력을 집단적으로 묵인하게 되는 현상에는 다음과 요인들이 작용한다고 설명한다.

- 모델 효과: 가해자가 공격적으로 행동하는 것을 관찰한 후 그렇지 않았던 학생들이 공격적으로 행동하게 됨
- 책임분산 효과: 여럿이 공격적인 행동을 한 경우 그 행위에 대한 죄책감을 느끼지 않으며, 공격적 행동을 방관하는 학생들이 많을수록 피해자를 도와야 한다는 책임감이 감소됨
- 희생자에 대한 인식 변화: 가해를 당하는 피해자를 보면 처음에는 동정심을 느끼지만 점차 피해를 당할 만한 사람으로 지각하고, 이러한 인식의 변화를 통해 폭력에 대한 죄책감이 완화됨

대부분의 시간을 보내는 학교에서 공격적 · 폭력적 행위를 계속 목격하거나 경험하는 동안 청소년들은 이러한 공격적 · 폭력적 해결방식을 학습할 가능성이 커진다. 즉, 청소년이 속해 있는 집단이 주로 사용하는 문제해결 방식이 학교폭력 발생 여부를 결정하는 중요 요인이 되는 것이다(이명신, 2000).

(3) 학교풍토

학교폭력과 관련된 요인으로 또래들 간의 묵인과 방조만이 영향을 주는 것은 아니다. 교사나 학교행정가의 묵인과 방조도 중요하게 작용할 수 있다. 이에 대해 전문가들은 학교폭력의 발생 여부가 가해자나 피해자의 행동보다 학교의 풍토나 문화와 더 밀접하게 관련된다고 본다(Brady, 2001). 학교의 풍토는 오랜 시간 동안 발달되어 온 불문의 기대와 구성원들 간에 인식된 문제해결 방식을 의미한다. 이러한 풍토에 따라 구성원들은 서로 어떻게 상호작용하고 행동할 것인지에 대한 기준을 마련하게 된다. 특히 학교폭력과 관련된 대표적인 학교풍토는 다음과 같다(Macklem, 2003).

- 교직원이나 우세한 힘을 가진 학생들이 괴롭히는 행동하기
- 폭력을 무시하거나 강화하기
- 폭력행동을 정상적이고 기대된 행동으로 인정하기

도기봉(2008)은 학교에서 폭력을 암묵적으로 허용하고, 학교폭력 문제를 경시하거나 무시하며, 바람직한 인간관계에 대한 지도를 소홀히 할 때 학교폭력이 빈번해진다고 보았다. Glover, Gough와 Johnson(2000)의 연구에서도 중학생 4,700명을 대상으로 학교폭력에 영향을 미치는 교사의 태도를 조사한 결과, 교사의 방조, 무관심, 무조치가 높을 경우 학교폭력이 높아지는 것으로 나타났다. 정진성(2009)의 연구에서도 유사한 결과가 나타났다. 이 연구에서는 40개 중·고등학생 2,008명의 자료를 분석하였는데, 성별, 사회적 유대, 비행친구와 같은 개인적 변수 외에 학교에서의 폭력에 대한 용인이 학교폭력 전체(폭력, 폭언, 왕따, 갈취, 갈취협박, 성추행)와 밀접한 관계가 있는 것으로 나타났다. 또한 이러한 관계는 개인적 변수의 영향력을 통제한 후에도 나타났고, 특히 폭력에 대한 교사의

무관심, 학생의 무관심, 학내폭력의 처벌 불가가 학교폭력을 증가시키는 중요한 요인으로 나타났다.

4) 교사 관련 요인

(1) 교사의 태도와 개입 정도

학교폭력에 대한 교사의 태도는 학교폭력의 양과 빈도에 매우 중요한 영향을 미친다. 전반적인 학교 풍토는 학생들의 공격적인 행동을 제한하지만, 가장 가까운 관계에서 오랜 시간 학생들을 지도하는 교사의 태도와 개입 정도는 그 중요성이 어떤 요인보다도 크다. 그러나 실제로는 교사들이 학생들의 학교폭력 행동에 개입하고 중재하는 비율이 매우 낮은 것으로 보고되고 있다. 연구에 따르면 교사들은 관찰된 학교폭력 사건의 약 29%에만 개입하고(Macklem, 2003), 운동장에서 일어나는 학교폭력 사건의 단지 4%에만 개입하는 것으로 나타났다(Macklem, 2003).

그렇다면 교사들은 왜 학생들 간의 학교폭력 문제에 적절하게 개입하지 못하는가? 그 이유는 다음과 같이 정리할 수 있다. 첫째, 청소년들의 또래관계 양상을 보면 일반적인 놀이(혹은 장난)와 괴롭힘을 구분하기 어려운 경우가 많다. 특히 초등학생과 달리 중학생 이상의 경우에는 신체적 폭력보다 언어적 폭력이나 관계적 폭력을 은밀하게 행하는 경우가 많기 때문에 이를 정확하게 감지하는 것이 쉽지 않다(구체적인 내용은 제4장과 제6장 참조). 더욱이 초등학생의 경우는 1명의 담임교사가 온 종일 학생들을 지도 · 교육하지만, 중 · 고등학생의 경우에는 과목별 교사가 한정된 시간 동안 학생들을 지도 · 교육하기 때문에 이들의 또래관계를 긴밀하게 파악하는 것이 더욱 어렵다.

둘째, 교사들이 특정 행동을 폭력으로 인식하는 경우에도 이에 대한 적절한 개입

방법을 모르거나 이를 부담스러워 하는 경우가 많다. 이에 대해 Macklem(2003)은 교사가 학교폭력을 감지하는 경우에도 적극적으로 개입하지 못하는 이유에 대해 다음과 같이 설명한다. 우선 교사들은 자신이 담당하는 교실 밖에서 일어나는 학교폭력은 자신의 책임이 아니라고 생각하거나 이에 대한 개입에 난감해 하는 경우가 많다. 또한 교사들은 가벼운 형태의 폭력을 별로 심각한 것이 아니고 나아가 청소년들의 발달단계상 흔히 있는 일이라고 생각함으로써 이에 대해 개입하지 않는 경우가 있다. 마지막으로 학교폭력 피해자가 갖고 있는 특성으로 인해 개입하기 힘들 수 있다. 일반적으로 학교폭력 피해자들은 사회적 상호작용에서 자신감이 없거나 기술이 부족한 경우가 많은데, 이로 인해 성인들이 개입하여 문제를 해결하려 할 때 적극적이고 명료한 태도를 취하지 못하기도 한다. 이로 인해 학교폭력 문제에 개입할 때 교사들은 피해자보다 오히려 가해자를 상대하는 경향이 있어 가해자의 사회적 위치를 더욱 인정하는 결과가 생기기도 한다(Macklem, 2003).

셋째, 피해 학생을 포함한 대부분의 학생들이 학교폭력 상황을 교사에게 적극적으로 알리지 않는 것도 교사들의 개입을 어렵게 만드는 이유가 된다. 많은 조사와 연구들을 통해 밝혀지고 있듯이 학교폭력 피해자들은 자신의 문제를 교사에게 알리는 것을 매우 꺼린다. 이렇게 피해 학생들이 '침묵'을 유지하는 데는 다음과 같은 이유들이 작용한다(Macklem, 2003).

- 교사들이 신중하게 상황을 처리해 주리라 믿지 못함
- 교사들이 가해자를 막을 수 없고 상황을 잘 다루지 못할 것이라고 생각함
- 자신이 피해를 당할 만큼 무능력하기 때문에 도움을 받을 가치가 없다고 여김

• 교사들에게 알릴 경우 폭력이 더 심해질 것이라고 생각함

그러나 이런 가운데도 학생들은 내면적으로는 교사들의 보다 적극적인 개입을 원하는 경우가 많다. 특히 안타까운 것은 학생들의 경우 교사들이 학교폭력 문제에 대해 비교적 잘 알고 있다고 생각한다는 점이다. 한 연구(Cropper & Froschl, 2000)에서는 학생들 대부분(남 81%, 여 62%)이 학교폭력 사건이 일어날 때 교사가 보고 있다고 생각하는 것으로 나타났다. 이렇게 교사가 폭력행동에 대해 알고 있지만 적극적으로 제지하지 않는다고 생각할 때, 학생들은 교사가 폭력 문제에 대해 도와줄 의사가 없다고 판단하게 되는 것이다.

(2) 교사-학생, 교사-교사 간의 관계

이상의 내용에서 볼 수 있듯이, 학교폭력은 학생들이 교사들과 긍정적인 관계를 가질 때 감소될 여지가 높다. 학교폭력 발생의 주요 무대가 학교임을 감안할 때 학교구성원들, 특히 교사와 학생 간의 긍정적인 관계는 학교폭력을 예방할 뿐 아니라 피해결과를 최소화하는 데 매우 중요한 요소가 된다. 다수의 학생들은 학교 내에서 교사와의 긴밀한 상담 기회를 원하고, 가장 선호하는 상담자의 특성으로 신뢰, 관심, 애정을 주는 교사임을 희망한다는 결과(김혜원, 김난영, 2009)가 이를 뒷받침한다. 특히 정서적으로 불안정하고 대인관계에 어려움을 겪는 청소년들이 교사와의 상담기회를 더욱 원한다(김혜원, 김난영, 2009)는 점을 감안할 때, 교사들은 이들과의 관계에 더욱 세밀한 신경을 쓸 필요가 있다.

구체적으로 이은희 등(2004)의 연구에서는 남녀 중학생 311명의 자료를 분석하였는데, 그 결과 교사에 대한 애착과 학교에 대한 애착은 학교

폭력 가해 행동을 직접적으로 억제하는 것으로 나타났다. 또한 교사와 학교에 대한 애착은 청소년들의 분노조절 능력을 높이고 비행친구와의 접촉 정도를 감소시켜 학교폭력 가해 행동을 간접적으로 억제하는 요인으로 작용했다. 보호관찰소 청소년 520명을 대상으로 조사한 연구(한국청소년개발원, 1999)에서도 폭력비행 경험이 있는 청소년은 폭력비행 경험이 없는 청소년에 비해 교사로부터 더 많이 맞은 것으로 나타났다. 이러한 결과는 일반 청소년을 대상으로 한 연구에서도 동일하게 나타났다. 박영신과 김의철(2001a)의 연구에서는 폭력 가해 행동을 하는 청소년들은 학교에서 처벌경험이 많고 교사와의 관계도 적대적인 것으로 나타났다.

이와 마찬가지로 교사들이 교직원들 사이에서나 학생들에게 공격적인 행동을 할 때 이는 학생들에게 모델 효과를 줄 수 있다. 교사가 상대를 냉소적으로 대하거나 학생들에게 언어적으로 모욕하는 행동을 보고, 학생들은 이를 갈등해결과 문제해결의 본보기로 삼아 유사한 행동을 하기 때문이다(Ross, 1996).

3. 사회문화적 요인

1) 집단주의적 문화

앞 장과 앞 절들에서 제시했듯이, 학교폭력 문제는 청소년들을 둘러싼 미시 · 거시적 요인들에 의해 종합적으로 만들어진 결과다. 그런 점에서 볼 때 우리 사회의 사회문화적 요인 중 일부는 학교폭력 문제와 직간접적으로 관련되어 있다고 볼 수 있다.

이 중 하나로, 우리 사회가 갖고 있는 집단주의적 문화를 꼽을 수 있다.

집단주의란 개인주의와 대조를 이루는 이데올로기로, 내집단의 화목을 가장 중요한 덕목으로 여기는 특징을 갖는다(한규석, 1996). 유교적 전통을 갖고 있는 우리 사회는 집단주의적 색채가 비교적 강한 문화권으로, 상대방의 체면을 세워 주고, 의례적 대화를 주고받고, 눈치를 살피고, 적절한 핑계를 댐으로써 내집단과의 영속적이고 원만한 관계를 유지하려는 동기가 구성원들 간에 강하게 작용한다(한규석, 1996).

학교폭력 현상은 이러한 집단주의적 문화와 무관하지 않다는 주장이 제기되었다(가우디, 1999). 집단주의적 문화가 강할 경우에는 자신이 속한 집단 구성원의 잘못에 대해서는 관대한 반면, 외집단 구성원에 대해서는 매우 냉혹한 평가와 행동을 하게 된다. 즉, 자신과 다르다는 것을 인정하지 않고 세상을 온통 자신의 색깔로 지배하려 하며 상대방에게 자신의 생각이나 의견을 강요한다. 이러한 강요에 따라 상대에게 요구하는 희생의 폭도 커지게 되는 것이다. 특히 이러한 경향은 자신의 관념에 따라 자식을 길들이려는 부모의 훈육과 일방적인 가치관을 주입시키려는 학교 교육이 함께 영향을 미침으로써 청소년들의 학교폭력 현상과 연결될 수 있다.

그러나 집단주의적 혹은 개인주의적 경향성이 학교폭력에 어떤 영향을 미치는지에 대한 체계적인 이론이나 이를 구체적으로 밝힌 실증적 결과는 드물다. 또한 제3장에서 보았듯이, 최근 우리나라에서 나타나는 학교폭력 현상은 집단 내에서 '상이한' 특성을 가진 개인을 제재하려는 집단주의적 반응이라기보다는 불명확한 원인 속에서 가해자의 욕구를 채우기 위해 하는 행동인 경우가 많아 이에 대한 결론은 유보적이다.

2) 매체폭력에 대한 노출

(1) 대중매체를 통한 폭력경험

학교폭력과 관련되어 있는 또 다른 요인으로 청소년들이 다양한 경로를 통해 직간접적으로 노출되는 폭력경험을 꼽을 수 있다. 특히 대중매체를 통해 전달되는 우리 사회의 폭력성은 청소년들의 학교폭력 현상에 대한 중요한 관련 요인이 될 수 있다.

청소년 비행이나 공격 행동이 텔레비전, 영화 등 대중매체에서의 과다한 폭력과 관련되어 있다는 점은 이미 많은 학자들이 지적해 왔다. 구체적으로 대중매체의 폭력성에 반복해서 노출된 청소년들은 학업성적 · 독서량, 가치관 형성, 도덕관 등에 부정적인 영향을 받는 것으로 밝혀졌다(Anderson, Lorch, Field, & Sander, 1981). 또한 TV 폭력물을 좋아하는 아동들이 그렇지 않은 아동들보다 더 공격적이며, 아동들이 공격적인 프로그램을 더 많이 볼수록 공격행동 또한 증가하는 것으로 나타났다(곽금주, 1992). 또한 종단적 연구에서 초등학교 시절에 폭력물을 선호하는 아동들이 성인이 되어서도 더 폭력적인 행위에 가담하는 것으로 나타났다(Perry, Perry, & Boldizar, 1990). 국내에서도 유사한 결과들이 나타났다. 청소년 520명을 대상으로 조사한 결과, 폭력비행 경험이 있는 청소년은 폭력비행 경험이 없는 청소년에 비해 음주와 흡연을 더 많이 하고, 음란물과 폭력물을 더 많이 접촉하며, 유해업소에 더 자주 출입하는 것으로 나타났다(한국청소년개발원, 1999).

대중매체 폭력에 대한 노출이 학교폭력 가해와 피해 행동에 중요한 원인이 될 수 있음은 김혜원과 이해경의 연구들에서 구체적으로 검증되었다(김혜원, 이해경, 2000; 이해경, 김혜원, 2000b). 이들의 연구에서 학교폭력 가해 행동에는 또래폭력, 가정폭력, 대중매체 폭력이 중요한 예측변인으로 나타났다. 또한 피해 행동에 대해서는 교사폭력이 중요한 예언변인으로 나타났다. 이은희 등(2004)의 연구에서도 남녀 중학생 311명을 대상으로 폭력매체에 대한 노출과 학교폭력 가해 행동과의 관련성을 검증하였다. 그 결과, 폭력매체에 대한 노출은 직접적으로 학교폭력 가해 행동을 유발할 뿐 아니라 비행친구와의 접촉 정도를 증가시켜 학교폭력 가해 행동을 간접적으로 증가시키는 요인이 되었다. 김순혜(2007)는 보다 확대하여 초 · 중 · 고등학생 835명을 대상으로 이 주제를 다루었다. 그 결과, 중학생에게는 친구의 비행 정도와 친구관계, 고등학생에게는 친구관계가 학교폭력에 영향을 미치는 가장 중요한 변인인 반면, 초등학생에게는 폭력매체에 노출되는 정도가 학교폭력 가해경험에 영향을 미치는 가장 중요한 요인으로 나타났다. 이러한 결과는 어린 시기에 폭력적인 매체에 노출되는 것이 이후의 노출보다 학교폭력 가해 행동에 더욱 심각한 영향을 미치게 됨을 보여 준다.

(2) 폭력노출이 영향을 미치는 기제

그렇다면 폭력에 노출되는 것이 어떻게 청소년들의 학교폭력 행동에 영향을 미치게 되는가? 이는 크게 두 가지 측면에서 살펴볼 수 있다.

첫째, 폭력노출의 직접적인 효과로서, 청소년들이 경험한 폭력이 학교폭력과 같은 장면에서 자연스럽게 폭력의 수법이나 과정으로 모방될 수 있다는 점이다(이에 대한 관련 내용은 제7장 참조). 특히 타인을 모방하려는 경향성이 강한 청소년들은 모방 대상이 폭력행동을 하면 그것을 쉽게 모방하는 경향이 있다(Bandura, Ross, & Ross, 1961).

둘째, 폭력노출이 학교폭력에 영향을 미치는 것은 청소년들이 폭력에 노출됨으로써 폭력에 대해 둔감해지고 타인에 대한 공감능력이 결핍될 수 있기 때문이다(이에 대한 관련 내용은 제8장 참조). 연구에 따르면 폭력에 많이 노출될수록 개인들은 폭력에 대한 정서적 감흥을 느끼지 못하게 되고, 폭력적 장면에 점점 둔감화된다(Mullin & Linz, 1995). 특히 주변 환경과 자신의 환경 사이에 긴밀한 상호관계를 형성하는 청소년기에 과다한 폭력환경에 노출되는 것은 폭력에 대한 무비판적이고 무감각적인 성향을 키울 수 있다.

3) 지역사회 및 일반 사회환경

학교폭력 현상은 보다 넓은 지역사회 및 사회환경에 따라서도 영향을 받는데, 이에는 다음과 같은 내용들이 포함될 수 있다(차경수, 1996; 박영신, 김의철, 2001b).

- 경제성장과 도시화의 변화 속에서 나타나는 사회규범의 약화
- 지역 차나 빈부 차 등으로 인한 상대적 박탈감
- 물질주의 가치관으로 인한 인간적 가치의 소홀
- 시위진압 등을 위해 사용하는 제도화된 폭력
- 출세 지향적이고 입시 중심적 교육 과열로 인한 긴장과 불안
- 시위, 파업행위의 증가

이러한 요인들과 함께 우리 사회에 팽배해 있는 폭력 무감주의, 생명경시주의와 치안부재는 학교폭력을 부추기는 요인이 될 수 있다. 우리 사회에서 보여 주고 있는 폭력에 대한 미화, 폭력에 대한 합리화 등이 청소년들로 하여금 폭력행사에 대한 죄의식을 약화시키고, 도덕의식이 약한 사람에게는 타인을 괴롭히는 행동의 시발원인이 될 수 있는 것이다. 또한 퇴폐 폭력문화를 조장하는 유흥업소, 비디오방, 락카페 등 청소년 유해환

경에 대한 잦은 노출 역시 학교폭력을 조장하는 요인으로 지적된다.

몇몇 연구들에서 이러한 요인들이 갖는 영향력을 구체적으로 보여 주었다. 미국에서 이루어진 Hay 등(2006)의 연구에서는, 가정환경이 학교폭력 및 청소년 범죄에 미치는 영향이 지역사회의 경제적 상태에 따라 크게 좌우되는 것으로 나타났다. 결과에 따르면, 전통적으로 학교폭력 및 청소년 범죄에 큰 영향을 미치는 것으로 간주되어 온 가정환경은 경제적으로 열악한 지역사회에서는 상당한 위력을 발휘하지만, 부유한 지역에 거주하는 청소년들에게는 그다지 큰 영향을 미치지 못했다. 이러한 결과는 학교폭력의 정확한 이해와 효과적인 대책을 마련하기 위해서 학생들이 거주하는 지역사회에 대한 관심이 함께 필요함을 보여 준다. 관련하여 Espelage와 Holt(2001)도 미국 중학생(6~8학년) 558명을 대상으로 학교폭력 행동에 영향을 미치는 요인들을 분석하였다. 그 결과, 부모의 신체적 훈육, 성인의 감독 없이 시간을 보내는 정도, 부정적 행동(범법행위, 비행 등)을 하는 친구의 영향력과 함께 자신이 사는 이웃의 안전성에 대한 걱정(이웃의 불량배, 안전성 등에 대한 염려)이 학교폭력 가해 행동을 높이는 중요 요인으로 나타났다. 이러한 결과는 학교폭력에는 다양한 지역사회 및 사회환경 요인들이 영향을 미침을 보여 준다.

국내 연구들에서도 유사한 결과가 도출되었다. 유영수(2002)의 연구에서는 농어촌지역 초등학생 511명을 대상으로 학교폭력 경험과 거주환경의 관계를 분석하였다. 그 결과, 상가 및 유흥가에 거주하는 학생들은 다른 학생들에 비해 학교에서 욕설과 협박을 더 많이 하는 것으로 나타났다. 반면 학교폭력 피해경험은 거주환경에 따라 차이가 나타나지 않았다. 이러한 양상은 정진성(2009)의 연구에서도 유사하게 나타났다. 연구자는 40개 학교의 중·고등학생 2,008명을 대상으로 학교폭력과 관련되어 있는 개인 변인과 지역사회 변인들을 조사하였다. 그 결과, 성별, 사회적 유대, 비행친구와 같은 개인적 변수 외에 지역사회와 관련된 변수들이 전체 학교폭력(폭력, 폭언, 왕따, 갈취, 갈취협박, 성추행) 가해 정도와 밀접한 관계가 있는 것으로 나타났다. 또한 지역사회 변인이 갖는 영향력은 개인적 변수의 영향력을 통제한 후에도 의미가 있었다. 이러한 결과는, 청소년들이 속해 있는 지역사회가 물리적으로 무질서한 경우(이 연구에서는 노점상, 가두판매점, 쓰레기, 낙서 등의 정도)에 이는 학교폭력을 증가시키는 요인이 됨을 보여 주는 것이다.

제11장

학교폭력의 결과

- 학교폭력은 피해를 당하는 피해자뿐 아니라 이를 행하는 가해자, 상황을 지켜보는 방관자 모두에게 심각한 신체적 · 심리적 폐해를 남기게 된다. 이 장에서는 학교폭력 경험이 가해자, 피해자 및 방관자들에게 어떤 부정적 결과를 가져다주는지에 대해 구체적으로 살펴볼 것이다.
- 먼저 신체적인 측면에서 학교폭력 경험자들은 비경험자들에 비해 인후염, 감기, 식욕감퇴 등과 같은 증상을 더 많이 경험하는 것으로 보고되고 있다.
- 심리적인 측면에서는 학교폭력 경험자들이 비경험자들에 비해 외로움, 불안, 우울 및 자살사고를 더 많이 경험하고, 부정적 자아개념을 갖거나 자아존중감이 하락되는 경험을 많이 한다.
- 학교생활과 관련해서는 학교폭력 경험자들의 학교만족도가 낮고 학교생활에 대한 개입과 참여가 낮아져서 전체적으로 학교생활에 적응하는 데 어려움을 경험하는 것으로 보고된다.
- 이와 함께 학교폭력 경험자들은 전반적인 사회적응에도 문제를 보여 전반적인 대인관계 문제와 음주 · 흡연 등의 비행 문제가 나타나는 것으로 보고된다.

1. 긍정적 결과 대 부정적 결과

학교폭력에 대한 사회적 관심이 커지면서 이러한 현상이 가져오는 부정적 결과가 어떤 것인지를 밝히려는 노력이 이어져 왔다. 이를 다룬 대부분의 연구들에서는 학교폭력 경험이 피해자뿐 아니라 가해자와 방관자 모두에게 매우 부정적인 영향을 가져다줌을 보여 주고 있다(구체적인 내용은 다음에 제시함).

그러나 극히 일부이기는 하지만 학교폭력을 비롯한 대인관계 갈등이 어떤 측면에서는 긍정적인 측면을 갖기도 한다는 입장 또한 존재한다. 고전적인 입장에서는 동물세계를 예로 들면서 이 같은 내용을 제시한다. 예를 들어, 동물행동학자들(Lorenz, 1969: Berger, 2007 재인용)은 동물세계에는 언제나 강자가 약자를 제압하고 자신이 원하는 상대와 짝을 짓는데, 이렇게 맺어진 짝을 통해 다음 세대에 더 우월한 유전자를 물려주는 긍정적 측면이 있음에 주목하였다. 이러한 측면이 인간 사회에도 적용 가능하다고 보는 입장에서는 사회적 갈등이 생산적인 토론의 장을 만드는 데 기여할 수 있다고 보았다(Gottheil & Dubow, 2001).

이러한 태도는 학교폭력과 관련해서도 유사하게 관찰되었다. 미국에서 중학생을 대상으로 시행한 연구(Hoover, Oliver, & Hazler, 1992)에서는 놀랍게도 61%의 응답자가 '학교폭력이 피해자를 더 강하게 만들 수 있다'고 응답하여 학교폭력의 영향에 대해 긍정적인 태도를 갖고 있음을 보여주었다. 이러한 태도는 교사들에게서도 일부 발견되었다. 미국에서 797명의 교사를 대상으로 한 연구(Holt & Keyes, 2004)에서 27%의 응답자는 놀리는 행동이 피해자에게 해가 되지 않는다고 응답하였다.

그러나 이러한 태도와 달리 이후 거듭된 수 많은 실증적 연구들에서 학교폭력이 긍정적 효과를 가져다준다는 결과는 밝혀지지 않았다. 대신 학교폭력은 피해자뿐 아니라 가해자, 나아가 방관자 모두에게 신체적 · 정서적 · 대인관계적 측면에서 매우 심각하고 부정적인 결과를 가져다주는 것으로 나타났다. 다음 절에서는 이에 관한 구체적인 내용을 살펴볼 것이다.

2. 신체적 결과

학교폭력이 청소년들의 신체적 측면에 어떤 영향을 미치는지를 다룬 연구는 매우 드물다. 그러나 일부 연구를 통해 흥미로운 결과를 살펴볼 수 있다. Wolke 등(2001)은 미국의 6세에서 9세까지의 초등학생 1,639명과 그 부모들을 대상으로 학교폭력 경험 정도와 이에 따른 피해를 조사하였다. 그 결과, 간접적 괴롭힘(예: 소외시키기)과 달리 직접적 괴롭힘(예: 때리기)의 가해-피해자와 피해자는 일반 학생들에 비해 반복적인 인후염, 감기, 기침 등의 신체적 문제를 더 많이 경험하는 것으로 나타났다. 또한 직접적 괴롭힘의 가해-피해자와 피해자는 식욕감퇴, 등교에 대한 두려움과 같은 심인성 문제도 더 많이 경험하는 것으로 나타났다. 이와 달리 피해경험이 없는 순수 가해자들은 다른 집단에 비해 가장 적은 신체적 · 심인성 문제를 경험하는 것으로 나타나 놀라움을 줬다. 이러한 결과는 학교폭력으로 인해 피해자들이 신체적 어려움과 심인성 문제를 경험하게 됨을 보여 주고, 특히 간접적 형태에 비해 직접적 형태의 학교폭력이 피해자들의 신체적 문제와 더 밀접한 관계가 있음을 보여 준다.

3. 심리적 결과

1) 외로움

또래관계에서 배척되거나 수용되지 못하는 피해 청소년들이 경험하는 정서 중 가장 대표적인 것은 외로움이다. 청소년들이 또래관계에 대해 갖는 외로움은 또래관계에서의 불만족, 배척, 고립, 위축 등 사회적으로 수용되지 못하는 상황에 대한 정서적 상태의 반영이다(최미경, 2006). 실제로 많은 연구들에서 학교폭력 피해 청소년들은 우울, 불안과 함께 외로움을 많이 경험하는 것으로 나타났다(김정민, 2004; 신재선, 2001; 이원규, 2006; 최미경, 2006). 또한 개인으로 하여금 세상으로부터 고립되었다고 느끼게 하는 이러한 정서는 피해 청소년들의 자살사고로 이어지기도 한다(최보가, 임지영, 1999).

흥미로운 것은 학교폭력의 유형에 따라 피해 청소년이 느끼는 외로움의 정도에 차이가 있다는 점이다. 연구에 따르면 학교폭력 피해 청소년들은 그렇지 않은 청소년들에 비해 높은 수준의 외로움을 호소하는데, 소외시킴이나 무시와 같은 관계적 폭력을 당하는 경우 가장 높은 수준의 외로움을 보고했다(김정민, 2004; 이원규, 2006). 또한 직접적인 폭력보다 간접적인 폭력은 외로움과 더 큰 관련성을 보였다(최미경, 2006).

2) 불 안

학교폭력에 의해 유발되는 또 다른 부정적 정서로 불안, 특히 사회불안을 꼽을 수 있다. 초등학생(남승철, 2003)이나 초 · 중학생(강민지, 2005), 중학생

(백지현, 2010), 초 · 중 · 고등학생(김혜원, 2011a, 2011b)을 대상으로 한 연구에서 학교폭력 피해경험은 사회불안과 유의미한 관계를 보이고, 학교폭력을 경험하는 경우 청소년들의 사회불안이 높아지는 것으로 나타났다. 국외 연구에서도 이와 같은 경향이 보고되어 학교폭력 피해 아동이 경험하는 부정적 감정 중 가장 뚜렷한 것은 외로움과 불안이었다(La Greca & Harrison, 2005; Siegel, La Greca, & Harrison, 2009; Slee, 1994).

3) 우울 및 자살사고

(1) 우 울

학교폭력 피해경험에 의해 생겨날 수 있는 또 다른 부정적 정서는 우울이다. 초등학생(이민아, 1998; 최미경, 2006; 한종철, 이민아, 이기학, 1999), 초 · 중학생(이춘재, 곽금주, 2000), 중학생(최지윤, 2009), 중 · 고등학생(김정민, 이정희, 2008), 초 · 중 · 고등학생(김혜원, 2011a, 2011b)을 대상으로 한 다양한 연구들에 따르면, 또래로부터 지지를 받지 못하거나 부정적인 상호작용을 경험할수록 피해자들의 우울수준은 높아진다. 또한 이들 연구에 따르면, 학교폭력 피해 집단은 가해 집단이나 일반 집단보다 우울수준이 높고, 학교폭력 피해경험은 우울증상을 설명하는 중요한 변인이었다. 이러한 양상은 국외 연구들에서도 동일하게 나타나 학교폭력 피해 청소년들은 일반 청소년들에 비해 우울을 많이 경험하는 것으로 보고되고 있다(Prinstein & Aikins, 2004; Slee, 1994).

한편 일부 연구에서는 학교폭력 가해 집단 또한 매우 높은 수준의 우울을 경험하는 것으로 나타나 주목할 만하다. 강승호와 민미자(2002)는 중학생 417명을 대상으로 가해 학생, 피해 학생 및 일반 학생을 비교하였다. 그 결과 흥미롭게도 학교폭력을 주도하는 학생의 우울 정도가 가장 높았고, 다음으로 학교폭력을 당하는 학생, 마지막으로 일반 학생의 순서로 우울 정도가 높았다.

학교폭력과 우울의 관계를 보다 구체적으로 다룬 연구에 따르면, 우울한 증상은 일반적으로 학교폭력 피해가 만성화되었을 때 나타난다. Craig (1998)에 따르면 우울은 학교폭력 피해와 직접적으로 연결된다기보다는 피해로 인해 먼저 불안함을 경험하고 이후 피해가 만성화될 때 무력감과 우울의 결과가 생겨난다. 그러나 학교폭력으로 인해 유발된 이러한 우울 증상은 매우 오랜 기간 지속되며(Hodge & Perry, 1999), 만성적인 피해를 경험하는 경우 지속적인 우울증상과 자살시도가 예견되기도 한다(Olweus, 1993).

(2) 자살사고

학교폭력 경험으로 인해 발생한 우울감은 청소년들의 자살사고로 이어지기도 한다. 중학생 1,073명을 대상으로 한 이정숙 등(2007)의 연구에서는 학교폭력 피해 정도가 높을수록 자살사고를 하는 정도가 높았고, 학교폭력 피해는 자살사고를 예측하는 중요한 변인으로 나타났다. 또한 중학교 1, 2학년 1,718명을 대상으로 한 Kim, Koh와 Leventhal(2005)의 연구에서도 학교폭력 비개입자에 비해 가해-피해자가 지난 6개월 동안 자살시도 및 자해시도와 자살사고를 더 많이 한 것으로 조사되었다. 또한 여학생 집단에서는 가해, 피해, 가해-피해경험 집단 모두 지난 2주 동안 비개입자에 비해 자살사고가 더 많았다.

이러한 현상은 외국 연구들에서도 예외가 아니었다. Wal, Wit와 Hirasing(2003)은 네덜란드의 7~8학년 청소년 4,721명을 대상으로 연구를 진행하였다. 그 결과, 남녀 청소년 모두 학교폭력 피해자들은 우울과 자살사고의 수준이 높았다. 또한 흥미롭게도 우울과 자살사고는 직접적 형태보다 간접적 형태의 폭력 피해자에게서 더 높았다. 그러나 가해자들의 경우에는 직접적 형태의 폭력 가해자들이 기타 집단에 비해 우울수준과 자살사고 수준이 높았다. 유사한 결과가 Klomek 등(2007)의 연구에서도 나타났다. 미국 뉴욕의 9~12학년 2,342명을 대상으로 연구를 진행한 결과, 학교폭력 가해자와 피해자들은 경험이 없는 대상자들에 비해 우울수준이 높고 자살사고와 자살시도가 높았다. 또한 많지 않은 가해경험과 피해경험이라 하더라도 경험이 있다는 자체는 여학생들의 우울과 자살사고 및 자살시도를 높이는 주요 요인이 되었다.

4) 자아개념 및 자아존중감

학교폭력을 경험한 피해자, 특히 장기간 피해에 노출된 청소년들은 가해자들이 자신에 대해 명명하거나 주장한 내용에 대해 자신도 모르게 유사한 방식으로 스스로를 평가하게 된다(Macklem, 2003). 예를 들어, 자신의 외모로 인해 괴롭힘을 당하는 경우, 이것이 아무리 객관적이지 않고 과장된 것이라 하더라도 가해자들의 평가에 맞춰 외모에 대한 부정적 인식을 갖기 쉽다. 특히 2개 이상의 내용에 대해 놀림을 당하고 이를 이유로 괴롭힘을 당한다면(예를 들어, 외모와 함께 지적 능력 및 성격), 이에 따른 자아개념의 손상은 더욱 커질 수밖에 없다. 실제로 학교폭력의 영향을 다룬 연구들에서는 피해를 경험한 청소년들이 그렇지 않은 청소년에 비해 낮은 자아존중감을 갖는다고 일관적으로 보고하고 있다. 특히 이들 연구자들은 폭넓은 친구관계를 지향하고 또래에 대한 동조성이 가장 강한 청소년기에 경험하는 학교폭력 경험은 자아존중감을 현저히 낮추는 역할을 할 수 있다고 강조한다.

구체적으로 초등학생을 대상으로 한 연구들(김정옥, 2009; 이은주, 2004;

정유진, 2009; 최미경, 2006)에서 학교폭력 피해경험은 이들의 자아존중감 하락에 유의미한 영향을 미쳤다. 여자 중학생만을 대상으로 한 연구(이해경, 김혜원, 2000a)에서도 학교폭력은 피해 집단의 자아존중감 하락을 예언하는 주요 변인이었다. 이러한 결과는 국외 연구에서도 동일하게 나타나 연구들에서 학교폭력 경험은 피해 청소년들의 자아존중감을 낮추는 중요한 요인으로 나타났다(Austin & Joseph, 1996; Graham et al., 2006; Slee, 1994).

이렇게 피해 청소년들이 부정적 자아개념을 갖고 낮은 자아존중감을 갖는 것은 매우 무서운 결과로 이어질 수도 있다. 자신에 대한 무력감에 빠지는 경우 또래 사이에서 문제해결의 실마리가 보이거나 변화의 기회가 온다 하더라도 이를 적극적으로 활용하지 않게 되는 것이다. 이런 경우 또래관계에서의 문제는 해결에 대한 지식의 부족보다 자신감이나 유능감 부족으로 인해 발생하게 된다. 즉, 자신을 사회적으로 유능하다고 믿지 않는 피해자는 또래관계 속에서 스스로를 비난하고 더욱 비효율적인 방식으로 반응하게 되는 것이다(Macklem, 2003).

4. 학교생활에 미치는 결과

1) 학교만족도

학교폭력 피해경험은 청소년들의 학교적응에도 심각한 영향을 미친다. 학교적응에 관한 내용 중 가장 많이 다뤄진 영역은 학교만족도에 대해서다. 많은 연구들을 통해 학교폭력 경험은 피해 청소년으로 하여금 학교에 대한 만족도를 낮추고(Erath et al., 2008; Kochenderfer-Ladd, 2004; Nishina &

Juvonen, 2005; Slee, 1994), 학교에 대한 회피 경향을 크게 한다(Buhs, Ladd, & Herald, 2006)는 결과들이 보고되었다.

국내에서 남녀 중학생을 대상으로 한 송혜리(2010)의 연구에서도 학교폭력 피해수준이 높을수록 피해 청소년들은 학교만족도와 학업성취가 낮아지고 친구와의 관계가 부정적으로 되는 것으로 나타났다. 전연이(2006)의 연구에서도 학교폭력 피해경험은 전반적인 학교만족도를 낮추는 중요한 변인이었다. 또한 서울지역 아동을 대상으로 한 김예성과 박현선(2007)의 연구에서도 학교폭력을 많이 당하는 고위험집단은 학교적응 유연성과 학교만족도가 낮은 것으로 나타났다. 2012년 실시된 교육과학기술부의 학교폭력 실태조사(제2차) 결과에서도 학교폭력 피해 학생의 학교생활 '불만족' 응답비율(16.6%)은 피해경험이 없는 학생(4.7%)에 비해 3배 이상 높았다.

2) 학교생활 적응과 참여

학교폭력 피해 청소년들은 피해 발생 장소인 학교에 대해 두려움과 불안 및 강한 거부감을 느끼고 학교생활에 비자발적으로 참여하거나 등교를 거부하는 등의 부적응행동을 보이게 된다. 초등학교 5, 6학년을 대상으로 한 정유진(2009)의 연구에서도 학교폭력 피해 아동들은 그렇지 않은 아동들에 비해 학습활동에 참여하는 정도가 낮았다. 서울, 경기지역의 중학생을 대상으로 한 이경아 등(2005)의 연구에서도 학교폭력 피해 집단은 일반 집단에 비해 학교적응이 유의미하게 나쁜 것으로 나타났다. 이 연구에서는 학교폭력이 학교적응에 직접적으로 부정적 영향을 주지 않지만, 학교폭력 피해를 통해 위축, 신체증상, 우울과 불안, 주의집중문제와 같은 내면적 문제가 생겨나고 또래관계기술(주도성, 협동과 공감 등)이 나빠지면서 이로 인해 학교적응이 나빠지는 것으로 나타났다. 송혜리(2010)의 연구에서도 학교폭력 피해수준이 높을수록 학업성취가 낮았다. 이러한 양상은 김혜원(2011a)의 연구에서도 동일하게 나타났다. 초 · 중 · 고등학생 1,100명을 대상으로 조사를 실시한 결과, 학교폭력 피해경험은 학교인식이나 학교생활 적응에 직접적인 영향을 주지 않았고, 대신 학교폭력 피해로 인한 심리적 불건강(자아존중감 하락, 우울, 사회불안, 외로움)을 경험하고 이러한 경험으로 인해 학교인식이 나빠지고 학교생활에 대한 부적응이 생기는 것으로 나타났다.

국외 연구에서도 양상은 유사하게 나타났다. Buhs와 Ladd(2001)의 연구에서 학교폭력 피해 아동은 학교에서의 수업참여도가 감소하고 학업성취도 또한 떨어졌다. Graham 등(2006)의 연구에서도 학교폭력 피해경험은 청소년들의 전반적인 학교활동 참여와 학업성적을 낮추는 것으로 나타났다. 한편 초등학교 5학년을 대상으로 한 Buhs(2005)의 연구에서는 또래로부터의 집단따돌림과 집단괴롭힘 모두 피해 청소년들의 학교적응에 부정적인 영향을 미치지만, 피해 양상에 따라 학교적응에 미치는 영향에 차이가 있음을 알 수 있었다. 즉, 집단따돌림은 피해 청소년의 학급참여를 저하시키고 자신감을 하락시켜 이들의 학업성적을 낮추는 반면, 집단괴롭힘은 피해 청소년들의 자신감 하락에만 영향을 미쳐 이들의 학업성적을 낮게 만들었다.

종합할 때, 학교폭력 경험에 따라 피해 청소년들은 학교생활 참여도와 학업성취가 낮아지기 쉬운데, 이로 인해 교사나 또래와의 관계가 더욱 소원해지고 학업성취가 낮아지거나 학교중퇴 위험이 높아지는 악순환이 이어질 수 있다.

5. 생활 전반에 미치는 결과

1) 전반적인 사회적응에 미치는 결과

일부 연구에서는 학교폭력 경험이 청소년들의 심리적 어려움과 학교생활 문제뿐 아니라 전반적인 사회적응과 밀접한 관계가 있음을 보여 주었다. 구체적으로 세계 34개국을 대상으로 한 UN연구에서 Nansel 등(2001)은 미국 6~10학년생 15,686명의 자료를 분석하였다. 결과에 따르면, 학교폭력에 개입한 경험이 있는 대상자(가해자, 피해자, 가해-피해자)들은 비개입자들에 비해 다양한 형태의 심리사회적 문제가 있었다. 가해자들은 비개입자에 비해 잦은 싸움, 음주, 흡연, 낮은 학업성취, 학교에 대한 높은 불만을 갖고 있었다. 또한 피해자들은 잦은 싸움, 급우들과의 나쁜 관계, 외로움, 친구를 만드는 능력의 하락을 보였다. 이와 유사하게 가해-피해자들 또한 비개입자에 비해 잦은 싸움, 흡연, 낮은 학업성취, 급우들과의 나쁜 관계, 외로움을 더 많이 보였다.

또 다른 연구에서 Nansel 등(2004)은 이를 보다 통합적으로 보여 주었다. 이 연구에서는 동일한 자료를 이용하여 조사대상인 전체 34개국 중 25개국의 113,200명의 결과를 분석하였다. 그 결과, 각 나라 대상자들이 학교폭력을 경험한 정도에는 매우 큰 차이가 있었지만(9~54%), 가해, 피해, 가해-피해 집단 모두가 다양한 심리사회적 적응 문제를 보이는 것에는 차이가 없는 것으로 나타났다. 특히 모든 나라에서 피해자와 가해-피해자는 정서적 적응 문제나 급우들과의 관계 문제가 컸고, 가해자와 가해-피해자는 음주와 무기소지의 문제가 두드러졌다. 이 연구를 통해 나타난 대표적인 결과는 [그림 11-1]에 요약되어 있다.

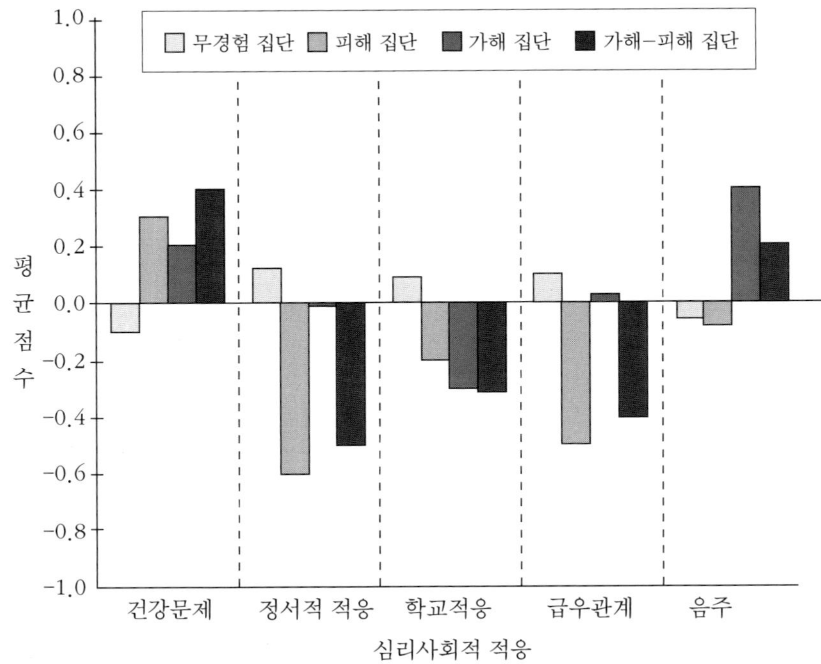

주) 다음 두 경우를 제외하고 모든 집단은 p<. 001 수준에서 결과에 대한 유의한 차이를 보임.
① 학교적응에 대한 가해 집단 대 가해-피해 집단
② 음주에 대한 무경험 집단 대 피해 집단

[그림 11-1] 25개 국가의 학교폭력 경험 집단별 심리사회적 문제의 평균

출처: Nansel et al. (2004).

2) 방관자에게 미치는 결과

이상에서 보았듯이 학교폭력은 피해자뿐 아니라 가해자에게도 심각한 영향을 미치는 행동이다. 그러나 이에 덧붙여 간과하기 쉬운 또 다른 집단인 방관자들에게 미치는 결과에 대해서도 주목할 필요가 있다. 학교폭력 피해는 직접적 대상인 피해자뿐 아니라 주변에서 이를 목격해 온 방관자들에게도 마찬가지이기 때문이다.

대부분의 학교폭력은 또래들이 지켜보는 가운데 일어나기 때문에(구체적인 내용은 제3장 참조) 학교폭력에는 반드시 방관자 혹은 관찰자가 있다고 해도 과언이 아니다. 이들 방관자들은 자신이 친구의 괴로움을 목격했음에도 불구하고 도와주지 않았다는 사실로 인해 죄책감을 느끼기 쉽다(Macklem, 2003). 이들이 학교폭력에 개입하지 않는 이유는 여러 가지지만(자세한 내용은 제3장 참조), 자신이 상황에 적절히 개입하지 못했을 때 피해자와 마찬가지로 무력감을 경험하게 된다(Macklem, 2003). 이들은 학교폭력이 벌어지는 상황에서 어떻게 행동해야 할지 모르고, 자신이 잘못 행동하지 않을까 불안해 하며, 가해자의 주의가 자신에게 옮겨 오게 될까 봐 걱정한다.

학교폭력이 일어나는 상황에 있는 많은 학생들은 그 상황을 목격하는 것을 좋아하지 않고 그러한 일이 일어나지 않기를 바란다. 또한 학교나 교실에서 폭력이 벌어지는 상황을 보면서 학교가 안전하지 않다고 느끼고 학교에 대한 만족도가 떨어진다(Macklem, 2003). 그러나 학교폭력의 수위가 높아지고 동일한 일이 반복해서 일어날 때 이러한 행동에 대해 점점 둔감해지게 된다. 대상자들의 연령이 점차 높아지면서 이들은 피해자를 동정하고 가해자에게 분노를 느끼던 것이 점차 약해지고, 동일한 행동에 대해 느끼는 감정도 둔감화된다(Macklem, 2003). 이렇게 폭력과 가해에 대해 둔감해지고 타인에 대한 공감능력이 떨어진다는 것은 피해자뿐 아니라 방관자들 또한 학교폭력 현상을 통해 건강한 심리적 발달에 매우 부정적인 경험을 한다는 것을 의미한다.

제4부

학교폭력에 대한 예방과 개입

제4부에서는 학교폭력 문제의 예방과 개입을 위해 국내외적으로 어떤 노력을 기울여 왔고, 발표된 대표적인 대책이나 프로그램들에는 어떤 것들이 있는지 살펴볼 것이다. 구체적으로 제12장에서는 학교폭력 예방과 개입을 위한 국외 주요 접근 중 미국 내에서 시행되고 있는 괴롭힘 금지법의 세부 내용에 대해 살펴볼 것이다. 이와 함께 현재 전 세계적으로 가장 효과적인 프로그램이라고 인정받고 있는 Olweus의 괴롭힘 예방 프로그램의 세부 내용에 대해 살펴볼 것이다. 제13장에서는 학교폭력 예방과 개입을 위해 국내에서 마련해 온 대표적인 대책에 대해 살펴볼 것이다. 구체적으로 학교폭력과 관련된 주요 법(「학교폭력예방 및 대책에 관한 법률」)과 주요대책('학교폭력근절 종합대책')의 세부 내용과 그 의미에 대해 분석하고, 이와 함께 최근에 발표된 대표적인 상담 프로그램을 소개할 것이다. 마지막으로 제14장(피해자), 제15장(가해자), 제16장(방관자)에서는 필자가 개발한 학교폭력 우선 개입을 위한 집단상담 프로그램의 주요 내용을 소개할 것이다.

제12장

학교폭력 예방과 개입을 위한 국외의 주요 접근

- 국내뿐 아니라 국외에서는 학교폭력 문제에 대한 예방과 효과적 개입을 위해 다양한 정책과 방안을 마련해 왔다. 이 장에서는 대표적인 예로 미국에서 시행되고 있는 괴롭힘 금지법의 주요 내용과 Olweus의 괴롭힘 예방 프로그램의 세부 내용에 대해 살펴볼 것이다.
- 미국에서는 2008년 현재, 33개 주에서 괴롭힘 금지법(anti-bullying laws)을 시행하고 있다. 이 법안들에서 강조하는 주요 내용을 요약하면 ① 교직원이나 학생들의 보고 의무화 및 보고 절차 명시, ② 개입이나 훈육 절차의 명시, ③ 수사의 의무화 및 수사 절차 명시, ④ 기록 과정의 명시, ⑤ 부모 참여의 의무화를 꼽을 수 있다.
- 한편 이제까지 세계적으로 사용되어 온 다양한 학교폭력 예방 프로그램들 중 가장 효과적이라고 평가받는 것은 Olweus의 괴롭힘 예방 프로그램(Olweus Bullying Prevention Program: OBPP)이다. OBPP는 학생들 사이의 괴롭힘 문제를 감소시키고, 새로운 괴롭힘 문제의 발생을 예방하며, 학교에서 보다 나은 또래관계를 만드는 것을 주요 목적으로 한다. 이를 위해 학교, 개인, 학급, 지역사회의 네 개 구성요소 속에서 체계적이고 다양한 프로그램을 지속적으로 진행하는 것을 주요 내용으로 한다.

1. 효과적인 프로그램 마련을 위한 주요 요소

1) 주요 요소

다양한 나라에서 학교폭력을 예방하거나 적절히 개입하기 위해 다양한 노력을 기울여 왔다. 각 나라와 학자들의 입장에 따라 예방과 개입을 위한 구체적 방안에는 차이가 있지만, 학교폭력의 특성상 반드시 고려해야 하는 핵심요소는 몇 가지로 요약될 수 있다. 이에 대해 Lee(2011)는 학교폭력을 적절하게 예방하고 개입하기 위해서는 개별 학교에서 다음 10개의 주요 요소를 준수해야 한다고 강조한다.

- 초기에 개입하라.
- 학교폭력 방지 정책에 대해 학교의 모든 구성원이 알도록 하라.
- 학교폭력과 관련된 관찰결과, 회의내용 및 개입내용을 모두 기록으로 남기라.
- 학생들의 학습에 영향을 주는 정도라면 학교폭력을 심각하게 다뤄라.
- 학교구성원들에게 학교폭력에 대한 인식을 향상시키는 교육을 시행하라.
- 학교구성원들이 학교폭력을 없애는 데 필요한 과정, 전략, 기술, 철학 등을 익히도록 하라.
- 학교폭력 가해자에 대한 처벌을 대신할 수 있는 방안을 강구하라.
- 문제가 가해자, 피해자에게만 있다는 접근을 피하라.
- 학교폭력과 관련된 (연구를 통해 밝혀진) 정보들을 배우라.
- 학교폭력을 예방하는 것은 학교 및 학급문화와 관련된 것임을 명심하라.

2) 전반적인 학교풍토의 중요성

(1) 학교풍토의 중요성

이상의 내용에서 강조하는 것은 학교폭력을 적절히 예방하고 개입하기 위해서는 '학교의 전 구성원이 전문성을 갖고, 해결하기 위한 전 과정에 참여해야 한다'는 점이다. 또한 학교폭력을 단지 가해자, 피해자만의 문제로만 보는 시각에서 벗어나 학교와 학급문화의 변화를 위해 노력해야 한다는 점이다. 이렇게 학교폭력 예방 및 개입 프로그램에 관심을 두는 연구자들은 공통적으로, 학교폭력 문제가 개별 프로그램의 개발이나 시행만으로는 해결될 수 없는 현상임을 강조한다. 이보다는 학생들이 생활하는 학교전체의 총체적 대처가 필수적임을 강조한다.

그렇기 때문에 학교폭력을 예방하고 감소시키기 위해서는, 각 학교가 이를 얼마나 중요한 사안으로 여기고 예방과 개입을 위해 노력하고 있는지를 객관적으로 검토하는 것이 우선적으로 필요하다. 우리나라는 미국과 달리 학교폭력에 관한 정책 수립 및 시행을 행정구역이나 교육청 단위로 하는 것이 아니라 국가 전체에서 하는 경우가 많다. 그러나 정부의 정책을 학교행정 속에서 핵심요소로 포함시켜 시행하느냐의 여부는 개별 학교의 태도와 의지에 따라 크게 달라진다. 즉, 이러한 태도와 의지에 따라 학교폭력에 대한 학교의 풍토가 형성되고, 이를 바탕으로 학교폭력 예방과 근절 노력의 성과가 좌우될 수 있다. 이렇게 학교장뿐 아니라 학교의 전 구성원, 학부모 및 지역사회 모두가 학교폭력을 중요한 사안으로 인식하고 총체적인 대처를 할 때, 효과적인 예방 및 개입이 이루어질 수 있는 것이다.

(2) 학교풍토의 4개 단계

학교폭력에 대해 각 학교가 어떤 태도와 인식을 갖는지는 다음 4개 단계로 구분할 수 있다(Lee, 2011). 학교구성원이 다음 단계 중 어떤 인식 정도를 갖느냐에 따라 학교폭력 문제에 얼마나 적극적으로 대처하고 접근하는가에 큰 차이가 생길 수 있다.

- 부인(Denial) 단계: "우리 학교에는 그런 문제가 없다."
- 상징(Token) 단계: "우리 학교는 관련 정책을 갖고 있긴 하다."
- 실천(Moving) 단계: "우리 학교는 적절하고 포괄적인 관련 정책과 실천 강령을 갖고 있다."
- 적극적 실천(Motoring) 단계: "우리 학교는 전 구성원이 인지하고 주인 의식을 갖는 분명한 정책과 실천 강령을 갖고 있다."

이러한 각 단계별 인식의 차이로 인해 학교가 폭력 문제를 다루는 세부적인 특징에도 차이가 생긴다. 이를 요약하면 〈표 12-1〉과 같다(Lee, 2011).

〈표 12-1〉 학교폭력 인식 단계에 따라 학교가 폭력 문제를 다루는 세부적 특징

단 계	학교 내 폭력 문제를 다루는 세부적 특징
부인	• 우리 학교에는 언젠가, 누군가에 의해 만들어진 학교폭력 정책이 있긴 하다. • 학교폭력은 우리 학교의 문제가 아니고, 이는 학생들의 발달과정상 자연스러운 현상이다. • 학교폭력을 없애기 위해 할 수 있거나 해야 할 일은 거의 없다. • 만일 학교폭력이 심각한 수준이라면 '가정 내' 문제로 다루는 것이 중요하다. • 공공연하게 학교폭력 방지 정책을 마련하는 것은 문제이며, 이는 학교에 대한 오명을 남기는 일이 된다.
상징	• 우리 학교에는 선정된 사람들이 전문적 과정을 통해 마련한 학교폭력 정책이 있다. • 우리 학교의 경우, 때로는 부모와 조사자들 앞에서 학교폭력과 관련된 정책이 흔들리곤 한다.

상징	• 소수의 사람만이 정책내용을 알고 있고, 학교폭력이 공개적으로 논의되지 않는다. • 한 명의 '전문가' 만이 문제를 다루는 사람으로 여겨지고, 그 사람의 결정이 공적인 정책내용보다 중시된다.
실천	• 우리 학교에서는 문제가 생기면 심각하게 다루고, 학교폭력 정책에 대한 정기적인 점검을 하며, 정책에는 학생, 부모 및 교직원에 대한 조언 및 지원내용이 담겨 있다. • 교직원들이 자신에게 효과적이었던 실천내용이나 자료들을 서로 교환한다. • 우리 학교에는 예방적 내용이 준비되어 있다. • 문제를 다루는 방법을 교직원과 학생 모두 알고 있다.
적극적 실천	• 우리 학교에는 모든 구성원들이 잘 알고 주인의식을 갖는 학교폭력에 대한 분명한 정책과 실천 강령이 있다. • 부모를 포함하여 관계된 사람들의 경험적 자료를 토대로 정책에 대한 평가를 한다. 학교폭력이 학교 밖에서도 발생함을 인지하고, 모든 구성원들이 이를 학교의 문제로 다루기 위해 계속적으로 노력한다. • 보다 넓은 지역사회 개입의 중요성과 부모 및 다른 지역사회 기관들과의 연계의 중요성을 인식한다. • 예방 프로그램의 시행을 통해 학생들이 학교에서 긍정적 경험을 하고, 전 인생에서 현명한 선택을 할 수 있도록 강조한다. • 학생들이 자신을 보호하는 것뿐 아니라 긍정적인 또래관계를 맺는 기술을 습득하도록 한다. • 학교에서 학교폭력을 예방하는 것은 모든 학생들이 서로를 가치 있게 여기고 존중하는 학교풍토를 만드는 것이라는 걸 인식한다.

출처: Lee (2011).

3) 자료기반 의사결정 모델

학교폭력 예방 및 개입 전략을 수립하기 위해 강조되는 또 다른 지침은 기존의 연구나 경험을 통해 밝혀진 객관적 자료를 기반으로 방향과 전략을 수립해야 한다는 점이다. 이러한 입장을 견지하면서 Swearer 등(2009)은 '자료기반 의사결정 모델(data-based decision-making model)' 의 활용

〈표 12-2〉 학교폭력 예방 및 개입 전략에 대한 자료기반 의사결정 지침

1. 학교폭력 행동을 평가하기 위해 대학 연구자들과 협력한다.
2. 학교 전체를 대상으로 학교폭력 행동에 관한 익명의 평가를 실시한다.
3. 학생, 교사, 교직원, 부모로부터 다양한 견해를 듣기 위해 모든 평가에서 다수의 정보제공자를 활용한다.
4. 가능하다면 자기보고, 또래보고, 교사보고, 관찰결과를 모두 활용한다.
5. 특정 학교나 교실에서 발생하는 학교폭력 행동의 실태를 파악하기 위해 앞의 자료를 그래프로 작성한다.
6. 학교폭력에 관한 학급 발표를 위해 앞의 자료를 활용한다.
7. 학교폭력 개입방법을 개발하기 위해 앞의 자료를 활용한다.
8. 학교폭력 금지 풍토를 조성하는 예방조치 수립을 위해 앞의 자료를 활용한다.
9. 부모집단(예: 학부모 회의)과 자료를 공유한다.
10. 예방 및 개입 전략을 제안하기 위해 개별 학교나 개별 학급의 자료를 사용하여 자료기반 의사결정 풍토를 조성한다.

출처: Swearer et al. (2009).

을 제안하였다. 이에 대한 구체적인 지침은 〈표 12-2〉와 같다.

앞의 내용에서 알 수 있듯이, 이 모델은 크게 두 가지 부분으로 구성된다. 첫 번째는 학교폭력과 관련된 객관적이고 충분한 자료를 수집하는 부분이다. 이는 1번부터 4번까지의 지침에 해당되는데 대학 연구자들이 제공하는 전문 자료, 학교평가를 통한 결과, 다양한 구성원들로부터 얻은 정보, 다면적 측정을 통한 결과를 종합적으로 수집하는 것이다. 두 번째는 수집된 자료를 학교폭력 개입과 예방을 위해 적극적으로 사용하는 부분이다. 즉, 다양한 방법을 통해 수집한 자료를 활용하여 학급 발표, 개입방법 개발, 예방조치 수립, 학부모 회의 진행 등을 하는 것을 말한다.

이 모델은 학교에서 학생들 간에 건강한 사회적 관계를 형성하고 학교폭력 행동을 예방하는 데는 굳이 엄청난 비용의 프로그램 개발이 필요한 것이 아님을 보여준다. 이보다는 교직원들이 학교폭력에 관한 정책을 수립하고 실천할 때 각 학교의 실정을 반영하는 객관적 자료를 기반으로 하는 것이 더욱 중요

함을 보여 준다. 이러한 방법을 우리나라 학교현장에 적용하는 경우, 각 학교별로 학교폭력의 현황을 보여 주는 구체적 자료를 수집함으로써 학교상황에 대한 정확한 평가와 판단을 내리고 이를 바탕으로 각 학교에 적합한 프로그램을 진행할 수 있을 것이다.

2. 미국 내 학교 정책들

1) 괴롭힘 금지법

현재 미국의 다수 주에서는 학교 내 학교폭력에 대한 예방과 개입을 법으로 규정하고, 이에 따라 지역사회와 학교가 대응하도록 하고 있다. 구체적으로 미국에서는 2008년 7월 이래 33개 주에서 괴롭힘 금지법(anti-bullying laws)을 시행하고 있다. 또한 현재 최소 10개의 다른 주에서 유사한 법규를 통과시킬 것을 고려 중에 있다(Swearer et al., 2009). 각 주별 괴롭힘 금지법의 세부 내용은 〈표 12-3〉에 제시되어 있다.

〈표 12-3〉 미국 내 주별 괴롭힘 금지법의 세부 내용

번 호	주	입안 책임자	괴롭힘 정의 포함 여부	정책 필수요건 (괄호 안은 권장사항)	모범정책 의무화 여부
1	알래스카	학교구	○	• 교직원과 학생들의 보고 의무화 • 기록과정 • 훈육절차	○
2	애리조나	학교구		• 교직원의 보고 의무화 • 수사 의무화 • 기록과정 • 훈육절차	
3	아칸소	학교구		• 교직원의 보고 의무화 • 훈육절차	
4	캘리포니아	학교			
5	콜로라도	학교구	○	• 기록과정	
6	코네티컷	학교구	○	• 교직원의 보고 의무화 • 수사 의무화 • 부모통지 의무화 • 기록과정 • 개입절차	
7	델라웨어	학교구	○	• 교직원의 보고 의무화 • 수사 의무화 • 훈육절차 • 부모통지 의무화	
8	조지아	학교구	○	• 부모통지 의무화 • 훈육절차	
9	아이다호	학교구	○		
10	일리노이	학교구		• 부모통지 의무화 • 훈육절차	
11	인디애나	학교	○	• 보고 의무화 • 수사 의무화 • 부모참여 의무화 • 개입절차	

12	아이오와	학교구	○	• 훈육절차 • 보고절차 • 수사절차 • 기록과정	
13	캔자스	학교구	○		
14	루이지애나	학교구	○		
15	메인	학교			○
16	메릴랜드	주		• 보고절차 • 기록과정	
17	미네소타	학교구			
18	미주리	학교구	○	• 교직원의 보고 의무화 • 훈육절차	
19	네바다	주		• 보고 의무화 • 기록과정	
20	뉴햄프셔	학교구		• 교직원의 보고 의무화 • 부모통지 의무화 • 기록과정	
21	뉴저지	학교구	○	• 보고절차 • 교직원의 보고 의무화 • 부모통지 의무화 • 기록과정 • 수사절차 • 훈육절차	○
22	뉴욕	학교구			
23	오하이오	학교구	○	• 보고절차 • 교직원의 보고 의무화 • 부모통지 의무화 • 기록과정 • 수사절차 • 훈육절차	○
24	오클라호마	학교구	○	• 훈육절차	
25	오리건	학교구	○	• (보고절차) • (수사절차) • (훈육절차)	

26	로드아일랜드	학교구	○	• 보고조항	○
27	사우스 캐롤라이나	학교구	○	• 교직원과 학생들의 보고 의무화 • 수사절차 • 훈육절차	○
28	테네시	학교구	○	• (보고절차) • (수사절차) • (훈육절차)	
29	텍사스	학교구	○		
30	버몬트	학교	○		○
31	버지니아	학교구			○
32	워싱턴	학교구	○		○
33	웨스트 버지니아	학교구	○	• 교직원의 보고 의무화 • 수사절차 • 부모통지 의무화 • 기록과정 • 훈육절차	○

출처: Swearer et al. (2009).

〈표 12-3〉에서 볼 수 있듯이 주마다 법령이 제시하는 구체적 내용에는 차이가 있다. 그러나 각 주의 법령이 갖는 공통 사항을 정리하면 다음과 같다.

첫째, 법령이 마련된 모든 주가 공립학교 내에서 학생들 간의 괴롭힘을 금지하는 정책수립을 의무화하고 있다는 점이다. 이를 통해 볼 때, 미국 내 학교에서는 괴롭힘을 금지하는 정책이 매우 공식적이고 의무적으로 시행되고 있음을 알 수 있다.

둘째, 이러한 의무조항의 입안책임자는 주마다 다소 차이가 있지만, 대다수가 학교구 수준에서 금지정책 수립을 의무화하고 있다는 점이다. 〈표 12-3〉의 내용을 살펴보면, 총 33개 주 중 4개 주는 개별 학교, 2개 주는 주 교육청에서 입안을 하지만, 나머지(27개 주)는 학교구에서 정책을 수립함을 알 수 있다. 이는 미국 내에서의 괴롭힘 금지정책은 대체로 학교구 단위로 입안 및 시행되고 있음을 보여 준다.

셋째, 정책의 필수요건과 권장사항에 다음과 같은 공통적인 내용을 담고 있다는 것을 알 수 있다.

- 교직원이나 학생들의 보고 의무화 및 보고절차 명시(18개 주)
- 개입이나 훈육절차의 명시(17개 주)
- 수사의 의무화 및 수사절차 명시(11개 주)
- 기록과정의 명시(11개 주)
- 부모 참여의 의무화(9개 주)

가장 두드러지는 공통내용은 교직원이나 학생들의 보고를 의무화하고 보고절차를 명시하도록 하는 것이다. 전체 33개 주 중 총 18개 주가 이 내용을 필수요건이나 권장사항으로 제시하고 있다. 다음으로 가장 많이 포함하는 것은 개입이나 훈육절차에 관한 내용으로, 총 17개의 주가 이 내용을 필수요건이나 권장사항으로 제시하고 있다. 다음은 수사에 관한 것으로 수사를 의무화하고 수사절차를 명시하는 내용인데, 총 11개 주에서 이러한 내용을 필수요건이나 권장사항으로 제시하고 있다. 이와 함께 기록과정을 정책에 포함하는 경우도 많은데, 총 11개의 주에서 이를 필수요건이나 권장사항으로 제시하고 있다. 마지막은 학부모와 관련된 내용으로, 총 9개 주에서 부모에게 사실을 통지하거나 부모 참여를 의무화하는 내용을 정책 속에 포함시키고 있다. 종합할 때, 미국의 학교 내 괴롭힘 금지정책에서는 문제를 다루는 전 과정에 필요한 내용들을 비교적 체계적이고 공통적으로 제시하고 있음을 알 수 있다.

2) 정책개발 및 시행을 위한 필요 단계

앞과 같이 미국의 다수 주에서 괴롭힘 금지정책을 시행하고 있지만, Swearer 등(2009)은 이러한 정책이 효과적인지를 판단하기 위해서는 몇 가지 주요 요소에 대한 고려가 반드시 필요하다고 강조한다. 이러한 요소들을 요약하면 다음과 같다.

- 첫째, 학교폭력 행동에 대한 정의가 정책 속에 포함되어야 한다.
- 둘째, 모델이 되는 정책을 참고하여 정책을 마련해야 한다.
- 셋째, 사건이 발생했을 때의 보고절차를 구체적으로 제시해야 한다.
- 넷째, 수사와 징계처분의 기준과 내용이 명확해야 한다.
- 다섯째, 피해자에 대한 지원내용이 포함되어야 한다.
- 여섯째, 예방과 개입을 위한 훈련내용을 담고 있어야 한다.

이러한 내용을 보다 구체적으로 정리하면 〈표 12-4〉와 같다.

〈표 12-4〉 괴롭힘에 대한 효과적인 정책개발과 시행을 위한 단계: 미국의 예

단 계	주요 내용
1단계	• 괴롭힘 행동 정의하기 괴롭힘 정책을 개발할 때 학교행정 관리자들은 주의 법규에 제시된 괴롭힘 정의를 사용해야 한다. 만일 관련된 주법이 없거나 법규가 괴롭힘을 정의하지 않는다면, 연구자와 실무자들 간에 서로 일치하고, 괴롭힘의 외현적 형태뿐 아니라 간접적 형태도 포함하는 정의를 포함시켜야 한다.
2단계	• 모델 정책 참고하기 현재 미국 내 11개 주에서는 주 교육청이 모델이 되는 괴롭힘 금지 정책을 만들 것을 요구하고 있다. 이는 지역 행정관리자들을 안내하기 위한 정책으로, 이를 바탕으로 자신의 지역에 맞춰 수정 보완한 정책을 만들 수 있다.

3단계	• 사건 보고절차를 명료하게 서술하기 모든 괴롭힘 정책에는 보고절차가 명확하게 제시되어야 한다. 직접 목격한 괴롭힘뿐 아니라, 의심이 가는 괴롭힘에 대한 보고를 권장하는 것이 중요하다. 또한 의심되는 괴롭힘을 보고하는 사람에 대한 처벌을 분명히 금하고, 보고를 의도적으로 날조하는 사람을 징계 처분하는 내용도 담아야 한다.
4단계	• 수사와 징계처분 명확히 하기 비공식적 · 공식적 소송 절차를 통해 불만을 해결하는 자세한 과정을 기술해야 한다.
5단계	• 괴롭힘 피해자에 대한 지원 포함하기 괴롭힘 피해자에 대한 구체적이고 적극적인 지원내용이 명시되어야 한다.
6단계	• 훈련과 예방 절차 포함하기 많은 학교가 재정적 한계가 있긴 하지만, 그럼에도 불구하고 종합적 예방이나 개입을 위한 내용을 분명히 마련해야 한다.

출처: Swearer et al. (2009).

앞의 내용들은 학교폭력에 대한 예방과 개입 정책을 마련하고 시행하는 데 좋은 본보기라 해도 무리가 없을 것이다. 따라서 국내에서 학교폭력에 관한 정책을 마련할 때는 이러한 주요 내용들을 토대로 체계적이고 구체적인 내용을 마련할 필요가 있다.

3. Olweus의 괴롭힘 예방 프로그램

1) 프로그램의 배경

(1) 인정된 효과성

미국의 폭력예방 및 연구센터(Center for the Study and Prevention of Violence, 1996: Macklem, 2003 재인용)에서는 이제까지 전 세계에서 사용

해 온 다양한 학교폭력 예방 프로그램들을 대상으로 광범위한 효과성 검증 연구를 진행하였다. 이를 위해 먼저, 세계 각국에서 개발 · 사용한 총 450개 이상의 학교폭력 예방 프로그램을 선택하였다. 이후 각 프로그램에 대한 검증된 효과와 다양한 지역에 적용하여 밝혀진 결과를 토대로 효과성이 뛰어난 프로그램들을 선정하였다. 그 결과, 10개의 우수 프로그램이 선정되었고, 최종적으로 가장 높은 효과성이 입증된 하나의 프로그램이 선정되었는데, 이는 Olweus가 설계하고 진행해 온 '괴롭힘 예방 프로그램(Olweus Bullying Prevention Program: OBPP)' 이다.

이 프로그램은 노르웨이 학자인 Olweus가 설계하여 발표한 것으로, 이후 노르웨이를 비롯한 유럽과 구미의 많은 나라들에서 사용되었다. 프로그램의 실시 이후 다양한 효과가 보고되었는데, 이 프로그램은 지금까지 개발되어 사용된 모든 프로그램 중 가장 효과적인 학교 내 괴롭힘 예방 프로그램으로 인정받고 있다.

(2) 개발 배경

Olweus는 1970년 초 처음으로 집단괴롭힘에 대한 체계적인 연구를 시작했다. 그는 1973년에 연구 결과를 스웨덴어로 출판했고, 이어 1978년에 『학교에서의 공격성: 괴롭힘 가해자와 피해자들(*Aggression in the School: Bullies and Whipping boys*)』이라는 영어판 책을 출판했다. 1983년 노르웨이에서 3명의 청소년들이 집단괴롭힘 피해로 인해 잇달아 자살했고, 이에 따라 학교 내 폭력을 근절하고자 하는 국가적 캠페인이 실시되었다. 이때 현재의 OBPP의 첫 형태가 노르웨이에서 처음으로 개발, 실시되었다.

프로그램의 실시 후 2년 반 동안 42개 학교의 4만여 명 학생들을 대상으로 프로그램의 효과를 검증하였고, 결과를 바탕으로 프로그램의 내용들을 세부적으로 재정비했다. 2001년 노르웨이 정부의 노력 속에서 OBPP가

노르웨이 전역의 초·중학생을 대상으로 하는 프로그램으로 정착되었다.

Olweus는 이러한 과정의 중심에 있었고 1981년 학교에서의 집단괴롭힘을 금지하는 법제정을 주창하기도 했다. 그는 학교에서 안전함을 느끼는 것은 한 인간의 기본적 권리이고, 집단괴롭힘은 이를 침해하는 행위라는 입장을 폈다. 1990년 중반에 이러한 주장들이 받아들여져 스웨덴과 노르웨이 정부는 집단괴롭힘 방지에 대한 법을 제정하였다.

2) 프로그램의 내용

Olweus 프로그램의 세부 내용과 사용지침은 사용자 매뉴얼을 주문하고 전문 교육을 이수할 경우에만 확인할 수 있다. 그러나 프로그램의 개략적인 내용은 그가 운영하고 있는 홈페이지(http://www.olweus.org)를 통해 확인할 수 있다. 주요 내용은 다음과 같다.

(1) 목적

OBPP는 다음 세 가지의 분명한 목적을 두고 프로그램을 진행한다.

- 학생들 사이의 괴롭힘 문제를 감소시키기
- 새로운 괴롭힘 문제의 발생을 예방하기
- 학교에서 보다 나은 또래관계 만들기

(2) 기간 및 대상

학교 전체의 변화를 충분히 만들어 내기 위해서는 OBPP를 최소한 3~5년 정도의 기간 동안 꾸준히 진행해야 한다. 또한 중·고등학교에 비해 초등학교에서 프로그램을 실시할 경우 더 효과적인 결과가 나타나는 점을 감안할 때 보다 이른 연령대의 학생들에게 실시할 때 더욱 효과적이라 할 수 있다.

구체적인 대상은 5~15세 사이의 유치원생, 초등학생, 중학생을 모두 포함한다. 프로그램은 괴롭힘 가해자나 피해자뿐 아니라 학교의 모든 학생을 대상으로 진행하고, 집단괴롭힘 가해자와 피해자에 대해서는 추가적인 개별 개입을 진행한다. 고등학생을 대상으로 프로그램을 진행할 수도 있지만, 이때는 연령에 맞게 내용을 조절할 필요가 있다. 다만 10학년 이상의 학생들을 대상으로 한 효과성에 대해서는 연구된 것이 거의 없다.

(3) 구성요소

이러한 구성요소를 토대로 OBPP를 통해 진행하는 주요 내용은 다음과 같다(Macklem, 2003).

OBPP는 학급단위의 프로그램이 아니라 학교 전체의 시스템을 변화시키는 것을 목적으로 하는 프로그램이다. 구체적으로 OBPP는 〈표 12-5〉와 같은 4개 구성요소를 통해 프로그램을 진행한다.

〈표 12-5〉 OBPP의 4개 구성요소

일반적 필요사항: 학교에서 성인들의 인식과 참여를 유도함	
• 학교 차원 구성요소 - 괴롭힘 예방 조정위원회 구성 - 위원회와 구성원들에 대한 교육 실시 - 학교 전체에 Olweus 괴롭힘 설문조사 실시 - 구성원들 간의 집단 토의 진행 - 괴롭힘에 대한 학교 규칙 마련 - 학교 감독체계의 정비 및 제정 - 프로그램 실시를 알리는 학교 차원의 행사 진행 - 학부모 참여 유도	• 개인 차원 구성요소 - 학생들의 활동에 대한 감독 - 괴롭힘이 일어나는 장소에 대해 모든 구성원이 감시하고 있음을 강조 - 괴롭힘 관여 학생들과의 회의 진행 - 관여 학생 학부모와의 회의 진행 - 관여 학생에 대한 개별적 개입 진행

• 학급 차원 구성요소	• 지역사회 차원 구성요소
- 괴롭힘에 대한 학교 규칙의 게시 및 강조 - 정기적 학급토의 진행 - 학부모와의 회의 진행	- 괴롭힘 예방 조정위원회에 지역사회 구성원을 포함 - 지역사회 구성원이 학교 프로그램을 도울 수 있도록 파트너십 체결 - 괴롭힘 예방 메시지와 원칙들이 지역사회에서 잘 활용될 수 있도록 전달

- 괴롭힘에 대해 각성시키기
- 학교와 지역사회에서 어른이 적극적으로 관여하기
- 학교회의나 조사활동 혹은 질문지법을 통해 지역사회의 규칙을 가르치고 법적 제재수단을 마련하기
- 지도감독이 소홀하기 쉬운 구조화가 낮은 지역에 대해 어른의 지도감독을 증가시키기
- 괴롭힘에 대한 제재조치를 분명히 하고 지속적으로 시행하기
- 괴롭힘에 관한 구체적인 학급 규칙을 정하고 시행하기
- 예방 교육에 또래를 괴롭히지 않는 것에 대한 내용을 포함시키기
- 예방 교육에 소외되고 괴롭힘을 당하는 친구들을 돕는 내용을 포함시키기
- 예방 교육에 괴롭힘을 신고하는 규칙과 방법에 대한 내용을 포함시키기
- 교사와 학생들 간의 정기적 학급회의를 통해 괴롭힘 문제를 토론하기

(4) 진행 세부 내용

OBPP는 정규과목이 아니기 때문에 방과 후 프로그램, 캠프, 지역사회 프로그램 등에서 실시하는 청소년 활동과 접목시킬 수 있다. 즉, 이러한 활동에 OBPP의 원리, 규칙, 세부 내용을 포함시켜 진행시키는 것이다. 훈련된 전문가에 의해 진행되기만 한다면 이렇게 학교를 벗어난 상황에서 운영

됨으로써 괴롭힘이 학교만의 문제가 아니고 청소년들의 삶과 지역사회 전체와 연결되는 문제임을 인식시켜 줄 수 있다.

그러나 무엇보다도 학교에서 학생들을 대상으로 하는 프로그램에 가장 큰 중요성을 두는 것이 일반적이다. 이를 위해 학급단위의 정례적 모임에서 학생들이 다루는 세부 내용은 다음과 같다. 학생들은 다음 내용들에 대해 정기적으로 토론하고, 적절한 방법을 찾으며, 익히기 위해 노력하게 된다.

- 괴롭힘이란 무엇인가?
- 괴롭힘은 어떤 형태로 일어날 수 있는가?
- 괴롭힘 상황에서 학생들은 각기 어떤 역할들을 할 수 있는가?
- 괴롭힘을 당하는 학생들은 어떤 피해를 경험하게 되는가? 방관자에게는 어떤 피해가 생기는가? 가해자에 대해서도 우려해야 하는 이유는 무엇인가?
- 괴롭힘에 대한 학교의 규칙들은 무엇인가?
- 자신에게 괴롭힘이 일어난다면 무엇을 해야 하는가?
- 괴롭힘을 목격하거나 경험하게 되면 누구에게 말해야 하는가?
- 괴롭힘이 일어나는 것을 보았을 때 무엇을 해야 하는가? 피해를 당하는 학생을 어떻게 도울 수 있는가?
- 활동에서 자주 소외되는 학생들을 끼워 주는 좋은 방법은 무엇인가?
- 괴롭힘을 종용하는 또래압력을 거부할 수 있는 방법은 무엇인가?

OBPP는 괴롭힘 문제를 해결하기 위한 프로그램 중 현재 전 세계적으로 인정받는 가장 효과적인 프로그램 중 하나다. 그러나 앞에서 보았듯이 OBPP를 통해 긍정적 결과를 끌어내기 위해서는 상당한 시간 동안 상당한 정도의 노력이 수반되어야 한다. 우선적으로 학교 전 구성원의 각성된 문제의식이 있어야 하고, 괴롭힘 문제를 다루는 데 대한 명확한 규칙이 마련되어야 한다. 또한 학교뿐 아니라 가정, 지역사회의 긴밀한 연계 속에서 괴롭힘 문제를 다루어야 하고, 무엇보다 이러한 노력들이 지속적으로 이어져야 한다.

OBPP가 갖고 있는 이러한 포괄적이고 지속적인 특성은, 학교폭력 문제에 대한 대책마련에 고심하고 있는 우리나라 상황에 시사하는 점이 크다. 왜냐하면 일회적이고 단편적인 접근으로는 학교폭력 문제의 감소를 기대하기 어렵고, 이러한 접근을 통한 효과는 매우 제한적일 수밖에 없음을 보여 주기 때문이다. 따라서 개인, 학교, 가정, 지역사회가 공통된 문제의식 속에서 체계적이고 지속적인 정책을 마련 · 시행할 때 학교폭력 문제에 효과적으로 대처할 수 있을 것이다.

제13장

학교폭력 예방과 개입을 위한 국내의 주요 접근

- 이 장에서는 국내에서 학교폭력의 예방과 개입을 위해 기울여 온 대표적인 노력에 대해 살펴볼 것이다.
- 먼저 대표적인 관련법으로는 「학교폭력예방 및 대책에 관한 법률」을 꼽을 수 있는데, 이는 최근 2012년 3월 21일에 일부 개정되어 시행되고 있다.
- 한편 학교폭력 문제가 심각해지면서 2012년 2월 6일에 관계부처 합동으로 '학교폭력근절 종합대책' 이 발표되었다. 종합대책에는 4개의 직접대책과 3개의 근본대책을 포함하는 7대 대책이 포함되어 있고, 이에 따라 정부, 지역사회, 가정, 학교의 통합적인 노력을 통해 학교폭력을 근절하려는 세부 내용이 담겨 있다.
- 법률적 노력이나 정부 차원의 정책 마련뿐 아니라, 관련기관이나 연구자들은 청소년 학교폭력의 예방과 개입을 위해 활용할 수 있는 다양한 프로그램들을 개발 · 발표해 왔다. 이 장에서는 그중 대표적인 프로그램 3개의 개요를 소개할 것이다.

1. 주요 관련법: 「학교폭력예방 및 대책에 관한 법률」

1) 개 관

학교폭력의 심각성이 커지면서 우리나라에서는 그동안 수차례의 관련 법령이 발표되었다. 청소년들의 폭력 및 학교폭력에 관한 내용은 「학교폭력예방 및 대책에 관한 법률」 「소년법」 「폭력행위 등 처벌에 관한 법률」 「초 · 중등 교육법」 등의 법령에서 관련 사항을 찾아볼 수 있다. 이 중 가장 밀접하게 관계되는 것은 「학교폭력예방 및 대책에 관한 법률」인데, 가장 최근인 2012년 3월 21일(2012년 5월 1일 시행)에 일부 개정되었다.

2) 용어 정의

「학교폭력예방 및 대책에 관한 법률」에서는 학교폭력, 따돌림, 사이버 따돌림을 다음과 같이 규정하고 있다.

- 학교폭력: "학교 내외에서 학생을 대상으로 발생한 상해, 폭행, 감금, 협박, 약취 · 유인, 명예훼손 · 모욕, 공갈, 강요 · 강제적인 심부름 및 성폭력, 따돌림, 사이버 따돌림, 정보통신망을 이용한 음란 · 폭력 정보 등에 의하여 신체 · 정신 또는 재산상의 피해를 수반하는 행위"
- 따돌림: "학교 내외에서 2명 이상의 학생들이 특정인이나 특정 집단의 학생들을 대상으로 지속적이거나 반복적으로 신체적 또는 심리적 공격을 가하여 상대방이 고통을 느끼도록 하는 일체의 행위"
- 사이버 따돌림: "인터넷, 휴대전화 등 정보통신기기를 이용하여 학생들이 특정 학생들을 대상으로 지속적 · 반복적으로 심리적 공격을 가하거

나, 특정 학생과 관련된 개인정보 또는 허위사실을 유포하여 상대방이 고통을 느끼도록 하는 일체의 행위"

앞의 내용에서 알 수 있듯이 이 법령에서는 (집단)따돌림을 학교폭력의 하위유형으로 규정하고 있다. 그러나 다음과 같은 점들로 인해 용어과 개념에 대한 혼란을 주고 있다. 먼저 따돌림 속에 '따돌리기나 소외시키기'의 내용보다는 보다 적극적으로 상대를 괴롭히고 공격하는 '괴롭히기' 의 내용을 더 많이 담고 있어 명칭과의 일치성이 부족한 상태다(이에 관한 세부 논의는 제1장 참조). 또한 학교폭력의 범주 안에 상해, 폭행, 감금뿐 아니라 강제적 심부름 등 신체, 정신, 재산상의 피해를 수반하는 행위를 모두 포함시키면서, 동시에 따돌림(학교폭력의 하위범주인) 속에도 '신체적 또는 심리적 공격'을 통해 '상대방이 고통을 느끼도록 하는 일체의 행위'를 포함시키고 있어 혼란을 준다. 즉, 현재의 법률에서는 따돌림 내용과 학교폭력 내용이 거의 유사한 사항들을 포함하고 있기 때문에 두 개념이 서로 어떤 차이를 갖는지 구분하기 어려운 상태다.

3) 주요 내용

「학교폭력예방 및 대책에 관한 법률」에서 학교폭력의 예방과 개입을 위해 규정하는 주요 내용은 다음과 같다.

- 국가 및 지방자치단체의 책무
- 기본계획의 수립: 교육과학기술부 장관
- 학교폭력대책위원회 설치: 국무총리 소속 20명 이내 위원

- 학교폭력대책지역위원회 설치: 시 · 도에 11명 이내 위원
- 학교폭력대책지역협의회 설치 운영: 시 · 군 · 구에 20명 내외 위원
- 교육감의 의무
- 학교폭력대책자치위원회 설치: 학교에 5인 이상 10인 이하의 위원
- 전문상담교사 배치 및 전담기구 구성
- 학교폭력 예방교육 실시
- 피해 학생 및 장애 학생의 보호, 가해 학생에 대한 조치
- 재심청구, 분쟁조정 내용
- 학교장의 의무
- 학교폭력의 신고의무
- 긴급전화 설치
- 학생보호인력의 배치, 영상정보처리기기의 통합관제
- 비밀누설 금지
- 벌칙

이상의 내용을 보면 학교폭력 문제와 관련된 다양한 측면을 법령 속에 포함시키고 있음을 알 수 있다. 특히 눈에 띄는 점은 정부로부터 지역사회, 학교로 내려오면서 연계적인 대책기구의 설치를 의무화한다는 점이다(학교폭력대책위원회 → 학교폭력대책지역위원회 → 학교폭력대책지역협의회 → 학교폭력대책자치위원회).

이러한 개선점에도 불구하고 몇 가지의 문제점을 지적할 수 있다. 첫째, 비록 자치위원회 속에 학부모대표를 구성위원으로 규정하고 있기는 하지만 전체적인 내용에서 부모나 지역사회의 참여가 강조되어 있지 않았다. 이는 제12장에 소개했던 미국의 법령에서 많은 주가 부모에 대한 통지나 부모 참여를 의무화하고 있는 것과 대조를 이룬다. 둘째, 법률이 학교폭력에 대한 예방과 대책에 관한 것임에도 불구하고, 세부적인 내용

은 대부분 '대책'에만 초점이 맞춰져 있어 예방을 위한 내용이 매우 부족한 상태다.

2. 주요 대책: '학교폭력근절 종합대책'

1) 기존 정책의 문제점 평가

2011년 말부터 2012년 초까지 학교폭력에 시달리던 학생들이 연이어 자살하면서 우리나라는 이에 대한 강경한 대책마련에 부심하게 되었다. 이에 정부는 2012년 2월 6일에 관계부처 합동으로 '학교폭력근절 종합대책(이하 종합대책)'을 발표했다. 이 대책에서는 우선 우리나라가 이제까지 시행해 온 정책의 문제점들을 지적하고, 이를 보완할 수 있는 새로운 대책들을 제시하였다.

종합대책에서는 우리나라가 「학교폭력예방 및 대책에 관한 법률」 및 동시행령 제정(2004. 7.) 이후 '학교폭력예방 및 대책 5개년 기본계획' 수립 등 수차례에 걸쳐 학교폭력 대책을 추진하였으나, 학교현장의 근본적인 변화를 이끌어 내지 못했다고 지적한다. 특히 학교폭력 문제의 직접적 당사자인 학생, 교사, 학부모가 함께 학교폭력 근절을 실천하도록 지원하는 정책 및 제도 개선이 부족했고, 가장 근본적인 대책인 학생들의 배려, 공감, 협동심을 키우는 실천 중심의 인성교육에 대한 정책 추진이 미흡했다고 분석한다. 이에 대한 구체적인 내용은 다음과 같다.

• 성적 중심의 입시위주 교육으로 핵심가치인 '인성' 교육이 소홀했다.

- 현 정부 출범 이후 창의·인성교육을 적극 추진하여 창의성 향상에는 소기의 성과를 거두고 있으나, 인성교육의 성과는 낮은 편이다. 학교급별 교육목표에 인성 함양 요소가 연계되어 있지 못해 학생 발달단계별 인성교육 실천에 한계가 있는 것이다. 특히 또래문화를 본격적으로 형성하는 중학교의 인성교육 방향 제시가 미흡한 상태다. 또한 학생들이 타인의 감정에 공감하고, 소통하며, 갈등을 해결할 수 있는 실제적 능력 함양을 위한 실천·체험 중심의 교육이 부족하다. 현재의 학교 인성교육은 비교과 중심으로 이루어진 측면이 강하며, 교과에서는 지필 평가를 위한 지식 습득이 중심이 되고 있다(현재 인성교육은 봉사활동, 계기 교육, 강연회, 수련회 등의 행사 위주로 일회성 교육에 그침).
- 생활지도 등 인성교육을 잘하는 교사를 우대하는 정책이 미흡하여 학교현장에서 인성교육을 후순위로 미루는 실정이다. 수석교사 선발, 학습연구년 대상 교사 선발, 각종 시상, 교장·교감 승진 등에서 인성교육 우수 교사 우대책이 미흡한 상태다.
- 인성교육 강화를 위해 입학사정관제, 자기주도학습전형 등 새로운 입시제도를 도입했으나 성적 중심의 학생 선발 관행이 지속되고 있다.

• 학교폭력 신고와 조사 처리 과정의 문제가 있다.

- 교과부의 1588-7179, 여가부의 1388, 경찰청의 117 등 신고전화가 각 기관에 산재하여 신고자의 혼란이 가중되고 있다.
- 기존 경찰청 소속 '117 여성·아동·청소년 경찰 지원 센터'에서 상해·폭행·성범죄 이외의 학교폭력에 대해서는 대응이 미흡한 상태다. 경찰청, 시·도교육청, 학교 간 가해 학생의 인적 사항 및 학교폭력 내용에 대한 정보 공유체계가 부재하다.

• 가해 학생에 대한 조치와 피해 학생 보호에 한계가 있다.
- 「학교폭력예방 및 대책에 관한 법률」상 조치의 구속력이 미흡한 상태다. 전학, 특별교육 등 법률상의 조치를 가해학생이 거부하는 경우, 이에 대한 강제력이 없어 실효성 확보가 불가하다. 또한 학교폭력 발생 시 가해 학생을 피해 학생으로부터 분리하여 피해 학생을 보호할 수 있는 법적 근거가 미비한 상태다.
- 가해 학생에 대한 처벌이 미약하여 '학교폭력=범죄'라는 인식이 부재하다. 학교폭력으로 인한 조치사항이 학교생활기록부에 기재되지 않아 교사의 학생생활 지도력이 약화되어 있다. 학교폭력이 가장 많은 중학생의 경우, 「소년법」상 촉법소년에 해당되어 보호처분에 그치게 됨에 따라 실효적인 처벌에 제한이 있다. 또한 가해 학생의 재범방지 및 선도를 위한 사안별 맞춤형 조치가 미흡한 상황이다.
- 피해 학생의 신체적·정신적 치료를 위한 즉각적인 보상체계가 미흡하다. 보상문제가 지연될 경우, 가해자-피해자 학부모 간 또 다른 분쟁이 야기될 수 있다. 특히 집단적 폭력 경향이 많은 추세에서 1명의 피해 학부모가 다수의 가해 학부모와 보상협의를 이끌어 내는 것은 더욱 어려운 실정이다.

• 학교폭력 사안에 대한 교사의 권한·역할이 부족하고 개입이 곤란한 상태다.
- 학교폭력과 관련하여 교사들이 개입할 수 있는 실효성 있는 권한이 부족하다. 학교폭력 사안에 대해 학부모가 이를 거부하는 경우, 조사를 진행할 법령상 권한이 부재한 상태다.
- 경찰에 신고·고소된 사안은 수사 개시를 이유로, 법원에 넘겨진 사건은 재판 중이라는 이유로, 학교의 개입이 어려운 실정이다.

• 규칙을 준수하는 학교문화가 미정립되어 있다.
- 학교에서 타인을 배려하고 법과 질서를 존중하는 민주시민의식과 준법

정신을 체득할 수 있는 다양한 교육 프로그램 제공이 미흡하다. 현재는 법무부 지원 프로그램(준법교육, 학교자치법정), 교육청 단위에서 추진하는 생활평점제 확대 운영 등에 의존하고 있다. 국내외 초등학생 교실학습에 대한 인식을 비교 연구한 결과(교육과정평가원, 2007), '교실에서 사회생활에 필요한 질서와 규칙을 배우고 실천한다'는 질문에 '그렇다'고 답한 비율이 우리나라가 매우 낮은 편이었다(프랑스 63%, 영국 54.3%, 일본 20%, 한국 18.4%).

- 학생생활규칙 등 학생들의 생활을 규율하는 규칙이 문서상으로만 존재하고, 인성교육 차원에서 적극적으로 활용하지 못하는 실정이다.

• 학교폭력 유발 환경에 대한 견제와 감시 장치가 미비하다.

- 온라인 게임의 경우, 산업육성위주의 관련 법령으로 인해 게임 중독 등 교육적 역기능에 대한 규제 장치가 미비하다.
- 인터넷과 SNS의 경우 폭력 만화, 음란 동영상 등 유해한 정보를 접할 수 있는 통로는 많아지고 있으나, 이에 대한 모니터링 등 대책이 미흡하다. 특히 언어적·정신적 폭력이 이루어지는 공간으로 활용되는 SNS에 대한 대응책이 미비하다.
- 일진 등 폭력문화의 경우 성인사회의 조직적 폭력집단 문화를 학교에 유입하는 학교 내 폭력서클에 대한 대책이 미흡하다.

2) 새로운 대책의 주요 내용

(1) 7대 대책

이상의 제한점을 보완하기 위해 종합대책에서는 학교폭력 근절을 위한 7대 실천대책을 제시하였다. 7대 대책은 크게 직접대책과 근본대책으로 나뉘고, 기존 대책들의 한계점을 보완하기 위한 세부 내용들을 담고 있다. 내용을 종합적으로 요약하면 [그림 13-1]과 같다.

목 표	학교폭력 없는 행복한 학교		
직접 대책	'사소한 괴롭힘'도 '범죄'라는 인식하에 철저히 대응		
	1 학교장과 교사의 역할 및 책임 강화		
	• 대처 권한 부족 및 학교폭력 은폐	⇨	• 대처 권한 및 역할 대폭 강화 • 은폐 시 엄중조치로 책무성 확보
	2 신고-조사체계 개선 및 가해 · 피해 학생에 대한 조치 강화		
	• 신고번호 분산 • 체계적 대응체계 부재 • 처벌 및 보호조치 미흡	⇨	• 신고체계 일원화 • 조사 · 지원기능 체계화 • 가해/피해 학생 조치 강화
	3 또래활동 등 예방교육 확대		
	• 건전한 또래문화 미형성	⇨	• 학생 간의 자율적 갈등해결 • 학교단위 예방교육 체계화
	4 학부모교육 확대 및 학부모의 책무성 강화		
	• 참여 부족, 무관심 • 책무성 미흡	⇨	• 학부모교육 · 자원봉사 확대
근본 대책	학교-가정-사회가 함께 인성교육 실천		
	5 교육 전반에 걸친 인성교육 실천		
	• 학업성취 수준은 높으나 인성 · 사회성은 낮은 수준	⇨	• 바른생활습관, 학생생활규칙 준수 등 실천적 인성교육 추진
	6 가정과 사회의 역할 강화		
	• 민 · 관의 유기적 대응 미흡 • 가정의 교육기능 약화	⇨	• 민 · 관 협력체제 강화 • 가정의 교육기능 회복
	7 게임 · 인터넷 중독 등 유해 요인 대책		
	• 교육적 시각에서 심의 · 규제기능 미흡	⇨	• 게임 · 인터넷 심의 · 규제 및 예방 · 치유교육 확대

[그림 13-1] 학교폭력근절 종합대책의 7대 실천대책

또한 각 대책이 갖고 있는 세부 내용을 요약하면 〈표 13-1〉과 같다.

〈표 13-1〉 학교폭력근절 종합대책의 세부 내용

7대 대책	세부 내용
대책 1. 학교장과 교사의 역할 및 책임 강화	• 학교장의 역할 및 책무성 강화 • 담임 교사의 역할 강화 및 생활지도 여건 조성 • 교원 양성-임용-연수 단계에서 생활지도 역량 강화
대책 2. 신고-조사체계 개선 및 가해-피해 학생에 대한 조치 강화	• 117 학교폭력 신고센터 설치 및 조사기능 강화 • 학교폭력 은폐방지를 위한 제도 개선 • 피해 학생에 대한 우선적 보호와 치유 지원 • 가해 학생에 대한 엄격한 조치 및 재활치료 지원 • 일진 등 학교 폭력서클 엄정 대응
대책 3. 또래활동 등 예방 교육 확대	• 건전한 학교문화 형성을 위한 또래활동 지원 • '사소한 괴롭힘' 도 폭력임을 단계적으로 교육 • 학교폭력 예방 사이버 상담 지원
대책 4. 학부모교육 확대 및 학부모의 책무성 강화	• 자녀이해 지원을 위한 학부모교육 및 교육 정보제공 대폭 확대 • 교사-학부모 간 소통 강화 및 학부모의 책무성 제고 • 교육기부형 학부모 학교 참여 활성화
대책 5. 교육 전반에 걸친 인성교육 실천	• 바른 인성의 기초를 형성하는 '3~5세 누리과정' 운영 • 배움이 실천으로 연결되는 프로젝트형 인성교육 실시 • 중학교 체육활동 대폭 확대 • 학생-학부모-교사가 함께 학생생활규칙을 통해 인성교육 실천 • 인성 관련 학생부 기재 강화 및 입학전형에 반영 • 생활지도 등 인성교육을 잘하는 교원과 학교 우대 • 시 · 도 교육청 평가를 통해 책무성 확보
대책 6. 가정과 사회의 역할 강화	• 가정과 사회의 교육기능 회복 • 가정과 사회의 참여 확대를 위한 홍보 및 캠페인 추진
대책 7. 게임 · 인터넷 중독 등 유해 요인 대책	• 게임 · 인터넷 중독 예방을 위한 제도 개선 추진 • 게임 · 인터넷 중독 예방 교육 강화 및 치유 활동 확대 • 흡연 · 음주 치유 및 예방프로그램 활성화

(2) 추진체계

종합대책은 기존의 정책들에서 부족했던 추진체계 및 추진계획을 구체적으로 제시했다는 데 의의가 있다. 구체적으로 크게 세 가지 영역에서 추진체계의 정비를 꾀하고자 했다. 첫째는 범정부와 지역의 추진체계를 구성하여 운영하고, 둘째는 지역단위의 추진체계를 정비하며, 마지막으로 유관 민간단체와의 연계와 협력을 강화한다는 내용이다. 이러한 내용을 요약하면 [그림 13-2]와 같다.

3) 종합대책의 특징 및 한계

'학교폭력근절 종합대책'은 기존에 마련되었던 정책들과 비교했을 때 몇 가지의 분명한 긍정적 특징을 갖는다. 첫째, 학교폭력 근절에서 학교뿐 아니라 가정과 사회 전반의 역할을 강조한다는 점에서 기존의 대책들에 비해 포괄적이다. 이를 위해 학교장과 교사의 역할과 책임 강화뿐 아니라 학부모 참여와 책무성 또한 명시하고 있다. 둘째, 신고 및 조사체계나 가해-피해 학생에 대한 조치 내용을 세부적으로 제시하고 있어 일선에서 학교폭력 문제에 개입하고 처리하는 데 지침으로 삼을 수 있을 것이다. 셋째, 학교폭력에 대한 직접적인 대책뿐 아니라 근본적인 대책을 구분 제시하여 학교폭력을 유발하는 원인 제거에도 초점을 맞추고 있다.

그러나 세부 내용을 살펴보면 몇 가지 점에서 현실적으로 실천하는 데 한계가 예상된다. 무엇보다도, 전체적인 내용이 너무 광범위해서 어떤 측면에 우선적으로 노력을 기울여야 할지 혼란스럽다. 물론 이러한 내용들을 모두 종합적으로 다룬다면 현재 학교에서 발생하고 있는 폭력 문제는 유의하게 감소할 것이다. 특히 학교폭력 감소는 청소년을 둘러싼 생태학적인 측면을 모두 고려하여 접근할 때 가장 효과적이라는 점에서(세부 내용은

담당	위원회	협력
교육과학기술부 • 학교폭력예방 및 대책에 관한 기본계획 수립 • 교육청의 학교폭력예방 및 대책과 성과 평가 및 공표 • 학교폭력 실태조사	중앙: 학교폭력대책위원회 (위원장: 국무총리, 민간전문가) • 학교폭력예방 및 대책 기본계획 심의 • 중앙행정기관 및 지자체 단체장이 요청하는 사항 등에 대한 심의	• 여가부, 경찰청 등 관계 부처협력 • 종교단체, 청소년폭력예방재단 등 관련 대표기관
교육감 • 시 · 도교육청별 자체 추진계획 수립 • 학교폭력예방 전담부서 설치 • 학교폭력에 따른 전학 대상 학생에 대한 필요한 조치	광역단위: 학교폭력대책지역위원회 (위원장: 부단체장) • 기본계획에 따라 매년 학교폭력예방 대책 수립	• 광역 117 신고센터 운영 • 지방경찰청, 교육청 등 관계기관 및 민간단체 협력
교육장 • 학부모 예방교육 실시 및 홍보	기초단위: 학교폭력대책지역협의회 (위원장 : 부단체장) • 지역단위 학교폭력예방 사업 추진	• Wee센터, CYS-Net 등 지역상담센터, 자율방범대, 자원봉사센터 등 민간단체 연계
학교장 • 학교폭력예방 및 대책에 관한 실시계획 수립 및 시행 • 학교폭력 전담기구 설치	학교: 학교폭력대책자치위원회 (위원장 : 호선) • 학교폭력예방 및 대책을 위한 학교체제 구축 • 피해 학생 보호, 가해 학생 선도 및 징계, 가해 학생과 피해 학생의 분쟁 조정	• 경찰서, 학부모, 민간전문가 등 협력

[그림 13-2] 학교폭력근절 종합대책의 추진체계

제7장 참조), 이번 종합대책은 이와 유사한 접근이라는 데 의의를 갖는다. 이런 점에도 불구하고 제시된 대책과 세부 과제들이 지나치게 좋은 내용들의 나열과 같은 모양을 갖추고 있어 어떤 부분에 우선순위를 두고 실행해야 할지 난감함을 준다. 따라서 현재의 광범위한 대책들에 대해 자칫 각 영역에 대한 피상적인 노력만을 기울일 우려가 있다.

둘째, 학교나 가정, 나아가 지역사회의 역할과 책무성에 대해 지나치게 이상적인 내용을 제시하고 있다. 예를 들어, '교육기부형 학부모 학교 참여 활성화'나 '가족사랑의 날'[1] 실천을 통해 자녀의 인성교육을 강화하는 등의 사항은 사회 전 구성원의 적극적인 노력이 전제될 때 가능한 내용들이다. 특히 학교폭력 문제가 1~2회의 단기적 노력만으로 감소되는 것이 아니고 수년간의 지속적인 노력을 통해 완화될 수 있는 문제임을 감안할 때(세부 내용은 제12장 참조), 사회 전 구성원의 지속적인 노력을 끌어내기 위해서는 보다 현실적인 대책이 마련될 필요가 있다.

셋째, 현재 내용에는 학교폭력과 관계된 내용임에는 분명하지만 우선적으로 초점을 맞추기에 한계가 있다고 보이는 것들이 포함되어 있다. 예를 들어, 게임이나 인터넷 중독 및 음주 · 흡연 등 청소년 유해환경을 개선하는 것은 청소년들의 건강한 성장 · 발달을 위해 필수적인 요소들이다. 그러나 이러한 요인들은 학교폭력의 주요 원인이 될 수도 있지만 학교폭력과 함께 발생하는 병렬적 요인일 수도 있다. 따라서 이러한 문제들을 제거했을 때의 효과성에 의문을 제기할 수 있다. 즉, 이러한 문제들이 해결된다 하더라도 이것이 학교폭력 문제의 감소로 이어질지에 대해서는

1) 예를 들어, '가족 사랑의 날' 실천을 위한 구체적인 방법으로 매주 수요일을 가족과 함께하는 날로 정하고, 정기적으로 가족과 함께 저녁식사나 데이트, 지역사회 봉사활동을 하는 내용을 포함하고 있다. 이를 위한 일터의 실천사항으로는 알찬 일과를 보낸 후 정시퇴근을 목표로 하며, 직장탐방이나 가족친화 교육 등의 활동을 마련하는 것 등이 포함되어 있다.

분명한 근거를 제시하기 어렵다. 또한 이러한 문제들의 해결은 학교폭력과의 연계성에서뿐 아니라 독자적 목표하에 지속적으로 다루어질 필요가 있기 때문에 '학교폭력 근절'을 위한 세부 대책에 포함시키는 것이 적절하다고 보기 어렵다.

3. 대표적인 예방 및 개입 프로그램

1) 개 관

기존의 많은 연구자와 기관을 통해 학교폭력의 예방과 개입을 위한 다양한 프로그램들이 개발되어 왔다. 그러나 국외(자세한 내용은 제12장 참조)에서와 달리 국내에서는 프로그램들의 효과에 대한 비교연구들이 체계적으로 이루어지지 않은 상태다. 따라서 발표된 프로그램들 중 어떤 것이 상대적으로 더욱 효과적인 프로그램인지를 평가하기 어려운 상태다.

이런 상황에서, 이 절에서는 최근에 개발된 프로그램들 중 주제에 대한 분명한 논리와 배경지식을 바탕으로 세부 실천내용이 포함되어 있는 대표적 프로그램 몇 개를 소개하고자 한다. 이들 프로그램들은 모두 '학교폭력'을 주제로 삼고 있지만, 각기 다른 대상자에게 초점을 맞추고 있다. 즉, 첫 번째는 학교폭력 피해 학생에 대한 치유적 측면에 초점을 맞춘 프로그램이고, 두 번째와 세 번째는 학교폭력 예방을 위해 일반 학생들을 대상으로 만들어진 프로그램들이다. 이를 다시 구분하면, 두 번째 프로그램에서는 일반 학생의 공감능력 향상을 통해 학교폭력의 예방을 꾀하고자 하는 반면, 세 번째 프로그램에서는 방관자들의 태도 변화와 적극적 참여를 통해 학교폭력을 감소시키는 데 초점을 맞추고 있다.

2) 대표적 프로그램

(1) 학교폭력 피해 학생 치유 프로그램

- 개발자: 교육과학기술부(2008)
- 대상: 초등학교 및 중학교의 학교폭력 피해 학생
- 진행: 집단프로그램
- 구성: 기본프로그램 6회기, 심화프로그램 8회기(회기당 최소 90분)
- 목표
  - 학교폭력으로 인해 발생한 마음의 상처를 치유하고,
  - 심리적 부적응을 증폭시키는 자기인식을 변화시키며,
  - 학교폭력으로 인해 왜곡된 사회적 관계를 회복할 수 있도록 함
- 특징
  - 'Debriefing model'과 복합외상 증후를 다루기 위해 심리적 치유를 위한 통합 모형으로 구성됨
  - 초등학생과 중학생을 주요 대상으로 함
  - 집단개입방식을 활용하도록 함
  - 개별적 도움이 필요한 학생들의 경우 독특한 특성을 고려하여 교사가 지도할 수 있는 구체적인 방법들을 제시함
  - 상담에 대한 전문적 능력이 부족한 일반 교사들도 프로그램을 운영할 수 있도록 집단 내 역동을 최소화시킨 활동 중심의 운영방식을 채택하고 있음

• 주요 내용

구 분	목 적	세부 목표	세부 회기 내용
기본 프로그램	학교폭력 피해 후유증 치유	- 정서각성 및 조절 기능회복 - 세상에 대한 신뢰감 회복 - 긍정적 자아상 회복 - 사회적 효능감 증진 - 정서적 안정 및 자신감 회복	- 1회기: 자기소개 및 오리엔테이션
			- 2회기: 폭력경험의 재경험
			- 3회기: 감정 쏟아붓기
			- 4회기: 어우러지기
			- 5회기: 나 세우기
			- 6회기: 마음 털기
심화 프로그램	사회적 역량 증진	- 스트레스 대처능력 증진	- 1회기: 스트레스야! 넌 뭐니?
			- 2회기: 스트레스 줄이기
			- 3회기: 스트레스 문제해결하기
			- 4회기: 외부 도움받기
		- 대인관계 능력의 증진	- 1회기: 두 개의 귀, 하나의 입
			- 2회기: 미안하지만 곤란한데
			- 3회기: 고래도 춤추게 하는 칭찬
			- 4회기: 나의 갈등해결 방식은?

(2) 초등학생의 학교폭력 예방을 위한 배려증진프로그램

• 개발자: 한국청소년상담원(2008)

• 대상: 초등학교 고학년

• 진행 및 구성: 학급단위 집단프로그램(총 14회기)

• 목표: 참가자들의 배려능력(조망수용 및 전환능력, 공감, 몰입 및 동기전환)을 증진시킴으로써 학교폭력을 예방함

• 주요 내용

회기	제목	내용	구분
1	이제 우리 함께 해요	조망수용 및 조망전환	필수
2	다르다고 틀린 것은 아니에요	조망수용 및 조망전환	필수
3	배려맨 1	동기전환 활동 영역	필수
4	관절안경	조망수용 및 조망전환	선택
5	춤추는 거울	공감활동	선택
6	끼리끼리 공놀이	배려몰입 촉진 활동 영역	필수
7	5-NO-YES!	동기전환 활동 영역	필수
8	잠깐-참-그럼-좋아	동기전환 활동 영역	필수
9	알아줘서 고마워!	공감	필수
10	이상한 무궁화꽃이 피었습니다	배려몰입 촉진 영역	선택
11	배려맨 2	동기전환 활동 영역	선택
12	I'm a movie star	공감활동	필수
13	배려맨 3	동기전환 활동 영역	필수
14	마음 나눔 시상식	동기전환 활동 영역	필수

(3) 학교폭력 예방교육 프로그램-착한 사마리아인이 되면 안~되겠니?

• 개발자: 홍영미(2006)

• 대상: 초 · 중 · 고등학교 일반 학생(다수의 방관 학생)

• 진행 및 구성: 집단프로그램, 3부분으로 구성(총 2시간)

• 목표

- 다수의 방관자가 학교폭력에 대해 바르게 이해하고,
- 착한 사마리아인과 같은 따듯한 마음을 가지며,
- 이를 실천할 수 있는 구체적인 방법을 익혀 학교폭력 피해자를 도울 수 있게 함

• 주요 내용

구 분	목 표	세부 프로그램	시 간
강의 시작	1. 소개	- 기관, 강사, 프로그램 소개	5분
	2. 마음 열기	- 모둠별 애칭 짓기	10분
강의 주요 내용	1. 학교폭력의 올바른 이해	- 학교폭력이란? - 학교폭력/비폭력 구분 - 학교폭력 용어 사전 만들기 - ○/× 퀴즈 - 이럴 땐 어떻게?(상황별 대처방법)	15분
	2. 의식의 변화	- 이럴 땐 학교폭력 의심할 수 있다 - 영상물 감상	10~20분
	3. 행동의 변화	- 그래, 결심했어 - 댓글 달아 주세요 - 화해 나무 가꾸기	10~15분
정리 하기	1. 학교폭력 예방 지킴이 되기	- 영상물 감상 - 명함 만들기 - 표어/6행시 - 쟁반 노래방	15분
	2. 마무리	- 잘한 모둠 시상	5분

제14장

학교폭력 피해자에 대한 우선 개입 집단상담 프로그램

- 이 장에서는 학교 및 청소년 지도 현장에서 실시할 수 있는 학교폭력 피해자에 대한 집단상담 프로그램을 소개하고자 한다.
- 학교폭력 피해에 대한 예방과 개입은 단기간의 노력을 통해 이루어지기 어려운 과제다. 그러나 이에 대한 장기적인 대책마련과 함께 청소년들이 매일 매일의 피해상황에서 벗어나고, 이에 효율적으로 대처할 수 있는 방법을 배우는 '우선 개입' 프로그램의 마련 또한 절실한 상황이다.
- 이 장에서는 이러한 목적하에 학교폭력 피해자들이 우선적으로 제공받아야 할 내용을 중심으로 구성된 프로그램을 소개하고자 한다.
- 프로그램은 총 6회기로 이루어져 있고, 주요 내용으로는 ① 학교폭력 피해 정도와 위험성을 객관적으로 파악하고, ② 피해를 통해 갖게 된 부정적 감정을 표출하며, ③ 학교폭력 피해상황에서의 구체적인 대처 방법을 찾고 익히는 것이 포함된다.

1. 개 요

- 대상: (초) · 중 · 고등학교 학교폭력 피해 청소년
- 구성: 10명 내외 집단
- 시간: 총 6회기, 회기당 60~90분
- 목적
  - 학교폭력 피해 청소년들이 자신의 경험을 객관화하고 억눌렀던 감정을 표출함으로써 피해경험을 통한 부정적 심리상태에서 벗어날 수 있도록 함
  - 추후의 피해상황에 대처할 수 있는 구체적 방안을 모색하고 연습하는 기회를 가져 더욱 자신감 있고 긍정적인 또래관계를 맺을 수 있도록 도움

단 계	내 용	권장 시간
1회기	- 오리엔테이션 - 구성원 소개	60분
2회기	- 피해 사실 객관화하기: 피해경험 체크리스트 작성하기, 경험 나누기 - 정서적 위험성 파악하기: 우울, 자살사고	90분
3회기	- 감정 표출하기 - 이완하기	90분
4회기	- 해결책 준비하기 I: 친구 특성 관찰하기 - 해결책 준비하기 II: 대안행동 찾기	90분
5회기	- 해결책 준비하기 III: 자기주장하기 - 해결책 준비하기 IV: 주변 도움 요청하기	90분
6회기	- 종결/마무리	60분

2. 세부 내용

■ 1회기: 오리엔테이션 및 구성원 소개

1) 오리엔테이션

- 인사하기
- 소개: 프로그램 개요, 진행될 간략한 내용, 주의사항(비밀보장, 적극적인 참여 등) 등의 정보 제공하기

2) 구성원 소개(방법 1, 2, 3 중 선택)

- 방법 1 구성원 릴레이 소개하기
  - 자신의 이름과 특징(두 가지 이상) 소개하기
  - 앞 사람의 이름과 특징을 외워서 소개하고, 이어서 자신의 이름과 특징 소개하기
  - 돌아가면서 동일한 방법으로 앞 사람들의 이름과 특징을 이어 소개하기

- 방법 2 내 짝 소개하기
  - 두 명씩 짝짓기
  - 짝에게 묻고 싶은 것을 다섯 가지씩 질문하고 대답 듣기
  - 순서를 바꿔, 짝이 나에게 묻고 싶은 것을 다섯 가지씩 질문하고 내가 대답하기
  - 서로의 질문과 대답을 마치면 전체 구성원에게 내 짝을 소개하기 (질문을 통해 알아낸 사항들을 중심으로)

- 짝에 대한 내 소개가 끝나면, 차례를 바꿔 짝이 전체 구성원에게 나를 소개하기(질문을 통해 알아낸 사항들을 중심으로)

- 방법 3 나 소개하기
  - 나에 대한 미완성 문장들 완성하기(♣ 자료 A-1)
  - 완성된 문장들을 토대로 전체 구성원들에게 각자 자신을 소개하기

3) 마무리

- 상담구조화: 상담계획, 모임 시각, 장소, 간격 등의 정보제공하기
- 느낀 점 나누기

■ 2회기: 피해 사실과 정서적 위험성 파악하기

1) 인 사

- 인사하기
- 지난 회기 이후의 변화 및 상황 점검하기

2) 피해 사실 객관화하기

- 학교폭력 피해 체크리스트 작성하기(♣ 자료 A-2)
  - 참가자가 경험했거나 현재 경험하고 있는 학교폭력 피해의 심각성 정도를 객관적으로 파악하기
  - 피해경험 체크리스트의 10개 항목에 대해 자신이 경험했거나 현재 경험하고 있는 것을 체크하기
  - 그 피해를 현재도 경험하고 있는지 표시하기
  - 가능한 한 정해진 기간 동안의 경험(예: 지난 학기 동안, 지난 1년 동

안)에 대해 체크하기

- 경험 나누기
  - 체크리스트에 적은 내용을 구체적으로 설명하기
  - (구성원의 준비가 충분하다면) 피해를 통해 자신이 고통받고 있는 내용에 대해 공개하기

3) 정서적 위험성 파악하기

- 개입의 위급성과 심각성을 가늠하기 위해 피해자의 정서 상태를 객관적으로 파악하기

- 척도 완성하기
  - 우울증 척도(BDI)(♣ 자료 A-3)
  - 자살사고 척도(SIQ)(♣ 자료 A-4)

- 결과 활용하기
  - 척도의 결과를 다음 회기 이후의 진행에서 참고자료로 사용하기
  - 시급하고 긴밀한 개입이 필요한 경우 개인상담 병행하기

4) 마무리

- 느낀 점 나누기
- 학교폭력과 관련해서 다음 회기까지의 행동계획을 나누고 피드백 주고받기

■ 3회기: 감정 표출하기 및 이완하기

1) 인사

- 인사하기
- 지난 회기 이후의 변화 및 상황 점검하기

2) 감정 표출하기(방법 1, 2, 3 중 선택)

- **방법 1** 빈의자 게임
  - 피해를 당했던 사건 중 하나를 선택하여 상황을 간략히 묘사하기 (장소, 시간, 주변 사람 등)
  - (빈의자에 있는) 가해자에게 자신의 감정 표현하기

- **방법 2** 재판관 게임
  - 가해자의 가면을 만들어 인형에 씌우거나 혹은 가해자 인형을 만들어 세워 두기
  - 피해를 당했던 사건 중 하나를 선택하여 상황을 간략히 묘사하기 (장소, 시간, 주변 사람 등)
  - 자신이 재판관이 되어 가해자(가면 혹은 인형)에게 주고 싶은 벌 주기(하고 싶은 말을 충분히 하고, 주고 싶은 벌을 충분히 주도록 함)

- **방법 3** 현재화 게임
  - 피해를 당했던 사건 중 하나를 선택하여 묘사하기(장소, 시간, 주변 사람 등)
  - 그 일을 현재 일어나는 일처럼 재연하기
  - 필요시 상담자와 집단원들이 가해자나 주변 사람들의 역할해 주기

- 그 상황에서 피해자로서 자신이 '하고 싶었으나 하지 못한 일' (언행)을 적극적으로 해 보기

3) 이완하기

- 피해자 및 가해자에 대한 격한 감정을 표출시킨 후, 이를 진정시키고 현실에 잘 적응할 수 있도록 하기(방법 1, 2 중 선택)

- **방법 1** 근육이완
  - 지시에 맞춰 호흡하기('하나, 둘, 셋 → 들숨' + '하나, 둘, 셋 → 날숨')
  - 이 과정을 10회 정도 반복하기
  - 몸의 각 부분에 대한 근육이완시키기(말초부터 중심으로 각 부분에 대한 긴장을 3초씩 유지 후 풀기, 2~3회 반복하기)
  - 모두 마친 후 다시 호흡하기
  - 이완을 통해 경험한 것 나누기(격한 감정이 완화되었는지 확인하기)

- **방법 2** 명상, 호흡
  - 음악 준비하기
  - 지시에 맞춰 호흡하기('하나, 둘, 셋 → 들숨' + '하나, 둘, 셋 → 날숨')
  - 이 과정을 10회 정도 반복하기
  - 명상, 호흡을 통해 경험한 것 나누기(격한 감정이 완화되었는지 확인하기)

4) 마무리

- 느낀 점 나누기
- 학교폭력과 관련해서 다음 회기까지의 행동계획을 나누고 피드백 주

고받기

■ 4회기: 친구 특성 관찰 및 대안행동 찾기

1) 인 사

- 인사하기
- 지난 회기 이후의 변화 및 상황 점검하기

2) 친구 특성 관찰하기(방법 1, 2 중 선택)

- 방법 1 반 아이들이 좋아하는 친구 특성 파악하기
  - 반 아이들이 좋아하는 친구의 특성, 구체적 내용, 현재 내가 그 행동을 하는 정도 표시하기(♣ 자료 A-5)
  - 자신이 실천할 수 있는 것 선택하기
  - 이 행동을 하면 좋을 것 같은 예상결과 나누기
  - 선택한 행동 연습하기

- 방법 2 반 아이들이 싫어하는 친구 특성 파악하기
  - 반 아이들이 싫어하는 친구의 특성, 구체적인 내용, 현재 내가 그 행동을 하는 정도 표시하기(♣ 자료 A-6)
  - 자신이 대체할 수 있는 것 선택하기
  - 대체하면 좋을 것 같은 예상결과 나누기
  - 선택한 행동 연습하기

3) 대안행동 찾기

- 학교폭력의 피해가 예상되는 상황 적기(♣ 자료 A-7)

- 대처할 수 있는 대안적 행동목록 만들기
- 상황 연습하기(역할극)
- 대안행동에 대한 구성원들의 피드백 나누기

4) 마무리

- 느낀 점 나누기
- 학교폭력과 관련해서 다음 회기까지의 행동계획을 나누고 피드백 주고 받기

■ 5회기: 자기주장 및 주변 도움 요청하기

1) 인 사

- 인사하기
- 지난 회기 이후의 변화 및 상황 점검하기

2) 자기주장하기

- 나-전달법(I-Message) 연습하기(♣ 자료 A-8)
  - 나-전달법 이해시키기

> ♣ I-Message = 행동 + 영향 + 감정(세 가지 구성요소)
> ① 문제가 되는 상대의 행동과 상황을 구체적으로 말함(이때 평가와 비난을 하지 않도록 유의함)
> ② 상대방의 행동이 자신에게 미친 영향을 구체적으로 말함
> ③ 그러한 영향 때문에 느낀 감정을 솔직하게 말함
> (예) ① "네가 점심시간에 계속 나를 못 본 척해서 ② 나는 혼자 밥을 먹어야 했어. ③ 그래서 나는 정말 외롭고 비참했어."

- 주어진 상황에 대해 나-전달 문장 완성하기
- 상황 연습하기

3) 주변 도움 요청하기

- 피해상황을 혼자 해결하려 하지 말고 적절한 주변의 도움을 받도록 하기
- 도움의 종류와 접근 가능성을 구체적으로 마련하고 요청방법을 연습해 봄으로써 현장에서 적극적으로 도움을 받을 수 있는 힘을 기르게 하기

- 주변 도움 요청 목록 만들기
  - 학교폭력 상황에서 주변 사람들 중 도움을 요청할 수 있는 사람들의 목록 작성하기(♣ 자료 A-9)
  - 이들을 선택한 이유, 도움을 요청할 수 있는 가능성, 구체적인 요청방법 작성하기
  - 도움을 요청하는 상황 연습하기

4) 마무리

- 느낀 점 나누기
- 학교폭력과 관련해서 다음 회기까지의 행동계획을 나누고 피드백 주고받기

■ 6회기: 종결

1) 인 사

• 인사하기
• 지난 회기 이후의 변화 및 상황 점검하기

2) 변화 확인하기

• 체크리스트 및 척도 완성하기
  - 학교폭력 피해 체크리스트(♣ 자료 A-2) 완성하기(현재 발생하고 있는 내용을 중심으로)
  - 정서적 위험성 척도(♣ 자료 A-3, A-4) 완성하기
• 프로그램 시작 시기의 결과와 비교하기
• 변화의 정도 및 내용에 대해 느낀 점 나누기

3) 마무리

• 프로그램을 통해 느낀 점과 새롭게 배운 점 나누기
• 학교폭력과 관련된 향후 행동계획 점검하기
• 응급상황에서의 연락 및 대처방법 확인하기
• 격려하기

3. 활동 자료

♣ 자료 A-1. '나를 소개합니다'

- 나의 가장 큰 장점은 ______________________________

____

____.

- 내가 가장 행복한 순간은 ______________________________

____

____.

- 내가 가장 좋아하는 사람은 ______________________________

____

____.

- 내가 가장 잘하는 것은 ______________________________

____

____.

- 요즘 내가 가장 재미있어 하는 일은 ______________________________

____

____.

- 돈과 시간이 허락된다면 내가 가장 하고 싶은 일은 ______________________________

____

____.

- 내 외모 중 가장 자신 있는 부분은 ______________________________

____

____.

♣ 자료 A-2. 피해경험 체크리스트

※ 다음 항목 중 자신이 경험했던 일이나 현재 경험하고 있는 일에 대해 ∨표 해 주세요.

번 호	내 용	평균 빈도	현재 경험 여부
①	꼬집기, 찌르기를 포함하여 맞거나 발로 차인 경험	주( )회	(○/×)
②	볼펜, 자, 몽둥이, 흉기를 이용해서 상처를 입은 경험	주( )회	(○/×)
③	두 명 이상에게 폭행을 당한 경험	주( )회	(○/×)
④	힘센 아이에게 돈이나 물건을 빼앗긴 경험	주( )회	(○/×)
⑤	욕설, 별명 부르기, 조롱하기 등으로 기분 나빴던 경험	주( )회	(○/×)
⑥	심부름, 숙제, 게임레벨 올리기 등 강제로 싫은 것을 강요당한 경험	주( )회	(○/×)
⑦	인사 안 받아주기, 말 걸지 않기, 투명인간 놀이 등 소외당한 경험	주( )회	(○/×)
⑧	휴대전화, 인터넷 등 온라인을 통한 소문, 악플, 협박을 받은 경험	주( )회	(○/×)
⑨	성적인 불쾌한 말, 기분 나쁜 스킨십, 성적 행위를 당한 경험	주( )회	(○/×)
⑩	기타(내용:)	주( )회	(○/×)

♣ 자료 A-3. 우울증 척도(BDI)

※ 각 번호의 여러 항목 중에서 요즘 자신에게 가장 적합하다고 생각되는 번호를 하나씩만 골라 ○표 하십시오.

1. 0) 나는 슬프지 않다. ( )
   1) 나는 슬프다. ( )
   2) 나는 항상 슬프고 기운을 낼 수 없다. ( )
   3) 나는 너무나 슬프고 불행해서 도저히 견딜 수 없다. ( )

2. 0) 나는 앞날에 대해 별로 낙심하지 않는다. ( )
   1) 나는 앞날에 대해 용기가 나지 않는다. ( )
   2) 나는 앞날에 대해 기대할 것이 아무것도 없다고 느낀다. ( )
   3) 나는 앞날이 아주 절망적이고 나아질 가망이 없다고 느낀다. ( )

3. 0) 나는 실패자라고 느끼지 않는다. ( )
   1) 나는 보통사람들보다 더 많이 실패한 것 같다. ( )
   2) 내가 살아온 과거를 뒤돌아보면 실패투성이인 것 같다. ( )
   3) 나는 인간으로서 완전한 실패자라고 느낀다. ( )

4. 0) 나는 전과 같이 일상생활에 만족하고 있다. ( )
   1) 나의 일상생활은 예전처럼 즐겁지 않다. ( )
   2) 나는 요즘에는 어떤 것에서도 별로 만족을 얻지 못한다. ( )
   3) 나는 모든 것이 다 불만스럽고 싫증난다. ( )

5. 0) 나는 특별히 죄책감을 느끼지 않는다. ( )
   1) 나는 죄책감을 느낄 때가 많다. ( )
   2) 나는 죄책감을 느낄 때가 아주 많다. ( )
   3) 나는 항상 죄책감에 시달리고 있다. ( )

6. 0) 나는 벌을 받고 있다고 느끼지 않는다. ( )
   1) 나는 어쩌면 벌을 받을지도 모른다는 느낌이 든다. ( )
   2) 나는 벌을 받을 것 같다. ( )
   3) 나는 지금 벌을 받고 있다고 느낀다. ( )

7. 0) 나는 나 자신에게 실망하지 않는다. ( )
   1) 나는 나 자신에게 실망하고 있다. ( )
   2) 나는 나 자신에게 화가 난다. ( )
   3) 나는 나 자신을 증오한다. ( )

8. 0) 내가 다른 사람들보다 못난 것 같지는 않다. ( )
   1) 나는 나의 약점이나 실수에 대해 나 자신을 탓하는 편이다. ( )
   2) 내가 한 일이 잘못되었을 때는 언제나 나를 탓한다. ( )
   3) 일어나는 모든 나쁜 일들은 다 내 탓이다. ( )

9. 0) 나는 자살 같은 것은 생각하지 않는다. ( )
   1) 나는 자살할 생각을 가끔 하지만, 실제로 하지는 않을 것이다. ( )
   2) 자살하고 싶은 생각이 자주 든다. ( )
   3) 나는 기회만 있으면 자살하겠다. ( )

10. 0) 나는 평소보다 더 울지는 않는다. ( )
    1) 나는 전보다 더 많이 운다. ( )
    2) 나는 요즈음 항상 운다. ( )
    3) 나는 전에는 울고 싶을 때 울 수 있었지만, 요즈음은 울래야 울 기력조차 없다. ( )

11. 0) 나는 요즈음 평소보다 더 짜증을 내는 편은 아니다. ( )
    1) 나는 전보다 더 쉽게 짜증이 나고 귀찮아진다. ( )
    2) 나는 요즈음 항상 짜증을 내고 있다. ( )
    3) 전에는 짜증스럽던 일이 요즘은 너무 지쳐서 짜증조차 나지 않는다. ( )

12. 0) 나는 다른 사람들에 대한 관심을 잃지 않고 있다. ( )
    1) 나는 전보다 다른 사람들이 더 쉽게 귀찮아진다. ( )
    2) 나는 다른 사람들에 대한 관심이 거의 없어졌다. ( )
    3) 나는 다른 사람들에 대한 관심이 완전히 없어졌다. ( )

13. 0) 나는 평소처럼 결정을 잘 내린다. ( )
    1) 나는 결정을 미루는 때가 전보다 더 많다. ( )
    2) 나는 전에 비해 결정내리는 데 더 큰 어려움을 느낀다. ( )
    3) 나는 더 이상 아무 결정도 내릴 수가 없다. ( )

14. 0) 나는 전보다 내 모습이 나빠졌다고 느끼지 않는다. ( )
    1) 나는 나이 들어 보이거나 매력 없어 보일까 봐 걱정한다. ( )
    2) 나는 내 모습이 매력 없게 변해 버린 것 같은 느낌이 든다. ( )
    3) 나는 내가 추하게 보인다고 믿는다. ( )

15. 0) 나는 전처럼 일을 할 수 있다. ( )
    1) 어떤 일을 시작하는 데 전보다 더 많은 노력이 든다. ( )
    2) 무슨 일이든 하려면 나 자신을 매우 심하게 채찍질해야만 한다. ( )
    3) 나는 전혀 아무 일도 할 수가 없다. ( )

16. 0) 나는 평소처럼 잠을 잘 수 있다. ( )
    1) 나는 전만큼 잠을 자지 못한다. ( )
    2) 나는 전보다 한두 시간 일찍 깨고 다시 잠들기 어렵다. ( )
    3) 요즈음에는 전혀 잠을 잘 수 없다. ( )

17. 0) 나는 평소보다 더 피곤하지 않다. ( )
    1) 나는 전보다 더 쉽게 피곤해진다. ( )
    2) 나는 무엇을 해도 피곤해진다. ( )
    3) 나는 너무나 피곤해서 아무 일도 할 수 없다. ( )

18. 0) 내 식욕은 평소와 다름없다. ( )
    1) 나는 요즈음 전보다 식욕이 좋지 않다. ( )
    2) 나는 요즈음 식욕이 많이 떨어졌다. ( )
    3) 요즈음에는 전혀 식욕이 없다. ( )

19. 0) 요즈음 체중이 별로 줄지 않았다. ( )
    1) 전보다 몸무게가 2kg가량 줄었다. ( )
    2) 전보다 몸무게가 5kg가량 줄었다. ( )
    3) 전보다 몸무게가 7kg가량 줄었다. ( )

* 나는 현재 음식 조절로 체중을 줄이고 있는 중이다. (예, 아니요)

20. 0) 나는 건강에 대해 전보다 더 염려하고 있지는 않다. ( )
    1) 나는 여러 가지 통증, 소화불량, 변비 등과 같은 신체적인 문제로 걱정하고 있다. ( )
    2) 나는 건강이 염려되어 다른 일은 생각하기 힘들다. ( )

3) 나는 건강이 너무 염려되어 다른 일은 아무것도 생각할 수 없다. ( )

21. 0) 나는 요즈음 성(sex)에 대한 관심에 별다른 변화가 있지는 않다. ( )
    1) 나는 전보다 성에 대한 관심이 줄었다. ( )
    2) 나는 전보다 성에 대한 관심이 상당히 줄었다. ( )
    3) 나는 성에 대한 관심을 완전히 잃었다. ( )

Beck의 우울증 척도(Beck Depression Inventory: BDI)

* 검사구성: 정서적 · 인지적 · 동기적 · 생리적 증후군 등 21개 영역의 우울증상 포함
* 점수범위: 0점~63점
* 결과해석(Beck, 1967)
  - 9점 이하: 우울하지 않음
  - 10~15점: 경우울증(가벼운 우울상태)
  - 16~23점: 우울증
  - 24~63점: 중우울증(심한 우울상태)

♣ 자료 A-4. 자살사고 척도(SIQ)

※ 다음에는 사람들이 때때로 할 수 있는 생각들이 제시되어 있습니다. 각 문항을 읽고 최근 자신의 경우와 가장 맞다고 생각되는 한 번호에 ○표 하십시오.

번 호	문 항	전혀 그렇지 않다	대체로 그렇지 않다	보통 이다	대체로 그렇다	매우 그렇다
1	나는 내가 살아 있지 않은 편이 차라리 나을 것이라고 생각했다.	1	2	3	4	5
2	자살을 할까 생각해 본 적이 있다.	1	2	3	4	5
3	어떻게 자살할 것인가에 대해 구체적으로 생각해 봤다.	1	2	3	4	5
4	자살을 할 때 유서에 무엇이라고 쓸 것인가에 대해 생각했거나 유서를 써 보았다.	1	2	3	4	5
5	사람들에게 내가 자살한다는 것을 말할까 생각했다.	1	2	3	4	5
6	내가 없으면 주위 사람들이 더 행복할 것이라고 생각한다.	1	2	3	4	5
7	모든 것을 끝장내 버리는 것이 얼마나 쉬울까 생각해 보았다.	1	2	3	4	5
8	나는 자살할 용기가 있었으면 좋겠다.	1	2	3	4	5
9	기회가 있으면 자살할 것이라고 생각했다.	1	2	3	4	5
10	큰 사고를 당하는 것에 대해 생각했다.	1	2	3	4	5
11	자살을 생각해 보았지만 실제 행동으로 옮기지는 않을 것이다.	1	2	3	4	5
12	인생은 살 가치가 없다고 생각했다.	1	2	3	4	5
13	내 인생은 너무 형편없이 엉망이라서 더 이상 살아갈 이유가 없다고 생각했다.	1	2	3	4	5

14	내 존재를 알리는 유일한 방법이 자살이라고 생각했다.	1	2	3	4	5
15	내가 자살하면 내게 무관심했던 사람들이 후회하게 될 것이라고 생각했다.	1	2	3	4	5
16	정말로 자살할 의도는 아니지만 자해하는 것을 생각했다.	1	2	3	4	5
17	내가 죽거나 살거나 아무도 관심을 갖지 않을 것이라고 생각했다.	1	2	3	4	5
18	나는 때때로 자살에 대해 생각을 한다.	1	2	3	4	5
19	나는 기회만 된다면 자살할 것이다.	1	2	3	4	5

자살사고 척도(Suicidal Ideation Questionaire: SIQ)

* 구성 및 의미: 자살사고를 측정하는 19문항으로 이루어졌으며 점수가 높을수록 자살사고를 많이 하고 있음을 의미함(11번 문항은 역채점함). 기존 연구들에서 자살사고를 많이 할수록 자살시도의 위험이 높은 것으로 밝혀짐

* 점수범위: 19점~95점

* 해석: 분명한 해석 기준은 없고, 대략적으로 다음과 같은 해석이 가능함
  - 38점 이하: 자살사고와 자살위험성이 낮음
  - 39점~57점: 자살사고와 자살위험성이 높지 않음
  - 58점~76점: 자살사고와 자살위험성이 다소 높은 편임
  - 77점~95점: 자살사고와 자살위험성이 높은 편임

♣ 자료 A-5. '반 아이들이 좋아하는 친구의 특성은?'

번 호	반 아이들이 좋아하는 친구의 특성	그 특성을 보이는 친구 (이름 혹은 가명)	구체적인 행동	내가 이 행동을 하는 정도	나의 선택
1				①②③④⑤	
2				①②③④⑤	
3				①②③④⑤	
4				①②③④⑤	
5				①②③④⑤	
6				①②③④⑤	
7				①②③④⑤	
8				①②③④⑤	
9				①②③④⑤	
10				①②③④⑤	

① 거의 하지 않음 ~ ⑤ 언제나 이 행동을 함

♣ 자료 A-6. '반 아이들이 싫어하는 친구의 특성은?'

번 호	반 아이들이 싫어하는 친구의 특성	그 특성을 보이는 친구 (이름 혹은 가명)	구체적인 행동	내가 이 행동을 하는 정도	나의 대안
1				①②③④⑤	
2				①②③④⑤	
3				①②③④⑤	
4				①②③④⑤	
5				①②③④⑤	
6				①②③④⑤	
7				①②③④⑤	
8				①②③④⑤	
9				①②③④⑤	
10				①②③④⑤	

① 거의 하지 않음 ~ ⑤ 언제나 이 행동을 함

♣ 자료 A-7. 대안행동 찾기

- 장소: ____________________
- 대상: ____________________
- 상황: ____________________

____

____

____

____

1) 상대의 행동: ____________________

____

기존의 내(우리) 행동: ____________________

대안적 내(우리) 행동: ____________________

2) 상대의 행동: ____________________

____

기존의 내(우리) 행동: ____________________

대안적 내(우리) 행동: ____________________

3) 상대의 행동: ____________________

____

기존의 내(우리) 행동: ____________________

대안적 내(우리) 행동: ____________________

♣ 자료 A-8. 나-전달법 연습

〈상황 1〉 친구가 나에 대해 험담을 하고 다닌다.

• 나-전달법:

〈상황 2〉 지난달까지는 함께 어울리던 친구들이었는데, 어느 날부터 내게 말도 걸지 않는다.

• 나-전달법:

〈상황 3〉 쉬는 시간에 몇 명이 내 자리로 몰려와 뒤통수를 툭툭 치며 낄낄거린다.

• 나-전달법:

〈상황 4〉

• 나-전달법:

♣ 자료 A-9. 주변 도움 요청하기

번 호	도움 요청이 가능한 대상	선택 순위	구체적인 선택 대상(이름 혹은 가명)	선택 이유	요청 가능성	구체적인 요청방법 (시기, 장소, 방법)
1	부모				①②③④⑤	
2	가족/친척				①②③④⑤	
3	학교 내 친구				①②③④⑤	
4	학교 밖 친구				①②③④⑤	
5	선생님				①②③④⑤	
6	학교 밖 어른				①②③④⑤	
7	경찰				①②③④⑤	
8	기타				①②③④⑤	

① 거의 가능하지 않음 ~ ⑤ 매우 가능함

제15장

학교폭력 가해자에 대한 우선 개입 프로그램

- 학교폭력 피해와 마찬가지로, 학교폭력 가해에 대한 예방과 개입은 단기간의 노력을 통해 이루어지기 어려운 과제다. 그러나 장기적인 대책마련과 함께 학교폭력 가해자들이 현재의 공격적 행동양식을 버리고 학교폭력 가해 행동을 줄일 수 있도록 하는 '우선 개입' 프로그램의 마련 또한 절실한 상황이다.
- 이 장에서는 이러한 목적하에 학교폭력 가해자들이 우선적으로 제공받아야 할 내용을 중심으로 구성된 프로그램을 소개하고자 한다.
- 프로그램은 총 6회기로 이루어져 있고, 주요 내용으로는 ① 학교폭력 가해 정도와 위험성을 객관적으로 파악하고, ② 가해자들이 경험하는 스트레스 상황과 이로 인한 부정적 감정을 표출하며, ③ 학교폭력 가해 행동을 대체할 수 있는 구체적인 대안행동을 찾고 익히게 하는 것을 포함한다.

1. 개 요

- 대상: (초) · 중 · 고등학교 학교폭력 가해 청소년
- 구성: 10명 내외 한 집단
- 시간: 총 6회기, 회기당 60~90분
- 목적
  - 학교폭력 가해 청소년들이 자신의 행동을 객관화하고 가해현상과 관련된 자신의 감정을 표출하도록 함
  - 가해 청소년들이 피해자의 입장에서 그들의 감정을 느껴 보는 기회를 갖고 자신의 공격적 행동에 대한 대안행동을 학습함으로써 이후 가해 행동을 줄일 수 있도록 도움

단 계	내 용	권장 시간
1회기	- 오리엔테이션 - 구성원 소개	60분
2회기	- 가해 사실 객관화하기: 가해경험 체크리스트 작성하기, 경험 나누기 - 정서적 위험성 파악하기: 공격성, 폭력에 대한 인식	90분
3회기	- 감정 표출하기 - 이완하기	90분
4회기	- 피해자 감정 느껴 보기	90분
5회기	- 대안행동 찾고 익히기	90분
6회기	- 종결/마무리	60분

2. 세부 내용

■ 1회기: 오리엔테이션 및 구성원 소개

1) 오리엔테이션

• 인사하기

• 소개: 프로그램 개요, 진행될 간략한 내용, 주의사항(비밀보장, 적극적인 참여 등) 등의 정보제공하기

2) 구성원 소개(방법 1, 2, 3 중 선택)

• 방법 1 구성원 릴레이 소개하기
  - 자신의 이름과 특징(두 가지 이상) 소개하기
  - 앞 사람의 이름과 특징을 외워서 소개하고, 이어서 자신의 이름과 특징 소개하기
  - 돌아가면서 동일한 방법으로 앞 사람들의 이름과 특징을 이어 소개하기

• 방법 2 내 짝 소개하기
  - 두 명씩 짝짓기
  - 짝에게 묻고 싶은 것을 다섯 가지씩 질문하고 대답 듣기
  - 순서를 바꿔, 짝이 나에게 묻고 싶은 것을 다섯 가지씩 질문하고 내가 대답하기
  - 서로의 질문과 대답을 마치면 전체 구성원에게 내 짝을 소개하기

(질문을 통해 알아낸 사항들을 중심으로)
- 짝에 대한 내 소개가 끝나면, 차례를 바꿔 짝이 전체 구성원에게 나를 소개하기(질문을 통해 알아낸 사항들을 중심으로)

• 방법 3 나 소개하기
- 나에 대한 미완성 문장들 완성하기(♣ 제14장 자료 A-1 참조)
- 완성된 문장들을 토대로 전체 구성원들에게 각자 자신을 소개하기

3) 마무리
• 상담구조화: 상담계획, 모임 시각, 장소, 간격 등의 정보제공하기
• 느낀 점 나누기

■ 2회기: 가해 사실과 정서적 위험성 파악하기

1) 인 사
• 인사하기
• 지난 회기 이후의 변화 및 상황 점검하기

2) 가해 사실 객관화하기
• 학교폭력 가해 체크리스트 작성하기(♣ 자료 B-1)
- 참가자가 경험했거나 현재 경험하고 있는 학교폭력 가해의 심각성 정도를 객관적으로 파악하기
- 가해경험 체크리스트의 10개 항목에 대해 자신이 경험했거나 현재 경험하고 있는 것을 체크하기
- 그 가해를 현재도 경험하고 있는지 표시하기

- 가능한 정해진 기간 동안의 경험(예: 지난 학기 동안, 지난 1년 동안)에 대해 체크하기

• 경험 나누기
- 체크리스트에 적은 내용을 구체적으로 설명하기

3) 정서적 위험성 파악하기

• 개입의 위급성과 심각성을 가늠하기 위해 가해자의 정서 상태를 객관적으로 파악하기

• 척도 완성하기
- 공격성 검사(♣ 자료 B-2)
- 폭력에 대한 인식도 검사(♣ 자료 B-3)
- 스트레스 질문지(♣ 자료 B-4)
- 우울증 척도(BDI)(♣ 자료 A-3)
- 자살사고 척도(SIQ)(♣ 자료 A-4)

• 결과 활용하기
- 척도의 결과를 다음 회기 이후의 진행에서 참고자료로 사용하기
- 시급하고 긴밀한 개입이 필요한 경우 개인상담 병행하기

4) 마무리

• 느낀 점 나누기
• 학교폭력과 관련해서 다음 회기까지의 행동계획을 나누고 피드백 주고받기

■ 3회기: 감정 표출하기 및 이완하기

1) 인 사

- 인사하기
- 지난 회기 이후의 변화 및 상황 점검하기

2) 감정 표출하기

- 가해자 행동 이면에 존재하는 부정적 감정을 표출하고 해소할 기회를 제공하기. 필요에 따라 대상을 가족, 학교 내 친구, 학교 밖 친구, 기타로 구분하거나 반복 실시하는 것도 효과적임(방법 1, 2, 3 중 선택)

- **방법 1** 빈의자 게임
  - 자신을 가장 화나게 하거나 억울하게 하는 사람을 선택하고 상황을 간략히 묘사하기
  - (빈의자에 있는) 상대에게 자신의 감정 표현하기

- **방법 2** 재판관 게임
  - 자신을 가장 화나게 하거나 억울하게 하는 사람을 선택하고 상황을 간략히 묘사하기
  - 그 사람에 대한 가면을 만들어 인형에 씌우거나 혹은 그 사람 인형을 만들어 세워 두기
  - 자신이 재판관이 되어 그 사람(가면 혹은 인형)에게 주고 싶은 벌 주기(하고 싶은 말을 충분히 하고, 주고 싶은 벌을 충분히 주도록 함)

- **방법 3** 나를 화나게 하는 사람이나 상황 드러내기

- 자신을 가장 화나게 하거나 억울하게 하는 사람과 그 사람의 행동, 화나는 이유와 정도 및 나의 반응을 구체적으로 적기(♣ 자료 B-5의 A부분)
- 판단이나 비판하지 않는 분위기 속에서 이러한 상황에 대한 자신의 감정을 충분히 표현하기

3) 이완하기

- 억울하고 힘든 상황에 대한 격한 감정을 표출시킨 후, 이를 진정시키고 현실에 잘 적응할 수 있도록 하기(방법 1, 2 중 선택)

- **방법 1** 근육이완
  - 지시에 맞춰 호흡하기('하나, 둘, 셋 → 들숨' + '하나, 둘, 셋 → 날숨')
  - 이 과정을 10회 정도 반복하기
  - 몸의 각 부분에 대한 근육이완시키기(말초부터 중심으로 각 부분에 대한 긴장을 3초씩 유지 후 풀기, 2~3회 반복하기)
  - 모두 마친 후 다시 호흡하기
  - 이완을 통해 경험한 것 나누기(격한 감정이 완화되었는지 확인하기)

- **방법 2** 명상, 호흡
  - 음악 준비하기
  - 지시에 맞춰 호흡하기('하나, 둘, 셋 → 들숨' + '하나, 둘, 셋 → 날숨')
  - 이 과정을 10회 정도 반복하기
  - 명상, 호흡을 통해 경험한 것 나누기(격한 감정이 완화되었는지 확인하기)

4) 마무리

- 느낀 점 나누기
- 학교폭력과 관련해서 다음 회기까지의 행동계획을 나누고 피드백 주고받기

■ 4회기: 피해자 감정 느껴 보기

1) 인 사

- 인사하기
- 지난 회기 이후의 변화 및 상황 점검하기

2) 피해자 감정 느껴 보기(방법 1, 2, 3, 4 중 선택)

- 방법 1 영상 보기 1(학교폭력+자살)
  - UCC: '우린 친구였잖아' (부산영상예술고)
    http://blog.daum.net/imagechoice/16157244
  - 피해자가 느꼈을 감정과 생각 쓰기(♣ 자료 B-6)
  - 집단에서 발표하고 느낀 점 나누기

- 방법 2 영상 보기 2(집단따돌림)
  - UCC: '친구 없는 학교' (서울아이티고)
    http://blog.naver.com/dklwxl/10135668211
  - 피해자가 느꼈을 감정과 생각 쓰기(♣ 자료 B-7)
  - 집단에서 발표하고 느낀 점 나누기

- **방법 3** 현재화 게임
  - 피해를 줬던 사건 중 하나를 선택하여 상황을 간략히 묘사하기(장소, 시간, 주변 사람 등)
  - 그 일을 현재 일어나는 것처럼 재연하기(필요시 상담자와 집단원들이 피해자나 주변 사람들의 역할 해 주기)
  - 그 상황에서 피해자가 자신(가해자)에게 하고 싶었을 말을 상상해서 해 보기
  - 피해자가 (자신이 한 것과 같은) 반응을 보이지 못한 이유에 대해 생각해 보고 발표하기

- **방법 4** 피해자 일기 쓰기
  - 피해를 줬던 사건 중 하나를 선택하여 상황을 간략히 묘사하기(장소, 시간, 주변 사람 등)
  - 그날 피해자가 느꼈을 기분을 중심으로 피해자의 일기 쓰기
  - 집단에서 발표하고 느낀 점 나누기

3) 마무리

- 느낀 점 나누기
- 학교폭력과 관련해서 다음 회기까지의 행동계획을 나누고 피드백 주고받기

■ 5회기: 대안행동 찾고 익히기

1) 인사

- 인사하기

• 지난 회기 이후의 변화 및 상황 점검하기

2) 대안행동 찾고 익히기(방법 1, 2, 3 중 선택)

• **방법 1** 분노 조절하기 1
  - '나를 화나게 하는 사람/상황' 작성하기(♣ 자료 B-5의 B, C부분)
  - 각 상황에서 이제까지와 달리 대안적으로 할 수 있는 행동목록 만들기
  - 상황 연습하기(역할극)
  - 대안행동에 대한 구성원들의 피드백 나누기

• **방법 2** 분노 조절하기 2
  - '나를 화나게 하는 사람/상황' 확인하기(♣ 자료 B-5의 A부분)
  - 화가 난 상황에서 근육이완하기
  - 상황 연습하기(역할극)

• **방법 3** 상황에 대한 대안행동 찾기(♣ 자료 B-8)
  - 학교폭력의 가해가 예상되는 상황 적기
  - 각 상황에서 이제까지와 달리 대안적으로 할 수 있는 행동목록 만들기
  - 상황 연습하기(역할극)
  - 대안행동에 대한 구성원들의 피드백 나누기

3) 마무리

• 느낀 점 나누기
• 학교폭력과 관련해서 다음 회기까지의 행동계획을 나누고 피드백 주

고받기

■ 6회기: 종결

1) 인 사

- 인사하기
- 지난 회기 이후의 변화 및 상황 점검하기

2) 변화 확인하기

- 체크리스트 및 척도 완성하기
  - 학교폭력 가해경험 체크리스트(♣ 자료 B-1) 완성하기(현재 발생하고 있는 내용을 중심으로)
  - 정서적 위험성 척도(♣ 자료 B-2, B-3, B-4, A-3, A-4) 완성하기
- 프로그램 시작 시기의 결과와 비교하기
- 변화의 정도 및 내용에 대해 느낀 점 나누기

3) 마무리

- 프로그램을 통해 느낀 점과 새롭게 배운 점 나누기
- 학교폭력과 관련된 향후 행동계획 점검하기
- 응급상황에서의 연락 및 대처방법 확인하기
- 격려하기

3. 활동 자료

♣ 자료 B-1. 가해경험 체크리스트

※ 다음 항목 중 자신이 경험했던 일이나 현재 경험하고 있는 일에 대해 ∨표 해 주세요.

번 호	내 용	평균빈도	현재 경험 여부
①	꼬집기, 찌르기를 포함하여 맞거나 발로 찬 경험	주( )회	(O/X)
②	볼펜, 자, 몽둥이, 흉기를 이용해서 상처를 입힌 경험	주( )회	(O/X)
③	나를 포함한 2명 이상이 함께 약한 아이를 폭행한 경험	주( )회	(O/X)
④	힘이 약한 아이에게 돈이나 물건을 빼앗은 경험	주( )회	(O/X)
⑤	욕설, 별명 부르기, 조롱하기 등으로 기분 나쁘게 한 경험	주( )회	(O/X)
⑥	심부름, 숙제, 게임 레벨 올리기 등 강제로 싫은 것을 강요한 경험	주( )회	(O/X)
⑦	인사 안 받아 주기, 말 걸지 않기, 투명인간 놀이 등 소외시킨 경험	주( )회	(O/X)
⑧	휴대전화, 인터넷 등 온라인을 통한 소문, 악플, 협박을 한 경험	주( )회	(O/X)
⑨	성적인 불쾌한 말, 기분 나쁜 스킨십, 성적 행위를 한 경험	주( )회	(O/X)
⑩	기타(내용:)	주( )회	(O/X)

♣ 자료 B-2. 공격성 검사

※ 다음의 내용을 읽고 나의 생각과 일치하거나 가까운 번호에 ∨표 해 주세요.

번 호	"내가 생각하기에 나는 ……"	전혀 그렇지 않다	별로 그렇지 않다	보통 이다	대체로 그렇다	매우 그렇다
1	화가 나면 속으로 참기가 어렵다.	①	②	③	④	⑤
2	남에게 야비한 짓을 자주 한다.	①	②	③	④	⑤
3	때때로 물건을 부수고 싶다.	①	②	③	④	⑤
4	종종 상대방을 놀려서 화나게 한다.	①	②	③	④	⑤
5	누가 나를 험담한다면 나도 그 사람의 잘못을 공격한다.	①	②	③	④	⑤
6	때때로 욕설을 퍼붓고 싶을 때가 있다.	①	②	③	④	⑤
7	무엇인가 부수고 싶을 때가 많다.	①	②	③	④	⑤
8	친구들이 어리석은 짓을 하면 화가 난다.	①	②	③	④	⑤

공격성 검사

* 구성 및 의미: 한국적성연구소에서 Big 5 성격검사 중 정서적 안정성 검사의 하위요인인 공격성에 해당하는 문항을 추출함. 점수가 높을수록 공격성 정도가 높음을 의미함
* 해석: 분명한 해석 기준은 없고 대략적으로 다음과 같은 해석이 가능함. -25점 이상은 공격성 정도가 높은 편임

♣ 자료 B-3. 폭력에 대한 인식도 검사

※ 다음의 질문들에 대해 자신의 생각과 비슷한 곳에 ∨표 해 주세요.

번 호	"내가 생각하기에……"	전혀 그렇지 않다	별로 그렇지 않다	보통 이다	대체로 그렇다	매우 그렇다
1	사회질서를 유지하기 위해 폭력이 필요한 경우가 있다.	①	②	③	④	⑤
2	결과가 좋다면 폭력이 반드시 나쁜 것만은 아니다.	①	②	③	④	⑤
3	문제를 간단히 해결하는 데는 말보다 주먹이 낫다.	①	②	③	④	⑤
4	사소한 일에서는 법적인 해결보다 폭력이 더 효과적인 경우가 있다.	①	②	③	④	⑤
5	나를 괴롭히는 친구에게 욕설을 하는 것은 괜찮은 일이다.	①	②	③	④	⑤
6	나에게 욕을 하는 친구에게 욕설을 하는 것은 괜찮은 일이다.	①	②	③	④	⑤
7	나를 때린 친구를 때리는 것은 괜찮은 일이다.	①	②	③	④	⑤
8	나를 괴롭히는 친구를 때리는 것은 괜찮은 일이다.	①	②	③	④	⑤
9	나를 괴롭히는 친구와 아예 말을 하지 않는 것은 괜찮은 일이다.	①	②	③	④	⑤
10	다른 친구들로부터 괴롭힘을 많이 당하는 아이는 나름대로 그럴 만한 이유가 있다.	①	②	③	④	⑤
11	놀림을 당해 친구가 곤란에 처하는 것을 보면 재미있다.	①	②	③	④	⑤
12	괴롭힘을 당하는 아이는 도와주어야 한다.	①	②	③	④	⑤
13	내가 당하기 싫은 일은 다른 친구도 당하기 싫을 것이다.	①	②	③	④	⑤

14	학교폭력 피해는 오래 가지 않는다.	①	②	③	④	⑤
15	학교폭력을 당한 학생의 정신적 피해는 거의 없다.	①	②	③	④	⑤
16	학교폭력 문제는 폭력을 가한 학생에게는 아무런 영향을 미치지 않는다.	①	②	③	④	⑤
17	학교폭력을 당한 학생은 학교생활에 적응하기 힘들 것이다.	①	②	③	④	⑤

폭력에 대한 인식도 검사

* 구성 및 의미: Bullying Prevention Program의 평가를 위해 개발한 태도척도의 내용을 토대로, 삼성생명공익재단 사회정신건강연구소가 재구성함. 점수가 높을수록 폭력에 대해 더 허용적인 태도, 즉 폭력에 대해 잘못된 인식과 태도를 갖고 있음을 의미함(12, 13, 17번 문항은 역채점함)
* 해석: 분명한 해석 기준은 없고, 대략적으로 다음과 같은 해석이 가능함. -52점 이상은 폭력에 대한 잘못된 인식을 갖고 있음을 의미함

♣ 자료 B-4. 스트레스 질문지

※ 다음의 각 항목에 대해 자신이 느끼는 스트레스 정도를 ①~⑩ 사이의 번호에 ∨표 해 주세요.

번 호	항 목	스트레스를 느끼는 정도
1	부모님과의 갈등이나 문제	①②③④⑤⑥⑦⑦⑧⑨⑨⑩
2	형제자매와의 갈등이나 문제	①②③④⑤⑥⑦⑦⑧⑨⑨⑩
3	가정의 경제적 어려움으로 인한 스트레스	①②③④⑤⑥⑦⑦⑧⑨⑨⑩
4	동성친구와의 갈등이나 문제	①②③④⑤⑥⑦⑦⑧⑨⑨⑩
5	이성친구와의 갈등이나 문제	①②③④⑤⑥⑦⑦⑧⑨⑨⑩
6	친구가 없는 것에 대한 스트레스	①②③④⑤⑥⑦⑦⑧⑨⑨⑩
7	공부에 대한 압박과 시험불안	①②③④⑤⑥⑦⑦⑧⑨⑨⑩
8	노력해도 성적이 오르지 않는 것에 대한 스트레스	①②③④⑤⑥⑦⑦⑧⑨⑨⑩
9	선생님의 차별대우나 불공평함	①②③④⑤⑥⑦⑦⑧⑨⑨⑩
10	선생님의 인격무시나 무관심	①②③④⑤⑥⑦⑦⑧⑨⑨⑩
11	외모로 인한 스트레스와 열등감	①②③④⑤⑥⑦⑦⑧⑨⑨⑩
12	신체적 결함으로 인한 스트레스	①②③④⑤⑥⑦⑦⑧⑨⑨⑩
13	성적 욕구와 충동으로 인한 스트레스	①②③④⑤⑥⑦⑦⑧⑨⑨⑩
14	비행(폭력, 협박, 절도 등)에 연류된 것에 따른 스트레스	①②③④⑤⑥⑦⑦⑧⑨⑨⑩
15	기타( )	①②③④⑤⑥⑦⑦⑧⑨⑨⑩

① 전혀 느끼지 않음 ~ ⑩ 매우 많이 느낌

♣ 자료 B-5. 나를 화나게 하는 사람/상황

번 호	A				B			C
	대상	그 사람의 구체적인 행동	그로 인한 내 감정	감정의 정도 (100점 만점)	내가 한 행동	행동의 적절성 (100점 만점)	내 행동에 대해 상대가 느꼈을 감정	대안적으로 할 수 있을 행동
1				(　점)		(　점)		
2				(　점)		(　점)		
3				(　점)		(　점)		
4				(　점)		(　점)		
5				(　점)		(　점)		

♣ 자료 B-6. '우린 친구였잖아'

- 주인공이 느꼈을 주된 감정/기분은?
- 주인공이 (가해자들에게) 가장 하고 싶어 하는 말은?
- 만일 자신이 주인공이라면 어떤 기분이었을까? 어떻게 했을까?

♣ 자료 B-7. '친구 없는 학교'

- 주인공이 느꼈을 주된 감정/기분은?
- 주인공이 가장 원하는 것은?
- 만일 내가 주인공이라면 어떤 기분이었을까? 어떻게 했을까?
- 주인공에게 해 주고 싶은 말은?

♣ 자료 B-8. 대안행동 찾기

- 장소: ____________________

- 대상: ____________________

- 상황: ____________________

____

____

____

____

1) 상대의 행동: ____________________

____

기존의 내(우리) 행동: ____________________

대안적 내(우리) 행동: ____________________

2) 상대의 행동: ____________________

____

기존의 내(우리) 행동: ____________________

대안적 내(우리) 행동: ____________________

3) 상대의 행동: ____________________

____

기존의 내(우리) 행동: ____________________

대안적 내(우리) 행동: ____________________

제16장
학교폭력 방관자에 대한 우선 개입 프로그램

- 학교폭력은 다수의 방관자 앞에서 행해지는 행동이고, 이때 또래들의 방관적 태도로 인해 가해 및 피해 양상이 심화되는 경우가 많다. 따라서 청소년들로 하여금 방관적 태도를 버리고 상황에 적극적으로 개입하게 함으로써 학교폭력 현상을 줄이고 개선하게 하려는 노력이 절실하다.
- 이 장에서는 이러한 목적하에 일반 청소년들을 대상으로 학교폭력 현상을 바르게 이해하고, 구체적인 개입방법을 찾고 익히게 하는 내용을 중심으로 구성된 프로그램을 소개하고자 한다.
- 프로그램은 총 6회기로 이루어져 있고, 주요 내용으로는 ① 학교폭력 현상을 바르게 이해하고, ② 학교폭력으로 인한 피해자의 경험을 공감하도록 하며, ③ 학교폭력 상황에서 자신이 개입할 수 있는 효율적이고 구체적인 방안을 찾고 익히게 하는 것을 포함한다.

1. 개 요

- 대상: (초) · 중 · 고등학교 일반 청소년(특히 학교폭력을 목격하고 방관한 경험이 있거나 현재 하고 있는 청소년들)
- 구성: 학급단위(7~8명씩을 한 집단으로 구성)
- 시간: 총 6회기, 회기당 60~90분
- 목적
  - 학교폭력에 대해 관찰자나 방관자로 있던 청소년들의 태도와 행동을 변화시킴으로써 전체적인 학교폭력의 발생 비율을 낮춤
  - 이를 위해 대상자들이 학교폭력의 개념을 바르게 이해하고, 이에 대해 보다 적극적으로 개입할 수 있는 동기를 키우며, 개입방안을 익힐 수 있도록 도움

단 계	내 용	권장 시간
1회기	- 오리엔테이션 - 구성원 소개	60분
2회기	- 학교폭력 바르게 이해하기	90분
3회기	- 피해의 영향력 인식하기	90분
4회기	- 개입의 중요성 인식하기	90분
5회기	- 개입방법 찾고 익히기	90분
6회기	- 종결/마무리	60분

2. 세부 내용

■ 1회기: 오리엔테이션 및 구성원 소개

1) 오리엔테이션

- 인사하기
- 소개: 프로그램 개요, 진행될 간략한 내용, 주의사항(비밀보장, 적극적인 참여 등) 등의 정보제공하기

2) 구성원 소개(방법 1, 2, 3 중 선택)

- 방법 1 구성원 릴레이 소개하기
  - 자신의 이름과 특징(두 가지 이상) 소개하기
  - 앞 사람의 이름과 특징을 외워서 소개하고, 이어서 자신의 이름과 특징 소개하기
  - 돌아가면서 동일한 방법으로 앞 사람들의 이름과 특징을 이어 소개하기

- 방법 2 내 짝 소개하기
  - 두 명씩 짝짓기
  - 짝에게 묻고 싶은 것을 다섯 가지씩 질문하고 대답 듣기
  - 순서를 바꿔, 짝이 나에게 묻고 싶은 것을 다섯 가지씩 질문하고 내가 대답하기
  - 서로의 질문과 대답을 마치면 전체 구성원에게 내 짝을 소개하기 (질문을 통해 알아낸 사항들을 중심으로)

- 짝에 대한 내 소개가 끝나면 차례를 바꿔 짝이 전체 구성원에게 나를 소개하기(질문을 통해 알아낸 사항들을 중심으로)

• 방법 3 나 소개하기
- 나에 대한 미완성 문장들 완성하기(♣ 제14장 자료 A-1 참조)
- 완성된 문장들을 토대로 전체 구성원들에게 각자 자신을 소개하기

3) 마무리
• 상담구조화: 상담계획, 모임 시각, 장소, 간격 등의 정보제공하기
• 느낀 점 나누기

■ 2회기: 학교폭력 바르게 이해하기

1) 인 사
• 인사하기
• 지난 회기 이후의 변화 및 상황 점검하기

2) 학교폭력 이해하기(방법 1, 2 중 선택)
• 방법 1 해당 행동 찾기 게임(♣ 자료 C-1)
- 집단별로 학교폭력에 해당되는 구체적 행동들을 가능한 한 많이 적기(시간 제한하기)
- 다른 집단의 동의 여부에 따라 해당 행동으로 인정하기
- 집단 수가 많은 경우, 인정에 대한 규칙을 정하기(예를 들어, '3개 이상의 집단이 인정할 때 해당 행동으로 인정함')
- 가장 많이 인정받은 집단에게 포상하기

- **방법 2** ○, ×퀴즈(♣ 자료 C-2)
  - 진행자가 학교폭력과 관련된 문장 읽어 주기
  - 모든 참가자들이 ○, ×판을 들고 정답 맞히기(학생 수만큼의 ○, ×판을 준비하거나 거수로 의사 표시하기)
  - 최고 득점 집단에게 포상하기

3) 마무리

- 느낀 점 나누기
- 학교폭력과 관련해서 다음 회기까지의 행동계획을 나누고 피드백 주고받기

■ 3회기: 피해의 영향력 이해하기

1) 인 사

- 인사하기
- 지난 회기 이후의 변화 및 상황 점검하기

2) 피해의 영향력 이해하기(방법 1, 2, 3 중 선택)

- **방법 1** 영상 보기 1(학교폭력+자살)
  - UCC: '우린 친구였잖아' (부산영상예술고)
    http://blog.daum.net/imagechoice/16157244
  - 피해자가 느꼈을 감정과 생각 쓰기(♣ 제15장 자료 B-6 참조)
  - 집단에서 발표하고 느낀 점 나누기

- 방법 2 영상 보기 2(집단따돌림)
  - UCC: '친구 없는 학교' (서울아이티고)
    http://blog.naver.com/dklwxl/10135668211
  - 피해자가 느꼈을 감정과 생각 쓰기(♣ 제15장 자료 B-7 참조)
  - 집단에서 발표하고 느낀 점 나누기

- 방법 3 영상 보기 3(학교폭력+자살)
  - UCC: '크리미널 스쿨'
    http://www.pandora.tv/video.ptv?c1=01&ch_userid=happyworld&prgid=44551895
  - 피해자가 느꼈을 감정과 생각 쓰기(♣ 자료 C-3)
  - 집단에서 발표하고 느낀 점 나누기

3) 마무리

- 느낀 점 나누기
- 학교폭력과 관련해서 다음 회기까지의 행동계획을 나누고 피드백 주고받기

■ 4회기: 개입의 중요성 인식하기

1) 인 사

- 인사하기
- 지난 회기 이후의 변화 및 상황 점검하기

2) 개입의 중요성 인식하기

- 개입행동의 중요성 인식하기
  - '편들어 주기' 경험하기(♣ 자료 C-4)
  - 3명씩 짝짓고, 가해자 · 피해자 · 관찰자 역할 정하기
  - 상황 1, 2, 3 시행하기
  - 역할별로 시간을 제한하여 공평하게 시행하기(예를 들어, 각 사람당 5분)
  - 활동 후 느낀 점 나누기

3) 마무리

- 느낀 점 나누기
- 학교폭력과 관련해서 다음 회기까지의 행동계획을 나누고 피드백 주고 받기

■ 5회기: 개입방법 찾고 익히기

1) 인 사

- 인사하기
- 지난 회기 이후의 변화 및 상황 점검하기

2) 개입방법 찾고 익히기

- 구체적인 개입방법 찾고 익히기(♣ 자료 C-5)
  - 집단별로 가상의 학교폭력 상황에서 자신들이 할 수 있는 일 적기 (시간 제한하기)
  - 다른 집단의 동의 여부에 따라 적절한 행동으로 인정하기

- 가장 많이 인정받은 집단에게 포상하기
- 학교폭력 상황(♣ 자료 C-5)에 대해 찾은 대표적 개입방법으로 역할극하기

3) 마무리

- 느낀 점 나누기
- 학교폭력과 관련해서 다음 회기까지의 행동계획을 나누고 피드백 주고받기

■ 6회기: 종결

1) 인 사

- 인사하기
- 지난 회기 이후의 변화 및 상황 점검하기

2) 변화 확인하기

- 학교폭력에 대한 인식 변화 확인하기
  - ♣ 자료 C-1, C-2를 토대로 학교폭력에 대해 어느 정도 정확하게 인식하고 있는지 확인하기
- 프로그램 시작 시기의 결과와 비교하기
- 변화의 정도 및 내용에 대해 느낀 점 나누기

3) 마무리

- 프로그램을 통해 느낀 점과 새롭게 배운 점 나누기
- 학교폭력 상황에서 자신의 향후 개입행동 계획을 점검하기

- 응급상황에서의 연락 및 대처방법 확인하기
- 격려하기

3. 활동 자료

♣ 자료 C-1. 학교폭력 해당 행동 찾기 게임

번 호	학교폭력에 해당되는 구체적인 행동들	인정 여부
1		
2		
3		
4		
5		
6		
7		
8		
9		
10		
11		
12		
13		
14		
15		
16		
17		
18		
19		
20		
21		

22		
23		
24		
25		
26		
27		
28		
29		
30		

〈예시 답안〉

	항 목		항 목
1	때리기	16	돈이나 물건을 함께 훔치자고 강요하기
2	인터넷이나 휴대전화로 욕하기	17	소리 지르기
3	억지로 심부름시키기	18	외모에 대해 놀리기
4	말을 따라 하며 놀리기	19	능력에 대해 비웃기
5	놀이에 끼워 주지 않기	20	옷차림에 대해 비웃기
6	욕하기	21	점심시간에 끼워 주지 않기
7	싫어하는 별명 부르기	22	가족과 부모님에 대해 비웃기
8	돈이나 물건 빼앗기	23	옷 벗기기
9	이상한 소문 퍼뜨리기	24	고의로 물건을 망가뜨리기
10	원치 않는 사진이나 동영상을 찍어 돌리기	25	돈이나 물건을 훔치게 하기
11	돈이나 물건을 억지로 빌리기	26	그 사람과 관련된 사실이 아닌 이야기를 만들어 내기
12	청소나 숙제시키기	27	그 사람의 물건을 숨기기
13	협박하기	28	물어보는 말을 못 들은 척하기
14	빈 방에 가두기	29	친구들에게 그 사람과 어울리지 말라고 강요하기
15	침 뱉기	30	옆자리에 못 앉게 하기

* 참고: 홍영미(2006).

♣ 자료 C-2. 학교폭력 ○, ×퀴즈

번호	내 용	정/오
1	학교폭력 피해 유행 중 가장 많은 것은 신체적 폭력이다.	×
2	100원이라도 억지로 남의 돈을 뺏으면 형사처벌을 받는다.	○
3	폭력과 달리 집단따돌림을 시키면 손해배상을 하지 않는다.	×
4	신체폭행이나 협박이 가장 많이 발생하는 장소는 등하굣길 주변이다.	×
5	학교폭력을 목격한 학생이 신고하지 않으면 처벌을 받는다.	×
6	"나를 놀리지 마."라고 친구에게 말했는데도 그 친구가 계속 놀려 내가 때린 경우도 폭력에 해당된다.	○
7	일반적으로 체격이 작고 힘이 약한 친구들만이 학교폭력 피해대상이다.	×
8	직접적으로 폭력을 행사하는 것에 비해 말로 놀리거나 비난하는 것은 상대에게 심리적 피해를 적게 준다.	×
9	학교폭력 가해자는 자신도 피해자가 되는 경우가 많다.	○
10	학교폭력은 가해자–피해자 간의 문제이기 때문에 주변 친구들이 개입하는 것이 상황을 바꾸는 데 큰 영향을 주지 못한다.	×

주) '오답'에 대한 설명

1. 학교폭력 피해 유형 중 가장 빈번한 것은 놀림, 욕설, 협박과 같은 언어적 폭력임['제1, 2차 학교폭력 실태조사(2012) 결과' 및 제5장 참조]
3. 2005년 1월 집단따돌림을 포함한 학교폭력으로 인해 자살한 중학교 3학년 여학생 부모에게 교육청이 5천만 원을 배상하라는 판결이 내려진 예 등이 있음[『학교폭력 예방교육 프로그램: 착한 사마리아인이 되면 안 되겠니?』(홍영미, 2006) 참조]
4. 일반적으로 학교폭력이 자장 많이 발생하는 장소는 교내(교실, 복도 등)임(제10장 참조)
5. 「학교폭력예방 및 대책에 관한 법률」(2012. 03. 21. 일부개정)에 의하면 학교폭력 신고는 의무조항(제20조)이긴 하지만 처벌조항은 아님
7. 신체적으로 불리한 조건을 가진 학생들이 학교폭력 피해를 당하는 경우가 있지만, 학생들은 신체적 특성과 무관한 다양한 이유로 학교폭력 피해를 경험함(제7장 참조)
8. 직접적이고 신체적인 폭력에 비해 간접적이고 관계적인 괴롭힘이나 폭력이 피해 학생들에게 더 큰 심리적 피해를 줌('2012년 학교폭력 실태조사 결과' 및 제11장 참조)
10. 방관자의 개입은 학교폭력을 약화시키거나 중단시키는 데 적지 않은 효과가 있음(제3장 참조).

♣ 자료 C-3. '크리미널 스쿨'

- 주인공이 느꼈을 주된 감정/기분은?

- 만일 내가 주인공이라면 어떤 기분이었을까? 어떻게 했을까?

- 만일 내가 주인공이라면 가해자에게 어떻게 대응했을까?

- 주인공의 죽음이 혜진이(동생)에게 준 영향은? 앞으로의 영향은?

- 우리 반에 주인공 같은 친구가 있다면 나는 무엇을 해 줄 수 있을까? 무엇을 해 줄 계획인가?

♣ 자료 C-4. '편들어 주기' 게임

〈상황 1〉

- 가해자 · 피해자 · 관찰자 역할 정하기(모든 역할자는 자리를 뜨거나 상대에 대한 신체적 접촉을 할 수 없음)
- 가해자: 피해자에게 '최근 자신에게 일어난 일 중 하나'를 공격적인 투로 말하기
- 피해자: 아무런 대꾸 없이 듣기
- 관찰자: 가해자–피해자의 대화에 관심 보이지 않기
- 역할 바꿔 반복하기

〈상황 2〉

- 가해자 · 피해자 · 관찰자 역할 정하기(모든 역할자는 자리를 뜨거나 상대에 대한 신체적 접촉을 할 수 없음)
- 가해자: 피해자에게 '최근 자신에게 일어난 일 중 하나'를 공격적인 투로 말하기
- 피해자: 아무런 대꾸 없이 듣기
- 관찰자: 가해자–피해자의 대화에 끼어들어 피해자를 옹호하고 가해자에게 반박하기
- 역할 바꿔 반복하기

〈상황 3〉

- 가해자 · 피해자 · 관찰자 역할 정하기(모든 역할자는 자리를 뜨거나 상대에 대한 신체적 접촉을 할 수 없음)
- 가해자: 피해자에게 '최근 자신에게 일어난 일 중 하나'를 공격적인 투로 말하기
- 피해자: 관찰자의 개입이 시작되면 관찰자와 함께 가해자의 말에 반박하기
- 관찰자: 가해자–피해자의 대화에 끼어들어 피해자를 옹호하고 가해자에게 반박하기
- 역할 바꿔 반복하기

♣ 자료 C-5. 개입방법 찾고 익히기

〈상황 1〉
점심시간이다. 모두들 급식을 받으려고 줄을 서 있고 그중에 왕따 '동글이'가 서 있다. 평소 동글이를 괴롭히는 '따돌이' 일행이 쑥덕거리며 그 뒤에 섰다. '따돌이' 일행은 서로 눈빛을 주고받다가 '동글이'가 급식을 받는 순간 눈치채지 못하게 슬쩍 '동글이'의 다리를 걸었다. '동글이'는 급식을 바닥에 엎으며 모두가 보는 앞에서 넘어졌다. '따돌이' 일행은 큰 소리로 낄낄거리며 비아냥거린다.

〈상황 2〉
4교시에는 체육수업이 있고 지금은 2교시가 끝난 쉬는 시간이다. '동글이'가 화장실에 간 사이 '따돌이' 일행 중 하나가 히죽거리며 '동글이' 가방에서 체육복을 꺼내 교실 뒤 휴지통에 쑤셔 넣었다. 또 다른 '따돌이' 중 한 명이 낄낄거리며 먹고 있던 우유를 '동글이'의 체육복이 버려진 휴지통에 쏟아부었다. 3교시를 마치고 체육시간이 되자 아이들이 모두 체육복으로 갈아입고 운동장으로 향했지만, '동글이'는 체육복을 찾느라 쩔쩔매고 있다.

〈상황 3〉
쉬는 시간이다. '따돌이' 일행은 또 다시 '동글이' 자리로 모여 '동글이' 뒤통수를 툭툭 치고 있다. 그중 하나가 "야, 날도 더운데 아이스크림이나 사 와라. 이 형님들 거 모두 사 오고 돈은 내일 줄게~"라며 '동글이' 등을 떠민다.

〈개입 방법〉 상황별로 작성, 발표

방 법		구체적 개입내용	예상되는 결과/효과		인정 여부
			긍정적 측면	부정적 측면	
나	언어				
	행동				
주변 도움 요청					

참고문헌

가우디(1999). 왕따 리포트: 왕따 실태, 원인에서 해결방안까지. 서울: 우리교육.

강민지(2005). 사회적 상황에서의 외상경험, 또래관계와 청소년의 사회불안의 관계. 숙명여자대학교 석사학위논문.

강승호, 민미자(2002). 집단 따돌림을 당하는 학생과 주도하는 학생 및 일반학생의 성격특성과 감성지능 비교연구. 교육학연구, 40(2), 143-168.

강영계(2000). 왕따와 은따. 서울: 답게.

강진령, 유형근(2000). 집단괴롭힘. 서울: 학지사.

공숙자(1999). 왕따를 연구하다 왕따가 되어 버린 왕따 선생님의 왕따 이야기. 서울: 계림출판사.

곽금주(1992). 공격영화시청이 아동과 청소년의 사회정보처리과정에 미치는 영향. 연세대학교 박사학위논문.

곽금주(1999). 왕따에 대한 심리학적 관점: 왕따, 학교폭력 실태와 대처방안. 심포지움 자료집. 경희대학교 교육문제연구소.

곽금주, 윤진(1992). 공격성의 사회인지적 매개과정에 관한 두 가지 기초연구: 공격영화장면의 효과와 공격성 수준에 따른 차이. 한국심리학회지: 사회 및 성격, 6(2), 1-10.

교육과학기술부(2008). 학교폭력 피해학생 치유프로그램.

구창모(1991). 청소년 문제론. 서울: 청소년개발원.

권준모(1999). 한국의 왕따 현상의 개념화와 왕따 연구의 방법론적 고찰. 한국심리학회지: 사회문제, 5(2), 59-72.

김경은(2011). 청소년의 사이버폭력에 관련된 생태체계변인 탐색. 충북대학교 박사학위논문.

김명자(2002). 청소년의 학교폭력행위 예측모형. 전남대학교 박사학위논문.

김미경(2007). 사회적 지지와 귀인 성향이 또래괴롭힘 가해 및 피해에 미치는 영향. 서울여자대학교 석사학위논문.

김순혜(2007). 학교폭력 관련변인에 관한 연구. 교육논총, 27(2), 67-85.

김애순(2005). 청년기 갈등과 자기이해. 서울: 시그마프레스.

김영례(1982). 내외준거성과 대인관계 행동간의 상관연구. 이화여자대학교 석사학위논문.

김예성, 김광혁(2008). 초등학교 아동의 또래괴롭힘 경험유형에 따른 우울불안, 학교유대감, 공격성의 차이 및 피해경험을 통한 가해경험 변화. 아동학회지, 29(4), 213-229.

김예성, 박현선(2007). 초등학교 또래괴롭힘 피해 아동의 학교적응유연성에 관한 연구. 한국아동복지학, 23(1), 65-97.

김용태, 박한샘(1997). 비행청소년 부모교육 프로그램. 청소년상담연구(총서), 1-146.

김은정, 김인경, 정태연(2001). 집단 괴롭힘을 당하는 집단의 심리적 취약성. 한국심리학회지: 임상, 20(2), 246-257.

김재엽, 송아영, 이지혜(2008). 청소년의 학교폭력피해경험이 인터넷게임중독에 미치는 영향. 정신보건과 사회산업, 29, 150-176.

김재영(2005). 실업계 고교에서의 가정폭력 경험과 학교폭력의 관계에 관한 연구. 대전대학교 석사학위논문.

김정매(2010). 호텔 조직 내 집단따돌림이 비생산적 업무행동에 미치는 영향: 인구통계적 특성의 조절효과를 중심으로. 한국관광학회지, 7, 377-389.

김정민(2004). 학교 내에서의 또래집단 괴롭힘 피해경험과 아동의 대처전략 유형 및 외로움과의 관계. 한국교육학회, 42(2), 567-589.

김정민, 이정희(2008). 청소년의 또래관계의 질과 학업성취가 우울에 미치는 영향. 여성가족생활연구, 12(2), 115-128.

김정옥(2009). 초등학교 집단따돌림 학생들의 경험정도와 자기존중감 및 학교생활 적응과의 관계. 창원대학교 석사학위논문.

김준호, 김선애(2000). 학교주변 폭력에 관한 일 연구. 한국청소년연구, 11(1), 89-

110.
김현성(2004). 집단 따돌림 담론을 통해 본 청소년 주체형성과정과 그 효과에 관한 연구. 교육사회학연구, 14(3), 41-63.
김현정, 박영신, 방희정, 유성경, 이계원, 정명숙, 조아미, 최윤미(2004). 청년심리학. 서울: 박학사.
김혜원(2009). 청소년 부적응행동과 자아존중감의 관련성 재조명. 미래청소년학회지, 6(3), 1-22.
김혜원(2010). 부적응청소년을 대상으로 한 자아존중감 향상 상담프로그램의 구조와 내용 분석. 한국청소년학회, 17(2), 1-33.
김혜원(2011a). 집단따돌림과 집단괴롭힘에 따른 남녀 청소년들의 심리적 건강, 학교인식 및 학교적응에 대한 구조분석. 청소년복지연구, 13(2), 173-198.
김혜원(2011b). 청소년들의 집단따돌림과 집단괴롭힘 피해 경험에 따른 심리적 부적응 및 학교 부적응. 청소년학연구, 18(5), 321-357.
김혜원, 김난영(2009). 청소년들의 상담경험 현황과 사회적, 심리적 특성에 따른 상담기대의 차이 분석. 청소년복지연구, 11(1), 51-77.
김혜원, 이해경(2000). 학생들의 집단괴롭힘 관련경험에 대한 예언변인들의 탐색: 초·중·고등학생 간 비교를 중심으로. 교육심리연구, 15(1), 183-210.
김혜원, 정일현(2010). 청소년 부적응행동의 유형·정도와 자아건강성의 관계. 상담학연구, 11(1), 225-244.
김혜원, 조성연(2011). 청소년의 우울과 자살생각과의 관계에 대한 부모-자녀 의사소통방식과 학교생활만족도의 중재효과. 한국가정관리학회, 29(2), 127-142.
김혜원, 조성연, 김민(2010). 청소년 삶의 만족도에 대한 공부 중요성 인식, 공부압력과 성공압력의 영향력 및 부모-자녀 의사소통의 중재효과. 대한가정학회, 48(5), 49-60.
남승철(2003). 집단괴롭힘 피해에 영향을 미치는 위험요인과 보호요인. 계명대학교 석사학위논문.
노성호(2001). 집단따돌림을 통한 피해와 그 영향. 한국피해자연구, 9(2), 5-29.
노충래, 이신옥(2003). 중학생의 학교폭력에 영향을 미치는 요인에 관한 연구: 부부폭력 목격경험, 아동학대 피해경험, 내적통제감 및 학교생활을 중심으로. 학교사회복지, 6, 1-35.
대검찰청(2010). 청소년통계.
도기봉(2008). 학교폭력에 영향을 미치는 학교요인에 대한 부모양육태도의 조절효과. 사회복지개발연구, 14(4), 309-326.

문용린, 최지영, 백수현, 김영주(2007). 학교폭력의 발생과정에 대한 남녀 차이 분석: 피해자 상담사례분석을 중심으로. 교육심리학회, 21(3), 703-722.

문진명(2000). 시설청소년과 일반청소년의 또래 피해 지각에 따른 또래 따돌림 귀인 및 소외감. 서울대학교 석사학위논문.

박병기, 전영기(1999). 집단괴롭힘 해소방안에 관한 실천적 연구. 강원교육의 현장진단과 대안. 대학과의 협력연구논문, 9, 179-273.

박영신, 김의철(2001a). 학교폭력과 인간관계 및 청소년의 심리 행동특성: 폭력가해, 폭력피해, 폭력무경험 집단의 비교를 중심으로. 한국심리학회지: 사회문제, 7(1), 63-89.

박영신, 김의철(2001b). 청소년 학교폭력행동과 환경 및 심리특성의 관계: 위탁청소년과 중 · 고등학생을 중심으로. 교육심리연구, 15(2), 25-52.

박종효(2007a). 집단따돌림(왕따)에 대한 이해: 발달경향과 정신건강의 관련성. 한국청소년연구, 18(1), 247-272.

박종효(2007b). 학교폭력 가해행동에 대한 이해: 대인관계의 매개효과. 한국교육학회, 45(1), 1-24.

방송통신심의위원회(2009). 청소년 사이버 권리침해 예방 가이드.

백지현(2010). 남녀 청소년의 또래괴롭힘 참여자 역할 유형에 따른 인지적, 정서적, 사회적 특성. 이화여자대학교 석사학위논문.

삼성생명 사회정신건강연구소(1997). 학교 정신건강을 위한 부모교육 프로그램: 청소년기 인성발달 및 문제예방을 중심으로.

서울특별시 자녀안심운동 서울협의회(2000). 청소년문제행동의 이해.

손경원(2008). 학교폭력예방을 위한 사회 규범적 접근. 도덕윤리과교육연구, 26, 101-124.

손향숙(2005). 집단 따돌림 지속의 결정요인: 피해 아동의 대처 방식, 사회적 지지 및 자아개념을 중심으로. 청소년학연구, 12(3), 223-244.

송혜리(2010). 청소년의 집단따돌림 경험 및 자아탄력성, 학교생활적응과의 관계. 성균관대학교 석사학위논문.

신재선(2001). 초등학생의 또래 괴롭힘 유형과 스트레스 대처행동에 관한 연구. 연세대학교 석사학위논문.

양계민, 정현희(1999). 학교폭력이 청소년의 심리적 적응에 미치는 영향: 가해자, 피해자, 일반학생의 비교를 중심으로. 한국심리학회지: 사회문제, 5(2), 91-104.

여성가족부(2011). 청소년유해환경접촉종합실태조사 보고서.

오미경(1998). 감각추구성향과 사회화요인이 남녀 청소년의 위험행동에 미치는 영향. 이화여자대학교 박사학위논문.

오창순, 송미숙(2004). 부모의 양육태도가 학교폭력에 미치는 영향. 학교사회복지, 7, 136-161.

유영수(2002). 초등학생의 집단따돌림과 부모양육태도 및 가정환경과의 관계. 한동대학교 석사학위논문.

유현정(2004). 인구학적 변인, 부모관련 변인 및 또래동조성향이 청소년의 비행에 미치는 영향. 충남대학교 석사학위논문.

윤가현, 김문수, 김정희, 남기덕, 도경수, 박권생, 박영호, 손영숙, 송인섭, 심응철, 유승엽, 윤영화, 이철원 이현진, 조한익, 천성문(2005). 심리학의 이해. 서울: 학지사.

이경아(2008). 사회기술 및 또래 관계가 또래 괴롭힘에 미치는 영향. 한국심리학회지: 학교, 5(1), 61-80.

이경아, 이정윤, 양현정(2005). 집단따돌림이 청소년기 학교생활적응에 미치는 영향: 내면화 문제행동, 또래기술 및 자기존중감의 매개 중재 효과. 상담학연구, 6(2), 531-543.

이귀숙, 정현희(2005). 여자 중학생의 집단따돌림과 심리사회적 적응: 2년 추적 연구. 한국심리학회지: 학교, 2(1), 1-17.

이규미, 문영춘, 홍혜영(1998). 상담사례를 통해 본 '왕따' 현상. 서울특별시 청소년종합상담실.

이덕진(2007). 가정폭력이 청소년의 학교폭력에 미치는 영향에 관한 연구. 남부대학교 석사학위논문.

이명신(2000). 청소년의 집단따돌림의도 결정과정 모델. 한국아동복지학, 9(1), 176-200.

이미순(1995). 또래지위에 따른 아동의 사회정서적 행동과 귀인. 연세대학교 석사학위논문.

이민아(1998). 초등학생의 집단괴롭힘 개입 유형과 심리적 특성의 관계. 연세대학교 석사학위논문.

이상균(1999). 학교에서의 또래폭력에 영향을 미치는 요인. 서울대학교 석사학위논문.

이수연, 김문섭(2005). 일반청소년과 비행청소년의 가족의 심리적 환경 및 또래환경, 자기통제력의 비교. 대구한의대 학생생활연구, 10(1), 63-95.

이시형(1997). 학교폭력 실태와 그 예방. 대한의사협회지, 40(10), 1268-1273.

이원규(2006). 초등학교 고학년 아동의 집단괴롭힘 피해경험과 대처전략 및 외로움과의 상관분석. 대구대학교 석사학위논문.

이윤길, 이지숙, 김혜원(2011). 교실 내 학습 위치와 학생 심리상태의 관계에 대한 기초 연구. 대한건축학회, 27(11), 117-124.

이은주(2004). 집단괴롭힘과 자아존중감의 관계에 대한 단기종단적 연구. 청소년학연구, 11(1), 141-165.

이은희, 강은희(2003). 청소년들의 지배성, 우월감, 자기찬미, 신뢰결핍과 집단따돌림 행동간의 관계. 한국심리학회지: 건강, 8(2), 323-353.

이은희, 공수자, 이정숙(2004). 청소년들의 가정, 학교, 지역의 심리사회적 환경과 학교폭력과의 관계: 분노조절과 비행친구 접촉의 매개효과. 한국심리학회지: 상담 및 심리치료, 16(1), 123-145.

이익섭, 김근식(1998). 청소년 비행화 과정에 관한 연구: 중학생을 중심으로. 한국사회복지학, 35, 319-344.

이정숙, 권영란, 김수진(2007). 청소년의 집단따돌림 피해와 우울이 자살사고에 미치는 영향. 정신간호학회지, 16(1), 32-40.

이종갑(2007). 집단따돌림과 정책적 대안. 피해자학연구, 15(2), 285-309.

이춘재(1999). 학교폭력에 대한 심리학적 접근. 학교폭력의 학술적, 사회적 대안. 1999년 한국심리학회 심포지엄 논문집.

이춘재, 곽금주(1997). 이혼과 적응: 심리, 사회, 법률적 조명. 제4회 한국인간발달학회 학술 심포지움 논문집.

이춘재, 곽금주(1999). 학교에서의 집단 따돌림: 실태, 특성 및 대책. 서울: 집문당.

이춘재, 곽금주(2000). 집단따돌림 경험 유형에 따른 자기개념과 사회적 지지. 한국심리학회지: 발달, 13(1), 65-80.

이춘화(1999). 보호관찰소년의 폭력비행에 관한 연구: 폭력범 소년에 대한 처우의 개별화를 위한 실증연구. 소년보호연구(1), 213-249.

이해경, 김혜원(2000a). 집단괴롭힘의 가해와 피해행동에 영향을 미치는 사회적, 심리적 변인들. 한국심리학회지: 사회 및 성격, 14(1), 45-64.

이해경, 김혜원(2000b). 폭력노출이 집단 괴롭힘 가해와 피해행동에 미치는 영향: 심리적 변인들과의 상호작용효과를 중심으로. 한국심리학회지: 발달, 13(1), 93-113.

이해경, 김혜원(2001). 초등학생들의 집단괴롭힘 가해행동과 피해행동에 대한 사회적, 심리적 예측변인들: 학년과 성별을 중심으로. 한국심리학회지: 사회 및 성격, 15(1), 117-138.

이해경, 김혜원(2011a). 남녀 중학생들의 문제행동 경험 정도와 위험수준별 실태. 한국청소년복지학회, 13(1), 163-188.

이해경, 김혜원(2011b). 청소년들의 또래관계문제 현황과 설명변인에서의 성차. 한국심리학회지: 여성, 16(1), 43-68.

이훈구, 홍영오(2000). 암묵적 편견과 명시적 편견과의 관계. 한국심리학회: 사회 및 성격 연차학술발표대회 논문집.

임광규(2011). 집단괴롭힘 유형 및 정도가 청소년들의 심리사회적 적응에 미치는 영향에서 사회적 지지의 중재효과. 호서대학교 석사학위논문.

장진경(1999). 학교사회사업 실천프로그램 고찰을 통한 미래 방향 제안. 청소년복지연구, 1(1), 87-103.

장휘숙(2004). 청년심리학. 서울: 박영사.

장휘숙(2006). 전생애 발달심리학. 서울: 박영사.

전연이(2006). 중학생의 집단따돌림과 사회적 기술, 자아존중감 및 학교생활적응과의 관계. 경남대학교 석사학위논문.

정옥분(2005). 청년심리학. 서울: 학지사.

정옥분, 정순화, 김경은, 박연정(2008). 국내 집단따돌림 관련연구의 경향분석. 인간발달연구, 15(1), 115-137.

정유진(2009). 집단따돌림이 아동의 자아존중감과 학교 생활적응에 미치는 영향. 건국대학교 석사학위논문.

정은순, 김이순, 이화자, 김영혜, 송미경(2002). 초등학생들의 집단따돌림에 관한 연구. 아동간호학회지, 8(4), 422-434.

정지민(1998). 학교폭력 피해-가해 유형에 따른 청소년의 학교 적응 및 공격성에 관한 연구. 연세대학교 석사학위논문.

정진성(2009). 학교폭력의 원인에 대한 연구: 지역사회의 영향을 중심으로. 한국공안행정학회, 35, 365-390.

조성연, 김민, 김혜원(2011). 부모와 초등학생이 지각한 공부압력, 성공압력과 부모-자녀 의사소통방식 및 사회인구학적 변인이 삶의 만족도에 미치는 영향. 청소년복지연구, 13(1), 47-67.

조성연, 김혜원, 김민(2011). 생태학적 맥락에 따른 청소년의 삶의 만족도. 대한가정학회, 49(3), 87-98.

조성진, 전홍진, 김무진, 김장규, 김선욱, 류인균, 조맹제(2001). 한국 일 도시지역 청소년의 우울 증상 유병률과 관련요인에 대한 연구. 신경정신의학, 40(4), 627-639.

조성호(1999). 학교폭력에 대한 심리학적 개입의 허와 실: 국내사례를 중심으로, 학교폭력의 학술적, 사회적 대안. 1999년 한국심리학회 심포지엄 논문집.

조학래(2002). 중학생 집단따돌림의 실태와 대응방안. 연세사회복지연구, 8, 1-26.

주은선, 박은란(2003). 집단따돌림 피해자 특성에 관한 연구: 초등학교 학생을 중심으로. 덕성여자대학교논문, 32(8), 143-166.

중앙일보(2012. 1. 15). '점심때 싹 사라지는 동료들… 직장까지 번진 왕따'.

차경수(1996). 사회환경과 청소년폭력. 충북복지정책연구원 학술세미나 논문집.

청소년대화의 광장(1997). 따돌리는 아이들, 따돌림 당하는 아이들. 청소년상담문제 연구보고서 29.

청소년보호위원회(2000). 학교폭력 실태조사 보고서.

청소년폭력예방재단(1996). 학교폭력, 고통 받는 아이들을 위해 무엇을 할 것인가? 예방에서 대책까지. 서울: 한울림.

청소년폭력예방재단(2006). 2006년도 학교폭력 실태조사 보고서.

청소년폭력예방재단(2010). 2009년도 전국 학교폭력 실태조사 보고서.

최미경(2006). 아동의 또래괴롭힘 및 자아존중감과 외로움간의 관계. 아동학회지, 27(4), 133-145.

최보가, 임지영(1999). 또래괴롭힘이 아동의 외로움과 불안에 미치는 영향: 초등학생과 중학생을 대상으로. 대한가정학회지, 37(5), 111-121.

최수미, 김동일(2010). 따돌림 관여 유형에 따른 사회적 기술과 공격적 행동성향. 청소년상담연구, 18(1), 59-72.

최옥임, 정옥분(2003). 또래 따돌림에서 가해 청소년의 인지적 특성에 관한 연구: 사회정보처리 모델을 중심으로. 인간발달연구, 10(1), 73-89.

최윤미, 박희경, 손영숙, 정명숙, 김혜원, 최해림, 백화정, 강순화, 이은경, 이규미, 이은순, 정현희(1998). 현대청년심리학. 서울: 학문사.

최윤자, 김아영(2003). 집단따돌림 행동과 자아개념 및 귀인성향과의 관계. 교육심리연구, 17(1), 149-166.

최지윤(2009). 청소년의 또래괴롭힘 피해경험이 우울증상에 미치는 영향에서 정서조절 양식의 중재효과. 숙명여자대학교 석사학위논문.

학교폭력근절 종합대책(2012. 2. 6). 관계부처합동.

한국교육개발원(1998). 학생의 왕따(집단따돌림 및 괴롭힘) 현상에 대한 연구. 연구보고서 RR98-19.

한국청소년개발원(1998). 청소년폭력 대책 모델 개발.

한국청소년개발원(1999). 청소년폭력 가해자와 가해집단에 관한 연구. 연구보고 99-R 42.

한국청소년개발원(2006). 한국청소년패널조사(KYPS) IV-조사개요 보고서.

한국청소년상담원(1997). 따돌리는 아이들, 따돌림 당하는 아이들. 청소년상담문제 연구보고서.

한국청소년상담원(2008). 초등학생의 학교폭력 예방을 위한 배려증진프로그램 개발.

한규석(1996). 사회심리학의 이해. 서울: 학지사.

한정란(1989). 중학생의 학급내 교우관계에 의한 귀인 분석. 연세대학교 석사학위 논문.

한종철, 이민아, 이기학(1999). 초등학생의 집단괴롭힘 개입 유형과 심리적 특성과의 관계. 한국심리학회지: 상담과 심리치료, 11(1), 95-108.

홍영미(2006). 착한 사마리아인이 되면 안 되겠니?: 학교폭력 예방 프로그램 메뉴얼. 한국폭력예방재단.

황창순(2006). 초기 청소년기의 부모 및 또래애착과 애착의 변화. 한국청소년연구, 17(1), 201-225.

Anderson, D., Lorch, E., Field, D., & Sander, J. (1981). The effects of TV program comprehensibility on preschool children's television viewing behavior. *Developmental Psychology, 17*(3), 446-453.

Ando, M., Asakura, T., & Simons-Morton, B. (2005). Psychosocial influences onphysical, verbal, and indirect bullying among Japanese early adolescents. *Journal of Early Adolescence, 25*(2), 268-297.

Aronson, E., Willerman, B., & Floyd, J. (1966). The effect of a pratfall on increasing interpersonal attractiveness. *Psychonomic Science, 4*(2), 227-228.

Austin, S., & Joseph, S.(1996). Assessment of bully/victim problems in 8 to 11 year olds. *British Journal of Educational Psychology, 66*(4), 447- 456.

Baldry, A. C. (2003). Bullying in schools and exposure to domestic violence. *Child Abuse & Neglect, 27*(7), 713-732.

Bandura, A., Ross, D., & Ross, S. A. (1961). Transmission of aggression through imitation of aggressive models. *Journal of Abnormal and Social Psychology, 63*(3), 575–582.

Baum, C. G. (1989). Conduct disorders. In T. H. Ollendick and M. Hersen (Eds.), *Handbook of child psychology* (pp. 171–196). New York: Plenum.

Benbenishty, R., & Astor, R. A. (2005). *School violence in context*. New York: Oxford University Press.

Berger, K. S. (2007). Update on bullying at school: Science forgotten? *Developmental Review, 27*(1), 90–126.

Berstein & Watson, (1997). Children who are targets of bullying: A victim pattern. *Journal of Interpersonal Violence, 12*(4), 483–198.

Berstein, J. Y., & Watson, M. W. (1997). Children who are targets of bullying: A victim pattern. *Journal of Interpersonal Violence, 12*(4), 483–498.

Bowers, L., Smith, P. K., & Binney, V. (1994). Perceived family relationships of bullies, victims, and bully/victims in middle childhood. *Journal of Social and Personal Relationship, 11*(2), 215–232.

Brady, J. (2001). Bullying: An interview with Russell Skiba. *Communique, 30*(3), 8–31.

Buhs, E. S. (2005). Peer rejection, negative peer treatment, and school adjustment: Self-concept and classroom engagement as mediating processes. *Journal of School Psychology, 43*(3), 407–424.

Buhs, E. S., & Ladd, G. W. (2001). Peer rejection as an antecedent of young children's school adjustment: An examination of mediating processes. *Developmental Psychology, 37*(4), 550–560.

Buhs, E. S., Ladd, G. W., & Herald, S. L. (2006). Peer exclusion and victimization: Processes that mediate the ralation between peer group rejection and children's classroom engagement and achievement. *Journal of Educational Psychology, 98*(1), 1–13.

Campbell (2005). Cyber bullying: An old prblem in a new guise? *Australian Journal of Guidance and Counseling, 15*(1), 68–76.

Card, N. A. (2003). *Victims of peer aggression: A meta-analytic review*. Presented at society for research in child development biennial meeting, Tampa, USA, April.

Caspi, A., NcClay, J., Moffitt, T. E., Mill, J., Martin, J., Craig, I. W. et al. (2002). Role of genotype in the cycle of violence in maltreated children. *Science, 297*(4), 851-854.

Cawdry, R. W., & Gardner, D. L. (1988). Pharmacotherapy of borderline personality disorder: Prasolam, Abamazepine, Trifluoperazine, and Tranylcypromine. *Archieves of General Psychiatry, 45*(1), 111-119.

Clarke, E. A., & Kiselica, M. S. (1997). A systemic counseling approach to the problem of bullying. *Elementary school Guidance and Counseling, 31*(2), 310-325.

Coie, J. D., & Dodge, J. A. (1998). Aggression and antisocial behavior. In W. Damon & N. Eisenbert (Eds.), *Handbook of child psychology: Vol. 3. Social, emotional, and personality development* (pp. 779-862). New York: Wiley.

Cole, J. C. M., Cornell, D. G., & Sheras, P. (2006). Identification of school bullies by survey methods. *Professional School Counseling, 9*(3), 305-313.

Craig, W. M. (1998). The relationship among bullying, victimization, depression, anxiety, and aggression in elementary school children. *Personality and Individual Differences, 24*(1), 123-130.

Craig, W. M., & Harel, Y. (2004). Bullying, physical fighting and victimization. In C. Currie, C. Roberts, A. Morgan, R. Smith, W. Settertobulte, & O. Samdal (Eds.), *Young peoplė s health in context* (pp. 133-144). Geneva, Switzerland: World Health Organization.

Craig, W. M., Pepler, D., & Atlas, R. (2000). Observations of bullying in the play ground and in the classroom. *School Psychology International, 21*(1), 22-36.

Cropper, N., & Froschl, M. (2000). The role of gender in young children' s teasing and bullying behavior. *Equity & Excellence in Education, 33*(1), 48-56.

D' zurilla, T. J., & Goldfried, M. R. (1973). Cognitive processes, problem solving, and effective behavior. In M. R. Goldfried & M. Merbaum (Eds.), *Behavior change through self-control.* New York: Plenum.

David, C. F., & Kistner, J. A. (2000). Do positive self-perceptions have a "dark-side?" Examination of the link between perceptual bias and aggression. *Journal of Abnormal Child Psychology, 28*(4), 327-337.

Dodge, K. A., & Coie, J. D. (1987). Social-information-processing factors in reactive and proactive aggression in children's peer groups. *Journal of Personality and Social Psychology, 53*(11), 1146-1158.

Dodge, K. A., Price, J. M., Bachorowski, J. A., & Newman, J. P. (1990). Hostile attributional biases in severely aggressive adolescents. *Journal of Abnormal Psychology, 99*(4), 385-392.

Duncan, R. D. (1999). Maltreatment by parents and peers: The relationship between child abuse, bully victimization, and psychological distress. *Child Maltreatment, 4*(1), 45-55.

Erath, S. A., Flanagan, K. S., & Bierman, K. L. (2008). Early adolescent school adjustment: Association with friendship and peer victimization. *Social Development, 17*(4), 853-870.

Espelage, D. L., & Holt, M. K. (2001). Bullying and victimization during early adolescence: Peer influences and psychosocial correlates. In R. A. Geffner, M. Loring, & C. Young (Eds.), *Bullying behavior: Current issues, research, and interventions* (pp. 123-142). New York: The Haworth Press, Inc.

Fekkes, M., Pijpers, F. I. M., Fredriks, M., Vogels, T., & Verllve-Vanhorick, P. (2006). Do bullied children get ill, or do ill children get bullied? A prospective cohort study on the relationship between bullying and health-related symptoms. *American Academy of Pediatrics, 117*(8), 1568-1574.

Furman, D., & Buhrmester, D. (1992). Age and sex differences in perceptions of networks of person relationships. *Child Development, 63*(1), 103-115.

Glover, D., Gough, G., & Johnson, M. (2000). Bullying in 25 secondary school: Incidence, impact and intervention. *Educational Research, 42*(2), 140-156.

Gottheil, N. F., & Dubow, E. F. (2001). The interrelationships of behavioral indices of bully and victim behavior. In R. A. Geffner, M. Loring, & C. Young (Eds.), *Bullying behavior: Current issues, research, and interventions* (pp. 75-93). New York: The Haworth Press, Inc.

Graham, S., Bellmore, A. D., & Mize, J. (2006). Peer victimization, aggression, and their co-occurrence in middle school: Pathways to adjustment problems. *Journal of Abnormal Child Psychology, 34*(3), 363-378.

Hawkins, D. L., Pepler, D. J., & Craig, W. C. (2001). Naturalistic observation of peer interventions in bullying. *Social Development, 10*(4), 512–527.

Hay, C., Fortson, E. N., Hollist, D. R., Altheimer, I., & Schaible, L. M. (2006). The "Impact of community disadvantage on the relationship between family and juvenile crime". *Journal of Research in Crime and Delinquency, 43*(4), 326–356.

Hodge, E. V. E., & Perry, D. G. (1999). Personal and interpersonal antecedents and consequences of victimization by peers. *Journal of Personality and Social Psychology, 76*(7), 677–685.

Holt, M. K., & Keyes, M. A. (2004). Attitudes toward bullying. In D. L. Espelage & S. M. Swearer (Eds.), *Bullying in American school* (pp. 121–141). Mahwah, NJ: Erlbaum.

Hoover, J. H., Oliver, R., & Hazler, R. J. (1992). Bullying: perceptions of adolescent victims in the midwestern USA. *School Psychology International, 13*(1), 5–16.

Horne, A. M., & Socherman, R. (1996). Profile of a bully: Who would do such a thing? *Educational Horizons, Winter* (pp. 77–83).

Juvonen, J., Graham, S., & Schuster, M. A. (2003). Bullying among young adolescents: The strong, the weak, and the troubled. *American Academy of Pediatrics, 112*(6), 112–1231.

Juvonen, J., Nishina, A., & Graham, S. (2000). Peer harassment, psychological adjustment, and school functioning in early adolescence. *Journal of Educational Psychology, 92*(4), 349–359.

Kim, Y. S., Koh, Y. J., & Leventhal, B. (2005). School bullying and suicidal risk in Korean middle school students. *Pediatrics, 115*(2), 357–363.

Klomek, B. A, Marrocco. F., Kleinman. M., Schonfeld. M., & Gould M. S. (2007). Bullying Depression and Suicidality in Adolescents. *Journal of the American Academy of Child and Adolescent Psychiatry, 46*(1), 40–49.

Kochenderfer-Ladd, B. (2004). Peer victimization: The role of emotions in adaptive and maladaptive coping. *Social Development, 67*(4), 1305–1317.

Kochenderfer-Ladd, B., & Wardrop, J. L. (2001). Chronicity and instability of children's peer victimization experiences as predictors of loneliness and social satisfaction trajectories. *Child Development, 72*(2), 134–151.

Kowalski, R. M., & Limber, S. P. (2007). Electronic bullying among middle school students. *Journal of Adolescent Health, 41*(1), 22–30.

La Greca, A. M., & Harrison, H. M. (2005). Adolescent peer relations, friendships, and romantic relationships: Do they predict social anxiety and depression? *Journal of Clinical and Adolescent Psychology, 34*(1), 49–61.

Lee, C. (2011). *Preventing bullying in schools: A guide for teachers and other professionals.* Los Angeles: Sage.

Li, Q. (2006). Cyberbullying in schools: A research of gender differences. *School Psychology International, 27*(1), 157–170.

Lloyd, M. A. (1985). *Adolescence.* New York: Harper & Row.

Loeber, R., & Stouthamer-Lober, M. (1998). Development of juvenile aggression and violence: Some common misconceptions and controversies. *American Psychologist, 53*(2), 242–259.

Macklem, G. L. (2003). B*ullying and teasing: Social power in children's groups.* Kluwer Academic Pub.

Magnusson, D. (1992). Individual development a longitudinal prespective. *European Journal of Personality, 6*(2), 119–138.

Mishna, F. (2003). Learning disabilities and bullying: Double jeopardy. *Journal of Learning Disabilities, 36*(4), 336–347.

Mouttapa, M., Valente, T., Gallaher, P., Rohrbach, L. A., & Unger, J. B. (2004). Social network predictors of bullying and victimization. *Adolescence, 39*(154), 315–335.

Mullin, C. R., & Linz, D. (1995). Desensitization and resensitization to violence against women: Effects of exposure to sexually violent films on judgements of demestic violence victims. *Journal of Personality and Social Psychology, 69*(3), 449-459.

Nansel, T. R., Craig, W., Overpeck, M. D., Saluja, G., & Ruan, J. (2004). Cross-national consistency in the relationship between bullying behaviors and psychosocial adjustment. *Archives of Pediatrics & Adolescent Medicine, 158*(8), 730–736.

Nansel, T. R., Overpeck, M., Pilla, R. S., Ruan, J., Simons-Morton, B., & Scheidt, P. (2001). Bullying behaviors among US youth: Prevalence and association with psychosocial adjustment. *Journal of the American Medical Association, 285*(16), 2094–2100.

Nishina, A., & Juvonen, J. (2005). Daily reports of witnessing and experiencing peer harassment in middle school. *Child Development, 76*(3), 435–450.

Noret, N., & Rivers, I. (2006). The prevalence of bullying by text message or email: Results of four year study. Poster presented at British Psychological Society Annual Conference, Cardiff, April.

Olweus, D. (1978). *Aggression in the Schools, Bullies and whipping boys.* Washington, D. C.: Hemisphere(Wiley).

Olweus, D. (1979). Stability and aggressive reaction patterns in males: A review. *Psychological Bulletin, 86*(4), 852–875.

Olweus, D. (1986). *The Olweus bully-victim questionnaire.* Mimeco. Bergen, Norway: University of Bergen.

Olweus, D. (1987). School-yard bullying: Grounds for intervention. *School Safety, 6*(1), 4–11.

Olweus, D. (1993). *Bullying at School: What we know and what we can do.* Oxford, UK: Blackwell Publishers.

Olweus, D. (1994a). Annotation: Bullying at school based intervention program. *Journal of Child Psychology and Psychiatry, 35*(4), 1171–1190.

Olweus, D. (1994b). Bullying at school: Basic facts and effects of a school based intervention program. *Journal of Child Psychology and Psychiatry, 35*(11), 1171–1190.

Olweus, D. (1995). Bullying or peer abuse at school: Facts & Intervention. *Current Directions in Psychological Science, 4*(6), 196–200.

Ono, T., & Hasegawa, Y. (2001). Physical stereotypes of ijime victima. *Japanese Journal of Experimental Social Psychology, 40*(1), 87–94.

Patterson, G. R. (1986). Performance models for antisocial boys. *American Psychologist, 41*(4), 432–444.

Pellegrini, A. D. (2001). Sampling instances of victimization in middle school: A methodological comparison. In J. Juvonen & S. Graham (Eds.), *Peer harassment in school: The plight of the vulnerable and victimized* (pp. 125–164). New York: The Guilford Press.

Pellegrini, A. D., & Bartini, M. (2000). A longitudinal study of bullying, victimization, and peer affiliation during the transition from primary school to middle school. *American Educational Research Journal, 37*(3), 699-725.

Pelligrini, A. D., & Long, J. D. (2002). A longitudinal study of bullying, dominance, and victimization during the transition from primary school through secondary school. *British Journal of Developmental Psychology, 20*(2), 259-280.

Pepler, D. J., Craig, W. M., & Roberts, W. L. (1998). Observations of aggressive and nonaggressive children on the school playground. *Merrill-Palmer Quarterly, 44*(1), 55-76.

Perry, D. G., Kusel, S. J., & Perry, L. C. (1988). Victims of peer aggression. *Developmental Psychology, 24*(8), 807-814.

Perry, D. G., Perry, L. C., & Boldizar, J. P. (1990). Learning of aggression. In M. Lewis and S. M. Miller (Eds.), *Handbook of developmental psychology.* (pp. 135-146). New York: Plenum.

Perry, D., Perry, L., & Kennedy, E. (1992). Conflict and the development of antisocial behavior. In C. Shantz & W. Hartup (Eds.), *Conflict in child and adolescent development* (pp. 301-329). New York: Cambridge University Press.

Prinstein, M. J., & Aikins, J. W. (2004). Cognitive moderators of the longitudinal association between peer rejection and adolescent depressive symptoms. *Journal of abnormal child psychology, 32*(2), 147-158.

Raskauskas, J., & Stolts, A. D. (2007). Involvement in traditional and electronic bullying among adolescents. *Developmental Psychology, 43*(4), 564-575.

Reston, V. (1995). Helping middle level and high school students develop trust, respect, and self-confidence. NASSP(National Association of Secondary School Principals) *Practitioner, 21*(4), Apr.(ERIC Document Reproduction Service No. ED. 381897).

Rice, F. P. (1998). *Human development.* New Jersey: Prentice Hall.

Rigby, K. (1993). School children's perception of their families and parents as a function of peer relations. *The Journal of Genetics Psychology, 154*(4), 501-513.

Rivers, I. (2001). Retrospective reports of school bullying: Stability of recall and its implications for research. *British Journal of Developmental Psychology, 19*(2), 129–141.

Rodkin, P. C., Farmer, T. W., Pearl, R., & Van Acker, R. (2000). Heterogeneity of popular boys: Antisocial and prosocial configurations. *Developmental Psychology, 36*(1), 14–24.

Roland, E., & Idsoo, T. (2001). Aggression and bullying. *Aggressive Behavior, 27*(3), 446–462.

Ross, D. (1996). *Childhood bully and teasing: What school personnel, other professionals and parents can do.* Alexandria, Virginia: American Counseling Association.

Salmivalli, C. (2002). Is there an age decline in victimization by peers at school? *Educational Research, 44*(2), 269–277.

Scheitauer, H. (2002). Unprototypical forms of aggression among children: A meta-analysis. Presented at 7th Workshop on Aggression. Vienna, Austria, November.

Schwartz, D., Proctor, J. I., & Chien, D. H. (2001). The aggressive victim of bullying: Emotional and behavioral dysregulation as a pathway to victimization by peers. In J. Juvonen & S. Graham (Eds.), *Peer harassment in school: The plight of vulnerable and victimized* (pp. 147–174). New York: Guilford Press.

Selman, E. L. (1981). The child as a friendship philosopher. In S. R. Asher & J. M. Gottman (Eds.), *The development of childreǹ s friendships* (pp. 242–272). New York: Cambridge University Press.

Siegel, R. S., La Greca, A. M., & Harrison, H. M. (2009). Peer victimization and social anxiety in adolescents: Prospective and reciprocal relationships. *Journal of Youth Adolescence, 38*(6), 1096–1109.

Slee, P. T. (1994). Situational and interpersonal correlates of anxiety associated with peer victimization. *Child Psychiatry and Human Development, 25*(2), 97–107.

Slonje, R., & Smith, P. K. (2008). Cyberbullying: Another main type of bullying? *Scandinavian Journal of Psychology, 49*(1), 147–154.

Smith, P. K. (2004). Bullying: Recent developments. *Child and Adolescent Mental Health, 9*(3), 98-103.

Smith, P. K., & Brain, P. (2000). Bullying in School: Lessons From Two Decades of Research. *Aggressive behavior, 26*(1), 1-9.

Smith, P. K., Cowie, H., Olafsson, R. F., & Liefooghe, A. P. D. (2002). Definitions of bullying: A comparison of terms used, and gender differences, in a fourteen-country international comparison. *Child Development, 73*(4), 1119-1133.

Smith, P. K., Talamelli, L., Cowie, H., Naylor, P., & Chauhan, P. (2004). Profiles of non-victims, escaped victims, continuing victims and new victims of school bullying. *British Journal of Educational Psychology, 74*(4), 565-581.

Sudermann, M., Jaffe, P., & Schiek, E. (1996). Bullying: Information for parents and teachers. London Family Court Clinic. Http://www.lfcc.on.ca/bully.

Swearer, S. M., Espelage, D. L., & Napolitano, S. A. (2009). *Bullying prevention & intervention: Realistic strategies for schools.* 이동형, 이승연, 신현숙 공역 (2011). 괴롭힘의 예방과 개입. 서울: 학지사.

Tobin, R. L., Schwartz, D., & Gorman, A. H. (2005). Social-cognitive and behavioral attributes of aggressive victims of bullying. *Journal of Applied Development Psychology, 26*(3), 329-346.

Unnever, J. D. (2005). Bullies, aggressive victims, and victims: are they distinct groups? *Aggressive Behavior, 31*(1), 153-171.

Veenstra, R., Lindenberg, S., Oldehinkel, A. J., Winter, A. F., Verhulst, F. C., & Ormel, J. (2005). Bullying and victimization in elemenrary schools: A comparison of bullies, victims, bully/victims, and uninvolved preadolescents. *Developmental Psychology, 41*(4), 672-682.

Vernberg, E. M., Abwender, D. A., Ewell, K. K., & Beery, S. H. (1992). Social anxiety and peer relationship in early adolescence. *Journal of Clinical Child Psychology, 21*(1), 189-196.

Wal, M. F., Wit, C. A. M., & Hirasing, R. A. (2003). Psychosocial health among young victims and offenders of direct and indirect bullying. *Pediatrics, 111*(6), 1312.

Wang, J., Iannotti, R. J., & Nansel, T. R. (2009). School bullying among U.S.

adolescents: Physical, verbal, relational and cyber. *Journal of Adolescent Health, 45*(4), 368-375.

Whitney, I., & Smith, P. K. (1993). A survey of the nature and extent of bully/victim problem in junior/middle and secondary school. *Educational Research, 35*(1), 3-25.

Whitney, I., Smith, P. K., & Thompson, D. (1994). Bullying and children with special educational needs. In P. K. Smith & S. Sharp (Eds.), *School bullying: Insights and perspectives* (pp. 213-240). London: Routledge.

Wolke, D., Woods, S., Bloomfield, L., & Karstadt, L. (2001). Bullying involvement in primary school and common health problems. *Archives of Disease in Childhood, 85*(2), 197-201.

Wolke, D., Woods, S., Stanford, D., & Schulz, H. (2001). Bullying and victimization of primary school children in England and Germany: Prevalence and school factors. *British Journal of Psychology, 92*(5), 673-696.

Wright, J. C., Lindgren, K. P., & Zakriski, A. L. (2001). Syndromal versus contextualized personality assessment: Differentiating environmental and dispositional determinants of boy's aggression. *Journal of Personality and Social Psychology, 81*(6), 1176-1186.

Ybarra, M. L., & Mitchell, K. J. (2004). Online aggressor/targets, aggressors, and targets: A comparison of associated youth characteristics. *Journal of Child Psychology and Psychiatry, 45*(8), 1308-1316.

Ybarra, M. L., Diener-West, M., & Leaf, P. J. (2007). Examining the Overlap in Internet Harassment and school bullying: Implications for school Intervention. *Journal of Adolescent Health, 41*(1), 42-50.

참고문헌

〈인 명〉

〈내 용〉

ㅊ

ㅌ

ㅍ

ㅎ

저자 소개

◈ 김혜원

이화여자대학교 대학원 심리학 석사
미국 보스턴 대학교 심리학 박사
한국여성심리학회 이사
한국심리학회 학교폭력예방위원회 위원
한국청소년복지학회 편집위원장
미래를여는청소년학회 이사
한국청소년연구 편집위원
충청남도 청소년진흥원 이사
충청남도 검찰청 시민위원회 위원
현 호서대학교 청소년문화 · 상담학과 교수

〈주요 저서〉
청소년 문제행동(공저, 학지사, 2003)
함께 배우는 성(공저, 학지사, 2003)
청소년 심리학(공저, 교육과학사, 2004)
청소년 이상심리학(공역, 시그마프레스, 2005)
청소년 상담(공저, 신정, 2009)
청소년 발달, 역량개발, 청소년복지(공저, 교육과학사, 2009)
청소년 심리 및 상담(공저, 공동체, 2010)

〈주요 논문〉

청소년들의 상담경험 현황과 사회적, 심리적 특성에 따른 상담기대의 차이분석(청소년복지연구, 2009)

부적응청소년을 대상으로 한 자아존중감 향상 상담프로그램의 구조와 내용분석(청소년학연구, 2010)

청소년 부적응행동의 유형, 정도와 자아건강성의 관계(상담학연구, 2010)

청소년들의 또래관계 문제 현황과 설명변인에서의 성차(한국심리학회지: 여성, 2011)

청소년들의 집단따돌림과 집단괴롭힘 피해 경험에 따른 심리적 부적응 및 학교 부적응(청소년학연구, 2011)

남녀 중학생들의 문제행동 경험 정도와 위험수준별 실태(청소년복지연구, 2011)

청소년 학교폭력

-이해 · 예방 · 개입을 위한 지침서-

2013년 5월 30일 1판 1쇄 발행
2018년 4월 25일 1판 3쇄 발행

지은이 • 김 혜 원
펴낸이 • 김 진 환
펴낸곳 • (주) 학 지 사
04031 서울특별시 마포구 양화로 15길 20 마인드월드빌딩 5층
대표전화 • 02) 330-5114 팩스 • 02) 324-2345
등록번호 • 제313-2006-000265호
홈페이지 • http://www.hakjisa.co.kr
페이스북 • https://www.facebook.com/hakjisabook

ISBN 978-89-997-0062-0 93370

정가 17,000원

이 도서의 국립중앙도서관 출판시도서목록(CIP)은 서지정보유통지원시스템 홈페이지(http://seoji.nl.go.kr)와 국가자료공동목록시스템(http://www.nl.go.kr/kolisnet)에서 이용하실 수 있습니다.
(CIP제어번호: CIP2013006482)